LEISURE & HUMAN BEHAVIOR

여가와 인간 행동

Gene Bammel & Lei Lane Burrus-Bammel

하동현 · 황성혜 역

백산출판사

Preface
저자 서문

노동과 생산성으로 갈등하는 현 세계에서, 주당 노동시간이 168시간이라는 것과 소수 사람만이 주당 50시간 미만으로 일을 한다는 것은 놀랄만한 일이다. 만약 당신이 68시간을 먹고 자고, 게임을 하는 것에 이르기까지 개인적인 잡다한 일로 보낼 수 있다면, 나머지 50시간은 여가라고 분류되어질 수 있는 개인을 위한 자유재량 시간이다. 오랜 세월 여가와 관련된 과정을 훈련하는 과정에서, 우리는 단지 한권의 교재만으로는 다음과 같은 중요한 문제들을 다루는 것이 어렵다는 사실을 발견한다. 즉 "놀이, 레크리에이션, 그리고 여가는 어떠한 것인가? 그 개념들은 동의어로 사용되어질 수 있는지, 또는 그것이 지닌 의미가 간과되지 않았는지, 그리고 그것이 지닌 중요성은 무엇인지? 노동과 여가가 어떤 상호관련성을 지니는가? 여가가 한 인간이 살아가는 과정에 어떻게 영향을 미치는가? 그리고 여가가 지닌 미래는 어떠할까? 등이다." 우리는 이런 목적에 맞는 것처럼 보이는 한 가지 방법만을 다룬 교재를 찾지 못했다.

Brown & Benchmark는 이런 목적에 맞는 교재를 개발할 수 있는 기회를 우리에게 제공해주었고, 최신 자료를 바탕으로 내용을 수정하고 교정할 수 있었다. 게다가 우리는 현재 미국에서 전체 인구 중 1/4을 차지하는 소수민족이라고 불리는 집단에 대한 민족성과 관련된 가장 최근 통계치 등을 첨가하였다. 비록 이러한 새로운 자료들이 이 교재 전체에 골고루 분포되어져 있지만, 소수민족에 대한 정보는 10장과 11장에서 다루어졌다. 교재를 수정하고 교정하는 과정에서 130권의 신간 서적과 참고문헌 등을 고려하였다.

우리는 여가를 하나의 차별적이고 개별적인 것으로 파악하지단, 여가와 레크리에이션 이 두 가지가 지닌 차이를 명확히 구분하기는 쉽지 않고, 그리고 가끔씩 단어들이 혼용되어 사용되었다. 그리스 철학자들은 "여가"가 그 자체로서 보상적이고 궁극적인 결과인 활동을 의미한다고 주장하였다. 하지만 "레크리에이션"은 한 개인에게 휴식을 제공하거나 생기를 불어넣어주는 활동을 뜻한다. "여가산업"이 대중적인 단어로 사용되고, 위락공원이 "여가세상"으로 불려지는 현재의 상황에서, 사람들은 그러한 용어들 간의 차이를 확실하게 구분할 수 없다. 이 책에서는 현대생활에서 여가와 레크리에이션이 지닌 역할에 초점을 둔다.

『여가와 인간행동(Leisure and Human Behavior)』은 10년전 미국과 캐나다에서 널리 사용되어져 왔고, 한국에서 번역되어졌다. 우리는 이 책을 사용한 전세계 많은 교수진과 학생들의 논평과 비평에 대해 진심으로 감사드린다. 이 수정판은 내용과 형식면에서 개선되어졌다. 우리는 선행의 수정판에서 사용되었던 정보들을 삭제하지 않고, 현재 참고자료를 첨가하여 사용하였다. 여가와 레크리에이션 연구의 성장과 발전은 놀랄만하였고, 철학적 문헌뿐만 아니라 신문이나 잡지, 그리고 TV 등에서 새로운 통찰을 얻을 수 있었다. 시간 압박이 심한 현대사회에서, 사람들은 그들의 시간을 실제로 어떻게 사용할지, 그리고 그들이 어떤 것을 의무적으로 하지 않아도 될 때 무엇을 할 수 있을지 등에 대해 환상을 가진다.

각 장의 시작과 끝은 일련의 의문형태를 취한다. 한 장을 시작하는 질문들은 그 장에서 다루고자 하는 목표를 제시해주고, 마지막 부분에 제기된 의문들은 학습한 내용을 검토하고 조사하기 위해 사용되어졌다. 다른 교재에서 나타나는 것처럼, 우리는 놀이, 게임, 그리고 여가의 이론들과 견해들을 분석한다. 여가를 시간과 노동에서 분리하는 것이 어렵기 때문에, 우리는 세 개의 장에 걸쳐 이러한 관심사를 다룬다. 현재 여가와 레크리에이션 활동은 성, 민족, 그리고 생활주기 측면에서 토론되었다. 마지막 장에서는 이 교재의 나머지 부분으로서 "직업을 얻기 위한 기회"를 다루었다. 최초의 7장들은 "이론적" 틀을 제공해 줄 수 있고, 뒤의 6장들은 보다 실용적이고 실질적인 실행에 도움이 될 수 있도록 하였다.

많은 학자들이 통찰, 열정, 그리고 열렬한 지지를 보여주었다. 웨스트 버지니아 대학교의 임학대학 학장을 지냈던 Dave White는 여가와 레크리에이션에 대한 연구가 삼림이 지닌 미래를 이해하는데 중요한 것이고, 향후에 이런 관심에 맞는 프로그램 개발에 영향을 미친다고 확신하였다. Betty van der

Smissen, Ruth Russell, Bev Driver, 그리고 Phil Rae 등은 수년에 걸쳐 학문적이고 개인적인 지원을 아끼지 않았다. Harry Wiant는 통계학적 정보와 격려를 제공해 주었고, Steve Hollenhorst, Steve Selin, Joe Hutchison, 그리고 Nancy Ganz는 매일 자극을 주었다. Kimberly Gallo는 오랫동안 매우 의미 있는 친구였다. Andy Flinn은 우리들에게 많은 도움을 주었다. 우리는 이 수정판을 완성하기까지 도움을 준 다음 분들에게 진심으로 감사드린다. 살렘 주립대학의 Bette Baily, 델라웨어 주립대학교의 Anna E. DeVito, 캘리포니아 주립대학교의 William J. Finch, 그리고 테네시 주립대학교의 Gene A. Hays 등. 그 저자들은 같이 작업하고 한 팀으로서 최선을 다하였다. 여가는 단지 시간을 죽이는 기술이 아니라, 삶을 풍요롭게 확장시켜 주고, 시간을 가치있는 어떤 것을 하도록 하고, 그리고 그런 방향으로 한 개인이 지닌 에너지를 유도하는 것이다.

> "어제를 기억하고, 내일에 투자하라, 하지만 오늘을 생기 있고 활기차게 영위하고 즐겨라."

Preface
역자 서문

한국은 전통적인 유교사상에 의해 武 보다는 文을 중요시하는 경향이 있어 왔다. 이런 결과로 고등학생들은 일류대학교에 진학하기 위해 입시 지옥이라는 혹독한 경쟁을 치르고 있다. 이러한 대학 입시를 통하여 합격자와 불합격자가 결정되는데 합격자는 합격자대로, 불합격자는 불합격자대로 어린 시절부터 명문대학 명문과에 입학하려는 무거운 과제 때문에 어떻게 여가를 활용해야 하는지를 모르고 성인사회에 진입한다. 더군다나 그들의 부모 및 손위 세대조차 또한 훌륭한 여가선용 방법을 배우지 않았기 때문에 그들에게 어떻게 여가를 활용해야 하는 지를 가르쳐 주지 못하고 있다.

최근 사회문제가 되고 있는 마약 상습 청소년들의 급격한 증가는 여가활용을 적절히 하지 못한데 원인의 일부가 있다고 보며, 대학생 또한 고등학생일 경우 보다 상대적으로 갑자기 많은 시간이 주어지기 때문에 여가를 어떻게 활용해야 할지 몰라서 귀중한 시간을 허비하고 있는 상황이다.

이러한 계기에 Gene Bammal과 Lei Lane Burrus- Bammel의 저서인 Leisure and Human Behavior(1982년 1판)를 1993년에 학술진흥재단의 연구비 지원하에 번역하게 되었다. 그 후 원저는 제3판까지 출판되었다. 원저 제3판은 원저 제1판이 출판된 이후, 과학기술의 발달에 따른 인구 고령화 비율의 증가에 따른 노인문제, 여성들의 활발한 사회참여에 따른 여성과 관련된 제반 문제들, 및 청소년 등과 관련된 여러 문제들이 사회적인 이슈로 떠오르게 됨에 따라 이러한 내용들을 보완·수정한 것으로 사료된다.

본서(원저 및 번역본)는 여가를 서술하는데 있어 다른 책들보다 여가 활용이 지닌 실용적인 측면을 강조하면서 여가를 인간행동과 연결시켜 재미있게 풀어가고 있기 때문에 대학생의 교양도서로 적합하다고 생각된다. 또한 이 책은 여가에 관한 여러 가지 전공지식을 상당히 많이 포함하고 있어 관광, 사회, 심리 및 사회복지학 등의 여가 관련 과목 교재로도 적합하다고 생각된다.

남아 있는 번역상의 오류는 전적으로 역자들에게 책임이 있는 것으로 여러 독자들의 아낌없는 비판을 바란다. 마지막으로 이 책의 출판을 맡아주신 백산출판사 秦旭相 사장님과 여러 편집부 직원들께 깊은 감사를 드린다.

2005년 12월 끝자락에서

역 자 들.

본 번역서는 2005학년도 동국대학교
번역 연구비 지원으로 이루어졌음.

Contents

차 례

제1장 여가와 레크리에이션 (Leisure and Recreation: Some Perspectives)

제2장 놀 이
(Play)

제3장 게임의 의미
(The Meaning of Games)

제4장 시 간 (Time)

제5장 일의 의미 (The meaning of work)

제6장 일의 대안들 (Work Alternatives)

제7장 여가 이론들 (Leisure Theories)

제8장 현재의 여가가 지닌 실용성 (Current Leisure Practices)

제9장 여가와 생활주기 : 아동기와 청소년기 (Leisure & the Life Cycle: The Child & the Adolescent)

제10장 여가와 생활주기 : 성인과 노년기
(Leisure and the Life-cycle: The Adult & the Elderly)

제11장 여가행동에 영향을 미치는 다른 요인들
(Other Factors That Affect Leisure Behavior)

제12장 신화와 여가의 미래
(Mythos and Leisure's Future)

제13장 직업을 얻을 수 있는 기회 (Career Opportunities)

LEISURE & HUMAN BEHAVIOR

여가와 레크리에이션

PART 1.

Leisure and Recreation ; Some Perspectives

제1장

- 여가와 레크리에이션에 흥미를 느끼는 사람은 누구일까?
- 그 단어가 지닌 의미는 무엇인가?
- 여가의 유래는 어디에서 나왔을까?
- 여가에 대한 태도는 어떤 것이 있을까?
- 사회가 여가에 어떤 영향을 미칠까?
- 여가 태도는 의학적으로 어떤 결과를 유발할 수 있을까?
- 현대사회에서 여가는 어떤 위치를 차지하고 있을까?

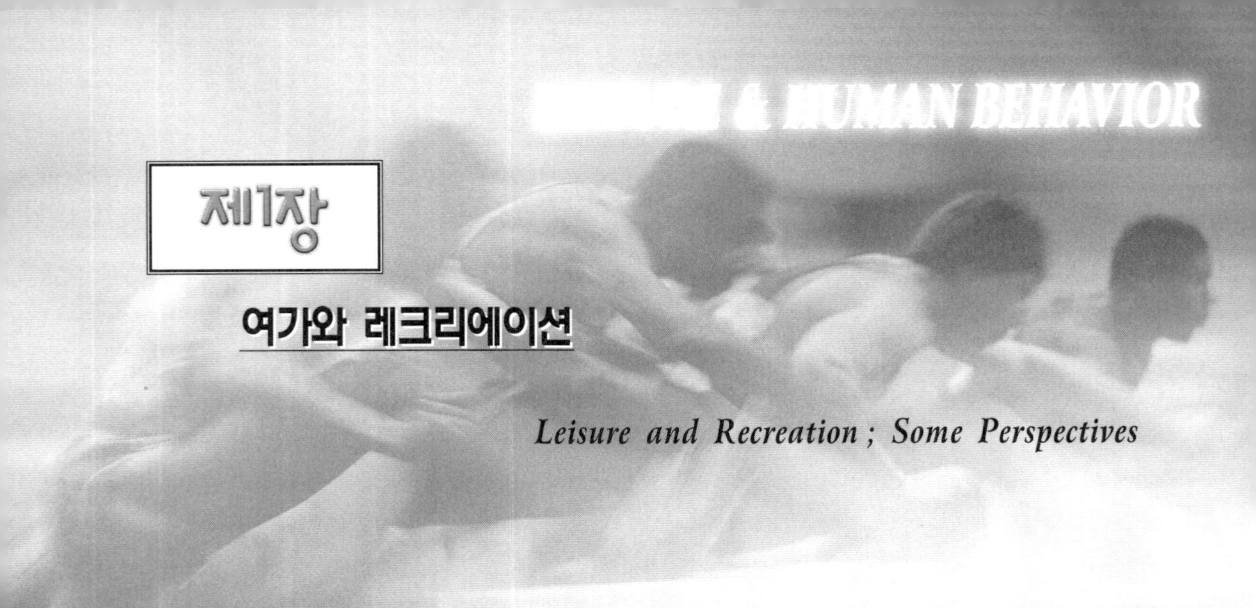

제1장

여가와 레크리에이션

Leisure and Recreation ; Some Perspectives

1.1 어떤 사람들이 여가와 레크리에이션에 흥미를 느낄까?

(Who Is Interested in Leisure and Recreation?)

대부분의 사람들이 여가와 레크리에이션에 흥미를 가진다는 것은 명확한 사실이다. 그들은 주어진 시간의 2/3 이상을 여가에 소모한다. 성인의 생활은 일과 의무 사이의 균형을 이루는 것을 필요로 하고 그런 목적을 달성하기 위한 즐거운 활동들이 요구된다. 여가와 관련된 분야를 전공하고 있는 대학생－예술, 음악, 문학 그리고 레크리에이션이나 공원 등－은 여가와 레크리에이션이 지닌 특성에 대해 특별한 관심을 보인다. 그리고 여가 서비스를 제공하는 전문가들은 그들이 해야 할 것이 무엇인지 계속 지속적인 관심을 가져야 한다. 그들의 삶이 의미 있게 되기를 원하는 사람들은 최소한 여가 수단에 어떤 것인지 알 필요가 있다.

여가와 레크리에이션 연구에 대한 기금은 다양한 재원에서 비롯되었다. 미국 농무성의 모든 행정기관들은 어떻게 미국인들이 그들의 "자유시간(free time)"을 수목원이나 다른 휴식장소로 이동하면서 숲을 이용하는지에 대한 연구에 많은 지원을 하였다. 미국과 캐나다의 다른 연방기관들은 사람들이 어떤 방법으로 그들의 시간과 돈을 사용하는지에 관련된 연구에 특히 관심을 보이고 후원해 주었다.

한 개인이 여가연구에 관심을 가지지 않는다면 그것에 대한 연구는 이루어지지 않았지만 많은 학자와 인기 있는 작가들은 여가와 레크리에이션이 어떤 의미가 있는지를 결정하기 위한 노력을 계속적으로 해왔다.[1] 그것을 증명하기에는 개념에 대한 정의가 다소 협소하지만, 여가와 레크리에이션은 그 자체로 흥미를 유발하는 주제이고, 개개인 모두의 노력이 중요한 과제이다. 노동은 인간을 보다 풍요롭게 만들어주지만 여가는 우리 자신의 삶을 윤택있게 해준다.

대부분의 사람들은 여가와 레크리에이션에 대한 이해에 더 깊은 관심을 가지고 그것은 단지 교실에서 사용되는 것에만 관심을 가지는 것이 아니다. 대부분의 사람들은 여가와 레크리에이션을 할 기회를 가진다. 그리고 이런 활동이 지닌 특성을 이해함으로써 그것이 지닌 잠재력에 대해 더 잘 파악할 수 있게 된다. 일반 사회에서 여가와 레크리에이션을 연구함으로써 그것에 참여함으로써 얻을 수 있는 즐거움을 더 잘 이해할 수 있다. 여가와 레크리에이션이 지닌 잠재력과 그것이 미래에 나아가야 할 방향에 대한 연구를 통해 어떤 직업적 기회를 얻을 수 있는지 그리고 초기 참여를 통해 얻을 수 있는 편익을 잘 알 수 있다. 이 책이 지닌 목적은 독자들이 현대 사회에서 여가와 레크리에이션의 특성을 이해하고 변화에 적응할 수 있도록 도와주는데 있다. 이런 정보의 사용을 통해 활동 증진, 적절한 사용 그리고 연구를 위한 특별 과정을 정당화시킬 수 있다. 이 책은 여가와 레크리에이션이 실제로 의미하는 바가 무엇인지 그것이 일상생활에서 어떤 역할을 할지를 이해하는데 도움을 주고자 한다.

1.2 그 단어가 지닌 의미는 무엇인가? : 여가와 레크리에이션은 실지로 무엇을 의미하는가?

(Getting Clear About Words : What Do the Words Leisure and Recreation Really Mean?)

단어는 의사소통을 위한 기본도구이지만, 문제가 될 수 있는 두 가지 특징을 지니고 있다. 서로 대화하고 있는 두 명의 사람이 사용하는 단어는 항상 동일한 의미를 지니고 있지 않다. 이것은 동일한 단어를 사용한 두 사람이 이 단어가 지닌 의미를 똑같은 것으로 받아들이지 못하기 때문이다. 단어가 지닌 두번째 문제는 시간과 맥락(context)에 따라 그 의미가 달라진다는 것이다. 시간당 25마일을 간다는 것은 1990년대에는 빠른 것이었다. 하지만 지금 시대에서 25마일은 매우 느리게 가는 것을 의미한다. 맥락은 또한 단어가 지닌 의미를

01) T. Kando and W. C. Summers, “The Impact of Work on Leisure : Toward a Paradigm and Research Strategy,” Pacific Sociological Review 14(Summer 1971) : 310~327.

크게 차이나게 만든다. 사랑은 배우자이냐 부모이냐에 따라 아이스크림 또는 아이를 의미하는 등과 같이 크게 차이가 난다.

일상 언어에서 여가와 레크리에이션이란 단어는 사람마다 다른 의미를 지닌다. 이런 차이가 나타나는 것은 사람의 연령, 교육이 지닌 영향력 뿐만 아니라 지리학적 위치도 또한 중요한 역할을 하기 때문일 것이다. 그 단어는 역사적으로 그 용어가 최초로 개발되고 분석되어진 그리스 문학에서 사용된 것과 현대에서 그것이 의미하는 바가 상당한 차이를 나타내고 있다.

현대 일상적 언어에서 여가(Leisure)는 "한 개인이 자유재량대로 사용할 수 있는 시간(time at one's disposal)"이라는 일반적 의미를 지닌다. 이 책에서는 이런 일상 언어가 여가를 이해하는데 도움이 되도록 하고 동시에 다양한 문화에서 그것이 의미하는 바와 여가와 관련된 학자들이 그것에 대해 더 좋은 견해를 제시해주기를 바란다.

레크리에이션(recreation)은 "즐겁고 활기를 얻기 위해 하려고 하는 어떤 것(what you do to be amused or refreshed)"을 뜻한다. 그 단어의 어원은 다시 창조하기 위해(to recreate)이다. 즉 다시 한번 스스로를 창조하는 것으로 일상의 의무로 고통을 겪고 난 후 다시 원상태로 되돌아가는 것을 의미한다. 이 책에서는 레크리에이션이 지닌 기본적 의미－자신을 다시 한번 새롭게 하고, 원기를 회복하고, 그리고 휴식－를 유지하면서 이것이 지닌 부가적 의미를 다룰 것이다. Leisure란 단어가 지닌 애매모호성으로 인하여 여전히 많은 어려움이 남아 있다.

1.3 여가에 대한 접근방법들
(An Approcah to Leisure)

여가의 개념에 대한 질문은 확실히 여러 학문(interdisciplinary, 학제간)들간의 문제이다. 여가는 개인행동의 형태이기 때문에 심리학은 이것에 대한 해답을 제시해 줄 것이다. 여가는 한 사회가 촉진되고 격려되어질 때 나타나기 때문에 사회학도 여가연구에서 중요한 기여자이다. 여가는 유기체 삶의 활동들에서 측정가능한 변화를 유발하기 때문에 생물학이 또한 중요한 정보를 제공해줄 수 있다. 철학은 가치를 통찰할 수 있게 해줄 뿐만 아니라 여가에 대한 이해를 할 수 있게 해주는 학문이다. 알고자 하는 사람의 마스터(the master of those who know)인 Aristotle(아리스토텔레스)는 그리스 철학자로 최초로 여가에 대해 분석하였고 심리학, 사회학 그리고 생물학 등에 관련된 교재를 기술하였다.

Aristotle나 다른 그리스, 로마문학자들이 여가를 분석하려고 노력했음에도 불구하고 여가는 특히 후기산업, 근대적 현상이라고 불릴만한 어떤 장점이 있다. 소수의 그리스 사람들이 향유했던 여가는 다수 사람들의 노예상태 하에 가능하였다. 14세기까지 기독교시대의 여가는 비교적 단순한 여가형태로써 기도나 명상으로 그리고 나중에 축제가 된 성스런 날 등의 축제로 특징화되었다. 16세기 르네상스시대는 여가의 황금시대이지만 귀족층에게만 해당되었다. 여가활동을 예술로 생각할 수 있지만, 오늘날 잘 알려진 유명한 르네상스 예술가들은 단지 장인으로만 다루어졌다. 그들은 장시간 동안 열심히 일했지만 되돌아오는 대가는 너무나 형편없었다. 18세기에 시작된 산업사회는 그 어느 때보다 가장 과제 지향적(work-oriented) 사회를 창출하였다. 1850년경 산업세계의 노동자들은 주당 72시간 일하는 것을 당연하고 자연스런 것으로 여겼다. 대자본가와 귀족들만이 제공된 여가의 기회를 누릴 수 있었다. Victoria와 Edward 치세하(1840~1910)의 영국 국민 가정을 대상으로 단약 당신이 부유하다면 가장 하고 싶은 일은 무엇인가라는 질문을 하였다. 노동계층의 의무와 대조된 Masterpiece Theatre에서 2층에 앉아 있는 것이라고 대답하였다.

가장 최근까지 여가연구는 확실하게 유럽 중심이었다. 부분적으로 그리스 철학자들의 유산이 논의를 위해 제공되었고 다른 문화 전통에 대한 해석이 어렵기 때문이다. 예를 들어 중국에서도 서양의 여가가 가진 개념과 비슷한 단어들이 존재하지만 이런 단어들은 꽤 다른 구성요소들을 함축하고 있다. 예를 들어 hsiao yao는 절대행복(absolute happiness)의 상태를 나타낸다. 반면 wu wei는 실재(reality)에 조화시키려고 하는 개인의 상태로 소극적이고 태평하게 만든다.[2] 중국의 전통적 철학자들은 다음과 같이 기술하였다. "고대 중국에서 여가는 엘리트 계층이 지닌 사고이다. 여가는 자연, 정신 그리고 선(善)이 조화를 이루고 우주의 생성과정을 이해하는 예술이자 철학이다."[3]

---

02) Chih-Kuei Yeh, "*Hsiao Yao*: A Chinese Parallel of the Classical Western Idea of Leisure," *Abstracts from the 1993 Symposium on Leisure Research*(San Jose: NRPA, 1993).

03) J. Su-Hsin Lee, "The Meanings of Chinese Gardens and an Attitude Toward Leisure," *Abstracts from the 1992 Symposium on Leisure Research*(Cincinnati: NRPA, 1992). See also H. Ibrahim, *Leisure and Society, a Comparative Approach*(Dubuque, Ia.: Wm. C. Brown, 1991) and R. Kraus, *Leisure in a Changing America*(New York: Macmillan,

유럽의 전통에서 성장한 사람들은 다른 문화에서 경험한 중요한 측면을 간과하고 모든 것을 해석하려는 데서 편안함을 얻으려는 경향이 지나치게 크다. 이런 경향에 대한 가장 좋은 설명은 미국인들이 축구나 크리켓을 이해하는데 어려움을 겪는 것을 들 수 있다. 이 두 가지 경기는 미국인들 경험 측면에서 쉽게 해석할 수 없는 문화적 구성요소를 가진다. 이것을 보다 명확하게 이해하기 위해서는 한 개인의 유산과 다른 종교적 행사를 관찰하여 실제로 무엇이 진행되고 있는지 파악하여야 한다. 미국 서부인들은 서부(Western)란 단어를 약간의 미묘한 차이가 나지만 유사한 것으로 파악한다. 아시아, 아프리카, 호주, 그리고 다른 세상의 다른 부분들에서 여가의 전통을 이해하려는 노력은 단지 여가에 대한 것만이 아니라 일상생활 속에서 어떻게 다른 문화를 느낄 수 있는지 이해하는데 큰 도움을 준다. 자신이 속한 문화를 더 잘 이해하려는 노력 없이는 상이한 문화에 대한 연구를 할 수 없고, 여가와 레크리에이션은 추구되어져 온 다른 여가 전통을 더 잘 이해함으로써 더 깊이가 있는 연구가 이루어질 것이다.

만약 여가가 대량으로 생겨나길 바란다면 대부분의 사람들은 힘든 노동으로부터 자유로운 시간이 가능한 20세기 기술발달을 기다려야 한다. 즉 상품의 증가로 한 개인당 필요 노동시간이 줄어들 수 있다. 전자기술이 지배하는 현 시대는 후기 산업시대(postindustrial era)라고 불려지고, 여가는 이 사회에서 가장 큰 문제거리이다. 1950년대에 만연한 예언 중 하나는 미래 사회에서는 일할 필요가 없고 사회 전반에 여가가 넘쳐날 것이라는 것이었다. 공상과학 소설은 힘들게 일할 필요가 없는 사회를 그려냈다. 자연자원의 고갈, 많은 인구에 공급되는 재화와 서비스 등의 많은 요인들은 여가와 무한대의 자유시간(free-time)에 의해 지배되어질 이상 사회에 대한 꿈을 약화시키는 것 같다.

성인 남성의 평균 노동시간은 주당 의무적인 시간인 35시간보다 많고 성인 여성의 평균 노동시간은 주당 28시간 이상이었다. 그리스, 중세. 그리고 르네상스 시기때 상류 계층은 여가에 주당 35시간 이상을 투자할 수 있었다. 하지만 오늘날 미국의 일반 노동계층의 사람들은 이용 가능한 여행이나 활동기회가 그들만큼 주어지지 못하였다. 부유한 그리스인이나 르네상스 귀족들이 여가를 어떻게 이용하고 그들의 풍요를 어떻게 사용하는지에 대한 의문을 가져보자. 그리고 현대에서 우리가 어떻게 여가를 소모하고 사용할 수 있을까?

의무로부터 자유로운 시간은 언제이고 어떻게 한 개인의 주어진 시간을 가장 잘 활용할 수 있을까? 일하지 않는 시간 동안 어떻게 삶을 보낼 기회가 있을까?

1994)

그런 질문들은 철학적 특성을 지닌다.

Aristotle는 "인간을 위한 훌륭한 삶이란 어떤 것일까(What is the good life for a human being)?"이라는 질문을 하였다. 비록 어떤 사회가 모든 시민을 위한 훌륭한 생활을 영위하도록 해주지만 Aristotle가 25세기 전에 한 말보다 더 구체적인 답은 없을 것이다. 그리스 사회의 이상은 그리스만큼 오래되었다. 즉, 그런 이상의 실현을 이루는 것이 그 어느 때보다 더 가능하다. 인간답게 살기를 원하는 어떤 것에 힘을 부여할 수 있다. 인간다운 삶을 지속시키고 그것을 외부 공간으로 투사하고 그것을 약물로써 변형시킬 수 있고 그리고 그것이 원상태로 복구될 수 없게 끝낼 수 있다. 그럼 그것을 더 가치 있게 만들 수 있을지가 의문으로 남는다. 그것은 인간의 삶이 훌륭하게 될 수 있을 것이라고 믿는 데서 해결될 수 있다.

많은 상이한 종교들은 훌륭한 삶이 어떤 것인지에 대한 분명한 가르침을 준다. 현대 사회의 대다수는 청교도이고 따라서 한 가지 종교가 그 사회 구성원 모두에게 적용되지는 않는다. 종교적 확신을 가지지 않는 사람은 훌륭한 삶이 무엇인지에 대해서는 세속적인 답을 제시해준다. 대부분의 철학자와 사회과학자들은 훌륭한 삶을 영위하기 위해 적절한 것이 무엇인지에 대해 다양한 대안을 제시해준다.[4] 이 교재에서는 이런 생활을 영위하기 위해서는 다음과 같은 세 가지 구성요소가 필요로 할 것이라고 제안한다.

(a) 자신의 운명을 결정하기 위한 어떤 능력(some capacity to determine one's own destiny) (b) 자신이 선택한 활동에 참여하는 시간(some time to engage in self-chosen activities), 그리고 (c) 예외적인 경험을 하기 위한 기회(some opportunity to attain exceptional experience). 그것이 흥미, 즐거움, 그리고 기쁨을 제공해주기 때문에 여가와 레크리에이션 경험에 관여한다. 하지만 이것은 자유롭고 시간이 있고 그리고 적절한 가처분소득이 있을 때 발생할 수 있다.

1.3.1 자신의 운명을 결정하기 위한 어떤 능력 (Capacity to Determine One's Destiny)

만약 구속되거나 노예상태가 된 사람이 있다면 자유의 상실은 훌륭한 삶이 그에게는 아무 소용이 없을 것이라고 느끼게 해 줄 것이다 자신 스스로 자유를 선택할 권리를 박탈했을 때 그리고 자신을 통제할 수 없다고 느낄 때 여가

04) Yi-Fu Tuan, The Good Life(Madison : University of Wisconsin Press, 1986).

와 유사한 어떤 것을 가지는 것이 매우 어려워진다. 살아가면서 여가 활동을 하는 것 또는 철학자들이 훌륭한 삶이라고 말했던 어떤 것을 영위하는 것은 자율성을 필요로 한다. 즉 자신이 어떤 행동의 촉발자가 되어야 한다는 것이다(자신 스스로 어떤 행동을 시작해야만 한다). 가난한 사람들은 상대적으로 기회가 적고 아직까지 세상의 많은 사람들은 행복하게 살 만큼 필요한 경제적 혜택을 충분히 누리고 있지 못하다. 서구 문명에서 부의 축척이나 더 높은 삶의 표준을 추구하고자 하는 경우에는 어떤 기준이 필요하고 이때 자율성은 생계유지보다는 덜 요구되는 것 같다. 산업사회에서 노동자들은 광부들의 노동가에서 묘사된 것처럼 재정적 의무에 구속되었다.

하루 종일 일해서 얼마나 벌까?
날이 갈수록 빚만 많아지네…

근대 세계는 인류의 역사에서 특이한 부분이다. 많은 개인들은 자신의 운명을 선택하기 위해 능력을 발휘해야 했다. 미국 중서부에 위치한 어떤 대학교는 "1,365개의 직업이 흥미를 가지는 모든 사람에게 개방되어 있다"라고 공포하였다. 근대 세계의 대부분 시민들에게서 삶에서의 최소한의 시간은 지형학적 재배치에 의해 가능했고 경력도 변화될 수 있고 생활양식에서의 급진적 변화도 가능하였다.

자신이 처한 환경이나 자율성을 어느 정도 통제할 수 있게 되고, 자신의 위치나 활동을 선택할 기회가 넓어진다는 것은 여가의 존재 가능성을 위한 기본적 구성요소인 것 같다. 여가는 선택할 능력이 없으면 발생하지 않는다. 감옥에 투옥되거나 노예인 사람은 빈둥거리면서 시간을 보낼 수 있지만 그것은 여유로운(leisure) 시간을 가지는 것이 아니다. 대조적으로 수도승이나 수녀는 자율성을 포기하였지만 궁극적으로는 자유와 여가를 경험할 수 있다.

1.3.2. 자아 개발 활동에 참여하기 위한 시간 (Times to Engage in Self-Developmental Activities)

산업사회나 전기 산업사회에서 어떤 개인은 특정 역할을 하도록 규정되어져 있다. 그 역할은 자아의 성장(self-growth) 또는 자아 계발(self-cultivation)을 하기 위해 이용가능한 시간이나 에너지가 필요하지 않은 소모적인 것이었다. 한 사람의 성장을 위한 시간에는 여가가 필수적인 부분이다. 자신이 무엇을 원하는지 알기 위해 소모되는 시간, 어떤 방식으로 자신을 표현할지 아는데 걸리는 시간, 자신을 돌아보고 철학적인 사색을 하는데 소요되는 시간, 기술개발이나 더 돈독한 우정을 쌓기 위한 시간 등은 삶에서 기본적이고 필수적인 구성요소인 것 같다. 여가가 있는 삶이란 자아중심적일 뿐만 아니라 어떤 의미에서 자아의 성장이 여가의 존재를 더욱 의미있게 만드는 기본이 된다.

취미나 직업 수에 있어서의 증가는 이런 필요성을 나타내는 하나의 지표이다.[5] Aristotle는 우정의 중요성을 역설하고 여가가 있는 생활이 도래할 것이라고 예언하고 세월이 지나도 변치 않는 친구의 필요성을 강조하였다. 생활과 격리된 여가는 많은 재미를 줄 수 없고 만약 즐거움과 기쁨을 타인과 나누지 않는다면 여가의 핵심적 구성요소는 사라져 버린다 여가가 있는 삶은 인간의 궁극적 목표이고 그것은 단지 다른 것이 끝난다는 것을 의미하지는 않는다. 즉 단순히 하인 상태 또는 사업이나 가족이 된다는 것은 여가생활을 가지는 것과는 다른 개념이다.

여가생활을 이끌기 위해서는 미래에 자아계발을 유도할 수 있는 각 성장단계에 맞는 활동을 선택할 기회를 제공해주어야 한다. 많은 성인들에서 일과 부모 노릇은 여가방법을 잘 유지하게 해 줄 것이다. 주당 60시간을 일한다면 여가를 가질 수 있을까? 여러 아이들을 양육하면서 이용가능한 여유로운 낮과 밤 시간을 가질 수 있을까? 그것은 어렵지만 불가능하지는 않다. 나중에 성인 여가에서 논의할 것처럼 타인의 성장을 촉진시키는 것은 자신의 여가를 연기한다는 것을 의미할 수 있다(최소한 시간적 측면에서). 모든 사람은 자신을 위한 시간을 필요로 한다. 근대 생활에서 닥쳐올 예언 가능한 위기들 중 하나는 의무, 책무 또는 교통 혼잡으로 자유로운 시간이 감소됨으로써 발생되었다.

1.3.3 가외적 경험을 하기 위한 기회
(Some Opportunity to Attain Extraordinary Experiences)

훌륭한 삶은 어떤 통일성과 형태를 가져야 한다. 간약 생물학적 시계가 형성되어져 있는 인간이 다른 특별한 이유가 없다면, 다소의 규제가 발생할 때 최고의 기능을 발휘할 수 없게 된다. 하지만 인간은 또한 예외적인 가외성을 필요로 한다. 먼 지역으로의 탐험이 계속되는 것이나 디즈니월드 같은 상상의 놀

05) R. A. Stebbins, *Amateurs: On the Margin Between Work and Leisure*(Beverly Hills: Sage, 1979).

이터가 인기있는 것은 인간이 일상의 틀을 벗어나기 위한 강력한 욕구를 가지고 있다는 것을 의미한다.

Alan Ewert가 모험 레크리에이션이 지닌 매력을 기술했던 것처럼 Abraham Maslow는 절정경험(Peak Experience)을 위한 욕구를 묘사하였다.[6] 글라이딩, 패러슈팅, 급류 타기, 그리고 레크리에이션의 자극적 형태 등에 매력을 느끼고 아드레날린의 분비로 계획되지 않았던 최고의 절정 경험(peak experience)을 느낄 수 있다. 물론 선물이나 기대치 않은 일이 우연히 발생할 수도 있다. 일몰의 아름다움이나 자연이 지닌 찬란함 등을 지루한 일상을 변화시킬 수 있다. 자연의 아름다움이나 경험의 극치는 인간 경험에 필수적으로 따라오는 어려움이나 고통을 잊게 해 준다.

아마도 사람의 유전학적 구조는 사람들이 문명화된 기쁨으로 정착생활을 시작한 이후 사냥, 추적 또는 야생에서의 경험 등을 계속하도록 만드는 것같다. 여가생활은 가끔 일상의 세속적 존재와 삶에서 위협을 주는 상황을 경험함으로써 그 경계를 초월하거나 매혹적인 것에 사람이 힘을 집중하도록 요구한다. 이것은 운동경기, 예술, 종교 또는 사회에서의 여러 경험에서 나타날 수 있다. 시간이나 기회를 잡기 위한 노력은 필수적 구성요소이다. 여가를 가지기 위해서는 경험에 노출되어야 한다. 심지어 아이들에게는 다음과 같은 말이 주어진다. "밖에 나가서 어디서든 놀아라(go off and play somewhere)."

1.4 여가에 대한 이해

(Toward an Understanding of Leisure)

여가에 필요한 첫번째 구성요소는 생활에서 꼭 필요한 것을 하고 난 다음에도 시간이 남아 있어야 한다는 것이다. 이것은 과거보다 더 많아야 한다. 어떤 것을 열정적으로 추구하고 에너지가 충분히 남아 있을 때 여가가 가능하다. 마찬가지로 적절한 심적상태(mentality)와 환경(milieu)이 여가를 위해 제시되어져 한다. 만약 일이 괴롭다면 꼭 해야할 일을 하고 난 다음 남은 시간은 창조적인 다른 것을 할 시간이 된다. 여가는 단지 그것을 하도록 계획되어진 시간을 가지는 것이 아니다. 다시 말하자면 만약 여가를 경험하고자 한다면 수용적

06) A. Ewert, *President's Commission on Americans Outdoors: A Literature Review*(Washington, D. C.: Government Printing Office, 1988), Values Section, 71~80.

이고 창조적인 태도가 필수적이다. 자신의 목적을 달성하기 위해 이용가능한 시간을 가진다는 것은 여가의 사전조건이다. "Free Time"은 여가가 아니라 여가가 가능하도록 하는 것이다.

여가에 필요한 두번째 구성요소는 향후 목적을 위해서가 아닌 자신을 위한 미래의 비젼을 그리는 태도 또는 심적 경향(mind-set)이다. 여가는 단지 rehabilitation(복직, 새로 태어나는 것)하는데 필요한 시간만을 의미하지는 않는다. 레크리에이션(recreation)이라는 용어는 가끔씩 여가(Leisure)와 동의어로 사용되기도 하지만 이런 용법은 부정확한 것이다. 레크리에이션은 재건설(rebuilding), 보충(replenished), 그리고 복구(resorting)하는데 사용되는 시간을 가리킨다. 그것은 누군가가 직무를 새롭게 할 수 있도록 하는데 걸리는 시간을 말한다. 비록 여가활동이 이러한 유사 결과들을 달성할 수는 없지만, 여가는 레크리에이션보다 더 고급이다.

여가는 자신을 위한-자신과 관련된-활동을 의미한다. 기쁨과 즐거움은 단지 이전의 상태로 돌아가는 것만이 아닌 여가의 결과일 수 있다.

예술과 음악은 여가를 이해하기 위한 최고의 예이다. 아마추어 화가의 그림이나 심미적 예술은 어떤 실용주의자나 기능주의자들에게는 유용하지는 않지만, 그 활동이 자신을 위해 가치 있다. Shakespeare는 "음악은 사나운 야수도 진정시키는 매력이 있다"라고 적었다. 그리고 음악이 인간 내부에 잠재한 사나움을 자극하든 진정시키던 그것은 자신을 위해서는 연주되고 경청되어져야 한다. 그것이 즐거움이고 기쁨 그리고 만족이기 때문이다. 음악은 최고의 통합적인 여가경험일 수 있다. 라디오를 통해 들리는 리듬이나 평이한 음조는 여가경험으로써 음악이 계속 기억에 남게 할 것이다. 그것에서 무엇을 배울 수 있을까? 여가는 세 개의 사전조전을 가진다. 즉 자유롭게 선택할 수 있는 능력, 삶에서 필요한 것들이 충족되어지고 난 다음 남는 시간, 그리고 일상적인 틀에서 벗어난 경험의 이용가능성 등이다. 다음으로 질문하고자 하는 것은 여가가 놀이(play)와 다르냐 하는 것이다. 여가를 단지 성인이 놀이(play)를 하려 할 때 실행되는 무엇으로 기술할 수 있을까?

1.5 놀이와 여가
(Play and Leisure)

Journal of Leisure Research나 Leisure Science를 읽게 된다면 현재 가장 초점이 되고 있는 연구가 무엇인지 알 수 있을 것이다. 중요한 심리학적, 사회적 그리고 경제적 결과들은 한 개인이 어떤 여가에 참가하느냐에 따라 다르다. 하지만 여가에 대한 일차적 견해는 철학에 바탕을 두고 있다.

여가는 개인이 가진 목적에 관련된 행동으로 다소 완화된 놀이의 한 형태일 수 있다. 지나치게 놀이의 개념이 많이 포함되어지면 여가가 지닌 핵심적 개념이 상실될 수 있다. 지나치게 놀이를 하거나 하고자 하는 어떤 것에 집착한다면 그것은 더 이상 놀이가 아니라 일이다. 놀이는 확실히 여가의 한 부분이지만 성인의 여가는 아이들의 놀이와는 다른 어떤 것이 있다.

1.5.1 놀이에 관련된 견해
(A Perspective on Play)

Johann Huizinga는 중세 후기를 다루는 유명한 역사학자이다. 후기 중세 문화에 관련된 책을 저술하는 동안 그는 놀이가 현대사회에서보다 그 시대 문화에서 중요한 것으로 여겨진 사실을 발견하였다. 그는 문자화된 인류역사 전체에 대한 분석을 통해 인류문화에서 놀이가 가진 중요성을 역설하였다. 그는 문명의 모든 형태가 놀이에서 시작된다고 추측하였다. 즉 "문화는 놀이로서 발생된다. 그것은 문화의 시작을 알리는 촉매제이다."[7] Huizinga는 법, 철학, 경제학 그리고 정치학 등에서 이와 관련된 증거를 제시하였다. 법에 대한 예로서 법정상황은 놀이가 되고 법률가는 그 사실을 "즐길 수(play)" 수 있도록 논쟁한다. 철학자들은 그들이 우주에 대한 대립적 시각과 의미를 제안하는 한 계속적으로 아이디어(idea)의 유희(play)가 이루어진다. 만약 세계 주식시장에서 큰 돈을 번 투자자를 보게 된다면 그들이 막대한 돈을 가지고 놀이를 하고 타인의 삶을 마음대로 조작한다는 사실을 알 수 있을 것이다. 비즈니스는 많은

07) J. Huizinga, *Homo Ludens: A Study of the Play Elements in Culture*(London: Routledge & Kegan Paul, 1949), 46. Hereafter cited as Homo Ludens.

사람들에게 있어서 하나의 게임이 될 수 있고 돈을 번다는 것은 게임에서 점수를 유지하는 한 가지 방법이 될 수 있다. 정치학에서는 아동기의 "높은 데서 밀어뜨리는 놀이(the thinking of the castle)"가 성인기로 이동한 것으로 힘이나 권력을 얻기 위해 남을 속이거나 왕 또는 수상, 대통령 또는 국무총리의 역할을 즐길 수 있는 기회를 얻기 위한 것이다.

Huizinga의 저서는 다음과 같은 사실을 제시해준다. 즉 "으리는 아동으로써 놀이를 배우고 어른이 되면 생계수단으로써 그리고 성인으로서 'playing'하기 위해 놀이 방법을 배운다."

Huizinga는 현대 문화에서 놀이가 소멸되었다고 주장하였다. 그는 산업 사회가 환경으로부터의 위협과 세계대전의 공포 등으로 인해 놀이가 퇴색되어졌다고 했다. 또한 전문가가 게임이나 스포츠를 지배하는 정도가 심해졌다고 역설하였다. 야구나 축구가 특히 운동선수들이 수억원의 연봉을 받기 위해 돈벌이 수단으로서 그들의 수행능력을 발휘할 때 운동이 즐기기 위한 게임이라는 사실이 망각된다.

모든 사람들은 우리 문화에서 놀이가 사라지고 있다는 사실에 동의하지 않는다. David Miler는 놀이가 우리 문화에서 여전히 우월한 힘을 가지고 있고 놀이의 신화는 TV 게임쇼, 게임이나 놀이에 대해 설명한 인기있는 책들을 통해 영향을 받는다고 제시하였다.8) 서양이 동양에서 전해오는 지혜나 풍습에 주의를 더 기울이고 있는 한 인도나 일본의 전통적 놀이 등은 서양에 영향을 미친다. 아프리카는 오랫동안 철학자들에 의해 무시되고 간과되어져 온 풍부하고 다양한 놀이 유산을 가지고 있다. 아마도 우리는 우리 문화 내에서 놀이의 정신을 새롭게 하거나 활기를 불어 넣어주고 있는 과정에 있을 수 있다. 도대체 놀이(Play)란 무엇인가?

1.5.2 놀이의 특성
(The Nature of Play)

Huizinga는 제2차 세계대전 직전에 놀이가 사라져 버릴 것 같은 가능성이 있는 냉혹한 시기라고 기술하였다. 놀이가 실제로 어떤 것인지 알 수 있는 방법이 있을까?

이론가들은 아동이 무엇을 하고 어디서 노는지 검토하는 것에서부터 시작하

08) D. L. Miller, *Gods and Games*(New York : Macmillan, 1968).

였다. 아동의 놀이에는 놀랄만한 단순성이 존재한다. 텅 빈 들판에서 놀고 있는 아이를 지켜보라. 그들이 놀이에 완전히 몰입된 사실을 알 수 있을 것이다. 그들은 세상의 나머지는 마치 존재하지 않는 듯 놀이에 빠져든다. 또한 그들의 놀이에서는 상상의 인물이 존재함을 알아차릴 수 있을 것이다. 말이 하루는 우주선이 되다가 다른 날은 해적선이 되기도 한다. 아이들이 가진 상상력은 실재(real) 세계를 변형시켜 그들이 가진 지각에 더 친숙해지도록 해준다.

또한 아이들의 놀이에서는 놀이 그 자체가 목적인 것을 깨달을 수 있을 것이다. 그들에게 놀라고 돈을 주거나 유혹할 수 없고 아동의 놀이 상대로 끼어들 수도 없다. 아동이 관련되어 있는 그들의 놀이에는 목적이 없다. 즉 그것은 근육을 형성시키거나 손과 눈의 협응을 위해 그리고 시간을 보내기 위해 행해지는 것이 아니다. 그것은 놀이 자체가 목적으로 기쁨의 순간 이상 어떤 보상이나 결과를 바라는 것이 아니다.

놀이는 어떤 의미에서 시간, 공간, 그리고 물질 등 모든 것이 변형되어질 수 있는 마술이다. 그것은 아무나 들어갈 수 없지만 누구도 지배할 수 없는 다른 영역으로의 진입을 가능하게 해준다. 아이들은 어른들이 매우 좁은 시야를 가지고 있고 아동이 지닌 상상력의 마술에 빠져들지 않는다는 것을 안다. 아동의 놀이에 참가하길 기대한다면 아이들이 어른들이 성인으로서 가지는 짐이 무겁고 어렵다는 사실을 알고 있기 때문에 주의를 기울어야 한다. 놀이는 아동이 하는 어떤 것으로 능숙하게 잘 할 수 있다. 성인이 만약 아이라면 어떤 놀이를 할 수 있을까?

19세기 후반 철학분야에서 매우 유명한 인물인 독일의 철학자 Friedrich Nietzsche는 다음과 같이 말하였다. "진실로 놀기를 원하는 사람은 마치 아이와 같이 놀아야 한다(Really to Play, one must play like a child)."

하지만 단지 이것만으로는 왜 어른들이 놀려고 할 때 "유치함(childish)"이 나타는지에 대한 변명이 되지 못한다. 사실 성인들은 그들이 아이때 했던 것처럼 놀지 못한다. 왜냐하면 그들은 놀이에 완전히 몰두할 수 없고 창의력도 저하되고 실재 세계에서 그렇게 쉽게 벗어날 수 없기 때문이다.

성인은 그들이 하고자 하는 것에서 상상력이 다소 떨어졌지만, 그들이 하고자 하는 것에 대해 더 끈기있게 오래 견딜 수 있고 아이들보다 인내심이 더 있다. 성인의 놀이는 아이들의 '그 자체가 목적'인 놀이가 유지될 수 있지만, 성인들의 성격은 여러 영향 요인에 의해 형성되어졌기 때문에 놀이를 하는데 있어 아동과는 몇 가지 차이점이 존재한다. 예를 들어 4명의 어른이 브리지 게임을 하는 것을 상상해보라. 카드가 모두에게 나누어질 때 몰입이 있을 수 있고 게임을 할 때 상상력이 첨가될 수 있다. 그리고 그 게임이 심각한 일상생활과 연관되어 있지 않다고 느낀다면, 의무나 일상생활에서의 압박감을 벗어날 수 있다. 하지만 만약 성인이 카드게임 특히 브리지를 하는 것을 지켜보면 아동의 단순성이 전달되지 않는 어떤 심각한 것이 제시되어 있음을 알 수 있을 것이다.

아동의 놀이는 확실히 은폐되거나 숨겨진 구성요소가 있지만, 성인의 놀이에서 숨겨진 구성요소들은 그 놀이를 하려고 하는 실제적인 이유로 인해 나타날 수 있다. 이웃이나 사업파트너와 카드 게임을 할 때 가장 많이 해결되지 않았던 문제들은 다소 공격적 놀이로 가장되어질 수 있다. 그 게임은 성적인 풍자나 느낌을 지닐 수 있다. 즉 자신의 가치 또는 경쟁시 능력을 표현하려는 것뿐만 아니라 심리학적인 교전상태가 또한 계속 지속될 수도 있다.

만약 불가능하지 않다면 성인기에도 아동의 놀이 영역과는 다른 마법 영역에 진입할 수 있다. 어른은 상상에 의해 황홀해질 수 있는 능력이 상실된 것일까? 또는 놀이를 위한 능력이 게임을 위한 유전자의 표출 여부를 결정하는 다소 신비로운 유전적 구성요소에 의해 자극받을까? 당신이 노력한다지만 당신은 놀이시 아동의 마음속에서 발견되는 아이의 세상 속으로 실제로 다시 들어갈 수 없다. 부모들은 때때로 아이들의 세계에서 실제로 진행되고 있는 무엇인가에 대한 느낌, 공감을 어느 정도 알기 위한 노력을 시도할 필요가 있다.

우리가 성장해감에 따라 상상력이 지닌 힘은 변화되거나 사라진다. 우리는 결코 초과 할 수 없는 한계에 대해 알게 되고, 초과할 수 없는 한계와 놀이를 위한 역할을 배우고, 습관화 되고, 관습화되어진다. 18세기 영국의 유명한 시인들인 Blake, Coleridge, 그리고 Wordsworth는 우리가 가진 시적 능력이 기대하거나 관습화되어진 지침에 의해 관습적인 상상을 하도록 유도되어져서 약화되었다고 설명하였다. 다시 말하자면 우리는 아동기의 순순한 감수성을 상실하였다. 틀에 짜인 일상생활은 인간이 가진 지각을 무디게 하고 최초의 것을 행할 때 신선함이 없어진 것이다. 우리 문화에서 놀이가 상실된 데에 대한 Huiznga의 애도에서 성인을 위한 보다 창의적인 놀이가 만들어지도록 격려해야 한다는 것을 알 수 있을 것이다.

다양한 법적 또는 불법적 약물의 사용은 상상을 하기 위한 화학적 자극제를 제공받고자 하는 노력이다. 그것과 별개로 대중 잡지는 사람들이 우리에게 부과된 지루한 일상생활 속에서 새롭고 자극적인 놀이 형태를 계속 추구하고 있음을 보여준다.

놀이의 정신은 문명의 건강 정도를 평가하는 일종의 온도계이다. 직접 하거나 놀이를 지켜보는 열정으로 가득 찬 한 국가 또는 세계적으로 행해지는 게임은 경쟁뿐만 아니라 전 세계를 의사소통 시킬 수 있는 새로운 시대적 흐름일 수 있다. 사회학자들은 운동프로그램뿐만 아니라 정치적 성향을 지닌 놀이 정신의 본보기로써 올림픽게임을 들었다.

사람들의 지적 능력이 필요한 게임도 있다. 전자게임은 매우 단순하면서도 가공할 만한 지적 능력을 요구한다. 닌텐도 게임은 고도의 기술적인 지적 활용이 요구되는 컴퓨터 게임의 일종으로 정신적 몰입을 자극한다. 상이한 문화를 가진 집단에 들어가면 게임의 방법뿐만 아니라 게임의 유형에 대해 많은 것을 알려줄 것이다.

자유시간이 지닌 역할은 성인의 놀이가 아이들처럼 상상의 놀이에 다시 몰입할 수 있도록 활짝 꽃필 수 있도록 촉진하거나 자극하는 것이다. 아동기의 의식의 문은 닫혀졌지만 잠겨진 것은 아니다. 그래서 아동기의 놀이는 중요하고 뒷장에서 다루어질 것이다. 놀이는 또한 성인의 여가를 위한 하나의 준비이다. 다음과 같은 질문이 가능할 것이다. 현대 서구에서 여가가 지닌 의미는 무엇일까?

1.6 여가에 대한 견해들

(Some Perspectives on Leisure)

여가에 대한 정의를 내리는 시도는 계속 되어왔다. 여기서는 여가에 대한 몇 가지 견해를 제공하고자 한다. 여가가 실제로 어떤 것인지 이해하기 위해서는 상이한 시간대에 다른 여러 학자들이 지닌 인식과 견해를 알아야 하기 때문이다. 여가에 대해 한 가지로 정의 내릴 수는 없지만 그것이 지닌 의미를 파악하는데 도움을 주고자 한다. 여가는 현상에 근거한 일종의 사회학이다(Leisure is a societally based phenomenon).

한 가지의 포괄적 정의는 표면적으로는 나타나지 않았지만 모든 사회, 모든 상황에서 여가가 존재한다는 것이다. 상이한 사회는 여가에 대한 다른 개념이 나타날 수 있고, 여가에 대한 이상을 가진 사회가 역사적으로 있을 수도 있다. 하지만 최후의 그리스 철학자가 죽은 후부터 20세기 이전까지 여가가 존재하지 않았다는 주장은 지나치게 협소한 것이다. 여가는 그것이 지닌 모든 의미를 상실할 수 있는 위험처럼 많은 상이한 뜻을 지닌 단어이다. 하지만 여가에 관련된 몇 가지 차별적이고 개별적 견해들이 관련된 문헌들에서는 상호배타적이지 않고 인간생활에서 여가가 지닌 역할을 이해하는데 도움을 줄 수 있다.

다양한 견해들을 검토한 후 가장 중요한 여가의 구성요소를 알 수 있을 것이다. 아마도 여기에 제시된 한 가지 이상의 견해들에 동의할 수도 있고 어떤 것은 의미가 없을 것이라고 생각할 수도 있다. 특정 개인이나 사회에 의해 지배적인 것으로 여겨진 여가에 대한 개념을 파악하는 것은 중요하다. 여러 견해들이 지닌 의견과 주장을 이해하는 것도 중요하다, 오랜 시간이 경과해도 수용되는 견해 중 하나가 Aristotle의 것으로 그의 주장은 여전히 설득력을 지니고 있다.

1.6.1 아리스토텔레스와 고전적 견해
(Aristotle and the Classical Perspectives)

여가에 대한 고전적 또는 규준적 견해는 예수 탄생 4세기 전 Aristotle에 의해 표현되어졌고, 13세기 때 성 토마스 아퀴나스(St. Thomas Acuinas)와 20세기 사람인 Josef Pieper와 Sebastian de Grazia에 의해 연대기적으로 수정되어져 왔다.[9)] 그 견해가 고전적인 것을 까닭은 기원전 800년경에 시작된 고대 그리스 문명의 기간부터 초기 기독교시대까지 지속되는 동안 발전한 것이기 때문이다. 여가가 지닌 규준이나 형태를 규정해줄 수 있기 대문에 그것은 “규준적(normative)”이라고도 한다.

Aristotle는 그 개념을 고안하지는 않았지만 플라톤(Plato)의 20명의 제자들 중 한 사람으로 그 시대의 아테나 문화에 적극 참여하였다. 아테나가 지닌 부와 권력은 노동할 필요가 없는 자유시간을 가진 소수의 사람만이 여가를 누릴 수 있게 해 주었다. 자신을 돌아볼 여유가 없이는 여가가 무엇인지 분석하기는 어렵다. Plato은 우연히 그의 저서 『공화국(The Republic) : 완전한 상태 또는 이상사회가 지닌 특정을 대화체로 기술』에서 여가에 대해 표현하였다. 완전한 사회에서 통치계급은 현세의 세속적인 모든 일들에서 자유롭다. 그리고 그들은 선(the good), 진리(the true), 그리고 미(the beautiful) 등의 개념을 조정하여 좋은 결과를 산출하는 훌륭한 통치자일 수 있다. 그들 삶이 지닌 완벽함은 통치자의 완벽하고 행복한 삶을 모방하려는 그 사회의 군인이나 상인계급에게

09) Aristotle : *The Basic Works of Aristotle*, ed. R. McKeon(New York : Random House, 1948). B. Dare, G. Welton, and W. Coe, *Concepts of Leisure in Western Thought*(Dubuque, la. : Kendall/Hunt, 1987).

좋은 본보기를 제시해준다. Plato에 있어서 이러한 철학자−왕은 진정한 여가사회를 형성하였다. 그들이 받아온 교육 덕분에 모든 것을 적절한 견해로 검토할 수 있게 되었다. 그들은 일반적으로 선하고 모범적인 방식으로 삶을 영위해 나갈 수 있다.

Aristotle는 Plato가 지닌 이상적 여가사회에 대한 시각에 공감하지는 않지만 여가는 공공의 상황에서 발생하고 그 자체로서 끝이 나는 것이라고 주장하였다. Aristotle는 여유가 있는 개인이 사고와 이상을 공유할 수 있는 진정한 동료인 친구가 필요하다는 점에서 동의하였다. Aristotle에게 있어 여가를 즐길 수 있는 사람(leisure man)은 가장 고귀하고 가장 진실한 것을 실행하기 위해 자신이 가진 최대의 능력을 사용하는 시간이 행복하다고 할 수 있다.[10)] 그리고 어떤 것이 더 큰 행복을 가져다 주는지 말할 수 있는 사람이 진정 여유가 있는 사람이라고 할 수 있다. 찰나적인 일체의 육체의 즐거움, 계속적인 부의 축척, 그리고 정치나 운동경기에서 나타나는 군중들의 일시적인 아첨도 아니다. Aristotle은 그런 모든 즐거움은 재빨리 사라지지만 진리의 조절은 한 개인을 영속적 실재(eternal reality)에 접촉할 수 있게 해주고 신의 경지에까지 이를 수 있는 방법이다.

Aristotle에 있어서 여가는 사고(thought)와는 분리될 수 없는 것으로 여가를 행할 때 그 사람은 조정자이고 사상가(thinker)이다. 그리고 여가만이 우정을 키우는데 드는 시간과 에너지를 투입하여 진정한 우정을 가능하게 해준다. 그리고 친구는 자유시간을 기꺼이 함께 하기를 원한다. 행복(happiness)은 이와 유사하게 여가와 분리할 수 없는 개념으로 즐기는 사람만이 행복하다고 할 수 있고 즐겁기 위해서는 시간적 압박이나 사소한 것 등에서 자유로울 수 있어야 한다.

Aristotle의 여가에 대한 시각은 고독을 조절하는 것(Solitary Contemplation) 이상의 것을 포함한다.[11)] 훌륭한 삶에 대한 Aristotle의 견해는 진정으로 선한 인간이 될 것을 요구하고 선(virtue)이란 단지 사회에서 하는 행위에 의해 개발되어졌다. 따라서 훌륭한 시민이 되는데 필요한 정중함(civility)은 여가에 통합

10) The use of the masculine gender throughout this section is deliberate.
Aristotle was a sexist, convinced that only men were capable of rationality.
In Greek society at that time, women were uneducated ; hence, they were not good companions for the type of leisure that Aristotle envisioned.

11) J. Hemingway, “Leisure and Civility : Reflections on a Greek Ideal,” Leisure Sciences 10(Fall 1988) : 179~191.

된다. Aristotle은 인간이 지닌 최상의 부분이 이성(reason)으로 두 가지 기능을 한다고 주장하였다. 한 가지는 이론적인 것이고 나머지는 실천적인 것이다.[12] 다재다능한 사람이 되기 위해서는 이런 기능들을 활성화시킬 필요가 있다. 이론적 능력을 가진다면 진리를 조정할 수 있고 실용적 이성을 가진다면 선해져야 할 것이다. Aristotle는 일상적인 삶의 과정을 이루는 개인이나 정치적 상황을 파악하기 위해서는 신중함과 지적 통찰력으로써 적절한 행위를 하여야 한다고 하였다. 고결함(virtuous)은 지능을 필요로 한다. 언제 용감해져야 할지, 어떻게 성정을 다스려야 할지, 그리고 어떻게 타인을 공정하게 다룰 수 있을지 등을 알기 위해서는 현학적인 사고가 필요하기 때문이다.

이런 고전적 견해에서 여가는 마음, 정신, 그리고 성격의 배양이다(In this Classical perspective, leisure is the cultivation of mind, spirit, and character).[13] 시간은 논의되지 않았는데 그것은 여가를 구성하는 고전적 개념과는 상관이 없기 때문이다. 여가는 한 개인의 상태 또는 조건, 태도 또는 습관이다. 그리고 비록 시간 내에서 발생하는 과정이긴 하지만 자유시간은 여가의 핵심 요인이 아니다. 고전적 견해에서 여가의 핵심은 자유 시간에 대한 한 개인의 태도나 선유 경향(predisposition)이다. 고전적 견해에서 여가를 위해 시간을 짜는 것은 위험하다고 하였다. 여가는 계획할 수도 없는데 그것이 여가가 감수성이 강한 개인에게서 발생하는 것으로 사랑이나 폭로가 일어날 수 있기 때문이다. 너 자신을 위해 그것을 준비해야 하는데 그것을 통제하기보다는 소유하라.

여가는 시간에 영향을 받지 않는다(atemporal). 그것은 시간 외에서 발생하는 것이 아니라 여가가 당연시되고 평가될 필요가 없는 것으로 여겨질 때 나타난다. 결국 현대의 어떤 비평가는 현대, 산업 그리고 자명종 시계문화에서는 여가가 불가능하고 매우 상이한 것이라고 주장하였다.[14]

유치원에서부터 우리는 최고로 중요한 것에 대해 알고자 문화의 한 구성원으로써 교육을 받아왔다. 우리는 초기부터 나태는 가장 큰 위협으로 시간을 빈

12) G. Bammel, "Aristotle on Sophia and Phronesis"(master's thesis, University of Toronto, 1963).

13) S. de Grazia, *Of Time, Work and Leisure*(New York : Twentieth Century Fund, 1962). De Grazia is a proponent of the classical concept of leisure and skeptical about the possibilities for leisure in modern society.

14) R. Kraus, *Recreation and Leisure in Modern Society*(Englewood Cliffs, N. J.: Prentice-Hall, 1971), 266.

둥빈둥 낭비하는 것보다 더 큰 손실은 없다고 교육받아 왔다. 사람들은 여행시 좋은 시간을 보내라(making good time)고 말하고 현대의 운전 기술은 가능한 더 빨리 원하는 장소로 이동시켜 주었다. 시계를 가진 미국인들에게서 시간에 대한 강박관념이 증가하였다. 그리스에서 여가는 시간과는 상관이 없었다. 만약 여가가 주기적으로 발생하는 것이라고 한다면 현대를 살아가는 개인은 여가에서 제외될 수 있을까? 많은 철학자들은 그렇게 생각하지 않는다.

1.6.2 자유재량시간으로서의 여가 : 가장 대중적인 견해
(Leisure as Discretionary Time : The Most Popular Perspective)

사람들에게 여가 개념에 대해 조사하거나 묻는다면 일반적으로 "즐거운 것을 하기 위한 자유시간"의 형태로 반응한다. 대학생들에게 그들에게서 여가의 의미가 무엇인지 물었을 때 가장 많이 나타나는 반응은 "자투리 시간(party time)" 또는 휴식을 취하거나 운동경기나 "좋은 시간"을 가지기 위한 어떤 것이다. 이런 의미에서 여가는 일상생활을 돌보는데 필요한 것 이외에 남아 있는 시간을 말한다. 이런 여가의 개념에 대해 지지하는 현대의 연구자들로는 Brightbill과 Kraus가 있다. 많은 여가와 레크리에이션 연구자들은 이런 견해를 선호하는데, 그것은 시간이 여가를 평가하는데 편리하고 연구자들이 필요로 하는 많은 자료를 수집 가능하게 해주기 때문이다.

비록 이것이 여가에 대한 일반적이고 널리 수용되는 견해이지만 그것이 지닌 단순성은 문제를 유발할 수 있다. 자유시간(free time)은 의무시간(obligated time)의 반의어이다. 그리고 "자유로운" 많은 시간 또는 자유재량인 자유시간은 개인적 유지, 단순한 회복, 또는 다른 것을 성취하기 위한 덜 지루한 의무인 것으로 판명되었다.

이 견해에서 노동시간이 아닌 어떤 시간이 여가로 분류되어질 수 있다. 하지만 여가에 대한 기본신념은 "진정으로 원하는 것을 하고자 하는 것(doing what one really wants to do)"이다. 그리고 이것은 자신의 가처분 시간뿐만 아니라 노동시간에서 발생한다. 아마도 자신의 일을 생산적으로 즐기면서 하는 노동자인 음악가, 철학자들은 일할 때조차도 가장 여유로울 수 있다. 어떤 사람은 자유시간에 일하러 갈 수도 있고 공백시간을 채우기 위해 활동을 하기도 한다.

여가가 노동 중에 나타날 수 있지만 모든 자유재량시간이 여가가 아니다. 즉 잠자는데 소비하는 시간, 줄서서 기다리는 시간, TV에서 광고 보는 시간, 그리고 자신의 영역을 넓히기 위해 소비한 시간 등은 여가와는 차이가 있다. 자유재량시간은 여가활동을 위해 선택된 것으로 그 자체간으로는 불충분하고 여가에 대한 오해를 유발할 수도 있다. 자유재량시간은 여가의 조건 또는 선행조건일 수 있지만, 여가의 출현을 보장해주지는 못한다. 이것은 여가에 대한 일반적이고 자주 언급되는 견해로 여가가 지닌 의미를 전달할 수는 있지만, 다른 견해들에 의해 보증되거나 그것을 바탕으로 완전해질 필요가 있다.

1.6.3 계급 특권 견해 (The Perspective of Class Privilege)

Thorstein Veblen은 1899년 『Theory of the Leisure Class』란 책을 출간하였다.[15] 그는 이 책에서 자본주의 체제를 비평하고 여가에 관한 호기심을 갖고 자신의 견해를 피력하였다. Veblen은 일하지 않는 사람들조차도 여가가 무엇이지 잘 알지 못한다. 즉 현저한 소비와 태만으로 여가를 특정지울 수 있다는 사실을 잘 모른다고 제시하였다. 단지 부유층만이 한가하다고 불릴 수 있고 그들이 누리는 여가는 친구나 이웃들에게 보여줄 수 있는 포틀래치 경향으로 소비되었다.

Veblen은 유행에 지나치게 따르는 사람이 여유가 있는 것이라고 설명하였다. 그가 가진 견해는 영국 귀족이나 많은 부를 상속받은 소수의 미국인들이 한 달 동안 그들이 가진 돈을 어떻게 소비할지 궁리하는데 보낸다는 것이다.

Veblen의 저서는 사회를 풍자한 것이다. 즉 1990년대 당시 노동계층은 극도의 가난에 허덕이는 반면 소수의 부유층은 탐욕스럽게 그들이 지닌 부를 주체하지 못하는 사실을 잘 지적하였다. 또한 부유층은 가난한 사람들이 모방할 수 없도록 지나친 소비행위를 통해 그들이 지닌 빈약한 능력을 보충하였다고 지적하였다.

그의 견해에서는 여가는 현저하게 소비에 시간을 보내는 것이고 어떤 결과가 없는 무의미한 것을 추구한다고 하였다. 고전적인 자기계발의 개념을 찾을 수 없다. Veblen은 그가 살던 시대에서처럼 산업구조의 생산성과에 어느 정도 관련되어 현대에서도 남을 관찰하고 모방하는 소비성향이 있는 인간의 불행한 행동이 발생한다고 정확히 지적하였다. 집, 가구, 자동차뿐만 아니라 의복은 사회적 소구(appeal) 때문에 팔려졌다. 이것이 실제로 여가를 구분지울 수 있

15) T. Veblen, *Theory of the Leisure Class*(New York : Macmillan, 1899).

을까? 여가가 소비경쟁자 때문에 자본을 소비한다는 사실을 알아차릴 수 있을까? 만약 노동시간(work time)이 돈을 버는데 소요된 시간이라면 여가시간이 단지 돈을 소비하는데 드는 시간이라고 할 수 있을까? Veblen은 다소 아이러니하게 일탈과 비정상성으로 여가가 지닌 핵심을 설명하였다. 그가 제시한 것처럼 TV는 부유하고 유명한 사람들의 생활양식을 보여주지만, 부유한 사람들이 하는 여가행동이 실제로 어떤 것인지 설명해주지는 못한다.

대다수 연구들은 현대 미국인이 가장 선호하는 여가 활동이 쇼핑이고 그 다음은 TV 시청, 스포츠 경기 관람 등으로 나타났다고 보고하였다.[16] 쇼핑몰을 찾는 것은 도시 레크리에이션의 한 형태로 저녁이나 주말을 선호하는 것으로 나타났다.[17] 벼룩시장의 인기는 자유로운 가격대에 자유 시간에 물건을 사고팔 수 있기 때문이라고 한다. 여러 가지 언어로 번역되었지만 Veblen이 진정으로 주장하고자 하는 것은 소비가 자유시간을 소비하는 방식이라는 것이다. 하지만 소비가 실제로 여가라면 여가가 가난, 부, 그리고 소비와는 다른 것이 아닐까? 시인 Wordsworth는 2세기전 이것에 대해 다음과 같이 애도하였다.

> 우리의 힘을 쓸모없는데 모우고 낭비하는 것은
> 그것이 우리의 특성이다

Michael Harrington은 그의 저서 『The Other America[18]』에서 자발적 빈곤층을 예로 들었다. 즉 그들은 여가를 위해 돈을 벌고 그것에 모든 것을 투자하고 그들이 하고자 하는 것에 기꺼이 시간을 투자하고 구매나 매매에서 자유롭고, 벌고 소비하고 세금을 기꺼이 낸다. 대조적으로 사회구성의 대부분은 John Locke가 주장한 것처럼[19] 물질재화의 축척을 통해 행복을 발견할 수 있는 획득적인 사회의 구성원이다. 대학생들은 자동차에서부터 녹음기에까지 모든 물질재화 영역에 대한 욕구를 가지고 있다. 이런 문화에서 소수의 사람들은 물질재화를 축척하는데 중독되어질 수 있고 이것은 여가행동에 대한 Veblen의 견

16) D. Riesman, "Leisure and Work in Postindustrial Society," in *Mass Leisure*, ed. E. Larabee and R. Meyersohn(Glencoe, Ⅲ.: Free Press, 1958).

17) G. Godbey and S. Parker, *Leisure Studies and Services: An Overview*(Philadelphia: Saunders, 1976), 113~114.

18) M. Harrington, *The Other America: Poverty in the United States*(Baltimore: Penguin, 1963)

19) B. Dare, G. Welton, and W. Coe, *Concepts of Leisure in Western Thought*(Dubuque, la.: Kendall/Hunt, 1987).

해를 정당화시켜 줄 수 있다.

매년 소비를 측정하기 위해 GNP(국민총생산량)의 통계나 소비자 구매 활동에서의 통계치들은 축척된 재화의 총량이 얼마나 증가하고 처분되었는지 나타내준다. 사고를 요하는 WJJ들은 "삶의 목표는 상품을 구매하고 소비하는데 있다(The purpose of life is to buy and consume products)"라는 유머로 경제적 견해를 패러디하였다. 이런 교재들은 소비지향적 사회에서 여가가 가진 정신을 재생시키는데 있어 어려움에 대해 논의하였다. 성산과 소비는 미국경제에서 성공을 위한 핵심이지만 이것은 여가경험을 촉진하기 위해 존재하기 바꾸기 위한 것은 아니다.

1.6.4 비(非) 공리주의(公理主義)로서 여가
(Leisure as Nonutilitarian)

미국은 "비트(beat)", "히피(Hippies)" 또는 "플라워 칠더런(flower children)" 등 1960년대 시작된 다양한 반(反) 문화(counter culture)를 가졌다. 이것은 현대 도시에 거주하던 미국인들이 철, 콘크리트, 그리고 플라스틱 등의 물질문명과 분리된 삶을 사는 방식을 말한다. Timothy Leary는 주류문화(mainstream culture)에서 벗어나 진정으로 가치 있는 것을 돌아가자는 회귀(dropping out)를 제안하였다. 드라마 비평으로 유명한 그의 저서 『*The Decline of Pleasure*』[20]에서 너무 바빠 더 이상 즐거운 삶을 즐길 시간이 없다고 한탄하였다. 그는 반 문화를 통해 즐거움(pleasure), 기쁨(delight), 그리고 황홀감(ecstasy) 등이 공장, 주식시장, 자동차, 또는 소비 등에서 찾을 수 없고 순수한 기쁨을 얻기 위해 할 수 있는 간단한 것조차도 배울 수 없다고 이야기하였다. 이런 반(反) 문화적 견해는 탐욕스런 소비 세상과 즐겁지 않고 이해할 수 없는 강박관념에 사로잡힌 세상에 대한 대안으로 제시되었다.

여기에 제시된 비(非) 공리주의자들이 가진 여가에 대한 견해는 "여가가 절대적인 즐거움을 주기 위해 할 수 있는 것을 의미한다는 것"이다. 그러 여가경험은 혼자 있을 때나 무리지어 있을 모든 경우에 나타난다. 그것은 일차적으로 정신적 상태로 어떤 특정 활동과는 연관되어 있지 않다. 물질적인 것이 포함되면 그것은 또한 외부세계로부터의 화려한 절대적 고립이 나타날 수 있다. 반문화가 가장 찬란하게 꽃피어진 곳인 캘리포니아에 거주하던 사회학자인

20) W. Kerr, *The Decline of Pleasure*(New York : Simon & Schuster, 1962).

Thomas Kando는 정신(mind)과 영혼(spirit)의 계발로서 전통적인 여가개념과 "doing one's own thing(어떤 것을 하려는 것)"[21] 사이의 유사성에 대해 지적하였다. 하지만 반문화적 시민들은 전통적인 여가개념의 제안자보다 육체와 감각적인 것을 더 강조하였다.

그 반문화는 풍요로운 삶이 가능하고 허용된 사람들에게 호기심을 주는 여가현상이었다. 즉 그들은 필요하다면 태도를 변화시킬 수 있다. 그리스 스토아학파의 철학자인 Diogenes는 다음과 같이 말하였다. "최소한의 빵과 물만 있다면 만족할 수 있다(With a little bread man a little water a man should be satisfied)". 하지만 사람들은 물질적 소유가 행복을 가능하게 한다고 생각하여 끊임없이 축척하려고 한다. Emerson은 "내가 만약 소를 사육하고 있다면 그 소는 나를 가진 것이다"라고 하였다.

미국의 소비자시장에서는 곳곳에서 우상파괴자들이 나타났다. Thoreau는 Walden Pond에서 한 페이지로 그의 소유물에 대한 목록을 만들어 기재하였다. 물질재화의 축척으로 행복을 느끼는 사람과 소수의 것만 소유하고도 행복하다고 하는 사람들 간의 대화는 계속 논쟁거리가 될 것이다. Emerson과 Thoreau처럼 19세기 사람인 De Tocquvile은 미국인들이 이 세상에서 가장 부-지향적인 문화를 가졌다고 특징지웠다. 인간의 이런 경향은 획득적인 것이다. 그리고 아마도 미국인들은 이런 경향이 더 많을 수 있다. 때때로 더 많은 것을 가지려고 하는 인간의 경향은 여가가 비공리적으로 되도록 한 개인이나 사회운동을 유도하였다. 이것은 재화의 소유가 여가에서 얻을 수 있는 경험을 방해하고 막을 수 있고, 삶에서의 기쁨은 어떤 것을 소유하는 것과는 관련이 없다는 것이다.

1.6.5 심리학적 측면에서의 여가
(Leisrue in Psychological Perspectives)

여가는 한 개인이 그들의 성격을 표현하는 것이기 때문에 심리학 수업은 여가를 이해하는데 도움을 줄 것이다. 여가에 관련된 어떤 견해들은 대개가 광범위하기 때문에(여가는 필요한 일을 하고 남은 시간이다), 또는 어떤 것은 지나치게 협소하여(여가는 상위문화로 발레, 오페라, 고전 음악 등이 포함된다) 모든 사람이 하는 행동의 어떤 부분이 여가로서 정의될 수 있다는 사실이다. 심

21) T. Kando, *Leisure and the Popular Culture in Transition*, 2d ed.(St. Louis : C. V. Mosby, 1980).

리학자들은 적응의 과정에 관심을 가지기 때문에 여가를 자기성장을 위한 기회나 또는 건설적 행동을 하기 위한 선택으로 여긴다.

"여가를 즐긴다는 것은 자신이 가진 재능, 능력, 잠재력 등을 표현하는 것이다."[22] John Neulinger와 Rick Crandall은 이런 견해에서 여가가 한 개인을 위해 무엇을 할지 검토하기 위해 연구모형을 만들었다. 심리학적 견해에 의해 제시된 주제는 "여가는 삶에서 후방의 목적(back purpose)을 형성하기 위한 시간이다." 심리학적 견해는 여가가 목적적인 활동으로 개인적으로 이로운 결과를 가질 수 있는 것이라고 강조하였다. 여가에 대한 이런 견해는 부유층 어머니를 대상으로 한 연구에서 추출할 수 있었다. 즉 "만족스런 여가는 어떤 것이 제공될까? 더 많은 여가를 경험하지 않은 사람들에게는 어떤 것이 발생될까? 다양한 여가행동은 개인마다 어떤 결과를 산출할 수 있을까? 상이한 연령, 수입, 인종, 그리고 국적에 따라 사람들은 왜 상이한 형태의 여가를 선호할까?" Journal of Leisure Research에 기재된 논문들이 가끔 심리학적 경향을 보이고 또는 경제학이나 사회적 가설들을 다룬 책들에서도 이런 경향이 발견된다.[23]

심리학적 견해는 가장 근본적인 물음에 대해 답해 줄 수 있는 모형을 제공한다. 누가, 왜, 여가를 필요로 할까? 얼마나 많이 여가가 요구되어질까? 성격발달에 있어 여가가 하는 중요한 역할은 무엇일까? 몇몇 교재들은 여가에 대한 사회-심리학적 견해를 보여준다.[24] 이런 견해는 여가행동에 관련된 연구에 대해 더 많은 모형을 제시해 줄 것이다. 가장 기본적이고 계속되는 의문은 여가가 무엇이고 그것이 인간에게 어떤 편익을 줄 것인지에 대한 것이다.

1.6.6 세 가지 영역에서의 여가 (Leisure in Three Parts)

프랑스의 사회학자인 Joffre Dmazedier는 여가에 대해 다양한 접근방법을 합성시키려는 시도를 통해 여가는 다음의 세 가지 분리할 수 없는 부분을 가진다고 제안하였다. 즉 이완(relaxation), 위락(entertainment), 그리고 개인적 개

22) J. Neulinger, *The Psychology of Leisure*(Springfield, Ⅲ.: Charles C Thomas, 1974), xi.

23) G. Peterson, B. Driver, and R. Gregory, *Amenity Resource Valuation*(State College, Pa. : Venture Publishing, 1988).

24) For a scholarly text on the psychological approach to leisure, see S. Iso-Ahola, The *Social Psychology of Leisure and Recreation*(Dubuque, la.: Wm. C. Brown, 1980).

발(personal development) 등이다.[25]

이완은 피로함을 극복할 필요때문에 여가의 시작이고 위락은 마음을 느슨하게 하여 다른 것에 여가의 전환적 측면을 제공해준다. 하지만 개인적 개발은 여가의 계속적 구성요소로 개인의 삶을 더 가치있게 확장시켜준다.

사람들이 여행하려고 하는 중요한 동기 중 하나는 이완의 기회를 가지려는 것이다. 삶의 속도에서 압박감이 증가한 현대 생활이 주는 스트레스와 긴장의 원천을 벗어나길 원한다. 하지만 휴식은 단지 공허한 것일 수 없고 그것은 무엇인가로 채워지는 시간이어야 한다. TV는 세계에서 가장 이용 가능한 즉석 위락거리이다. 닐슨 조사에 의하면 평균적인 미국 성인은 일주일에 20시간 이상 TV를 시청하는 것으로 나타났다. 해가 지거나 한밤중일 때 백만명 이상의 미국인들이 TV를 본다. 영화, 연극, 소설, 음악, 잡지, 그리고 신문 등은 모두 위락을 제공해주고 하루의 번잡함에서 잠깐의 여유를 준다. 시간에 대한 연구들은 평균적으로 미국인들이 위락에 참여하는데 보내는 시간이 하루 중 4~5시간이란 것을 보여준다.

Dumazeider가 말한 여가의 세번째 구성요소는 자기 개발이다. 이것은 활동을 자유롭게 해주는데 또한 공리주의자와 실용주의자들이 정한 활동에서 자유로워지는 것이다. 그것은 정보를 수집할 시간을 주어서 정서를 위한 새로운 시각의 개발과 개인이 가진 능력의 심화와 확대를 가져다 준다. 이것은 독서, 여행, 산책, 대화, 또는 단순히 혼자 있거나 자신을 돌아봄으로써 가능하다. 이것은 단순한 생존 이상의 의미를 가지는 것으로 진정한 자아를 발견하거나 이상과 그것을 하기 시작하는 실재 사이에 존재하는 차이를 인식하는 것이다. Dumazeider는 다음과 같이 간결한 방법으로 여가에 대한 접근방법을 요약하였다. "여가는 활동으로—한 개인이 마음먹은 대로 휴식이나 기분전환을 하거나 지식을 넓히는 것이다."[26]

비록 여가와 관련된 많은 저자들이 개인 성장에 대해 언급하였지만 Dumazeider는 그런 성장을 휴식이나 위락과 연관시켰다. 휴식(rest)은 여가의 기본개념으로 세상의 많은 사람들이 여가를 보내기 위한 방법으로 다양한 형태의 위락활동에 열광하고 있다. Dumazeider는 대다수 사람들이 여가에 대해 생각하는 것을 공통적인 의미로 합성시켰다.

25) J. Dumazedier, *Sociology of Leisure*(New York : Elsevier, 1974).

26) J. Dumazedier, Toward a Society of Leisure(New York : Free Press, 1967).

1.6.7 총체적 견해
(Holistic Perspectives)

다른 절충적 방법은 여가가 한 개인에게 무엇으로 인식되어지는가 하는 것이다. 예를 들어 축구는 한 사람에게는 직업일 수 있고 다른 사람에게는 여가일 수 있다. 사무실에서의 하루는 한 개인에게는 지겨울 수 있지만 다른 사람에게는 놀이로 여겨질 수 있다. 총체적(Holistic) 접근방법은 삶을 하나의 전체적인 것으로 인식하자는 것이다. 하루를 분리할 수 없거나 어떤 것을 일이나 여가로 분리하여 말할 수 없다고 대답할 수 있다.

일은 한 개인에게서 일로써 지각되어지는 것이고 여가를 위한 특성이나 잠재력을 놀이를 할 때 가질 수 있다. 예술가들은 총체적인 견해를 가지고 있다. 예술가들은 모든 경험에 주의를 기울어야 한다(그것을 예술의 형태로 전환시켜야 한다). 예술은 그 자체의 목적을 위해 존재하는 것으로 예술 작품을 통해 그것이 지닌 정서나 통찰을 전달할 수 있으며 단순히 아름답게 인식되는 것 등의 목적이 있다. 예술가의 삶은 총체적 견해를 위한 하나의 모형이다.

이런 견해를 가장 잘 구성한 것으로 유명한 음악가인 Max Kaplan은 자발성(voluntary)과 기쁨(pleasure)이 여가의 필수요건을 충족시킨다고 설명하였다.[27] 그런 활동은 고급화되거나 문화적이 될 수도 있고, 아니면 변조되거나 퇴폐적이 될 수도 있다. 하지만 그것을 자유롭게 선택하여 즐기는 참가자들이 있는 한 여가로 분류되어질 수 있다. 이런 견해는 정보와 도움을 줄 수 있지만 여가의 개념을 더 포함시켜야 한다.

선행에 언급된 각각의 견해들은 다음과 같이 총체적으로 표현될 수 있다.

"여가는 여가로서 작용한다(Leisure is as leisure does)"

그것은 즐거움을 줄 수 있는 활동을 자유롭게 선택하는 것이 여가로 다소 느슨한 목적을 가질 수도 있고 개인의 삶에 가치와 의미를 제공하기도 한다.

"여가경험의 분광체(Leisure Experience Spectrum)" 또는 L.E.S.는 총체적 견해에 대한 상이한 접근방법을 잘 설명해준다. 이 견해는 무작위적 표본에서 얻어진 반응에서 유래한 것이다. 즉 '당신은 한가로울 때 무엇을 하고 지냅니까?' 몇 년에 걸쳐 연구자들은 일반 포럼, 강연회, 컨퍼런스 수업 등에서 이것을 질문하여 얻어진 다양한 반응들을 (그림 1.1)과 같이 집단으로 유목화 되어

27) M. Kaplan, *Leisure: Theory and Policy*(New York: Wiley, 1975), 27~28.

졌다. 어떤 사람들은 자신의 신체적 욕구를 돌보는 것에 가장 우선시하였다. 운동은 타인의 첫 번째 반응이다, 많은 응답자들은 여가가 자신을 성찰하거나 다른 사람을 만나거나 파티할 시간을 가지거나 사회화 시간 등이라고 각각 다르게 반응하였다. 만약 대다수 사람들이 그 언어를 사용하여 어떤 단어를 받아들인다면 여가에 대한 총체적 견해는 더 많은 지지를 얻을 수 있을 것이다.

<그림 1. 1> 여가 경험 연속체

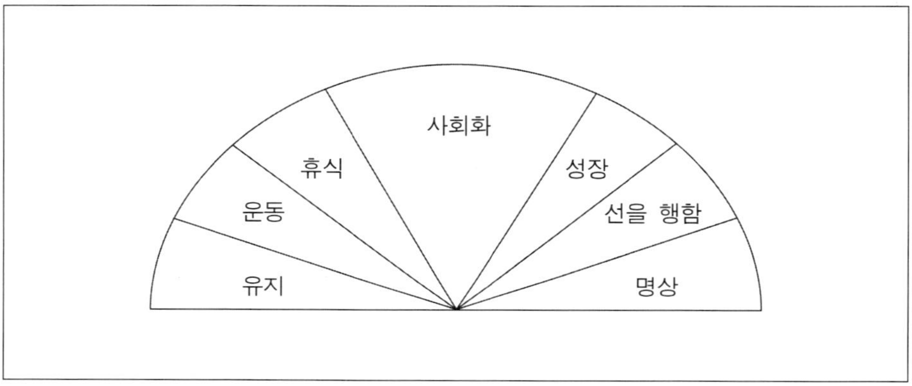

1.6.8 의학적 견해 : A 유형의 행동 (A Medical Perspective : Type A Behavior)

주기적으로 세계 역사에서 가장 큰 여가 문화가 있던 나라가 미국이라는 다소 학술적이고 정치적 주장이 제기되고 있다. 그런 주장은 대개 소비 형태의 분석에 근거한 것이다. 미국인들은 선행의 어떤 다른 사회에서보다 돈을 가장 많이 가지고 있고, 어떻게 돈을 소비할지 그 방법을 아주 다양하게 지니고 있다. 하지만 자유시간 활동이나 서비스에 관련되어 소비되는 돈의 양은 여가가 실제로 얼마나 발생했는지 알려주는데는 빈약한 지수이다.[28]

여가와 관련된 가장 많은 지지를 받고 있는 중요한 개념은 Friedman과

28) U. S. News & World Report published an annual analysis of leisure expenditures. Fortune, Harper's, and The Futurist, among others, also publish occasional studies of spending and leisure behavior. The Futurist contains articles that project what leisure will be like in the societies of the future.

Rosenman 박사에 의해 제기되었다. 그들은 소위 "A 유형의 행동(Type A Behavior)"이라고 불리는 존재를 가설화하였다.[29] 이 유형의 행동은 만성적으로 시간 압박에 시달리거나 과도한 경쟁심 등으로 구체화되었다. 그것은 어떤 의미에서 여가 의미를 상실한 것일 수 있다. 여가는 시간을 초월하고자 하는 피상적 시간이 지닌 수요, 삶에서의 단순한 기쁨을 상징하기 위한 능력이다. 이것과 확실히 대조적으로 Friedman과 Rosenman 은 "A 유형의 사람은 끊임없이 시간과의 영속적 싸움을 벌이고 그것은 그를 심장혈관계 질환으로 인한 죽음으로 내몬다"라고 하였다.[30] 추후 연구는 분노(anger)가 심장 발작을 일으키는 주범인 것처럼 보이지만 시간에 얽매인 성격과 여가가 부족한 것 간에는 관련성이 나타난다고 지적하였다.

Friedman과 Rosenman은 소위 B 유형의 행동을 하는 사람들에서 나타나는 심장발작이 더 많은 창의성과 신선함을 지닌 여가태도와 관련 된다는(유형 B 피험자) 새롭고 놀라운 사실을 발견하였다. 즉 B유형이라 불리는 사람들은 2가지 이상의 심지어는 4가지의 상이한 사건, 사실, 과정이 새롭고 놀랄만한 결과를 파생키길 수 있다는 것에서 변증법적 방법을 사용하여 여유 있게 심사숙고하고 대안에 비중을 두고 실험하고 그리고 탐색하기 위한 시간을 가진다는 사실이다.[31]

이 견해에서 가장 중요한 것은 여유 있는 태도와 신체건강 사이의 연관이다. Friedman과 Rosenman은 심장병이 유발되는 가외의 원천과 관련된 문헌을 검토하고 나서 미국인들의 생활에서 시간－긴장 유형(time－intense of living)이 심장병으로 인해 일찍 사망하게 되는 가장 중요한 원인이라고 제안하였다. "다양한 환경적, 사회적 요인은 생활과 일을 더 빨리 하라고 몰아붙인다."[32] 꾸준한 속도로 이행할 수 없게 되는 것은 우리 신체를 과도한 스트레스에 노출시키고 결국 심장관상동맥에 문제를 초래하게 된다고 제시하였다. 이것에서 탈출하는 수단은 과업지향적인 현대 사회에서 격려하는 연속적인 흥분속도를 피하는 것이다. 의사들은 다음과 같은 방법을 사용하면 심장발작 후 A 유형에서 B 유형으로 변화될 수 있다고 제시하였다.

---

29) M. Friedman and R. Rosenman, Type A Behavior and Your Heart(New York : Knopf, 1976). Hereafter cited as Type A Behavior.

30) *Ibid.,* 97.

31) *Ibid.,* 88.

32) *Ibid.,* 189.

> 나는 내가 맡은 의학강좌를 지금은 반으로 줄였다. 나는 배우거나 기여하는 것을 끔찍하게 중요한 것으로 생각하지 않는다. 의학 미팅에 거의 참석하지 않는다. 나는 맨해튼이 아닌 롱아일랜드에 집을 가지고 정원에 대해 배우고, 아내와 아이들과 더 많은 시간을 보내고 무엇보다 내 시간을 즐겁게 보낸다는 것이 중요하다. 나는 이전과 같은 발작을 다시 경험하지 않는다.[33]

저자는 A 유형의 행동을 보다 여유있는 생활양식으로 변화시킬 수 있는 프로그램을 제안하였고, 이것은 레크리에이션 프로그램을 증가시키기 위한 것일 수 있다. 많은 레크리에이션 프로그램은 가능한 한 더 많은 것을 하도록 경쟁을 부추기고 그 계획에 따라 움직이도록 강조하여 A 유형의 행동을 촉진시키는 경향이 있다.

대조적으로 자신이 가장 관심을 갖고 있는 것과 관련 없는 행동을 하는 데에만 시간을 관리하는 것은 좋은 여가 또는 레크리에이션 실행에 기본이 되어질 수 있다. 하지만 대학이나 대학교에서의 교과과정은 정신적인 것을 하도록 격려되어졌을까? 아마도 다음과 같은 메시지는 대학을 세울 때 반드시 명심하면 좋을 것이다.

> 매우 짧은 시간에 많은 것을 이루려는
> 성급함, 압박감에서 자유로워져야 한다.

그것은 단지 더 많은 것을 하면서도 건강이 덜 손상되게 하여야 한다는 의미를 지닌다. 적대감과 분노는 심장질환의 기본원인제공자일 수 있지만 스트레스나 사고를 어떻게 통제하여 건강을 증진시킬 수 있는지 배울 수 있다.[34] 그런 충고는 Staffan Linderd의 『*The Harried Leisure Class*』에서 표현된 사고와 일치한다.[35] 미국인들은 더 부유해짐에 따라 더 많은 것을 쟁취하기 위해 경쟁이 격화되어 여유를 잃어간다.

Linder는 여가의 확대에 열광하는 사람들이 시간을 소비하는데 있어 실패한다는 사실을 알아차렸다. 비록 생산성의 진보와 수입의 증가가 한 개인이 가진

---

33) *Ibid.*, 215.

34) R. Williams, M.D., *The Trusting Heart: Great News about Type A Behavior*(New York : Times Books, 1989).

35) S. Linder, *The Harried Leisure Class*(New York : Columbia University Press, 1970).

재화의 수를 확대시켜 주지만 이런 재화들은 즐길 수 있는 충분한 양의 시간은 증가시키지 못한다. 다소 좋지 않은 뜻으로 풍요는 그 안에서 우리들에게 행해졌다. 다시 말하자면 우리가 가진 재화가 많을수록 개개에 소비하는 시간이 줄어들고 충분한 시간을 가졌다는 것을 느끼지 못한다. 당신은 어떤 시간 내에만 옷을 차려입거나 자동차를 운전하거나 어떤 특정의 지형학적 영역에서 즐길 수 있다. 가장 큰 부는 시간이다. 가장 큰 풍요는 많은 시간이다. 여가의 가장 큰 적은 많은 것을 하기에는 주어진 시간이 너무 적다는 것이다.

산업 전(Preindustrial) 사회는 시간적으로 풍요로운 문화를 지닌 경향이 있었다. 소수의 물질적 재화들이 이용 가능하였고 사람들은 실지로 결핍된 어떤 것을 할 이상적 시간이 있었다. 사회가 산업화되기 시작함에 따라 보다 많은 재화가 이용가능하고 할 수 있는 것과 시간의 균형을 맞출 수 있는 냉장고 같은 노동－절약형 장치가 개발되었다.

산업화의 속도가 증가함에 따라 노동자가 새로운 필수품이 될 재화를 획득하기 위해 더 많은 시간을 요구하기 때문에 시간은 부족하게 된다.

Linder는 현대문화 내에서 어떤 것을 할 시간이 부족함이 증가하는 다양한 예를 들었다. 우리는 더 많은 재화를 축적할 수 있지만, 이것을 즐기는 충분한 시간적 여유를 증가시킬 방법은 없다. 몇 가지 방법으로 시간단축을 하려고 하지만, 더 많은 인내를 필요로 하고 시간을 위한 경쟁은 더 강렬해진다. 석기 사회에서 사람들은 주어진 시간 내에 매우 적은 것만 선택할 수 있다. 산업사회에서 선택의 풍요로움은 다른 것을 알아야 하는 매우 고통스런 선택을 해야 하고 동등한 것으로 여겨지는 대안들을 미리 가정해야 한다. 그렇게 많은 여가를 가능하게 창조할 수 있는 동일한 생산성은 적절한 여가태도를 유지하는데 심한 어려움을 겪을 수 있다.

1.7 여가와 사회
(Leisure and Society)

여가는 그것이 발생한 사회와 별개로 이해되어질 수 없다. 여가와 사회 개발 간에는 상호적 관계가 존재한다. 만약 여가가 활성화되어지려면 여가를 촉진시키려는 요구가 그 사회 내에서 발생하여야 한다. 십대, street corner 사회, 대학 재학생 집단, 또는 은퇴 공동체 등 그것은 사회의 각개 각층 모두에서 요구가 일어나야 한다. 여가는 일종의 개인적 문제이지만(단지 개인의 경험으로서), 사회는 그 범위 내에서 그 사회의 규칙이나 가치의 전달에 의해 여가행동을 자극하거나 억누르기도 한다.

어떤 비평가들은 그리스의 여가는 많은 노예들을 토대로 건설되었기 때문에 그것은 진정한 여가가 아니라고 주장하였다. 다른 사람들은 현대의 개인들이 하찮고 사소한 즐거움에 시간을 헛되이 낭비하기 때문에 여가가 불가능하다고 생각하였다.

그런 논의들은 여가에 대한 견해에서 나타났고 여가에 대해 지나치게 협소하거나 배타적인 견해를 가져 어려움을 겪기도 한다. 즉 그것은 개개 사회에서 존재하는 비율을 의미한다.

개개 사회는 그 사회에서 의미하는 여가가 무엇인지에 한계를 두어 설정하였다. 어느 사회이든 어떤 형태로든 여가가 존재한다. 시간－부의 정도 또는 기술 수준은 여가가 유의미하게 나타나도록 공헌하였다. 하지만 어떤 것은 여가의 질을 결정한다.

> 1970년 여름에 그리스 섬들을 방문한 나는 산업전 문화에서 여가가 지닌 보수성을 찾을 수 있었다. 크레타의 농촌 사람들은 산업문화에서 불가능한 삶의 형태를 여유롭게 즐기고 있었다. 이런 그리스 농부들은 친구나 이방인과 대화하거나 차를 마시고, 빵을 나누어 먹으면서 하루를 보낸다. 시간-의무가 존재하지 않고 어떤 것을 하기 위해 계획에 맞추어야 한다는 거도 나타나지 않았다. 어떤 문화가 시계에 맞춰 시작되면 이런 여유 있는 삶은 결국 파괴되어진다.[36]

위의 예와 정반대되는 것은 산업사회에서 의미있는 시간을 가진 부유한 사람들에서 찾을 수 있다. 남태평양이나 캐러비아 해를 항해하는 요트들은 시간압박을 느낄 필요가 없는 극도로 부유한 사람들이다. 하지만 현대 산업사회나 후기 산업사회 구성원 대다수는 시간에 많은 문제를 가지고 있다. 여전히 중요한 의문이 남는다. 산업사회에서 어떤 여가가 발생할 수 있을까? 현대 후기 산업사회에서 여가가 어떻게 일어날 수 있을까? 상이한 문화적 배경을 가진 현대사회에서 여가는 어떤 견해를 가지고 있을까?

---

36) G. Bammel, "Leisure : The Elusive Experience," West Virginia Recreation and Parks Association Review 1, no. 2(February 1975) : 7.

1.7.1 여가와 산업사회
(Leisure and Industrial Society)

18세기 공장발달과 더불어 시간당 한 개인의 가능한 생산량을 예측할 수 있게 되었다. 공장설비에는 많은 비용이 들기 때문에 소유주들은 가능한 한 기계를 사용하여 자본의 회수율을 최대화하였다. 이렇게 하기 위해서는 인적 노동에 대해 잘 알려지지 않은 부분을 어느 정도 교육시켜야 한다. 초기 시대의 수공업자들은 흥미로운 것이 발생한다면 배고픔이나 질병이 문제가 된다면 무엇이 진행되고 있는지 그 가게를 완전히 닫을 수 있는지 알 기회를 가진다. 청교도적 노동윤리 때문에 생산성은 하나의 미덕이 될 수 있다. 사회가 산업화될수록 자유시간은 회복을 위한 시간이 되고 개인적 성장을 위한 기회로서 여가시간이 많이 축소되어졌다.

한 나라가 산업화됨에 따라 그것은 사냥이나 수집이나 농경문화에서 도시사회로 무자비하게 이행되었다. 이 과정은 아프리카나 호주 등에서 부분적으로 진행되고 있고 원주민들은 구석기 존재에서 현대의 소비와 생산의 시대로 도약하게 되었다. 중국과 인도는 농업이나 농경에 종사하는 인구가 많은데 그들은 삶의 가치가 근본적으로 흔들리게 된 현대 산업사회로 대치되거나 보충되어졌다.

북미나 남미에서 존재하는 비교적 원시적이었던 사회는 산업사회의 유인이나 이윤에 의해 위협받았다. 북미 지역에서 농장은 공장의 생산 특징과 유사한 방식의 기계의 대규모 사용과 자본투자로 인해 주요한 산업이 되었다. 사람들은 "땅으로 돌아오라"라고 말할 때에는 농장이 산업화가 덜 된 상태로 힘든 노동이 휴식과 여가로 교대되어질 때이다. 농장은 가격과 생산을 많이 고려한 농업산업이 되었다. Amish와 Mennonite 공동체는 여전히 농촌지역으로서 삶의 가치와 방식을 고수하고 있다.

산업사회는 다음의 네 가지에 의해 지배받는다. 즉 (a) 대규모 생산경향, (b) 노동자로서 사람에 대한 욕구, (c) 소비자로서 사람의 필요성 그리고 (d) 이용가능한 지역에서 노동과 소비집단의 중앙 집중화 · 산업화의 역사는 가장 강력하고 가장 효율적인 기계의 개발역사이다. 이런 기계를 사용하기 위한 사람들의 이용가능성은 당연한 것으로 여겨졌다. 종사자보다 더 높은 봉급을 요구하거나 일을 거부하는 사람들이 있을 때 기꺼이 봉급을 지급할 것이고 새로운 노동 시장은 먼 지역이나 바다 건너 다른 곳에서 개발되어졌다. 미국 제조업은 북미 산업지역에서 멕시코, 태국, 중국, 또는 싱가포르 등의 sunbelt 지역으로 재배치되어졌다. 시장과 제조업 비용이 변화함에 따라 어떤 비즈니스는 원래 지역으로 회귀하거나 북미 지역에서 적절한 노동 시장을 발견하였다. 소비자가 없는 생산성은 쓸모없는 것이다. 노동자들은 생산성의 결과에 대해 충분한 보상을 받아야 한다. 초기 제조업에서 노동자들은 공장 근처에 거주하거나 소비자들은 시장 근처에 살았다. 하지만 현대 교통수단의 발달은 중앙집중화를 많이 방지할 수 있게 도움을 주었다.

만약 당신이 생산적이라면 당신은 재화를 살 수 있는 시장을 갖고 있어야 한다. 당신은 당신이 하기를 원하는 것을 가질 수 있는 소비자여야 한다. 광고 산업은 1870년대 미국에서 나타났다. 그것이 지닌 주요 기능은 지금과 동일한 것이었다. 다시 말하자면 무엇인가를 가지기 원하는 사람은 재화나 서비스를 위한 실재적이고 명백한 욕구를 이용할 수 있어야 하고 창출할 수 있어야 한다. 광고는 단지 정보 이상의 것으로 꼭 필요한 신념이다. 광고는 사람들이 원하는 것을 사게 하는 것이다. 광고의 존재는 영구적으로 불만족한 상태로 남아있다. 즉 완전한 광고는 없다. 소비적 사회에서 사람들은 그들이 가지기 원하는 것에 불만족하고 그들이 가질 수 없는 것에 대해 불안해한다. 산업화와 도시화는 두 가지를 구비하고 있어야 한다. 먼저 노동력 풀(pool)은 쉽게 일을 얻을 수 있어야 하고, 둘째 소비자 풀(pool)은 광고와 배달에 의해 쉽게 도달할 수 있는 거리에 있어야 한다.

도시화는 산업사회의 결과물일 수 있지만, 그것은 여가에 막대한 영향을 미친다. 즉 여가를 위한 더 많은 욕구를 생성하거나 여가기회를 위한 광대한 시장을 창출한다. 도시화와 여가간의 관련성은 디트로이트나 토론 등과 같은 주요한 북미지역 도시들을 검토함으로 얻어질 수 있었지만, 그것은 전 세계 소도시들에도 적용되어져야 한다. 만약 당신이 산업공동체에서 거주한다면 당신이 소속된 공동체는 어떻게 여가를 촉진할 수 있을까? 만약 한꺼번에 많은 사람들이 그들의 자유시간을 채우려고 공동체로 몰려들면 어떻게 될 것인가 또는 그들이 다른 곳에서 만든 상품을 판매하려고 할까? 레크리에이션이 휴식을 하기 위해서나 개인적 성장을 위한 것으로 지향되어 있을까? 스포츠 또는 즐거움으로써의 레크리에이션과 문화, 사고, 그리고 의미있는 정보의 전달을 통한 개인적 고양으로써의 여가에는 어떤 균형이 이루어 질 수 있을까?

1.7.2 현대 미국에서의 여가
(Leisure in Contemporary America)

현대의 미국에는 여가에 대한 어떤 견해를 가지고 있을까? 매일의 뉴스는 우리에게 가장 최근까지의 정보를 제공해주고 그것은 미래에 대해 예측도 가능하게 해준다. 하지만 여가의 미래에 대한 마케팅 예측은 많은 어려움이 있는 것으로 나타났다. 여가에 열광하는 사람들은 소득 중 많은 부분과 여가기회가 증대되어질 것이라는 기대를 어리석은 것이라고 여기는 경향이 있다.

여가는 자신을 위한 시간으로 실지로 재정과 경지적 위험과는 별개의 문제이다. 여가는 즐거움을 의미한다. 그것은 현존 세상이 지닌 아름다움과 인간성격이 지닌 잠재적 찬란함에 대한 감수성을 의미한다. 비록 풍요함이나 충분한 부가 여가가 지닌 잠재력을 증가시켜 줄 수 있지만 이런 경험들은 장밋빛의 재정적 미래에 전적으로 의존하지는 않는다. 여가는 고전적 의미에서 삶의 방식으로 산업주의 근간을 형성하는 경제에 대한 정보와 서비스뿐만 아니라 현대의 생산적인 산업사회의 단계에서 벗어난 태도를 가정한다. 고도의 기술발달은 그 자체로서는 사람들을 노동의 의무에서 해방시켜주지 못하였다. 북미 지역에서의 현대 경제는 노동이 힘든 것으로서가 아닌 또는 공장노동이 번거로운 것이 아닐지라도 여전히 노동의 강렬성은 존재한다.

여가는 어떤 한 가지를 성취하는 것이다. 일단 누군가는 어떻게 악기를 다룰 것인지, 자연을 어떻게 즐길 것인지, 또는 생각이나 사랑에 대한 어떻게 할 것인지 배우는 것처럼 여가를 어떻게 보낼 수 있는지 배운다. 이런 것들은 비록 어떤 숙련가의 도움이 필요하지만 내부에서부터 개발되어질 필요가 있는 기술들이다. 대중적인 레크리에이션 프로그램은 사람들이 어떻게 여가를 즐길 수 있는지 배울 수 있는 기회를 제공하지만 배우려고 하는 욕구 내부에는 반드시 어떤 동기가 존재하여야 하고, 국립공원, 음악 연주회, 게임에서의 참여는 바쁜 일상계획 속에서 포함된 하나의 이벤트가 되어야 한다.

일상생활 속에서 가장 중요한 이벤트는 통찰, 개인적 관계들, 경력의 선택, 그리고 우리 자신, 친구, 그리고 여가에서 발생하는 자연적이거나 인공적인 놀라움 등이다. 현대 미국에서의 '빨리 서둘러라'는 것은 여가를 더 어렵게 한다. 반면 재화의 풍요로움, 어느 정도의 재정적 안정성, 그리고 의사소통의 이용가능성 등은 여가에 참여한 사람들을 자극할 것이다.

우리사회가 지닌 어떤 것은 그것을 어렵게 한다. 18세기 프랑스의 왕인 루이 14세는 사회에 여가를 널리 유포하였다. 왜냐하면 그 사회는 정교하고 찬란한 형태의 즐거움이 귀족들에게 가능하였기 때문이다. 이것은 우아함이나 정교화된 여가의 형태로 대변되는 오스트리아의 합스부르크 왕조에서 유래되었다. 하지만 이것은 현대 미국 사회에서 지나친 재화의 풍요로 인해 여가가 곤란하게 된 이유가 되기도 한다. 여가는 선택의 결과로서 나타난다. 몇몇 결과들은 노동이나 여가의 선택결과로서 나타나고, 미국인들 대부분은 많은 일을 선택해야 한다(재정적인 획득이 포함됨).[37] 아마도 미국인들은 어떻게 여가를 즐기고, 계속 배울 수 있을지 알지 못할 것이다.[38]

시간이나 돈의 풍요가 기회를 창출해 주는 한 그것은 많은 미국인들이 본능적으로 자신이나 타인의 삶을 풍요롭게 해주는 가치있는 이벤트에 참여하여 그들의 삶을 더욱 가치 있는 것으로 만들려고 할 때 잘 나타난다. Veroff, Douvan, 그리고 Kukla 등과 같은 저자들은 결혼과 부모가 노동이나 여가보다 가치실현에 있어서 더 중요한 원천이라고 결정하였다.[39] 현대 미국에서 여가가 지닌 다른 목표들은 시간과 에너지가 많이 든다. 여가는 단지 삶의 목표가 아니지만 성공적인 여가는 더 나은 삶을 살수 있게 하는 중요한 기여자인 것은 확실하다.

---

37) See, for example, H. Swados, "Less Work—Less Leisure," in Riesman, Mass Leisure(see n. 14), 353~363.

38) D. Riesman, "Leisure and Work in Postindustrial Society," *Ibid.,* 363~385.

39) J. Veroff, E. douvan, and R. Kukla, The Inner American : A Self-Portrait from 1957 to 1976(New York : Basic Books, 1976).

개요 Summary

이 장은 여가와 레크리에이션이란 단어가 지닌 모호성에 대해 강조하였다. 많은 얼굴과 다양한 방법으로 변신하는 힌두 신인 시바처럼 여가나 레크리에이션에 대한 견해는 하나로 분명하게 나타나지 않는다. 두 가지 용어들 간의 차이를 밝히려는 시도는 이것들이 습관적으로 교환되어 사용되기 때문에 성공적이지 못하다. 예를 들어 Journal of Leisure Research에서는 여가에 관련된 논문들을 게재하였다. 평판있고 유명한 저자들은 다음과 같이 기술하였다. 즉, "대부분의 공원과 레크리에이션(recreation) 기관들은 여가(Leisure) 활동부서에 주의를 기울였다…….”40)

이것은 두 단어가 상호 교환적으로 사용되어질 수 있음을 보여주는 것이다. 이 교재에서 여가는 개인적인 성장이나 개발을 가능하게 허주는 태도, 시간, 그리고 활동의 함축으로 나타났다. 레크리에이션은 하이킹, 테니스, 또는 TV 시청 등과 같은 구체화된 활동으로 인용되어졌다. 모든 여가 활동은 그것에 참여하는 사람들이 재창조(re-create)가 가능하도록 레크리에이션적일 것을 강조한다. 하지만 많은 레크리에이션 활동들은 한 개인이 일을 더 잘할 수 있도록 레크리에이션을 추구하고 또는 단순히 신체를 단련시키기 위해 여가를 선택할 수 있기 때문에 여가로 묘사되기에는 적절하지 않다. 여가활동들은 그 자체로 종결된다. 예를 들어 음악을 듣는 것은 단지 즐거운 경험일 뿐이다. 신체적 단련을 위해 스포츠경기를 하는 것이나 개인적 문제를 회피하기 위한 수단으로 TV를 시청하는 것은 레크리에이션이다.

이 책에서 사용된 다른 용어들인 놀이(play)나 게임(game)은 다소 모호하지만, 그것이 지닌 기본적 의미를 쉽게 분석할 수 있게 해준다. 과학은 기본적 용어들에 대한 명확한 정의를 필요로 한다. 만약 레크리에이션이나 여가 과학이 존재한다면 그 과학은 반드시 세포(cell)나 효소(enzyme)처럼 정밀하고 전체적 동의를 얻은 용어로 조작되어져야 할 것이다. 여가는 하나의 통일되거나 개념적 정의가 없다. 다양한 전통에서는 여가행동이 무엇인지에 대한 상이한 견해

40) J. Murphy, Recreation and Leisure Service(Dubuque, la.: Wm. C. Brown, 1975), 13.

를 강조하는 다양한 방법을 통한 단어의 정의가 있다.

이 장에서는 기본적인 공통분모를 가진 상이한 견해들이 지닌 차원들을 지적하려고 시도하였다. 여가는 어떤 것을 하기 위한 하나의 태도이다. 그것은 자유, 자발성, 그리고 목표를 달성하기 위한 능력을 가정한다. 여가는 항상 정도의 문제이다. 만약 완전한 자유와 완전한 자발성을 가졌다면 물론 그것이 가능하지는 않지만 그것을 소유한 인간조차도 순수하게 그것을 위해 어떤 것을 하지는 못한다. 여가는 표면적으로 분명하게 드러나지는 못하지만 인간행동에 있어 하나의 혼합물이다. 어떤 사람은 타인보다 어떤 것을 행할 때 더 여유롭게 행동할 수 있다. 대부분의 사람들에 있어 재창조가 여가보다 더 자연스러운 것이다. 레크리에이션은 우리의 마음이나 일이 스트레스를 주는 상황에서 벗어날 수 있도록 하는 즐거움과 다양성을 제공해준다. 공장노동자들은 소프트볼이나 공차기를 하고 경영자들은 테니스나 골프를 하는 것이 하나의 레크리에이션 경험에서 고정관념화 되어진 것이다. 인간은 더 잘 살기 위해 더 나은 삶을 영위하기 위해 재창조할 필요가 있다. 하지만 인간은 여가의 사용시 현명한 지향을 가지고 있어야 한다. 요구된 고품질의 여가는 단지 주말이나 휴가때만 또는 안식년이나 퇴직후 실현되어질 수 있다. 여가는 어떤 여가가 될 수 있도록 제공하는 사람에 의해서 매일 활성화되어질 수 있다. Humpty, Dumpty란 단어는 오늘날 더 맞는 적절한 단어이다. 즉 누가 지배자가 될지 그것이 의문이다.

검토문제 examination

01. 여가와 레크리에이션이 지닌 의미를 명확하게 이해할 필요가 있는가?

02. 여가와 레크리에이션이라는 두 가지의 용어를 사용할 때 일상적으로 그것은 당신에게 어떤 의미를 지니는가?

03. 다양한 집단은 다양한 훌륭한 삶이란 무엇인지에 대한 견해를 가지고 있다. 당신이 생각하는 훌륭한 삶이란 당신과 친숙한 다른 어떤 집단에서 사용하는 개념과 어떻게 다른가?

04. 여가를 위한 기회를 생성하기 위해 필요한 조건들에는 어떤 것들이 있는가?

05. Huizinga가 놀이는 소멸되어지는 정신이라는 개념에 대해 어떻게 생각하는가? 그리고 당신은 현대에서 놀이가 중요한 역할을 한다고 생각하는지 설명해보라.

06. Aristotle이 여가에 대해 생각한 기본적 구성요소에는 어떤 것이 있는가?

07. 대다수 사람들은 여가를 “자유재량 시간”으로 정의한다. 그런 개념 정의는 어떤 점에서 옳고 그른지 설명해보라.

08. 여가를 파악하는 다른 어떤 견해가 있는가? 그리고 당신이 생각하기에 그 중 가장 의미있다고 생각하는 것은 무엇인가?

09. A 유형의 행동은 여가행동을 방해할까, 아니면 도와줄까? 왜 그럴까?

10. 사회가 산업화되어질수록, 여가에는 어떤 일이 생겨날까? 여가는 현대 산업화와 산업후 사회에 의해 촉진되거나 소멸되어질 수 있을까? 당신이 생각하는 바를 논리적으로 설명해보라.

11. 당신의 삶에서 여가는 어떠한 역할을 하는가? 여가는 절대적인 선의 가치를 지니는지, 아니면 다른 목표를 달성하기 위한 상대적인 역할을 하는가?

LEISURE & HUMAN BEHAVIOR

놀 이

PART 2.
Play

제2장

- 놀이란 무엇인가?
- 놀이는 어떤 특성을 지니는가?
- 사람들은 놀이를 왜 할까?
- 놀이 행동을 설명하는 주요 이론에는 어떤 것이 있는가?
- 놀이 행동은 시간 경과에 따라 변화하는가?
- 놀이의 진화에 대해 어떻게 설명할 수 있을까?
- 놀이의 미래는 어떠할까?

제2장

놀 이

Play

놀이 현상을 검토하는 것은 인간행동을 이해할 수 있는 하나의 수단으로 여겨져 왔다. 인류학자들은 역사를 통해 기록되어진 자료를 토대로 놀이가 하나의 전체적(universal) 활동이라는 사실을 입증할 만한 결과들을 제시하였다. 서로 다른 문화들 내에서 아이들은 유사한 놀이형태를 보여주었고 전 세계적으로 비슷한 율동(rhythm)이 존재하였다.[1] 자연적 선택이라는 진화이론은 다음과 같은 가정들에 기초하였다. 즉 위험에 처한 어떤 종(species)은 도태 되어지지만 생존가치를 보유한 종은 계속 살아남을 것이라는 생물학적 특성을 지닌다. 이 이론이 오랫동안 존속된 것은 놀이가 생존을 위한 능력과 연관되어져 왔다는 고찰을 유도하였기 때문으로 이것이 연구의 장점이 되었다. 또한 고등동물의 놀이와 포유동물의 놀이간에 광범위한 유사성이 존재하지만 단지 인간만이 출생시부터 사망때까지 놀이에 노출되어진다는 사실이 발견되었다. 이것은 진화적 단계에서 더 진보된 종일수록 놀이활동이 더욱 빈번하고 다양하게 발생한다는[2] 주장을 뒷받침해준다.

다른 장들에서처럼 이 장에서 향후 다룰 문제들은 명확한 연구 결과가 제시되어지지 못했다. 오히려 이 장은 이론을 소개하는 것으로 제공되어지며 여가연구 영역에 영향을 미칠 더 많은 유관한 문제에 대해 설명해준다. 더 많은 호기심이나 진보된 연구들은 더 많은 읽을거리를 통해 참고도서로 인용되어졌다.

---

01) A. Giddens, "Notes on the concepts of Play and Leisure," *Sociological Review* New Series 12, no. 1(March 1964) : 77. Hereafter cited as "Concepts of Play and Leisure."

02) E. Norbeck, "Man at play," *Natural History Magazine* Special Supplement, December 1971, 48.

2.1 놀이란 무엇인가?
(What Is Play?)

어떤 동물과 인간간에 관찰되어진 신경학적이고 신체적 유사성은 유용한 정보를 제공해주었다. 동물에 대한 연구와 놀이행동에 대한 분석은 네 가지의 주요 특징으로 나뉘어졌다. 그것은 (a) 신기한 자극이 제시될 때 동물의 호기심은 증가되었다. 이런 고차원적인 호기심은 (b) 그 동물이 반복적인 노출을 통해 습관화되어질 경우로만 제한되어졌다. 만약 신기한 자극이 시간간격을 두고 소거되어지면 (c) 그 동물이 나타내는 반응성은 자극을 주지 않은 간격동안 회복되어질 수 있다. 호기심(interest), 습관화(habituation), 그리고 회복(recovery)의 형태는 다양한 종에서 일관성 있게 나타났지만, 동물에 따라 상이한 (d) 특정 자극에 대해 특별한 선호(preference)와 혐오(aversion)를 보여준다.[3] 동물과 인간행동을 관찰하는 사람들은 어떤 주어진 활동을 분명한 것(Lucid) 또는 그렇지 않은 것으로 쉽게 명명하지 않는다. 예를 들어 어떤 특정의 물고기 종은 다양한 떠 있는 대상물을 뛰어넘을 수 있는 것을 볼 수 있다. 이런 활동은 우연히 관찰자에 의해 놀이를 하는 분명한 단서로 제시되었지만 실제로 그 움직임은 물고기가 등으로 기생충을 긁어내는 것이다.[4] 그것은 또한 하나의 동일한 활동이 한 사람에게는 놀이일 수 있지만, 다른 사람에게는 노동일수 있다는 것을 가능하게 한다. 운동에 참여하는 것은 대학생들에게는 하나의 놀이일 수 있지만, 전문적 운동선수들에게는 직업이다. 활동의 유목화는 내적 동기의 "특성, 범위. 그리고 지침[5]"에 의해 결정되어졌다. 만약 놀이가 활동의 구체적 행동 또는 특정 유형이 아니라면 어떤 방법으로 노동 등과 같은 행동유형을 놀이와 구분하고 확인할 수 있을까? 놀이는 행동의 "지향(orientation)"－참여방식(manner)을 결정하는 마음의 상태－에 의해 결정되

03) W.I. Weiker, "An Analysis of Exploratory and Play Behavior in Animals." in *Functions of Varied Experience*, ed. D.Fiske and S. Maddi(Homewood, Ⅲ.: Dorsey Press, 1961), 175~226.

04) S. Millar, *The Psychology of Play*(Baltimore: Penguin, 1968), 33. Hereafter cited as Psychology of Play.

05) L. A. Barnett and M. J. Kane, "Individual Constraints on Children's Play," in Constraint on Leisure, ed. Wade(Springfield, Ⅲ.: Charles C Thomas, 19850, 43.

어졌다. 그러한 유전학적 욕구가 어떤 한 가지를 할 수 있게 해줄까?[6] 놀이는 다음과 같은 특성 등을 가진다.

- 본능적인 보상(Intrinsically Rewarding)
- 자발성(Voluntary)
- 즐거움(Pleasurable)
- 몰두(Absorbing)
- 자아 - 표현의 수단(A means of Self-expression)
- 자유, 가장, 또는 탈출의 질(A quality of freedom, make-believe, or escape)

2.1.1 본능적인 보상 (Intrinsically Rewarding)

놀이는 "그 자체로 끝나는(an end in itself)[7]", 상대적으로 자아가 포함된(self-contained)[8] 활동이다. 운동선수는 선택된 놀이에서의 참여활동이 즉각적인 보상을 제공해주기 때문에 외적인 보상에 의해 활동을 수행하도록 동기가 부여되어지지 않는다. 초기에 언급된 것처럼 놀이는 구체적으로 정의될 수 있는 특정의 활동이 아니라 심적 경향(mind-set)에 의해 결정되어질 수 있는 행동의 양상 또는 행동형태라고 할 수 있다. 놀이는 자기가 시작하거나 또는 다른 사람이 계획되어진 어떤 것을 계속하는 것이다. 앞에서 언급된 것처럼 누군가가 하는 일은 다른 사람에게는 놀이로 여겨질 수도 있었고 그 반대의 경우도 마찬가지이다. "우호적인 조건하에서 상상할 수 있는 가능한 활동은 그것에 참가한 사람에게는 놀이가 될 수 있다."[9]

06) P. Monigham-Nourot, B. Scales, and J. Van Hoorn, Looking at Children's Paly : A Bridge between Theery and Practice(New York : Teachers College Press, 1987). Hereafter cited as Looking ar Children's Play.

07) J. Piaget, Play, Dreams and Imitations in Childhood, trans. C. Gattengno and F. M. Hodgson(New York : Norton, 1962), 147. Hereafter cited as Looking as Play, Dream and Imitations.

08) Giddens, "Concepts of Play and Leisure," 73~89.

09) E. D. Mitchell and B. S. Mason, *The Theory of Play*(New York : A. S. Barnes, 1948), 105. Hereafter cited as Theory of Play.

2.1.2 자발성
(Voluntary)

놀이가 자발적이 되기 위해서는 한 개인이 놀기 위해 강요되거나 강제되어질 수 없다는 특징을 지니고 있다 –그것은 선택의 문제이다. 이와 유사하게 놀이 행동은 누군가가 놀이가 어렵다고 느낄 때, 사전에 미리 계획하거나 알기 위해서는 자발성이 필요하다. 그런 목적을 달성하기 위한 자유롭고 자발적인 활동 등이 놀이로 정의되어져 왔다.[10] 놀이는 외적 환경에서의 선택의 자유를 나타내는 것으로 일상의 평범한 규칙들은 놀이를 하는 사람을 구속한다. 일상의 습관들은 그 놀이를 하는 사람(player)이 지닌 변덕이나 환상으로 대치되었거나 간과되어졌다. 놀이를 하는 사람들은 자신의 기준에 따라 규칙을 마련할 수 있다. 만약 삶이 지나치게 복잡하거나 만약 축구나 럭비가 지나치게 많은 규칙을 가지고 있다면, 그 놀이는 규제의 수를 감소시키거나 활동의 양을 증가시킬 수 있다. 한 사람에게만 있어 축구나 야구 등의 활동이 가능하다.

2.1.3 즐거움
(Pleasurable)

놀이가 강요되지 않거나 외적 보상이 없다면 그것은 반드시 즐거워야 하고 그렇지 못할 경우에는 그 놀이에 사람을 계속 참여시킬 수 없다. 놀이는 선택된 활동으로부터 즉각적인 보상이 생겨 날 수 있을 경우에 그 놀이가 즐거움을 가져다 준다. Piaget는 "그것은 즐거움을 추구하는 놀이를 감소 시킬 수 있다.[11]"라고 진술하였다.

2.1.4 몰두
(Absorbing)

어떤 개인이 놀이행동을 시작하기 위해서는 각성되어지거나 흥미를 보여야 한다. 계속적인 행동은 놀이를 하는 사람이 그것에 의욕적으로 몰두함으로써

---

10) M. J. Ellis, Why People Play(Englewood Clifts, N. J.: Prentice-Hall, 1973), 14.

11) Piaget, *Play, Dreams and Imitations*, 149.

얻어질 수 있다. 『*Homo Ludens*(도구적 인간)』란 고전적 책을 저술한 Huizinga는 다음과 같이 기술하였다. "놀이는 자기 자신을 던지는 것이다. 그것은 놀이를 하는 사람이 집중적으로 그리고 완전히 몰두하게 하는 … 매력적이고 매혹적인 것이다."12)

2.1.5 자아 표현
(Self-expression)

사람들은 그들이 가진 성격을 표현하기 위해 놀이를 한다. 과제가 주어진 다수의 노동자들은 유사한 방식으로 과제를 수행하여야 한다. 하지만 개개 사람들은 주어진 통제된 환경에서조차도 다르게 놀이할 수 있다. 개별성은 놀이를 통해 쉽게 이해되어질 수 있다. 이런 특징은 특히 몰개성화의 원인이 될 수 있는 기술발달 시대에서 놀이를 중요한 활동으로 만들 수 있다. 놀이를 설명하기 위해 필요한 모든 것은 "개인"이란 존재와 자아를 표현13) 하기 위해 한 개인이 가진 동기나 욕구이다.

2.1.6 자유, 가장, 또는 탈출
(freedom, make-believe, or escape)

놀이가 자유롭다고 느낄 동안 그 개인은 더 이상 물리적·사회적 세계를 지배하는 규칙이나 법률에 순응하지 않아도 된다. 한 개인은 한 팀으로서 스포츠 경기를 하거나 올림픽에서 선수로 활약하거나 달로 여행할 수 있다. 실제 세계가 지닌 한계는 놀이를 하는 사람의 마음속에서 없어질 수 있다. 놀이를 하는 동안 '실제 또는 그렇지 않은 것과 진실과 그럴듯한 것 간의 차이를 인식하는 것은 주기적으로 나타나지 않을 수 있다'.14)

---

12) Huizinga, *Homo Ludens*, 10, 11.

13) Mitchell and. Mason, Theory of Play, 85.

14) J. Kelly, Leisure((Englewood Cliffs, N. J. : Prentice-Hall, 1982), 26.

2.2 놀이의 이론들
(Theories of Play)

대부분의 철학자들은 놀이가 지닌 기본적 특성에 대해 동의하지만, 왜 사람들이 놀이를 하려 하고 그런 활동목적을 가지는지 설명할 때에는 커다란 차이가 발생할 수 있다. 놀이이론들은 19세기 중반이전까지는 실제적으로 형성되어지지 않았고, 19세기 후반에서야 심리학, 사회학, 학습이론들에 대한 일반적 지식이 증가함에 따라 정교화되고 재형성되어졌다.

놀이이론들은 그 기원을 추적하거나(20세기 전후), 기초적인 정보유형(생물학, 심리분석학, 발달)에 의해, 어떤 방식이나 사고에 관련된 개인 또는 학파가 가지는 생각에 의해, 또는 개인적인 통제정도 등에 의해 조직화되어졌다. 놀이이론들을 고려함에 있어 다음과 같은 세 가지 군집으로 나뉘어 검증할 수 있다. (a) 생물학적 관점(biological views), (b) 환경적 관점(environmental views), 그리고 (c) 인지적 관점(cognitive views) 등이다.[15] 사람이 왜 놀이를 하는지에 대한 이 세 가지 군집 또는 견해는 개별적 통제에 대한 점차적인 형성과정이나 발달적 결과들을 제시하였고 그에 따라 개인차가 증가한다는 것으로 하나의 연속체(continuum) 상에서 개념화되어졌다. <그림 2.1>에서는 좌측에 있는 이론들은 가장 오래된 것 중 하나로 19세기 끝부분에서 이르러 형성되어졌다. 연속체상에서 우측으로 이동할수록 놀이에 대해 설명하는데 있어 더 많은 것을 알고 응용할 수 있다. 그 이론들은 시간이 경과할수록 보다 정교화되고 발달되고 진화되어졌다. 원래의 이론들은 다른 정보가 첨가되어지는 근거로 제공되어지고 어떤 것들은 폐기되어졌다.

15) L. Barnett, "Theorizing about Play: Critique and Direction," *Leisure Sciences* 1, no2(1978): 113~129. Hereafter cited as "Theorizing about play."

<그림 2. 1> 놀이 이론 연속체

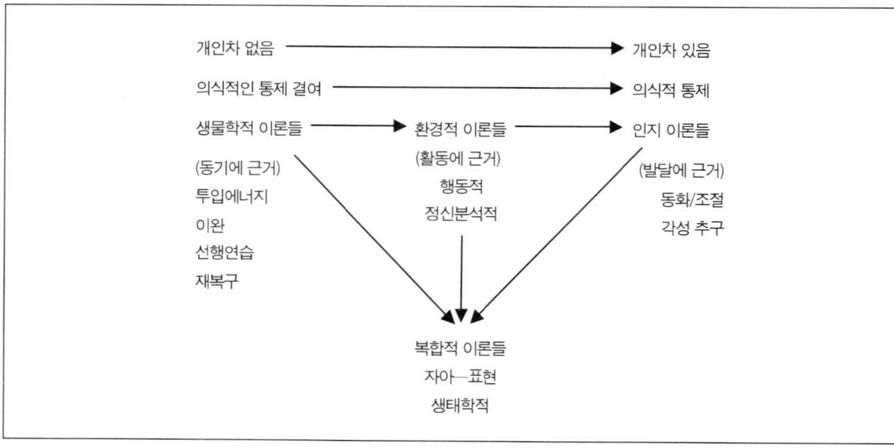

2.2.1 생물학적 이론들
(Biological Theories)

생물학적 이론들에서는 개인은 놀이행동을 통제할 수 없다고 보았다. 놀이는 본능에 의해 동기부여 되어지거나 결정되어지는 것으로 이해되어졌다. 놀이행동에서 개인차는 유사한 진화적 배경을 가지는 것으로 추정되는 모든 사람들에게서 나타나는 것이 아니다. 놀이를 하려고 하는 본능적인 동기에 대한 개념은 19세기 후반에서 20세기 초반까지 수용되어졌다. Darwin의 진화론은 놀이이론가들이 이런 군집을 형성하도록 자극하였다. 이러한 생물학적 이론들은 개인이 지닌 생물학적 체제의 내적인 변동상태에 근거하였다. 결국 놀이는 다양하게 변하는 내적인 에너지 상태를 균형 맞추기 위한 자율적인, 항상성 기제(恒常性, homeostatic mechanism)로서 이해되어질 수 있다. 놀이는 그것이 내적인 에너지 상태를 유지할 필요가 있을 때 결정되어진 진화적인 본능에 의해 동기 부여되어졌다.

또한 고전적이거나 전통적인 이론들로 언급되어진 19세기의 생물학 이론들은 놀이행동에 대한 실용적 설명으로서 더 이상 수용되어지지 않았다. 이런 이론들은 특히 동물 행동을 관찰함으로써 알려져 있거나 잘 알려진 지식으로 가정된 것에 결합되어 형성된 것이다. 이것은 초기 이론들이 가치가 없다는 것을 말하려는 것이 아니라, 놀이연구에 대해 많은 공헌을 하였다는 것을 의미한다. 초기 이론가들은 (a) 놀이행동은 연구의 적절한 영역이고, (b) 비공리적인 것으로 언급되어진 선행의 활동들은 중요한 생물학적 기능으로서 제공하고, 그리고 (C) 발달단계에서의 차이는 구분되고 묘사되어질 수 있다.[16)]

네 가지의 생물학적 이론들이 논의될 것이다. 최초의 두 가지는 유기체의 에너지 소비와 관련 되어졌다. 어떤 사람은 과잉 에너지의 안전한 배출구로 놀이를 할 수 있고 다른 어떤 사람에게서 놀이는 회복이나 이완을 표현하는 것이다. 놀이에 대한 다른 짝지어진 반대되는 설명들은 본능적인 놀이 반응의 기능과 연관되어졌다. 한 가지 이론은 성인기를 위한 준비로서 놀이를 파악하였고 다른 것은 과거의 진화적 활동의 표현으로서 그것을 이해하였다.

1) 과잉 에너지(surplus energy)

가장 많이 인용되고 오래된 놀이에 대한 개념 중 한 가지는 "원기 왕성한 에너지의 목적 없는 소비(the aimless expenditure of exuberant energy)"이다. 과잉 에너지의 결과로서 놀이는 수증기를 날려버리는 안전한 밸브와 비교되어질 수 있다. "과잉 에너지"인 수증기는 생존활동에서 남는 에너지를 소비하기 위한 것이다. 결과적 행동은 목적 없는 무작위적 활동이다. Darwin은 사람들을 관찰한 결과 즐겁게 춤을 추거나 웃거나 박수를 치거나 발을 밟는 행동 등을 지지 증거로 제시하였다.[17)] 정신적·육체적으로 긴장을 하게 되면 놀이를 통한 배출로 이완되어질 수 있다. 과잉에너지에 대한 생각은 방향성이 없는 긴장이 파괴적 행동으로 표출되어 감소되어질 수 있다는 점에서 학교나 도시 내에서 운동이나 육체적 활동을 위한 시설물들의 필요성을 정당화시켜 줄 수 있다.

어떤 가정들은 그 이론에 대한 기본적 근거로 여겨졌다. (a) 에너지는 일정한 비율로 생성되어지는 것으로 본다. (b) 만약 신체가 사용되지 않은 에너지를 저장하는 기제가 있다면 그것은 제한된 수용능력이다. (c) 초과 에너지가 소모되어져야 하고, 그리고 (d) 소비결과는 놀이라고 불리는 외현적인 행동이다.[18)]

16) *Ibid.*

17) *Ibid.*, 116.

18) Millar, *Psychology of Play*, 26.

이것이 가진 명백한 문제점과 본래부터 가진 단점은 모든 놀이행동을 설명하기 위한 해석을 받아들이지 못하도록 막는다. 그 이론은 왜 아이들이 지칠 때까지 놀이를 하는지, 성인은 왜 놀이를 전혀 하지 않는지, 또는 에너지의 중첩이 왜 진화적 필요성에 맞추기 위한 진화적 과정에 의해 적용되어져서는 안 된다는 것 등에 대해 설명하는 데는 부적절하다. 동물이나 사람은 수증기를 완전히 배출하는데 있어 약점을 가질 수 있지만, 육식동물은 거의가 에너지를 소비할 수 있다. 만약 과잉 에너지로서의 놀이가 완전히 설명되어 질 수 있다면 놀이를 하는 사람들은 계속 살아 남을 수 있을 것이다.

2) 이완(Relaxation)

놀이를 설명하는데 있어 선행의 제시된 이론들과 반대되는 견해가 후기 학파에 의해 제시되었다. 놀이는 피로나 일상생활에서의 긴장으로부터 회복하기 위해 개인에게 허용된 활동으로 간주되어졌다. 생존활동을 위해 소비되어진 에너지는 이런 회복적 놀이 시간 동안 재충전되어졌다. 현대의 인간행동 대부분은 정신적인 것으로 신경적으로 피로해진다. 그 개인은 대(大) 근육을 사용하여 계통발생적으로 오래된 움직임을 회복시킴으로써 이완되어질 수 있을 것이라고 믿어졌다. 이 이론이 지닌 가정은 놀이를 하는 사람이 일을 할 경우에 해당되는 것으로 그 놀이활동은 일할 때 사용되어지는 것과 상이한, 계통발생학적으로 더 오래된 반응을 포함한다. 그리고 그 놀이는 일로서 발생하는 유해한 생산결과를 제거시킬 수 있다.[19]

이 이론이 지닌 결점은 왜 아이들과 일을 하지 않는 성인들이 놀이에 참여하는지 설명하지 못한다는 것이다. 그것은 또한 한 개인이 일을 할 동안 발생하는 움직임 형태에 포함된 놀이활동을 설명하는데 실패하였다. 어떤 전문적인 운동선수는 보상을 받기 위해 수행하는 유사한 활동들에 참여함으로서 놀이를 한다. 또한 시간은 놀이가 분명하게 정신적이고 육체적 고갈 상태를 만들고 회복되지 않을 때 존재한다.

3) 선행연습(Preexercise)

아동과 동물의 놀이에 중점을 둔 생물학적 이론중 하나는 놀이를 하도록 자극하는 것은 유전학적으로 타고난 것이란 개념을 포함하고 있다. 놀이는 어떤 완벽한 기술이 생존을 위해 필요하기 전에 유전적으로 타고난 자극을 정교화

19) Ellis, *Why People Play*, 79.

시키는 실행이나 운동으로 간주되어졌다. 놀이를 의한 자극은 선행연습이나 본능적 실행(instinct−practice) 이론 측면에서 성인의 생활을 위한 본능적 준비로 여겨졌다. 실행은 선천적으로 충분히 발달된 형태를 지니지 않은 본능을 완벽하게 하는데 필요하다.

여기서 생략된 것은 새로운 놀이 반응을 학습한 개인이 새로운 공학이나 현대의 기술혁신을 수용할 수 있는 능력이다. 모든 행동에 대한 설명은 소위 본능이라고 하는 타고난 생물학적 결정요인들을 제한시킨다.

4) 재복구(recapitulation)

마지막 이론은 성장하고 있는 아동이 동물이나 인간으로의 진화적 연결 고리에 있다고 진술된 일반적인 생물학적 선천성에 근거하였다. 놀이활동은 인류의 문화적 발전을 반영한다. 결국 놀이를 통해 인류의 역사는 재생되어졌다. 다음의 세 단어로 기본 개념을 설명할 수 있을 것이다. 즉 개체발생은 계통발생을 반복한다(ontogeny repeats phylogeny). 다른 말로 하면 개인의 발달은 인류 또는 종의 발달을 되풀이하는 것이다. 결국 어떤 특정 연령대의 아동은 동물, 야만인, 유목민, 농경, 그리고 부족시대 동안 발생하였던 결정적 행동을 재현하는 것으로 믿어졌다.

이런 재복구 이론은 선행연습 이론에서처럼 타고난 선천적 특성으로 여겨졌다. 두 가지 이론은 재복구 이론에서의 아동이 선행의 필요한 행동을 흉내 냄으로써 주어진 발달단계의 본능적 경향을 감소시키지만, 반면에 선행연습은 나중의 삶에서 사용되는 기능을 강화시키는 작용을 한다는 점에서 차이가 난다. 재복구 이론은 대다수의 놀이활동을 설명해주었다. 물에서 하는 활동은 물고기의 조상과 관련되어질 수 있고 나무 타기나 흔들기는 유인원의 선조와 연관되어질 수 있다. 이런 특성의 연결은 레마르크 학파(Lamarckian)의 진화이론에 기초한 것으로 학습된 특성들은 유전학적으로 타고난 것이 아니라는 사실이 지금은 잘 알려져 있기 때문에 더 이상 수용되어지지 않는다. 재복구 이론은 다양한 연령대에서 아이의 행동에 대한 관심을 자극한다. 비록 아이들이 물놀이나 나무타기 등등에 즐거워하지만 한 가지 활동에서 다른 것으로 연속적 이행시 수반되는 결과는 항상 유사하지 않다고 관찰되었다. 사실 물과 관련된 레크리에이션 등과 같은 활동은 살아가면서 계속 나타난다. 재복구 이론은 아이가 space patrol 놀이를 하거나 스케이트보드나 자전거를 타는 것 또는 성인이 놀이를 하는 것을 어떻게 설명할 수 있을까? 미국 아동을 대상으로 유도된 놀이실험은 다음과 같은 결론이 도출되어졌다. 즉 "놀이는 세대를 통해 유전적으로 재생되어지는 것이라기보다는 환경과 얼마나 관련되었는지에 따른 문제이다."[20]

2.2.2 놀이의 환경적 이론들 (Environmental Theories of Play)

놀이에 대한 생물학적이거나 전통적 이론들은 생리학적 평형과 생물학적 선천성의 유지와 관련되었다. 심리학적 결과들은 간과되어졌고 놀이활동은 아동의 주요한 행동으로 간주되어졌다. 초기에 언급한 것처럼 19세기의 놀이이론은 Darwin의 진화론에 많은 영향을 받았다. 20세기 이론가들은 놀이 활동의 형식론에 초점을 두고 환경과 학습의 중요한 심리학적 측면을 강조하기 시작하였다. 본능은 "모든 심리학적 문헌 등에서 쓸모없는 것으로 삭제되어질 수 있을 것이다".[21]

심리학적 접근방법이 강조하는 세 가지 주요한 견해는 정신분석학(psychoanalysis), 행동주의(behaviorism), 그리고 인지(cognition) 등이다. 놀이에 대한 선행의 생물학적 근거는 세 가지 새로운 학파로 나뉘어졌다. 정신분석학적 이론들은 동기의 무의식에 기초한 것이고 행동주의적 이론들은 놀이의 학습적 측면을 강조한 것이다. 반면에 인지 이론은 상징적 학습과 대인간의 상호작용을 역설한 것이다. 첫번째의 두 가지 이론 집단인 정신분석과 행동주의는 환경 또는 활동에 근거한 이론들을 세분화 시킨 것이다. 환경적 이론들은 학습으로서의 놀이, 탐색과 검토로서의 놀이, 능력이 요구된 것으로서의 놀이, 이차적 강화물을 통한 놀이, 자아를 통제할 수 있는 것으로서의 놀이, 그리고 긴장을 이완하기 위한 안전한 배출구로서의 놀이 등으로 신기하고 변화하는 것에 대한 즐거운 반응으로서의 놀이를 검토하였다. 이 책에서는 도입부분이 지닌 특성 때문에 개별적으로 정신분석이나 행동주의 이론들은 구분하지 않았다. 대신 일반적 견해를 살펴보고자 한다.[22]

---

20) Piaget, *Play, Dreams and Imitations*, 154.

21) R. B. Alderman, "Theories of Play," in Psychological Behavior in Sport(Philadelphia : Saunders, 1974), 12.

22) if a more complete explanation is needed or desired, see Ellis, *Why People Play*; Millar, *Psychology of Play* ; Alderman, "Theories of Play ; or J. Levy, *Play Behavior*"((New York : Wiley, 1978).

1) 행동주의(behaviorism)

환경적 이론들은 정신분석학과 마찬가지로 행동주의의 한 분야로서 제시되었다. 행동주의자들은 학습을 강조하고 정신분석가들은 무의식적 동기를 역설한다. 행동주의자들은 실험적 상황에서 나타나는 외연적 행동을 객관적으로 관찰하여 얻은 결과에 바탕을 두지만 정신분석가들은 내성적(introspective)인 방법에 의존한다.

Clark L. Hull과 Sigmund Freud가 이론의 중요한 주창자들이다. Hull은 행동주의자로서 놀이를 이차적 강화물(secondary reinforcement)과 연관시켰고 그 결과 추동(推動 drive)의 감소가 나타났다. 보상(reward)은 학습에서 핵심적인 것으로 가정되었고 추동상태(drive state)의 감소르서 이해되어졌다. 놀이는 자극－반응(stimulus－response)의 연합(association)에 의해 결정되어졌다. 이것은 학습되거나 조건화되어질 수 있다. 보상은 자극과 반응간의 연결을 강화시켰다.

놀이는 칭찬, 승인, 신분, 권위 등에 의해 강화되어졌다. 이러한 이차적인 강화물의 형태는 특정 욕구(need)를 충족시키고 결국 원래의 추동상태를 감소시킨다. 놀이를 하는 사람은 환경적 상황과 이차적인 강화물에 의허 통제되어진 꼭두각시처럼 보일 수 있다. 자극－반응 행동은 개인차가 지닌 역할을, 다시 말하자면 개인의 지능이나 창의적 능력을 간과하여 설명하였다. 하지만 놀이는 모든 사람들이 주어진 환경 하에서 주어진 자극에 유사한 방식으로 반응하는 블랙박스로 작용할 수 없다. 비록 약점을 가지고 있지만 이 이론은 과학적 연구에서 중요한 행동적 가치를 가진 것으로 놀이를 파악하는 경향을 지속시키고 놀이에 대한 연구를 발전시켰다. 놀이는 더 이상 목적 없는 것이 아니라 환경, 행동, 그리고 이차적 강화물간의 상호작용 결과이다. 놀이이론은 학습을 통제하는 바로 그 규칙에 집착하였다.

2) 정신분석학(psychoanalytical)

정신분석의 고안자인 Freud는 즐거운 경험은 추구되어지고 고통스런 것은 회피된다고 가정하였다. 혼란스런 삶의 사건들은 정신적 긴장을 유발하고, 개인은 가능한 한 정신적 긴장을 낮은 수준으로 유지하길 원한다. 놀이는 긴장을 감소시키고 혼란스런 사건을 통제하는 하나의 방법인 정화작용(cathartic)을 일으키는 것으로 보였다. 놀이는 정서(emotion)에 의해, 즐겁거나 고통스런 것으로 지각되어진 정도로 결정되어졌다. 그런 이론적 준거는 모든 행동을 설명할 수 있을 것이다.

놀이는 충족되지 않은 자극을 촉진시키는 긴장을 이완시키는, 사회적으로 수용가능하게 하는 방법으로 여겨졌다. 개개의 즐거운 반복은 아동의 숙달 수준 증가에 의해 긴장을 낮출 수 있게 해준다. 혼란스런 사건은 아이들이 다룰 수 있는 소규모 조각들로 나뉘어졌다. 결국 원래의 갈등은 놀이를 하는 사람이 수동적인 대신 그 상황을 적극적으로 생성할 수 있기 때문에 더 이상 정신적 긴장을 유발하지 않는다. 세 명의 연구자들은 반복적인 놀이가 지닌 치료적 가치에 대한 훌륭한 예를 제시하였다.

> 유치원 학생들은 불행히도 어떤 근로자가 20 피트 높이에서 땅으로 추락하여 심각한 부상을 입은 것을 목격하게 되었다. 그들은 그 남자가 응급처치를 받고 앰뷸런스에 실려 가는 것을 지켜보았다. 최초로 아이들 중 대부분은 그 사건에 의해 깊은 혼란에 빠지게 되었다. 그들은 그 사건과 관련된 극적인 놀이 주제(추락, 사망과 부상, 앰뷸런스, 병원)에 강박적으로 참여하였다. 몇 주가 흐른 뒤 그런 놀이의 빈도가 줄어들고, 아동들은 더 이상 그 사건으로 인해 고통을 당하지 않는 것으로 나타났다.[23]

Freud의 놀이에 대한 정신분석학적 이론은 놀이가 "심한 불유쾌한 경험의 산물을 줄이기 위한 욕구에 의해 동기부여되어질 수 있음을 가정하지 않았다는"[24] 사실을 간과하였다는 점에서 비평을 받았다. 또한 정신분석학 이론에 대한 비평도 있었지만 별 영향을 미치지 못하였다. 정신분석학은 치료의 형태로서 조심스런 관찰과 놀이를 사용하여 시작되었다.

2.2.3 놀이의 인지적 이론들
(Cognitive Theories of Play)

생리학적 근거를 사용한 전통적인 설명은 다소 제한적이다. 환경주의자들은 또한 관찰가능한 행동으로만 놀이를 한정시켜 그것에 대한 근거가 빈약하였다. 선행의 두 가지 설명이 지닌 불만족 때문에 왜 인간이 놀이를 하는지를 이

---

23) J. E. Johnson, J. F. Christie, and Yawkey, *Play and Early Childhood Development* (Glenveiw, Ⅲ.: Scott, Foresman, 1987), p.7.

24) Alderman, "*Theories of Play*," 44.

해하기 위한 새로운 접근방법이 필요하게 되었다. 생물학과 환경적 요인을 인식함으로서 제기되어진 새로운 학파의 제안은 행동에 중요한 영향을 미치지만, 그들은 부족한 다른 차원이 존재함을 깨달았다. 새로운 이론가들은 다른 행동주의자들이 주장한 것처럼[25] 인간을 다른 종에 비교하는 것이 아니라 인간이란 종(種 · species)의 입장에서 사람에 대한 검토가 이루어질 필요가 있다고 생각하였다. 시간이란 변인은 상징, 언어, 사고에 영향을 미친다. 이러한 20세기 이론들에서 한 개인의 인지와 발달 수준은 놀이를 동기화시키고 이끌어주는 것으로 이해되어졌다. 인지이론들은 놀이가 개인의 정보－처리 기제(information－processing mechanism) 기능을 한다는 견해를 가진다. 여기서는 두 가지 입장에 대해 살펴볼 것이다. 동화와 조절로서의 놀이와 각성 추구로서의 놀이 등에 대해 알아보고자 한다.

1) 동화/조절(Assimilation/Accommodation)

스위스의 교육심리학자인 Jean Piaget(1962)은 지적 발달기능을 가진 것으로 놀이를 설명하였다. 놀이는 두 가지 인지과정인 동화와 조절의 불균형의 결과이다. 동화(Assimilation)는 어떤 대상이나 주어진 정보가 한 개인의 발달수준에 조정되어진 것으로 개인적 욕구를 실제에 적응시 발생한다. 반대로 외부 세계에 대한 실재적 적용에서, 어떤 대상이나 정보의 실재성에 대한 한 개인의 개별적 적응과정은 조절(Accommodation)이라고 한다. 놀이는 그것에서 실제 사건이 왜곡되어진다는 점에서 동화가 지닌 우월성을 나타내준다. 예를 들어 어떤 아동은 텅 빈 상자를 가지고 자동차 놀이를 할 때 동화되어진다. 조절은 그 아이가 자동차 박스에 실재로 바퀴가 달려 있기를 바랄 때 이루어진다.

Piaget는 지적발달이 단계적 순서를 통해 진행된다는 지적하였다. 한 단계에서의 완성은 인지발달의 다음 단계로 이행할 수 있는 능력을 제공해 준다. 놀이는 이러한 발달적 순서를 통해 통합되어지는 부분으로, 결국 발달이 현재 어느 정도로 진행 되었는지 그 수준을 반영해줄 수 있다. 네 개로 분리된 각각의 단계들은 발달의 순서를 제시해준다(표 2.1).

---

25) *Ibid.*, 20.

<표 2.1> 지적 발달의 네 단계

단 계	놀이 형태	연 령
1. 감각운동기 (Sensory motor)	실행	0~2세
2. 전조작기 (Preoperational)	상징	2~7세
3. 구체적 조작기 (Concrete operation)	규칙을 가진 게임	7~11세
4. 형식적 조작기 (Formal operations)	성인 놀이(이행)	11세 또는 그 이상

감각운동(sensory motor) 발달단계에서의 놀이는 반복, 재생산, 그리고 일반화 등을 포함한다. 일단 학습이 되어지면 붙잡기나 던지기 등은 완전히 숙달되어 잘할 수 있을 때까지 반복되어진다. 아동이 성장할수록 그들은 이런 형태 또는 "도식(schema)"을 반복할 뿐만 아니라 그것을 결합시키고 나열된 대상물의 수를 증가시켜 그것에 응용할 수 있는 능력도 생긴다.[26]. 가장 원시적인 형태의 놀이와 놀이가 보다 정교해질 수 있도록 하는 기초인 이런 행동유형은 "기능적인 즐거움(functional pleasure)"이라고 불린다. 그것은 그 아이가 다음 발달수준으로 이동할 때 사라지지 않는다. 감각운동(저자는 그것을 sensorimotor라고 부름) 활동은 성인기에서도 유아가 보이는 놀이형태로 발견되어질 수 있다. 감각운동 활동의 대부분을 차지하는 자유로운 놀이(free play)의 비율은 유아가 아동기로 이행할 동안으로 한정되었다. 한 연구자는 그것이 14~30개월의 유아 53%, 5세경이 되면 33%정도이다가 6세나 7세경이 되면 14%로 저하된다고 주장하였다.[27] 가끔 더 나이든 아이들은 감각운동 놀이를 극적인 놀이들과 같은 다른 형태의 놀이와 결합시킨다.

발달의 두 번째 단계는 어떤 한 대상물이 다른 것으로 표현되어지는 상징성

26) Monigham－Nourot, Scales, and Van Hoorn, Looking at Children's Play.

27) K. .Rubin, G. Fein, and B. Vandenberg, "*Play*," in Handbook of Child Psychology, vol. 4 : *Socialization, Personality and Social Development*, ed. P. H. Museen and E. M. Hetherington(New York : Wiley, 1983), 693~774.

또는 가상적(假想的 make-believe) 놀이를 포함한다. 이 시기의 아이들은 대상물이나 감각운동 단계에서의 어휘적인 의미를 분리하거나 추론이 가능해진다. 어떤 막대는 총, 야구 배트, 칼, 등등으로 사용되어질 수 있다 어떤 대상물이 형태(모양)나 기능에서 실제의 대상물과 유사할 때 그 대상물에 대한 치환이 용이해진다. 치환(substitution) 또는 대안적 기능물 할당 등은 만약 그 대상물이 더 확실한 기능을 지닌 것과 반대되는 애매모호한 것이라면 더 쉽게 이루어진다. 나무로 된 블럭은 장난감 자동차나 찻잔보다는 더 모호하다.[28] 연구자들은 아이들이 발달되어짐에 따라 동일한 놀이 순서에서 몇 가지 대상물을 치환하는 능력이 증가한다고 기록하였다. 상징적인 놀이가 지닌 목적은 자아의 만족이다. 전조작기(Preoperational) 내에서 각 단계로의 이동에서, 그 아동은 점차 실재성(reality)을 더 많이 지각하게 된다. 놀이는 실재에 대한 인식과 일치하는 것으로 변경되어진다. 이 단계이전까지 그 아동은 완전히 자아-중심적(ego-centered)이었지만, 지금 자아는 현실세계에 종속되어지기 시작하였다. 그것은 성인의 놀이가 실재를 도피하기 위한 것이라면 아동이 하는 놀이는 실재(reality)에 접근하기 위한 것이라는 사실을 잘 보여준다

구체적 조작(Concrete operation) 단계에 진입한 아이들은 상징적 놀이 대신에 규칙을 지닌 총체적 게임을 시작한다. 게임에 규칙이 포함되는 것은 아동의 게임에서 성인의 놀이로 이행되어지고 있다는 것을 나타낸다.[29] 아동은 7세 이전에 조직화되어지고 경쟁적인 운동경기에 참여하기도 하는데 7세는 규칙이 있는 게임을 하기 시작하는 형식적 조작 단계 이전 시기이다. 『스포츠에서의 심리적 행동(Psychological Behavior in Sport)』이란 책을 저술한 Alderman은 다음과 같은 중요한 두 가지 문제를 제기하였다. (a) 이 연령단계에서의 아동은 게임이 지닌 복합성과 복잡함을 잘 극복할 수 있을까? 그리고 (b) 이 시기에 경쟁적인 운동경기가 그들에게 좋은 것일까?[30] 만약 Piaget가 정확하다면 아동은 아직 사회화되어졌지만 여전히 자아 중심적인 형식적 조작(Formal operation) 단계 전에 이런 질문을 잘 기억하고 있어야 한다. 특정의 규칙은 행동유형과 일치하여야 한다. 게임은 실재가 아니지만 이 단계에 있는 아이들은 여전히 상징적 영역에 머물러 있고 그 속에서 투수, 포수, 타자, 심판, 방송인 등이 될 수 있다.

---

28) Monigham-Nourot, Scales, and Van Hoorn, *Looking at Children's Play.*

29) Piaget, *Play, Dreams and Imitations*, 168.

30) Alderman, "Theories of Play," 44.

2) 각성추구(arousal seeking)

일반적으로 Piaget의 도식은 비록 그가 놀이와 정보-처리기제 사이의 연관성을 강조하였지만, 성인 놀이행동을 설명해주지는 못한다. 하지만 다른 이론가들은 정신적 활동으로서의 놀이를 토론하고, 각성과 자극 추구가 주요한 목적이라는 생각을 하고 있다. 동물과 인간의 놀이에서 중요한 것은 선택적 주의(selective attention)로서 이것은 한 가지 정보통로를 다른 것으로 전환하는 능력이다. 더 중요한 것은 정상적인 환경적 투입에서 불일치가 발생할 때 그것을 탐지하는 장치의 신호가 지닌 유형이다. 정향적 반사(oriented reflex)를 기초로 Pavlov가 얻은 자료는 많은 연구자들을 자극하였다. 동물에 대한 연구들은 실험실 동물에게 새로운 자극을 계획적으로 표출시켰기 때문에 선택적 주의가 작용하는 것 이상의 어떤 것이 있음을 시사해준다. 원숭이는 비록 보상이 주어지지 않았지만 계속 간단한 장치를 조작하였다.[31] 생쥐는 전기충격이 가해지는 격자무늬 상자의 한 곳에서 다른 곳으로 움직일 수 있고[32] 더 짧은 길에도 동일한 보상이 주어지지만 미로 주위를 더 오래 배회할 수 있다. 실험실 원숭이는 보상을 얻기 위해 갇힌 상자 주변을 돌아다니는 요구된 행동을 수행할 수 있다. 외적인 모든 감각적 투입이 박탈된 인간은 망상에 빠질 수 있다. 추후(Follow-up) 연구에서는 감각적 투입에서의 의미 있는 형태 또는 유형이 계속적인 주의를 자극하는데 필요하다고 보고 되어졌다. 사람들은 감각정보 수준이 낮을 때 신체 움직임과 정신적 활동에 의해 스스로 자극되어진다. 지루해진 노동자들은 사탕상자를 일렬로 쌓거나 이야기하거나 안절부절 가만히 있지 못한다.

각성-추구 모형은 한 개인이 가장 효율적인 상태가 되는, 최적의 각성 상태를 추구하기(strive) 위해 노력한다는 것을 전제로 한다. 각성수준은 환경적 투입의 불확실성 정도와 환경에서 현재 지각된 정보의 양 이 두 가지를 모두 나타낸다. 놀이는 만약 그것이 일차적이거나 기본적인 학습경험이라면 한 개인에게 환경과의 상호작용 수단으로서 제공되어진다. 개개 놀이 사상(event)은 환경에 대한 이해를 증가시켜 주고, 미래에 환경과의 상호작용시 생길 수 있는 복합성을 더 잘 다룰 수 있도록 도와준다.

---

31) H. F. Harlow, "Learning and Satiation of a Response in intrinsically Motivated Complex Puzzle Performance by Monkeys," *Journal of Comparative Physiological Psychology*, 43(1950) : 289~294.

32) H. W. Nissen, "A Study of Exploratory Behavior of the White Rat by Means of the Obstruction Method," *Journal of Genetic Psychology* 37(1930) : 361~376.

2.2.4 복합적인 놀이 이론들 (Composite of Play)

몇몇 철학자들은 다양한 놀이이론들을 보다 만족스런 포괄적인 형태로 통합하려는 시도를 하였다. Ragheb(1971)는 다음과 요인들 때문에 이것이 간과되어졌다고 지적하였다. 즉 (a) 놀이는 많은 변수들과 표현을 지닌 복합적인 현상이다. (b) 대개 이론가들은 하나의 단일한 학문적 견해(심리학, 생리학, 또는 사회학)만을 가지고 그 주제에 대해 접근하였다. (c) 한가지나 그 이상의 단계로 제한되어진 설명을 가진 개개 분리된 발달적 단계에 대해서만 초점을 둔다. (d) 이론들은 핵심적 고려가 포함된 놀이 없이 일반적인 행동만을 설명하였다. 그리고 (e) 놀이는 경험적 연구의 기초가 되는 행동적 가치를 지닌 것으로만 수용되어질 수 없다.[33)]

1) 자아-표현(self-expression)

놀이에 관련된 문헌들은 "정지(quiescence : 가만히 있는 것)는 유기체의 자연스런 상태가 아니다"라는 개념을 지지하는 것처럼 보인다.[34)] 놀이에 대해 더 잘 이해할 수 있게 해주는 이론들 중 하나는 자아-표현 이론으로서 그것은 인간 유기체의 자연스런 상태는 움직임이지 가만히 있는 것이 아니라는 가정에서 시작된다. 과잉에너지(surplus energy) 이론(1875) 또는 최근의 각성-추구(1961)이론 등은 활동의 역동적 성질을 잘 설명해주지만, 개별적인 놀이를 더 잘 이해하기 위해서는 구체적인 방법이 필요하다. Mitchell과 Masson[35)]은 자아-표현 이론의 제안자로서 다음과 같은 세 가지 변수들을 가지고 한 개인에게 유용한 행동형태 범위를 결정하였다.

- 생리학적이고 해부학적 구조
- 신체의 건강 수준
- 심리학적 성향

한 개인의 생리학적이고 해부학적 구조는 어떤 행동이 화학적으로 물리학적

33) Ellis, *Why People Play*, 112~113.

34) Barnett, "*Theorizing about Play*," 113~129.

35) Mitchell and Mason, *Theory of Play*.

으로 가능한지 나타내준다. 관절(Joint)의 구성은 운동의 대안을 나타내준다. 즉 발목 관절은 엉덩이에 있는 구와관절(ball-and-socket joint)과는 다른 기능을 가진다. 근육의 크기와 힘줄의 연결은 내성을 가지기 때문에 산소 교환이 쉽게 이루어진다. 하지만 신경의 크기와 신체체온은 반응 시간이 제한되어 있다. 사람은 달리거나 걷거나 도약하거나 자전거를 탄다. 하지만 그들은 새처럼 날지 못하고 물고기처럼 헤엄치지 못한다. 놀이 활동 수준을 결정하는 생리학은 각 개인에 맞게 적용되어진다,

육체적 건강수준은 즐거움뿐만 아니라 추구되어진 활동의 유형과 지속성에 영향을 미친다. 단거리 하이킹은 신참내기 배낭족에게는 재미있게 여겨지지만 모든 조건이 갖추어진, 보다 경험이 풍부한 열정가는 더 많은 도전을 필요로 한다. 이와 유사하게 심리학적 성향은 어떤 활동유형에 대한 개인의 선유경향을 나타낸다. 심리학적 성향은 만족감을 느끼도록 하는 추동(drive)과 휴식 등과 같은 기본적인 생리학적 욕구를 감소시키는 것을 포함한다. 경험은 한 개인의 태도와 습관에 영향을 미치고 결국 이것은 미래의 놀이활동에 영향을 줄 것이다. 이것은 사회와 환경적으로 상호작용하고 있는 관습과 스타일을 반영한다.

선행의 세 가지 변수들-구조, 건강수준, 그리고 심리학적 성향-은 각 개인에게 어느 정도의 행동범위가 가능한지 나타내주지만, 아직까지 이런 변수들은 선택된 행동 유형의 이용가능성을 결정해 주지는 못한다. 다섯 가지 변수들은 마지막 선택을 위해 설명되어질 수 있다. 즉 (a) 습관(habit), (b) 사회적 접촉(social contact), (c) 물리적 환경(physical environment), (d) 전체적 소망(universal wishes), 그리고 (e) 보상(compensation) 등이다. 사회적 조건형성의 결과인 습관과 태도는 활동의 특정 유형에 대한 강력한 추동인으로서의 기능을 한다. 즐거운 경험은 긍정적 태도를 형성시키는 강화물로서 작용한다. 성공적인 기법(테니스에서 서브, 골 득점 등)은 습관으로 형성되어진다.

사회적 접촉은 개인을 그들 문화와 습속(folkway)에 적응하도록 유도한다. "그 집단이 어떤 게임을 하든, 이것은 그 유기체의 게임의 일부가 될 것이다."[36] 집단이 가진 관습은 결국 개인의 습관으로 발전되어진다. 물리적 환경이 지닌 역할은 행동에 영향을 미치는 원천으로서 간과되어져서는 안된다. 온도, 습기, 지형학, 그리고 행동에 영향을 미치는 모든 요인들은 변수로써 고려되어져야 한다. 예를 들어 춥거나 눈 오는 지역은 스키, 스케이트, 그리고 썰매타기

---

36) F. E. Lumley, *Principles of Sociology*(New York : McGraw-Hill, 1928), 365.

(tonoggning) 등이 많이 이루어질 것이다.

전체적 소망, 또는 사람들이 무엇인가를 바라길 원하는 곳에서 놀이하려는 결정이 이루어진다. 이런 전체적 소망은 새로운 경험에 대한 요구, 안전에 대한 요구, 반응하려는 요구, 인식에 대한 요구, 집단적 친화 소망, 그리고 심미적인 것이나 아름다움에 대한 소망 등을 포함한다. 안전보다는 새로운 것을 추구하려는 개인은 모험이나 위험한 활동들에 참여할 것이다. 행글라이더를 타는 사람은 비록 그들이 환경적 반응을 얻기 위한 참여나 다른 사람들이 인정해 주길 바래서 그것을 할 수 있지만 안전을 추구하지는 않는다.

전체적인 가능성 영역에서 구체적인 활동을 선택하게 하는 다섯 가지 변수들 중 마지막은 놀이가 지닌 보상적 측면이다. 선행에서 논의되어졌던 몇 가지 다른 이론들은 다음과 같은 승화(sublimation) 측면을 가지고 있다. 즉 사회적으로 용인되지 않는 행동 또는 차단된 동기는 사회적으로 수용된 놀이로 방향이 다시 설정되어진다. 놀이는 실재를 표현하는 도구로서 그 개인을 그럴듯한 공상의 영역에 놔두지 않게 한다.

2) 생태학(Ethological)

또 한 가지의 부가적 이론은 비록 그것이 물리학 분야의 이외에서는 덜 주목을 끌었지만 가치 있는 것이다. 개발자인 Brown(1973)은 동물행동이나 생태학의 연구로부터 얻은 결과들에 기초를 두었기 때문에 그것을 놀이의 생태학적 이론이라고 명명하였다.[37)]

이 이론에 의하면 영역개념, 쪼는 순서(pecking order, 새의 사회에서 세력순위), 또는 무기류들은 놀이의 특성을 나타내준다. 영역을 형성하려는 일차적 요구는 동물들에게서는 성(sex)과 상관없이 발생한다. 쪼는 순서는 어떤 종이 지닌 선천적인 위계를 나타내고 아마도 뒤뜰에 있는 닭들의 행동에서 쉽게 이해할 수 있을 것이다. 그리고 군대, 대학, 그리고 정치에서도 존재하는 것을 알 수 있을 것이다. 초기 인류는 무기제조자였고 그 도구는 하나의 부산물로서 나중에는 무기거래로 이어진 사례에서 그 증거를 찾을 수 있을 것이다.

Brown은 "더 밀접한 특정의 활동은 영역의 구성요소를 더 많이 포함하고 있고 쪼는 순서, 무기, 그리고 보다 성공적인 활동은 젊은이들 자신들에 대해 더 많은 것을 알게 해주고 그들이 진입하려고 하는 실재 세계에 대해 가르쳐줄

37) E. Brwon, "An Ethological Theory of Play," in *Reflections on Recreation and Park Movement*, ed. D. Gray and D. Pelegrino(Dubuque, la.: Wm. C. Brwon, 1973), 33~37.

수 있는 하나의 도구로 사용되어질 것이다"라고 주장하였다.38) 공터에서 야구를 하거나 다른 보드 게임을 하거나 체커(체스판 위에서 12개의 말을 가지고 하는 놀이)를 하는 사람을 관찰해보면 놀이의 생태학적 이론에 대한 많은 지지 증거를 발견할 수 있을 것이다. 이런 생태학적 이론들은 선행에 언급된 것처럼 많은 요소들로 이루어졌고, 왜 사람들이 놀이를 하는지에 대한 보다 표준적인 수용가능한 설명을 제시해준다. 전통적인 이론들에서 인기가 있는 본능이 지닌 생물학적 요소들은 영역과 관련된 것이고 부분적으로는 쪼는 순서나 무기 두 가지 변수들과 관련되어져 있다.

2.3 놀이의 진화
(Evolution of Play)

사람들은 유사한 방식으로 놀이를 할까? 완전한 이론은 과거, 현재, 그리고 미래 세대에게 놀이에 대해 설명해줄 수 있어야 한다. 결국 놀이는 시간경과에 따라 변화하는지 만약 그렇다면 놀이의 기본 동기부여인은 무엇인지 알아야 할 것이다.

이 장의 시작부분에서 언급하였던 것처럼 놀이는 전체적이다. 비록 어떤 일반적 놀이유형이 매우 많은 것을 변화시키지 못하더라도 구체적 활동은 바로 그것으로 남아 있지는 않다는 것이다. 놀이가 지닌 보다 영속적인 범주는 다음과 같다. (a) 춤을 추거나 리듬감 있는 움직임, (b) 흉내 내거나 모방하기, (c) 노래 부르기, (d) 대화나 이야기 만들기, (e) 예술이나 공예, 그리고 (f) 게임이나 대회 등.39) 구체적 변화는 다음과 같은 작용을 한다.

- 우연적인 변산(Accidental variation)
- 태도(Attitude)
- 창조적 사고(Creative minds)
- 교잡 수정(Cross-fertilization)
- 음식(Diet)
- 자유재량 시간(Discretionary time)

---

38) *Ibid.*

39) Mitchell and. Mason, Theory of Play, 12.

- 경제(Economy)
- 전통으로부터의 자유(Freedom from traditions)
- 제한된 창조적 능력(Limited imitative ability)
- 인구(Population)
- 기술(Technology)
- 직업(Vocations)

아이들은 그들의 부모를 모방하지만 모방된 구체적 활동은 한 시대에서 다른 곳으로, 그리고 한 종교집단에서 다른 집단에 이르기까지 다양하다. 말이나 마차를 타고 시내 한 중심을 돌아다니고 싶은 모방 추동은 자동차를 운전하는 모방으로서 대치되어졌고 미래에는 우주선을 타는 것으로 그것이 이루어졌다. 모든 인간활동처럼 놀이는 시간경과에 의한 태도에 의해 영향을 받았다. 그것은 군대, 종교적, 예술적, 과학적, 또는 사회적인 모든 것을 포함한다. 예를 들어 놀이는 고대 로마시대의 군대가 전쟁을 위해 무기를 개발하고 준비하는 동안에도 이루어졌다. 놀이는 종교적인 태도가 모든 것을 지배하던 중세 암흑시대에는 무시되고 쟁점화 되어졌다.

제한된 모방적 능력만을 가진 사람에게 한 가지 태도로 고정되었을지라도 놀이에서 변화가 발생할 수 있다. 그것은 어떤 서클 모임이나 집단 사람들이 하나의 문장이나 사고를 가지고서 전화게임을 하는 것과 유사하다. 그 최종 결과는 최초의 메세지와 많이 달라진다. 개인차의 존재는 바로 똑같은 복제를 방지해주고 개개 사람들이 전달하는 말이 달라지게 하는 이유이다. 우연적인 기회 변산이 발생하여 선행의 활동을 더욱 흥미롭고 도전적이 되게 할 수 있기 때문에 참여자들은 새로운 방법, 기법, 또는 규칙과 일치된 그 활동을 반복하게 된다. 창조적 사고는 또한 오래된 놀이를 변화시켜 새로운 형태로 만들어내고 또는 어떤 새로운 활동을 생성시킬 수 있는 특징을 결합시켜 왔다. 속도를 내기 위한 하나의 방법은 다양한 축구, 풋볼, 그리그 럭비 기법 등을 결합시켜 만들어졌다. 럭비는 축구가 지닌 공통요소와 폴로가 지닌 라크로스(lacross : 하키와 비슷한 구기의 일종), 라켓볼이 지닌 배구적 요소, 플랫폼 테니스(platform tennis : 철망을 둘러싼 나무대 위에서 하는 게임)가 지닌 테니스적인 요소 등을 가지고 있다.

여행과 의사소통을 위한 증가된 수단들은 문화의 교잡수정(cross-fertilization)에 의해 촉진되어졌다. 유럽 축구가 미국에 도입된 것이 그 예라고 할 수 있다. 미국에서 고안된 농구는 올림픽 게임에서 국제적 명성을 성취하였다. 미국과 같은 나라들은 오래되고 보다 전통적인 문화 내에서 생활하는 시민들 가운데서 개인들에서 나타나는 차이와 창의성을 억압하는 깊게 보존된 전통에서 자유롭다. 놀이의 진화에 영향을 미치는 다른 요인은 이용가능한 자유재량시간(discretionary time)의 양이다. 만약 개인이 하루 대부분을 열심히 일하여만 근근이 먹고 살 수 있다면 성인의 놀이를 하기 위한 충분한 시간과 에너지가 없을 것이다.

놀이의 유형은 다양한 활동과 관련된 소득의 양에 따라 달라질 수 있다. 경제학은 이용가능한 기술과 연관되어져 있다. 모터보트가 만들어졌을 때 그것은 만약 사람들이 필요한 자유재량 소득(discretionary income)을 가지지 못한다면 하나의 놀이로 나타나지 못한다. 모터보트는 파라세일(parasailing : 행글라이딩과 유사한 활동으로 참여자들은 수상 이륙점이 있는 도크나 플랫폼에서 사용하는 연같이 생긴 큰 장비를 가진다)을 유도하거나 수상스키를 할 수 있게 한다. 장비의 정교화를 가능하게 한 과학기술은 무게를 더 가볍게, 재료가 지닌 탄성의 증가, 증가된 속도, 개선되어진 재료의 강도, 낮아진 가격, 용이해진 교통수단, 그리고 다른 요인들로 인해 기술영역이 발달될 수 있도록 해주었다.

사람들은 음식을 적절하게 먹을 수 있다면 더 오래살고 놀이를 더 많이 할 수 있다. 영양이 결핍된 개인은 필수적인 일상의 활동을 완전하게 할 만한 에너지를 가지지 못하고 놀이활동에 지속적인 관심을 가질 수 없다. 신체 크기와 에너지 수준은 영양 공급상태를 나타낸다. 적절한 인간발달은 적당한 영양 섭취에 달려 있다. 영양은 인구통계학적 요인뿐만 아니라 과학기술이나 경제학과도 관련되어져 있다. 지나치게 많은 인구는 가능한 식사량을 제한시키고 놀이의 유형을 강제시킨다. 만약 제한된 영토로 많은 것을 충족시켜야 한다면 놀이는 그 구성원들을 수용하고 적응시킬 수 있다. 직업은 또한 놀이의 유형과 요구되어진 여가형태에 영향을 미칠 수 있다. 놀이를 하는 아이들은 새로운 직업에 적응하는 세대로서 그들의 부모를 모방하고 이런 적응은 또한 놀이의 새로운 형태에 영향을 미칠 것이다. 어떤 연구자들은 일상적이고 변화가 없는 직무가 위험한 활동을 유발하는 중요한 요인이라고 주장하였다. 유아기에서 청소년, 성인으로 진화과정을 거치는 동안 한 개인의 놀이형태에서 변화가 일어나는 이유가 무엇인지 설명할 수 있을까?

2.4 놀이의 발달적 측면
(Developmental Aspects of Play)

놀이에 대한 연구는 적절한 정의, 이론 형성, 또는 놀이의 진화에 영향을 미치는 변수들을 이해하는 것 이상의 것을 포함한다 이 연구는 신체적, 인지적, 그리고 사회적 발달이 존재한다는 것을 인식하지 못하면 완성되어질 수 없다. 연구자들은 "놀이를 덜 하는" 수준으로 분류된 아이들이 활동적인 또래 집단보다 덜 창의적이고 상상력을 덜 발휘하고, 신체적 활동이 저조하고 어휘를 덜 사용한다는 사실을 보고하였다. 놀이는 창의성, 문제해결능력, 발산적 사고 과정(divergent thought process : 여러 가지로 다양하게 생각해보는 것), 정서적 안정성, 사회적 판단, 효율적인 또래집단과의 상호작용, 그리고 언어발달 등과 정적으로 관련되어졌다[40]. 놀이는 사람을 타인과 그리고 그들을 둘러싼 환경과 조화가 되도록 도와준다. 놀이의 중요성은 "개인적인 정체성과 의미의 주요한 원천으로서 일을 줄여주는" 과학기술의 진보로 증가되었다. [41] 일은 많은 사람들에게 있어 그것이 덜 노동집약적이 될수록 만족이 덜해지는 경향이 있다. 노동자는 전체가 아닌 소규모 측면에 한정되어지지 않는다. 일을 했다면 삶에서 흥미를 줄만한 어떤 것으로 대처되어져야 한다. 2000년경 전형적인 북미지역 가정에서는 두 세대가 직장에서 퇴직을 할 것이라는 추정되어졌다.[42] 만약 일이 그 노동자에게 덜 만족스럽고 의미가 덜하다면 수명이 증가된 그 노동자는 오랜 은퇴기간 동안 무엇을 할까? 놀이는 사람들로 하여금 그들의 존재를 확인시켜 줄 뿐만 아니라 즐거움과 학습을 제공해줄 수 있다. 연구는 아동기의 독립성, 창조성, 그리고 풍부한 지략(resourcefulness)의 정도와 은퇴 후 적응능력 간에 관련성이 존재한다고 지적하였다. 그러면 어떤 발달들이 놀이가 한 개인의 삶의 나머지 부분에 어떤 영향을 미칠 수 있게 해줄까?

---

40) Barnett and Kane, "*Individual Constraints on Children's Play*," 43~46

41) Levy, *Play Behavior*, 38.

42) *Ibid.*, 40.

2.4.1 신체적 발달
(Physical Development)

인간의 신생아는 어떤 종의 유아보다도 많은 도움을 필요로 한다.[43] 발달의 양적 측면은 아동이 개인의 욕구를 충족시키기 위해 복잡한 세상과 적절한 상호작용을 하기 전에 반드시 일어난다. 놀이경험은 신체적, 사회적, 심리학적, 그리고 인지적 발달과정을 도와준다. 놀이의 관찰가능하고 가장 광범위하게 수용되는 부산물은 신체적 발달이다. 하지만 소수의 사람들은 신체발달의 결과가 근육이나 심장-호흡 체계(cardiorespiratory system)로만 제한되지 않는다. 설치류에 대한 연구는 풍요로운 환경(더 많은 놀이의 기회가 촉진되어지는)이 뇌의 성장을 자극하고, 신경 말단의 연결강도를 증가시키고, 그리고 효소의 활성화를 촉진시킨다는 믿음을 확신시켜 주었다.[44] 이용가능한 기회는 놀이의 상호작용을 형성하고 탐색과 창조적인 훈련을 위한 기회가 제공된 환경은 놀이행동을 자극한다.[45] 그것은 환경적 도전에서 수시로 변화가 필요하다는 것을 의미한다.

동물, 아동, 그리고 성인은 자극적인 장난감 또는 놀이 영역에 습관화되어질 수 있다. 다양한 신체적 변화, 시각 이미지, 청각 메세지 그리고 놀이 동료는 신체적 발달이 이루어지는데 꼭 필요하다. 다수의 심리학자들은 다양한 환경적 요인들이 가지는 발달적 가치가 의문시되지 않았다는 사실을 지적하였다.[46] 놀이경험은 고유수용력(proprioceptive : 자극을 수용할 수 있는 능력)을 촉진시키도록 돕는 협응과 균형을 필요로 한다. 그것은 신체적 발달이 그것에서 종결될 것이라는 믿게 하는 실수를 유발한다. 그것은 그것이 지닌 목적만 뿐만 아니라 보다 복잡한 활동수행에 기여한다는 점에서 중요하다. 예를 들어 연구자들은 아동의 협응과 균형이 학술적 성취를 잘 예언해 줄 수 있다는 사실을 발견하였다.[47]

---

43) B. Godfrey and N. C. Kephart, *Movement Patterns and Motor Education*(New York : Appletion-Century-Croffts, 1969), 3.

44) M. Rosenzwig, E. Bennett, and M. Diamond, "Brain Changes in Response to Experience," *Scientific Americans* 226, no.2(1972) : 22~29.

45) Barnett and Kane, "Individual Constraints on Children's Play," 50.

46) J. Kagan, The Nature of the Child(New York : Basci, 1984).

47) A. H. Ismail and J. J. Gruber, *Integrated Development : Motor Aptitude and Intellectual*

2.4.2 인지적 발달
(Cognitive Development)

대부분의 자료들은 17세 학습의 80% 정도가 8세경에 획득된 것이고, 50% 정도가 4세경에 이루어졌다는데 동의한다. 이런 정보유형은 놀이가 "가장 강렬하고 풍요로운 학습활동"[48]이라는 가설을 지지하는데 도움을 준다. 초기 연령에서 놀이가 지닌 "풍요성(richness)"은 나중의 학술적 성공을 잘 예언해주는 것으로 나타났다.[49] 그리고 복합적인 놀이에 참여하는 것은 언어발달이 보다 정교화되도록 도와준다.[50]

놀이경험은 전통적인 탐색적 시행-착오(trial-and-error) 활동에만 제한된 것이 아니라 모든 유형의 감각 정보와 그에 대한 반응을 포함한다. 유아와 환경간의 최초 관련성과 삶의 나중 부분에서 시도된 다수의 활동들 간에는 상관관계가 존재한다. 학습은 환경과의 상호작용을 통한 시행착오 절차에서 생겨난다. 초기의 강렬한 시각, 청각, 그리고 촉각으로부터 얻어진 지각적 지식은 아동이 책 읽기 등과 같이 나중에 추상적 개념을 숙달시키는데 기여를 한다. 환경적 다양성은 교실에서의 행동과 유의하게 관련되어져 있다고 보고되었다.[51]

유아의 눈 운동과 머리의 지향성에 대한 관찰은 아기가 구칙적인 모양보다는 평면의 불규칙적인 형태를, 분산된 형태보다는 집중된 것, 하나의 평면적인 차원보다는 세 가지 차원의 그림자가 진 형태를, 그리고 가만히 있는 것보다 움직이는 대상을 더 선호한다는 사실을 증명해주었다.[52] 반응과 흥미수준은 대상물의 수가 증가할수록 더 높아진다. 아기들은 만약 어떤 것이 그들에게 친숙하다면 더 이상 흥미를 가지지 않는다. 그때 상이한 항목이 신기한 것이 되

Performance(Columbus, Oh. : Merrill, 1967).

48) L. K. Frank. "Play is Valid," *Childhood Education* 44, no. 7(1968) : 433~440.

49) Barnett and Kane, "Individual Constraints on Children's Play," 66.

50) M. McKimmey, "Child's Play is Serious Business," *Children Today* 22, no.2(1993) : 15.

51) R. Bradley, B. M. Caldwell and S. L. Rock, "Home Environments and School Performance : A Ten-Year Follow-Up and Examination of Three Models of Environmental Action," *Childe Development* 59, no. 4(1988) : 864.

52) F. Caplan and T. Caplan, *The Power of Play*(Garden City, NY. : Doubleday/Anchor, 1974), 93.

고 탐색 행동을 증가시키도록 촉진한다. 놀이는 신기하고 흥미로운 환경과 상호 작용할 수 있게 하는 하나의 수단이다. 이런 탐색적 활동은 아이를 둘러싼 즉각적 세상에 대한 정보, 사건에 대한 이해, 그리고 숙달될 수 있게 해준다. 아이가 성장함에 따라 이해의 정도는 다양한 놀이 활동을 통해 증가된다. 하나의 단순한 대상보다는 여러 가지 대안적으로 이용가능한 대상은 아동을 대상으로 연합적인 어휘의 유창성 검사를 실시할 때 그 효과가 잘 나타나지 않았다.[53)]

연구자들은 놀이와 정신적 기술사이의 관련성에 대해 관심을 가졌다. 지능지수(IQ : Intelligence Quotient) 점수는 기억, 추리력, 추상개념(abstraction), 언어에 대한 이해 등을 포함한 다수의 지적 능력을 측정하려고 한다. 특히 가장 놀이(make－believe)는 이런 기술에 기여하는 것으로 믿어지고, 연구결과들은 그 놀이가 지능지수 점수를 증가시킬 가능성에 대해 지지해준다.[54)] 유아의 HOME Inventory는 아이들이 그들의 가정에서 이용 가능한 인지, 사회, 그리고 정서적 자극이 지닌 품질을 평가하기 위해 사용된 관찰/면접 기법이다. 10년 동안의 연구 후 연구자들은 HOME 하위 척도인 놀이재료와 부모의 관여(Play Material and Parental Involvement)가 10세 성취와 관련되어 최고로 나타났다고 보고하였다.[55)]

사회극화 놀이(Sociodramatic play), 구성적 놀이(Constructive play), 그리고 놀이훈련(Play training) 이 모두는 인지발달을 증가시킨다.[56)]. 사회극화 놀이는 아이들 집단을 협동적 극화상황에서 역할을 맡겨 수행하도록 하는 가상적(make－believe)인 진보된 형태로 언급되어진다(예를 들어 몇몇 아이들은 식당에 음식을 먹으러가는 흉내를 내거나 가족구성원의 역할을 수행한다).[57)] 구성적 놀이는 어떤 것을 만들거나 형성하기 위해 대상(블록, Thinkertoy)이나 재료(모래, 진흙, 페인트)를 사용한다. 놀이훈련은 어떻게 사회극화 놀이 등과 같은 구체적인 놀이 유형에 참가할 수 있는지 가르쳐주는 것과 관련된다. 아동이 지닌 문제해결능력, 창의력, 그리고 어휘 발달은 또한 놀이를 통해 증가되

53) J. Dansky and I. W.Silverman, “Effects of Play on Associative Fluency in Preschool-aged Children,” *Developmental Psychology* 9, no. 1(1973) : 38~43.

54) J. E. Johnson, J. Ershler, and J. T. Lawton, “Intellective Correlates of Preshoolers’ Spontaneous Play,” *Journal of General Psychology*, 106(1982) : 115~122.

55) Bradely, Caldwell, and Rock, “Home Environments and School Performance,” 863.

56) Johnson, Christie, and Yawkey, *Play and Early Childhood Development*, 15.

57) *Ibid.*, 22.

어졌다. 광범위한 문제해결 전략은 놀이가 수렴적(convergent)이라기보다는 발산적(divergent)일 때 발달되어졌다. 결국 다양한 문제를 가진 놀이 상황(발산적 놀이)은 단지 한가지의 정확한 해결책(수렴적 놀이)을 가질 때보다 더 많은 것을 필요로 하게 된다. 특히 사회극화 놀이는 가치 있는 언어가 실행될 수 있는 기회를 제공해준다.

인지적 놀이는 다음과 같은 네 가지 수준을 가진다. (1) 기능적 놀이(달리기, 뜀뛰기 등과 같은 대상물의 존재 여부와 상관없이 일어나는 반복적인 근육 운동), (2) 구성적 놀이 (3) 역할놀이(누군가인가 하는 척)나 가장 변형(make-believe transformation)(상자가 자동차인것처럼 여기는 것), 그리고 (4) 규칙을 지닌 게임 등이다.[58] 아동이 성숙함에 따라, 그들은 인지적으로 보다 진보된 형태의 놀이에 참가한다. 4세나 5세경이 되면 두세 개의 활동(구성과 극적 놀이)에 참가하게 된다. 놀이나 놀이훈련을 위해 준비된 형태에서 성인의 중재는 만약 나이든 학령전 아동이 기능적 놀이에 예비적으로 참가하려고 할때 나타난다. 아동이 하는 놀이는 이용가능한 재료의 유형에 의해 많은 영향을 받는다.[59] 복장 등과 같은 주제와 관련된 준비물은 사회극화 놀이를 촉진시키지만 블록, 퍼즐, 그리고 예술 재료들은 구성적 놀이를 자극시킨다.[60]

확실한 놀이행동은 아동으로 하여금 유용한 정보를 획득하게 도와줄 뿐만 아니라 학습을 강화하도록 해준다. 오랜 기간 동안 사람들은 놀이를 하는 아동이 또한 창의적이라고 믿었고 놀이환경에서 창의성이 촉진되어진다고 생각하였다.[61] Buckminster Fuller는 "대다수의 많은 아동은 예술적 발달을 가능하게 하는 능력을 기꺼이 할 것이지만, 그들에게 주어진 환경이 그들을 억압시킨다"라고 주장하였다.[62]

아동시기에만 제공되는 놀이만으로는 충분하지 않다. 그들은 또한 자극적인 놀이 영역을 필요로 한다. 고물상, 공사 지역, 또는 도시의 거리가 이웃의 놀이터가 텅 비었을 때 아동을 유인한다면 놀라운 일일까? 만약 누군가가 인지발달과 관련된 부분에서 정보를 응용하였다면 놀이영역은 고정된 환경이라기보

58) K. H. Rubin, K. S. Watson, and T. W. Jambor, "Free-Play Behaviors in Preschool and Kindergarten Children," *Child Development* 49(1978) : 534~536.

59) Rubin, Fein, and Vandenberg, "Play," 693~774.

60) Johnson, Christie, and Yawkey, *Play and Early Childhood Development*, 28

61) B. Sutton-Smith, "The role of Play in Cognitive Development" *Young Children* 22, no.6(1967) : 365.

62) Caplan and Caplan, *Power of Play*, 167.

다는 변화를 수용할 수 있는 능력임에 틀림없다. 대부분의 가장 흥미로운 놀이 대상조차도 결국 친숙하게 된다. 놀이터를 운영하는 몇몇 기업은 거대한 tinker toy 세트를 개발하였다. 나무로 만든 제품은 주기적으로 나사를 조이게 되고 결국 다른 것들처럼 한번 만들어진 놀이기구들은 다시 조립되어졌다. 도시와 이웃들은 그들의 놀이영역을 설계하고 건축함으로써 비싼 장비 구입에 따른 비용을 줄일 수 있다. 아이들은 전반적인 감독관으로서 시설을 시험해보고 제안을 할 수 있다. 레크리에이션센터는 단기간 동안 장난감을 검사하고 놀이 장비의 다른 부분들을 점검하는 도서관으로서의 역할을 한다. 많은 도시와 국가에 있는 놀이터는 특수화된 장비나 직원을 갖추고서 교대나 교환체제를 사용할 수 있다. 그 지역의 놀이영역이 창조성이나 인지발달을 위해 더 나았는지를 결정할 다른 가능성은 없을까?

2.4.3 사회 · 심리학적 발달 (Social & Psychological Development)

놀이는 하나의 이행기관이다. 그것은 유아가 아동기로의 신체적 발달을 하는데 도와주고 인지발달을 첨가시키고, 그리고 아동이 성인사회에 대해 준비할 수 있게 하는 많은 사회적 변화를 보조해준다. 아이들은 놀이활동을 통해 내적 규율이 발달할 동안 타인과의 상호작용 방식을 통해 협동하는 것을 배울 수 있다. 예를 들어 언어적 발달이 촉진되어지는 극적 놀이(언어를 활용하고 완전하게 함)는 역할놀이를 통해 아이로 하여금 남의 의견이 무엇인지 인식할 수 있고 공감, 동정, 그리고 다른 사회적 기술 등을 배울 수 있게 되는 기회를 제공해준다. 극적 놀이는 또한 학교 정규 교과목에 포함되어질 수 있는 것으로 이것은 문화적으로 다른 배경을 가진 아이들이 새로운 환경에 적응할 수 있게 도와준다.[63]

레서스 원숭이 새끼를 대상으로 한 동물연구에서는 그 원숭이가 그들에게 놀이가 허용되지 않을 때 성인 원숭이로 성장한 후 사회적 성적 역할에서 많은 비정상성을 표출하였다고 나타났다. 정상적인 사회생활의 발달은 아이들이 다른 아이들과 놀이를 할 수 있는지에 달려 있다. 사실 운동경험은－자유로운 놀이 상태에서 발생하는－사회적 자극에 대해 많은 관심을 가질 때 나타난다.[64]

63) McKimmey, "Child's Play is Serious Business," no.2 : 15.

64) R. Kermoian and J. J. Campos, "Locomotor Experience : A Facilitator of Spatial Cognitive Development," *Child Development* 59, no. 4.(1988) : 908.

타인을 고려한다는 것은 학습된 기술이지만 인간이 선천적으로 타고난 특성은 아니다. 아이들은 나이가 더 덜어갈수록 가족구성원과 놀이에 보내는 시간이 점차 줄어들고 또래(peer) 집단과의 놀이에 더 많은 시간을 보낸다.

놀이집단은 또래 집단의 가장 비공식적인 형태로 구분되어졌고 그것은 행동규칙을 주입시키게 된다. 놀이 집단 내에서 어떤 아동은 다양한 사회적 기술을 시도해보려고 노력한다. 또래 집단은 6~12세경의 아이들 사이에서 작용한다. 소속의 개념이 발생하고 자신이 지닌 가치에 대한 평가가 놀이 집단과의 연관을 통해 발달된다. 사회적 학습은 갈등이 해결되어지고 협동적 놀이가 복구되어졌을 때 발생한다. 그것은 신체적 기술에서는 공통적이지 않지만 자아－적응(self－adjustment)에서는 도움을 줄 수 있었다. 종종 사회적 지위는 운동능력과 연관되어졌다. 신체발달처럼 사회적 발달은 감각 박탈에 의해 부작용을 일으킬 수 있다. 공공시설에 수용된 아이들은 집에서 양육된 또래 아이들과 비교했을 때 낮은 어휘구사 수준과 사회적 기술을 보였다.

다양한 놀이경험은 아이들로 하여금 그들 자신의 정체성을 형성하도록 도와준다. 역할놀이는 그 개인이 다른 사람을 통해 자신이 지닌 정체성을 찾게 도와준다.[65] 따라서 부모의 역할을 맡은 아이는 자신을 나이든 성인으로 인식한다. 반대되는 정체성(예, 부모－아이, 남자－여자, 남편－부인, 고용주－종사자)은 실재 세계에서도 존재한다. 놀이는 아이가 일반적인 세상에서 타인과의 관계를 통해 그들이 지닌 역할을 이해하게 도와주어 미래 생활에 대한 준비를 하게 해준다. 욕구와 타인과의 관계 인식은 협동, 배려, 그리고 도덕적 판단을 발달시키게 해준다.

놀이를 통해 사람들은(특히 아이들은) 어떤 방식으로 사회적 관계를 형성하고 이들과의 관계에서 발생할 수 있는 문제를 해결할 수 있을지 배우게 된다.[66] 사회 놀이는 다음의 세 가지 수준에서 발생한다. (a) 고독(대화할 수 있는 거리 내에서 타인과 다른 재료를 가지고 혼자 놀이하는 것), (b) 평행(아이들 근처에서 유사한 재료나 장난감을 가지고 놀지만 다른 아이들과의 놀이는 시도하지 않음) 그리고 (c) 집단놀이(다른 아이들과 노는 것) 등이다. 보다 미

---

65) G. P. Stone, "The Play of Little Children," in *Child's Play*, ed. R. E. Herron and B. Sutton-Smith((New York : Wiley, 1971), 4~14.

66) J. Shu-Fang Lo Chia, "Play and Social Development in Taiwan," in *When Children Play : Proceedings of the international Conference on Play and Play Environments*, ed. J. Frost and S. Sunderlin(Wheaton, MD.: Association for Childhood Education International, 1985), 64.

묘한 복합적·사회적 척도가 있다.[67] Howes의 또래 놀이 척도(Peer Play Scale ; 1980)는 다섯 가지 수준으로 구성되어 있다. 즉 (1) 단순한 평행놀이(유사한 활동에 참여하지만 눈을 마주치거나 다른 사회적 접촉은 하지 않음), (2) 상대방을 고려한 상호적인 평행놀이(타인의 존재나 활동에 대해 인식하고 눈을 마주침), (3) 단순한 사회적 놀이(서로서로 사회적 행동은 하지만 놀이활동은 협동이 이루어지 않고 서로 보완되지 않음), (4) 상호적 지각을 바탕으로 한 보완적/호혜적 놀이(놀이활동에 참여한 상대방을 인식하지만 대화나 다른 사회적 교환은 없음), 그리고 (5) 보완적/호혜적 사회놀이(사회적 교환이 발생) 등이다.[68]

다양한 연령대의 아이들은 놀이를 하는 동안 다음과 같은 것들이 관찰되어졌다. 즉 그들이 하는 놀이가 적절한 사회적 발달수준에 있는지 그리고 사회적 인식, 사회적 의사소통, 또는 협동활동을 하기 위한 능력 등을 가지는데 도움이 필요한지 결정하고자 하였다. 성인의 중재는 놀이를 증가시키는데 있어 반드시 필요하다. "최적의 발달을 위해 필요한 놀이는 그 아이가 현재 지니고 있는 사회적 또는 인지적 능력을 반영하고 설명해줄 수 있는 놀이다. 놀이기회는 반드시 적절하고 도전적이어야 한다."[69] 어떤 놀이유형은 사회적, 인지적 발달을 촉진하는데 충분하지 않다. 어떤 놀이 유형은 단지 다른 유형의 놀이를 하는 사람이 지겹고 권태로울 때만 즐겁게 하고 오락을 제공하는 것일 수 있다.

놀이친구는 아이들의 사회화에 기여한다. 아이들이 그들의 놀이친구를 모방하는 동안 원치 않았던 행동양상뿐만 아니라 원하는 행동양상도 학습되어질 수 있다. 이런 사회화과정 때문에 몇몇 놀이친구는 더 선호되거나 그렇지 않을 수도 있다.[70] 아이들이 놀이터에서 하는 행동을 연구하였을 때 또래 집단 사이에서 아이들이 가진 사회적 지위가 사회적 행동에 영향을 미친다는 사실이 발견되었다. 또래 집단에서 인정받는데 오랜 시간이 걸리게 되면 협동적인 사회적 놀이행동에 영향을 끼칠 수 있다.[71]

---

67) Rubin, Watson, and Jambor, "Free-Play Behaviors in Preschool and Kindergarten Children," 534~536.

68) C. Howes, "Peer Play Scale as an Index of Complexity of Peer Interaction," *Development of Psychology* 16(1980) : 371~372.

69) Johnson, Christie, and Yawkey, *Play and Early Childhood Development*, 18.

70) Shu-Fang Lo Chia, "Play and Social Development in Taiwan," 64.

71) G. Ladd, J. Price, and C. Hart, "Predicting Preschoolers' Peer Status from Their

2.4.4 성인의 관여
(Adult Involvement)

비록 지나친 성인의 관여가 아이들의 놀이에 위험을 미칠 수 있지만, 성인의 관여는 놀이가 가진 질을 풍요롭게 해 준다.72) 흥미를 나타내는 도구로서의 성인의 관여는 가치있고 훌륭한 놀이를 통해 아이들에게 전해주는 가장 좋은 방법이다. 아동놀이에 참여하는 것은 승인을 보여주는 것으로 그것은 훌륭한 라포(rapport : 신뢰관계)를 형성하는 방법이고 우호적이고 행복한 가정분위기를 유지하는데 도움을 줄 수 있다. 성인의 존재는 또한 놀이가 풍요롭고 오래 지속되도록 해주어 산만함을 줄일 수 있다. 더 높은 놀이수준은 성인을 모델링 함으로써 나타날 수 있다. 영국 유치원에서 행해지는 놀이의 84%는 어떤 사고와 연관된 일련의 통합적 활동이 없는 낮은 수준의, 단순한 하나의 행동으로 구성되었다고 보고되어졌다. 미국 유치원에서 자유로운 놀이가 가지는 질은 더 낮은 것으로 나타났다.73) 부모나 성인들은 놀이의 질을 증가시키도록 도와주고 결국 신뢰관계를 형성하거나 학교나 가정의 분위기가 증진되어지는 동안 참여자의 발달적 측면은 좋게 개선되어진다.

성인들은 네 가지의 다양한 방법으로 아이들의 놀이에 관여한다. 즉 평행놀이(parallel playing), 같이놀기(coplaying), 놀이지도(play tutoring) 그리고 중재(Intervention).74) 평행놀이는 초기에 유사한 것이 언급되어졌는데, 성인은 그 아동과 밀접한 관련을 가지고 비슷한 유형의 놀이재료를 가지고 놀지만, 그 성인과 아이 사이에서 발생하는 상호작용이 그 아동의 놀이에 영향을 주지 않았다. 그 어른은 특히 한마디로 모든 것을 설명할 수 있지만(아, 나는 방금 예쁜 꽃을 그렸다), 아이들의 대화에 개입하지는 않는다. 아이들은 성인들의 놀이를 지켜보는 것만으로도 새로운 놀이 방법을 학습할 수 있다. 어떤 성인은 현재 진행되고 있는 놀이 에피소드에 참가함으로서 그리고 아이들을 통제하면

Playground Behaviors," *Child Development* 59, no. 4(1988) : 991.

72) Johnson, Christie, and Yawkey, *Play and Early Childhood Development*, 23~26.

73) B. Tizard, "Play : The Child's Way of Learning?" in Biology of Play, ed. D. Harvey(London : Heinemann, 1977), 199~208.

74) D. Wood, L. McMahon, and Y. Cranstoun, Working with Under Fives(Ypsilanti, Michi, : High/Scope Press, 1980) ; Johnson, Christie, and Yawkey, Play and Early Childhood Development, 30~33.

서 그들과 같이 놀이에 참가할 수 있다. 빈번한 질문과 놀이를 확장시킬 수 있는 언급이 많아짐에 따라 놀이의 방향을 변경시키기 위해 미묘한 영향력이 사용되어졌다. 놀이지도는 성인의 통제가 최소한 이루어진 상태에서 어떤 새로운 놀이 에피소드를 최초로 시도하거나 새로운 행동을 가르칠 수 있다. 놀이지도는 실제의 놀이 집단 외부로부터(외부 중재) 또는 적극적인 참여를 통한 놀이집단 내에서(내부 중재) 이루어질 수 있다.

아틀란타에서 시행된 집이 없는 아이들을 보호하는 주거 프로그램에서처럼 어떤 아이들은 결코 전형적인 아동기를 가질 수 없는데 그것은 어떻게 아이답게 되는지, 다른 아이들과 어떻게 상호작용을 할지, 그리고 어떻게 즐거워질 수 있는지를 가르쳐 줄 사람이 없기 때문이다. 놀이중재는 언어, 인지, 그리고 운동기능 발달을 지연시킨다. 야간 거주지를 사용하는 가족들로부터 아이들은 외부나 내부놀이를 할 적극적 기회가 제한되어졌다. 결국 일상의 프로그램은 매일 자유로운 놀이, 집단활동, 그리고 외부 놀이를 제공함으로써 보충하려고 노력하였다. 집이 없는 아이들을 위한 놀이 경험은 스트레스나 분노를 줄여줄 수 있는 요인으로 작용하였다. 이런 아이들에게는 매일의 긍정적인 경험인 놀이는 긍정적인 자아개념을 발달시키기 위해 필요하다.[75]

2.5 놀이의 미래
(Future of Play)

놀이의 유형, 범위, 그리고 환경은 초기 발달적 과정－신체, 인지, 또는 사회적－에 영향을 미친다. 하지만 청교도적 윤리관을 기초로 세워진 국가에서 표방하는 놀이의 미래가 아동의 노동력을 착취하는 국가가 존재하는 20세기에서도 가능한 것일까? 다행히도 사회는 놀이가 모든 표준적인 건강한 아이들을 위한 기본적, 전체적 활동이라는 사실을 수용하기 시작하였다. 그 보상은 즐거움과 실수로 인한 처벌이나 위험을 최소화할 수 있는 분위기에서 이루어지는 학습을 포함한다.

미래에서는 보육원에서만 아니라 가정에서의 놀이환경도 개선되어질 수 있다. 유아의 교육은 생애 최초 3년 동안 가정에서 아이들을 자극하는 것을 포함

75) J. R. Nurss, Y.E. Upkins, and J. E. Brown, "More Than Baby-Sitting: A Homeless Children's Day Shelter Program," *Children Today* 22, no.2(1993): 7~9.

한다. 장난감은 생애초기 동안 가정에서의 교육을 촉진시킬 수 있도록 도와줄 수 있다. 도시내부에(inner－city)서 아이들이 거주하여 새 삶을 시작할 수 있는 여러 채의 건물(고층 건물)을 짓기로 계획한 계획자는 놀이센터를 제공해줄 것이다. 도시내부에 있는 놀이센터는 지붕위에, 지하실, 또는 전통적으로 잘 사용되지 않는 영역에 위치해있을 수 있다. 많은 보육원은 일하는 어머니들이 꾸준히 증가함에 따라 직장 근처에 위치할 것이다. 보육원과 놀이센터를 적절하게 배치하기 위해 유아들을 돌보는 교사들의 수가 증가할 것이다. 놀이연구에서 중점을 두는 것은 이러한 요구되거나 기대되어진 변화들이 올바른 방향으로 계속 유지될 수 있는 많은 지원이 반드시 제공되어야 한다는 것이다.

놀이와 관련된 중요성이 인식되고 수용되기 시작하였다. 두 명의 놀이 연구자들인 Caplans는 UNESCO, UNICEF에 흥미로운 연구계획서를 제출하였다. 그들은 더 많은 경제적, 사회적, 교육, 그리고 사회적 진보가 가난한 국가의 사람들로 하여금 “어린 아이일 동안의 놀이생활을 촉진시키는 것으로서 그들의 자아개념과 자신에 대한 확신감을 형성하게”[76] 할 수 있다는 아이디어를 제출하였다. 이런 연구계획서에 대한 그들의 지원은 20세기에 단기간에 가장 큰 경제발전을 이룬 나라들(러시아, 이스라엘, 그리고 중국)에서 “모든 아이들이 최소한 6살 때까지 놀이를 보장받을 수 있는 것이 중요한 단계”라는 사실을 심어주었다.[77] 아동기 동안의 놀이는 성인기에서 창의성을 촉진시킬 수 있고 결국 두 배의 이익을 얻을 수 있다.

76) Caplan and Caplan, Power of Play, 22.

77) *Ibid.*

개요 Summary

놀이는 자아표현의 중요한 수단으로서 제공되어지는 자발적, 즐거움, 흡수, 본능적 보상, 그럴듯한 경험(가장 경험)으로서 정의되어질 수 있다. 구체적인 활동들은 놀이로 정의되어질 수 없다. 놀이는 심적경향에 의해 결정되어진 행동의 경향 또는 방식으로 언급된다.

인류학자들과 사회학자들은 놀이가 하나의 전체적 활동이란 사실을 뒷받침할 수 있는 많은 증거를 제시하여왔다. 생태학자들은 더 진보된 동물 종들(그리고 인간은 가장 진보됨)이 하는 놀이가 다른 하위 형태의 동물들보다 더 빈번히 발생하고 오래 지속되었다는 사실을 보고하였다. 하지만 왜 사람들이 놀이를 하는지에 대한 이유가 설명되지 않았다.

놀이이론은 인지적 접근방법이 나타나기 전까지는 Charles Darwin의 생물학적 영향하에서 시작되었고 행동주의자와 정신분석가들에 의해 발전되어졌다. 놀이이론들은 이론적 근거에 의해 몇 가지 집단으로 분류되었다. 즉 생물학적 이론들은 동기부여에 중점을 두고, 환경적 이론들은 활동에, 그리고 인지이론들은 발달에 이론적 근거를 두었다. 이론과 개념 형성에서의 어려움은 놀이라는 하나의 우산 아래에서 계속적으로 진화되어진 행동의 광범위한 영역에서 기인한다. 현재 그런 광범위한 활동을 설명할 수 있는 완전한 하나의 이론은 없다. 결국 각 개인은 가능한 한 완전하게 사람들이 왜 놀이를 하는지에 대한 설명을 하기 위해 분석, 평가, 결합을 시켜야 한다. 예를 들어 인지적 각성추구이론은 자아표현이론의 최초 활동성 가정을 설명하기 위해 사용되어질 수 있고 자아표현 이론은 개인의 놀이행동에 대한 특정한 형태나 형태학의 결과를 설명하는 것이다.

놀이의 진화를 설명해줄 수 있는 변수들에 대한 연구가 계속되었다. 전통, 자유재량시간의 양, 경제, 과학기술, 음식, 인구분포, 그리고 직업 등으로부터 태도, 제한된 모방가능성, 우연적 변산, 창조적 생각, 교잡수정, 자유는 기여요인들로서 논의되어졌다. 부가적 요인들이 놀이의 성장, 수정, 또는 확장을 설명해줄 수 있을까?

신체적, 인지적, 사회적 그리고 심리학적 과정들은 놀이활동에 참여함으로서 증가되어졌다. 신체는 그것이 사용되어지면 보다 강하고 효율적이 되었다. 놀이경험은 개인으로 하여금 그들 자신이나 세상을 어떻게 경영할지에 대한 학습을 가능하게 해준다. 다양한 인과적 관계는 탐색적인 놀이 동안 형성되어졌다. 자극적 놀이영역은 인지발달을 도와준다. 공공 또는 개인적 놀이영역은 또한 사회적 발달을 가능하게 한다. 아이들은 갈등을 해결할 때 타인과 협동하고 상호작용하도록 배운다.

미래의 놀이는 꽤 희망적인 것 같다. 보다 많은 사람들은 놀이의 필요성과 그것이 주는 편익에 대해 인식하였다. 가정, 지역공동체, 그리고 학교 놀이터는 보다 풍부하고 보다 자극적인 놀이환경을 제공해준다. 훈련받은 감독관이 많아지는 것은 이러한 증가된 수요를 충족시켜줄 것이다.

검토문제 examination

01. 놀이가 지닌 특성에는 어떤 것이 있을까?

02. 놀이에 대해 어떻게 정의할 수 있을까?

03. 놀이의 생물학적, 환경적, 그리고 인지적 이론들이 지닌 각 차원들은 어떻게 비교되어질 수 있을까?

04. 네 가지의 지적 발달단계가 놀이 행동에 어떤 방식으로 영향을 미칠까?

05. 놀이의 복합적인 이론은 당신에게 어떤 의미를 주는가? 왜 그런가?

06. 당신은 더 많은 놀이를 할 수 있는가? 어떻게 하는지 그것을 기술하라.

07. 사회놀이의 다양한 수준에는 어떤 것이 있는가?

08. 왜 놀이는 시간이 지나면 변화되어질까?

09. 놀이로부터 얻을 수 있는 결과와 이점에는 어떤 것이 있을까?

10. 왜 아동에서는 놀이집단이 중요할까?

11. 부모와 성인이 아동의 놀이에 왜 관여를 해야만 하는가?

12. 어떤 놀이를 다른 것보다 더 많이 하는 이유가 무엇일까?

13. 미래에 놀이가 지닌 역할은 중요해질까? 왜 그럴까?

14. 만약 당신이 놀이 센터의 우두머리라면, 당신은 어떤 유형의 놀이 경험을 제공해줄 것인가? 왜 그런 것을 제공할 것인가?

LEISURE & HUMAN BEHAVIOR

제3장

게임의 의미

PART 3. The Meaning of Games

- 게임이란 무엇인가?
- 게임은 심리학적으로 어떤 의의를 지닐까?
- 게임은 어떤 방법으로 특정한 문화를 반영할 수 있을까?
- 게임은 어떤 방식으로 자아와 관련된 지식(self-knowledge)이 형성되도록 할 수 있을까?
- 당신은 게임 "이상"의 것을 얻을 수 있는가?

제3장

게임의 의미

The Meaning of Games

3.1 놀이와 게임

(Play and Game)

아이들의 놀이는 자발적이다. 아이들은 그 게임이 지닌 구조를 어느 지점에서 알려고 할까? 성인들은 그들의 놀이를 구조화시키려는 경향이 있고 그리고 나서 게임을 한다. 하지만 게임이란 무엇일까?

비록 예외가 있지만 게임은 하나의 경쟁(contest)이다. 그것은 단독으로 또는 다른 게임과 비교하는 한 그 자체가 경쟁일 수 있다. 하지만 게임은 두 사람과 반대되는 팀간에서 나타난다. 올림픽 경기에 의해 잘 제시되어진 트랙이나 필드 이벤트는 많은 상이한 팀들 간에 경쟁을 유발한다. 게임은 대개 어느 정도의 경쟁과 공격성을 지닌 것으로 가정된다. 만약 게임에서 승리하거나 실패한다는 가능성이 전재되어지지 않는다면 그것이 지닌 특성은 많이 손상되어진다. Stuart Brand와 다른 사람들이 고안한 "새로운 게임(New Game)"의 개념은 경쟁이 지닌 역설에 대해 많은 생각을 하게 한다. 승리하기 위해 경쟁하는 대신, 참여자들은 얼마나 오랫동안 그 공이 대기 중에 떠 있을 수 있고, 어떤 대상이 목표 라인으로 들어갈 수 있는지 등을 이해하기 위해 경쟁한다. 경쟁의 유형은 남아 있지만 그것은 변화되어졌고, 승화되어졌고, 또는 모방되어졌다.

하나의 게임은 반드시 규칙을 가진다. "pick up sticks" 등과 같은 초보적 게임에서 규칙은 적고 쉽게 관찰되어졌다. 축구나 야구 등과 같은 보다 복합적인 게임에서는 단순히 교과서적인 규칙만이 아니라 경기장에서 그 규칙이 올바로 적용되고 이해되었는지를 알기 위해 심판을 보는 것도 포함된다.

가끔씩 게임은 잘 알려지지 않은 규칙이 존재할 때도 있다. 예를 들어 "Tegwar"는 『드럼을 천천히 두드려라(*Bang the Drum Slowly*)』[1]라는 소설에서 고안된 사기(士氣)게임으로 게임이 진행됨에 따라 규칙을 가지는데, 그 규칙은 완성된 행동을 정당화하는데 적절한 것으로 보이는 규칙을 개발하는 게임자의 빠른 재치에 의해 좌우된다. 그럼에도 불구하고 진정한 게임이 되기 위해서는 대개 명백하고 이해되어지는 어떤 종류의 규칙체계가 모든 게임의 필수조건이다.

게임이 지닌 다른 특징은 전체성만은 아니다. 그것은 한 가지 게임유형에는 중요하지만 다른 게임에는 그렇지 않을 수 있다. 이런 첫번째 특징은 장소(Place)이다. 게임은 어디에서나 행해질 수 있어야 한다. 때대로 그 장소는 특정의 탁자, 방, 잔디 또는 다른 영역일 수 있다. 그것은 게임이 발생될수 있는 경쟁자를 충족시킬 수 있는 어느 곳에서나 가능하다. 스포츠에서 "홈 코트 이점(home court advantage)"은 그 경기영역이 한 특정의 팀에게는 매우 친숙하고 이용가능한 후원자가 많이 있다는 것을 가정한 것이다.

게임이 지닌 다른 특성은 특수(special)한 장비를 사용한다는 것이다. 제스처 게임(charade : 몸짓 수수께끼) 등과 같은 어떤 게임은 이런 구성요소가 필요 없지만, 대개의 게임들은 공, 깃털공(birdie), 라켓, 배트, 카드, 주사위(dice), 또는 놀이를 할 때 필요한 어떤 것을 가지고 있어야 한다. 중요한 것은 어떠한 상징적인 가치를 나타낸다는 것이다. 야구는 하나의 유물로서 기록되어졌고, 축구는 선수권대회 경기로서, 아이스하키(puck)는 플레이 오프(play－off) 형태 등이다. 어떤 게임은 상당한 부분 선수들의 전문성 위한 설비들을 필요로 한다. 프로 하키선수, 야구선수, 축구선수들을 위한 시설을 갖춘 곳은 라켓볼이나 스쿼시 등과 같은 단순한 운동을 할수 있을 만큼 충분히 커야 한다.

게임이 지닌 세번째 특징은 주어진, 이용가능한 시간간격(time－span)내에 발생한다는 것이다. 농구 등과 같은 게임은 시간적 차원을 최소화할 수 있도록 구조화되어질 수 있다. 시간은 모든 인류에게 주어진 승리를 측정할 수 있는 방법이다. 예를 들어 현대 과학기술의 발달로 인해 올림픽 경기는 동시에 많은 사람들이 이기거나 지는 것을 지켜볼 수 있게 되었다. 어떤 게임은 상대적으로 시간과는 무관하다. 그것은 단지 시작과 만나는 시간만이 주어지고 해가 지기 전에 끝나고 다음날 시작되기도 한다. 포커, 브릿지, 그리고 많은 다른 보드게

01) H. Wiggen, *Bang the Drum Slowly*(New York : Knopf, 1960).

임은 경쟁자가 지칠 때까지 계속하기에 지루해질 때까지 놀이가 이루어진다. 시간은 간격을 주어 극단적인 중재자로 작용할 뿐이지 놀이의 순간에 끼어들지 않는다.

게임의 네번째 특징은 다소 인위적인 방식이라는 점이다. 일을 마치고 놀 때 게임의 인위적이거나 그럴듯한 측면은 빤히 드러나 보인다(예, 누가 5시까지 봉투를 붙이고 도장을 찍을까?). 전문적 스포츠 등으로서 게임이 직업이 될 때 그 관객은 게임의 일부가 된다. 실제 게임이 지닌 측면은 놀이에서 보다 더 많은 것이 관찰되어질 수 있다. 관객이 없다면 전문적 운동선수들은 단지 일을 하는 것에 불과하다.

마지막으로 그리고 게임이 지닌 가장 중요한 특징은 그것이 즐거움(for fun)을 줄 수 있어야 한다는 것이다. 어떤 게임에서 즐거움이 없어진다면 그것은 가장 중요한 의미를 상실하는 것이다. 그것은 게임에 관여할 때도 있지만 더 이상 실제로 "행해진 것(played)"이 아니다. 게임이 지닌 측면은 다른 관심사 －돈, 운동, 동료－에 의해 무시되어질 수 있다. 비록 즐거움이 상실되었지만 게임 자체가 지닌 흥미로운 측면은 없어지지 않았다. 스포츠가 보다 "전문적'이 되기 위해서는 그리고 보다 금전 지향적이 되거나, 승리에 비중을 두는 한, 게임이 지닌 재미의 측면은 손상되어질 것이다. 주요 리그에서 전문적 스포츠는 그것을 지켜보는 관중에게 재미를 주고 그 운동선수에게는 살아가는 생계수단이 될 수 있다.

모든 것을 종합해 볼 때 게임은 두 가지의 전체적인 특징을 지닌다. 어떤 방식으로든 경쟁을 해야 하고 그것에는 규칙이 존재한다. 또다른 특징은 규칙적으로 게임이 행해져야 한다는 것이다. 장소, 설비, 시간, 인위성, 그리고 흥미는 이런 특징에서 중요하다.

3.2 게임, 게임을 하는 것, 도박
(Games, Gaming, and Gambling)

여가, 레크리에이션, 그리고 스포츠를 다루는 사람들은 게임과 게임을 하는 것(도박, 내기)에 대해 많이 연구하였다. 20세기의 유명한 수학자 중 한사람인 Johan Von Neumann은 하나의 독립된 과목인 "게임이론(game theory)"에 대해 연구하였다. 다른 수학자나 컴퓨터 프로그래머들은 게임을 다양한 통계적 방법을 사용하여 분석해 보았다. 하지만 Neumann처럼 게임이 지닌 심리학적 측면에 대해 관심을 보이는 사람은 거의 없었다.[2)]

심리학은 게임에서 심각하게 다루어진 분야이다. 심리극(Psychodrama)은 한명의 환자에게 가족이나, 친한 사람의 역할을 하게 하는 많이 사용되어지는 치료도구이다. 훈련 심리치료자인 Eric Berne은 게임을 "잘 정의된, 예언 가능한 결과를 나타내주는 진행 중인 일련의 보충적인 잠재적 거래 과정."이라고 하였다.[3)] Berne는 개개 놀이를 하는 사람들이 다음에 무엇이 행하질지 안다는 점에서 동물들이 구혼의례 후 어떤 방식으로든 모형화된 게임을 한다는 예로서 모든 인간관계를 고려한다. 하지만 인간상황에서는 어떤 방식으로 행동하라는 강요에 의해 쉽게 변경되어질 수 있다.

Berne이 사용한 "게임을 하는 것(playing game)"은 부정적인 뜻을 함축하고 있다. 즉 한 개인이 가진 의지로 다른 것을 조정하려고 하는 불확실성이 게임이 지닌 주요한 특성이기 때문이다. 비록 평범하지 않지만 게임이란 단어는 매일의 일상적인 상황에서 비구성적인 놀이 또는 심지어 파괴적 놀이를 하는 모든 상황에서 사용된다. "나는 옳다, 너는 틀리다."라는 것을 놀이할 때 듣게 된다. 이 게임은 결혼한 커플들에게 적용된다. 특정한 도구나 시간이 제한되지 않는 어떤 장소에서나 발생한다. 하나의 분명한 규칙은 시간, 장소, 날짜, 어떤 물건의 가격으로서 당신과 반대되는 사람을 징계한다는 것이다. 만약 당신이 세심하다면 매일 이 게임의 예들을 찾을 수 있을 것이다.

도박이란 단어는 대개 게임을 할 수 있는 기회를 말할 때 사용된다. Las Vegas나 Atlantic city를 방문한 사람은 게임을 하고 싶은 심리적 욕구가 생긴다. 노름에 돈을 거는 것은 게임에서 얻을 수 있는 이득을 사기 치는 것이다. 포커나 블랙잭, 바카라, 그리고 슬롯머신은 게임을 하는 사람들에게 이길 기회나 크게 한탕할 기회를 제공해준다. 한때 불법적이던 복권은 지금은 국영으로(state-run) 시행되어진다.

두 가지 구성요소를 첨가하여 게임을 하는 것은 도박이 된다. 두 가지 요소 간에는 큰 차이가 없다. 게임은 대부분의 사람들에게는 기분전환이지만 도박은 주기적으로 참가하는 사람들이 더 빠져들도록 자극하는 것 같다. 대부분의

---

02) J. Von Neumann, Theory of Games and Economic Behavior(New York : Wiley, 1967).

03) E. Berne, Games People Play(New York : Grove Press, 1964),48. The Psychology of games is of great interest to journalists. See, for example, W. Allman and D. Bowermaster, "The inner Game of Winning," U.S. News and World Report, Feb 14, 1994, 47.

사람들에게 있어서 특정 게임은 놀이를 한 몇시간 후 매력을 상실하는 것 같다. 대부분의 게임을 필요로 하는 도박사들은 강박적이 되고 도박은 하나의 살아가는 방법이 되고 삶의 프로그램이나 양상에 깊숙이 파고 들어가게 된다. 이런 강박적 특성으로 인해 많은 사회비평가들은 도박도박을 일탈행위로 본다. 하지만 그것은 일반적으로 게임이 지닌 구성적 구조적 요소를 지닌 하나의 단순한 형태이다.[4)]

Roger Callois는 그의 저서 『인간, 놀이, 그리고 게임(*Man, Play, and Games*)』[5)]에서 게임을 4가지 집단으로 분류하였다. 집단 Ⅰ은 경쟁(competition)으로 이것은 체스나 체커 등과 같은 보드 게임뿐만 아니라 일반적인 운동이나 스포츠를 포함한다. 집단 Ⅱ는 기회(chance)로 베팅, 룰렛, 복권 등과 같은 도박의 모든 형태에서 나타난다. 집단 Ⅲ은 자극(stimulation) 또는 흉내(mimicry)로 아동이 가면을 쓰거나 변장을 통해 가장놀이를 하는 등의 모든 형태의 모방을 의미한다. 그리고 집단 Ⅳ는 Callois의 마지막 집단으로 Vertigo라고 불리는데 그것은 라틴어로 현기증 나는(diziness) 뜻을 가진다. 이 집단은 모두 "게임"을 포함하고 있는 것으로 스키를 타면서, 등산을 하면서, 그리고 다른 신체적 변화를 포함한 활동을 통해 생리학적 균형상태에 영향을 미친다.

Callois가 분류한 집단은 아이들이 하는 게임과 성인의 게임 간의 차이가 정도에서의 문제이지 전체적으로 분리된 것이 아니라는 사실을 보여 줄때 유용하게 사용되어질 수 있다. (표 3.1)은 유사 목록의 게임에서 발생하는 발달 정도－더 정교화되거나 더 기술적이 되는－를 제시한 것이다.

그것은 게임이 지닌 범위와 정도를 잘 지적해준다. 대부분의 사람들이 게임을 생각할 때 그들은 일반적으로 축구, 야구, 또는 다른 조직화된 스포츠경기를 생각한다. 하지만 Von Neumann은 집단 Ⅱ에 감명받아 기회나 확률이 놀이게임의 중요한 측면이라고 믿었다. Berne는 집단 Ⅲ(자극 또는 흉내)을 강조하였다. 즉 인간행동은 기본적으로 역할놀이로서 우리는 은폐된 가면 뒤에 숨겨진 것을 나타내도록 해주는 제공자로서의 역할을 한다고 설명하였다.

약물남용 문화에서 참여자들은 집단 Ⅳ(혼미, 혼란)를 강조할 수 있는데 약물로서 마음을 화학적으로 변화시킨다. 어떤 약물사용자는 달리기나 스키 타기 등과 같은 부수적인 생리학적 경험을 하기도 하는데, 때로는 위험한 레크리

---

04) V. Abt, M. McGurrin, and J. Smith, "Gambling, the Misunderstood Sport," Leisure Sciences 6, no.2(1984) : 205~220.

05) R. Callois, Man, Play, and Games(New York : Free Press, 1961).

에이션에 참가하는 사람들은 그런 경험을 더 하기 위해 약물의 약을 증가시켜 목숨을 잃기도 한다. 알코올은 정신적으로나 신체의 행동을 변경시키지만 오랫동안 약으로서 사용되어졌고, 많은 소비자들은 그것이 얼마나 오랜 기간 동안 영향을 미치는지 알지 못한다. 약물이나 알코올의 이용가능성은 혼란, 마음의 변화 등과 같은 행동을 주기적으로 경험하고자 할 때 필요한 하나의 지표로서 제공된다.

<표 3.1> 게임의 분류

수준 (Level)	I (경쟁,Competition)	II (기회, Chance)	III (자극,Stimulation)	IV (혼란, Vertigo)
아동기	경주(Racing) 결투(Challenging)	동전던지기 Heads or tails Fish 다른 단순한 카드 게임	역할놀이 환상게임 할로윈 의상	비뚠걸음걸이 (curb walking) 정신혼란(whirling) 흔들기(swinging) 공중제비(somersaults) 물구나무서기(handstand)
성인기	권투 축구 보드 게임	경마 사회적 도박 카드 게임	"서부식" 의상. 공식적인 드레스	즐거운 말타기 스키 등산 행글라이더
진보적 형태	경연 전문 스포츠	판돈(Sweepstaks) 복권 러시안 룰렛	극장 영화 관객	요가(Yoga) 초월명상 (Transcendental Mediation) 의식적변화 (Consciousness alteration) 약물 알코올

고대의 요가(Yoga)훈련이나 현대의 초월적 명상(Transcendental Mediation)은 또한 정신과 신체적 경험을 혼합시켜 의식의 변화를 초래할 수 있고, 가끔씩 현실을 이해하는 것은 사람들에게 의식변화와 함께 게임을 하도록 요구한다는 것을 강조해 왔다. 그러한 의식적 변화의 실행은 모든 게임 가운데서 가장 지적이고 정교한 형태이다. 동양적 신화를 제안한 Alan Watts는 우리가 즐기는 게임을 전체적인 것으로 설명하려고 노력하였다.[6] 게임, 게임을 하는 것, 그리고 도박은 실제와 타협하려하는 하나의 방법이고, 우리의 삶을 다루는 방법을 반영하려고 한다. 게임과 그리고 게임을 하는 것은 사람이 하는 놀이로서 인간문화에

06) A. Watts, Beyond Theology(Cleveland : Meridian, 1966).

서 핵심적이고 전체적인 필수 요소이다.

경쟁과 기회의 게임 간의 Callois가 제시한 차이는 게임에 대한 이해를 도왔지만 그의 자극과 혼란 목록은 장점을 훼손시키는 것으로 나타났다. 만약 게임이 "규칙을 가진 경쟁"으로 구체화되어졌다면 역할놀이와 극장은 실제 게임으로 생각되어진다.

게임이론이 발전함에 따라 게임이 지닌 경쟁적 측면에, 특히 어떻게 놀이를 하는 사람들이 갈등에서 협동 또는 조화로 이동할 수 있는지 더 많은 주의를 두는 경향이 있다.[7] 일반적으로 게임에서 갈등을 유발하는 것보다 협동이나 조화를 촉진시키는 게임에 대해 더 많은 것을 알아야 한다. 여가의 발달을 촉진시키려고 노력하고자 하는동안 게임은 더욱더 많은 협동적 노력이 요구된다.

3.3 문화와 게임
(Culture and Games)

"게임은 어떤 문화에 대한 중요한 추동(drive)이거나 행동에 대한 대중적 예술, 총체적, 사회적 반응이다."[8] 마샬 맥루한(Marshall McLuhan)은 게임에 대해 많은 생각을 하였고 그것이 문화를 조영해주고 반영해주는 주는 방법으로서 총체적 예술이라고 설명하였다. 그는 야구가 미국의 국가적인 소일거리로 된 것이 우연히 이루어진 것이 아니라고 제시하였다. 야구는 그것이 발견된 기계적 시대의 문화를 반영하는 것이라고 하였다. 즉 한 시간내에 어떤 것이 발생하고 각 야구선수들은 특정한 할당받은 것을 조정하고, 그리고 위계적 관리체제를 가지는데 이것은 공장에서 십장이나 노동자가 배열된 것과 같다. 그는 축구가 현 시대를 더 잘 반영해 준다고 보았다. 위치선정(set position)의 개념이 줄어들고 있는 상황에서 미국 문화는 즉시적인 정보흐름을 필요로 하고 현대의 비즈니스 경영 방식과 매우 유사한 하나의 부족 또는 총체적 특성을 지닌다.

게임은 특정한 문화를 반영한다. 예를 들어 화려한 구경거리나 숙명론을 지

07) John L. Heywood, "Game Theory : A Basis for Analyzing Emerging Norms and Conventions in Outdoor Recreation," Leisure Sciences 15, no.1(1993) : 37~48.
08) M. McLuhan, "Games," in Understanding Media(New York : McGraw-Hill, 1964).

닌 투우는 전형적으로 스페인적인 것이고, 쉽게 다른 문화에서 이식되어질 수 없다. 하지만 팀플레이를 하는 동안 개인적 노력을 강조하는 축구는 유럽인의 사회적 수행방식을 잘 반영해준다. 개인적이고 오랜 끈기를 요구 하는 탁구와 같은 게임은 동양에서 인기가 있었다. 윔블던에서 생성된 테니스는 영국사회가 얼마나 우아한 시각을 가졌는지, 공정한 게임을 하는지를 잘 보여주는 훌륭한 스포츠이다. 하지만 게임은 그것이 개인에게 자아-표현(self-expression)을 위한 하나의 적절한 기회를 제공해주기 때문에 단지 특정한 문화를 대변하는 하나의 모형에 불과하다. 어떤 게임은 그 모형이 전체적 운영방법이 유사하기 때문에 전 세계적으로 각광을 받고 있다. 종교와 같이 게임은 그것이 실제로 어떻게 운영되는지 그리고 왜 그것이 전체적으로 경영되어져야 하는지를 그 이유를 설명하려고 노력하였다.

Willigiman-Wallalua는 Wittaia에 있는 오래된 적들과 끝없는 전쟁 게임에 참여한다.9) 어느 태양이 화창한 날, 각 부족의 남자들은 대평원에 모였고 상대방에게 창을 집어 던졌다. 그 창던지기는 몸을 비틀어 예술적으로 하였기 때문에 다친 사람은 거의 없었다. 두 부족간의 게임이 어떻게 삶을 다루는지를 나타내는 하나의 상징이었다. 삶은 하나의 시간대에서 허를 찌르는 것이될 수 있지만, 곧 운명에 의해 불행이 닥쳐올 수도 있다.

게임은 철학적이다. 그것은 우리에게 삶과 전체 삶에서의 순간들이 지닌 의미를 알려주기 때문이다. 삶의 게임은 승자나 패자가 있고 초기 점수가 최종 결과를 결정짓지 않는다. 삶의 게임은 그것에 대해 지혜를 가지고 놀이하는 사람들에게 재능, 기술, 그리고 보상으로서 반응한다. 삶의 게임은 또한 변덕스럽고, 확실한 승자일 것 같은 사람에게 발목을 걸어 방해하고, 그리고 가끔씩 승리의 기회를 가지지 못한 사람이 주목을 받게 해 주기도 한다. 모든 게임이 그러하듯, 삶의 게임은 결정적인 의사결정 시간에 일상적인 것과 혼합되어져 있다. 그리고 대개의 훌륭한 게임처럼 삶은 기대하지 않은 상황이나 놀라운 기회를 가져다 줄 수 있다.

어떻게 삶을 다룰지에 대한 지혜를 제공해 준다는 점에서 문화적인 본보기 역할을 하는 이외에도 게임은 또한 긴장을 완화시켜주고 이것이 왜 사람들이 대부분 게임을 하는지에 대해 설명해준다. 직업의 세계에서 대부분 사람들은 그들에게 할당된 과제를 수행하고 그들의 노동결과를 이해하지 못한다. 하지만 게임에서 한 개인은 경쟁자일 뿐만 아니라 중요한 전략가가 될 수 있고, 선택결

9) *Ibid.*, 209~222.

과를 즉시적으로 볼 수 있다. 게임은 꽉 짜여진 일상의 틀에서 오는 지루함에서 자유롭게 해주고, 상이하거나 많은 자극적 환경으로 도피할 수 있게 도와준다. "게임은 디즈니랜드와 같이 인위적인 형태의 천국이거나 우리의 일상생활이 지닌 의미를 해석하고 완성시켜 주는 유토피아적 시각을 가지고 있다."[10)]

Freud가 관찰한 것처럼[11)] 문명(Civilization)은 인간이 지닌 기본적인 동물적 본능인 성적 긴장뿐만 아니라 공격성이나 파괴 본능을 억제시키기 때문에 가능하다. 게임에서 사회는 이러한 갇혀진 에너지를 승화시키도록 제공된다. 게임에서 환상은 실현되어질 수 있다. 만약 게임에서 승리자, 성취자였다면 매일의 일상적인 삶 속에도 성공을 할 수 있다. 만약 실패하였다면 걸으면서 다음과 같이 말할 수 있다. "그것은 단지 게임일 뿐이고 실재로 일어난 것은 아니야." 예를 들어 무한한 상상을 하도록 자유가 제공되어지는 디즈니랜드나 디즈니 월드에서는 실재로 부과된 이런 환경들에서 오는 위협 없이 판타지랜드(Fantasyland), 프론티어랜드(Froniterland), 그리고 투모루랜드(Tomorrowland) 등에서 탐험할 수 있다. 디즈니랜드에서의 '게임'은 미국 문화의 희망과 기대, 회상과 열정 등을 나타낸다. 디즈니랜드의 방문은 토착민이든지 아니면 방문자이든 나이가 6세이거나 60세이건 미국 문화에 참여 '게임'을 하도록 허용되어진다. 경쟁은 변형되어졌다. 도전은 다른 환경에서, 상이하고 보다 자극을 주는 삶에 상상력이 개입되게 해준다.

게임은 놀이를 한 문화에 대해 설명해 줄 뿐만 아니라 놀이를 하는 사람과 관객에 대해서도 알려준다. 40년 동안 미국에서 가장 잘 팔린 보드 게임은 "Monopoly"이다. 만약 미국이 시장 경제를 가능하게 한 모형이라면, Monopoly는 그 문화를 비추는 완전한 게임이다. 다양한 날씨는 축척되거나 상실되기도 하고, 성공은 담대함이나 협상능력뿐만 아니라 행운에 의해서도 달려 있다. 전자 비디오 게임은 2년 동안 신세대에게 가장 잘 팔렸지만 "승리하는 것"은 대개 기본적, 계속적인 구성요소인 공격성의 형태로 표출되었다.

게임과 문화에 대한 고찰은 다음과 같이 요약되어질 수 있다. Hockey는 개척자의 진취성과 도회풍의 장면이 혼합된 캐나다 문화를 반영하는 스포츠일 뿐만 아니라 캐나다의 문화적 단위(unity)를 지지해주는 스포츠로 여겨져 왔다.

---

10) *Ibid.*, 210.

11) S. Freud, Civilization and It's Discontents(New York : Norton, 1962).

두개의 국유 철도, 라디오, TV 네트워크 등과 같은 시설의 건설과 유지를통해, 캐나다에서 발생하는 거리상의 큰 차이가 어느 정도 극복되고 캐나다에서 이루어지는 야간 하키경기도 볼 수 있게 되었다.[12]

많은 세월 동안 미국에 위치한 소수의 하키 팀과 도시들은 캐나다인 선수들로 구성되고 그들의 홈 아이스 링크에서보다 캐나다에서 활동할 대 더 많은 관중을 불러 모을 수 있었다. 캐나다가 남부지역 주민들에 의해 계속 도전을 받아 왔고 그것은 캐나다 문화의 정체성을 촉진시키기 위한 왕성한 캠페인을 유발하게 하였다. 하지만 하키는 지금은 미국 많은 도시들에서 행해지고 있고 반면에 축구와 야구는 캐나다 주요 도시들에 유입되어졌다. 만약 두 가지의 인접한 문화가 팀이나 선수들을 교환하거나 게임의 정체성을 가지고 있다면 두 문화간의 차이는 유지되어질 수 있을까? 아마도 유럽이라는 단위는 정치적, 경제적 필요성만큼이나 국가간 시행되는 게임이라는 공동체에서 더 많은 것을 공유하고 있다. 게임 이외의 다른 구성요소들은 분리된 문화적 존재로서 상이한 국가를 유지할 것이지만, 그것보다는 행해지는 게임의 공동체가 세계를 하나의 지구촌이 되게 하는 문화적 동화작용과 진행속도를 자극시킬 것이다. 전 세계는 TV를 통해 도쿄 다저스의 경쟁상대인 양키즈를 로마에서 응원하고 있을 수 있게 되었다.

3.4 게임과 자아 정체성
(Games and Self-Identity)

문학에서 나타난 등장인물들은 그들 내면의 가장 깊은 정체성을 찾기 위해 갈등하거나 싸우기도 한다. 고대 그리스의 비극적 주인공 도델인 오이디푸스(Oedipus)는 오랜 세월 갈등을 통해 자신의 진정한 정체성을 찾게 된다. 세익스피어의 연극 중 많은 주인공들은 극적인 상황의 결과로서 그들의 진정한 성격을 알게 되었다.

프로이트(Freud)나 융(Jung) 등과 같은 심리학자들은 실제의 자아발견이나

12) "The Forces That Keep Canda Together," in Canada Today/D'Aujourd'huig, no.4(1978). Publication of the Canadian Embassy, Washington, D.C.

또는 진정한 자아정체성을 획득함으로서 개인적 삶에서 중요한 문제를 표현하였다. 플라톤(Plato)이나 아리스토텔레스(Aristotle)로부터 현대의 사르트르(Sartre), 하이데거(Heidegger)에 이르기까지 많은 철학자들은 자신이 가진 본질 발견의 중요성 또는 자신만이 가진 독특하면서도 진정한 정체성을 영위해 나가는데 강조를 두었다. 자아정체성은 많은 저술가들의 중심적인 연구주제로서 명확하게 설명되었고, 그것은 셰익스피어의 연극인 햄릿에서 폴로니우스(Polonius)가 한 즉흥적인 충고에서도 나타난다.

> 당신 자신이 가진 진정한 가치를 알아라. 그리고 밤이 오듯이
> 그것도 반드시 따라온다. 당신은 그때 어떤 사람에게 거짓일 수 없다.
> (To thine own self be true, And it must follow, as the night the day,
> Thou canst not then be false to any man.)

어떻게 당신은 당신의 진정한 자아에 대해 알 수 있을까? 당신은 한 가지 특성이 맞다고 생각할 때까지 다양한 역할을 즐김으로서 자아정체성을 획득하고, 여러 가지 다양한 성격을 지녀보려고 노력할 것이다. 옷처럼 한 개인이 가진 정체성은 패션, 환경, 또는 성장이 알려주는 것처럼 시대에 따라 변화한다. 개인의 정체성은 어떤 한순간에 발견되어지는 것이 아니라 성장과 변화 그리고 아마도 성숙 등의 과정을 통해 발전되고 여러 가지를 시도함으로서 이루어질 수 있다. 자아정체성 획득은 우리가 하는 대부분 오랫동안 지속되는 게임이다. 셰익스피어는 다음과 같이 진술하였다.

> 모든 세계는 하나의 단계이다. 그리고 모든 사람들이 놀이를 한다.
> All the world's a stage, And all the men and women merely palyers.

현대적 표현은 성격 발달 이론가인 칼 구스타프 융(Carl Gustav Jung)에 의해서 제시되었다. 융은 "전체 또는 일체가 결코 실재를 성취할 수 없지만, 어떤 것은 파악하기 어렵고 획득할 수 없는 이상을 추구한다고 기록하였다. 내부 목소리, 진정한 성격, 결국 형성된 많은 가면, 많은 역할을 함으로서 추정되어질 수 있다. 이런 성취는 쉽게 얻어질 수 있는 것이 아니다. "성격은 특정 삶에서 태생적 특성을 가장 높은 수준에서 실현한 것이다."[13] 각각은 특이하고, 그리

---

13) C. G. Jung, "The Development of the Personality," in The Self, ed. C. Moustakas(New York : Colophon Books, 1956), 147.

고 그것은 개인들이 가진 잠재성이 일생동안 표출되도록 도와준다.

게임은 어떻게 성격발달과 실재 자아발견의 문제와 관련되어질까? 학교 놀이에서 시행되는 게임들은 한 개인이 가진 성격을 표현할 수 있는 다양한 역할을 하도록 가르쳐준다. 게임에서는 승자나 패자가 될 수 있다. 또한 한 개인은 어떻게 매매를 하고, 허세를 부리고, 리더하고, 따르고, 중요한 정보를 의사소통하고, 그리고 행복한 삶을 위해 필요한 다른 기술 등을 배울 수 있다. 게임에서 어떤 방법으로 다른 선수들과 같이 협동하고 경쟁 스트레스를 어떻게 조절할 수 있을지 배운다. 인위적인 스트레스 상황에서, 한 개인은 그의 삶에 영향을 미칠 수 있는 실제 스트레스에 어떤 방식으로 대응할 수 있을지 배우게 된다. 게임에서 한 사람은 실제 생활에서 강요된 놀이를 통해 어떤 역할을 배우게 될 것이라고 가정할 수 있다.

게임은 또한 일상의 생활에서 해결되지 않거나 또는 의견이 정해지지 않은 갈등을 투사할 수 있게 해준다. 플라스틱 칼로 하는 일종의 결투인 Boffo 놀이를 하는 부부를 보라. 그러면 당신은 그들이 하는 놀이에서 이전에는 나타나지 않았던 적대 감정, 지지되지 않았다는 느낌, 그리고 이해가 부족했다는 것을 파악할 수 있다. 다른 유사한 개인적 게임들처럼 그 게임은 정화작용을 제공해주거나 또는 정서를 순화시켜주고, 가끔씩 다른 것을 통해서는 결코 나타나지 않는 경쟁을 통한 자아실현도 가능하게 해준다. 게임은 자신에 대한 가벼운 환상을 제공해 줄 뿐만 아니라 타인에 대해 가진 자신의 환상을 치료해주는 기능도 가지고 있다. 게임을 하는 것에서 한 사람은 실제로 환경에 적응하려고 하고, 다른 사람이 어려운 상황을 어떻게 다루는지 이해할 수 있다. 강력한 신체적 매력에 의해 생성된 로맨스는 경쟁적인 게임을 하면서 형성되어질 수 있고, 또는 훌륭한 스포츠를 하는데 있어 실패하거나 화를 냄으로써 파괴되어질 수도 있다. 테니스, 라켓볼, 그리고 다른 유사한 개인 스포츠는 단지 한 개인만이 이기거나 실패하는 부담을 안고 있고, 그리고 실패할 경우 그것이 인생에서 가장 중요한 교육적 경험이 되어질 수 있다면, 훌륭한 승리자나 스포츠가 무엇인지에 대해 배울 수 있을 것이다. 어떤 스포츠경기에서 진정한 승리자는 성공을 어떻게 다룰지는 배우거나 그들이 일상적 기술수준에 도달하지 못했을 때 실패를 다루는 방법에 대해 아는 것이다. 보리스 베커가 일회전 라운드에서 실패하였을 때, 그는 다음과 같이 언급하였다. "그것은 하나의 전쟁이 아니다. 아무도 죽지 않았다. 그것은 단지 하나의 게임일 뿐이다." 정신이 지닌 위대함은 운동적 재능의 위대성과는 항상 일치하는 것은 아니다.

게임들－보드 게임, 운동 경기, 그리고 개인적 게임－은 개인의 성격적 부분을 더 많이 표출시키게 해준다. 많은 미국 대통령들이 골프를 한다는 것을 흥미로운 사실인데, 그 게임에서 실제 적은 바로 자신이다. 역사에서 훌륭한 막후 협상가로 알려진 Truman 대통령은 포커를 매우 즐겼고, 그의 게임 동료들과 중요한 정치적 문제를 논의하기 위해 늦은 밤에도 포커를 종종 하였다.

케네디 가의 풋볼 게임이 지닌 격렬한 경쟁심은 잘 알려져 있다. John F. Kennedy 대통령은 경제, 군사력으로서 미국의 비전을 제시하였다. 이러한 비전은 케네디 재임기간 동안 놀이장면에서 준비된 것이다. 케네디 대통령은 격렬한 경쟁자였다. 그가 가장 좋아하는 스포츠는 항해였다.

현대 대통령 가운데서 Richard Nixon은 스포츠에 별로 관심을 가지지 않았지만 그는 열정적인 풋볼 팬이었다. Ford 대통령은 대학 풋볼선수였다. Jimmy Carter는 결코 경쟁적인 운동선수로 잘 알려져 있지 않았지만, 최초로 조깅을 즐긴 대통령이었다. 영화일을 하는 동안 Ronald Reagan 대통령은 운동 영웅이었던 George Gipp 역할을 한 적이 있었다. Bush는 대학 야구팀에서 운동선수로 뛴 적이 있었다. Clinton 대통령은 골프를 가끔씩 하는 규칙적으로 조깅을 하는 사람이었다.

게임은 사회화로서의 기능을 가지고 있다. "집", "소방관" "전쟁" "술래잡기(cops and robbers)" 또는 "우주경찰(space patrol)"의 게임을 할 때, 그것은 참여자들에게 그들이 어떻게 즉시적으로 사회의 구성원, 그리고 더 큰 사회에 속하게 될 수 있을지 가르쳐준다. John Dewey에서 시작된 현대 교육이론에서는 향후 학습의 맥락으로서 제공되는 놀이가 지닌 학습가치를 강조하였는데, 이 놀이는 그 내용과 형태 둘 다 미래학습으로서 지녀야할 가치를 포함하고 있다. 게임이 지닌 측면에서 학습되어진 어떤 것은 보다 잘 유지되어져야 하고, 잘 구성되어져야 하며, 한번 배운 것은 새롭고 다른 내용을 사용할 수 있어야 한다. 교육적 게임이 지닌 가치 중 한 가지는 "환경의 게임(The game of the environment)"이다. 환경적 교육자는 어떻게 생물학적 세계가 운영되어지는지, 그리고 그것이 경제학의 게임과 어떤 방식으로 연결되어져 있는지 이해하기 위해 게임의 접근방법과 일치되어지는 것을 추구하여야 한다.

게임은 참여자에게는 새로운 역할을 가정하게 해주고 그리고 게임을 하는 사람들의 성격적 측면을 확대시켜 줌으로써 자아정체성을 형성하는 중요한 원전(原典; sourcebook)이다. 만약 게임이 정신적, 사회적 생활을 반영해주는 것이라면, 그것에서 성격적 특성이 잘 반영되어질 수 있고, 우리가 알지 못한 다른 측면도 이해되어질 수 있을 것이다. 게임을 하는 사람들은 어떻게 더 거대한 사회와 연결되어질 수 있는지 게임을 통해 배울 수 있기 때문에 하나의 사회로서 게임은 그 사회에 생기를 불어 넣어준다.

아마도 게임에 대한 연구는 국제적 외교관 또는 비즈니스맨들이 더 필요로 할 것이다. 최근의 많은 심리학자들은 아동기의 게임과 그들이 놀 수 있는 환경에 대한 중요성을 강조하였다. 게임은 강력한 학습경험이고, 아이들은 관습적이 수업에서 진행되는 것보다도 그들의 존재가 실제로 므엇인지 의미하는 것에 대해 그것을 통해 더 많이 배울 수 있었다. 당신이 게임을 하는 과정에서 어떻게 변화되어지는지 시험한다면 당신 자신에 대해 더 많은 것을 알 수 있을 것이다. 그리고 당신은 국적에 상관 없이 경쟁적 놀이를 통해 타인의 행동변화를 관찰함으로서 다른 사람들에 대해 더 많은 것을 배울 수 있을 것이다.

3.5 게임과 성별
(Games and Sexuality)

성별(Sexuality)은 대부분의 생물학자들에 의해 성(sexual)이라고 불려진다. 이런 정의는 다소 과장되었지만, 성별이 인간행동의 모든 측면에 영향을 미친다는 사실은 의심할 여지가 없다. 성별은 인간성격을 지배한다. 우리는 남성과 여성으로 나뉘어진다. 성차이를 실재에서 최소화하기 위한 노력은 남성과 여성간의 단순히 명확한 존재를 강조하거나, 아니면 그렇게 명확하게 차이가 나지 않는 것을 강조하는 것이다.

아마도 신생아가 태어나면 가장 먼저 하는 관찰은 아이들이 지닌 성이 무엇인지일 것이다. 성숙의 모든 형태처럼 성에 대한 이해는 점진적 과정이다. 당신은 남성 또는 여성으로 학습하고 성과 관련된 적절한 행동이나 성 행동에 대해 배우게 된다. 성별은 성차이 이상의 것으로 단순한 생식기 이상의 것을 의미한다. 인간성격의 모든 측면은 남성 또는 여성다움으로서 채워져 있다. 신체적 근육의 반응은 생물학적이고 자동적이지만, 우리가 행동하고 움직이는 방식은 학습된 행동이다. 아마도 소년들은 남성다운 행동을 아버지나 다른 남성 역할 모형에서 배울 것이고, 소년들은 어머니나 다른 여성을 모방함으로써 여성다움을 학습할 것이다. 동성애에 대한 어떤 연구들은 성인 동성애가 그들과 반대되는 성에 의해 더 많은 성적 역할 학습에 영향을 받았다고 설명하였다. 이런 모방의 선택은 발생학적이고, 또는 역할모형 중 한가지인 우세한 성격에 의해 영향을 받았다.[14)]

성에 대한 정체성은 하나의 게임과 유사하다. 예를 들어 모든 구혼의식(ritual of courtship)을 고려해보라. 적당한 시기에 적절한 옷을 입고 알맞은 문장을 익히고, 적당하게 움직임으로써, 정확한 반응을 학습한다. 많은 사람들로 둘러싸인 세계에서, 구혼의식은 영웅이나 여자 주인공을 묘사한 영화에서 제시된 행동이나 반응을 보거나 모방함으로써 학습되어졌다.

사랑의 게임(The game of love)은 대중 노래나 낭만적인 시로서 묘사되어졌다. 서부 컨트리 노래에서 자주 반복되는 구절중 하나는 "내 마음속에서 게임이 행해진다"라는 것이다. 당신은 당신이 읽은 잡지의 페이지로부터 학습된 양식을 택한다. 당신의 행동은 자동차나 옷, 음악이나 음식 등의 광고에 의해 많은 영향을 받았다. 그 상업광고로부터 행동에 대한 매력적인 패턴을 제안받고, 당신이 어떻게 서있고, 미소짓고, 담배를 피우고, 그리고 술을 마시는지 배우게 된다.

결혼의식과 가족의식은 일반적으로 잘 볼 수 있는 광경이다. 이런 이벤트는 운동경기와 비교될 수 있지만, 그 게임은 스포츠 대신에 사회적인 면이 보고된다. 결혼의식은 게임이 지닌 모든 측면을 가진다. 절차가 지닌 규칙은 정교하다. 결혼의식은 교회나 공공장소 등과 같은 특별한 지역에서 결혼계약이나 증인 등과 같은 특별한 장비를 가지고서 특별한 시간에 행해진다. 결혼에서 인위적으로 맺어진 결합은 의식이다. 예를 들어 결혼예복을 일생을 통해 한번 입고, 공식적인 행사를 하고, 그리고 이전에는 결코 보지 못했고 다시는 결코 보지 못할 친구나 친척 등을 위한 인위적인 큰 파키가 열린다. 어떤 개인은 결혼식에서 관객으로 즐기거나, 아니면 스포츠 이벤트에서 관객일 수 있다.

불행히도 사랑의 게임은 승자만이 아니라 패자도 있다. 결혼한 부부 중 1/3 이상은 이혼한다. 별거나 상실에 따른 아픔은 로망스의 시작이나 잠재적인 생애 파트너와 이긴 즐거운 게임보다도 더 스트레스를 제공해주는 것으로 나타났다. 양 파트너는 결혼게임이 끝났을 때 패자일 수 있다.[15] 개인들 중 많은 사람들은 결혼이 주는 혜택 없이 같이 살아가는 방식을 택하기도 한다. 비록 심리학자들이 보다 영속적인 관계를 위한 훌륭한 준비로서 "결혼게임"에 대해 언급하였지만, 이런 움직임은 가정놀이(playing house)라고 불린다. 이것은 놀이와 게임이 인간관계에서 우세한 힘을 지니고 있음을 보여주는 것이다.

---

14) I. Lepp, The Psychology of Loving(Baltimore : Nerman Press, 1964).

15) Typical of the genre of divorce literatures is J. Coudert, Advice from a Faillure(New York : Dell, 1970).

비록 성역할 발전에 대한 이해에서 많은 문화적 변화와 변경이 있어 왔지만, 당신은 여전히 "가정놀이"를 하는 아이들을 발견할 것이고, 어머니나 아버지 등의 성인역할을 하기도 한다. 청소년기의 힘든 시간을 겪기도 하지만, 인기있는 노래나 동료집단은 당신에게 사랑이란 정서적 혼란에 빠지게 한다. TV, 영화와, 책 등을 통해, 당신은 어떻게 타인의 애착과 분리 등의 감정을 조절하고, 사랑과 사랑의 상실, 우정과 이별 등에 대해 다룰 수 있는지 배운다. 대중적인 노래는 성적 정체성 게임에서 성인의 역할을 어떻게 하는지에 대해 청취자들에게 들려주고 성인이 지닌 다양한 정서에 대해 묘사해준다. 음악 비디오는 대중음악이 지닌 서정적 가사를 그래픽적 이미지로 묘사하고, 음악을 통해 극적인 강화를 전달한다.

구혼행위는 하나의 게임으로서 성발달의 가장 가시적인 예이다. 성행동의 표면적인 게임적 측면은 Alex Comfort에 의해 『성행위의 즐거움(the joy of sex)』이란 책에서 논의되어졌다.[16] 그는 성행위에 대한 반복적인 가능성을 묘사하기 위해 놀이나 게임의 언어를 사용하였다.

당신은 여자나 남자로 태어난다. 당신이 하는 행동이 적절한지 그렇지 않은지를 들으면서 남자나 여자로서의 행위를 배우게 된다. 당신은 당신의 성별에 대한 애착을 가지도록 학습된다. 다른 사람과의 관계에 대한 관습을 익히게 되는데 그것은 성이 어떤 맥락에서 최소화되어지고 다른 맥락에서는 어떻게 최대화되어지는지 배울 수 있게 해준다. 점차 인간 성관계에 어떻게 참여하는지를 게임을 통해 점차적으로 배우게 된다.

그 과정에서, 당신은 게임의 중요한 일부로서 사랑이 지닌 의미로서 당신의 성을 어떻게 이용할 수 있을지 배우게 된다. 이것은 시간과 여유를 필요로 한다. 종교적 전통은 삶의 목표가 일이라는 것을 계속적으로 알려주지는 않지만, 대부분의 종교적 전통은 사랑의 중요성을 강조한다. 대부분의 종교적 전통은 공포를 수반하여 사랑을 성적으로 표현하였다. 사람들은 그들의 관계를 비즈니스 파트너와의 협력이라기보다 게임에서 놀이를 하는 것이라고 느낄 때 더 행복할 수 있다.[17]

---

16) A. Comfort, The Joy of Sex(New York : Crown, 1972).

17) For the origin of these ideas see E. Fromm, The Art of Loving(New York : Harper and Bros., 1956) : and C. Rogers, Becoming Partners(New York : Dell, 1972).

3.6 게임 이상의 것이 있을까?
(Beyond Games?)

미국 유머 작가인 Robert Benchley는 모든 사람들은 다음과 같은 두 집단으로 나눌 수 있다고 하였다. 즉 사람들에서 두 집단으로 구분되거나 그렇지 않는 것으로서, 이것은 꽤 어려운 구분 방법이다. 하지만 이것은 정보를 제공하는데 있어 많은 도움을 줄 수 있다. 게임을 분류하는 사람들은 모든 게임을 두 집단－좋은 게임과 나쁜 게임－으로 구분하기 원한다. 좋은 게임은 위락, 여흥, 그리고 지침 등을 제공해주고 해로운 것은 없다. 나쁜 게임은 파괴적이거나 해로운 방식으로 영향을 미치는 것이다.

그런 차이는 관습적이지만 지나치게 간소화되는 것을 반영해준다. 예를 들어 Eric Berne은 모든 미성숙의 신호가 심리학적 게임으로 나타나도록 하였다. 아리스토텔레스는 좋은 게임이 위락을 제공해주고, 심각한 삶의 관심에서 기분전환을 해줄 수 있는 것이라고 하였다. 그런 주장은 게임이 지닌 중요성을 지나치게 강조하는 것일 수 있다. 게임은 단지 한 주어진 문화를 적절하게 반영하는 것 이상으로 것으로 개발되어져야 하는데, 게임을 하는 사람의 연령이나 욕구에 대한 연구를 시행하여야 한다.

게임을 즐기는 것은 인간존재의 건강한 부분을 통합하는 것이다. 그 세상을 다루는 방식을 모방한 게임은 어떻게 당신 그것과 잘 조화되어야 하는지 알려준다. 다른 사람과하는 심리학적 게임은 사회관계에서 심각하고 피할 수 없는 불필요한 마찰을 최소화시킬 수 있도록 도와준다. 인간은 게임의 놀이에 참여함으로써 강력한 의도를 가질 수 있다. 게임이 없다는 것은 인간이하의 삶을 가진다는 것을 의미한다. 게다가 인간을 게임을 하는 동물로서 정의되어졌다. 게임을 잘하여 레저행동에 일치시키기 위해서는 시간의 변화에 맞는 적절한 게임을 일생 동안 잘 해야 할 것이다.

개요 Summary

이 장에서는 인간문화에서 게임이 지닌 우월성과 중요성에 대해 다루었다. 게임은 심리학적 건강과 질병에서 중요한 것으로 나타났다. 게임은 인간이 지닌 내밀한 삶과 정신을 표현하거나 형성하도록 해주고, 그리고 개인의 삶에서 사회가 미치는 영향을 잘 반영해준다. 우리는 게임이 지닌 분류모형과 패러다임을 제안하였다. 그리고 게임은 개인의 내적인 성격에서 진행되고 있는 것을 표현해주는 중요한 것이다.

게임은 어떻게 세상을 운영하는지, 실제 세계를 어떻게 다루어야 하는지 배울 수 있는 기회를 제공해주는데 중요하다. 예를 들어 공격성은 게임을 통해 배울 수 있고, 세상과의 교섭을 통해 전달되어진다. 어떻게 이기거나 질 수 있는지에 대한 경험을 통한 학습은 게임을 함으로써 배울 수 있는 가장 중요한 공훈일 것이다. 게임은 인간존재에서 핵심적인 것이다. 게임이 없이 인간성격의 영양분적 요소는 상실되어진다. 신체가 단지 단백질로만 이루어진 것이 아니듯이 개인과 사회는 적절한 게임이 없이는 조화되지 못한다. 게임을 하는 것은 인간을 통합할 수 있는 하나의 방법이다.

검토문제 examination

01. 게임이 지닌 중요한 두 가지 특징은 무엇인가?

02. 게임이 지닌 이차적인 다섯 가지 특징에는 어떤 것이 있는가?

03. Eric Berne과 Johan von Neumann은 게임에 대해 상이한 태도를 지녔다. 당신은 이 저자들 중 어느 사람의 견해에 동의하는가?

04. 당신은 게임이 특정 사회에 어떻게 영향을 미치는지 예를 들어 설명할 수 있는가?

05. 게임이 주는 철학적 기능은 무엇인가?

06. 게임의 한 형태로서 위락 공원을 분류하는 것이 적절한 것일까?

07. 게임은 어떤 방식으로 성격발달에 영향을 미치는가?

08. 게임을 통해 성적 정체성을 획득할 수 있을까?

09. 결혼이란 하나의 관습은 게임과 어떤 측면에서 유사할까?

10. 당신은 게임을 하지 않는 사람을 아는가? 당신은 그들이 게임을 한다면 더 나아질 것이라고 생각하는가?

시 간

PART 4.
Time

제4장

- 시간에 대한 중요한 관점이나 개념에는 어떤 것이 있을까?
- 레크리에이션은 시간과 문화의 관계에 의해 영향을 받을까?
- 당신의 신체에는 내적인 시계가 존재하는가?
- 시간은 레크리에이션과 여가행동에 어떻게 영향을 줄까?
- 신체시간과 노동시간은 개인마다 다를까?
- 사람들은 어떤 방법으로 현대의 일상생활에서 오는 스트레스에 대응할까?

제4장

시 간

Time

이 장에서는 어떻게 다양한 시간의 개념이 삶의 패턴에 영향을 미치는지 특히 여가행동에 어떠한 영향을 미치는지 설명하려고 한다. 또한 이 장의 마지막 부분에서 독자들은 창조적인 기획과 레크리에이션 프로그램을 통해 스트레스 등과 같은 문제들을 극복하게 되어 삶의 단계가 촉진될 수 있음을 알 것이다. 그런 기획에 의해 레크리에이션 직원들은 삶의 질을 증진시키는 잠재력을 가지고 있다.

어떤 캠핑조사에서 대부분의 일반 사람들은 그들이 시간적 여유가 없어 캠핑가지 못한다고 반응하였다.[1] 일상의 언어들은 또한 시간에 대한 중요성과 인식에 대한 통찰을 제공해준다. 다음과 같은 것을 듣는 것은 일상적이지 않다. 즉 "나는 지난밤 내 친구들과 같이 있었다." "이런 과제에 투자할 시간이 없다." "또한 나는 일하러가기 위해 운전할 좋은 시간을 가진다." 이런 어휘적 단서들은 미국인들이 시간을 의식하고 있고 그런 경향일 더 높아지고 있음을 나타내준다. 부가적 증거들은 계속적인 시끄러운 자명종 시계의 울림, 교통체증 상황에서의 참을성 있는 운전자의 행동, 또는 출발 신호를 기다리는 초조한 주자들의 행동 등에서 관찰되어졌다.

후기 산업사회의 사람들은 일뿐만 아니라 놀이에서도 시간에 대해 의식하고 있었다. 대부분의 규칙변화들은 시간에 대한 증가된 수요로 인해 몇몇 스포츠에서 자극되어져 왔다. 여유 있는 계층이 즐기는 것으로 언급된 스포츠의 한 유형인 테니스는 최근에 세트스코어(set score)가 6게임으로 고정되어질 때 연장전을 사용하여 점수를 계산하기 시작하였다. 토너먼트(tournaments)는 스케줄상에서는 시간상 어려움을 겪고 있고 그 어려움은 선택된 게임이 중계되어질 때 집중되어졌다. 최초의 선수나 연장전에 들어간 두 팀은 최소한 7점에 도

01) L. L. Bammel, "Sex Roles and Forest Recreational Camping." McIntire Stennis Research, West Virginia University, 1978.

달해야 하고 먼저 2점을 획득한 쪽이 우승자가 된다. 전문적 테니스는 배드민턴처럼 VASS(Van Allen Simplified Scoring)의 21점 체제를 도입하고 있다. 초기 야구는 첫번째 게임에서 21점을 성취한 쪽이 우승자라는 1845년 제정된 규칙을 따랐다.[2)] 농구에서 24점은 시간적 압력의 결과로서 변경된 규칙의 또 다른 예이다. 시간적 압박(time pressure)은 관중들이 그들이 투자한 돈과 시간에서 최대한의 활동을 보장해줄 수 있는 계획을 세우도록 유도하고 있다.

어떤 조건이나 인식의 변화가 선행에 언급된 활동들이 지닌 시간적 측면을 변경시킬 수 있을까? 네 가지 상이한 시간에 대한 개념은 다음과 같이 구분되어졌다. 즉 자연적(natural), 기계적(mechanical), 심리학적(psychological), 그리고 사회학적(sociological) 등이다.[3)]

4.1 시간의 개념
(Notions of Time)

이 책에서는 시간에 대한 개념을 세가지 측면에서 파악하고자 한다. 즉 자연적, 기계적 그리고 심리학 등이다. 또한 사회학적 시간의 영역을 고려한 흥미로운 연구도 있다. 이 섹션에서는 이 네가지 개념 모두를 포함하여 시간에 대한 개념을 살펴볼 것이다.

4.1.1 자연적 시간
(Natural Time)

산업화시대 전 사람들은 시간을 하루, 한달 그리고 계절 등의 자연적이 사건들의 계속적인 발생에서 비롯된 것이라고 보았다. 초기 인간들은 자연적으로 발생하는 사건들에 무의식적으로 적응되어졌고, 모든 생물들처럼 우주의 리듬내에서 삶을 영위하고 있다. 이런 자연적이고 주기적인 시간은 시작과 끝으로 이루어져 있고 반복적인, 주기적 방식으로 계속되고 있다.

역사학자나 문화인류학자들은 고대사회가 주기적으로 반복되는 그들만의

02) F. R. Dulles, *A History of Recreation : America Learns to Play*(New York : Appleton–Century–Crofts, 1965), 186.

03) J. Murphy, *Concepts of Leisure*(Englewood Cliffs, N.J. : Prentice–Hall, 1974), 5.

역사를 가지고 있다고 보고하였다. 암각화는 마야문명에서 260년의 주기로 나타났다.[4] 하지만 자연적으로 시간의 순환적 관점에서는 linearity의 강조가 존재하였다. 그것은 하루에서 또다른 하루, 한 계절에서 다른 계절로, 한 단계에서 다른 단계로의 사람들의 이동 등과 같은 진보를 필요로 한다. 고대 그리스 신화시대에 Chronos(크로노스)는 대지와 하늘의 결혼에서 비롯된 후손이다.[5] 무엇이 시간이 지닌 자연성을 더 잘 설명해줄 수 있을까? 자연의 시간은 우주적인 것으로 그것을 지배하는 우주와 체계적 법칙에 의해 완벽하게 통제되어진다. 낭비와 잃어버린 시간에 대한 사고는 그 주기가 계속 반복될 것이기 때문에 중요하지 않다.

4.1.2 기계적 시간
(Mechanical Time)

고대 사람들이 전문화되기 시작하자, 물물거래를 하기 위한 만남의 시간이 생기게 되었다. 시간의 자연적 개념은 정확성과 정밀성이 결여되어 있다. 빗살무늬 양초, 물결무늬가 있는 그릇, 모래시계, 그리고 다른 기계적 도구들은 A.D. 872년에 발생하였다.[6] 표의문자(ideogram), 설형문자(cuneiform), 그리고 알파벳 등의 개발은 역사를 기록하게 하였고, 결국 시간에 대한 연속적, 개별적, 기계적 개념이 강조되어졌다. 순환적이고, 전형적인 역사의 시간의 또한 증가된 기독교의 역할로서 변화되어졌다. 예를 들어 성자 Augustine은 시간을 진보적이고 연속적인 것으로 파악하였다. 동양의 종교들과 달리 기독교는 예수의 탄생을 중요한 것으로 보고 그의 부활시기를 종교적인 시간으로 표현하였다.

기술공학은 사람과 자연 이 두가지를 연속적으로 연결해주었다. 전자 빛과 온도 조절장치는 극단의 일상과 계절적 변화를 감소시켜 주었다. 제트기로 여행하는 것은 음식에서 계절적 변수들을 제공해줄 뿐만 아니라 기후적 변산에도 적응할 수 있게 도와주었다. 의학적 진보는 출생과 사망의 삶의 주기 등을

---

04) M. Young,"Historical Changes in Social Cycles," *Journal of Interdisciplinary Cycle Research* 3, no. 2(1972) : 187.

05) R. Fisher, "The Biological Fabric of Time," *Annals of New York Academy of Sciences* 138, no.2(1976) : 440~448.

06) W. L. Milham, *Time and Timekeepers*(New York : Macmillan, 1929), 53~54 ; D. J. Price, "The Prehistory of the Clock," *Discovery* 17(1956) : 135~157.

변경시키기도 하였다.

우주가 지닌 자연적 힘에 의해 통제받는 대신에 현대인들은 기계에 의해 지배되어졌고, 기계장치들은 생활양식(lifestyle)에 영향을 미치는 요인이다. 시간, 돈, 사람, 그리고 기계는 밀접하게 연결되어 있고, 서로 상호 견관성을 지니고 있다. 어떤 것은 전적으로 자연적 시간에 의존하지만, 전체적 적응에 따른 장기적 결과들이 기계적 시간에 대해 어떤 결과를 초래할지는 여전히 의문이다. 우리는 생물학적으로 자연적 시간에 묶여 있지만, 우리의 문화는 인위적, 기계적 시간에 의해 영향을 받아 변화되어진다.

4.1.3 심리학적 시간
(Psychological Time)

시간은 또한 사람들이 실제적으로 영위하는 삶에 따른 시간인, 심리학적인 것으로 고려되어진다. 대부분의 개인들은 기계적 시간에 따라 수행되어져야 하는 일상적인 의무들 뿐만 아니라 자연 또는 주기적 시간 등에서 계속되는 신체의 생리학적 리듬도 가진다. 자연적인 신체적 시간이나 사회에 의한 기계적 시간 간에서 한 개인의 비교는 심리학적 시간에 따른 결과이고, 한 개인의 적응은 시간적 충돌을 경험하게 된다. 기계적 시간은 우리의 일상을 인위적으로 계획하고 자연적 시간은 우리의 활동수준 등과 같은 특정의 생리학적 기능을 통제할 뿐만 아니라 심리학적 시간은 시간에 대한 인식에 영향을 미친다. 일하거나 기다리는 한 시간은 회사 동료들과 지내는 즐거운 동일한 시간 단위보다 더 길게 보인다. 한 주는 2일 동안의 작업하는 시간 동안보다 더 빨리 지나가는 것 같다. 휴가는 사람이 기계적 시간으로부터 자유롭게 심리학적으로 적응할 수 있기 전에 끝난다. 어떤 퇴직 노동자는 그들이 고용되었을 때, 그들이 더 젊고 보다 책임감을 지녔을 때보다 하루가 더 느리게 지나가는 것 같다고 보고하였다.

4.1.4 사회학적 시간
(Sociological Time)

시계 없이 시간에 대해 말할 수 있겠는가? 또는 달력을 검토하지 않고서 다른 사람에게 그 주의 어떤 날을 구분하게 해 줄 수 있을까? 한 개인의 사회적 환경을 검토함으로써 시간이 형성되어지기 때문에 누군가는 그렇다고 대답할 수도 있다. 서부 Virginia University의 캠퍼스에서 수업은 그 시간의 반이 경과한 후 시작되었다. 2마일 떨어진 곳에 있는 Evansale 캠퍼스가 그 시간에 수업을 시작하였다. 대다수의 학생들은 8시에 시작되는 수업보다 10시에 시작되는 수업에 더 많이 참석한다. 많은 일을 해야 하는 사람들은 8시전에 도착하고 12시경에 점심식사를 하고 5시경에 퇴근한다. 병원, 대학, 공장, 또는 신문 등에서 각각의 사회적 환경은 사람들이 시간에 대해 말함으로서 꽤 공정성을 지니고 있다.

사람들은 편차가 발생했을 때 경고가 되어지는 특정 시간에 대해 기대를 하게 된다. 사람들은 시간약속을 잘 지키는 사람이 늦으면 그들에게 어떤 나쁜 일이 발생하지 않았을까 하는 걱정을 한다. 매주 토요일 밤에 Texas에 있는 나이든 친척에게 전화를 걸 수 있다. 여행이나 다른 이벤트로 전화를 걸 수 없었다면, 그녀가 우리들 목소리를 들을 때까지 걱정하기 때문에 사전에 미리 편지나 전화를 하여야 한다. 어떤 특정 친구에게서 매년 크리스마스카드를 받은 사람은 다음해에 그에 대한 소식을 들을 수 없다면 걱정할 것이다.

그것은 우리 생활에서 주기적 규칙성을 형성하고 유지하는데 책임이 있는 서구에서 나타나는 현상이다. 규칙성은 또한 한 주에서 비롯되는데 그것은 인위적으로 형성된 시간이라는 기간이 사회적 질서에 많은 영향을 주기 때문이다. 그 주의 매일의 밤들은 어떤 날짜, 파티, 그리고 늦게 머무르는 등의 것과 잠재적으로 유사할까? 이런 모든 것들은 현대 서구문명의 구성원이 증가함에 따라 자동적으로 진행되어졌고, 하나의 문명은 전형적으로 효율성을 많이 강조함으로써 구체화되어졌다. 만약 기숙사나 집에서 생활한다면, 배고플 때 음식을 먹을 것인가? 어떤 장소로 비행할 준비를 할 때 당신이 가고자 하는 공항으로 운전하여 가는가? 물론 그렇지 않을 수 있다. 이런 사건들은 미리 결정된 시간을 가지기도 한다. 계획은 사회조직과 분리할 수 없는 것으로 사회조직은 어떤 조화를 필요로 한다.[7] 계획은 달력보다도 시간을 보다 구체적으로 할당하도록 도와준다.

『기술과 문명(*Technics and Civilization*)』이라는 책의 저자인 Lewis Mumford는 "현대 기계문명이 지닌 첫번째 특징은 주기적 규칙성(the first characteristic of modern machine civilization is its temporal regularity)"[8]이라고 기술하였다. 탐사의 새로운 영역, 시간의 사회학 등의 영역에서는 다음의

07) E. Zerubauel, *Hidden Rhythms: Schedules and Calendars in Social Life*(Chicago: University of Chicago Press, 1981), 49~50.

08) L. Mumford, *Technics and Civilization*(New York: Harbinger, 1963), 269.

네가지 주요 형태에서 규칙성이 깨어지기도 한다. 엄격한 일련의 구조(사건의 순서), 고정된 지속기간(사건의 기간), 표준적인 구칙적 입지(사건이 발생할 때), 그리고 동일한 회상 비율(얼마나 자주 사건이 발생하는가) 등이다.

1) 엄격한 일련의 구조들(rigid sequential structures)

모든 것은 동시적으로 발생할 수 없다. 어떤 순서는 어떤 것이 발생하기 "전에(before)" 그리고 다른 것이 발생한 "후에(after)" 나타날 수 있다. 자연은 일련의 사건에 의해 결정되어지지만, 많은 것들은 전통, 관습, 습관 등에 의해 형성되어졌다. 결혼식, 장례식, 연회, 그리고 다른 행사 등은 하나의 사건의 연속이다. 만약 모든 음식이 동시에 제공되는 Pennsylvania Dutch 전통을 따르지 않는다면 전통적으로 스프는 샐러드 전에 제공되어지고, 샐러드는 고기를 먹기 전에 제공되어진다. 만약 구애(courtship)가 애무(necking), 패팅(petting), 그리고 성적 교류단계로 이어지기도 한다면, 첫번째는 데이트, 관계의 지속적 유지, 약혼, 그리고 결혼 등의 단계로 이어지기도 한다.

2) 고정된 지속기간(Fixed durations)

사람들은 어떤 주어진 활동과 사건 등을 위한 고정된 지속적 시간 기간을 연결시킨다. Alvin Toffler는 그의 저서 『미래 충격(*Future Shock*)』에서 "우리가 편지를 부치면서 사랑을 형성해가는 성인기에 하는 행동에서 어떤 지속기간에 대한 말로 표현되거나 그렇지 않은 가정이 전제되어졌다."라고 하였다.[9] 평균적으로 어떤 대학교 교육은 4년의 노력이 들고, 많은 담보는 6개월 동안 지속되기도 한다. 대개 위락사건은 2시간 동안 유지되고, 사람들은 단지 60초 동안 지속되는 감동을 얻기 위해 콘서트나 영화를 보러 가는데 많은 돈을 투자하였다면 속은 느낌이 들 것이다.

어떤 시간 기간은 다양한 삶의 사건을 위한 규준으로서 형성되었고, 사람들은 지나치게 늦게, 빠르게, 오래, 짧게 등등으로 발생한 사건에 대해 판단을 내리기 위해 형성되어진 이런 규준들을 사용한다. 첫번째 미팅후 한주가 지나지 않은 그 저자는 토요일에 Pasadena(Los Angeles)에서 해변까지 오토바이로 갈 수 있다. 그 다음날 있은 두 번째 데이트에서 약혼했고 2주이내에 결혼하였다. 대부분의 사람들은 이것이 지나치게 빠르다고 생각하지만 우리들에게는 꽤 적절한 것이다. 많은 자율성은 형성되어진 일상의 틀에 의해서 손실되어져 왔다.

---

09) A. Toffler, *Future Shock*(New York : Bantam, 1971), 43.

3) 표준적인 주기적 위치(standard temporal location)

일상생활에서 발생하는 타이밍은 그날의 특정 시간이나 사건이 발생한 특정한 주 동안 형성된 어떤 것에 의해 엄격하게 형성되어졌다. 많은 사람들은 어떤 주어진 날에 특정한 활동을 해야 한다. 금요일과 토요일 밤은 주로 데이트와 오락을 즐기는데 이용된다. 직장 여성들은 토요일을 청소와 세탁의 날로 부르기도 한다. 많은 가족들은 일요일 날 조용하게 지내거나 특별한 모임을 갖기도 한다.

4) 동일한 재발생 비율(Uniform rates of recurrence)

어떤 꽤 엄격한 리듬성(주기적 형태)은 많은 활동들과 연관된 것처럼 나타난다. 대학교 수업은 전형적으로 월요일, 수요일, 그리고 금요일(주당 3시간)에 그리고 화요일과 목요일(주당 2시간) 등에 배치되어 있지만 대학원 수업은 일주일에 한번 늦은 오후나 3시간 정도가 야간에 있다. 스포츠 리그는 일주일에 한번 경기가 있지만, Macintosh Users Group 등과 같은 많은 클럽은 한달에 한번 모임을 갖는다. 어떤 가족들은 1년에 한번 연례행사를 가지기도 한다. 그런 사건들의 타이밍(timing)은 "총체적인 삶의 리듬(rhythm of collective life)," "사회문화적인 리듬과 주기성(sociocultural rhythm and periodicity)," 그리고 "사회적 주기(social cycle)" 등으로 불린다. 심지어 관계 등과 같은 비공식적 사건들은 활동을 지배하는 습관적인 리듬을 가지고 있다.

형성되었거나 승인된 주기적 간격은 리듬성을 비교하는 규범이다. 그것은 사람들이 "지나치게 자주(too often)" 또는 "충분하지 않은(not often enough)" 등과 같은 반응을 설명하는 방식이다. 사람들은 상이한 시간의 상이한 환경에서 나타나는 그들이 인식하지 못하는 특정의 시간과 장소를 특정한 시간과 장소를 타인과 연관 시키려는 경향이 있다. 이것은 식료품 가게 등에서 자주 나타난다. 대학교를 졸업한 한 여성이 한때 그 가게에서 일한 적이 있고 그녀가 왜 그런 환경에 처하게 되었는지를 그 시간과 연결시키지 않기 때문에 그녀에 대한 정체성을 형성하는 데는 많은 시간이 든다. 그것은 또한 누군가가 당신에게 일상적이지 않은 시간에 어떤 이상한 장소에서 전화할 때 발생하기도 한다. 사람들은 대개 밤늦게 또는 주말 밤에 직장 동료들이 집으로 전화를 걸지 않기를 바란다.

4.2 시간과 문화
(Time and Culture)

국가들과 문화는 시간에 대해 가진 관념과 개념이 다양하다.10) 이런 차이는 사람과 자연간의 관련성에서 기인한다. 예를 들어 동양문화는 사람을 자연이란 주기에서 하찮은 일부로 보았지만, 동일한 시기의 기독교에서는 인간들 사이에서 발생하는 사건을 더 큰 유의미한 관점으로 파악하였다. 연령을 공경하는 국가들(예, 일본)에서는 가장 연장자를 위한 기관이 발달된 적이 없었다. 세대 차이는 최소화되어지고 노인들은 가족구성원에서 가치있고 공헌하는 것으로 여겨졌다.

다음의 두 가지 다양한 설명이 문화와 그들 문화에서 가지는 시간에 대한 관점 간에서 발생하는 차이들에 대해 알려준다. 한 가지는 기술의 발달과 관련된 기계적 시간을 가설화한 것이다. 두 번째 설명은 수입의 증가, 시간의 사용 등에 의한 증가된 수요 등을 전제로 한 것이다. 이런 수요의 정도는 어떤 문화가 시간이 넘쳐나거나, 풍부하거나, 또는 빈약할 때에 의해 결정되어진다(표 4.1을 보라).

10) P. Bohannan, "Concepts of Time among the Tiv of Nigeria," *Southwestern Journal of Anthropology* 9(1953) : 251~262.

<표 4.1> 연속체로서의 시간: 문화, 일, 그리고 여가
(Time use Continuum: Culture, Work, and Leisure)

변인들	잉여시간 (Time Surplus)	풍요 (Sufficiency)	빈약 (Scarcity)
부	빈곤 국가들	다소 부유	부유한 국가들
생산성	낮은 생산성	중간 정도 생산성	높은 생산성
시간	시간 풍요: 다소 여유 시간 있음	다소 활용할 수 없는 시간	시간적 빈곤: 활용할 수 있는 시간이 없음
노동	나이든 사람에 대한 존경 낮은 노동생산성 기계적 시간에 의존하지 않음 활용할 수 없는 시간 비율 시간과 관련된 스트레스 없음		나이든 사람은 유용하게 보지 않음 높은 노동생산성 기계적 시간에 많이 의존함 항상 시간 비율이 활용됨: 직무 증가에 따라 시간 스트레스가 질병 유발
여가	수많은 휴식 음식을 준비하고 먹는데 많은 시간이 소요 대중적인 레크리에이션 활동은 많은 시간 소요 참여에서의 높은 자발성 시설과 관련된 시간에 적게 소모		적은 휴식 음식에 드는 적은 시간 대중적 레크리에이션 활동은 적고, 시간적 편의성 자발성이 덜함: 어떤 가족 사건은 1년전에 미리 계획됨 다소의 소비, 심지어 동시적 소비

4.2.1 잉여시간, 풍요, 그리고 부족
(Time Surplus, Sufficiency & Scarcity)

시간에서의 수입과 수요간의 관계는 시간의 홍수, 시간 풍요, 그리고 시간의 부족 등과 관련된 군집을 분석함으로써 설명되어질 수 있다.[11] 시간 홍수는 가장 못사는 국가들에서 나타나는 것으로 생산성이 낮아서 시간 비율은 이용되어지지 않았다. 사용되지 않은 시간은 자유롭거나 게으름을 부리는 것

11) S. Linder, *The Harried Leisure Class*(See chap,1, n.35).

으로 간주되어졌다. 개발이 많이 되어진 기계적 시간이 가진 정길성은 잉여-시간 문화에서 필요로 하지 않는다. Latin America 농촌은 잉여-시간 문화의 좋은 예이다. 연속체 상에서 다른 끝 부분에 의치한 시간의 예는 미국 등과 같이 기계적 시간에 높게 의존하는 나라의 경우이다. 미국과 다른 시간-부족(time-famine) 문화에서, 시계는 지배적이고 시간-압박 관념 형성에 일조한다. 어떤 나라와 문화는 시간 압박이든 시간 부족이든 그 구분이 명확하지 않다. 충분하지 않은 시간 블럭이 여전히 중동지역에서는 존재하고 이곳은 시간이 풍요로운 문화이다. 중동의 어떤 지역은 현재 시간이 남아도는 곳이다.

4.2.2 시간이 레크리에이션과 여가행동에 미치는 영향 (Effects of Time on Recreation and Leisure Behavior)

레크리에이션과 여가활동이 세 가지 시간문화 내에서 발전되어지질 기대할 수 있을까? 시간잉여로 분류된 국가와 문화들에서는 종교적으로 성스런 날로부터 이월된 많은 휴일이 있음을 발견할 수 있다. "그런 휴일의 수는 부유한 국가에서보다 못사는 국가에서 더 많이 나타나고, 한창 개발이 진행 중인 국가에서는 휴일을 보내는 시간이 점차 줄어들고 경제적인 자유 시간이 점차 없어지고 있다."[12)]

가난한 국가에서, 시간의 차원은 스포츠나 다른 활동을 제한하지 않는다. 스페인과 멕시코에서, 투우는 오후시간 전체가 소모되고, 식사 등과 같은 매일의 활동은 시간적으로 풍요한 문화에서 보다 여유있게 행해진다. "디너는 그것이 준비될 때 제공되고 … 생선은 굽혀 있지 않고, 땅콩은 껍질이 까져 있지 않고, 과일은 슬라이스 되어지지 않았다."[13)] 시간은 식탁위에 생선을 즐겁게 놓거나 땅콩이 지닌 달콤함, 고기를 고르는 것과 같은 즐거움으로 가득찬 것이다. 음식을 만드는 것과 소비하는 것에 얼마나 많은 시간이 드는가? 준비된 음식을 제공하는 비즈니스의 반 이상은 패스트푸드 가게이다. 음식 체인의 어떤 유형이 이 캠퍼스 주위에 있는가? 아마도 McDonald, KFC. Arby's Roast Beef, Burger King, 몇몇 피자 가게, 그리고 다른 것 등이 있을 것이다.

많은 활동은 시간-부족 문화에서 자발성이 상실되어졌지만 시계는 최상

12) *Ibid.*, 18.

13) M. Mead, Cultural Patterns and Technical Change(Paris : UNESCO, 1953), 91.

의 활동과 관련된다. 매년 휴가에 가족들과 같이 보내는 것은 당연한 것이고, 미리 일년 몇 개월 전에 예약을 해야 한다. 한때 인기가 있었던 활동들은 배우거나 완성하는데 시간이 덜 드는 것으로 대치되어졌다. 덜 복잡한 보드 게임은 브리지나 체스 등과 같은 복잡한 게임으로 대치되어졌다. 실내음악 집단에 참여하거나 가장 최근에 읽은 소설은 긴 겨울밤을 보내는데 도움을 준다. 지금 미국인들의 40% 미만이 독서를 하고, TV 시청은 미국인들이 여가시간을 보내는 40% 정도를 차지하는 레크리에이션 활동이다. 집에서 TV는 쉽게 사용할 수 있고 특별한 기술이 필요하지 않아서 지나치게 많이 이용되어질 수 있다.

수입이 증가된 사회에서 시간적 빈곤의 결과는 소비율의 촉진이다. 촉진된 소비가 지닌 전반적 효과는 이용가능한 각 항목에 대해 시간이 덜 든다는 것이다. 촉진은 보다 비싼 모형을 구입하고 또는 계속 소비함으로써 연속적 소비를 가능하게 한다.

동시적 소비는 어떤 개인이 하나의 소비적 상품보다 더 많은 것을 즐길 때의 시간을 의미한다. 이것의 한 예는 TV를 보면서 식사를 하거나 TV를 통해 다른 게임을 보면서 동시에 라디오를 통해 야구게임을 청취할 때 등이다. TV나 사회적 행동에 대해 연구한 외과의들의 일반 연구는 시청자들이 그 시간의 1/3을 다른 활동에 참여하였다는 결과를 제시하기도 하였다.

소비는 또한 보다 비용이 많이 드는 모형으로 항목을 사용하는데 소비되는 시간을 증가하지 않고서도 비용이 덜 들도록 대치시키면 소비가 증가되어졌다. 일년에 5일을 캠프에 참여하는 사람은 Kelty를 위한 Sears 도보여행으로 매년 대치하였다. 어떤 사람은 이전에 가지고 있던 차가 다른 기능적 문제가 없음에도 불구하고 매년 새로운 차를 구매한다. 기존에 가지고 있던 항목은 사용은 부가적으로 새로운 것을 획득함으로써 끝나거나 감소되어질 수 있다. 과거 항목이 연속적인 소비의 결과로 사용기간이 더 짧아지게 되었다. "동시적 소비에서, 단위시간당 소비활동이 더 많지만 연속적 소비에서는 단위 상품당(commodity) 시간이 덜 들게 된다."[14] 종종 간과되어지는 사실은 시간이 축척되어질 수 없는 하나의 제한된 자원이라는 것이다. 여가는 시간이 즐거움을 위해 충분히 할당되어지지 않을 때에는 존재할 수 없다. 좋은 책은 단시간 내에 읽을 수 없는 것이다.

얼마나 많은 여가용품을 가지고 있는가? 테니스 라켓, 하이킹 신발, 배낭, 텐

---

14) Linder, *The Harried Leisure Class*, 80.

트, 스트레오, 스키, 야구 글러브, 그리고 자전거 등을 가지고 있는가?

만약 얼마나 많은 시간이 다양한 장비를 구입하는데 들었는지 질문한다면 대답할 수 있는가? 아마도 그 항목들을 실지로 사용하는데 든 시간의 양에 대해 제한적으로만 답을 할 수 있을 것이다. 하지만 어떤 시간은 특정한 항목을 결정할 때 요구되어진다. 예를 들어 테니스 라켓을 고를 때 중간 크기 인지 아니면 큰 것인지, 나일론 또는 합성 거트 줄인지, 그립 크기 등을 결정하여야만 한다. 시간은 또한 그 점포 내에서 이리저리 돌아다니는 필요한 시간뿐만 아니라 서비스를 받기 위해 줄을 서서 기다리는 시간도 필요로 한다. 줄이나 그립을 교체할 때 무엇일 필요로 할까? 보다 많은 시간이다.

만약 테니스를 계속하고자 한다면 토너먼트는 흥미롭고 재미있는 것으로 들릴 것이다. 하지만 토요일에 일해야 하는데 그때 토너먼트가 시작된다면 어떻게 할 것인가? 만약 가족들이 종교적이고 일요일에 교회에 가야 하는데, 일요일 아침에 최고의 토너먼트가 있다면 어떻게 해야 할까?

1977년, 한 연구는 시간(필요한 시간활동 블럭, 특정한 날의 참여시간, 계절적 변화, 활동의 유용성 등과 같은 특별한 기후풍토조건)과 주어진 활동에 참여하는 빈도 간의 관계를 결정하기 위해 유도되어졌다. 이 결과는 시간이란 요인과 참여빈도 간에 유의미한 부적인 관련성이 있음을 나타낸다.[15] 이것은 거대한 시간 블럭(주말 캠핑 여행), 특별한 시간, 또는 특별한 계절적 조건(눈 내리는 겨울 한달) 등 중 필요한 활동은 하루나 일년의 어떤 시간 내에 어떤 단시간 내에 행해진 활동보다 덜 참여적인 것을 의미한다.

4.3 여가를 개선하기 위해 재조정되어진 시간
(Rescheduling Time to Improve Leisure)

시간은 교환의 편의성 또는 대상으로서 고려되어져 왔다. 하루 8시간의 노동은 특정한 양의 돈을 얻기 위한 교환이다. 대부분의 미국인들은 주당 40시간 미만으로 일하지만, 어떤 사람들은 다른 사람들보다 계획을 변경하는데 많은 어려움을 겪는다. 계획의 용이성, 시간유동성의 정도나 교환가능

15) L. L. Bammel, "A Three-Dimensional Leisure Activity Predictive Model," in *Leisure and Urban Society*, ed. M. A. Smith(Salford, England : The Leisure Studies Association, 1977), 16, 1~19.

성은 (a) 시간의 풍요나 빈곤, (b) 전체적인 수요의 엄격성, 그리고 (c) 현존 수용간의 갈등 또는 조화의 정도 등에 의존한다.16) 일한 시간의 중요성이 증가될수록 이러한 시간이 분포된다. 하루에 10시간씩 일한 사람은 주말에는 더 이상 일하지 않는다. 하지만 주당 시간은 줄어든다. 하루 18시간 일을 하는 한 학생은 월요일, 수요일, 그리고 금요일에 수업이 있고, 동일한 시간을 가진 다른 학생은 교실과 연구실에서 월요일에서 금요일까지 시간을 몽땅 보낸다.

어떤 직업은 다른 것보다 더 탄력적이다. 어떤 노동자들은 time clock을 펀치하는데 얽매여 있고, 다른 사람들은 다른 선택을 하는데 소요된 시간동안 주어진 과제를 성취할 수 있다. 예를 들어 골프는 경기시간 동안 특별히 구성되어진 코스로 실행되어져야만 한다. 게다가 골프는 18홀에서 경기가 진행된다면 경기완료를 위한 근본적 시간 블럭(block)을 필요로 한다. (a) 완료를 위한 시간이 약간 드는 경우, (b) 다수의 사람을 필요로 할 경우, 그리고 (c) 날씨 상황에도 불구하고 밤낮의 어떤 시간 중에서 참여할 수 있는 활동 등은 탄력성이 있는 것으로 여겨졌다. 그 활동이 보다 탄력적일수록 참여비율은 더 높아진다.

일과 여가가 지니는 탄력성에 대한 고려는 갈등을 조화시키는 문제이다. 만약 당신이 그 주 동안 2일 밤이 자유롭지만 농구게임과 콘서트가 같은날 밤에 있다. 직장에 다니는 커플들은 일년내에 각각 2주의 휴가를 가지지만, 그들은 동일한 2주에 같이 휴가를 가질 수 없다. 가족들은 여름에 리틀 리크나 다른 이벤트를 잊어버리고, 학교나 직무 스케줄이 동시에 발생하는 휴가 스케줄 작성에 어려움을 겪고 있다.

미국인들은 감소된 주노동시간이 여가시간을 증가시키도록 하였다고 생각했다. 우리는 도시의 중심에서부터 이동하는 것을 망각해서 통근시간이 증가되었고, 그들은 또한 여성이 노동력으로 투입된다는 것은 단지 수입을 위한 것만이 아니라, 일에서 가장 최상의 것이 가사 일에 대한 것뿐만 아니라 아동을 육아와 관련된 센터로 보내기 위해 통근해야 한다는 것을 의미하는 것을 잊어버리게 된다. 가정에서 일이 증가됨에 따라 더 많은 시간이 필요하게 되었다. 인플레이션은 또한 스스로 하는 프로젝트에 더 많은 시간을 투자하도록 하게 하였다.

한 개인의 여가형태는 학교나 작업이 할당된 시간 동안 시간을 헛되이 낭비

---

16) E. Blakelock, "A New Look at the New Leisure," *Administrative Science Quarterly* 4, no. 4(1960) : 446~447.

하는 일을 하지 않는다면 시간이나 수업을 차단함으로써 증가되어질 수 있음에 틀림없다. 사람들은 그들의 신체와 마음을 변화시킬 수 있는 즐거운 레크리에이션 활동에 참여하였다고 깨닭게 되면 많은 이익을 얻을 수 있다. 만약 여가가 하루 종일 하도록 그리고 끝난 후 다른 활동도 하도록 계획되어졌다면, 참여자들은 선택적인 활동을 하는데 쉽게 피곤함을 느낄 것이다. 왜 여가활동이 그날 일찍 마치도록 계획되어지지 않을까? 아마도 집안일, 학교일, 또는 사무실에서의 일들은 만족한 선수들에 의해 보다 효율적으로 수행되어질 수 있을 것이다. 대부분의 미국인들은 그 주 동안 주말을 위한 레크리에이션 활동을 생각하거나 TV를 보면서 보낸다고 한다. 만약 주말 밤동안의 활동에 더 많은 시간을 투자하도록 사전에 미리 고려하였다면 TV는 덜 사용되어질 것이다. 축약된 형태의 책들은 축약되지 않은 책을 읽는 것을 어렵게 단든다. 많은 정교한 프로젝트나 취미들은 15분이나 30분 동안 무작위로 이용가능하게 설계되어졌다. 그것은 사람들이 1시간에서 그 이상의 시간 동안 연속적으로 여가활동을 할 수 있게 도와주었다. 요리, 자동차 보수, 바느질 등과 같은 필수적 활동은 지식, 기술, 또는 시간투자 등에 의해 취미로 변화되어질 수 있다. 식당근처에 있는 새모이를 주기 위한 시설이나 장소는 음식물을 줌으로써 한 가족에게는 자연스런 경험의 일부가 된다. 망원경이나 새에 관련된 책들은 가까이서 재빨리 궁금한 점을 찾을 수 있게 도와준다. 많은 레크리에이션 활동은 사회적 친교의 수단으로서 제공되어진다.

레크리에이션 센터는 사람들이 여가 활동에서 즐거움을 느낄 수 있도록 다양한 시간이나 방법을 사용한 토론이나 세미나를 열고 있다. 사람들이 그들이 지닌 한 주당 평균적인 시간을 할당하는 것을 측정하는 것으로서 한 주 동안에 대한 정확한 기록을 유지할 수 있다. 시간에 대한 인식과 실제적 사용 간에는 놀랄 만한 차이가 존재한다.

4.4 시간은 어디로 흘러가는가?
(Where Does Time Go?)

하루는 (a) 일, (b) 개인적인 일, (c) 소비, (d) 여가, 또는 (e) 여유 또는 자유시간 등에 투자되어진다.[17] 일(work)은 통근시간뿐만 아니라 실제적인 시

17) Linder, *The Harried Leisure Class*(See chap,1, n.35), 13~15.

간 등을 포함한다. 개인적인 일은 음식준비, 식사, 수면, 신체활동, 그리고 개인적 항목의 유지 등과 같은 기존 활동들을 포함하고 있다. 옷의 세탁, 구두닦기 등과 같은 활동들은 모두 개인적인 일의 형태들이다. 소비는 여행하거나 어떤 가게 갈지 의사결정을 하는데 필요한 시간, 그리고 줄서서 기다리는 시간, 판매원을 기다리는 시간 등과 같은 특정한 시간소요를 말한다. 마음이나 정신의 배양 등은 소위 "고급문화(high culture)"라고 불리는 클래식한 의미의 여가-음악, 예술, 시, 작곡 등-를 하는데 할당되어지는 시간으로 언급된다. 자아개발과 흥미를 동시에 추구하는 고급문화 활동과 어떤 다른 활동들은 하나의 여가 경험으로서 간주되어질 수 있다. 여유로운 자유시간은 다른 네 가지 차원들에 의해서도 이용되어지지 않은 시간을 의미한다. 수업을 듣기 위해 기다리는 시간, 백일몽, 그리고 TV를 통해 비교육적인 프로그램을 시청하는 것 등과 같은 활동들은 그 시간에 다른 것을 할 수 없고, 어떤 다른 활동에 참여하였다는 느낌을 가지지 못하기 때문에 여유나 자유시간 활동의 예라고 할 수 있다.

주당 평균적으로 할당된 시간을 측정하라(표 4.2).

<표 4.2> 시간측정과 일지(Time Estimation and Diary)

주당 시간 할당								
	일	월	화	수	목	금	토.	합계
1. 일								
2. 개인적 시간								
3. 소비								
4. 여가								
5. 여유/자유								

개인적 일은 신체유지나 활동을 위한 다른 항목으로 세분화할 수 있으며, 또는 학교에 다니면서 어떤 직업을 가진다면 학업으로부터 직업에 관련된 일을 하는 시간을 분리할 수 있다. 정확하게 시간을 기록하고 다음 한 주 동안의 시간일지를 작성하라. 그리고 나서 사용한 실재적인 시간을 측정할 수 있다. 학생들은 그들이 보낸 자유 또는 여유로운 시간의 양 때문에 놀라워한다. 1976

년 West Virginia 대학교의 여가와 인간행동 학급에서의 학생들은 하루당 평균 3.77시간의 여유 또는 자유시간을 가진다고 보고되었다. 학생들은 효율적인 계획을 작성하는데 문제를 가지고 있다.

통계는 일하는 주가 줄어들고, 더 풍요로워지고, 표준적인 삶이 더 높아지고 그리고 미국인들이 여가를 할 시간이 보다 많아짐을 보여준다. 그런데 왜 사람들은 여가를 하기 위한 시간할당에 어려움을 겪고 있을까? 일반적인 교육수준이 향상되고, 수입이 증가되고, 개인적인 교통수단이 이전보다 이용가능하고, 그리고 공공시설과 개인 시설단지 등에서 훈련받은 레크리에이션 리더의 수가 증가하고 있다. 경제적 수준, 교육 그리고 주당 노동의 시간 등으로서 그런 통계치를 설명할 수 있을까?

4.5 시간과 사회계층
(Time and Social Class)

선행의 섹션에서는 다양한 문화와 시간의 개념 간의 관련성에 대해 논의하였다. 미국인들은 시간의 부족 때문에 기계적 시간 계측장치에 의존하고 시계에 대한 이런 의존성은 레크리에이션 행동의 자율성을 제한하는 경향을 가진다는 것이 주요 핵심이었다. 하지만 대부분의 미국인들은 동시적으로 시간에 의해 영향을 받지는 않는다. 과거의 연구자료들은 다양한 사회계층이 독특한 주기적인 목표지향성을 지니고 있고, 여가행동에서도 상이하였다는 가설을 지지해준다.[18]

18) L. LeShan, "Time Orientation and Social Class," *Journal of Abnormal and Social Psychology* 43, no. 3(1952) : 589 ; R. Burdge, "Levels of Occupational Prestige and Leisure Activity," *Journal of Leisure Research* 1, no. 3(1969) : 262~274.

<표 4.3> 위신 수준에 의한 여가활동에서 참여 빈도
(Frequency of Participation in Leisure Activities by Prestige Level)

활 동	대다수가 참여한 위신 수준				
	I	II	III	IV	V
치료적 놀이 참여	×				
콘서트 참석	×				
박물관이나 아트 갤러리 방문	×				
브리지 게임하기	×				
공동체 서비스 워크	×				
즐거움을 위한 독서	×				
공부	×				
축구 게임에 참여		×			
파티 참석		×			
골프 게임			×		
자동차에서 일				×	
TV 시청					×
포크 게임					×
즐거움을 위한 자동차 운전이나 드라이브					×
auto theater에 참석					×
선술집에서 시간보내기					×
배구 게임에 참여					×

※ Source : A.Clark, *"The Use of Leisure and Its Relation to Levels of Occupational Prestige"*, American Sociological Review, *21(3), 1956 : 304.*

사회계층이 낮을수록, 시간지향성이 더 즉각적임에 틀림없다. 하(下)－하(下) 계층이 지닌 계획과 목적은 미래를 내다보고 형성되어진 것이 아니다. 일반적인 시간지향은 직접적으로 여가활동 선택에 영향을 준다. 제한적인 시간지향성을 가진 사람들은 장시간 학습기간을 지닌 활동을 선택하지 않는다. "생산 라인의 노동자는 만족감이 즉각적이고 학습시간이 짧은 스포츠에 관심을 가진다."라는 보고가 있다.[19]

높은 위신이 부여되는 직업에 종사하는 사람들은 더 많은 시간이 요구되는

19) P. Greenberg, "The Thrill Seekers," *Human Behavior*(April 1977) : 20.

활동에 참여하는 경향이 증가되었다. 예술의 이해, 브리지 게임하기, 그리고 독서는 높은 위신을 가지는 직업에 종사하는 개인의 활동을 포함하고 있다. TV를 시청하는 것은 낮은 위신수준으로 할당되어졌다(표 4.3을 보라). 낮은 위신수준에 있는 개인의 6.9%는 만약 그들이 하루에 가외에 2시간이 주어진다면 TV 시청한다고 반응하였다.[20] 가장 높은 수준은 그런 반응을 보이지 않았다. 전문가들 대부분은 수준 Ⅰ에 포함되어졌다. 수준 Ⅱ는 관리자, 공직, 또는 집주인 등을 포함한다. 수준 Ⅲ에는 화이트칼라 종사자뿐만 아니라 판매원이나 회계노동자 등이 포함되어져 있다. 훈련된 숙련공이나 유사한 곳에서 근무하는 노동자들은 수준 Ⅳ에 위치해 있고 서비스 노동자, 반숙련 노동자, 그리고 기술이 없는 노동자들은 가장 낮은 위신수준의 대부분을 차지하고 있다.

계층이 생활방식을 결정하는데 있어 중요한 요인이고 "여가생활양식은 사회계층의 안정된 지표로서 제공되어진다."라는 것으로 자주 언급되어진다.[21] 낮은 계층과 비교하였을 때 중간계층에 있는 사람들은 독서, 스포츠, 문화적 활동, 야외 레크리에이션, 그리고 여행 등과 같은 활동에 더 많이 참여한다. 낮은 계층에 있는 사람들은 TV를 더 많이 보거나 라디오를 더 많이 듣거나, 보다 많은 사회화/파티 등과 같은 활동에 참여한다.[22] TV 시청은 낮은 계층들에서 더 빈번히 나타나고, 야외 레크리에이션 활동은 중간이나 상위 계층에서 더 빈번히 발생하는 것으로 보고되었다. 하지만 다수의 구체적 활동들은 계층이라는 경계와는 상관없이 일어난다. 그리고 이런 활동들의 다수는 시간이 증가함에 따라 공공적인 프로그램에 접할 기회가 증가되어진다.

제11장에서는 사회계층, 직업, 그리고 위신 등이 여가와 레크리에이션 활동에 어떻게 관련되어 있는지 보다 구체적으로 토의할 것이다.

---

20) A. Clark, "The Use of Leisure and Its Relation to Levels of Occupational Prestige," *American Sociological Review* 21, no. 3(1956) : 306.

21) S. M. Stamps and M. B. Stamps, "Race, Class and Leisure Activities of Urban Residents," *Journal of Leisure Research* 17, no. 1(1985) : 42.

22) *Ibid.*, 48~49.

4.6 어떤 시간이 당신의 신체에 존재할까?
(What Time is Your Body?)

이 장의 선행의 섹션에서는 문화내에 존재하는 일반적인 시간개념이 여가에 미치는 독특한 영향력에 대해 설명하였고 상이한 사회계층에서는 시간적 요인으로 인해 행동적 양상이 달라졌다는 사실을 언급하였다. 또한 개개 사람들은 자신들에 맞는 시간개념에 신체적으로 적응함으로써 결정되어진 개인화된 행동적 반응들을 가지고 있다. 사람들마다 공부하기 위해 이른 아침 또는 늦은 저녁시간을 다양하게 택하기도 한다. 즉 어떤 사람들은 아침에 잠자리에서 빠져나오지만 하루 종일 할 일이 없는 사람들은 쉽게 잠자리에서 일어나지 않는다.

진화는 우주의 조건에 영향을 받아 일어난다. 즉 자연의 주기는 매일 회전하는 지구의 축에 의해 영향을 받아 생기고, 일년의 순환은 태양과 달의 주기적 순환에 의해, 그리고 중력의 유입 등으로 인해 발생한다.[23] 오늘날 이러한 외생적 압력은 유사한 것으로 지각되어지는데, 그것은 대부분의 생리학적 과정들이 여전히 우주에서 일어나는 사건의 재발에 의해 동시적으로 발생하기 때문이다.[24] 과학기술은 삶의 속도를 촉진시키고, 이전의 변화되지 않은 양상으로부터 환경을 극적으로 변화시키고, 그리고 이익을 최대한 얻기 위해 재조합되어졌고 결국 사람이나 기계의 사용을 최적화시켰다. 사람들은 그들 자신을 자연적인 주기적 방법으로 수행되어진다는 것을 수용하고 인식하기보다는 생산라인과 유사한 결과를 가져 운영되어지는 기계와 유사한 생산단위로 보기 시작하였다.

신체의 기능은 다양한 리듬에 일치하고 그런 생물학적 리듬은 시간생물학(chrnobiology) 이라 불린다. 대부분의 독자들은 신체의 안정상태 기제(steady－state mechanism) 또는 항상성(homeostasis)－어떤 특정 범위 내에서 생리학적 변수들을 유지하는－이라는 용어들을 배운 적이 있을 것이다. 비록 범위

23) For further development of this theme, consult T. Dobzhansky, *Mankind Evolving*(New Heaven, Conn.: Yale University Press, 1962).

24) A. Solbeegee, "General Properties of Biological Rhythms," *Annals of New York Academy of Sciences* 98, no.4(1962) : 757~774..

가 좁지만 이런 영역들은 영속적이지 않다. 그것은 실제로 리듬을 지니고 있다. 많은 공통적인 리듬은 태양이 떠 있는 24시간, 또는 달에 의한 24.8시간에 의해 엄격하게 조정되어지기보다는 대략적인 24시간의 주기를 가지고서 조정되어진다. 사람들은 그들의 신체에서 자유로워지기 원했다. 생활양식을 변화시킴으로써 장기간의 지속적인 결과들을 얻을 수도 있었다. 공적 교육은 생물학적 리듬 또는 유사한 과정을 포함하지 않았다. 결국 초기의 신체적으로 스트레스를 주는 신호들은 신체적 소리가 커지고 맹렬한 항의 신호를 보낼 때까지 무시되어졌다. 만약 인간이 신체적 신호에 대해 더 잘 이해하고 안다면, 일하거나, 잠자리에 들거나, 그리고 여가활동을 계획하기가 더 쉬워진다. 개개인의 삶의 질은 다음과 같은 세 가지 개별적인 결정요인들 간의 상호작용에 달려 있다. 즉 (a) 자연이 지닌 영구적이고 전체적인 특성들. (b) 어떤 특정의 기간동안 발생하는 우연적인 조건들, 그리고 (c) 행동에 영향을 미치는 대안과 과정들 사이에서 선택할 수 있는 능력.[25)]

시간을 정확하게 측정할 수 있는 장치는 스포츠 이벤트 등에 의해 증가되어졌기 때문에, 훈련과 코치의 전문성이 증가되어졌다. 만약 금메달을 딴 운동선수가 2등과 별차이가 없었다면, 실제 수행과 관련된 모든 가능한 측면들이 고려되어져야 한다. 생물학적 리듬이 지닌 역할에 대한 관심이 점차 증가하기 시작하였다. 1969년 초반, 소련에서는 신체리듬을 평가하고 이것이 수행과 스포츠 성공과 어떻게 관련되었는지 검토하기 위한 연구를 실시하였다. 그 결과는 다음과 같다.

> 남성이나 여성이 지닌 일년의 주기적 특성을 이해하는 것은 스포츠, 프로활동, 우주공간에서의 약물들, 질병에 대한 저항 등에서 인간유기체의 기능적 가능성 수준에 대한 예언을 가능하게 할 것이다.[26)]

주기적(반복적인 수행과 관련된)인 것을 생각하는 생리학적 신체 기능을 목록으로 만들어 그것이 여가에 미치는 영향을 검토하라. 보통 분당 심장 박동수가 60에서 80번 정도이고, 여성에서의 생리주기는 보통 28일, 또는 활동/휴식 양상이 매일 반복되는 등을 예로 들것이다. 개개인의 활동/휴식 주기 등과 같은

25) R. Dubos, *Man Adapting*(New Haven, Conn. : Yale University Press, 1965), xviii~xix.

26) Z. I. Barbashova, "Cycle Research on Man in the USSR by the Participants of the International Biological Program," *Journal of Interdisciplinary Cycle Research* 3, no. 2(1973) : 200.

일상적인 리듬은 라틴어의 circa(하루 동안 경과되어 소멸된)에서 유래된 24시간 주기(circadian)라고 불린다. 이 용어는 이런 리듬이 인위적으로 만들어진 24시간이라는 기계적 날짜와 정확하게 일치하는 것이 아님을 보여준다. 일상의 신체 리듬은 대략 24시간으로 사람마다 20시간 또는 28시간 등 다양하다.[27)]

7일이라는 기간은 circaseptan(대략 7일)으로 불린다. 이와는 반대로 circamensual은 30일째 빈도(달)를 의미하고 circannual은 일년이라는 연장 기간으로 언급되어진다. Ultradin 리듬은 일치된 환경적 주기개념이 존재하지 않는다는 점에서 네 가지 주요한 circarhythms(circadian, circatidal, circatidal, circalunar, 그리고 circannual) 분류와는 다르다. 라틴어의 Ultra는 초월함을 의미한다. 비록 많은 신체적 리듬이 언급되어졌지만, 90분의 주기는 무의식적인 것 중 하나이다. 가장 많이 연구된 ultradian 리듬은 REM(급속 안구운동) 또는 비-REM 수면주기이다. 각 단계는 각자 차별적인 일련의 생리학적 변화 등을 가지고 있다. 이 주기로 활성화되어지는 다른 신체적 기능들은 신장 대사(renal excretion), 각성(alertness), 수행(performance), 그리고 배고픔(hunger) 등이 있다. 시험을 보기 위해 장시간 동안 앉아 있는 학생들은 한두 시간마다 소량의 가벼운 식사를 한다. 90분을 초월한 과제 수행이 만일 계속되어진다면, 규칙성을 잃게 되고, 두번째의 악화(deterioration) 단계가 이어진다.[28)]

각 신체적 리듬은 빈도(frequency)라고 불리는 예측가능한 시간간격 동안 재발하는 진폭(oscillation)을 가진 사람에게서 나타나는 하나의 사건으로 표현되어진다(그림 4.1을 보라). 각 주기는 모든 다른 주기와 관련되어져 있다. 각 주기는 모든 다른 주기와 관련성을 지닌다. 건강한 신체에서 발생하는 낮은 체온주기는 활동/휴식 주기일 때에는 낮은 지점에 위치해 있다. 낮거나 또는 높은 점 등과 같은 하나의 주기에서 상이한 부분들은 단계(phases)라고 불린다. 두 가지의 주어진 주기는 어떤 특정한 단계와 관련성을 가진다(예를 들어 하나는 높고, 하나는 낮음). 생물학적 리듬은 내생적(endogenous)인 것으로 그것은 환경적(외생적, exogenous) 단서가 제거되었을지라도 계속 존재한다. 신체가 지닌 온도조절 주기는 항상-어두움(밤) 또는 항상-밝음(낮)이라는 환경에서 계속되어진다. 인간이 지닌 circadian 리듬은 다양한 자극에 매우 저항적이다. 이것은 개인이 동굴에 홀로 있거나, circadian 리듬을 유지한 채 시간적 단서가

27) J. M. Mills, *Biological Aspects of Circadian Rhythms*(New York : Plenim, 1973), xi.

28) P. Lavie, "Ultradian Cycles in Wakefulness-Possible Implication for Work-Rest Schedules." in *Hours of Work: Temporal Factors in Work Scheduling,* ed. S. Folkardand T. H. Monk(New York : Wiley, 1985), 98(hereafter cited as *Hours of Work.*

없는 항상적인(constant) 조건인 과학적으로 격리된 상태가 되었을 때도 나타난다고 증명되어졌다. 항상적인 조건하에서 시간적 단서가 없다면 신체는 자유롭게 활동되어진다(free－run). 자유롭게 활동하는 인간의 체제는 25시간에 대한 circadian 리듬을 표출한다.[29] 시간적 단서 없이, 사람들의 자유로운 활동은 매일밤 점차적으로 늦게 잠자리에 들게 만든다. 만약 이것이 계속적으로 반복되어진다면 결국 자유로운 활동을 하는 사람들은 완전하게 밤과 낮에 일치하지 못하게 된다. 하지만 이것이 미래에도 계속되어진다면, 그 수면주기는 몇주내에 제자리로 돌아올 것이다. 이것이 일치하거나 벗어난 상태가 되면 그 사람은 오랫동안 자유로운 활동을 계속 유지할 것이다. 심지어 어떤 집단에서는 서로 격리되었을 때, 격리된 집단이 나타내는 것과 유사한 리듬유형을 보였다. 제한된 공간으로 인해 상대적인 물리적 활동이 박탈된 상태에서조차 이런 억압실험 동안 그 결과에 아무런 영향을 미치지 못하였다.[30]

환경에서의 변경이나 방해(5시간의 제트 비행에 따른 밤으로의 변화나 비정상적인 극도의 스트레스 상황)는 현존단계의 관련성을 파괴시키는 원인이 되기도 한다. 단계변화에 따른 결과는 선행의 일치된 리듬이 불일치되어졌음을 의미한다. 이러한 파괴된 단계를 가리키는 용어는 내적 불일치(internal desynchronization)라고 한다. 어떤 유럽의 건강 스파는 리듬을 최상의 상태로 회복시키는데 주안점을 두어 건설되어졌다. 새로운 알약인 멜라트닌은 신체시계를 다시 조정하도록 개발되어졌다. 멜라토닌은 일종의 호르몬으로 뇌의 송과선(pineal gland)에서 분비되어지는 것으로 내적 시계를 조절하는데 도움을 준다. 제한된 검사후, 시계를 다시 조정하고 어떤 부작용 없이 제트 레그(jet－lag : 시차)에 의한 증후들을 감소시키도록 약이 처방되어졌다. 그 약의 개발자들은 이것이 야간 근무자나 우주선 대원들을 위해 도움을 줄 것이라고 믿었다.[31]

신체적 시계가 어떤 방식으로 작용할까? 불일치된 신체적 리듬에서 발생하는 것은 모든 주기가 일치되어졌을 때만이 아니라 신체적, 정신적 수행을 가능하게 할 수 있는 것은 아니다. 물리적 수행에 대해 인식하고자 하는 레크레이터는 신체의 리듬과 같이 다양한 변동이 나타날 수 있다는 것을 알아야 한다.

---

29) D. Minors, and J. M. Waterhouse, "Introduction to Circadian Rhythms," in *Hours of Work*, 8~9.

30) R. A. Wever, "Man in Temporal Isolation : Basic Principles of the Circadian System," in *Hours of Work*, 17.

31) E. T. Smith, "Development to Watch : About Time : A Pill That Rewinds the Body's Clock," *Business Week*, 7 August 1989, 72.

요가를 하거나 유연성을 증진시키는 다른 활동을 하는 사람들은 바로 그날 동안 변화되어질 수 있다. 강도, 기술, 협응 그리고 다른 활동들에서 요구되는 대부분의 활동에서도 발생할 수 있다. 하루를 마감하거나 시간이 끝나는 시점에서, 참여자는 안전하게 그것을 즐길 것이다.

아이스링크나 다른 운동시설들은 신체의 온도가 가장 낮은 시간인 야간에 개장하기도 한다. 정상적으로 개인의 활동주기는 온도와 상관없이 작용한다. 수행시간의 길이에 의해서 뿐만 아니라 24시간이라는 하루에 동안에 계획되어졌을 때 수행은 영향을 받을 수 있다. 레크레이터는 수행에서의 차이를 이해하는데 있어 극단적인 물리적 노력을 위해 가장 필요한 시간을 선택함으로써 그리고 레크리에이션 도구를 사용하여 그들의 신체를 가장 잘 돌봄으로써 수행에 도움을 얻을 수 있다.

<그림 4.1> 신체 사이클의 일부

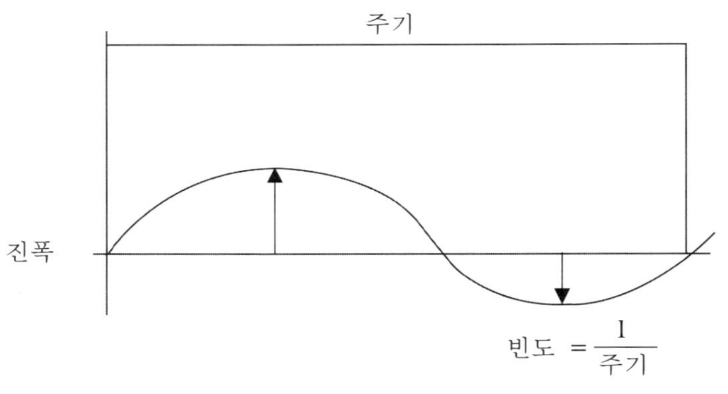

4.7 신체 리듬 차트
(Body Rhythm Charting)

일본에서 운송업체 노동자들에게 한달 동안 23일의 물리적 주기, 27일의 감수성 또는 정서적 주기, 그리고 33일의 지적 주기 등간의 관련성을 보여주는 컴퓨터 결과물이 제공되어졌다. 그것은 주기의 바로 시작과 중간 지점에서 나타나는 결정적인 날이 위험할 수 있다고 경고해준다. 사고는 노동자들의 신체

리듬을 변경시킴으로써 35~45% 정도 줄여졌다.32)

신체 리듬에 대한 차트를 그리는 이런 유사한 방법은 운동수행, 승리자, 패자 등을 예언하는데 도움을 준다. Thommen은 과거 운동경기 이벤트에서의 다수의 결과들이 주기배치와 관련되었다는 사실을 지시하였다(그림 4.2).

차트를 그리는 것은 단지 출생일과 시간만이 필요한 꽤 단순한 방법이다. 코치와 운동선수들은 연습이나 게임전략을 세울 때 있어 정보를 얻을 수 있다. 신체리듬 차트는 새롭기는 하지만 역설적이다. 1962년과 1963년 체스게임에서 유명한 선수인 Bobby Fischer는 매우 우호적인 주기동안 승리한 것으로 밝혀졌다. 세 가지 주기 모두가 절정으로 나타났을 때이다. 다행히도 경기는 그의 잠재적인 결정적 날(critical day)인 2일 동안에는 계획되지 않았다. 11월 18일은 감수성 주기가 있는 결정적 주기와 일치해서 그 경기에서 패하였다.

스포츠에서 신체차트를 사용하는 것이 증가되는 것은 놀라운 일이고 그런 결정은 주어진 정보를 바탕으로 하였음에 틀림없다. 코치는 결정적 기간에 있는 선수들에게 경고함으로써 사고를 줄일 수 있을까? 무수히 많은 흥미로운 결과가 나타났다. 이것에서 어떤 것을 응용할 수 있을까?

<그림 4.2> Arnold Palmer의 1962년 7월의 신체리듬 차트

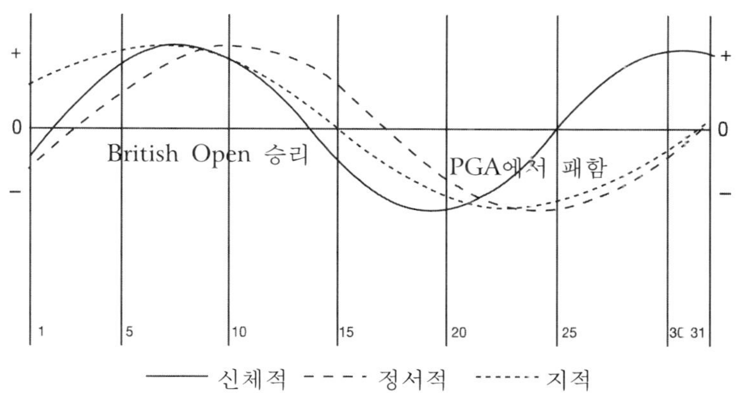

32) G. S. Thommen, *Is This Your Day?*(New York : Avon, 1973), 25.

4.8 신체 시계를 일치시키는 동안 생기는 스트레스와 문제
(Stress and the Problem of Keeping Your Body Clock Synchronized)

속도는 사람들에게 있어 영속적인 매력물인 것 같다. 만약 속도가 증가하고, 군중들이 놀라고, 그리고 그날 할 일이 산더미 같이 많다면, 사람들은 더 충만한 삶을 살기를 원한다.[33] 속도는 시간당 보다 많은 활동을 가능하게 해주지만, 그것은 스트레스를 준다. 스트레스는 신체의 구조적이고 화학적 구성요소들에서의 변화를 유발한다.

시간 혼란은 다양한 질병, 사고, 이혼, 그리고 암의 발생에 책임이 있다.[34] 질병과 사고는 상이한 생리학적 리듬이 지닌 다양한 단계들에서 관련성이 이 단계에서 벗어났을 때, 그리고 그들이 불일치가 되어졌을 때 발생할 수 있다. 과학자들은 사람들에 대해 실험을 하지 않지만, 바퀴벌레나 생쥐들은 심하게 시간이 변화되어지는 곳에 노출되어질 때 일찍 죽었다.

스트레스는 새로운 현상이 아니지만 스트레스의 발생과 순서는 현대 과학기술 사회에서 급격히 증가되고 있다. 스트레스는 스트레스 요인에 대한 신체의 생리학적 반응으로 스트레스 요인(stressor)은 신체가 요구하는, 반응에 대응하기 위해 필요한 실재적이거나 상상되어진 긍정적이거나 부정적인 사건들을 말한다. 스트레스 요인에 대한 생리학적 반응들은 심장박동의 증가, 기본적인 신진대사의 증가, 그리고 혈압의 증가 등이다. 혈류 분석결과 산소, 포도당, 그리고 콜레스테롤 등에서 증가를 보였다. 그 사람을 위해 준비된 이런 변화들은 "경쟁 또는 도피(fight or flight)" 증후 또는 반응이라고 불린다. 이런 모든 변화들은 스트레스 요인이 지각되어졌다면 자동적으로 발생한다. 뇌의 일부분인 자극되어진 시상하부(hypothalamus)는 자율신경계의 교감영역을 변경시키고 차례대로 비자발적 운동이나 다양한 분비선을 통제하게 한다. 호르몬 분비결과는 시각이나 후각이 예민해지고, 동공이 팽창되고(보다 많은 빛을 수용), 심장박동이 증가, 코나 목에 있는 점막세포가 수축되고, 심장이 가외 혈류를 펌프질하고, 혈액이 보다 빨리 응고되고(사고발생시 혈액의 손실을 방지), 그리

33) L. Mumford, *The Condition of Man*((New York : A Harvest Book, Harcourt Brace Jovanovich, 1962).

34) G. G. Luce, *Body Time*(New York : National General Company, 1971).

고 발한작용(perspiration : 지나치게 체온이 높아진 신체를 식혀주는 역할)이 증가되어진다.[35]

스트레스(Stress)라는 용어는 Friedman과 Rosenman이 "hurry sickness"라고 부른 증후들을 고려한 것이다.[36] 스트레스는 사람의 정서, 행동, 그리고 생리학적 변화 등을 유발시킨다. 가장 유의한 변화는 생리학적인 것으로 그것이 생명의 위협하는 질병과 다양한 신체적인 만성 질병을 유발하기 때문이다.[37] 이러한 생리학적 변화는 그 신체를 경쟁(fight) 하거나, 아니면 도피(flight, flee)하게 준비시킨다. 하지만 현대의 생활에서 얼마나 많은 스트레스 상황이 통제되어질 수 있을까? 대부분의 경우, 현대인들은 경쟁하지도 않고 도피하지도 않는다. 그리고 스트레스 반응은 축척되어져 문제를 유발하도록 연장되어졌다. 많은 공통적인 의학적 문제들은 스트레스와 연관되어져 있다. 설사(diarrhea), 변비(constipation), 편두통(migraine), 알러지, 위궤양, 고혈압(hypertension), 동맥경화증(atherosclerosis), 천식(asthma), 우울증(depression), 관절염(arthritis), 심장 문제, 그리고 정신적 질병 등과 관련되어 있다.[38] 스트레스는 북미에서 사망으로 이르게 하는 원인인 6가지(<심장 관상동맥 질환(coronary heart disease), 암, 폐의 손상, 사고로 인한 부상, 간경화(cirrhosis), 그리고 자살>)와 직접적·간접적으로 연관되어져 있다.[39] 심리학적인 스트레스는 "심장의 리듬을 혼란시키는 촉발적(trigger) 요인으로 죽음에 이르게 한다."라는 사실이 밝혀졌다.[40]

모든 스트레스는 세단계로서 나타나는데, 찬물에서 수영하거나 음식이 계속 없는 등과 같은 익숙하지 못한 것을 경험했을 때, 한 개인이 겪게 되는 단계로서 비교 가능하다. "첫번째, 고난(hardship)이고 그 다음 그것에 익숙해지고, 결국 더 이상 그것을 견디지 않는다."[41] Hans Selye는 『*Stress Without*

---

35) M. E. Douglas and D. N. Douglas, "Stress Scores–Is Your Too High or Low?" *Self*, January 1981, 14~16. Hereafter cited as "Stress Scores."

36) Friedman and Rosenman, *Type A Behavior*(see chap. 1, n.29), 86.

37) Douglas and Douglas, "Stress Scores," 14.

38) V. Cleaver and H. Eisenhart, "Stress Reduction through Effective Use of Leisure," *Journal of Physical Education, Recreation and Dance*(October 1982) : 33.

39) J. Levy, "Modern Stress : Lifestyle Management," *Recreation Research Review* 11, no.2(1984) : 5.

40) "Scare Tactics," Men's Confidential, 6 September 1994, 5.

41) T. Holmes and R. Rahe, "The Social Readjustment Rating Scale," *Journal of Psychosomatic Research* 11, no.2(1967) : 213~218.

Distress』라는 책의 저자로, 스트레스 요인에 대한 신체의 반응을 일반적인 적응증후군(GAS ; General Adaptation Syndrome)이라고 명명하였다. 그것은 신체의 대부분이 방어체체를 자극하고, 모든 반응들이 협응되고 상호의존적이라는 점에서 하나의 증후군이라고 할 수 있다. 그는 (1) 경고반응(the alarm reaction), (2) 저항단계(the stage of resistance), 그리고 (3) 소거단계(the stage of exhaustion) 등으로 증후군이 구성되어 있다고 설명하였다. 한 개인이 스트레스 상황에 노출되었을 때 뇌하수체(pituitary)와 아드레날린 분비선은 시상하부에서 충분한 정도로 순환되었는지 결정할 때까지 호르몬을 분비한다. 결국 신체가 지닌 완충 능력은 소모되어졌다. 만약 그 상황이 스트레스를 주는 것으로 계속적으로 지각되어진다면, 결국 질병, 사고에 걸리게 되고 죽음에 이르게 된다.

스트레스가 미치는 가장 유해한 효과 중 대식세포 하나는 면역체계에 미치는 영향력이다. 자연적인 살인 세포(T－림프구, macrophage 등) 등을 포함한 암－저항적인 세포들의 생성은 만성적인 스트레스에 의해 억제되어진다.[42] Selye는 또한 스트레스의 두 가지 유형에 대해 설명하였다. Distress(불쾌한 스트레스)는 궁핍, 고통, 슬픔, 그리고 절박한 실패 등과 연관되어져 있다. 반면에 Eustress(긍정적인 스트레스)는 환희(rejoicing), 행복, 그리고 충족감 등을 고려하였다. 이 Eustress는 긍정적인 힘을 고려하였고(그리스어의 euphoria(행복감)에서 유래하였고 good과 유사한 의미 지닌 접두어), 그것은 "대부분 성공적인 여가 추구와 상당히 관련되어져" 있다.[43]

Distress는 파괴적일 수 있는 것을 고려하였고, 다음과 같은 증후들로 표현되어진다.

- 일반적인 과민성, 지나친 흥분상태, 또는 우울증
- 심장의 두근거림
- 울부짖거나 달리거나 도피하는 행동을 보이기도 한다.
- 집중 불가능
- 쉽게 피로함
- 불안함을 느낌(두려움의 대상이 없으면서도 공포를 느낌)
- 정서적 긴장과 경계

42) "Tracking the Chemistry of Stress," *Time*, 6 June 1983, 51.

43) R. G. Mitchell, Jr., "The Benefits of Leisure Stress," *Journal of Physical Education, Recreation and Dance*(October 1982) : 50.

- 전율 : 신경학적인 안면경련
- 높은 목소리 톤과 신경질적인 웃음
- 말더듬기와 다른 어휘 구사의 어려움
- 이빨 갈기
- 불면증
- 발한
- 빈번한 소변, 설사, 소화불량, 메스꺼움
- 편두통
- 월경전 긴장
- 목이나 등 아래 부분의 고통
- 식욕상실 또는 과도한 식욕
- 흡연 증가
- 주기적으로 처방하는 약물의 증가
- 사고를 자주 일으킴[44]

기본적으로 정상적인 정서적이고 신체적 반응들이 극적인 변화를 겪을 때, 스트레스는 해결되지 않았던 것을 제거할 좋은 기회일 수 있다. 스트레스는 많은 사람들에게 영향을 미치지 못할 수도 있다. 1991년 연구에서는 동부 해안에 사는 30% 사람과 미국 서부 해안에 거주하는 24% 사람이 그들이 통제할 수 있는 것보다 "더 많은 것을 이루기 위해 계속적으로 스트레스 상황 하에 있다"고 보고되었다. 이런 스트레스 비율은 그 개인이 "충분한 시간이 없다고 인식했을 때" 43에서 30으로 평가되어졌다.[45] 스트레스는 어느 정도 스며들 수 있을까? 힐튼 호텔의 Time Values Survey는 미국 여성의 35%, 남성의 23%가 "그들이 할 수 있는 것 이상의 것을 성취하기 위해 항상 끊임없는 스트레스 상황에 놓인다"는 연구결과를 발표하였다. 이런 이유로 인해 36%의 사람은 잠자는 시간을 줄이고 있다.[46]

의학 연구자들은 살아 있는 유기체의 적응적인 에너지는 제한되어 있기 때문에 계속적인 각성상태에서는 존재할 수 없다는 실험에서 닮은 시사점을 얻었다. 혈류에서 호르몬을 분비하는 내분비선은 스트레스 상황에서 노출이 지

44) G. Pera, "College Stress." *Nutshell*(1980/81) : 3 4 。

45) J. Rigdon, "Managers Who Switch Coasts Must Adapt to Different Approaches to Use of Time," *Wall Street Journal*, 14 August 1991; B1.

46) C. Hymowitz, "Trading Fat Paychecks for Free Time," *Wall Street Journal*, 5, August, 1991.

속되어질 경우 점차 저장된 것이 고갈되어진다. 이런 스트레스 증후군과 수반되는 단계들은 심리학적, 사회적 그리고 신체적 스트레스 요인 등에 의해 시작되어진다. 고용주들은 스트레스와 직무로 인해 심신이 피로해지는 것에 대해 더 많은 것을 알고 있어야 한다. 종사자들의 안식일은 1990년대 적극적으로 나타나기 시작하였다. 맥도날드 기업의 종사자들은 "10년간 정규직으로 근무하면서 그에 대한 보상으로 8주의 휴가를 받았다.[47] 그것은 어떤 기업들이 봉급 인상 대신에 time-off(휴식) 기간을 제공할 것이라는 사실을 예측하게 하였다. 어떤 캘리포니아의 기업은 연속적으로 6년 동안 같은 일에서 장기 근속한 종사자에게 일년이란 시간을 보상으로 지급하였다. 안식년(安息年, sabartical) 이란 용어는 7년 동안 일한 후 1년은 땅을 쉬게 하는 성경에서 나온 Mosaic Law에서 유래되었다. 사람들은 일과 관련된 학습을 하는 동안에도 이런 용어를 사용하는데, 그것은 여전히 일상생활에서 오는 압박에서 벗어나기 위해 그리고 배터리를 재충전하기 위한 어떤 기회로서 확대된 휴가가 지닌 기능과 특성을 많이 지니고 있다.[48]

4.8.1 스트레스를 평가하는 척도 (A Rating Scale for Stress)

스트레스가 건강에 결정적인 영향을 미치고 변화가 스트레스를 유발한다는 것에 대해 연구가 이루어져 왔다.[49] 어느 정도의 적응(대응)이 필요한 일단의 사회적 사건들은 질병과 관련되어져 있다. 적응이 잘 이루어질수록 또한 질병도 많이 발생한다. <표 4.4>는 사회적 사건을 구성한 것으로 이것들 대다수는 사회적으로 바람직하지 못한 것이고, 다른 어떤 것은 북미인들이 가지는 성공, 성취, 그리고 유물론 등을 대표하고 있다. 가장 일반적인 특징은 척도상에 있는 모든 사회적 사건들이 어떤 유형의 적응적이거나 대응행동을 하도록 유발되어진다는 것이다. 이런 척도는 생명보험회사들에서 사용하는 스트레스 수준과 관련된 미래 문제를 예언 하는데 효과적이라는 것이 증명되었다.

47) "Job Satisfaction Loom as Popular Perk of '90s,"*Wall Street Journal*, 10 December 1989, B-1.

48) A. J. Veal, *Leisure and the Future*(London : Allen and Unwin, 1987), 100~101.

49) R. A. Morano, "How to Mange Change to Reduce Stress," Management *Review*, November 1977, 21.

<표 4.4> 사회적 재적응 평가척도(Social Readjustment Rating Scale)

순위	생활속의 사건	중앙값	당신의 점수
1	배우자 사망	100	
2	이혼	73	
3	부모 별거	65	
4	수감생활	63	
5	친밀한 가족 구성원의 사망	63	
6	개인적인 질병이나 사고	53	
7	결혼	50	
8	직장에서의 해고	47	
9	부모의 화해	45	
10	퇴직	45	
11	가족구성원의 건강상 변화	44	
12	임신	40	
13	성 차별	39	
14	새로운 가족구성원이 생김	39	
15	일에서의 재적응	39	
16	재정상태의 변화	38	
17	친한 친구의 죽음	37	
18	직장에서의 전직	36	
19	배우자와의 잦은 논쟁	35	
20	$10,00이상의 융자	31	
21	융자나 대부의 거절	30	
22	직장에서의 책임 변화	29	
23	자녀가 집을 떠남	29	
24	법적인 분쟁	29	
25	특출한 개인적 성취	28	
26	아내의 일의 시작 또는 끝	26	
27	학교의 시작이나 종료	26	
28	생활조건에서의 변화	25	
29	개인적 습관의 수정	24	
30	상사로부터 괴로움 당함	23	
31	근무시간이나 조건의 변화	20	
32	거주지의 변화	20	
33	학교 변화	20	
34	레크리에이션에서의 변화	19	
35	교회활동에서의 변화	19	
36	사회활동에서의 변화	18	
37	$10,000미만의 대부나 융자	17	
38	수면 습관의 변화	16	
39	가족모임 수에서의 변화	15	
40	식습관의 변화	15	
41	휴가	13	
42	크리스마스	12	
43	법적인 사소한 위반	11	

Reprinted with permission from Journal of Psychosomatic Research 11 *Thomas Holmes & Richard Rahe, "The Social Readjustment Rating Scale."Copyright 1967,Pergamon Press, Ltd.*

한 개인의 사회적 재적응 점수를 매겨보고 그것을 학급동료와 비교해보면 흥미로운 사실을 발견할 수 있을 것이다. 각 항목은 "생활 속의 사건(Life Event)"이라는 명제하에서 고려되어지고, 그 사건이 과거 한 개인의 일상생활 속에서 일어났는지 결정한다. 그렇게 함으로써 "당신의 점수(Your point)"라는 표제가 붙은 항목에 적절한 점수를 매기면 된다. 1에서 43번까지의 항목을 마쳤다면, 당신의 점수가 계산된다. 한해 동안의 가장 높았던 실제 점수와, 미래에 가장 나쁠 것 같은 것을 예측할 수 있을 것이다. 개인의 점수를 그 학급의 다른 동료집단의 평균점수와 비교할 수 있다. 하지만 일반적으로 300점 이상의 점수를 가진 사람(생활의 변화단위로서 언급)은 가까운 미래에 질병을 얻을 확률이 거의 80% 정도이다. 150~299점 사이는 50%를, 그리고 150점 미만의 사람들은 30%의 발병률을 가진다.[50] 삶의 변화 단위들(LCUs)은 상대적으로 심각한 질병을 가장 잘 예언해준다. 스트레스 사건이 어떻게 묶여지는지가 또한 고려되어져야한다. 네가지 주요한 사건의 군집은 가족, 일, 개인, 그리고 규율(disciplinary) 등의 척도 내에서 발생한다. 보다 심각한 문제는 단일 군집에서(규율이 배제된 상태에서) 유래된 것보다도 다중의 군집에서부터 LCUs를 얻은 사람들을 예언하는 것이다.[51]

어떤 유형의 사건이 학생들에게 스트레스를 유발할까? 다른 항목을 만들 수 있고 얼마나 많은 점수가 팝송 퀴즈, 중간고사, 기말고사, 과제물, 낮은 성적을 받았다고 통고 됨, 등록, 재학 중에 일하기, 다른 학교에 다니는 남자 또는 여자친구 사귀기, 기타 등등에 대해 부여되어질 수 있을지 결정한다. 대학 동아리의 잡지인 Nutshell의 저자는 대학생들이 가장 어려움을 겪는 원인일 것 같은 다섯가지 유형의 압력을 다음과 같이 지적하였다. 즉 가족과의 이별, 자유, 경쟁, 동료로부터의 압박, 직업선택 등. 특정한 스트레스는 대학생이 얻을 수 있는 것을 못 얻게 방해한다. 예를 들어 운동, 다이어트 등과 같이 선행에 언급된 일반적인 것들과 그 외에 집단이나 조직화된 캠퍼스, 또는 지원체제를 제공해주는 사회 클럽 등에서의 관련을 통해 얻을 수 있고, 충분한 휴식이나 수면, 특정한 시간에 어떤 것을 얻거나, 연기하는 것을 피하고, 학문외적인 활동에서 관여하여 얻고, 그리고 캠퍼스의 카운슬링을 통해 필요한 것을 얻을 때 등이다.[52]

50) J. Bannon, "Stress? Affecting Park and Recreation Mangers," *Journal of Physical Education, Recreation and Dance*(October 1982) : 40.

51) E. Gunderson and R. Rahe, *Life Stress and Illness*(Springfield,Ⅲ. : Charles C Thomas, 1974), 69.

4.8.2 스트레스 : 증가 또는 감소
(Stress : Increasing or Decreasing)

미국은 "기꺼이 희생하는 국가(a nation of willing victims)"로서 언급되어져 왔다. 사람들은 인위적인 실험상황을 통해 혼란이나 다른 스트레스를 유발하는 사건에 직면하기보다는 그들의 개인적 또는 법적인 권리를 수동적으로 포기할 것이라고 반복적으로 설명해 왔다.[53] 만약 일상적인 스트레스 수준이 계속적으로 증가되어진다면 사람들은 얼마나 많은 개인적 권리들을 기꺼이 포기할까? 1960년대, 미국인들의 삶에서 65% 변화를 미친 중요한 사건이 발생하였다. 1977년에는 거의 90%였다. 원치 않는 사건이 발생할 비율은 그렇지 않은 것이 발생할 비율보다 높게 증가되었다.[54] 스트레스에 대한 고려 지표는 80,000 이상의 간행물에서 나타났고, 매년 6,000개 이상의 출판물에 등에 의해 그것과 관련된 총 수가 증가되고 있다.[55]

4.8.3 교대근무 노동자들이 지닌 특이한 문제들
(Unique Problems of Shift Workers)

미국에서 교대근무 노동자들이 16억 5천만명으로 추정되고,[56] 한 사람이 5시간마다 일하는 것은 제조업을 위주로 하는 도시들에서 비표준적인 시간 교대 형태일 수 있다(표 4.5를 보라). 교대근무 조건은 스트레스와 건강에 더 큰 위협을 가져다 준다. 야간근무자는 증가된 사고의 발생률로 인해 효율성이 저하되어졌다. 한때 며칠 동안 근무한 노동자들이 새로운 스케즐에 잘 적응할 것이라고 믿어져 왔다.[57] 지금은 그것이 "24시간의 주기리듬(circadian

52) Pera, "College Stress," 34, 43.

53) T. Moriarity, "A Nation of Willing Victims," *Psychology Today,* April 1975, 43~50.

54) "Quality of Life : Events Increasing, Quality Decreasing," *The Futurist* 12, no.5(October 1978) : 336~337.

55) M. E. Crawford, "Decreasing a Stress Management Curriculum," *Journal of Physical Education, Recreation and Dance*(October 1982) : 41.

56) H. McCann, "Sleep Scientists See Shiftwork Ⅲ Effects," *Los Angeles Times,* 24 August 1984, p.6. Hereafter cited as " Shiftwork Ⅲ Effects."

57) L. Kogi, "Introduction to the Problems of Shiftwork," in *Hours of Work,* 171. Hereafter cited as "Problems of Shiftwork."

rhythms)이 완전하게 역전되어질 수 없다는"것으로 잘 알려지고 있다. 밤에는 일하고/낮에는 수면을 취하는 스케줄이 주는 부정적 효과는 "shift lag"이라고 불리는데 그 증후는 제트기 피로(Jet lag : 비행기 탑승으로 인한 시차 부적응의 증상 중 하나)와 유사하다. 즉 수면이 방해되거나, 작업능력이 저하되거나 그리고 잘 있지 못하다는 느낌 등이다. 교대근무자의 잠자는 총 시간은 줄어들 뿐만 아니라 또한 비교대 근무자보다 잠을 푹 자지 못한다. 예를 들어 잠자는 기간이 더 단축되고, 잠드는 동안 많은 방해가 있고, 잠드는데 애를 먹고, 그리고 잠자고 일어난 후 개운하다는 느낌이 들지 않는다.[58)]

교대근무자는 야간 수면에서도 기분이 상쾌함을 느끼지 못한다. 그것은 정서나 수행에 영향을 미치는 수면이 부분적으로 박탈된 상태가 만성적으로 지속되었기 때문이다. 주간 근무자와 비교했을 때 야간 교대근무자들은 주당 평균 수면시간이 5~7시간 미만이었다. 가장 깊은 형태의 수면 동안은 호르몬이 방출되고 이것을 델타 수면(delta sleep)이라고 부른다. 교대근무자는 주기적인 리듬이 변경되어졌기 때문에 델타 또는 REM 수면을 충분히 취하지 못한다. 20시간이나 30시간 동안 교대근무자들이 나타낸 수면형태는 *Shiftworker Manager's Newsletter*라는 간행물에 의해 제시된 "70대 노인이 취하는 회복력(restorative)이 덜한 수면" 과 유사한 점이 종종 발견되어졌다.[59)] 최대한의 어려움은 교대근무를 위해 교체하는 시기라고 보고되었다. 대개 건강한 신체는 그 주 동안 어려운 과제에 대해 잘 적응할 수 있지만, 어떤 직업은 신체가 항상 재적응상태로 유지되어질 필요가 있다.

> 주간 교대근무를 하는 남성은 아버지로서 그리고 잡다한 가정에서의 의무를 이행하는데 많은 어려움을 겪고 있다고 보고하였다. 야간 교대근무자들은 보호자 그리고 성관계를 포함한 남편으로서의 역할에 어려움을 가진다고 한다. 순환적인 교대형태에서 일하는 사람들은 이런 모든 어려움을 가지고, 또한 우정까지도 변하였다고 보고되어졌다. 이런 교대근무자는 주간 근무자들보다도 공동체조직의 한 구성원이 될 확률이 덜하고, 그 조직에서 한 구성원으로서의 덜 적극적이게 되고, 그리고 그 조직에서 리더가 될 확률이 줄어든다.[60)]

58) J. L. Pierce, J. W. Newstrom, R. B. Dunham, and A. E. Barber, *Alternative Work Schedules*(Boston : Allyn and Bacon, 1989), 93.

59) L. Minder, "Nightawks : Shift Workers Contend with a Myriad of Problems," *Morgantown(W Va.) Dominion Post,* 18 November 1990, E1.

60) R. L. Kahn, "Stress : From 9 to 5," *Psychology Today,* September 1970, 37.

<표 4.5> 선택된 미국 도시들에서 주야간 교대근무를 하는 사람들이 있는 제조산업에서의 노동자들의 비율
(Percentage of Employees in Manufacturing Industries Who Work Afternoon & Night Shifts in Selected American Cities)

도시	주간 교대 비율	야간 고대 비율	총 교대 비율
Canton	23.8	12.6	36.4
Chicago	21.5	8.2	29.7
Cincinnati	20.7	6.8	27.5
Cleveland	27.1	9.2	36.3
Davenport / Rock Island / Moline	21.8	9.0	30.8
Dayton	26.2	3.7	29.9
Louisvile	21.9	8.8	30.7
Sacramento	23.4	10.4	33.8
Wichita	26.7	3.7	30.4

Data taken from *U.S. Department of Labor, Bureau of Labor Statistic Area* Wage Surveys : Selected Metropolitan Areas,1977. *Bulletin 1950-76.1979,pp.61~62.*

교대근무자는 주기성을 벗어난 신체리듬으로 인해 스트레스에 노출되어지고, 8~5에서 일하는 노동자들보다도 잠을 덜자고, 불규칙적인 삶의 형태를 가지고, 그리고 정상적인 시간에서 움직이는 가족구성원으로부터의 압력을 더 많이 느끼게 된다. 교대근무자들이 가지는 특성을 다음과 같이 기술되어졌다.

- 덜 효율적
- 잠자는 시간이 줄어듬
- 가족 압력을 더 많이 받음
- 사회적 레크리에이션을 위한 기회가 줄어듬
- 작업에서 사고 발생률이 증가됨

어떤 사람들은 Three Mile Island에서 발생한 핵폭발 사고(오전 4시경에 시작됨)가 사람에 의해 발생한 것이 아니라 교대근무에 의해 발생되었다고 믿고 있다. 이 공장의 근무자들은 단지 주간근무 형태로 교대되어졌다. 세 가지 부가적인 중요 사건들인 Chernobyl 원자로 폭발사건, Bhopal 화학공장 폭발사고, 그리고 Exxon Valdez 오일 유출사건 등은 12시와 오전 6시 사이에 발생하였다.

가족과 관련되어 증가된 문제들은 계속 야간에 근무한 노동자들이 "주간 근무자들보다 이혼율과 별거율이 40~80% 정도 더 높았다"는 것에서 잘 나타난다.[61] 교대근무자들과 관련된 건강과 복지문제는 실재 관심의 대상이다. 과거 20년 동안, 위장(gastrointestinal) 관련 질병과 위궤양(gastric) 또는 십이지장(duodenal) 궤양의 발병률은 주간 근무자들보다 교대근무자들 사이에서 더 높았다. 주기적인 변산은 말단 혈관들에서 림프구의 세포 면역기능에 영향을 미친다는 사실이 발견되었다. 즉 그것은 교대근무자들이 야간근무를 하는 사람들보다 더 낮게 나타났다. 이것은 교대 근무가 신체의 방어기제에 영향을 미친다는 것을 의미한다. 만약 이것이 사실이라면, 교대근무는 어떤 질병에서 사망률을 더 높게 만든다.[62] 어떤 사람들은 노동자들의 복지와 건강에 미치는 부정적인 효과 때문에 교대근무가 통제되어질 필요가 있다고 믿는다.[63] 교대 스케줄, 생활 조건, 그리고 사회적 지원 등이 개선되어지지 않는다면, 교대근무 형태는 사회에 계속 확산되어질 것이다. 하지만 전국적인 추세에서는 더 이상 교대근무 형태가 확산되어지지 않았다.[64] 이러한 노동자들이 이용가능한 사회적 레크리에이션 기회의 부족은 많은 문제를 유발하였다. 교대근무자가 노동주기를 규칙적으로 변화시켰을 때, 그들의 건강과 혈압은 증가되었고 긴장을 덜 느끼면서 더 많은 책임이 부과된 일을 할 수 있었다. 이런 차이는 늘어난 수면 시간에다가 음식과 레크리에이션 습관이 더 규칙적으로 된 것에 기인한다.[65]

만약 당신이 제조영역에 위치한 대중 레크리에이션 센터와 잘맞다면, 어떤 종류의 혁신이 가능할까? 특별 리그나 토너먼트가 교대근무자가 휴식을 취하는 동안 형성되어질 수 있을까? potluck(각자가 한 가지 요리를 만들어 오는 파티 형태) 형식의 아침을 드는 것은 어떨까? 아마도 금요일 아침 영화를 보기 위해 근처의 영화관으로 갈 수도 있다. 시간게시판에는 그 센터에 온 사람들이 그들의 이름, 전화번호, 그리고 그들이 자유로운 시간동안 할 수 있는 선호되

61) McCann, "Shiftwork Ⅲ Effects," 6.
62) Kogi, "Problems of Shiftwork," 172.
63) *Ibid.*, 182.
64) McCann, "Shiftwork Ⅲ Effects," 6.
65) Pierce, Newstrom, Dunham, and Barber, *Alternative Work Schedules*, 93.

는 활동 등을 적어놓아 이용가능하게 할 수 있다. 야간근무자가 월요일 오전 10시에 테니스 경기를 하기를 바라는 것은 시간게시판을 통해 해결되어질 수 있을 것이다. 아마도 어떤 공장이 잘맞는지를 선택하려는 교대근무자를 위해 제시된 레크리에이션 프로그램을 발전시킴으로써 더 나은 직업을 만들 수도 있다. 결국 이런 편익은 매년 중요해지고, 기업들은 그 사실을 인식하고 있다. 만약 당신이 레크리에이션이나 공원 또는 여가에 대해 연구하지 않는다면, 만약 당신이 교대직업을 가지기 위해 일한다면, 어떻게 요구되어지는 생활방식을 형성할 수 있을까?

4.8.4 제트 비행기와 스트레스 (Jet Planes and Stress)

1884년 전 세계는 대표적인 25개 국가에서 24시간이라는 하루의 시간대로 나뉘어졌다.[66] 그에 따라 시간은 자오선(meridian) 당 4분 또는 시간당 15개 자오선이 변하였다. 제트기를 통한 여행의 출현으로 신체적인 가벼운 병, 두통, 발열, 또는 시야의 문제, 발한, 식욕 감소, 그리고 위장 등에서 문제가 나타났다고 보고되었다. 이것은 "시차 피로증후군(time-zone fatigue syndrome)"은 환경적인 시간체제(지구의 회전), 고속으로 운항되는 비행기 속도, 그리고 주기가 지닌 리듬성 등으로 인한 결과이다. 다른 말로 하면, 그것은 (a) 급속한 횡단(rapidly crossing), (b) 많은 시간대, 그리고 (c) 신체가 가지는 사이클의 전환 등에서 기인되어진다. 이러한 세가지 사건은 내적이거나 외적인 시간체제 사이에서 혼란을 유발한다.[67] 5시간 또는 그이상의 시간대에서 시작되는 정상적인 신체리듬에서의 이탈은 많은 혼선을 생겨나게 하였다. "시간적인 준거물에서의 급속한 이동은 생물물리학적 과정에서 일시적인 주기성에서의 이탈을 초래하는 원인이다."[68]

야간비행은 제트기로 여행하는 승무원이나 승객들에게서 일상적인 시차문제

66) S. W. Bryant, "What Jet Travel Does to Your Metabolic Clock," *Science* 68, no.5(November 1963) : 160~163, 183~184.

67) H. M. Wegmann, and K. E. Klein, "Jet-lag and Aircrew Scheduling," in *Hours of Work*, 267.

68) K. E. Klein, H. Brunner, H. Holtmann, H. Rehme, J. Stolze, W. F. Steinhoff, and H. M. Wegmann, "Circadian Rhythms of Pilots' Efficiency and Effects of Multiple Time-Zone Travel," *Aerospace Medicine* 41, no.2(1970) : 125~132.

를 더 크게 한다. Flight Safety Foundation 에 의한 조사에서는 많은 비행기 사고가 낮보다는 밤에 발생한다고 입증하였다.[69] 추후 연구에서는 증가된 야간비행기 사고율이 조종사의 정신적이고 정신운동성(psychomotor)이 지닌 효율성에 영향을 미치는 주기적 리듬이 혼란되어졌기 때문이라고 제시되었다. 그들의 일에 대한 수용력은 야간비행 동안 감소되었다. 비행기 조종사와 비행기 탑승자들은 변화된 일과 변화된 시간 이 둘 다에 의해 영향을 받았다. 변화된 일(Shifted work)은 종사자가 밤 등과 같은 보통과는 다른 시간에서 일해야만 하고, 또는 많은 의무를 지고 있을 동안에 나타난다. 이런 두 가지 상황은 장거리 비행에서 발생할 수 있다. 변화된 시간(Shifted time)은 시간대의 급속한 변화로 인한 것이다.

사업 경영주는 조종사들이 자오선을 통과하는 비행을 한 후 착륙할 때 잘하지 못한다는 사실을 발견하였다. New Jersey에 있는 Standard Oil 社의 의학부서는 회사 경영진이 장거리 비행후 중요한 미팅을 직접 하지 말라고 권고하였다. 심지어 국방부는 대양을 가로지르는 비행을 한 후 매우 중요한 문제에 대해 직원이 직접적으로 상사에게 보고하는 것이 현명한 일인지 의문을 가졌다.

대부분의 여행자들은 며칠이 지나면 적응하고 그 증후들은 한 주 이내에 사라지지만, 승무원들에게서는 오랜 기간 동안 그 효과가 지속되어져서 적응에서 문제를 유발하게 된다. 설치류의 생활 기간은 한 주 동안 주어진 환경에서 낮－밤의 주기를 간단히 전환시킴으로써 실험실에서 단축되어져 왔다.[70]

장거리 비행전 여행자들이 이러한 예방책에 따르도록 충고하는 것은 시차에 의한 피로증후군을 최소화시키도록 할 수 있다. 즉 태양에 장기간 노출되는 것을 피하고, 낮잠을 자고, 격렬한 운동을 피하고, 그리고 출발하기 전 24시간 동안 스쿠버 다이빙에 참여하지 말라는 것이다. 착륙후 기름기 많고 지방이 많은 음식을 피하고 적절한 운동을 하고, 뜨거운 물로 목욕하고, 그리고 엎드려 자는 것 등을 하면 좋다.[71]

만약 신체리듬이 급속히 교차되는 시간대에 의해 혼란되어졌다면, 우주 탐색에서부터 발생하는 것에 대해 어떠한 시사점이 얻을 수 있을까? 우주 공간에서는 일상적인 환경적 동시성이 나타나지 않지만, 지구에서 경험할 수 있는 지리 물리학적 특성들도 없다. 우주비행사들은 그런 대기환경에 미리 적응하

69) J. E. Crane, "The Time-Zone Fatigue Syndrome," *Flying Physician* 7(1963) : 19~22.
70) Luce, *Body Time*, 36.
71) Bryant, "What Jet Travel Does to Your Metabolic Clock," 186.

는 것처럼 보이지만, 장기간의 스트레스 신호는 30일 이상의 기간을 날아가야 하는 많은 우주 항해자에게 영향을 미친다.

4.8.5 현대적 스트레스에 대한 대응 (Coping with Modern Stress)

의사들의 사무실은 불안과 스트레스와 관련된 불평으로 가득 차 있다. American Academy of Family Physicians는 스트레스와 관련된 증후들이 사무실 방문객의 2/3에서 즉시 나타났다고 보고하였다.[72] 현대적인 스트레스를 해결하기 위한 현대적인 해결책은 Librium(진정제의 일종), Valium(정신안정제의 일종) 등을 처방하는 것으로 미국에서 가장 진보된 처방전 중 하나이다. 하지만 원인을 처치하지 않고 증후만을 다루는 것은 장애를 경감시키는데는 좋지 않은 방법이다. 변화되어질 필요가 있는 것은 생활방식(lifestyle)이라고 사람들이 말한다. "우리의 현대적인 생활 그 자체, 우리가 살아가는 방식은 오늘날 질병이 발생하는 원인으로서 제시되었다."[73] 잠재적인 생활의 53%는 65세 이전에 상실되었는데 그것은 10대 사망원인 중 하나인 생활방식의 문제가 있기 때문이다. 사람들은 만약 그들이 운동, 적절한 식습관, 이완, 놀이, 유머, 문화, 예술, 음악, 그리고 운전습관 등을 그들의 삶에서 적절하게 조화시키는 방법을 학습했다면, 더 건강해질 수 있을 것이다. Nebraska 대학교의 심장병리학자인 Robert Eillot 박사는 다음과 같이 2가지 규칙을 가진 스트레스 체제를 개발하였다.

규칙 1 : 사소한 일에 시간을 헛되이 보내지 마라.
Don't sweat the small stuff.
규칙 2 : 그것은 모두 사소한 일이다.
It's all small stuff.[74]

California, Menlo Park에서 Cancer Support and Education Center의 의학 기획자인 Emmett Miller는 전국적으로 잘 알려진 스트레스 관리자인데 그는 일시적인 공황발작을 일으키는 사람들을 돕기 위한 유사한 4가지 단계의 방법을 고안하였다.

72) Levy, "Modern Stress : Lifestyle Management," 4.

73) *Ibid.*, 5.

74) *Ibid.*, 4.

1. 나는 지금 이 순간 시간 내에 가야 할 곳이 없다.
   There's no place I have to go at this moment in time.
2. 나는 지금 이 순간 시간 내에 해결해야 할 문제가 없다.
   There's no problem I have to solve at this moment in time.
3. 나는 지금 이 순간 시간 내에 해야 할 일이 없다.
   There's nothing I have to do at this moment in time.
4. 지금 이 순간 내가 경험할 수 있는 가장 중요한 것은 휴식이다.
   The most important thing I can experience at this moment is relaxation.[75]

레크리에이션 전문가는 일반적인 다양한 항 스트레스(antistress) 기법을 제공해야만 했다. 선, 요가 그리고 다양한 형태의 명상은 인기 있는 활동이 되었다. 아무런 것도 실행하지 않는 많은 서양인들은 실제적인 이익에 대해 회의적인 생각을 가졌다. 하지만 지금은 명상이 그것을 실행하는 사람들이 아무것도 실행하지 않는 사람들이 느끼는 것보다 스트레스를 덜 느끼게 삶에서 변화가 일어났다는 경험을 시킬 수 있게 도와주는 구체화시키는 과학적 증거가 충분히 제시되어 있다.[76] 게다가 명상을 하는 사람들은 질병에 덜 걸리고 스트레스를 더 잘 통제할 수 있는 능력을 가졌고, 시간이 경과될수록 스트레스에 대한 내성이 증가되었다. 연구자들이 초보자와 그것을 하지 않는 사람들을 비교했을 때 명상을 하는 사람들이 초기에 더 높은 각성을 보였고, 또한 더 빠른 회복시간을 보였다는 결과를 발견하였다. 명상을 하지 않는 사람들은 스트레스를 주는 상황에 노출되고 난 후에 그리고 다음 단계로 이행되는데 계속적인 불안을 보였고, 그 결과 두번째 단계를 다음과 같이 실제 느끼는 것보다 더 비판적으로 보는 것 같았다.

. 불안한 사람은 그들이 마치 위기에 처한 것처럼 생활 속의 일상적인 사건들을 대한다. 긴장이 증가되어지고, 그런 긴장은 차례대로 다음의 평범한 사건을 확대시키고-마감시간, 인터뷰, 의사와의 약속-위협감을 느끼게 된다.[77]

스트레스에 대한 대응 전략이 그것을 동시에 경감시키기 위한 것이 아니라

75) "Scare Tactics," *Men's Confidential*, 6 September 1994, 6.
76) H. Benson, *The Relaxation Response*(New York : Morrow, 1975).
77) D. Goleman, "Meditation Helps Break the Stress Spiral," *Psychology Today,* February 1976, 86.

는 사실을 명심하라. 사람과 동물은 어느 정도의 복합성, 불확실성, 그리고 그들이 처한 환경에서의 신기성 등을 필요로 하고 그것을 좋아하는 것으로 증명되어졌다. 적절한 스트레스 수준은 실제 수행을 증가시키지만 과도한 스트레스는 더 많은 실수나 사고를 발생시킨다. 재능이 지나치게 사용되어지거나 지나치게 부담이 되지 않기 위해 기술과 도전 사이에서 균형을 이루는 것이 목적이다. 스트레스는 자극이 지나치게 많을 때뿐만 아니라 지나치게 작을 때도 일어날 수 있다. 산악인을 대상으로 한 연구에서는 부분적으로 그들이 처한 조건에 의해 억제되어진, 예외적인 재능을 지닌 사람들이었다고 나타났다. 아마도 창조적인 사람들은 스트레스를 제공하거나, 높은 위험을 지닌 활동이 있는 여가상황에서 적절한 배출구를 발견할 수 있을 것이다.[78)]

서구사회에서 스트레스에 대응하는 가장 일반적인 방법으로 사용되는 것은 아마도 운동일 것이다. "그것은 신체활동이 스트레스를 감소시키는데 있어 유의미한 역할을 한다고 일반적으로 생각되어진다."[79)] 신체는 오랜 운동 후에 나른해지고, 그것은 이완감을 느끼게 해준다. 규칙적인 운동은 설탕이나 지방 등과 같은 스트레스 생성물을 감소시킨다. 즐거운 생각과 조깅을 같이 하는 학생들을 참가시킨 연구에서는 단지 조깅만(긍정적인 생각을 하지 않고)을, 단지 즐거운 상상만을, 또는 스트레스를 감소시키기 위해 아무 것도 하지 않는 피험자들보다 더 많은 이득을 얻었다[80)]. 즐거운 생각을 하면서 조깅을 하는 것은 또한 앞서 언급되었던 다른 집단들에서보다 평균적으로 학업성적을 더 증가시켰다는 놀라운 결과가 제시되었다.

달리기는 치료적인 상황에서 가장 빈번하게 사용되어지는 처방적인 운동이다. [81)] 비록 신체활동이 스트레스를 감소시킬 수 있지만, 레크리에이션 활동이 지닌 특정한 측면이 또한 만약 누군가가 올바른 태도를 지니지 않았다면 스트레스가 증가되어질 수 있다는 점을 기억하라. 어떤 사람들은 경쟁적인 장소에서 매우 좌절할 수 있다. 높은 위험을 지닌 활동들은 매우 인기를 얻어가고 있지만, 여전히 그것은 높은 불안을 생성할 수 있다. 신체적 활동은 그것만으로는 다 해결되어질 수 없다. 수동적인 활동은 또한 "혈압을 낮추고, 자율신경계

---

78) Mitchell, "The Benefits of Leisure Stress," 51.

79) Cleaver and Eisenhart, "Stress Reduction through Effective Use of Leisure," 33.

80) J. Gaylin, "To Relax, Try Jogging and Pleasant Thoughts," *Psychology Today,* October, 1976, 43.

81) M. L. Sacks, "Running Therapy : Change Agent in Anxiety and Stress Management," *Journal of Physical Education, Recreation and Dance*(October 1982) : 34.

를 이완시키고, 그리고 스트레스를 줄여줄 수 있다."[82]

연구자들은 유머가 지닌 긍정적인 이점에 대해 오랫동안 검토하여 왔다. 유머는 스트레스를 주는 상황에서 사람을 멀리 떨어지게 한다는 점에서 잠시 동안의 휴식과 유사한 작용을 한다. 실재 세계, 실제적인 주의나 문제점 등에서 일시적으로 얻을 수 있는 자유는 치료적일 수 있다. 유머러스한 경험은 더 나아졌다는 느낌을 들게 한다. "긍정적인 감정을 증가시키고 부정적인 감정을 감소시키는 것은 유머와 웃음을 유발할 수 있는 많은 사건들과 유의미하게 관련되어져 있다"라고 보고하였다.[83]

레크리에이션 프로그램은 특정의 항 스트레스 프로그램을 제공해준다. 의학적인 이유로 조깅을 할 수 없는 사람들과 동양의 명상형태에 대해 편안함을 느낄 수 없는 사람들을 위해서는 어떤 것을 할 수 있을까? 수많은 기법들은 동양의 방법이 지닌 신비롭거나 종교적인 면을 결합하지 않은 채 서구에서 개발되어져 왔다. 이런 기법들 중 어떤 것은 기본적으로 정신적인 것이다. 다른 것은 육체적이다. 독백이나 인도(guide), counting과 심상(시각, 청각, 또는 운동감각) 등과 같은 활동들은 정신적인 측면이 포함되어 있다. 신체적 이완기법은 호흡운동, 눈의 고정(eye fixations), 그리고 closure routines, 그리고 근육이완 등을 포함한다.[84] 두 가지 일반적인 신체 이완기법은 "점진적인 이완(progressive relaxation)"과 최근에 보다 많이 사용되는 "이완반응(relaxation response)"이다. 이 두 가지 기법 모두 단순하지만 효율적이다.

사람들은 다음과 같은 네가지 생각을 통해 스트레스를 줄이고 A 유형(Type A)의 행동을 깨부술 수 있다. 즉 (a) 이완하는 방법을 배움, (b) 반응을 재학습하고, (c) 환경을 통제하고, 그리고 (d) 점차 느려진다(slow down). slow down은 맹렬히 행동을 한때 압박감을 느끼게 되기 때문에 필요하다. 먹기, 걷기, 말하기 등과 같이 일상적인 틀을 보다 느리게 실행해보라. 타인에 대한 초조함을 줄이기 위해 노력해보라. 이완하는 것을 배우는데는 많은 방법이 있다. 집이나 아파트, 또는 기숙사에서든 조용한 장소를 발견하라. 편안한 자세에서 앉거나 눕고 그리고 눈을 감아라. 음악, 깊은 근육이완, 또는 명상이 도움을 줄 것이고, 또는 마음을 흘러가는 대로 놓아 두어라. 호흡을 통제하는 것도 또한 도움

---

82) Cleaver and Eisenhart, "Stress Reduction through Effective Use of Leisure," 34.

83) R. Mannul, "Humor as a Coping Strategy : When Is Stress Funny?" *Recreation Research Review* 11, no.2(1984) : 15.

84) D. Rainham, "Teaching Relaxation Techniques," *Recreation Research Review,* December 1984, 22~27.

이 될 것이다. 중요한 것은 투입에 대한 동등한 결과를 산출하기 위해 이완하는 것을, 자극을 줄이는 것이다. 한번 이완되어졌다견, 스트레스 상황에 직면했을 때, 다시 그것으로 돌아갈 수 있다는 것을 기억하라.[85)]

수많은 기업들은 청각적인 비디오 테잎을 통해 이완을 유발하도록 노력하였다. 이런 것들은 대부분 어떻게 이완을 유발할 수 있는지를 담았지만, 소수의 비디오 테잎은 화재장소에서 불타고 있는 장면이나 호수에서 헤엄치고 있는 물고기 등과 같은 풍경에 초점을 맞추기도 하였다. 그런 풍경들은 시청자들이 이완을 할 수 있게 하는 것이 목적이다. Pennsylvania 대학교의 연구자 중 한 명인 Arron Katcher는 호수 주변에서 물고기들이 헤엄치고 있는 모습을 시청하는 것이 특히 만성적인 고혈압을 가진 사람들의 혈압을 저하시켜 주었다는 사실을 발견하였다. 다른 스트레스를 줄일 수 있는 지침문들은 타인을 주시함으로써, 운동을 함으로써 그리고 다른 사람이 식사하는 모습을 주의 깊게 쳐다봄으로써 태도를 변화시키는 내용들이 포함되어 있다. 스트레스는 신체라는 가게가 지닌 수용성 비타민(감염에 대항하게 도와주는)을 고갈시킬 수 있다.[86)]

개인적이거나 대중적인 반응 프로그램이 특별한 학급, 세미나, 프로그램, 토의, 영화, 또는 스트레스를 다루기 위해 사람들을 도와주는 어떤 것을 지닐 필요는 없다. 레크리에이션과 여가 프로그램은 새로운 상황에 대해 탄력적이고 적용가능성을 지닐 필요가 있다. 어떤 프로그램은 과거에는 인기가 있었던 어떤 것만을 제시함으로서 계속 성공할 것이라고는 말할 수 없다. 만약 학교나, IBM, 또는 AT&T 등과 같은 기업을 위한 항(抗) 스트레스 프로그램을 완전하게 개발하였다면, 어떤 방식으로 그것을 진행시킬 수 있을까? 사회적 재적응 평가 척도(SRRS)를 가지고서 스트레스에 대항할 수 있을까? 그런 프로그램을 제공하면 교대근무자들이 참가할까? 부가적인 스트레스를 주는 시간 동안에 편리한 시간 동안 개방되어질 운동 시설이 있을까? 스트레스 카운슬러와 예약을 하지 않고서 면담할 수 있을까?

---

85) R. M. Suinn, "How to Break the Vicious Cycle of Stress," *Psychology Today,* December, 1976, 60.

86) Douglas and Douglas, "Stress Scores," 15~16.

4.8.6 아동과 청소년기 스트레스
(Child and Adolescent Stress)

스트레스 유발인자에 대한 생리학적이거나 심리학적 반응들과 연합되어진 문제들은 성인에게서만 제한된 것이 아니다. American Institute of Stress는 아이들로부터 받는 편지가 증가되었다고 했다. 이런 편지들은 단순히 정보를 얻고자 하는 질문에서부터 "애처로운 간절한 도움을 바라는" 것 까지 다양하였다.[87] Kansas에 있는 초등학교 아이들을 대상으로 한 연구에서는 아동들의 거의 절반이 심각한 스트레스－두통, 수면 장애, 손톱 물어뜯기, 그리고 복통 등－를 경험한 것으로 보고 되었다. 슬픈 사실은 아동기의 스트레스가 전국적인 비율에 도달했다는 것이다. 즉 심장병을 발생시키는 경향이 있는 A 유형 행동이 보육원 수준에서 가끔 나타났고, 9세경에는 불안발작이, 12세경에 위궤양이, 그리고 아동기 동안에는 외상후 스트레스 장애(Post Traumatic Stress Disorder)가 관찰되어졌다.[88] 지각된 스트레스 수준이 더 높을수록, 아동이 지각하는 복지에 대한 지각이 더 낮을수록, 불안과 좌절의 수준은 더 높아졌다. 이런 심각한 상황에 대한 가시적 증거는 십대들의 자살률과 가정 내 살인(homicide) 발생률이 과거 30년 동안 세배로 증가된 것에서 잘 나타난다. 아동기와 청소년기 스트레스의 주요한 원인은 파괴적인 가족관계, 물질 남용자인 부모, 아동학대, 아동방치, 그리고 TV 시청 등이다.

아동기의 스트레스 유발인자가 증가되는 것을 막기 위해서, 많은 초등학교에서는 균형을 맞춘 점심을 제공하거나, 훌륭한 육체적 교육프로그램, 매우 어린 아이들에게는 적절한 휴식시간 등을 제공하여 스트레스를 줄일 수 있도록 하였다. 좋은 영양상태, 신체활동, 그리고 적절한 양의 수면과 휴식 등을 포함한 가정생활 양식에 대해서도 조언을 해준다. 신체활동만이 가정과 학교에서 제공된 프로그램의 한 부분일 뿐만 아니라 운동, 게임, 묘기, 창의적인 이완과 관련된 예술, 음악, 쓰기 그리고 춤 등이 모두 스트레스 관리과정에 포함된 내용이다. 다른 대응 프로그램에는 명상, 바이오피드백, 그리고 이완반응 등이 포함된다. 이런 기법의 조합은 두 가지 측면의 이완과 관련되어 있다. 즉 근육긴장의 배출, 그리고 정신적 영역 초등학교에서 스트레스 관리 프로그램은 타

87) J. H. Humphrey, *Stress Management for Elementary Schools*(Springfield, Ⅲ.: Charles C Thomas, 1993), ⅴ.

88) Humphrey, *Stress Management for Elementary Schools*, ⅴ~ⅵ.

당하고 효율적인 것처럼 보인다. 어떤 예에서 스트레스 측정은 37개의 스트레스를 주는 사건으로 구성된 Children's Life Events Inventory의 사용에 의해 달성되어졌다.[89]

아동기 스트레스는 심각하지만, 부정적인 정서의 경험이나 스트레스의 다른 표현들은 청소년기 이전이나 초기 청소년기 사이에서 증가되었다.[90] 이것을 어떻게 설명할 수 있을까? 청소년기의 증가된 인지적 능력, 상호작용에 대한 대응과 더 큰 세상에 대한 지식 등은 그들을 더 취약하게 만든다. 그들은 "이상과 실재적인 것, 기대된 것과 실제로 얻은 것 간에 … 세상에 대한 내적인 모형과 실제로 직면하는 세상 간에 증가된 마찰" 등의 시기를 겪게 된다.[91] 그것은 그 세계가 실제로 더 힘들고, 그들에게 더 가혹한 환경이 될 수 있지만, 그들이 가진 주관적 시각이 그것을 형성하는 것 같다. 청소년기에 새로 형성된 낭만적인 관계는 긍정적이거나 부정적인 감정형성에 가장 큰 영향을 미친다.

레크리에이션은 성인이나 아동에서처럼 청소년을 위한 스트레스 관리 프로그램의 역할을 한다. 하지만 사회적 레크리에이션은 청소년에서 보다 더 중요하다. 연구자들은 청소년들이 일상생활에서 혼자 있는 것이 저하된 감정상태와 연합되어져 있다는 사실을 발견하였다. 침실에서 혼자 있는 것이 그 예이다. 청소년을 동기부여 시킬 수 있는 레크리에이션은 단지 밖에서만 이루어지는 것이 아니라 지원적인 환경에서 사회화나 신체적 활동이 동시에 이루어질 수 있다.

하지만 어떤 청소년은 다른 사람들보다 더 큰 스트레스 위기를 경험한다. 도시에 있는 청소년들은 대도시 근교에 사는 또래들보다도 일상생활에서 더 많은 사건과 더 높은 스트레스를 주는 사건을 경험하게 된다. 스트레스를 주는 사건에 대한 노출은 낮은 사회적·경제적 지위를 가진 가족에서 그리고 불리한 점을 가진 소수민족들의 청소년들에서 더 심한 것으로 나타났다. 특정 인종들에서도 스트레스를 주는 원인이 제시되었다. 하지만 아시아계 미국인들은 아프리카계 미국인이나, 히스패닉(남미 계통), 그리고 히스패닉이 아닌 백인들보다 건강과 관련된 증후들이나 주요한 사건이 거의 나타나지 않았다.[92] 전형적인 청

89) *Ibid.*, 18.

90) R. Larson and L. Asmussen, "Anger, Worry, and Hurt in Early Adolescence," in *Adolescent Stress*, ed. M. E. Colten and S. Gore(New York : Aldine de Gruyter), 22.

91) *Ibid.*, 23.

92) S. Dornbusch, R. Mont-Reynaud, P. L. Ritter, Z. Chen, and L. Steinberg, "Stressful Events and Their Correlates among Adolescents of Diverse Backgrounds," in *Adolescent*

소년들과 비교했을 때, 도주자나 게이 남성인 소수 민족의 청소년들이 더 큰 스트레스를 경험하고 위험한 활동에 더 많이 관련된다. 동성애 젊은이들은 특이한 스트레스 원천을 가지는데, 그들의 동성애에 대해 폐쇄적이거나 발설하지 않고, 그리고 타인의 반응을 수용하는 문제 등을 가지고 있기 때문이다.[93)]

4.9 수면과 낮잠

(Sleep & Napping)

수면이 지닌 역할이 신체보다는 뇌를 위해 더 많은 복원력을 지녔다는 놀랄만한 증거가 제시되었다. 지쳤다는 느낌은 정서적 상태에 의해 유발되어지고, 신체의 피로는 커녕 낮동안 정신집중을 계속 할수 있다. "수면을 하는 동안의 신체가 지닌 복원력은 확실치는 않지만 … 잠자는 동안 핵심적인 생리학적 상태로 들어가는 데는 뇌가 가장 중요한 부분으로 깨어 있는 동안은 결코 얻을 수 없는 ...단지 수면만이 대뇌를 쉬게 만들 수 있다."[94)] 사실 어떤 사람들은 뇌를 제외하고, 수면은 조직의 감소 상태일 것이라고 믿는다. 수면박탈에 대한 연구(36시간에서 120시간 동안 잠을 못자게 함)는 신체적인 작용능력에서 감소를 발견하지는 못했다. 수면이 박탈된 동안의 기간동안 감소된 운동지구력은 생리학적인 요인이라기보다는 심리학적인 동기부여를 하는데 실패한 것에 더 많이 좌우되어졌음에 틀림없다.

4.9.1 수면

(Sleep)

사람들은 아마도 실제로 수면이 지닌 중요성에 대해 덜 느낄 것이고, 수면부족으로 인해 유발될 수 있는 것이 무엇인지 거의 배우지 못했을 것이다. 하지만 사람들은 "덜 자기 위해서 배울(learn to sleep less)" 수 있다.[95)] 어떤 실

Stress, ed. M. E. Colten and S. Gore(New York : Aldine de Gruyter), 112~127.

93) M. J. Rotheram-Borus, M. Rosario, and C. Koopman, "Minority Youths at High Risk : Gay Males and Runaways," in *Adolescent Stress*, ed. M. E. Colten and S. Gore(New York : Aldine de Gruyter, 1991), 181~191.

94) J. Horne, "Sleep Loss : Underlying Mechanisms and Tiredness," in *Hours of Work*, 64~65.

험집단에서 피험자들에게 매일 밤 표준적인 8시간의 수면에서 6시간으로 수면을 감소시켰을 때, 다양한 검사결과 통제집단과는 그 결과에서 유의미한 차이가 나타나지 않았다. 확실히 5시간 정도 지속되는 첫번째 수견단계는 지친 낮 시간의 정상적인 수준에서의 심리학적 수행을 유지하는데 중요한 부분이다. 수면의 양은 수행의 감소 없이도 제거되어질 수 있지만, 잠을 더 자는 것은 기능을 증가시켰다. 심리학자들은 25~35세 사이의 남성을 대상으로 한 연구에서 밤에 더 많은 수면을 취한 사람이 더 높은 각성과 수행을 보였다는 사실을 발견하였다. 수면은 8시간에서 9시간으로 증가되었다.[96] 하지만 이 연구는 단지 6일 밤동안만 지속되었다.

Horne은 사람들이 덜 자기 위한 것을 배울 뿐만 아니라 일상적인 아침 기상 후 잠자리에 들어서 잠이 드는데 더 오랜 시간이 걸린다는 사실을 배운다고 주장하였다. 하지만 그는 "가외의 잠이 불필요한 것"이라고 믿었다.[97] 지나치게 많은 수면과 낮잠은 잠이 부족하다는 것을 나타내는 신호가 아닐 수 있다. 그것은 자극 부족에 의해 또는 잠자러 가기 위한 의식적인 결정에서 기인할 수 있다. 아침에 학교에 가기 위해 일찍 일어나는 것이 그리고 파티후 토요일 아침에 일어나기도 왜 그렇게 어렵게 느껴지는가?, 하지만 스키여행이나 어떤 기대되는 사건이 있으면 상대적으로 쉽게 일어날 수 있을지가 놀랍지 않은가?

선천적으로 길거나(8.5시간 이상) 선천적으로 짧은(6.5시간 미만) 시간 동안 자지만 숙면을 취하는 것이 좋다. 3.5시간 미만의 수면을 취하는 중년의 성인들은 거의 드물고 잠을 자지 않는 사람은 결코 발견할 수 없었다.

잠자는 동안은 가장 잘 알려진 ultradian 주기가 발생한다. REM 수면(Rapid Eye Movement : 급속 안구 운동). 비록 개인마다 변산이 존재하지만, 상이한 단계는 90~100분 사이의 수면 동안 발생한다. 밤 동안은 주기가 점차 단축되어진다. 연구자들은 수면과 각성수준이 ultradian 주기를 연장시킨다는 가설을 제시하였다. 만약 증거가 제시된다면, 이것은 1.5시간의 생물학적 "작업단위(working unit)"–생산성을 증가시키고 실수를 감소시킬 수 있는 일과 신체리듬을 일치시킬 수 있게 함–가 존재한다는 것을 의미한다. 성인, 유아, 그리고 다른 포유류 등은 REM 수면과 비 REM 수면이 번갈아 나타난다. 각 수면단계는 일련의 차별적인 생리학적 변화를 수반하고, 각각의 분리된 신경해부학적 구조들에 의해 지배되어졌다.[98] REM 수면과 비교했을때 비(非)

95) *Ibid.*, 62.

96) "Personal Points : An Hour More Sleep," *Bottom Line Personal* 10, no.24(1989) : 1.

97) Horne, "Sleep Loss : Underlying Mechanisms and Tiredness," 62.

REM 수면은 뇌파 형태, 안구운동, 근 긴장, 호흡, 그리고 심장박동률 등이 상이하였다. 만약 잠자는 사람이 REM 수면동안 각성되어 있다면, 그들은 대개 꿈을 꾼다고 보고하였다. REM 수면자의 안구운동이 꿈의 내용과 연관되어 있다는 증거가 제시되어 있다. 꿈의 내용에도 불구하고 남성, 젊은이, 그리고 나이든 사람들은 REM 수면 동안 음경이 발기되어 있다.[99)]

보다 이점을 얻을 수 있는 수면계획을 유도하기 위해서 가장 중요한 구성요소는 한 주 동안 규칙적인 시간의 수면과 각성을 유지하는 것이다. 대학생, 교대근무자, 또는 주말에 더 많은 잠을 자는 사람들은 적응하기보다 어려운데 그것은 "더 많은 잠을 자는 것을 배우기 위해서는 최상의 체제가 작동되어야 하기(begin to prime the system into learning to take more sleep)" 때문이다.[100)] 결국 가장 좋은 수면의 양은 대체 어느 정도인가? 어떤 심리학자는 그것이 잠에 들어 있을 때까지라고 대답하였다. 어떤 사람은 자발적으로 일어날 수 있고－자명종도 없이－개운함을 느낄 수 있다.[101)]

4.9.2 낮잠
(Napping)

낮잠은 전 세계에서 공통적으로 존재하는 것이다.[102)] 이것에 대한 하나의 단일한 개념정의는 없다. 과학문헌 등에서 나타난 낮잠(Nap)은 30분에서 2시간으로 다양하다. 이것은 부족한 잠을 보충하기 위한 것이 아니다. 어떤 연구자는 습관적으로 낮잠을 자는 사람을 관찰하였는데, 그들은 대개 오후 2시 30분에서 5시 사이에 잠을 자는 경향이 있었다. 오후의 낮잠은 또한 "점심 식사후 식곤증"일 수 있다. 습관적으로 낮잠을 자는 사람은 두 집단으로 나눌 수 있다. 즉 대체 낮잠을 자는 사람(replacement napper)으로 이들은 오후에 자지 못해서 잘 수 있기를 기대한다. 그리고 더 많은 심리학적 이유로 인해 잠을 자려고 하는 욕망을 지닌 사람들(appetitive napper)이다. 많은 교대 근무자들은

98) Lavie, "Ultradian Cycles in Wakefulness-Possible Implication for Work-Rest Schedules," 98.
99) P. Lavie, and D. F. Kripke, "Ultradian Rhythms : The 90-Minute Clock Inside US," *Psychology Today,* April 1975, 54.
100) Horne, "Sleep Loss : Underlying Mechanisms and Tiredness," 62.
101) *Bottom Line Personal,* "Personal Points : An Hour More Sleep," 1.
102) M. Gillberg, "Effects of Naps on Performance," in *Hours of Work,* 77.

습관적으로 낮잠을 잔다. 낮잠은 건강한 습관이다. 한 연구에 의하면 낮잠을 자는 사람의 30%가 심장 발작이 덜 한 것으로 보고되었다.

낮잠을 자기 위한 시간지연은 연구마다 다르지만 대략 34분에서 174분 정도이다. appetitive napper는 습관적인 replacement napper보다 73~74분 정도 더 짧다고 보고되었다. 90분은 대부분 연구에서 보고된 시간지연이다. 실제 낮잠의 지연은 그렇게 중요한 문제가 아니니다. 1시간이나 2시간 정도의 낮잠은 동일한 효과를 가진다. 낮잠이 수행에 어떻게 영향을 미치는지는 잘 알려져 있지 않다. 단순한 심리운동 과제, 정신적인 작용을 필요로 하지 않는 과제 등은 연구에서 자주 사용되어졌다. 낮잠이 비록 수행에 미치는 영향력에 대해서는 잘 알려져 있지 않지만 복지나 각성에 긍정적인 영향을 미친다.[103]

낮잠을 자는 사람들은 항상 수면 무력증(sleep inertia?)을 항상 기억하고 있어야 한다. 낮은 수행능력은 깨어난 뒤에 나타나고, 수면무력증은 최소 35분 정도 지속된다.[104] 대학생들은 시험이나 운동경기 등과 같은 중요한 활동 전에 충분한 회복시간을 가져야 한다. 위험하거나 많은 수행을 요구한 직업을 가진 노동자들은 또한 충분한 회복시간이 수반되어져야 할 것이다

103) Gillberg, "Effects of Naps on Performance," in *Hours of Work,* 86.

104) *Ibid.*, 81.

개 요 Summary

이 장에서는 독자들로 하여금 여가와 레크리에이션에서 수많은 시사점을 지닌 제한된 편의성으로서의 시간에 대해 고려할 수 있도록 도와주고자 하였다. 원시인들은 단지 자연적인 시간만에 의해 살아갔지만, 보다 진보된 문명은 기계적 시간에 더 의존하게 되었다. 심리학적 시간은 각 개인이 지닌 규칙적인 시간에 대한 지각이다. 규칙성－범위, 순서, 그리고 사건의 발생률－등은 사람이라는 집단에 대한 시간의 사회학을 나타낸다.

어떤 문화는 시간적인 과잉이나 풍요를 경험하지만, 미국은 시간적인 부족이 나타난다. 여가와 일, 이 두 가지는 시간의 개념에 의해 영향을 받았다. 계획을 다시 짜는 것은 많은 시간 블럭이 필요하고, 결국 레크리에이션 기회가 증가되었다. 탄력적일 필요가 있는 활동을 하는 사람은 비교적 엄격한 요구를 가진 사람들 보다 더 많이 활동에 참여하였다.

사람들은 일, 개인적인 일, 그리고 소비를 위해 할당되어진 시간의 양에 대해 과소평가한다. 노동시간은 통근, 집에서의 일, 그리고 노동과 관련된 사회적 사건 등을 포함한다. 하지만 주기적인 사건에 대해서는 개인마다 다른 접근방식을 가진다. 사회계층의 차이는 문화 차이만큼 존재한다. 낮은 사회계층 구성원들은 TV 시청이나 빨리 학습되어질 수 있고 즉시적인 피드백이 제공되는 활동에 더 많이 참가한다. 중산층과 상류계층 사람들은 만족감을 연기시킬 능력을 가지고 있고, 특정의 여가기술이나 취미를 계발하기 위해 몇년을 보내기도 한다.

신체에서 작용하는 리듬에 대한 많은 과학적 연구가 이루어져 왔다. 주기적 리듬 등과 같은 리듬은 일상생활에 근거해서 인간의 감정에 영향을 미친다. 과도한 스트레스, 제트기 여행, 또는 교대근무자는 신체리듬이 부조화되어질 수 있다. 일치되지 않은 신체리듬은 수행에 영향을 미치고 결국 장기간 손상을 유발할 수 있다.

증가된 의무, 책임감, 그리고 기회는 많은 이점을 제공해주지만, 이런 것들은 더 높은 수준의 스트레스를 유발한다. 과도한 양의 스트레스는 의학적인 문제를 수반한다. 혁신적인 레크리에이션 프로그램은 시간과 스트레스 문제에 대해 인간이 대응할 수 있게 도와주며, 결국 인간의 전반적인 생활의 질은 개선되어질 수 있다.

신체와 뇌는 얼마나 많은 휴식을 필요로 하고, 수면과 각성은 동일한 ultradian 주기의 한 부분일까? 아마도 일상적인 수면의 양이 확대되는 것보다 더 중요한 것은 한 주 동안 규칙적인 형태를 유지하는 것이다. 낮잠은 건강한 습관으로 보이는 전 세계에서 공통적으로 나타나는 현상이다.

검토문제 examination

01. 시간에 대한 네 가지 개념을 어떤 방식으로 정의할 수 있을까?

02. 시간-홍수, 시간-과잉, 그리고 시간-부족 문화는 어떻게 비교되어질 수 있을까?

03. 여가를 개선시키기 위해 시간계획을 다시 세울 때 그 타당성을 결정하는 요인들에는 어떤 것들이 있는가?

04. 사람들은 그들의 시간을 어떤 다양한 방식으로 할당하고 있을까?

05. 시간과 사회계층간에 어떤 관계가 존재하는지 설명해보라.

06. 신체리듬이 어떻게 건강과 여가행동에 영향을 미치는가? 모든 신체리듬은 동일한 시간 주기를 가지는가? 내적인 부조화를 유발하는 요인들은 무엇일까?

07. 교대근무자가 비교대 근무자와 비교시 어떠한 특별한 문제를 지니고 있을까?

08. 여가 프로그램은 사람들이 어떻게 스트레스에 대응하게 할 수 있는지 설명해보라.

09. 당신의 수면과 낮잠 형태를 묘사할 수 있는가?

일의 의미

PART 5.
The meaning of work

제5장

- 왜 일을 이해하는데 있어 여가를 이해해야 하는 것이 중요할까?
- 이전 문화들에서 어떤 것들이 일로서 구분되어졌을까?
- 현대사회에서 일을 구분지을 수 있는 기준이 있을까?
- 일은 어떠한 목적을 지니고 있을까?
- 직무만족은 어떤 의미에서 중요할까?
- 여가는 단순하게 일에서부터의 회복인가, 아니면 그 자체로 종결되는 것일까?

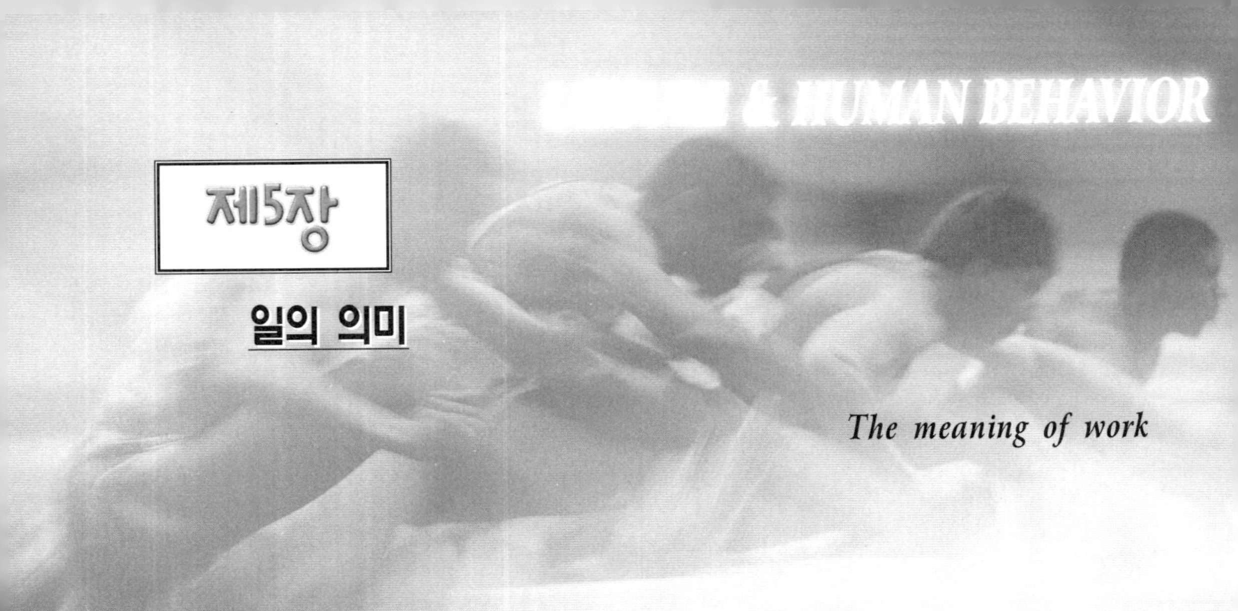

제5장

일의 의미

The meaning of work

> 휴가는 유용하다. 현대 사회에서 바쁜 일상생활에서 많은 압박을 받는 사람들은 여름휴가뿐만 아니라 겨울휴가도 필요로 한다. 하지만 휴가는 지나치게 부담이 될 수도 있다. 적절하게 행해지는 놀이는 인간에게 일을 더잘할 수 있게 해준다. 하지만 지나치게 많은 놀이는 모험정신을 감소시킬 수 있다. 놀이를 하는 동안 당신의 경쟁자는 효율적으로 일하고 있음을 기억하라.[1]

옆집에 새로운 이웃이 이사해 온다면 당신은 다음과 같은 질문을 할 것이다. '당신의 직업을 좋아하세요? "미국인들은 일의 특성이나 직무만족 정도에 대해 관심을 가지고 있다. 한 사람으로서 우리는 적절하게 고용되어졌는지에 대해 많은 관심을 가지고 있다. 결혼과 가족을 이룬 후 일과 경력은 레크리에이션이나 여가에 대한 관심보다 미국인에게 있어 더 중요하다.

조부모는 손자 손녀에게 "너는 자라면 무엇이 되고 싶니?"라고 묻는다. 그 대답은 대개 어떤 직업이나 전문적인 것 등이다. 예를 들어 의사, 변호사, 비즈니스 중개인, 또는 무엇이든. 만약 아이가 다음과 같이 충격적인 대답을 한다고 상상해보라. "나는 인류를 사랑하는 것에 관심 있고, 나는 한 사람으로서 자라면 여가를 하는데 시간을 보내기 원한다." 비록 이런 반응들이 아이의 마음속에서 자라고 있는 무엇인가에 대한 반영일 수 있지만, 아이들은 성인이 가지는 정체성에 의해 어린 시절부터 고정관념을 가지게 되었다. 우리가 이렇게 생각하는 데에는 어떠한 역사적 요인이 영향을 미쳤을까?

01) B. C. Forbes, "Thoughts on the Business of Life," *Forbes Magazine*, 7 August 1978, 98.

5.1 원시문화에서의 일
(Work in Primitive Cultures)

석기문화는 현대 남미, 호주, 그리고 고립된 소수 지역에서 존재한다. 어떤 한 문화는 현대적인 생산수단을 이용하지 않으면 "원시적"인 것으로 분류되어 질 수 있다. 북미에 있는 Amish나 Mennonite 집단은 단지 노동력이나 동물의 힘만을 사용하고 상대적으로 원시적 문화를 가지고 있다. 그런 집단은 음식, 거주지, 그리고 따뜻함을 얻기 위해 즉시적이고 직접적인 제공자를 필요로 하는 노동집약적 특성을 지닌다. 이 집단들은 쇄토기(harrow) 쟁기(plow), 트랜지스터 라디오, 포장된 씨앗 등의 현대적인 발명품을 사용하기 때문에 초기 원시사회와는 다르다. 그들은 아마존 인디언 등과 같이 원시인들이 아니고 "산업화 이전(preindustrial)" 시대에 있다고 할 수 있다.

산업화 이전 또는 원시문화로 다시 돌아가는 것은 놀라운 일일 수 있다. 왜냐하면 현대사회는 문명화 정도가 높고 정보집약적 사회이기 때문이다. 전력이 활용되지 않았을 때는 의식주, 그리고 빛을 얻기 위해 많은 노동력을 필요로 하였다. 힘든 물리적 일이 지닌 건강도는 이런 사람들에 의해 전달되어지고, 그 만족도의 정도는 그 특성상 생활에 의해 영향을 받기 쉽다.

『Mother Earth News』[2] 등과 같은 출판물 등에서, 어떤 미국인들은 현대적인 기술을 익힌 산업화 이전 또는 원시인들에 대해 어떤 상상을 하도록 자극한다. 비록 우리가 그 원시사회를 예찬하지만, 대부분의 미국인들에게 "원시상황"은 단지 흑백 텔레비전을 가지는 것만을 의미한다. 우리는 멀리서 원시환경에서 관련된 힘든 일에 대해 칭찬하고 그리고 먼 곳으로 "원시적인 캠핑"을 하기 위해 배낭을 짊어지고 떠난다. 그때 냉동·건조된 음식을 고도로 발달한 기술적인 배낭에 담아 운반하고 잘 찢어지지 않는(rip-stone) 나일론 천으로 된 텐트를 짊어지고 간다. 비록 원시사회를 동경하지만, 수돗물이나 수세식 화장실 등과 같은 현대적인 편의시설이 없는 지역을 덜 가게 된다.

원시 삶이 가지는 실상은 현대 미국인들이 견디는 것보다 훨씬 많은 노동력을 필요로 한다. 기후, 토양 비옥도, 게임의 다양성 등과 같은 변인들에 따라 달라지는데, 예를 들어 미국 원주민의 경우 토양이 척박한 동서부에 살고 있던

---

02) *The Mother Earth News*, John Shuttleworth, editor and publisher, Hendersonville, N.C.

사람들은 많은 어려움을 겪었다. 상대적으로 지천으로 과일이 자라고 물고기가 풍부한 열대 폴리네시아 천국에 있는 많은 섬사람들은 상대적으로 쉽게 노동에서 자유로울 수 있었다.

산업화 이전의 미국은 상대적으로 원시적인 문화를 더 확실하게 보였다. 1800년경에, 미국인의 90%는 농장에서 거주하였다. 그들의 생존은 매년 수확이 잘 되었는지에 달려 있었다. 채소들은 겨울에도 잘 저장되어져야 했다. 동물에게 먹일 사료도 얻을 수 있어야 하고, 고기는 훈제되거나 염장되어졌다. 음식물은 그날 들판에서 얼마나 일했는지에 달려 있는 일상의 문제였다.

산업화 이전과 원시문화에서 여성들은 옷을 만들고, 천을 짜고, 바느질하고, 빵 굽기, 요리, 그리고 세탁 등과 같은 가정의 일뿐만 아니라 많은 힘든 일을 해야 했다. 심지어 현대에서 기계화가 등장되었지만, 다음과 같은 오래된 시구가 여전히 적용되어진다.

> 남자는 매일같이 부지런히 일한다.
> A man works from sun to sun.
> 하지만 여자는 결코 아무 일도 하지 않는다.
> But a woman's work is never done.

여성들은 씨를 뿌리거나 추수하는 시기에 들판에서 일하였고, 통조림을 만들거나 음식물을 보존하는데 가외의 시간을 보내고 가족의 개인적 욕구도 충족시켜줘야 했다. 아마도 남성보다 여성에게 있어 다음과 같은 시구가 더 적절할 것이다. “삶은 빈곤하고(poor), 견디기 힘들고(nasty), 잔인하고(brutish), 그리고 불충분한(short) 것이다.”

도시사람들도 장시간 노동에 시달려야 했다. 도시거주는 농작물의 잉여생산에 따른 것이다. 농지개혁에 따른 과잉생산성은 도시노동자들이 예술이나 장식품뿐만 아니라 인간생존에 필요한 재화나 서비스를 생산하는 것에 능력을 발휘하게 하였다. 식민지시대 미국에서, 대부분의 소규모 도시들에는 대장장이, 구두제조공, 가죽제품을 다루는 노동자, 그리고 총기제작자, 양복장이 또는 여성용 모자제조상 등이 있었다. 도시들에서는 우편마차를 통해 괭이, 낫, 고삐, 마구 등과 같은 필수품뿐만 아니라 맥주, 와인, 또는 향신료 등과 같은 기호품 등이 배달되었다. 문화적으로 상대적으로 진보된 사회에서는 사회적 친목이나 한담거리를 얻을 수 있는 기회뿐만 아니라 정치적이고 종교적인 필요를 제공해주기도 하였다.

식민지시대의 Williamsburg, Sturbridge Village, Plymouth Plantation, 또는 Greenfield Village 등의 미국인들의 역사박물관을 방문하게 되면 장인이나 그들의 도제들이 기계문명이 시작되기 전 얼마나 많은 일을 했는지에 대해 생각할 수 있게 된다. 생존하기 위해서는 장시간을 노동에 투자하여야 한다. 부유함에는 노동뿐만 아니라 창의성과 행운이 따라야 한다. 노예나 도제살이 시중들을 상당히 많이 필요로 하는 것은 그리 놀라운 일이 아니고, 그들은 많은 가사일을 담당하였다.

5.2 산업화 시대에서의 일
(Work in the Industrial Era)

학자들은 16세기 신교도 개혁 전에 여가가 일보다 생활에서 더 많은 작용을 하였다는 사실을 계속적으로 상기시켜 준다. 결국 현대인들이 가지는 욕구를 충족시키는데 요구되어지는 충분한 생산성은 힘든 노동조차 더 많은 것을 필요로 하는 부(富)를 저장하기 위해 생성되어지지 않아도 되었기 때문에 모든 것이 실제로 필요한 것이었다.[3] 음식과 거주지는 14세기까지 필요한 기본적인 욕구였고 이것은 자동차, TV, 냉장고 등이 현대에 필요한 기본적인 욕구인 것과 같다. 신교도 개혁과 산업화의 생성과 더불어, 힘든 노동은 더 많은 결과를 산출하였고, 노동은 장기간의 이득을 유발하였다. 노동은 노동자가 아닌 자본주의자－생산성을 향상시킬 수단을 소유하거나 노동자를 고용하는 사람－에게 이득을 제공해주었다. 기계동력은 노동과 노동자의 영속적인 관계를 변화시켰다.

기계동력이 18세기에 개발되어졌을 때, 그것은 노동자들이 매일 생산해야 하는 생산성을 얻기 위해 부담되는 노동에서 벗어나도록 해주었다. 많은 상가들은 제조에서 중요한 이용가능한 수력자원이 있는 동부 해안가를 따라 형성되었다. 직물공장에서 일하는 것이 젊은 여성들에게는 안전하고 이득이 되는 것처럼 보였다. 하지만 20시간의 반복적인 노동은 막대한 희생이 드는 일이다. 노동자가 대치할 수 있는 부분으로서 또는 가능한한 값싸게 구입할 수 있는 필수품처럼 여겨지는 것은 어쩔 수 없는 일이었다.

03) C. Sylvester, "Leisure Science and Religion in 17th Century England," *Leisure Sciences* 16, no. 1(January 1994), 1~16.

19세기 후반, Charls Dickens는 그의 고국인 영국뿐만 아니라 미국과 캐나다 등지에서도 유명하였다. 디킨즈의 소설 대부분은 공장에서 발생하는 착취적이고 억압적인 상황을 묘사하였다. 『*Hard Times*』는 고통스럽고 끝나지 않는 힘든 고생을 표현하였다. 그의 소설은 초기의 공장노동자들의 힘든 삶을 묘사하고 있다.[4)]

산업시대의 출현은 시간제 노동 개념을 파생시켰다. Virginia, Harper's Ferry에 있는 총 생산공장에서, 개별 노동자들은 라이플 총(소총)을 생산하는 데 있어 숙련공이 되었다. 라이플총은 이전에 개인적으로 총기제작자들이 만들어왔다. 전문화되고 유사해졌기 때문에 대처할 수 있는 부분은 수작업 과정에서 조립과정으로 변화되었고, 조립라인의 출현은 필연적인 것이었다. 어떤 것은 그 과정 중에서 없어지기도 하였다. 가내 수공업(Cottage industry) 시대에, 장인(匠人)은 하나의 품목 전체를 생산하였기 때문에 그것에 대한 자부심을 가지고 있었다. 그 또는 그녀는 여유로운 속도로 작업을 하였다. 하지만 공장에서 집단적 성취는 개인적 성취를 대신하였고, 노동은 고정된 속도로 계속되어져야만 하였고 그 작업계획에 늦지 않아야 하였다.

산업화시대에서 다음 단계는 조립라인의 응용이었다. Henry Ford는 자동차 생산에 있어 이 기법을 최초로 사용하였다. 이러한 높은 반복적인 노동은 의미 있는 피드백을 제공해주지 못하였고 노동자들은 최소한의 만족을 얻을 수 있었다. Phil Stallings라는 시카고에 있는 Ford 공장 스폿(spot) 용접공은 다음과 같이 그것을 표현하였다.

> 나는 직경 2~3피트에 달하는 하나의 스폿에서 하루 종일 서 있었다. 사람이 그만 둘 수 있는 때는 오직 생산라인이 멈추는 때뿐이다. 우리는 개개 자동차당, 각 단위당 32가지 작업을 한다. 한 시간당 48 단위이고 매일 8시간이다. 그것을 설명해보라. 내가 얼마나 많은 시간을 버튼을 누르고 있어야 하는지… 그것은 중단되지 않는다. 계속 진행될 뿐이다. 나는 그곳에서 얼마나 많은 사람이 살지, 죽을지 내기를 하였고 그 생산라인이 멈추는 것을 결코 보지 못하였다. 그것은 끝이 없이 계속되었다. 그것은 마치 몸통은 있지만 꼬리가 없는 뱀과 같다. 반복적인 노동으로 인해 당신은 결국 지치게 된다.[5)]

04) Charles Dickens, Hard Times(New York : Penguin, 1969). For a much different picture of village life in nineteenth-century Britain, see F. Thompson, *Lark Rise to Candleford*(New York : Penguin, 1973).

05) Phil Stallings, as quoted in Studs Terkel, *Working* (New York : Pantheon Books, 1972), 221~222.

산업화시대는 인간사회 대부분이 일－지향적인 문화이고 지금도 여전히 존재하고 계속 확장되고 있다. 원시인들은 열심히 일하지만, 그들은 일을 경감시키거나 극복할 수 있는 방법이 거의 없었다. 그 결과는 즉각적이고 만약 즐겁지 않다면 최소한 생존을 유지할 수 있는 정도였다. 하지만 산업화시대에서 많은 노동자들에게 일에 대한 보상은 일 자체와는 상관 없는 것이었다. 기계화 정도가 가속화됨에 따라 기계를 움직이는데 필요한 근력은 과거 시대 농부들이 곡물을 모으거나 꾸리기 위해 들판으로 말이나 소를 몰고 가는데 필요했던 시기와 유사할 수 있다. 가족농장에서의 노동은 사회적 측면에서 보상이 주어졌지만, 현대의 시끄러운 기계와 빠른 속도로 움직여야 하는 필요성은 이러한 사회적 측면을 최소화시켰다.

목수나 소목장은 신체를 사용하여 직접 물건을 만들었지만, 하지만 현대의 리벳공이나 소목장은 강력한 기계동력을 사용하는 것과 버튼으로만 기계를 움직이는 것이 동일하다고 느끼지 않는다. 산업화는 노동자에게서 생산성을 증가시켜 주었지만, 남들과 인간적으로 거리를 두게 되고 비인격적 성향이 나타나게 하였다. 사람들은 잘 알려져 있지 않고 잘 설명할 수 없는 이유로 인해 가게에서 살 수 있는 대상보다는 많은 시간 사람이 손수 공을 들여 생산한 물건에 대해 더 큰 정서적 애착을 가진다.

장인은 공장노동자들과는 다르게 내적인 만족감을 즐긴다. 공장에서 생산된 물건이 급속하게 가내 수공업으로 만들어진 물건을 대신하던 때에 살던 Karl Marx는 노동자들이 단지 돈을 벌기 위해 많은 시간을 괴롭힘을 당하면서 고생하고 있다고 생각하였다. 노동은 돈을 얻기 위해 노동자들이 그들의 신체를 교환한다는 점에서 매춘의 한 형태가 되었다.

공장노동자들이 고용되어 일하는 시간에 대해 의문이 생기는 반면, 장인들은 계속적으로 의사결정 과정에 참여할 수 있어서 생기있고 즐거워하였다(물론 반복적인 일은 지겹지만, 장인들은 지겨움을 떨쳐 내기 위해 창의력을 발휘한다). 산업화는 인간에게 물질적 재화를 풍요하게 가져다 주었지만, 노동자들의 마음은 더 빈곤해지는 결과를 초래하였다. 소비자를 위해 많은 물건을 생산할 수 있지만, 생산자 측면에서는 많은 비용이 들게 된다. Adam Smith는 200년전 생산성이 국가의 부에 미치는 영향을 관찰하였는데, 그는 부(富)는 여러 세대를 걸쳐 형성된 돈이나 재화의 축적을 의미한다고 말하였다. 하지만 국가의 부는 시민의 행복에 달려 있고, 행복은 노동뿐만 아니라 여유로움에서 나온다. 물질적 재화는 그것을 즐길 수 있는 시간을 가진 사람들에게서만 즐거운 것이다.

5.3 후기 산업화 시대에서의 일
(Work in the Postindustrial Era)

150년전 기계공학의 발전은 조립라인 노동에서 벗어날 수 있을 것이라는 약속을 하였다. 이것은 어떤 상황에서 이루어졌다. 50년전, 250만명의 석탄광부들은 고도의 기계동력을 사용하는 오늘날의 10만명의 광부들이 한만큼 석탄을 생산할 수 없었다. 다른 예에서, 컴퓨터를 사용하는 사무직 노동자들은 기계와 고군분투하는 육체-노동자들을 대신하였다. 자동화된 기계는 이전에 인간에 의해 수행되어져 왔던 공장에서의 많은 잡일을 가능하게 해 주었다. 이것은 광대한 노동인구에서, 소위 서비스 영역이라고 불리는 부분의 종사자들 비율이 많아지는 이유 중 하나이다. 이 영역은 판매원, 경리사원, 정부 노동자뿐만 아니라 의사, 변호사, 그리고 교사 등의 전문가들을 포함한다. 위락이나 여가전문가들은 또한 물리적 상품을 생산하기보다는 서비스를 제공해준다.

노동인구에서 25% 미만은 실제적으로 어떤 것을 생산하는 것과 관련되어진다. 다른 노동자들은 교통이나 여러 가지 잡다한 사무처리, 타인과의 의사소통, 또는 다른 서비스 등을 제공하기도 한다.[6] 경제에서 생산성 영역-광부, 농부, 공장노동자-은 전자제품을 많이 사용하는 후기 산업사회에서 점차 그 역할이 줄어들 것이다.

노동자들은 전자공학의 발전으로 인해 어떠한 사소한 일에서 벗어날 수 있을까? 전기공학 시대에서의 일은 상이한 종류의 귀찮은 것을 유발하였다. 천하거나 매력적이지 못한 것으로 인식된 직업에 종사하는 사람들의 수가 증가되었다. 그런 직업에 종사하는 많은 사람들에게서 그 일은 다른 것을 얻기 위한 돈을 벌기 위한 수단이다. 하나의 직업은 그 자체로 끝나는 것이 아니고 가족의 생계지원, 채무를 갚기 위해, 또는 여가경험을 구매 하는 등의 다른 것을 얻기 위한 하나의 수단이다.

전자공학시대는 생산성을 향상시켜 주었고, 대단히 힘든 노동에서 민중들 대부분이 벗어날 수 있게 해주었다. 하지만 그것은 직무에서 오는 권태로움을

06) For an anthology containing articles by some of the leading authorities on work, see C. Kerr and J. Rosow, eds., *Work in America*: The Decade Ahead(New York : Van Nostrand -Reinhold, 1979).

벗어날 수 있게도, 사람들이 직업에서 즐거움을 얻을 수 있게도 하주지 못하였다. 이런 문제들을 다룰 때 개인적인 경험이나 사례연구는 직무 만족을 통계적으로 조사하여 나타난 단지 하나의 표를 다루는 것 이상의 두엇을 필요로 한다. 직무만족 검사에서, 변호사, 의사, 간호사, 그리고 성직자들은 공공서비스 종사자들 뿐만 아니라 봉급을 많이 받는 관리직 노동자들과 비교할 경우에서 더 높은 만족을 보였다. 메뉴얼이나 물리적 기술을 가진 사람이나, 어떤 것을 만드는 것을 즐거움으로 하는 사람들은 매우 높은 직무만족을 나타내었다.

새롭고 모험적인, 일의 세계는 생산의 경제학이라는 측면에서 스트레스와 긴장을 증가시켰다. 이러한 시대는 대단히 힘들거나 매우 단조로운 일에서 벗어날 수 있게 해주었다. 만약 그것이 이루어졌다면, 직무에 드는 막대한 비용과 기술이 지닌 불안정성에 따른 비용이 문제가 될 것이다. 졸업성을 대상으로 한 대학교에서의 연구는 다음과 같은 결과를 보여준다. 즉 어떤 한 가지 직업을 가진 졸업생은 과거 20년 동안 반으로 줄어들었다. 한때 "평생 고용(lifetime employment)" 이란 사명을 진술하였던 IBM이나 GE는 기술을 가진 개별 노동자들에 대한 회사의 화합을 유도하였다. 연방이나 주(州) 기관들은 근무경력에 의해 사람들을 고용하였는데, 이것은 과거 정부기관이나 개인회사에서 의해 고용이 보장되었던 것과는 많은 차이가 난다. 고용은 한때 배우자가 점차 상대와 더 친밀해지고 그리고 시간이 경과됨에 따라 기술이 발전되는 결혼의 한 유형으로 이해되어져 왔다. 새로운 노동세계에서, 기관이나 정부는 더 이상 노동자들이 평생 동안 그 곳에 몰입하기를 바라는 것이 아니다. 오히려 특정한 문제를 해결할 수 있는 노동자를 더 선호하고, 더 이상 필요가 없으면 특정 문제를 해결하는 기술을 가진 사람을 해고하기도 한다.

종사자의 입장에서, 정규직(full-time)으로 장기간 근무하는 것은 의료복지나 다른 부가적 면에서 이득을 얻을 수 있지만, 그것은 그다지 대력적이지 않을 뿐만 아니라 재훈련에 드는 비용도 만만치 않다. 기업측면에서 기존에 있는 종사자를 보유하는 것보다 요구되는 기술을 가진 누군가를 고용하는 것은 비용측면에서 더 효과적이다. 또한 매년 증가되어지는 봉급을 지급하기보다는 종사자의 높은 이직률이 비용측면에서 더 효과적일 수 있다. 종사자의 입장에서, 직무 불안정성은 하루하루 매 순간이 미래의 어떤 직업을 준비하기 위해, 그리고 어떤 재정적 지원이 고용되지 않은 기간 동안 뒷받침되어져야 하는 것을 의미한다. 사회주의자, 자본가, 독재정치, 민주정치 등 어떠한 형태의 경제적인 또는 정부적 체제이든 새로운 일의 세계에서 부딪치게 될 위험을 극복하기 위한 프로그램은 개발한 곳은 아직 없다. 하지만 어떤 기업은 오랫동안 사람을 고용하고, 그들이 능력을 발휘할 수 있도록 해주고, 그리고 기업과 노동자간의 행복한 결혼을 생성시키는 것을 가능하게 해주었다.[7] 이것은 종사자나 기업측면 모두에게 비용을 절감하게 할 수 있게해 줄 뿐만 아니라 스트레스를 덜어 줄 수 있도록 결합되어졌다. 그러한 대안이 여가에 주는 잠재적 이익이 고려되어져야 하고, 그리고 보다 많은 정부기관과 회사는 고용주와 종사자간의 행복한 단합을 생성시킬 수 있는 방법을 개발할 수 있어야 하고, 이것을 통해 미래의 여가 세계는 더 나아질 수 있을 것이다.

미래학자와 공상과학 소설 저자들은 로봇이 모든 사소한 힘든 일을 처리하고 쇼핑, 요리, 그리고 세탁 등과 같은 정신적 과제를 수행하는 명령을 내리는 어떤 세계를 그려보곤 하였다.[8] 삶은 반복성과 많이 관련되어져 있고, 그 수준이 얼마나 높던 인간의 노력은 마치 어느 정도의 지루한 노동을 요구하는 것 같다. 전자혁명은 지루한 노동의 형태와 관련되었고, 다른 것으로서 대치되어질 수 있다. 일 자체가 지닌 어떤 특성 또는 인간이 지닌 특성 중 어떤 것은 어떤 일이 우리를 위해 이루어질 것이고 우리가 요구하는 것이 무엇인지를 결정해 주는 것 같다.

5.4 일의 목적
(The Purpose of Work)

5.4.1 일의 특성(The Nature of Work)

일이란 무엇일까? 일이 지닌 중요한 측면은 노력에 대한 지급액이다. 일은 어떤 것을 하기 위한 에너지–인간, 동물, 기계, 전자, 또는 태양–이다. 일은 변화에 영향을 미친다–어떤 것이나 어떠한 조건이 일에 의해 변경되어질 수 있는. 일은 가끔씩 어떤 생산에서의 결과이다–지금 만들어지거나 생성되기 이전에는 존재하지 않는 어떤 것이다.

사고하는 것은 일인가? 당신은 당신이 사고하는 것이 에너지를 소모하는 것이라는 사실을 알아차리지 못한다(비록 정신적 활동이 측정가능한 전기적 충

07) "Mylan Pharmaceuticals and its Happy Workers,"(Morgantwon W. Va.) *Dominion Post,* 10 July 1994.

08) See, for example, "The Machine-Enemy or Ally" and "Evolution or Revolution," *in Worlds in th Making: Probes for Students of the Future,* ed. M. Dunstan and P. Garian(Englewood Cliffs, N.J.: Prentice-Hall, 1970), 159~211.

격을 생성하기도 하지만). 당신의 사고는 어떤 것을 변화시키지 못할 수도 있다(어떤 것에 대한 지식이나 태도를 제외하고). 그리고 당신이 생각하는 것에 대한 어떠한 상품, 결과, 또는 시각화된 결과가 발생하지 않을 수도 있다(만약 당신의 사고가 세상에 있는 어떤 것을 변화시키도록 유도하지 못한다면). 역설적으로, 실제 뇌의 작용은 힘든 신체적 노동보다는 물리적으로 더 많이 소모되어질 수 있음이 증명되어질 수 있다.

물리학자들은 일을 다음과 같이 정의하였다. 즉 "변화를 나타내기 위해 소모되어진 에너지." 어떤 경제학자들은 재정적 보상을 받기 위해 개인이 하는 어떤 활동으로서 일을 개념짓기도 하였다.[9] 더 광범위하게, 일은 "의・식・주를 생산하기 위한 활동"으로서 정의되어져 왔다. 그런 개념정의는 일이 돈을 얻기 위해 소비되는 에너지라기보다는 생존을 위해 필수적인 결과를 얻기 위한 에너지의 소비라는 점을 강조한 것이다. 경제학자들의 좁은 개념적 정의에 의하면, 주부(homemaker)는 만약 그녀 또는 그가 봉급을 받기 위한 활동을 하지 않는다면 일하는 것이 아닐 수 있다. 원시 사냥꾼은 생존을 위해 일하지 돈을 얻기 위해 일하는 것이 아니기 때문이다. 그것은 편리한 재정적 보상목록에 적절하지 않더라도 일 등과 같은 활동 등을 구분하기에는 보다 실제적이다.

대부분의 미국인들에게서 일은 돈을 얻기 위해, 의・식・주 등을 얻기 위해, 그리고 일상생활에 필요한 필수품과 편의용품 등을 얻기 위해 고용되는 것을 의미한다. 산업사회 또는 후기 산업사회 문화로서, 일과 그것에 따른 결과들 간에 어떠한 부가적인 단계만을 투입하기보다는 그들에게 필요한 음식, 거주지를 만들기, 또는 옷을 생산하기 위해 필수불가결한 요소인 노동자들 대부분이 전문화되어졌다. 현대와 같은 생활에서 얻을 수 있었던 이점은 인간 생존에서 가장 기본적 요소를 얻기 위해 소모되는 비용이 줄어든 것이다.

5.4.2 외생적 또는 내생적 보상들 (Extrinsic and Intrinsic Rewards)

대부분의 분야에서, 일은 외생적(extrinsic)인 보상을 가지고 있는 것처럼 보였다. 그것은 일로 인해 얻는 편익이 일 그 자체보다는 외부에 존재하는 것이다. 인간이 성장함에 따라 음식은 그 자체로 끝나는 것이 아니라 삶을 유지하고 배고픔에서 벗어나기 위한 수단으로 변화되어진다. 집은 단지 바라만 보는

09) See S. Wolfbein, *Work in American Society*(Chicago : Scott-Foresman, 1971), 3.

것이 아니라 그 내부에서 따뜻함과 쾌적함을 유지하기 위해 그곳에서 사는 것이다. 의복은 장식이나 편리함 이상의 기능을 가지는데 그것은 신체가 적절한 온도를 유지할 수 있도록 도와주고, 정숙해야 한다는 보편적인 문화적 필요성을 충족시키는 역할을 하기도 한다.

경제의 상인부분에서, 공장노동자 또는 서비스 종사자들은 일 자체와는 상관없는 결과를 얻기 위해 일한다. 소수의 식료품 가게 점원은 단지 손님들이 구입한 물품들을 계산하는 것에서 기쁨을 얻기도 한다. 현대 세계에서, 대부분의 노동자들은 비록 내생적으로 보상이 주어진 일을 외생적 보상이 주어졌을 때보다 선호하였지만, 그들의 노동 결과인 내생적 또는 선천적 보상으로서 돈을 얻기 위해 그들의 시간을 교환한다. 비록 이것이 돈에 대해서만 강조하였지만, 위신, 지위, 그리고 증가된 자존심 등의 다른 외생적 변수도 중요하다. 이러한 다른 보상들은 사람들이 의식적으로 인식하고 있는것 보다 더 중요하다.[10]

이것이 일 그 자체에 대한 외생적 결과를 강조하였지만, 일은 내생적(intrinsic)인 보상을 가지고 있다. 어떤 특정 집단에서의 모든 연령에서는 일내에서 또는 일 자체가 지닌 중요성을 강조하는 것으로 나타났다. 모든 연령대의 장인이나 숙련공들은 기술의 사용과 상품의 품질, 아름다움, 훌륭함 등에서 기쁨을 얻는다. 예술가나 음악가들은 그들이 창조한 것이 지닌 아름다움에서 크게 기뻐한다. 많은 위대한 예술가들은 그들 자신의 즐거움을 위해 일하고, 그것이 자신의 창조물의 일부이기 때문에 그들이 아끼는 작품을 파는 것을 거절하기도 한다. 모든 연령대의 예술가들은 그들이 가장 최고라고 느끼는 것을 만들 때 가장 여유로움을 느낀다. 하지만 그것을 "일(work)"라고 부르는 것은 잘못된 것이라고 느낀다.[11] 거기에서 일과 여가가 지닌 역설적인 면이 나타난다. 만약 여가가 그 자신을 위한 것이라면 그것이 지닌 내생적 보상은 일에서의 그것과 어떻게 차이가 날까?

전통적인 신교도 학자인 Luther, Calvin, Zwingli, 그리고 Welsy 등은 일이 신앙 그 자체라고 주장하였다. 노동자들은 바쁘게, 정원을 가꾸고, 인간이 이득을 얻기 위한 어떤 것을 생산하고, 돈을 얻기 위해 노동을 하는 것 등 이 모든 것을 실천함으로써 신이 지닌 의지를 수행할 수 있다고 하였다. 전통적인 신교도는 노동의 편익을 절약하라고 강조하였다. 미국 청교도는 어떤 좋은 것

---

10) E. Pfeiffer and G. Davis found that 90 percent of their sample population would still want to work if all their financial needs were satisfied. See "The Use of Leisure in Middle Life," *The Gerontologist* 11, no.3(1971) : 192.

11) M. McLuhan, *Understanding Media*(New York : McGraw-Hill, 1964), 223.

그 자체로서 일을 이해하려는 시도에서 세속화되어졌다. Benjamin Frankline은 "일하지 않는 게으른 손은 악마의 일터이다."라고 말하였는데, 이것은 일에 대한 종교적 동기부여와 바쁘게 움직이는 미국인의 성향을 합한 것이다.

만약 내생적 보상을 위해 일한다면, 그 또는 그녀는 남들이 부러워하는 지위에 있다고 할 수 있다. 많은 사람들은 주위의 쾌적한 환경에서 살아가면서도 소득을 얻을 수 있기 때문에 주(州) 또는 국립공원에서의 일하는 것에 매력을 느끼기도 한다. 게임 자체를 즐기면서 동시에 명성이나 부를 얻기를 원하는 운동선수를 생각해보라.

대학교의 교수 또는 대학의 교사들이 하는 일은 내생적인 것과 외생적인 측면이 잘 결합된 이상적인 예일 수 있다. 즉 지식의 전달이나 발전을 통한 내생적 보상이나 위신이나, 타인의 복지에 대한 기여도, 그리고 안전한 고용 보장 등의 외생적 보상 모두를 지니고 있다. 많은 다른 고용 기회들은 내생적 보상을 약속해준다. 의학전문가 덕분에 생명을 구하고, 다양한 사회서비스 전문가들에 의해 일상생활이 풍요로워지고, 법률전문가에 의해 공적인 안정성을 제공받는 등 이 모든 것은 타인이 복지에 대해 생각하는 것뿐만 아니라 그런 서비스를 제공하는 사람들에게 어느 정도의 위신을 제공하기도 한다.

5.4.3 심리학적 측면
(Psychological Aspects)

일에서 가장 중요한 것은 특정한 경력이나 직업 등에서 종사자가 관련되어 얻어진 심리학적 결과이다. 해고된 노동자들은 그들의 정체성을 잃어버린 것에 대해 불평한다. 직업이나 경력은 한 개인이 사회에서 어떤 역할을 할 수 있도록 도와주고 또는 소속감이나 몰입되었다는 느낌을 가지게 해주는데 많은 도움을 준다. 만약 그 노동자가 "나는 곧 일이다" 라는 생각에 습관화되어졌다면, 그 사람이 고용되지 않았을 때는 공허감과 절망을 느낄 수 있을 것이다. 이것은 자아개념 중 핵심적인 어떤 것을 상실하였기 때문이다. 잠시 고용되지 못한 상태는 이런 감정을 유발할 수 있지만, 해고되거나 퇴직상태라면 자신이 지닌 가치에 대해 더 심각한 의심을 할 수 있을 것이다. 비록 어떤 노동자는 퇴직 후의 삶을 기대하지만 다른 사람들은 원칙적으로 그것이 정체성이 상실되도록 위협하기 때문에 그런 상황을 두려워한다.

유사한 직업을 가짐으로써 얻을 수 있는 직접적 효과는 자아존중감(self－esteem)을 얻을수 있다는 것이다. 인간은 그들이 누구인지, 어떤 것을 이룰 수 있는지, 그들이 도달할 수 있는 곳 등을 알려고 하는 심리학적 욕구를 가지고 있다. 대학생들은 그들이 어디에 있었는지, 그들이 성취한 것이 무엇인지를 알릴 수 있는 어떤 신호를 가지고 방을 장식한다. 새로운 지역으로 이주한 은퇴한 사람들은 그들이 살았던 곳이 어떠한지를 검증해 줄 수 있는 문서뿐만 아니라 가족사진을 가지고 간다. 한 개인이 가진 가치와 그가 가졌던 것에 대해 알려 줄 수 있는 지위에 대한 상징이 없는 사회가 없다.

일이 지닌 중요한 심리학적 측면은 어떤 것을 생산함으로써 얻을 수 있는 노동자의 기쁨과 성취감이다. 기쁨은 어떤 과제를 완수했을 때 발생할 수 있지만, 어떤 직업(job)은 의기양양함이나 황홀감등을 유발할 수 있다. 일은 어떤 것을 이루었을 때 발생하는 좋은 느낌이다. 현대 노동력이 지닌 중요한 문제는 직무를 수행함으로써 가치있다는 만족감을 유발할 수 있는가 하는 것이다. 엘리베이터를 작동하거나 표를 파는 등의 하찮은 일조차도 만약 그 노동자가 서비스를 제공함으로써 실제로 이득을 얻었거나 사용자에 의해 이해되었다는 느낌을 가졌을 때 좋은 느낌을 유발할 수 있다.

5.5 직업만족
(Work Satisfaction)

자동차산업은 불만족스런 일의 전형적인 표본(locus classicus)이다. 즉 조립라인, 그것의 전형화된 구체화하지만, 놀라운 일은 조립라인과 육체노동자들의 불만족이 정신노동자들과 심지어 관리직에 있는 사람들에게서도 표출되어진다는 것이다. 일이 세분화되었거나 권위주의적인 현대의 사무실은 하나의 공장과 같다. 직업의 수가 증가할수록, 노동자들의 성향에는 차이가 없어진다.

육체노동자들 간의 직업만족에 대한 연구는 오랫동안 수행되어져 왔지만 『*Work in America*』에서는[12] 지급받는 봉급과 위신수준이 어떠하든 어느 직무에서나 노동자들은 일에 대해 불만족한다는 사실을 강조하였다. O'Toole와 그의 연구집단은 직업만족 이유를 분석하려고 시도하였고, 한 작업장에서 다른 작업장에 이르기까지 만족이 어떻게 전이되는지를 검토하였다. 가장 간단한

12) J. O'Toole, ed., *Work in America*(Washington, D.C.: Government Printing Office, 1972), 38. See also the criticism of O'Toole's gloominess in J. Veroff, E. Douvan, and R. Kukla "Work," in *The Inner American*(New York: Basic, 1981), 242~328.

질문은 "그들의 직업에 가장 만족하는 사람은 누구일까?"였다. 자신 스스로 일하는 것은 직업만족의 필수적 원천이지만, 작업상황 전반에서 자율성과 통제감을 가지게 한다. 가치있는 것으로 고려되어진 것을 수행한다는 것은 또한 직업만족에서 중요한 요소이다. 어떤 것을 잘한다는 것은 중요한 요인으로 결정되어졌다. 어떤 의미 없는 일을 하는 것은 어떤 일이 유발시킬 수 있는 부정적인 또는 공허감을 극복하기 위해 여가를 하는 것을 어렵게 만든다.

다시 한번 유사한 경력을 선택할 수 있는 것으로 나타난 일관성이 있는 사람들의 대부분은 대학교 교수, 수학자, 물리학자, 생물학자, 화학자, 법률가, 그리고 저널리스트 등이었다. 지식이나 창조성이 많이 사용되어지는 직업일수록 직업만족의 잠재적 수준이 더 높게 나타났다. 과거 수십년 동안, 그들 자신을 위해 사업을 하는 사람들은 직업에 대한 만족이 증가된 것으로 나타났지만, 다수의 전문직 종사자들은 직업만족에서 감소를 보여주었다. 자신이 시간을 설정하고 자신의 속도에 맞게 일을 계획할 수 있는 자유는 또한 직업만족의 수준을 높이는데 있어 중요하였다. 같은 취미의 우호적인 사람들과의 동료관계 형성은 또한 중요한 것처럼 보인다. 직업이 가지는 위신은 또한 일과 관련된 특정한 선에서 만족감을 증진시킬 수 있다.

그 직업에 가장 불만족하는 사람이 누구이고, 그런 불만족의 원천을 무엇일까? 비록 많은 정신노동자들이 그 직업과 똑같은 것을 선택하지 않을 수 있지만, 숙련되지 않은 노동자들은 그들의 직업에 대한 불유쾌한 감정이 최고로 높게 나타났다. 요구된 기술의 부족, 나쁜 작업환경, 직업에 대한 불확실성 등은 상치하는 명령 등을 제공하는데 있어, 직업에 대해 만족을 주지 못하게 하는 위신의 결여 등에서 우선순위를 결정하게 해준다.

일과 관련된 만족이 지닌 문제점 연구를 통해, O'Toole는 어떤 방법으로 교육이 직업에 대한 만족을 이끌어 낼 수 있을지 분석하였다.[13] 그는 불완전 고용(underemployment)이 미국에서의 중요한 노동문제라는 사실을 관찰하였다. 우리는 고용기회보다는 관리직이나 전문적인 위치에 있는 사람들에게 더 많은 훈련을 시켜야 한다. 불만의 중요 원천은 더 높은 수준에서 직업을 준비를 하고 나서도 봉급이 적고, 낮은 위신수준에 위치해 있는 것을 알 때이다. 많은 소규모 사업장에서, 관리적 서열에서의 승진은 많은 인내심을 요구하는데 그것은 신입사원의 수가 10명당 1명의 비율로 중역직의 수보다 많기 때문이다. 대부분의 기업에서는 직위 체제가 위로 올라갈수록 작아지는 피라미드 모형이

13) J. O'Toole, *Work, Learning, and the American Future* (San Francisco : Jossey-Bass, 1977).

다. 일반적으로 사람들은 관리직이나 더 책임있는 위치를 준비하기 위해 교육을 받지만, 신입사원의 직무는 온순함과 복종을 요구하기 때문에 가끔씩 교육은 불만의 원천으로서 제공되어질 수 있다.

미국이 제조업에서 서비스경제로 바뀌어감에 따라, 상대적으로 매력적이지 못한 직업의 수가 많아지게 되었다. 가장 널리 광고된 것 가운데, 낮은 봉급을 받는 직위는 레스토랑 보조 웨이터(bussers), 테이블 서비스 제공자, 병원 접수계원, 수위, 그리고 다양한 종류의 사무실 노동자들이다. 이런 개인들은 자신들이 불완전하게 고용되었다는 것을 느끼기도 하지만, 또한 그들의 직업에서 발생하는 만족에 대해 놀라워할 수 있다. "노동자는 다른 그 어떤 사람들－관리자, 사무원, 그리고 판매원－보다도 직업 그 자체에서 보다 만족감을 얻을 수 있다."[14] 어떤 것을 생산하는 것보다 사람들에 의해 얻어지는 직업에 대한 만족은 단순히 종이를 팔거나 상품을 취급하는 사람보다 더 크게 나타났다. 노동자들은 수입, 위신, 그리고 전문가나 관리직 사람들이 얻는 이익, 그리고 더 많이 변화되어져야 할 작업환경 등을 즐기는 것이 아니라 그들이 결코 하지 못했거나 결코 깨끗하게 청소 될 수 없는 책상을 가진 사무직 노동자보다 일상생활에 더 만족 하는 것 같다. 직업에 대한 만족은 일 자체에 대한 것이라기보다는 일에서 생겨난 태도의 문제이다.

직업 불만족에 대한 이유는 쉽게 구분되어질 수 있다. 노동자들은 그들의 직업에서 존재하지 않는 어떤 것을 원한다. 만족스런 일이 되기 위해서는 반드시 직업변화, 창조성이나 창의성을 요구하고, 다른 노동자들과의 의미 있는 상호연관성을 가질 수 있는 어떤 능력 등을 필요로 한다. 어떤 본능적 보상이 제공되어져야 하지만 반드시 행해져야 할 천한 직업은 항상 존재할 것이다. 만약 당신이 쓰레기 청소부라면, 당신이 사회에 제공하는 서비스가 매우 중요하다고 느낄 것이다. 하지만 작업환경이나 위신의 부재는 다른 대안적인 직업을 생각하게 만들 것이다.

미국 노동자들의 25%가 종신 직업에 종사하고 있다면, 35%가 그들의 직업에 대해 너무 숙달되어졌다고 느끼고,[15] 그리고 많은 사람들이 고용이 불완전하다고 느꼈다면, 그런 문제를 해결하기 위한 한 가지 해결책은 일상적인 고된 일이 보다 가치가 있게 느껴지도록 여가를 풍부하게 제공하는 것이다. 일의 배열을 과감하게 변경시킴으로써, 또는 어떤 특정 시간에 기동성을 증가시킴으

14) *Psychology Today,* November 1977, 30.

15) O'Toole, *Work, Learning, and the American Future,* 80.

로서만, 현대 산업화된 사회에서 노동력을 충분히 활용할 수 있을 것이다. 만약 일 그 자체가 내생적인 보상을 생성하지 못한다면, 즐거운 여가경험 등과 같은 외생적 보상은 동기부여하는데 필수적인 요소일 수 있다.

Peter Drucker 등과 같은 미래 학자들은 지식에 근거한 사회가 다수의 노동자들에게 노동지향적이거나 서비스지향적인 사회에서 널리 보급된 어떤 것이 일에 대한 태도를 다르게 만들 것이라고 희망한다.[16] 만약 이것이 진행됨에 따라, 대규모의 세분화된 사회에서 레크리에이션 필요성은 잘 교육된 문화적 노력으로 오랫동안 특징지워져 왔던 과거 육체노동자들의 활동과 전환이 여가 활동으로 그럴듯하게 변화되어질 것이다.

만약 한 개인이 몇년 동안 일해 왔다면 그 직업은 규칙적인 것으로 이해되어질 수 있고, 힘들거나 불유쾌한 직업을 가진 노동자에게는 그것을 보충해 줄 수 있는 한 주의 마지막 부분에서 제공되는 일차적인 보상 등으로, 사람마다 다양한 결과가 나타날 수 있다. 하지만 여가나 레크리에이션 경험이 불유쾌한 노동에 대한 성공적인 보상이 될 수 있을까?

5.6 일이 될 수 없는 여가
(Leisure as Foil to Work)

많은 현대의 작가들은 일과 여가를 분리할 수 없는 하나의 연속체상에 존재하는 것으로 간주한다. 예를 들어 Clement Greenberg는 다음과 같이 기술하였다. 즉 여가—심지어 일하지 않는 사람들—는 일에서 가장 기능적인 부분이고, 일이 변화됨에 따라 그 특성도 변화된다.[17] 대다수의 여가이론가와 레크리에이션 분석가들은 만약 우리가 일에 대한 연구와 그 결과에 대해 많은 시간을 투자하지 않으면, 여가가 가진 특징이나 레크리에이션 개발문제 등을 이해할 수 없다고 주장한다.[18] 다른 사람들은 의미 없는 일과 "생산적이지 못한" 여가 등이 지닌 문제점을 지적하였다. 즉 "생활은 내생적인 의미가 많이 결핍된 일로 주로 이루어져 있고, 여가는 골프나 브리지를 하는데 투여되는 것만으로는 다소 제한적이다."[19]

16) P. Drucker, *Post-Capitalist Society*(New York : Harper, 1993).

17) C. Greenberg, "Work and Leisure under Industrialism," in *Mass Leisure*, ed. E. Larabee and R. Meyersohn(Glencoe, Ⅲ. : Free Press, 1958), 38.

18) See S. Parker, *The Future of Work and Leisure*(New York : Praeger, 1971).

여가행동 이론가들은 여가가 그 직업에서 발생하는 어떤 것을 보충하거나 그 직업활동에서부터의 반작용으로서 또는 일에 의한 중성적이거나 영향을 받지 않는 어떤 것으로서 가장 잘 설명되어질 수 있다고 주장하였다.[20] 이런 유목들은 여가행동을 더 이해하기 쉽게 만들고 자유로운 시간 동안 무엇을 할 것인지에 대해 사람들이 선택할 수 있게 해준다. 다음 장에서는 이런 생각들에 대해 다룰 것이다.

현재 당면한 질문은 다음과 같다. 즉 여가가 간단히 일이 될 수 없듯이, 어떤 것이 노동수행을 증가시킬 수 있을까? 제1장에서 레크리에이션은 다음과 같이 정의되어졌었다. "일을 하고 난 다음 재창조(re－create) 할 수 있는 활동 등으로서 사람을 이완시키고, 즐겁게 해주고, 그리고 활기를 재 충전시켜 줄 수 있는 것." 그 당시 힘든 농장일이나 공장일을 하고난 후, 레크리에이션은 꽤 중요한 것으로 간주되어졌다. 왜냐하면 노동자들 대부분은 노동에 의해 지치고, 다음 일을 위해서 재충전될 만한 휴식과 평온한 활동을 필요로 하기 때문이다. 이런 최상의 아이디어를 얻기 위해서는 여가가 단지 일과 비교되어질 때만 의미를 가진다고 말할 수 있어야 한다. 이런 진술은 일이 구원의 핵심이라는 청교도적 일 윤리관보다도 더 강해야 한다. 이것은 인간이 근본적으로 한명의 노동자이고 어떤 종류의 생산성 없는 삶이 무의미하다는 믿음을 지니고 있다. Hans Selye와 다른 사람들은 삶에서 가장 중요한 것이 일이고 여가가 단지 일로부터 잠시 해방된 재충전의 형태로서 즐거울 수 있다는 사례를 들었다. 이것은 삶에서 여가에 대해 지닌 Aristotle의 주장과는 정반대의 견해이다.[21]

비록 이런 주장이 지닌 설득력이 일을 삶의 목표인 것처럼 만들었지만, 그것은 절대적으로 만들어진 일 그 자체를 말하는 것이 아니고, 진심으로 거리낌 없는 몰입이 되어질 수 있는 개인의 활동을 의미한다. 예술가나 작가, 장미 정원사나 엔터테이너 등은 pro－work 집단의 요구를 충분히 수용하도록 일하는 것이 아니라, 지향하고 있는 과제가 긴장과 진지하기 때문에 일에 대한 약속된 보상을 결코 수용하지 못할 것이다.

전문적 레크레이터로 살아가는 사람들은 가끔씩 그들이 한때 좋아했던 활동이 더 이상 지속되지 않음을 발견했을 때 놀라곤 하였다. 전문적인 선수를 양

---

19) R. Bellah et al. *Habits of the Heart*(Berkeley : University of California Press, 1985).

20) H. Wilensky, "Work, Careers, and Social Integration," *International Social Science Journal* 12(1960) : 543~560. See also W. R. Burch, Jr., "The Social Circles of Leisure," Journal of Leisure Research 1. no.2(1969).

21) H. Selye, *Stress Without Distress*(New York : Signet, 1974), 87.

성하기 위해 가르치는 테니스 선수는 곧 다른 형태의 레크리에이션을 찾게 된다. 생물학적으로 다양한 지역인 외진 곳에서 살면서 평생의 야심을 달성한 해석적인 자연주의자는 도시에서의 즐기는 레크리에이션 형태를 가질 수도 있다. 우리는 어떤 방식으로든 오랫동안 일을 하여 왔다.

> 프랑스 철학자인 앙리 베르그송(Henri Bergson)은 단지 다음과 같은 말로서 그것을 적절하게 지적하였다. 즉 인간의 지혜가 아닌 환경과 그 자신을 발전시키기 위한 일에 계속 몰두하는 충동을 지닌 인간적 특징을 위해서는 호모 사피엔스(Homo Sapiens, 사고적인 인간)보다는 호모 파베르(Homo faber, 도구적 인간)를 우리의 종으로 부르는 것이 더 적절하다고 하였다. 여가에 열광하는 사람들을 호모 루덴스(Homo ludens, 유희적 인간)라고 비유할 수 있다. 하지만 어떤 목표가 없이 놀려고 하는 욕망은 차별적인 인간의 특성이 아니다.[22]

호모 사피엔스, 호모 파베르, 그리고 호모 루덴스 등으로 인간의 특성을 이해하기보다는, 인간을 충분히 인간다운, 인식아(knower), 건설자(builder), 그리고 놀이하는 사람(player) 등으로 묘사하는 것이 보다 적절할 것 같다. 세가지중 한 가지를 놓치는 것은 충분한 인간다움이 부족한 것과 같다. 세 가지의 견해는 어떤 연속적인 것을 함축하고 있다. 안다는 것은 어떤 것을 변화시키게 하거나 만들기도 하고 그것이 무엇이든 활용되어졌다. 호모 루덴스가 지닌 중요성을 제거하는 것과는 상관없이, 생각하거나 일하고자 하는 능력은 놀이를 하기 위해, 삶을 명확하게 이해하기 위해, 그리고 놀이적 관점에서 그것을 이해하는데 필요한 욕구를 전체적으로 이해하기 위한 능력 등에 의해 풍요로워지고, 품위 있게 되고, 그리고 향상되어졌다.

5.7 일 이상의 의미를 지닌 여가 (Leisure Beyond the Work)

1950년대와 1960년대에, 그 당시 미국은 수입증가에 의해 수반된 주당 일하는 시간의 급격한 감소로 특징지워진 여가의 황금시대로 진입하고 있는 중이었다.[23] 몇몇 저자에 의해 표현되어진 불안은 과연 미국인들은 급격히 팽창

---

22) *Ibid.*, 86

된 여가 기회를 잘 조절할 수 있을까? 여가가 지닌 윤리가 효과적으로 청교도적인 일에 대한 윤리관을 대치할 수 있을까? 등이었다.

여가의 기대된 황금시대는 만약 많은 이유들로 인해 완전히 폐지되지 않았다면 연기되어져야만 하였다. 주당 평균 노동시간은 노동자에 따라 증가되거나 그렇지 않다. 많은 가족들은 가족 내에서 모든 성인이 주당 "free(자유로운)" 시간이 유의미하게 감소한 맞벌이 형태를 취하였다. 통근시간의 증가, 가정을 유지하는데 드는 시간의 증가, 그리고 가계부의 수지균형을 맞추거나 수입－세금 등의 준비 등과 같은 사소한 일들은 확대된 여가 시간을 낭비하게 만들었다. 이차적인, 임시직을 얻음으로서 생기는 부가적인 수입이 주는 기회는 인간에게 영속적인 움직이는 기계를 만들게 하였다.[24] 그것을 구체화시키는 것(상류－중류 계층 노동자)은 시간의 결여, 재정적 근심, 그리고 다수의 스트레스 등이다.[25] 일의 새로운 세계는 인간의 삶을 보다 어렵게 만들었고 여가세계의 확대를 위한 기회를 감소시켰다.

그 상황이 어려운 것으로 판명되어질 수 있을까? 미국인들이 부의 축척 수단으로서만이 아니라 여가를 즐기는 하나의 지표로서, 일하는데 더 많은 시간을 쏟아 부우면서 삶의 표준을 더 높이려는 욕구가 존재할 수 있을까? 1세기전 미국을 횡단 여행한 Tocqueville이 관찰한 것 중 하나는 그만큼 많은 부를 소유한 문화를 결코 보지 못했다는 것이다. 많은 유럽인들에게 일하고자 하는 이유는 여가를 즐길 수 있을 만큼의 돈을 얻기 위한 것이다. 미국인들은 그런 생각을 가지지 않을까?

인간이 삶에서 할당하는 목표는 무엇인가가 다음 질문이다. 인간은 생각하고 즐거워 할 수 있는 능력을 가졌다. 다시 말하자면 그것이 그 자체로 끝나거나 다른 어떤 결과를 의미하는 것이 아니라면 적절하지 않을까? 인간 사회 대부분의 구성원은 여가에 높은 가치를 부여하는데 반해, 원시사회에서 축제나 페스티벌은 사냥에서의 성공이나 추수시기를 축하하는 것이다. 시민들의 휴식뿐만 아니라 종교적 축제는 오늘날 전 세계 대부분의 사람들에게서 "절정경험

23) See D. Bell, *Work and Its Discontents*(Boston : Beacon Press, 1956). Among the important leisure writers who espoused this point of view, see C. K. Brightbill and T.A. Mobley, *Educating for Leisure-Centered Living* (New York : Wiley, 1977).

24) H. Swados, "Less Work : Less Leisure," in *Mass Leisure*, pp. 352~362 ; also R. Poor, ed., *Four Days, Forty Hours : Reporting a Revolution in Work and Leisure*(Cambridge, Mass. : Bursk & Poor, 1970).

25) J. Spears, "Upper-Middle-Class Woes," *Fortune*, 27 December 1993, 79~86.

(peak experience)"이다. 하지만 미국에서 일에 대한 열정과 돈을 버는 것은 절정경험의 한 종류인 것을 생성시키는 것과 같다.

모든 사회에서 엘리트 계급은 상대적으로 노동에서 자유롭고 삶에서 좋은 것을 얻기 위해 시간과 에너지를 사용할 수 있다. 아마도 이상적인 사회는 시민들이 그들의 시간을 가치 있는 인간의 일에 투여하도록 할 수 있게 만드는 것이다. Max Kaplan은 일이나 여가가 융합된 이상적인 사회에서는 노동이 지닌 단조로운 측면이 자동화되어질 것이고, 일의 개인적 측면이 더 강조되어질 것이다 라고 주장하였다.26) 인간존재에서 황금시대는 다양한 의미 있는 여가 경험에 의해 균형이 맞춰진 즐겁고 보상적인 일 등을 포함한다

동정심이 많은 인류주의자로서 그 자신을 생각한 Karl Marx는 다음과 같이 미래 공산주의의 승리 결과로서 묘사하였다.

> 모든 이전 사회에서 인간은 사냥꾼, 어부, 양치기, 또는 비평가였고, 만약 그가 생계수단을 상실하는 것을 원치 않는 한 유지되어져야 한다. 반면에 공산주의 사회에서, 배타적인 영역에서 활동하는 사람은 아무도 없다. 하지만 개개인은 그가 원하는 어떤 분야에서든 그의 소망을 이룰 수 있고, 사회가 일반적인 생산을 조절할 수 있고, 결국 사냥꾼, 어부, 양치기, 또는 비평가의 일을 하지 않으면서도 아침에는 사냥을 하고 오후에는 물고기를 잡고, 저녁에는 양을 길들이고 하는 일 등이 가능해진다.27)

우리 자신의 문화 내에서 사교적이고 호기심을 자극하는 비평은 여가 사회를 만드는데 실패한 것이 우리 자신 내에 존재하는 막대한 탐욕 때문이라고 주장한다. 그런 비평은 인간이 지닌 약점, 광고의 힘, 소비자에게 지나치게 많이 투여된 시간, 그리고 시대적인 것을 생산하는데 드는 지나치게 적은 시간 등을 포함한다. 예를 들어 심오한 사고, 깊은 우정, 사람들 간의 더 나은 관계, 보다 인간적인 점잖은, 그리고 관계된 사회 등이다.28) 사람 대신에 어떤 것에 집중하는 문화적인 열중은 pragmaphilia라고 불린다. 그리스어에서 pragma는 물건(thing)

---

26) M. Kaplan, *Leisure : Theory and Policy(*(New York : Wiley, 1975).

27) K. Marx, *German Ideology*(New York : International Publishers, 19390, 22. To See what has actually happened in Communist countries, see A. Szalai, *The Use of Time : Daily Activities of Urban and Suburban Populations in Twelve Countries*(The Hauge : Mouton, 1972). Central Planning for leisure, once espoused by communist governments, has given way to the competition of the market.

28) E. Callenbach, *Living Poor with Style*(New York : Bantam, 1967).

을 뜻하고 Philia는 우정에 의해 실제로 증명되어진 사랑의 유형을 의미한다. 쇼핑몰에서 지나치게 많은 시간을 보내거나 여가활동으로서 쇼핑을 구분하는 것은 새로운 것을 소유함으로써 칭찬받게 되는 미국인의 환상에 잘 보여주는 지표이다. 대중문화 분석가뿐만 아니라 성직자와 심리학자들은[29] 미국인들이 자연이나 타인과의 의사소통보다는 물건에서 위안을 발견한다고 주장하여 왔다.

즉 그 자체가 활동인 여가는 보다 고차원적으로 발전된 의식을 소유한 동물들에게서 보다 적절한 목표일 수 있다. 그것은 단지 사고(thinking)에서뿐만이 아니라 사랑, 양육, 그리고 이해 등에서 인간다움이 가장 잘 드러나게 해준다. 일은 외부 세계에서 변화로 인해 발생하는 어떤 것이다. 예를 들어 노동자는 소비하거나 판매하기 위해 어떤 것을 생산한다. 여가나 레크리에이션에서 한 개인은 자아의 변화를 경험한다. 그 개인은 여가 활동에 의해 변화되어졌거나 향상 되어질 수 있을 것이다.

아리스토텔레스는 우리는 여가를 가지기 위해 일한다고 하는 그의 주장을 간단명료하게 상기시켜 주었다. 16세기 신교도 개혁후 발전된 산업화 사회에서, 개인은 일로 인한 피로를 풀고 원기 회복을 위해서만 단지 충분히 쉬도록 격려 받아졌다. 후기 산업사회에서 어떤 개인은 더 많은 여가 활동을 방해하는 어떤 것에 의해 질질 끌려가거나 어떤 것이 부과되어졌다고 주장하였다. 하지만 현대 대다수 미국인들이 가지는 일이나 여가에 대한 가치에서는 일이 단순히 삶의 영위하는 것 이상의 어떤 보상을 제공해주고, 여가가 일로부터 도피가 인기 있는 대중적인 즐거운 경험을 가능하게 해준다. 일과 보상에 대한 연구에서는 여가나 여가행동에 대한 이해를 연결시키는 것이 여전히 중요하다. 어떤 일이 여가를 제공해주지 못할까? 왜 어떤 사람들은 일의 세계에서 그들 자신을 통합시키지 못하고, 반면에 어떤 다른 사람들은 여가행동에서 적절한 형태를 취하는 것이 불가능한 것처럼 보일까? 일과 여가는 어떠한 상징적인 관련성을 가질까?

---

29) T. Kando, Leisure and the Popular Culture in Transition(St. Louis : C.V. Mosby, 1980). See also P. Wachtel, *The Poverty of Affluence : A Psychological Portrait of the American Way of Life*(New York : Macmillan, 1983).

개요 Summary

원시인들은 의·식·주를 얻기 위해 힘들게 일해야 했다. 산업화시대의 공장노동자들은 음식, 옷, 거주지 등을 구매하기 위해 필요한 돈을 얻기 위해 그들의 노동을 교환하였다. 전자시대가 약속한 것은 사람들이 생활하는 데 필요한 필수품을 얻는 것에서 자유로워질 수 있다는 것이었다. 사람들이 보다 많은 삶의 표준을 증가시키기 위해 보다 많은 것을 소유하고 또는 보다 많은 경험을 구매하기 위해 더 열심히 일할 때 어떤 것이 발생되었을까?

사람들은 일에 대한 내생적인 즐거움을 가지고 있을 수도 있고 돈이나 위신 등과 같은 외생적인 보상을 얻기 위해 일할 수도 있다. 그들이 무엇을 언제 가질지를 통제할 수 있는 사람들은 약간의 자율성을 가진 노동자들보다 직업에 대해 더 큰 만족을 얻을 수 있는 것처럼 보인다.

어떤 이론가들은 인간적인 삶의 목적으로 또는 인간만족의 주요 원천으로서 일을 이해하고 있다. 다른 사람들은 여가를 삶의 목적으로서의 이해하고, 일을 여가를 얻기 위한 하나의 수단으로 간주한다. 여가를 위한 기회는 현대 세상에서 풍부하게 존재한다. 많은 저술가들은 우리가 현재 여가의 황금시대에 접어들었고, 여가를 축구하기 위해 더 많은 시간과 수입을 소비할 것이라고 주장하였다. 어떤 사람들은 사람들 대다수가 그들이 가장 즐기는 것에서 일할 수 있는 여가와 일을 결합시키는 것이 우리의 목적이라고 설명한다. 일은 여가세계에서 가장 영향력을 미치고, 여가연구는 일이 지닌 의미에 대한 부가적인 이해가 없이는 유도되어질 수 없다.

검토문제 examination

01. 원시사회에서는 일이 지닌 중요성에 대해 어떻게 생각했을까?

02. 사람들은 당신이 알고 있는 일에 대한 태도와 어떤 점에서 차이가 나는가?

03. 대다수 노동자들을 위해 자동화가 어떤 방식으로 작업환경을 변화시켰는가?

04. 일에 대한 개념정의는 어떤 점에서 차이가 나는가?

05. 일이 지닌 외생적 또는 내생적 보상으로 가장 중요한 것들에는 어떤 것이 있는가?

06. 직무 만족과 불만족에 영향을 미치는 중요한 요인들에는 어떤 것이 있는가?

07. 어떤 유명한 사람은 가장 중요한 인간활동을 일이라고 생각한다. 어떤 신념이 그러한 믿음에 영향을 주었을까?

08. 부유하거나 유명한 사람들의 라이프스타일은 여가를 위한 삶만큼이나 "괜찮은 삶"으로 여겨졌다. 괜찮은 삶을 영위하기 위해서는 어떠한 노력을 필요로 할까?

09. *pragmaphilia*는 여가의 중요한 증거일까? 또는 그것이 여가가 잘 활성화되지 못한 이유를 설명해줄 수 있을까?

10. 여가가 일을 위한 하나의 보상이라면 열심히 노력하지 않고서도 풍요로운 여가생활을 즐길 수 있을까?

LEISURE & HUMAN BEHAVIOR

일의 대안들

PART 6. Work Alternatives

제6장

- 왜 노동의 양이나 노동을 지속시키는데는 한계가 있을까?
- 5일, 주당 40시간 일하는 것 외에 다른 대안은 어떤 것일까?
- 평생의 일 전략에서 발생하는 변산들은 여가나 삶의 질을 증진시켜 줄 수 있을까?

제6장

일의 대안들

Work Alternatives

제5장에서, 기술과 현대적인 작업환경이 노동자 소외를 증가시키고 직업에 대한 만족감을 감소시킨다고 지적하였다. 종사자들 대다수는 자율성이 결여되어 있고 내생적인 보상 대신에 외생적인 보상에 의해 자극되어 일하고 있었다. 사람들은 일상적인 즐거운 여가장면에서보다 일을 하는 시간 동안 더 많이 외생적 보상에 의해 자극되어졌다고 보고되었다.[1] 이런 감정들은 지각된 자유의 양, "내가 그것을 하기를 원했다(I wanted to do it)"로 평가된 활동의 시간 비율 등과 연관성을 지니고 있다. 자유의 양이 더 클수록 사람들은 더 즐거워하였다(그림 6.1을 보라). 만약 사람들이 여가경험 동안 보다 즐겁고 일 등과 같은 제한된 활동을 할 때 더 따분해 한다며, 자유재량시간의 양을 최대화시킴으로써 작업조건을 증가시킬 수 있을까?

01) M. Csikszentmihalyi and R. Graef, "Feeling Free," *Psychology Today,* December 1979, 90, 98.

<그림 6.1> 지각된 자유
('내가 하고 싶어 하는것'으로 평가된 활동 시간의 비율).

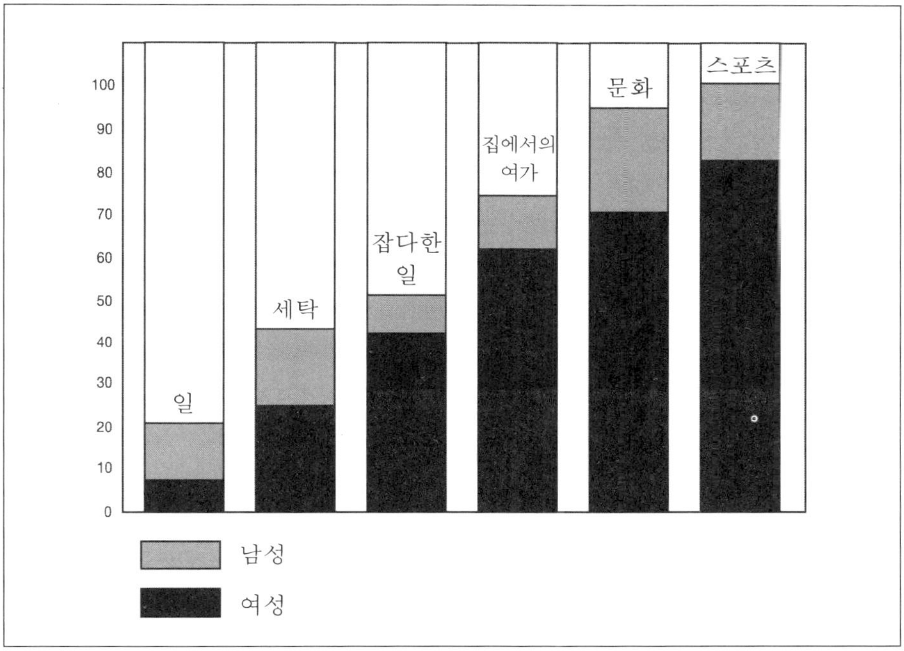

※ Adapted from M. Csikszentmihalyi and R. Graef, "Feeling Free," *Psychology Today*, December 1979, p. 90.

현대의 노동자들은 돈과 편익이 당연히 가지는 것으로 여겨지는 비교적 풍요로운 사회에서 성장하였다. 돈과 편익 이외에도, 노동자들은 학습이나 성장의 기회로부터 더 많은 심리학적 만족을 얻으려고 한다. 사람들은 그들의 재능이나 기술을 펼칠 수 있는, 가치있는 어떤 것을 성취하려고 하는 기회를 가지길 원한다. 어떤 노동분석가는 다음과 같이 현대의 노동자들에 대해 언급하였다. 즉 현대의 노동자들은 "회사에서 노동의 8시간 노동의 대가로 지급하는 돈 이외에 개별적으로 의미 있는 기술을 제공받는 것에서 더 많은 만족감을 느낀다."[2] 현대 노동자들은 (a) 보다 풍요롭고 (b) 더 많은 이차적 편익을 얻고, (c) 더 나은 교육을 받고, (d) 1년에 10번 정도의 휴가비를 지급받고 그리고

02) "New Breed of Workers," *U.S. News & World Report*, 3 September 1979 35.

(e) 사무직 노동에 더 많이 종사한다(노동력의 50%). 이런 선행의 지적에도 불구하고, 미시간 대학교의 Survey Research Center에 의해 조사된 노동자의 60%는 새로운 직업을 원하였고, 그들 중 39%는 저임금을 받았고, 36%는 사용되지 않는 기술을 가졌다고 보고하였고, 36%는 그들의 직업을 위해 필요 이상의 교육을 받았고, 그리고 55%는 더 많은 휴식시간을 원하는 것으로 밝혀졌다.[3]

현대의 노동자들은 의미있는 위치를 원할 뿐만 아니라, 그들은 일과 개인적 삶이 더 잘 균형이 이루어지길 원한다. Harris에 의해 실시된 조사는 다음과 같은 결론이 내려졌다. 즉 "보편적인 작업시간 조건은 현대 노동자들의 선호와 맞지 않는다."[4] 관리자들은 직업에 가장 큰 잠재적인 영향을 미치는 부모로서 나이가 들어감에 따라 자녀 양육이나 가정을 돌보는 일 등과 같은 가족에 대한 관심으로 노동자들이 혼란스러워하지 않도록 인정해주어야 한다. 최근 연구들은 종사자들의 일이나 가족갈등을 해결하는 것을 도와주는 동시에 노동자들의 사기를 북돋아주는 기업이 생산성에서의 증가나 이직율의 감소 등을 경험하였다고 확증하였다. Johnson & Johnson 연구에서는 또한 탄력성을 증가시킨 기업에서 장기 결근율이 일반회사에서의 노동력에서보다 평균 50% 정도 낮게 나타났음을 알 수 있다.[5] 탄력성이 증가된 작업장을 가진 가족적인 친밀한 환경을 촉진하는 기업은 종사자의 인식의 수용뿐만 아니라 덜 공격적인 회사에 대항하기 위한 하나의 경쟁적인 무기로서 그것을 이해하였다. 한 기업의 CEO는 작업장에서의 탄력성이 지닌 중요성을 확신함으로서 관리자에게 지급하는 25%의 돈이 노동자들의 개인적 목표를 얼마나 잘 충족시키도록 결합되어 있는지 이해할 수 있었다.[6] 노동자들은 또한 보다 탄력성이 있는 작업을 선택하기를 원한다. 1985년에, 남성의 37%와 여성의 76%는 탄력적인 노동시간에 관심있는 것으로 나타났다. 1990년경에는 그것이 남성에서는 56%로 증가되었고 여성에게는 똑같은 비율을 보여주었다. 1985년에 현 직장을 그만두기로 고려하고 있는 남성의 25%는 보다 탄력적인 직업이 제공되기를 기대하였고 이런 비율은 1990년 경에는 40%로 증가하였다.[7]

---

03) *Ibid.*, 35~36.

04) B. Olmstead and S. Smith, *Creating a Flexible Workplace*(AMACOM : New York, 1989), 193.

05) M. Galen, A. T. Palmer, A. Cuneo, and M. Maremont, "Work & Family," *Business Week*, 28 June 1993, 80.

06) *Ibid.*,82.

어떤 기업의 운영진은 종사자들이 증가된 탄력성을 남용하고 있는 것에 놀라워했다. 하지만 이런 사례는 드물다. 한 예는 AT&T 社는 1년동안 확장되고 있던 unpaid parental leave라는 프로그램이다. AT&T 社의 자녀를 둔 부모의 60%는 3개월 내에 그들의 일에 다시 복귀했고, 단지 10%만이 6개월 이상 더 있다가 돌아왔다. 모든 부서는 회사의 이런 unpaid parental leave option을 사용하였다. .어떤 사람은 그 기업이 사람들이 그다지 빈번히 사용하지 않는 수많은 옵션을 제공할 것이라고 추정하였다. 하지만 시카고대학교의 연구원들은 "높은 편익을 얻는 사용자(high benefit users)와 높은 수행을 보이는 사람(high performance) 간의 강력한 결합"이 "노동자들로 하여금 그것의 사용과 노동과 관련된 적절한 지원이 있을 때 수행이 최고로 나타났다"는 사실을 발견하였다.[8] 작업장이 지닌 탄력성에 대한 인간과 재정적 반응은 Work/Family Strategics Unit의 관리자가 있는 Hartford에 근거지를 둔 Aetna Life & Casualty 社에서 가장 잘 나타났다. Aetna 社는 여성 노동자의 70%가 임신후 복귀하지 않았다는 사실을 발견하였는데, 이것은 수백명의 종사자를 잃어버린 것을 의미한다. 탄력적인 계획을 포함한 새로운 leave 프로그램을 사용한 작업장에서는 30%대신에 88%가 가족 leaving－taking 후에 복귀하였다. Aetna 社의 입장에서는, 새로운 사람을 고용하는 것보다 기존의 노동자를 훈련시키는 것이 비용이 훨씬 덜 든다.[9] Levi Strauss는 휴가나 병가를 계획하거나 변동적인 휴가정책 대신에 노동자가 정하는 목표가 어떤 것이든 사용되어질 수 있는 날을 저축할 수 있도록 충고해주었다.[10]

비록 어떤 기업이 종사자들에게 좋은 탄력적인 옵션 선택이 증가되고 있지만, 다른 기업에서는 생존의 문제로서 탄력성을 제공하도록 동기 부여되어졌다. 어떤 관리자는 두 개의 화학공장을 둘러 보고나서 변화되어져야 할지, 아니면 그것을 폐쇄할지 결정한다. 그 공장은 지나친 장기결근, 알코올문제, 종사자의 150% 전직률, 18%의 상품쓰레기, 그리고 결코 복귀할 수 없을 만큼 신체상해를 입은 22명의 사람들 등으로 인해 곤란을 겪고 있었다. 그 관리자들은 노동자들이 투표를 통해 공장으로 다시 불러들이기 위한 노력을 하였고, 그 결과 4일 동안 10시간씩 일을 하는 방법을 채택하였다. 노동자들은 시간외 노동뿐만 아니라 점심이나 휴식계획을 통제할 수 있었고, 그 기업은 노

07) C. M. Solomon, "24-Hour Employees," *Personal Journal* 70, no.8(August 1991) : 60.
08) Galen et al., "Work & Family," 82.
09) C. Rooush, "Atena's Family-Friendly Executive," *Business Week*, 28 June 1993, 83.
10) Solomon, "24-Hour Employees," 63.

동자에게 보조 프로그램을 지원하여 주었고 현장에 심리학자들을 고용하였다. 이런 일의 대안으로 인해 어떤 결과가 발생했을까? 150%의 전직률이 매년 1%이하로 감소되었고, 장기결근은 일년 중 20일에서 3일로 개선되었고, 상품쓰레기도 18%에서 1%로 저하되었고, 그리고 심각한 부상도 발생하지 않았다.[11)]

기업은 다양한 유형의 고객들을 가진 시장변화에 보다 수용적이어야 할 것을 인식했을 뿐만 아니라 종사자나 환경에 보다 적극적으로 대처해야 함을 깨달았다. 증가된 종사자의 다양성은 일에서 대안이 증가되어져 함을 의미한다. 북미 Charlotte에 있는 Duke Power 社는 매년 노동자에게 22개의 개별적인 계획을 제공하였다. 일반적으로 다른 곳에서는 마찰이 40% 정도 발생하지만, Charlotte 지역은 단지 12%인 것으로 나타났다.[12)] 2천 2백만명의 캐나다 노동자에 대한 연구는 "공급을 초과한" 탄력적인 노동배열에 대한 수요가 나타났고 결국 높은 수준의 스트레스를 47%가 경험한 것이다.[13)] 탄력성은 종사자가 그것을 봉급이나 직무 안정성보다 낮은 것으로 평가하기 때문에 중요하다.[14)] 1994년에 출판된 한 연구보고서에서는 포춘지에 기사가 실린 500개 기업 중 80개 기업을 선정하여 그곳에서 근무하는 2억 4천명의 사람들의 25%가 어떤 유형의 탄력적인 노동 배열을 사용하였다고 보고하였다. 하지만 1.7%만이 임시직 배열을 가졌고, 0,6%가 재택근무를, 그리고 0.08%가 일감 나누기(job－sharing) 방법에 참여하였다.[15)]

대안을 제공하는 기업의 수는 증가하고 있다. 645개의 기업을 대상으로 한 연구에서는 다음과 같은 대안들이 회사의 설정된 비율에 의해 제공되어졌다. 즉 탄력적인 시간(flexible time)－50%, 임시직 일(part－time work)－47%, 직무 나누기(job sharing)－22%, 압축된 1주 노동시간(compressed workweek)－16%, 일년을 반으로 나누어 일하기(part－year work)－7%, 그리고 스케줄 상의 시간표대로 정확하게 지키기(school day)－4% 등이었다.[16)] 1994년

11) Galen et al., "Work & Family," 86.

12) C. Hawkins, "We Had to Recognize that People Have Lives," *Business Week*, 28 June 1993, 88.

13) A. G. Perkins, "The Costs of Inflexible Job Arrangement," Harvard Business Review 71、no.4(July/August, 1993) : 10.

14) C. Romano, "What's Your Flexibility Factor?" Management Review 83, no. 1(January 1994) : 9.

15) *Ibid.*

Working Woman에 게재된 "일을 하는데 있어 탄력적 배열을 사용하는 것이 정당한 일"이라는 기사는 일의 배치시 탄력적 배열이 지닌 대중성을 잘 보여준다.[17]

스케줄의 증가와 더불어, 기업들은 아동 보호센터, 피트니스 센터, 청소년 하계 캠프 프로그램, 그리고 자원봉사자 기회 등을 제공하는 것에서 더 많은 편익은 발견할수 있었다. 차를 두고 셔틀버스를 이용하는 가외의 인센티브는 Clean Air Act이고 기술진보는 편리하게 재택근무를 가능하게 하였다. Bank of America의 종사자들은 카풀을 하거나 대중교통수단을 이용하면 보조금을 지급 해 주는 운송프로그램을 이용할 수 있다. 사회적 책임을 가진 이미지는 기업들에 의해 많이 추구되어졌다. 결국 기업들은 어떻게 어떤 방식으로 노동력을 잘 활용할 수 있을지를 잘 생각해야 한다.[18]

노동력이 지닌 태도는 1966년 이래 극적으로 계속 변화된 것으로 나타났다. 그당시 한 연구에서는 노동자의 단지 10%만이 일을 덜하고 결과적으로 수입이 줄어드는 것을 선택했다는 결과가 제시되었다. 하지만 단지 10년 후 일을 덜 하고 수입이 줄어드는 것을 선택하는 사람의 수는 배로 증가되었다(표 6.1을 보라). 유사 연구에서는 노동자들은 임금 상승 보다 더 부가적인 유급휴가 일수를 선택하였다(표 6.2를 보라). 노동자들은 또한 어떤 것보다 특정 휴가계획을 선호하였다(표 6.3을 보라). 1990년대 초기에서 최근 발견들은 이런 시간과 일을 맞바꾸는 추세가 계속될 것이라고 제시하였다. 노동자의 54%는 동부 해안지역에서, 60%는 서부 해안 지역에서 조사되어졌는데, 하루의 가외 자유시간을 얻기 위해 기꺼이 하루의 대가로 지급되는 봉급을 포기하였다. 동부 해안지역의 피험자중 20%는 그들이 벌어들인 돈을 즐기기 위한 시간이 충분하지 않았다고 이야기하였다. 미국 서부지역 노동자들의 72%는 1990년대에 가장 중요하게 여겨졌던 휴가나 취미 등과 같은 개인적인 목적을 가진 것으로 나타났다.[19] 개인적 목적, 일, 그리고 시간고려 등을 검토한 연구자들은 미국인들의 66%가 "당신은 어떤 방식으로든 보낼 수 있는 자유시간을 가져야 한다"라는 개인적 목적을 공유한다는 사실을 발견하였다. 일년에 $30,000나 그

16) Solomon, "24-Hour Employees," 61.

17) S. M. Polland and M. Levine, "Asking for Flexitime," *Working Woman* 93, no.2 (February 1994) : 48.

18) Galen et al., "Work & Family," 81.

19) J. Rigdon. "Managers Who Switch Coasts Must Adapt to Different Approaches to Use of Time," *Wall Street Journal*, 14 August 1991, B1.

이상을 버는 사람들 중 70%는 기꺼이 "가외의 하루라는 자유시간을 얻기 위해 매주 하루 일한 대가로 지급되는 봉급을 포기할 것"이라고 하였다.[20] 이런 발견들이 비록 전 국민표본을 대표하는 것은 아니지만, 사람들이 어떻게 기꺼이 그 시간을 얻기 위해 교환하는 것에 영향을 미치도록 자유시간이 계획되어지는 방식을 지시해준다.

미국인들은 단지 시간단축에만 관심 있는 노동자가 아니다. 유럽 국가 8개국가 중 6개 국가에서 노동자의 절반 이상은 의견 조사에서 더 많은 봉급을 받을 수 있으면서 더 단축된 시간을 선택하였다. 66%의 덴마크 노동자들은 더 단축된 시간에 대해 가장 높은 비율의 선호도를 나타냈다. 아일랜드 사람들은 더 많은 봉급을 받을 수 있으면서 더 단축된 시간을 선택할 확률이 단지 32%로 8개국 중 가장 낮게 나타났다.[21] 만약 그 시간이 그들의 개인적 욕구를 충족시키도록 계획되어질 수 있다면 사람들은 기꺼이 수입을 교환할 것이다. 구매력에 방해효과를 미치는 인플레이션 비율은 1960년대와 1970년대 질적인 진보를 저하시켰다. 미국인들은 주당 49시간을 고용, 수면, 또는 다른 지속적인 의무 등에 분담하는데 시간을 소비하지 않았다. 주당 40시간의 노동은 13%에서 40%에 이르는 깨어 있는 시간 동안 자유(free)시간의 비율이 증가한다는 것을 의미한다.[22] Lou Harris 여론 조사는 1976년에서 1987년 사이에 여가를 위해 인식된 시간이 주당 26시간에서 16시간으로 감소되었음을 보여준다. 이것은 "자유시간(free time)"이 여가가 아니고 봉급을 지급받고 일하는 시간 동안 감소되어질 수 있고, 봉급을 받지 못하는 개인적인 일의 총량이 매우 증가할 수 있음을 강조한다. 하지만 노동자는 사소한 편익, 개인적 성장, 그리고 여가 시간 등에 대해 오랫동안 즐겁게 관심을 가지지 못했다.

---

20) C. Hymowitz, "Trading Fat Paychecks for Free Time," *Wall Street Journal*, 5 August 1991.

21) P. Rathkey, *Time Innovations and the Deployment of Manpower*,(Aldershot, England : Avebury, 1990),60.

22) R. Poor, "The Economics of Leisure : An Emerging Emphasis on Human Development," in *Leisure in Our Changing Society*, eds. C. F. Simmins and F. H. Pedersen(Peekskill, N.Y. : New York State Recreation and Park Society, 1974), 115~126.

<표 6.1> 1966년과 1976년 사이의 노동자들의 태도 변화
(Change in Worker Attitude Between 1966 and 1976)

일/봉급 옵션 (Work/pay option)	1966(%)	1976(%)
일은 동일/수입 동일	56	62.0
일이 더 많음/수입 동일	34	16.2
일이 더 작음/수입 감소	10	21.[illegible]

※ Source : *Adapted from F. Best,* "Preferences on Worklife Scheduling and Work-Leisure Tradeoffs," *Monthly Labor Review,* 101, no.6(June 1978) : 32

<표 6.2> 다양한 임금/휴가 옵션을 선택하는 노동자의 비율
(Percentage of Workers Selecting Various Pay/Vacation Options)

동등하게 드는 비용 옵션	최초의 선택(%)
2% 봉급 상승	14.2
각 노동일에서 10분 감소 (10minutes reduction of each workday)	0.7
매주 하루 노동일에서 50분 감소 (50minutes reduction of one workday each week)	12.2
매년 휴가에 지급된 부가적인 5일 (5 additional days of paid annual vacation	55.6
매년 7일 노동일에 의한 초기 퇴직 (Earlier retirement by 7 workdays a year	17.2

※ Source : Adapted from F. Best, "Preferences on Worklife Scheduling and Work-Leisure Tradeoffs," *Monthly Labor Review,* 101, no.6(June 1978) : 33

<표 6.3> 다양한 휴가계획을 선택하는 노동자의 비율
(Percentage of Workers Selecting Various Vacation Schedules)

매년 지급된 휴가를 위한 6주의 옵션 (Options for Six Weeks of Annual Paid Vacation	최초의 선택(%)
6주 연속	9.5
3주로 두번	31.6
2주로 세번	44.5
1주로 6번	10.5
30개의 개별적인 날로 분할해서	3.92

※ Source : *Adapted from* F.Best, "Preferences on Worklife Scheduling and Work-Leisure Tradeoffs," *Monthly Labor Review,* 101, no.6(June 1978) : 34

6.1 왜 노동시간을 제한할까?

(Why Limit Working Hours?)

1915년 오레곤 주(州)에서 노동시간을 10시간으로 제한시킨 법을 제정한 것은 많은 논란을 유발하였다. 그 당시 산업노동자가 주당 72 시간 또는 84시간을 일하기 위해 고용되어진다는 것은 일반적인 일이 아니었다. 하루에 12시간, 주당 7일을 일한다는 것이 지닌 문제점은 어떤 종사자가 매주 또는 2주에 걸쳐 상이한 변화(주간에서 야간교대로, 또는 그 반대로)를 위해 전환하였을 때 증가되어졌다. 이런 변화에 영향을 미치기 위한 가장 일반적인 계획은 노동자로 하여금 "18시간 또는 24시간 계속적으로 휴식 없이 노동시간을 채워야 하는" 것이다.[23)]

23) F. O. Bunting, *The Case for the Shorter Work Day : Supreme Court of the United States, Brief for Defendant*(New York : National Consumer's League, 1915), 946(hereafter cited as *Case for the Shorter Work Day*).

> Oregon주(州)에서 1913년 제정된 법은 다음과 같이 진술하였다. 제재소, 공장, 또는 제조업체에서 하룻 동안 10시간 이상 근무하는 노동자는 육체적 건강이나 복지가 손상되기도 하고, 그러한 지나친 노동시간은 그 주의 시민으로서 요구되어지는 것을 하기에 적절한 지능을 획득하는 것을 방해하는 경향이 있다.[24)]

노동시간을 강제적으로 법적으로 규제하는 특별한 정규칙을 제정하여 사용하는 이런 방법은 미국뿐만 아니라 유럽에서도 이미 사용되어져 왔다. 이러한 특별규칙은 노동자의 건강을 위협하는 일방적인 거래(single trade)에서 시작되었다. 예를 들어 1905년 독일 남성은 납을 녹이는 작업장에서 그체 납 유해물질을 함유한 연료를 소각하는 일을 하루 4시간 동안만 하도록 제한되었다. 결국 특별규칙 제정은 산업고용에서 모든 노동자들에게 널리 퍼져가게 되었다.

단축되어진 주당 노동시간은 National Vitality Statistic에 의해 지원되어졌다. 산업노동자들은 다른 사회계층에서보다 사망률과 질병 발생률이 높게 나타났고, 그것은 농업에 종사하는 사람들의 사망률보다 2배도 높은 것이다. 산업노동자들은 지나치게 많은 일을 하였다. 그들은 그들에게 부여된 시간을 사용하기도 전에 지치게 되었고 결국 질병에 대한 저항력이 낮아지게 된다. 그 노동자들은 쉽게 피로하고 지치게 되는 경향이 있다. 긴장이 증가된 현대 산업사회에서는 이러한 사회적 · 비경제적 측면이 증가되어졌다. 기계화를 통한 생산율은 증가되어졌다. 개개 노동자들은 더 기계에 의존하게 되고, 그 기계들은 보다 정교한 과정 또는 자동화 수행을 필요로 하였다. 1912년 추정치에서는 사망률의 약 40% 정도가 피로에 의해 발생된 결과라는 것을 분명하게 보여준다.

결국 사회는 다음과 같은 사실들을 고려하였다. 즉 (a) 그 국가의 실재적인 경제적 부는 피로해진 노동력으로 인해 발생하는 위험에 있다 (b) 그 국가의 복지에서 핵심적인 가족생활은 부모들의 장기간, 힘든 노동시간으로 인해 곤란을 겪는다, 그리고 (c) 그 나라의 방어수준은 남자들의 육체적 조건에 의해 제한되어질 수 있다. 문명화된 시민들은 산업화 영역에서는 그들의 존재가 발전되어지지 않는다. 노동자들은 공공도서관, 강연, 또는 레크리에이션 센터 등이 제공해주는 이점을 누릴만한 시간이나 에너지를 가지지 못하였다. 하루 10시간의 노동을 옹호하는 사람들은 다음과 같이 믿었다. 즉 "높은 인구비율의

---

24) General Laws of Oregon, 1913, Chap, 102, sec. 1, 169.

감소는 전체 공동체나, 육체적 · 정신적 · 그리고 도덕적인 면이 저하되는 것을 어찌할 수 없다."[25] 1913년에서조차 어떤 사람은 "연속적으로 일을 한 후, 어느 정도의 여가와 레크리에이션이 생리학적으로 필요하다"고 하는 사실을 알았다.[26] 1915년경, 250개 도시들은 레크리에이션 센터와 놀이터를 설립하였다. 612개의 학교와 133개 도시들에 있는 빌딩에서 야간 레크리에이션 프로그램이 존재하였다. 어떤 하버드 대학교의 교수는 "많은 수의 사람들은 단지 수입의 증가에 대해서만이 아니라 여가의 증가에 대해서도 관심을 가지고 있는데, 여가는 휴식을 위해, 놀이를 위해, 교육을 위해, 더 행복하기 위해, 그리고 더 나은 삶을 영위하기 위한 것이다."[27] 여가는 훌륭한 시민이 가지는 중요한 요소로서 간주되어졌다. 노동시간의 감소는 보다 많은 직업을 생성시키게 하였으며, 그리고 여가시간에서의 증가는 상품에 대한 수요를 자극시켜 더 많은 소비가 이루어지게 하였다.

상류계층에 있는 어떤 시민들은 노동시간의 감소에 따른 결과에 대해 걱정하였다. 그들은 술 소비의 증가와 다른 비도덕적 행위가 증가하고 생산은 감소될 것이라고 우려하였다. 하지만 대영제국이나 독일 등과 같은 다른 산업화된 국가들에서는 단축된 시간이 번영을 저해하기보다는 오히려 증가시켰다. 효율성과 생산성은 신체적 건강이 향상된 것처럼 증가되어졌다. 종사자들은 노동이나 고용주에 대해 더 우호적인 태도를 취하였다.

많은 직업에서 노동시간은 "1930년대에도 잘 맞았듯이 하루에 12~13시간, 주당 6일"을 유지하였다.[28] 종사자들은 평균적으로 대략 1860년대에는 주당 70시간, 1900년대는 62시간, 1920년대에는 50시간, 그리고 1960년대에는 40시간을 일하였다. 주당노동시간은 1960년대 41시간이 될 때까지 매 10년 단위로 3시간씩 줄어들었다.[29] 평균 주당 노동시간이 35시간으로[30] 줄어들 때까지 조금씩 줄어드는 추세를 유지하고 있었다.[31]

---

25) Bunting, T*he Case for the Shorter Work Day*, 452,

26) *Ibid.*, 499.

27) F. W. Taussing, "The Shorter Work Day," *National Civic Foundation Monthly Review* 1(October 1904) ; 14.

28) J. C. Pierce, J. W. Newstrom, R. B. Dunham, and A. E. Barber, *Alternative Work Schedules*(Boston : Allyen and Bacon, 1989), 9.

29) S. A. Levitan and R. Belous, *Shorter Hours, Shorter Weeks : Spreading the Work to Reduce Unemployment*(Baltimore, Md. : Johns Hopkins University Press, 1977), 6(hereafter cited Shorter Hours, Shorter Weeks).

30) Pierce et al., *Alternative Work Schedules*, 10.

노동시간의 감소는 노동조합이 초기 미국 노동운동 동안 투쟁과 실업을 줄이기 위한 수단으로 사용해온 하나의 방법이다. 여가의 증가와 직무가 지닌 안정성의 문제는 주당 40시간의 노동에 대해 감소나 대안을 제시하도록 압력을 가하였다. 사람들은 만약 다양한 노동/여가계획을 선택할 수 있다면 그들의 직업에 대해 더 좋게 느끼고 여가가 증가될 것이라고 느낄 수 있을까? 노동과 다른 인간적인 활동을 증가시키는 것은 Organization for Economic Cooperation and Development의 회장에 의해 "그 날의 중요한 문제 중 하나(one of the major issues of the day)"라고 불렀다.[32]

대안들은 그 날, 그 주, 바로 그해, 그리고 생활하는 동안 다양하게 고안되어질 수 있다. 퇴직 전의 개인이 조기 은퇴를 하고 싶어 하지 않거나 퇴직 후를 위한 경제적 여유가 충분하지 않다면 그들이 정규직으로 계속 일할 수 있는 어떠한 선택이 존재할까? 아이 양육 책임을 나누어가지길 원하는 남성을 위해서는 어떤 대안이 이용가능할까? 또는 한 가지 직업이 다른 어떤 것보다도 재정적으로 매력적인 것 같을 때 또는 창조적이거나 인도주의적인 도전으로서 소구력을 가지지만 낮은 봉급을 받는 직업이라면 그 사람은 어떻게 할까? 재교육하거나 또는 가족여가를 즐기는 것을 원하지 않는 노동자들은 어떻게 되는가? 사람들은 상이한 욕구와 리듬을 가지고 있다. 우리는 "그들에게 허용된 어떤 것을 하려고 한 때 모두 편익을 얻기를 바라는 경향이 있다."[33] 농장에서 일하지 않는 사람들의 80%이상은 1주일에 5일 정도 일하고 일하는 5일 동안 이들의 2/3가 40시간씩 일을 하고 있다. 대체로 일의 시작시간은 오전 8 : 00 경이고, 종료시간을 오후 5 : 00이고, 노동자 10명 중 1명 미만만이 직업이나 작업스케줄에 대해서 어떤 선택을 할 수 있다.[34] 주당 5일씩 40시간 일하는 것에 대한 대안을 찾기 위한 노력은 노동력의 노령화나 새로운 생활양식 추구 등뿐만 아니라 일하는 여성, 독신 부모들, 그리고 맞벌이 부부 등의 수적인 증가에 의해 자극되어져 왔다.

---

31) J. R. McClean, J. A. Petterson, and D. W. Martin, Recreation and Leisure : *The Changing Scene*(New York : Wiley, 1985), 59.

32) The Organization for Economic Cooperation and Development, *New Patterns for Working Time(*Paris : International Conference, 19730) 25.

33) R. Poor, ed., Four Days, Forty Hours(Cambridge, Mass.L Bursk & Poor, 1970), 8.

34) S. D. Nollen, *New Work Schedules in Practice : Managing Time in a Changing Society(*(New York : Van Nostrand-Reinhold, 1982), 1(hereafter cited *New Work Schedules in Practice).*

6.2 하루

(The Day)

두 가지 중요한 의사결정은 1일 노동시간(working day)과 관련성을 가진다. 각 개인이 일한 총 시간과 이런 시간들이 개인들에 의해 이루어졌을 때 등이다. 고용상황의 대부분은 오전 8시에서부터 오후 5시까지 하루에 8시간 정도 일하는 노동자들이 점심이나 한두 번의 휴식을 취하는 경우로 이루어져 있다. 충분한 수용능력을 갖춘 기계시설을 작동하는 산업공장, 석탄 광산, 많은 공공서비스, 그리고 다른 조직들은 8시간을 다양하게 이용하도록 조직화되어졌다. Break-free day를 위한 일차적인 대안들(어떤 나라들에서는 정오의 휴식시간이 노동자들이 점심을 먹기 위해 집에 돌아가기에는 너무 짧은 시간에서 노동양상을 표현하기 위해 사용되어짐)은 시차제(staggered hours)나 자유로운 근무시간 선택 등을 포함한다.

6.2.1 시차제

(Staggered Hours)

대다수의 큰 도시들에서는 기업마다 업무를 시작하고 끝내는 시간을 다르게 하여 시차를 두어 시간을 다양하게 활용하는 방법을 검토해왔다. 예를 들어 뉴욕 근로자들은 일정 비율로 일의 시작시간이 오전 7시로 할당되어질 수 있고 반면에 어떤 다른 기업에서는 시작시간을 오전 7시 30분, 8시, 8시 30분, 또는 9시로 규정지울 수 있다. 유사한 절차의 유형이 하루를 마치는 시간에서도 나타날 수 있다. 1955년 프랑스, Metz에서는 시차제가 현존의 대중교통 체제에서도 효율적으로 적용되어질 수 있다고 믿었다. 1960년대 동안 다수의 유럽 도시들은 이 제도를 채택하였다. New York과 New Jersey의 Port Authority에서는 대중교통체제를 개선하고 에너지를 절약하기 위해 1970년대에 하나의 프로젝트를 시행하였다. 지하철 노선과 정거장의 수, 버스와 열차 배차시간, 그리고 인도와 vehicle count 등과 같은 수많은 수단들이 프로젝트 평가를 위해 사용되어졌다. 일반적으로 시차제는 교통혼잡을 줄이기 위해 제안되어져 왔고, 통근시간의 절약, 주차장소의 혼잡 해소, 그리고 사람이 덜 몰리는 시간에 보다 편안한 이동이 가능하게 하였다. 뉴욕 시에서 실시한 시차제는 "rapid－rail system 상에서 교통혼잡을 해소하는데 보다 효율적이고 수용능력이 가진 제한점보다는 주차 수요로 인해 발생하는 문제를 경감시켜 줄 수 있는 것으로 증명되었다."[35)]

Washington D.C.나 Paris나 Tokyo 등과 같은 다른 거대 도시들은 시차제를 사용하였다. 교통혼잡이 줄어들었지만, 하루 중 늦게부터 일을 시작하는 종사자들은 이런 방법에 대해 달가워하지 않았다. 어떤 기혼 커플들은 작업스케줄을 다르게 할당하는데 어려움을 겪었다.[36)] 다른 커플들은 한쪽이 아이를 돌보거나 개인적 시간을 조깨어 가면서 그 시간을 활용하여야 했다.

시차제는 많은 기업들이 사용하여 왔지만, 사람으로 인해 발생하는 어떤 조직에서의 내부의 혼잡은 주차를 하거나 출근부에 도장을 찍을 때도 여전히 존재한다. 다른 장소나 조직들에서는 부서나 개별 종사자들이 일을 시작하기를 원하는 시간을 선택할 수 있게 허용해주었다. 시차제의 집단내 선택 또는 개별적인 선택은 시작시간의 선택에서 임시적인 변화를 가능하게 하였고 결국 종사자의 자유재량시간을 증가시켰다.[37)] 국지적인 문제를 해결하는데 있어 다양한 시차제를 채택하여 성공하는 것은 전체적으로 표준화된 근무일(workday)에 대한 다른 대안을 제시해준다. 근무시간의 탄력적인 선택이나 작업시간을 자유롭게 선택하는 것은 시차제의 가장 성공적인 결과물이다.

근무시간 자유선택제(FLEXITIME)

독일의 한 항공우주산업 기업의 인사관지라는 "Gleitzeit"라는 탄력적인 작업시간이라는 개념을 1967년에 도입하였다.[38)] 그 관리자는 대중교통 체계가 Munich의 교외에서 이동하는 3천만명의 정신노동 종사자들에게는 부적절하고, 심한 교통혼잡이 자동차를 이용해서 움직이는 노동자들 대다수에 의해 발생되어진다고 언급하였다. 그 관리자는 또한 종사자들이 러시아워를 피하기 위해 지나치게 일찍 출발한다고 보고하였다.

탄력적인 스케줄은 개개 근무일 동안 핵심시간(core time)의 설정과 탄력

35) *Ibid.*, 236.

36) The Organization for Economic Cooperation and Development, *New Patterns for Working Time,* 45.

37) Pierce et al., *Alternative Work Schedules*, 14.

38) S. Folkard and T. H. *Monk, Hours of Work : Temporal Factors in Work Scheduling*(New York : Wiley, 1985), 152.

적인 시간 등의 이 두 가지 시간차원으로 구성되어 있다. 핵심시간은 모든 노동자들이 각각의 직업에서 종사하고 있을 때를 나타낸다. 종사자들은 하루(day), 일주(week), 또는 한달(month) 등에 의해 규제되어져 온 계약된 총 근무 시간 내에서 가능한 한 그들의 시간에 맞는 자유로운 시간 동안 출퇴근을 자유롭게 한다. 대개 핵심시간은 그날의 근무기간(오전이나 오후)을 위해 설정되어질 수 있다. 그 날의 하루 종일 일을 하는 대신에 두 개의 핵심적 시간을 선택하는 것은 하나의 자유로운 탄력적인 점심시간을 가능하게 하였다. 종사자들은 단축적이거나 확대된 점심시간을 선택할 수 있다. 확대되어진 점심 휴식은 사람들로 하여금 "점심을 먹기 위해 집에 가고, 가족의 일상적 모임에 참석하고, 쇼핑하기 위해, 또는 레크리에이션 활동을 추구"할 수 있게 해주었다.[39] 예를 들어 한 기업은 오전 9시 30분, 11시 30분 그리고 오후 2시, 4시를 핵심시간으로 선택하였고, 노동자들은 오전 7시에 출근해서 오후 6 : 30까지 근무하였다(그림 6.2를 보라). 단지 하나의 핵심시간을 사용한 다른 자유시간 선택은 재봉틀 제조업체인 Levi Strauss 社에 의해 사전 검사로 실시되었다. 핵심시간은 오전 10시에서 오후 2시로 설정되었지만 탄력성은 오전 6시와 10시 사이 그리고 오후 2시와 6시로 정해졌다.[40] 더 많은 탄력성은 어떤 조직이 한달 동안에 10시간의 신뢰로운 균형을 축척할 수 있을 때 가능하였다.

1977년 스위스의 노동력의 약 40%와 서독의 25% 정도가 근무시간 자유선택제를 사용하였다.[41] 미국에서는 그런 아이디어가 비교적 늦게 채택되었다. 1978년 미국 비즈니스의 13%만이 이것을 사용하였고 미국 노동자의 6%만이[42] 이런 체제[43]를 사용한 회사에 고용되었다. 하지만 1980년 무렵, 모든 nonfarm wage와 봉급 근로자들의 11.9%인 7억 6천만명의 노동자들은 탄력적인 스케줄을 가지고 있었다.[44] 그리고 1985년경 탄력적인 시간은 전체 정규

39) S. Ronen, *Alternative Work Schedules : Selecting, Implementing and Evaluating*(Homewood, Ill. : Dow Jones-Irwin, 1984), 76(hereafter cited *Alternative Work Schedules : Selecting).*

40) Solomon, "24-Hour Employees," 62.

41) "The Swelling Ranks of Workers Who Set Their Own Hours," *U.S. News & World Report,* 1 August 1977, 62~63.

42) B. Rice, "Newsline : Work. Scorecard on Flexitime," *Psychology Today,* December, 1979, 27.

43) "At Work : Changing Patterns Where You Work," *Changing Times* 32, no. 9(1978), 23.

44) Pierce et al., *Alternative Work Schedules,* 21.

직 wage와 봉급노동자들의 12% 정도가 이용하였다. 1987년, 미국 Bureau of Labor Statistics에 의하면, 1,202명의 노동자를 대상으로 근무시간 자유선택제를 조사한 결과 그들 중 43.2%가 탄력적으로 노등시간을 활용한다고 보고하였다. 미국에서의 1975년 최초로 실험된 Washington 시의 Geological Survey는 근로자들이 7 : 45에서 4 : 15까지의 정규 스케줄을 업무시작시간(7 : 00)과 업무종료시간(5 : 30)에 맞춰 핵심시간을 9 : 00에서 3 : 00으로 변화시켰다.[45] 추후 조사는 그 노동자의 68%가 그들의 가족과 더 많은 시간을 보낸다는 사실을 보고하였다.[46]

1990년에 발간된 영국의 한 연구는 정규직 노동표본의 23%가 어떤 유형의 탄력적인 시간 배열을 사용하였고 그리고 그런 기회를 갖지 못한 사람들의 거의 절반 정도가 근무시간을 자유롭게 선택하기를 원하는 것 같다고 주장하였다.[47] 1978년 실시된 Washington D.C.의 연구결과는 근무시간을 자유롭게 선택하여 노동시간을 변경시킨 근로자들의 25%－하루 중 55분－가 그들의 가족과 보내는 시간을 늘렸다는 사실을 알려준다. 처음에는 40분을 가족과 같이 보내다가 나중에는 51분을 보내는 것으로 나타났다.[48] 가족과 관련된 컨퍼런스가 백악관에서 1980년에 개최되었다. 채택된 가장 강력한 정책적 조안은 “종사자는 작업스케줄을 선택할 수 있는데, 그것은 그들르 하여금 가족생활과 관련된 요구를 직장에서 이룰 수 있게 해 주었다.”[49] <표 6.4>는 기업이 근무시간을 자유선택제로 전환했을 때 유발되어 질 수 있는 결과를 제시한 것이다. 근로자는 또한 일과 개인적인 생활간에 더 나은 균형을 유지할 수 있고, 더 쉬운 여행, 더 많은 자유, 그리고 일의 리듬과 작업량간의 적절한 조화 등을 이룰 수 있다고 보고하였다.[50] 근무시간 자유선택제(Flexitime)는 종사자들로 하여금 생활주기에 변화속도를 맞추는 것뿐만 아니라 신체내에 존재하는 생물학적 시계가 적응할 수 있게 해주었다. 관리자들은 스케줄 조정이 지닌 어려움과 감독 문제와 관련되어져 이러한 노동에서의 자유로운 탄력적 시간을 점차 감소시켰다.[51] 하지만 결국 그것이 주는 이점은 단점보다 훨씬

45) O. Muller and M. Cole, “Special Flextime Reports : Concept Win Converts at Federal Agency,” *Monthly Labor Review* 100, no.2(February 1977) : 71-74.

46) J. Houston, “Flexible Work Time Punches In,” *Kiwanis Magazine*, March 1978, 19~21.

47) Rathkey, *Time Innovations and the Deployment of Manpower*, 107~108.

48) Nollen, *New Work Schedules in Practice, 161.*

49) *Ibid.*, 159.

50) M. Wade, *Flexible Working Hours in Practice*(New York : Wiley, 1973), 15.

많다. 연구자들은 일반적으로 다음과 같은 사실을 발견하였다. 즉 "종사자들의 태도에서 중요하고 긍정적인 변화는 탄력적인 작업스케줄의 도입에 따른 결과이다."[52]

근무시간을 자유롭게 선택할 수 있는 이러한 정책이 성공했다는 증거는 "American Management Association 에서 집계한 196개 기업 중 단지 8%만에서 탄력적인 스케줄을 버렸다"는 것에서 알 수 있다. 의약품을 취급하는 기업에서는 감독자의 감시가 없는 상황하에서 노동자들의 83%와 감독이 있는 상황하에서의 노동자들의 81%는 고정된 시간계획으로 되돌아가는 것에 대해 반대하였다. 감독이 있는 상황하에서의 노동자들의 85%는 근무시간 자유선택제가 종사자의 사기를 증진시켜 주는 것으로 생각하였다. 근무시간 자유선택제하에서의 종사자는 또한 조직에 대한 애착을 더 많이 표현하였고, 그리고 그만두려는 의도나 무단결근율이 줄어들었다. 다양한 대안을 연구한 결과 "가장 많은 자유재량(discretionary) 시간을 가진 집단이 가장 강한 애착을 가진다"는 것으로 나타났다.[53] 심지어 더 많은 자유재량시간은 스웨덴, 프랑스, 그리고 독일 등에서 실험되어져 온 "탄력적인 일년(flexiyear)"이라 불리는 변산하에서도 가능하다. 이런 스케줄 하에서 종사자는 일하는 시간을 협상한다. 탄력적인 하루(flexible day), 주, 그리고 한해(year) 등의 수많은 변산이 존재한다.[54] 최대한의 탄력성(Maxiflex)은 신뢰성을 얻게 되고 debit hour와 핵심시간은 월요일, 금요일 등과 같이 모든 날에서 필요로 하지 않는다.

Psychology Today의 독자중 78%는 "그들은 작업을 시작하고 마치는 시간을 정할 수 있을 것이다"라고 반응하였는데,[55] 이것은 탄력적인 스케줄 체제에 대한 선호를 나타낸다. 근무시간 자유선택제하에서 작업시간을 선택할 수 있는 자유는 노동자들에게 통제감과 자율성을 더 많이 주었다. 근무시간 자유선택제하에서의 종사자들은 가장, 가족생활, 그리고 일 등을 더 잘 조화시켰다. 그런 결과는 직업에 대한 만족을 증가시키는 경향이 있다. 노동자들은 바쁘지 않은 시간(off−peak time) 동안 레크리에이션 시설을 더 많이 활용할 계획을 세울 수 있고 이것은 잠재적인 만족감을 증가시켜 줄 수 있고, 여가비용이 덜

51) Pierce et al., *Alternative Work Schedules,* 30.
52) Houston, "Flexible Work Time Punches In," 19~21.
53) Pierce et al., *Alternative Work Schedules,* 35.
54) Ronen, *Alternative Work Schedules : Selecting,* 81~85.
55) P. Renwick, E. E. Lawler, and the *Psychology Today* Staff, "Special Report : What You Really Want from Your Job," *Psychology Today,* May 1978, 54.

들게 할 수 있다. 교통혼잡으로 인한 스트레스로부터 벗어날 수 있는 것은 많은 사람들에게 신체적이고 정신적인 편익을 줄수 있을 뿐만 아니라, 의도하지 않았지만 연료를 절약할 수 있게 해준다.

근무시간 자유선택제는 표면적으로 전통적인 주(week)에 대한 가장 일반적인 대안으로 간주되었다. Association of Research Libraries의 1991 조사에 대해 응답한 도서관들의 84%는 근무시간 자유선택제를 사용하는 것으로 나타났다. 이 연구에서 다음과 같이 비평을 하였다. 즉 "사람들이 스케줄을 작성하는데 있어 권한이 주어졌다는 것을 아는 것은 사기를 고양시켜 줄 수 있다고 믿는다. L.A.에서의 교통상황, 가족과의 스케줄 조정, 다른 흥미나 의무 등과 같은 요인들은 사람들이 시간을 탄력적으로 운영하는더 있어 중요한 요소들이다.[56]

근무시간 자유선택제는 종사자들이 조절할 수 있을 때 그 효과가 가장 잘 나타난다. 다음과 같은 네 가지 상황이라면 어려움이 발생할 수 있다. 즉 만약 (a) 기계가 집단작업에 속도가 맞춰졌다면, (b) 연속적으로 적용범의(coverage)가 요구되어질 때, (c) 어떤 주어진 일에 얼마간의 좋사자들이 있을 때, 또는 (d) 광범위한 의사전달(communication)과 상호작용이 필요할 때 등이다.

<그림 6.2> 근무시간 자유선택제의 예(Flexitime Example)>

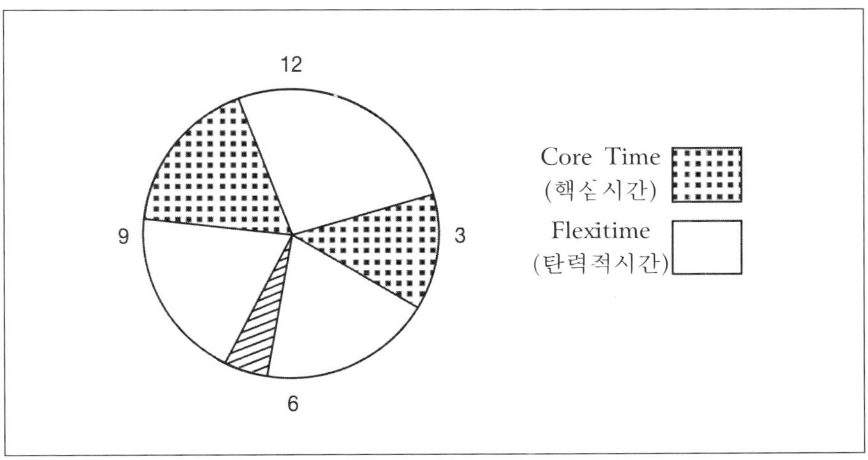

56) D. Zabel, L. Friend, and S. Meringol, "Flexible Work Arrangement in ARL Libraries," *System and Procedures Exchange Center*(January 1992) Kit 180,, 7.

<표 6.4> 근무시간 자유선택제로 전환됨에 따라 나타난 변화들
(Noted Changes Caused from Switching to Flexitime)

증가된	감소된
설비의 활용(Equipment Utilization)[a]	무단결근(Absenteeism)[b]
여가시간(Leisure time)[c]	인위적인 일의 방해 (Artificial work interruption)[d]
조직에 대한 애착 (Organizational attachment)[e]	비용(Costs)[f]
생산성(Productivity)[g]	종사자의 이직(Employee turnover)[h]
고객에 대한 서비스(Service to Client)[a]	Leave-time의 활용(Leave-time usage)[i]
개인적 일을 위한 시간 (Time for personal affairs)[a]	시간외 근무의 필요성(Need for overtime)[a]
시간기록계의 사용(Use of time clocks)[e]	발생 사건수(Number of accident)[k]
어머니, 장애 가진 사람들, 그리고 노인들을 위한 일의 가능성 (Work possibilities for mothers, handicapped, and the aging)[j]	시간기록계의 고장[d] (Resentment of time clocks)[d]
노동자들의 사기와 직업에 대한 만족감 (Workers morale and job satisfaction)[h]	스트레스(stress)[e]
노동자의 책임성(Worker responsibility)[a]	느림(Tardiness)
	여행 시간(travel time)[c]

※ a. *J. Neipert Hedges, "Special Flexitime Reports : Flexible Schedules : Problems and issues,"* Monthly Labor Review *100, no.2(Feb,1977) : 62~65.*

b. *J.L. Welch & D.Gordon, "Assessing the impact of Flexitime on Productivity."* Business Horizons, *23(1980) : 61~65.*

c. *M.A. Hopp & C.R. Sommerstad, "Special Flexitime Reports : Reaction at Computer Firm : More Pluses than Minuses,"* Monthly Labor Review 100, *no.2(Feb,1977) : 69~71.*

d. *M. Wade,* Flexible Working Hours in Practice*(New York : Wiley, 1973), p.14.*

e. *J, L. Pierce & J.W. Newstrom, "Employee Responses to Flexible Work Schedules,"* Journal of Management *8(1982) : 9~25.*

f. *S.Ronen,* Alternative Work Schedules : Selecting, Implementing, & Evaluating*(Homewood, Illinois : Dow Jones-Irwin,1984), p.90.*

g. Monthly Labor Review, *"Special Flexitime Reports : Federal Employees See Increase in Productivity," 100, no. 2(Feb, 1977) : 66.*

h. *J. Houston, Flexible Work Time Punches In,* "Kiwanis Magazine, *March 1978.*
i. *E.J. Hamick, G.R. Vanek & J.F. Michlitsch, "Alternative Work Schedules, Productivity, Leave Usage, & Employee Attitudes; A Field Study,"* Public Personnel Management, *15, no. 2(Summer 19860: 159~69.*
j. *S. Nollen &V. Martin,* Alternative Work Schedules, Part I : Flexitime*(New York* : American Management Association,1978), p.5.
k. *The Organization for Economic Cooperation & Development,* New Patterns for Working Time*(Paris: International Conference, 1973), p.48.*

6.3 한 주

(The Week)

전통적으로 미국의 주 노동시간(workweek)은 2일의 주말이 수반된 5일 연속적인 근무일(workday)－월요일에서 금요일까지－로 구성되어 있다. 표준화되어진 한 주는 사람들이 2일의 주말을 위해 여가시설로 몰리게 되고, 더 큰 도시로 가거나 돌아오는 사람들로 인해 금요일과 일요일 저녁에는 교통체증이 심해지고, 서비스 종사자들은 불규칙적인 스케줄을 가지게 되고, 그리고 일요일에는 어떤 활동이 제한되어지게 되는 원인이 된다. 한 주의 노동으로부터 피로를 회복하는데 필요한 시간의 양에서 어떤 논쟁이 발생할 수 있는데 이것은 과연 2일만으로 충분한가하는 문제이다. 사회에서 보다 편익을 얻을 수 있는 다른 유형의 주가 있을까? 주당 4일 40시간씩의 노동시간에서부터 덜 알려진 한 주당 9일 일하는 것에 이르기까지 대안은 다양하다. 이런 대안들은 하루당 일한 시간의 수를 줄이는 역사적 추세를 따르지 않지만, 한 주당 일한 시간은 감소시켰다. 결국 그것은 주당 노동으로 분류되어졌다.

6.3.1 주당 40시간, 4일의 노동시간

(Forty-Hour, Four-Day Workweek)

Newsweek 지에 의해 "4일 운동의 최고의 여성사제(the High Priestess of the four-day movement)"[57]로 묘사되어진 매니지먼트 컨설턴트인 Riva

57) Wade, *Flexible Working Hours in Practice,* 80.

Poor는 노동자들이 하루에 5일 8시간 정도(5/40) 근무하던 것을 4일 10시간 근무(4/40)하는 형태로 전환시키도록 함으로써 그녀의 사회적 의도를 실천하였다. 어떤 기업은 증가된 생산성으로 인해 재빨리 실제 주당 근무시간을 줄였고, 40시간 대신 38시간이나 36시간(4/36)으로 전환하였다. 비록 주당 4일의 노동시간을 사용하는 미국 노동자들의 수가 1973년과 1977년 사이에 50% 이상이 증가하였지만 이것은 노동력의 1.4%만이 포함된 것이다. 이것은 5.5일보다 더 많은 주당 노동시간을 가지는 15%의 노동자들과 비교할 수 있는 것이 아니다.[58] 노동자들의 높은 비율을 실제적으로 나타내지 못하지만, 주당 4일의 노동시간은 대중적인 개념이고 선택이다. 영국인 노동자들에게 그들이 가장 선호하는 주당 6일 근무에 대한 대안이 있는지 질문했을 때 그들은 주당 4일의 노동시간을 선택하였다.[59] 기업들은 Poor가 제안한 새로운 주당 노동시간을 수많은 방식으로 적용시켰다. 어떤 기업에서는 주당 3일 일하고 쉬고, 또 다른 곳은 노동자들의 상이한 변화에 맞춰 주당 7일을 선택하기도 하였다. 종사자들은 시간 스케줄에 대한 만족이 증가하였다고 보고하였지만 주당 4일 근무하던 노동자들의 5%미만은 이전의 주당 노동시간 방식으로 돌아갔다.[60] 다른 것을 보충할 수 있도록 하기 위해 주당 노동시간 스케줄이 압축되어졌을 때 직무에 대한 지식 또는 직무확충 등이 증가되었음을 경험한 노동자들에 대한 증거가 제시되었다. 그 근로자들은 더 넓은 시야에서 자신들의 직무에 대해 이해하기 시작하였고 다른 사람들보다 자신들의 일에 더 친숙하게 되었다.[61] 결국, 148명 노동자들의 92%는 단점을 능가하게 해주는 이점에 대해 더 많이 느꼈다고 보고했다. <표 6.5>에서는 주당 노동시간을 4일로 변경시켰을 때 발생하는 변화들을 제시하였다.

---

58) F. Best, "Recycling People : Work-Sharing through Flexible Life Scheduling," *The Futurist* 12, no.1(February 1978), 13(hereafter cited Recycling People).

59) Rathkey, *Time Innovations and the Deployment of Manpower*, 98.

60) The Organization for Economic Cooperation and Development, *New Patterns for Working Time, 49.*

61) Pierce et al., *Alternative Work Schedules*, 63.

<표 6.5> 주당 4일, 40시간으로 근무시간이 바뀜으로 인해 생겨난 변화들>
(Changes Caused by Switch to Four Days, Fory Hours(or less)

증가된	감소된
증가된 자유재량시간 (Buncing of discretionary time)	무단결근(Absenteeism)[a]
노동자 채용의 용이성 (Ease of worker recruitment)[b]	공통비용(Overhead Expenses)[a]
피로(적용될 때까지)[a]	주당 여행시간(Weekly travel time)[c]
직무만족(Job Satisfaction)[d]	노동자의 이직(Worker turnover)[b]
상품(Production)[b]	
스케줄 작성의 어려움 (Scheduling Difficulties)[b]	

※ a. M. Wade, Flexible Working Hours in Practice*(New York : Wiley, 1973), pp. 80, 85*

b. R. Poor, ed., Four Days, Forty Hours*(Cambridge, Mass. : Bursk & Poor, 1970), pp. 16, 107, 11, 121.*

c. *The Organization for Economic Cooperation and Development,* New Patterns for Working Time*(Paris : International Conference,1973), p. 49.*

d. *R.I. Hartman & K.M. Weaver,* "Four Factors Influencing Conversion to a Four-Day Work Week," Human Mannagement *16(Jan.1977) : 24~27.*

일차적 편익은 주당 3일이라는 많은 시간 블럭을 가짐으로써 여가를 즐기게 되었다는 것이다. 3명의 학자들은 "실제의 여가시간의 사용은 그것이 기대된 사용시간을 초과하였다."라고 보고하였다.62) 선행의 장에서는 노동자가 주말 동안의 가족여가에 관여하거나 야외활동에 참여하는 것 등이 그 주말에 보다 많은 시간과 노동력이 이용가능한지에 달려 있다는 점을 지적하였다. 자유시간 대부분을 집에서 보내는 4일 동안 근무하는 육체노동자의 여가활동은 만약 가족과 같이 있지 않다면, 옥외의 집 밖을 벗어나는 것이다.63) 또한 3일의 주

62) *Ibid.*, 65.

63) M. Maklan, "How Blue-Collar Workers on a 4-Day Workweek Use Their Time," *Monthly Labor Review* 100, no. 8(August 1977) : 26.

말은 비즈니스나 다른 개인적인 일을 하면서 주말을 보내게 해준다. 주말 여행자들은 금요일 저녁의 교통혼잡을 피할 수 있다.

그 노동자들의 1/3은 4일의 주말로 노동시간이 변경되어졌을 때 레크리에이션을 위해 보다 많은 돈을 소비하는 것으로 보고되었다. 여행을 하거나, 외식하러 가고, 해변으로 가고, 보트타기, 데이트, 그리고 쇼핑 등을 하는 비율이 증가되었다. 일반적으로 여가 활동은 교회활동에서 증가된 56%에서 수영에서 139% 증가된 것에 이르기까지 광범위하게 증가되어졌다. 75%는 그들의 가족과 보내는 시간을 더 많이 가지는 것으로 보고 되었다.[64] 육체노동을 하는 사람들은 "잔디 깎기, 심부름, 그리고 수리 등의 가정에서 일어나는 여러 가지 일들을 하는데 부가적인 시간을 보낸다. 4일을 일하는 노동자들은 아이들을 돌보는 일에 5배 정도의 시간을 할당하였다.[65]" 하지만, 임시직을 얻는 비율이 대폭적으로 증가되어졌다. 심지어 노동자들은 표준적인 5일 근무(32.3%), 3일 근무(11%), 또는 6일 근무하면서 매일 6.5시간 일하는(1.5%) 것보다 4일 근무하는 체제(55.3%)를 더 많이 이용하지는 않았다.[66]

6.3.2 3일 근무
(Three-Day Workweek)

축약되어진 주말에 대한 또다른 견해는 3일의 노동시간이다. 영국에서는 1974년 3일의 노동시간을 경험한 산업이 직면한 위기를 평가하기 위한 연구가 실시되었다. 그 결과 피로는 이전만큼 큰 문제가 아닌 것으로 드러났다. 미국의 서비스 노동자들 중 소수－소방관, 의사, 그리고 조종사－는 이것과 유사한 작업 스케줄을 가진다. 그것은 매주 일하러 가기 위해 통근해야 하는 시간의 양을 줄여줄 수 있고, 직장과 멀리 떨어진 곳에서 거주하는 것을 가능하게 해주었다. 수동적인 활동에 기초를 두면서 매일 연속적으로 24시간 근무체제를 운영하는 기업들은 3일의 노동시간을 가지는 것으로 전환할 수 있다. "많은 컴퓨터 센터는 3/36 스케줄을 실험하였다."[67]

64) Poor, *Four Days, Forty Hours*, 15.

65) Maklan, "How Blue-Collar Workers on a 4-Day Workweek Use Their Time," 26.

66) F. Best, "Preferences on Worklife Scheduling and Work-Leisure Tradeoffs," *Monthly Labor Review* 101, no. 6(1978) : 35.

67) Ronen, *Alternative Work Schedules : Selecting*, 52.

영국 노동자들은 목요일에서 토요일까지 그리고 일요일이 낀 월요일을 선호하였다. 특히 토요일 오후는 주말 중 가장 분주한 시간이고, 노동자들은 심리학적으로나 사회적으로 그동안 일할 준비가 되어 있지 않다. 노동자들이 3일이라는 스케줄을 선호하는 중요한 이유는 더 많은 주말을 보낼 수 있기 때문이다.[68] <표 6.6>은 한 주당 노동시간이 3일로 변화됨으로서 유발된 변화들을 제시한 것이다.

<표 6.6> 한 주당 3일의 노동으로 변화된 후 나타난 변화들
(Changes Caused by Switching to a Three-Day Workweek)

증가된	감소된
자유재량시간의 묶음 (Bunching of discretionary time)	매주 통근시간 (Weekly commuting time)
작업 시작시간 (Starting work time)	
작업 동안의 의사소통 (Communication at work)	
피로 (Fatigue)	

Texas의 Houston에 위치한 Timewealth Corporation의 수석 경제학자는 매일 10시간씩 6일의 노동시간을 체제를 운영하는 조직이 3일의 노동시간을 2번 가지는 것으로 나누어질 수 있다고 제안하였다. 이것은 현재 생산도구가 연속적 시간 동안 이용하도록 하는 것을 50% 증가시키고 결국 생산성이 증가되어질 수 있게 해 준다.[69] 모든 노동자들은 공통의 비번일(day－off)인 일요일을 가진다. 여가시설들은 토요일에 덜 붐비고, 그 주의 다른 날에 더 많이 이용되어지도록 해준다. 아직까지 대부분의 조직들은 3일의 노동시간 체제를 더 많이 사용하고 있다.

68) Department of Industry, AIC Management Consultants Limited, *The Three-Day Week*(London : Her Majesty's Stationary Office, 1976), 35.

69) M. C. Faught, "The 3-Day Revolution to Come : 3-Day Workweek, 4-Day Weekend," in Poor, *Four Days, Forty Hours*, 137.

> 이 스케줄이 여행시간을 줄이면서 지금 하는 것보다도 노동자들이 그들의 가족과 더 많은 시간을 보낼 수 있게 해 줄 수 있는지가 논의되었다. 이것은 그 노동자가 가까운 곳에 그 주에 2일 밤을 보낼 수 있는 2차적인 편의시설을 발견할 수 있음을 전제로 한다.[70]

Local 837의 Amalgamated Industrial Workers의 구성원인 일리노이 주의 Decatur에 위치한 A.E. Staley Manufacturing Company에서 일하는 730만명의 노동자들은 그들의 주당 노동시간이 근본적으로 제한되어졌을 때 경영진에게 항의하였다. 경쟁과 회사의 항상성을 유지하기 위해, 그 기업은 주당 노동시간을 규칙적인 매일 8시간의 일하는 것에서 매 30일은 주야간 교대근무를 하는 3일 동안 12시간 일하고 3일을 비번인 방식으로 전환하였다. 이런 노동유형의 합의는 그 종사자가 매주 같은 날에 비번이 되지 않게 하고 "그들의 가족과 공동체의 나머지와 생각이 일치하지 않는"것을 의미한다.[71] 그 노동자가 계획을 세우는 것을 돕기 위해, 기업은 각 종사자가 1년이라는 시간동안 개인적 스케줄을 가지도록 해준다. 어떤 한 개인은 그들이 언제 비번인지를 아는 것이 손쉽고 편리하게 그들이 어떤 스케줄을 수행할 수 있도록 도와준다고 보고하였다. 어떤 노동자는 그러한 노동시간이 그들의 아이를 돌보기 위해 필요한 1시간만을 가지게 해준다고 언급하였다. Staley에 근무하는 한 쌍의 부부는 그들이 같은 날 비번이 될 수 있는 스케줄을 가지지 못하였다. 하지만 어떤 노동자들은 비록 그것이 주당 매일 12시간씩 일해야 한다는 것을 의미하지만 한 주 동안 3일의 노동시간을 가지는 선택을 선호할 수 있다. 영국 노동자들의 14%는 6개의 대안이 제안된 어떤 한 연구에서 주당 3일의 노동시간 옵션을 선택하였다.[72]

---

70) A. Evans, Flexibility in Working Life(Paris : Organization for Economic Cooperation and Development, 1973), 48.

71) P. Downs, "Splitting Shifts, Splitting Families," Commonweal 120, no. 11(4 June 1993) : 7.

72) Rathkey, *Time Innovations and the Deployment of Manpower*, 101.

6.3.3 한 주가 7일 이상이 될 수 있을까? (More than Seven Days to a Week?)

불완전고용, 공해, 그리고 혼잡을 최소화시키고 생산성이나 개인적 통제를 최대화 시킬 수 있는 두 가지 방법이 제시되었다. 주당 8일의 노동시간 방안은 1973년에 표면화되어졌다. 노동자들은 매일 10시간씩 4일 동안 일하고 4일은 비번일 수 있다. 일년에 기초해서, 이런 노동대안은 주당 평균 35시간 일하는 것이다. 이것은 실제 노동시간에서 12.5%가 줄어들었다는 것으로 이것은 "30년을 걸쳐 평균 주당 노동시간에서 최초의 근본적인 감소"를 의미한다.[73] 8일의 노동계획은 또한 노동력의 1/8이 4일 동안 첫째날 작업을 시작하기 때문에 floating 4/40이라고 불린다. 어떤 주어진 시간 하에서, 노동력의 절반가량은 nonwork time을 가진다. 이런 두 가지 변화를 수반하여, 조직은 한 주당 7일, 하루당 10시간씩 일하는 체제를 운영한다. Indiana 주(州)의 South Bend의 한 사업체는 2일 밤교대(two night shift)를 포함한 하나의 체제를 1966년부터 성공적으로 사용하여 왔다. 그 사업체의 소유주는 "그 스케줄은 채용시 장점과 노동자의 만족을 보장해주는 하나의 원천이다"라고 하였다.[74] <표 6.7>은 8일 노동시간(8-day week)으로의 전환이 주는 예언된 효과를 제시한 것이다.

<표 6.7> 한주가 8일로 변화된 후 예언된 효과들
(Predicted Effects of Switching to the Eight-Day Week)

증가	감소
생산성(Productivity)	공해(Pollution)
자유재량시간(Discretionary time)	노동시간(Work time)
이용가능한 서비스(Available service)	불완전고용(Unemployment)
여가시설의 활용(Use of Leisure facilities)	복잡함(Crowding)
스케줄 작성의 어려움(Scheduling difficulties)	교통량(Traffic)
노동자의 만족(Worker Satisfaction)	여행시간(Travel time)

※ Source : J. W. Pearson, *The 8-Day Week*(New York : Harper & Row, 1973).

73) J. W. Pearson, The-8-day Week(New York : Harper & Row, 1973), 23.
74) Poor, *Four Days, Forty Hours*, 170.

스케줄에서 주말이 없는 또다른 유형은 Ford Foundation Grant의 작업을 통해 제안되어졌다. 8일의 노동시간 대신에, 이 대안적인 체제는 9일 노동시간(9－day week)으로 불린다. 사람들은 2내지 3일을 단위로 한조를(triad) 이루어 일하고, 3일의 비번일을 가진다.75) 이런 혁신적인 생각은 상대적으로 자아가 포함되거나 고립적인 공동체에서 실험되어졌다.

6.4 분담과 임시직 노동

(Sharing and Part-Time Work)

불완전 고용이 심한 시기 동안, 또는 사람들이 일을 할 수 없거나 또는 정규직(full time)으로 고용되는 것을 원치 않을 때, 직무분담(Job sharing)이나 작업분담(Work sharing)이란 용어를 사용한다. 이런 두 가지 용어는 상이한 점을 함축하고 있고 상호 교환적으로 사용할 수 있는 것이 아니다. 직무분담(Job sharing : 한 정규 고용의 일을 둘이서 나누어서 하는 새로운 노동 형태)은 두 사람이나 그 이상의 자격이 있는 사람이 그 시간 내에 협동하여 일하는 것으로 책임감을 가지고, 정규직이 지닌 가능한 이점을 나누어 가질 때 발생하는 것이다. 작업분담(Work sharing : 일을 전원이 나누어 분담함으로써 노동시간 단축과 실업자 방지를 꾀하려는 노동관리형태)은 강제휴업(laying off works) 대신에 보다 많은 사람들에서 노동시간을 줄이는 것 또는 고용되지 않은 사람을 위해 새로운 직업을 창출하기 위해 종사자들의 노동시간을 줄이는 것 등으로 언급되어진다.76) 1975년경 "기존의 총체적인 계약 협상의 1/4은 노동분담을 위한 공식적 준비"였다. 1975년 작업분담은 American Telephone & Telegraph Corporation에서 사용되어졌다. 2천명의 노동자들은 400명 operator의 직업을 구제해주기 위해 20% 노동과 봉급 감소에 동의하였다.77) 노동조합이 있는 산업체는 그 직업을 가지려는 능력을 가진 모든 노동자들 중에서 이용가능한 노동이 동등하게 분담되어져야 한다는 것을 명문화시킨 노동 배분 협약을 가지

75) B. Rice, "Newsline : Frustrations, the Nine-Day Week?" Psychology *Today, February* 1979, 97.

76) F. Best, Work Sharing : Issues, *Policy Options and Prospects*(Kalamazoo, Mich. : W. E. Upjohn Institute for Employment Research, 1981), 2.

77) Levitan and Belous, *Shorter Hours, Shorter Weeks*, 67.

고 있다. American Federation of Labor의 창업주인 Samuel Gompers는 "오랫동안 고용되기를 원하는 한 사람이 있는 한 그 사람은 노동시간이 지나치게 길다는 것을 발견하지 못한다"고 진술하였다.[78]

노동의 분담은 경제학적으로 중요한 점을 내포하고 있다. 직무분담은 여가, 아이들 양육, 계속적인 교육과정, 그리고 퇴직에 대한 대책 등과 같은 다른 요인들을 보다 많이 고려하고 있어야 한다. 1970년대 초반, 직업 분담은 근본적으로 여성에게서 중요한 화젯거리였다. 하지만 그것은 곧 "어린 아이를 가진 일하는 부모, 장애를 가진 사람, 또는 건강상 제약을 지닌 사람들, 학생, 나이든 노동자, 그리고 실제 관심사나 어딘가에 직업이 있을 거라고 생각하는 지루한 일을 가진 사람들이 하는 잘못된 생각 등을 포함해 다양한 사람들이 지닌 노동에 대한 욕구를 타당한 것으로"인식되어졌다.[79] 미국 Bureau of Labor Statistics에서는 1987년 최소 10명의 종사자를 지닌 1,202개 시설 중 15.5%가 하나의 이용가능하다 노동 스케줄로서 직업분담을 사용하였다. 한 사람은 사실상 두가지 상이한 직업을 가질 수 있다. 아마도 한 개인은 두가지 고용영역 간에 결정을 할 수 없고 또는 한 가지 직업이 지루하지만 봉급을 많이 주는 반면 다른 것은 인도주의적인 이유를 가진 경우일 수 있다. 협동이나 제휴는 두 사람이 정규직 위치에 있는 경우에 요구되어졌다. 직업을 나누는 것(Job Splitting)은 두 사람 간에 공식적으로 정규직 위치를 나눈 것을 의미한다. 이것은 하위 수준의 직업목록에서 "두 종사자간의 나눌 수 있거나 상호작용이 필요 없는" 것으로 언급되어지기도 하였는데,[80] 지금은 보다 많은 상위 수준이나 관리층을 위해 많은 기업들이 사용하고 있다. Atena 社는 심지어 중첩되는 시간의 5 1/2에 대해 돈을 지급하였다[81]. 기업들은 2개의 지사를 가지는 것이 한 개를 가진 것보다 더 좋다는 사실을 인식한다. 직업분담은 어린 아이를 가진 어머니들에서 그 이점이 확실히 드러난다. 직업분담은 50/50으로 나누어질 꼭 나누어져야 하는 것이 아니다. Cleveland에 있는 National City Corporation에 근두하고 있는 두 명의 어머니는 월요일, 수요일, 금요일 영역과 화요일/목요일 영역에서 위치를 나눌 수 있다. 두 사람은 3명의 아이가 있고, 임시직인 보모를 두고 있고, 팩스, 자동응답기, 그리고 휴대용 컴퓨터를 가지고 있다. 일할 때 그들은 음성메일을 사용하고, 책상을 같이 쓰고, 그리고 한 사람이 없을때 다른 사람의 일을 대신해줄 수 있다.[82]

---

78) *Ibid.*,34.

79) B. Olmstead and S. Smith, *The Job-Sharing Handbook*(New York : Penguin, 1983), 14.

80) *Ibid.*,15.

81) Galen et al., "Work & Family," 86.

직업분담 기회를 제공해주는 은행은 그들이 열심히 일하면 노동시간을 줄일 수 있고, 개인적인 문제로 인해 스트레스를 덜 받게 되고 탄력적으로 일을 할 수 있음을 노동자들이 알기 때문에 생산성이 증가되었다고 보고하였다. 이것이 계속 성공하기 위해서는 다른 사람과 의사소통을 잘하는 사람들이나 보완적인 스케쥴과 기술을 가진 사람들이 두사람이나 그 이상 존재해야 한다.[83]

일에 관심 없거나 또는 물리적인 자질을 갖추지 못한 정규직 노동자들을 위한 또다른 대안은 임시직 노동이다. 임시직(part-time)은 U.S. Bureau of Labor Statistics에 의해 주당 1시간에서 최대 40시간을 일하는 것으로 정의되어졌다. "영속적인 임시직 노동자(permanent part-time workers)"란 목록은 미국 노동인력 시장에서 가장 빠르게 성장하고 있는 분야중 하나이다. 그것은 1900년대에는 존재하지 않았는데, 1950년대 초반과 1970년대 후반 사이에 자발적인 임시직 노동자(voluntary part-time workers)들의 수는 정규직 고용의 증가율보다 2배나 높은 비율로 증가되었다.[84] 1978년경, 임시직 노동자들의 수가 1억 7천만명에 근접하였는데 대부분이 여성이었다. 1982년, 여성은 70% 정도가 자발적 임시 노동자였다.[85] 1980년대 중반, 미국 전체 노동인구의 14%가 임시직으로 일하고 있거나 일자리를 찾고 있었다. 많은 임시직 노동자들의 수는 주요 직업군들에서 발견되어졌다. 정신노동자(white-collar worker)들의 27%(기술직이나 판매직을 포함), 육체노동자(blue-collar worker)들의 8.5%, 그리고 서비스 노동자들의 29,5%가 임시직 종사자들이었다.[86] 16살에서 19살 사이의 근로자들의 절반정도가 자발적인 임시직 노동자들이었다.[87] 어떤 이들은 교육에 드는 비용을 마련하기 위해, 단지 돈을 쓰기 위해, 또는 다양한 유형의 미래 직업이 어떤 것이 있는지 검토하기 위해, 또는 National Park Service나 Forest Service 등과 같이 연방기관에 들어가기 위해 등의 다양한 이유가 있다. 임시직 노동자는 또한 퇴직 전, 후의 교체 기간을 촉진할 수 있다. 1988년, U.S. Bureauof Labor Statistics에

82) P. Lunt. "FYI Want to Share A Job? Some People Do," *ABA Banking Journal* 96, no. 3(March 1994) : 88.

83) *Ibid.*

84) W. Deuterman and S. Browns, "Voluntary Part-Time Workers : A Growing Part of the Labor Force," *Monthly Labor Review* 101(June 1978) : 3~10.

85) H. Kahne, *Reconceiving Part-Time Work : New Perspectives for Older Workers and Women*(Totowa, N.J. : Rowman & Allanheld, 1985), 26.

86) Pierce et al., *Alternative Work Schedules*, 72.

87) Kahne, Reconceiving Part-Time Work : New Perspectives for Older Workers and Women, 26.

의하면, 임시직 노동자들의 다수는 1980년이래 거의 3천만명이 증가되었고, 그 수는 현재 15만명에 이른다고 한다. 이런 노동자들의 2/3 이상은 여성이었다. National Council on Aging 조사는 노동력의 75% 중 55% 이상이 퇴직을 위해 시간을 준비할 수 있는 일을 선호한다고 보고하였다.[88] 다른 대안들과 마찬가지로 임시직 노동은 일과 개인의 나머지 삶 사이에서 탄력성을 증가 시켜줄 수 있고, 그리고 둘 사이에 균형을 제공해준다. 노동자들은 만약 노동시간이 균형적으로 줄여진다면 10%의 임금 삭감을 수용할 수 있다는 경향을 보였다.[89]

미국만이 임시직 고용이 극적으로 증가된 것이 아니다. 영국의 임시직 노동자들의 비율은 1951년과 1961년 10년 사이에 4에서 9%로 2배 이상 증가되었고 1981년경에는 다시 21%로 두배로 올라갔다. 1987년 영국 노동력의 거의 1/4 수준인 23%가 임시직 고용으로 이루어졌다. 그것은 대안적인 일의 한 가지 유형에 관련된 사람들의 수가 5천만명 이상이라는 것을 의미한다. 미국에서 여성은 자발적인 임시 노동자의 70%를 차지하였다. 영국과 프랑스 임시직 노동자들은 거의 대부분이 여성이었다. 영국 기업에서 여론조사를 실시하였는데, 특히 5천만명 이상의 노동자들은 임시직 노동이 증가되기를 기대하였다. 임시직 노동은 서부 유럽에서도 증가되어졌다.[90]

임시직 노동의 특수 형태는 유명한 관리경영자인 Peter Drucker가 묘사한 "미국에서 핵심적인 사회 문제(the central soctal issue in the US)"에서처럼 단계적으로 조정되거나 부분적인 퇴직으로서 대중성을 얻어가고 있다.[91] 단계적으로 조정된 퇴직(Phased retirement)은 한 개인이 "일련의 기간을 통해 정규직 고용 몰입"을 체계적으로 줄여감으로써 단계적 퇴직을 가능하게 한다.[92] 대조적으로 부분적 퇴직(Partial retirement)은 시간적 제약이 설정되어 있지 않다. 이것은 종사자와 기업 모두에게 경제적 편익뿐만 아니라 사회적인 이익을 제공해준다. 여행자 보험사에서 실시한 여론조사에서는 55세나 그 이상의 연령대의 노동자들의 85%가 임시직을 원한다는 사실을 제시하였다. 초기 Louis Harris 여론조사 결과는 55세에서 64세 사이의 노동자들의 80%가 임시직이나 부분적

88) H. L. Sheppard, "NCOA Survey Shows Pronounced Preference for Part-Time Work," *Aging and Work* 4(1981) : 221~223.

89) C.S. Granrose and E. Applebaum, "The Efficiency of Temporary, Help and Part-Time Employment," *Personnel Administrator* 31(January 1986) : 71~82.

90) Rathkey, *Time Innovations and the Development of Manpower* 73~75.

91) Olmstead and Smith, *Creating a Flexible Workplace*, 157.

92) *Ibid.*, 159.

인 퇴직이 결합된 직업형태를 원한다고 보고하였다. 단계적으로 조정되거나 부분적인 퇴직을 사용하는 사람이 광범위하게 분포된 캘리포니아 지역은 1974년 Reduced Work Load Program을 제정하여 법률로 통과시켰다. 이것은 퇴직에 대해 경제학적이거나 심리학적으로 개인들이 대처할 수 있게 도와주고 그들이 다시 새로운 교사로서 그들의 경험을 이용할 수 있도록 허용해주는 것이다.[93)]

일의 다른 대안인 자발적으로 줄여진 노동시간(Voluntary Reduced Work Time) 또는 V-Time 등은 특정의 시간 범위 내에서 노동시간을 줄이기를 바라는 개인의 욕구에 잘 맞다. V-Time은 임시직 고용이 시간적으로 제한되고 정규직이 가지는 지위로 돌아가기 위한 하나의 제한적인 과정이라는 점에서 다른 형태이다. 이러한 노동대안은 캘리포니아에서 유래되었고, 뉴욕으로 이동하였는데, 각기 그 시간정책을 32%와 30% 선택한 두 도시들에서는 10%와 20%로 줄어들었다.[94)]

6.5 연도 변이

(Year Variations)

근무시간 자유선택제는 매일매일의 노동이 탄력성을 가져야 한다고 제안하였고, 유사 개념으로는 달력에 있는 연도(year) 개념을 응용할 수 있다. 탄력적인 한 해는 근무시간 자유선택제의 개념이 생겨난 독일에서 인기를 얻고 있는 것으로 개별화된 1년 단위의 근거에서 협상이 이루어진다. 노동자들은 6개월, 9개월, 5개월 등 일하고 1개월은 쉬고, 시간을 조정할 수도 있고, 다른 어떤 변산 등을 설정할 수 있다. 그들은 또한 휴일을 통제할 수 있고 일하지 않는 시간(nontime-work)을 개별적으로 매년 욕구에 맞게 적절하게 조화시킬 수 있다. 스키를 즐기는 사람들은 사람들이 많이 붐비는 주말을 피해 겨울 주중동안 짧은 휴가를 선택할 수도 있다. 이와 유사하게 나이든 종사자나 신체적 제약을 지닌 사람들은 더 오랫동안 휴식기간을 가질 수 있다. 영국의 학교체제는 정규적인 학교 휴가기간 이외에 여행하고자 한때 부모들이 다니는 회사에서 주는 2주 동안의 휴가 기간 동안 아이들을 데리고 학교를 벗어날 수 있도록 하였다.

과거 수십년 동안에 걸친 기술공학의 발달은 단지 사무실에서만이 아닌 다른

---

93) *Ibid.*

94) *Ibid.*, 191~200.

장소에서 효과적으로 일할 수 있도록 해주었다. 하루(day), 주(week), 또는 일년(year) 작업스케줄이 미치는 영향력이 가능하게 해준 대안들은 "telecommuting(컴퓨터로 집에서 근무하기)(컴퓨터를 사용할때)" "satellite office" "working at home(집에서 근무)" "off−site work" 그리고 최근에는 "flexiplace(탄력적인 장소)" 등으로 언급되어졌다. 이런 대안을 사용하는 노동자들은 flexiplace에서 정규직으로 일하는 것부터 전통적인 사무실에서 출퇴근하는 것에 이르기까지 그 범위가 다양하다. 이런 방법은 종사자들에게 확실한 이점을 제공해준다. −줄여진 통근시간, 감소된 교통비용, 성공을 위해 옷을 잘 차려 입을 필요도 없고, 작업장이나 환경적 스트레스가 덜하고, 자율성이 증가, 아동이나 성인을 위한 하루를 적절하게 보내는 방법의 필요성의 감소, 심각한 장애를 가진 사람들에서 일에 대한 책임의 증가 등등. 하지만 기업측면에서도 이점이 있다. 이전에 언급하였던 것처럼, 종사자들에게 일에 대한 대안을 제공한 기업들은 대다수의 경우 생산성이 증가되었고, 노동자들 간의 사기도 진작되어졌고, 의도적인 결근율의 감소, 이직률의 감소, 등등의 이점을 얻었다. 기업에게 주는 또 다른 이점은 "telecommuting과 flexiplace 조정에 대한 사용자의 이해에서 중요한 하나의 요인"인 비용절감이다.[95] 비용이 지닌 효율성은 사무실 공간과 기타 비용이 덜 들게 됨으로써 증가되어졌다. Flexiplace(탄력적인 장소)는 임대비용, 보험, 주차, 그리고 안정성 등의 비용을 줄여줄 수 있다. 그것은 또한 이용가능한 직위에 있는 잠재적인 응시 후보자들 수를 증가시키게 해준다.

Telecommuting(컴퓨터로 집에서 근무하기)는 개인이 자기 스스로 고용하거나 자유롭게 돌아다닐 수 있는 하나의 개인 기업을 창업하게 해주었다. 어떤 투자 브로커는 최첨단 기기를 갖춘 사무실인 오토바이를 타고 전국을 돌아다니고, 그것은 그가 고정된 한 장소에서 일하는 것만큼이나 효율적이다.

6.6 생애스케줄
(Lifetime Schedules)

개인차는 심리학적 능력, 지적 능력, 가족에 대한 책임, 그리고 개인적 욕구 등에서 발생한다. 한 개인은 공부를 위해, 고용되기를 위해, 가족활동을 위해, 그리고 나머지를 위해 적절하게 삶의 계획을 세울 수 있을까? 현재 대부분의

95) *Ibid.*, 353.

미국인들은 일직선상의 삶의 계획을 가지고서 삶을 영위해 가고 있는데, 이것은 대개 교육에 의해 획득되어진 삶의 시작에서 일하지 않는 기간으로 불린다. 이것은 다른 두 가지 기간이 수반되어지는데, 하나는 확실한 일을 위한 것이고 나머지는 퇴직을 위한 것이다. 일을 할 수 있는 해는 두 개의 일을 하지 않는 기간 사이에서 중간 해(midyear)로서 압축되어졌다(그림 6.3을 보라).

주기적 계획은 다시 청년기에 수업을 받기 위한 것에서 퇴직 단계에서, 그리고 연속적인 교육이나 개인적 여가를 위해 직업을 위해 더 많은 기간을 필요로 하는 중간 단계(year)로 구분되어질 수 있다. 일에 대한 필요성은 더 이상 우세한 주제가 아니고 삶의 유형에서 break(휴식기간)은 현재 경험하는 것보다 덜 심각하다.[96] 주기적 계획이 지닌 이점은 삶의 단계를 통해 수입을 배분할 수 있다는 것이다. 또한 어떤 자질을 지닌 직업의 제한된 수는 자격 있는 사람들 간에 교대를 가능하게 해주었고, 보다 많은 사람들은 개인적인 꿈이나 목표를 성취하기 위한 기회를 가질 수 있다. worklife 스케줄에 대한 선호도를 검토한 연구자들은 삶의 계획을 위한 노동자들의 최초 선택의 20.7%가 현재의 일직선 체제이고, 33%가 적절한 주기계획을 선택하였고, 그리고 46.3%는 전체 주기적인 삶의 계획에 대해 반응하였다는 사실을 밝혀내었다.[97] 그 표본의 거의 80%가 주기적인 삶(cyclic life)의 배열 형태를 선택하였다.

<그림 6.3> 일생동안의 주기적인 생애 계획(A linear and a Cyclic Life Plan)

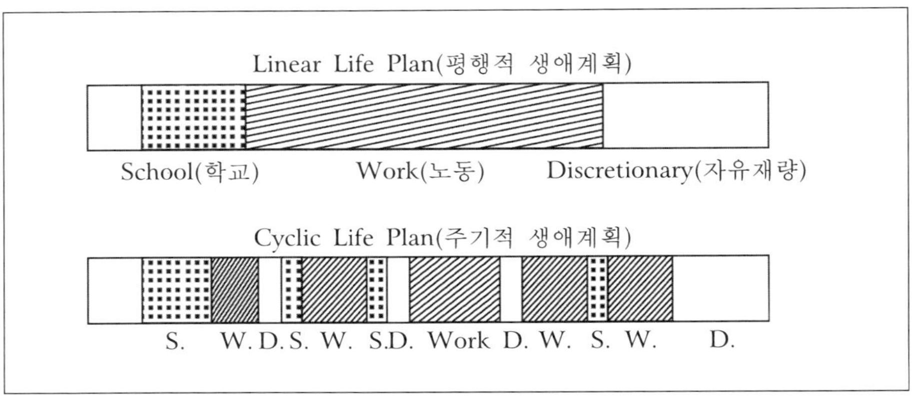

96) J. Bennet, "Constraints on Leisure in Middle-Age," in *Constraints on Leisure*, ed. M. G. Wade(Springfield, Ⅲ.: Charled C. Thomas, 1985), 331.

97) Best, "Recycling People," 13.

개요 summary

선행에서 언급된 모든 일에 대한 대안들은 노동자들이 원하는 시간과 경제적 안정성을 갖춘 개인적인 삶의 유형을 조화시킬 수 있도록 노동자들의 자유를 증가시켜 주었다. 옵션의 수와 그것을 제공하는 조직의 수는 증가되었다. 521개 기업을 대상으로 1990년에 실시된 한 연구에서는 90% 이상이 임시직 노동 형태를, 36%는 4/40 주당노동 시간을, 그리고 22%는 직업 배분을 선택하였다는 사실이 밝혀졌다.[98] <표 6.8>은 다양한 실험을 통해 나타난 일에 대한 대안이 가지는 결과들을 제시한 것이다. 어떤 개인은 다음과 같이 nonwork time 블럭을 증가시켰다.

- 연속적인 교육적 과정
- 휴가일수의 증가
- 가족과 시간 보내기
- 일상에서의 여가 확대
- 제2의 직업 가지기
- 자원봉사자 활동
- 스스로 할 수 있는 유형의 활동을 통해 돈 절약하기

98) A. Saltzman, "The Hex of Flex," *U.S. News & World Report*, 26 February 1990, 56.

<표 6.8> 노동 스케줄 작성시 대안에 따른 결과들
(Results of Work Scheduling Alternatives)

증가	감소
직업에 대한 만족(Job satisfaction)	노동일수(Number of workdays)
생산성(Productivity)	교통체증과 다른 혼잡 (Traffic & other crowding)
자유재량시간의 블럭 (Blocks of Discretionary time)	통근시간(Commuting time)
사기(Morale)	노동자의 이직(Worker turnover)
개인적인 삶과의 균형 (Balance with personal lives)	의도적인 결근(Absenteeism)

어떤 구성요소들은 자유로운 선택을 제한할 수 있다. 효율성의 이유로 인해, 어떤 기술적인 필요성은 어떤 설비를 계속 운영하게 만든다. 자연과 자원이 지닌 한계는 생물학적 리듬, 주어진 장소나 시설물을 이용하는 사람수, 필요한 소비자 상품이나 서비스, 그리고 정해질 수 있거나 이용가능한 원 상품의 양 등과 같은 요인들에 영향을 미친다. 토요일과 일요일 주말을 보낼 수 있다는 심리학적 느낌 등과 같은 전통적인 사회적 관습은 변화하기 어렵다. 그리고 전쟁, 경제적 위기, 기근, 기술공학적 진보, 그리고 다양한 다른 것 등과 같은 어떤 알려지지 않은 요인들은 쉽게 예언되어질 수 없다.

OECD(Organization for Economic Cooperation and Development)에 의해 개최된 국제 세미나에서 어떤 기조 연설자는 다음과 같이 말하였다. "노동활동, 노동시간과 다른 인간적인 활동들 간의 관계는 인류가 문명화되어지는데 있어 가장 큰 문제 중 하나이다."[99] 주당 노동시간이 지닌 미래는 needs to offer, 더 많은 자유, 그리고 탄력성 등을 필요로 한다. 어떤 사회는 여가를 하기 위해 그리고 자유재량 시간을 잘 활용하기 위해서는 반드시 배우거나 훈련을 받을 수 있는 기회를 가지고 있어야 한다. 단지 노동자에게 일하지 않는 시간만을 제공하는 것으로는 충분하지 않다. 어떻게 그것이 다른 일상 활동들과 연관성을 가질지 잘 계획되어져야 하고 욕구가 반드시 고려되어져야 한다. 사

99) The Organization for Economic Cooperation and Development, *New Patterns for Working Time*, 17.

람들은 그들이 지닌 가치, 욕구, 그리고 욕망 등에 의해 더 높은 수입과 더 많은 여가기회 중에 하나를 선택한다. 일하지 않는 시간은 자유 시간과 여가 중 어느 하나와 구분되어지지 않는다. 일하지 않는 시간은 많은 방법으로 할당되어질 수 있는 자유재량 시간의 수를 말한다. 작업조건은 더 많은 노동자들에게 책임감, 참여, 그리고 작업충실 등을 가질 것을 요구한다. 인간생활은 다음과 같은 말로서 잘 설명되어질 수 있을 것이다.

> 일과 여가는 더 이상 분리된 세계에 속하지 않지만 그것은 모든 사람들에게 자존감을 성취할 수 있게 이끌어주고 특히 여가는 더 이상 한 개인이 하는 "노동생활을 망각하지만 더 나은 삶을 영위하게 해 주는" 수단이 아니다.[100]

100) *Ibid.*, 33.

검토문제 examination

01. 낮은 일에 대한 만족을 설명할 수 있는 요인들은 무엇일까? 노동자를 더 행복하게 만드는 것은 무엇일까?

02. 오늘날 노동자들은 한 세기 전 노동자들과 어떻게 비교되어질 수 있을까? 태도, 배경, 기대, 시간적 측면, 그리고 기타 등등을 포함한다.

03. 왜 노동이 지닌 한계점이 가장 먼저 강조되어질까?

04. 어떻게 노동시간이 노동자의 탄력성과 생산성을 증가시킬 수 있도록 다시 구조화되어질 수 있을까? (a) 매일의 노동시간, (b) 주당노동시간, (c) 노동 개월 수(work month),(d) 노동 근무연수(work year), 그리고 (e) 삶의 시간(lifetime) 등을 위해 어떤 노동 변산이 존재하고 있을까?

05. 직업배분과 노동배분 사이에는 어떤 차이가 존재할까?

06. 임시직은 얼마나 많은 이점을 지니고 있을까?

07. 만약 향후 일이나 삶의 계획을 설계한다면 어떤 것이 고려되어져야 할까?

여가 이론들

PART 7.
Leisure Theories

제7장

- 왜 여가 이론을 연구할까?
- 이것에는 어떠한 기본적인 개념들이 있을까?
- 주요한 이론에는 어떤 것이 있을까?
- 여가 전문가는 어떤 방법으로 편익을 얻을 수 있을까?
- 향후 여가 연구는 어떤 방향으로 진행되어질까?

제7장

여가 이론들

Leisure Theories

여가가 무엇인지에 대한 동의가 거의 없는 상황에서 여가행동이 과학이 될 수 있을까? 어떤 저자들은 그 단어가 지닌 수용할 만한 개념정의를 할 수 없을 때 절망스러워 한다. 그래서 그들은 일련의 단어를 이용하는 대신, 여가 행동이 지닌 각각의 측면을 구분하는 방법을 택하였다. 여가와 레크리에이션에 대한 과학적 연구는 상대적으로 최근에 나타났다. 대부분의 신진과학은 개념정의에 문제를 가지고 있고, 연구주제에 대한 정밀하게 구분하는데 많은 시간을 소모한다.

여가(Leisure)에 대한 몇 가지 개념정의는 이용가능하고, 개념정의가 지닌 기본적인 문제를 해결하기 전에 여가행동의 이론에 대해 연구하는 것은 불일치를 유발한다. 여가행동에 대한 이론들은 사람들이 왜 여가를 행하는지 그리고 그들이 향후 어떤 방식으로 여가를 즐길지 설명하기 위해 노력하는 사회과학자에 의해 형성되어진 하나의 모형이고 패러다임(paradigm)이다. 여가행동과 관련된 이론들의 이용은 여가서비스를 제공하기 위한 모형을 제공해주기 때문에 도움을 받을 수 있다. 그것들은 또한 전문가가 그들이 하는 서비스의 특성과 중요성을 설명하는 과정을 통해 어떤 하나의 맥락을 제공하기도 한다. 생산성에 대한 불안과 열정이 있던 시기동안, 여가 서비스를 제공하는 사람들은 그들의 존재를 타당화시킬 필요가 있다. 여가행동에 대한 이론들은 그런 정당화와 설명을 통해 형성되어진다.

7.1 여가의 개념
(Concept of Leisure)

제1장에서 본 것처럼 여가에 대한 다양한 견해들은 고대 그리스의 Aristotle(아리스토텔레스)의 이론에서부터 현대의 사회학적, 심리학적 견해들에 이르기까지 세월이 지나면서 형성되어진 것이다. 하지만 여가에 대한 과학적 연구를 위해서는 견해만으로는 충분하지 않고 기본적인 개념이 필요하다. 첫번째는 여가를 하나의 잔여(residual)로서 정의하는 것인데, 이것은 어떤 다른 것을 한 후 남아 있는 어떤 것을 말한다. 두번째는 정신적 상태 또는 태도(attitude)로서, 그리고 세번째는 여가를 하기로 결정한 어떤 사람이 하는 여가를 말한다.

7.1.1 여가는 하나의 잔여이다
(Leisure is a Residual)

여가는 생존을 위해 필요한 어떤 것을 하고 남은 시간이다. 시간예산 분석가들은 이런 여가 개념이 양적이기 때문에 선호한다. 즉 당신은 생존과 관련 없는 활동에 소모되는 시간을 계산할 수 있다. 이러한 접근방법은 여가를 이용 가능한 시간을 가진 것으로 확인시켜주었고, 그리고 여가를 자유시간(free time), 레크리에이션, 또는 놀이 등과 유사한 것을 의미하는 것을 가능하게 하였다. 여가는 텅 빈 자유시간을 채우는데 사용되어진 일련의 여유로운 활동이다. 경제학자들은 "여가로 시간을 보내는 현상(boom in leisure spending)"을 여행, 장비, 그리고 참가율 등이 사람들이 언제 어떻게 여유로운지 확인시켜주는 것으로서 설명하였다. 의무가 주어지지 않은 시간(unobligated time)으로서 여가를 정의하는 것이 일반적이고 널리 알려진 방식이다. 퇴직자들의 모임은 "여가마을(Leisure Village)"로 불리는데, 그것은 일이나 의무 등에서 벗어난 사람들이 그들 자신을 위해 전적으로 여가에 참가할 수 있다는 곳이다. 잔여로서 여가를 정의하는 사람들은 여가가 휴식을 취하거나 이완하는데 보낸 시간 등을 포함한 관찰 가능한 활동영역으로 구성되었다고 가정한다.

7.1.2 여가는 하나의 상태이다
(Leisure is a State of Being)

여가는 하나의 상태(state of being), 태도, 정신적 조건(mental condition)으로 시간과는 전혀 관계없고, 공간과 활동적인 측면에만 약간의 관련성을 가진다. 여가에 대한 이런 이해는 Aristotle에 의해 최초로 고안되어졌고 이것은 후일 많은 지지를 받았다. 15세기 성자인 St. Thomas Aquinas는 이 관점에서 여가를 기술하였고, Sebastian de Grazia, Staffan Linder, 그리고 Joset Pieper 등과 같은 저술가들에게 영향을 미쳤다.[1)]

Aristotle는 음악이나 사고(thought)를 여가의 특징적 활동이라고 하였고, 그는 이것이 가장 인간적인 능력이라고 설명하였다. Aristotle와 그의 추종자들에 의하면, 생각, 이해, 그리고 축제(즐거움) 등과 같은 특징들은 가장 인간적인 여가의 표현이라고 한다. Aristotle는 음악이 뮤즈 여신들에 의해 영감을 받은 활동이라고 하였다. 즉 이런 활동에는 악기를 이용한 연주뿐만 아니라 시 짓기, 노래 부르기, 춤추기 등이 포함된다.[2)] 현대의 어떤 연구자들은 그것에다가 경배(worship)－그 자체로서 우주와 하나가 되는 종교적 활동－의 개념을 추가시켰다.[3)] 여가는 근본적으로 내부적인 것이다. 다시 말하자면, 그것은 인간 내부에서 발생하고 많은 상이한 외향적 방법으로 표출되어지는 것이다. 한 사람에게서의 여가란 다른 사람의 정신적인 상태에 의존한 여가가 아니다. 가정에서의 수많은 일들은 태도의 중요한 예이다. 한 사람은 자동차를 세차하는 데서 큰 즐거움을 얻지만, 어떤 사람은 그것을 지루한 것으로 여긴다. 전자의 사람이 가진 정신적 상태는 그것을 여가활동으로 만들지만, 후자의 경우 그 사람에게 있어서 세차는 하나의 일이다.

여가를 상태 또는 태도의 개념으로 보는 견해는 상당히 많은 공통점을 지닌다. 예술과 문화활동에 참여하여 여가를 이용하는 사람들은 이것에서 여가가

---

01) Aristotle, "The Nichomachean Ethics," in *Basic Works of Aristotle*, ed. R. Mckeon(New York : Random House, 1941). S. de Grazia, *Of Time, Work, and Leisure*(New York : Twentieth Century Fund, 1962). S. Linder, *The Harried Leisure Class*(New York : Columbia University Press, 1970). J, Pieper, *Leisure, the Basis of Culture*(New York : Pantheon, 1952).

02) J. Maritain, *Creative Intuition in Art and Poetry*(New York : Meridian Books, 1957).

03) G. Dahl, *Time, Work and Leisure*(New York : Christian Century Foundation, 1971).

지닌 일차적인 즐거움을 얻으려고 하는 경향이 있다. 그리고 보다 묵상적이고 사려 깊은 정신은 여가를 '바쁨'에서 자유로워지는 기회로서, 그리고 사소하고 중요하지 않은 것에서부터 마음을 비울 수 있는 시간을 가지는 기회로서 여가를 파악하게 해 준다. 어떤 사람들은 여가를 아름다움을 추구하는데 사용하고, 다른 사람들은 그들의 자유시간을 남을 돕는 자원봉사활동－적십자, 공동체 등에서－으로 보내기도 한다. 그런 활동은 그것에 기여하는 자원봉사자의 태도로 인해 '여가'로 여겨진다.

어떤 학자들은 여가를 인간행동으로만 파악하는 경향이 있다.[4] 비록 이런 견해가 장점을 지니고 있지만, 대다수의 저자들은 여가와 인간행동이 지닌 나머지 부분들의 관련성을 지적하려고 시도를 하고 있다. 여가가 인간 생활의 목표이고, 또는 인간의 생존에서 발생하는 어려움에 대한 보상으로, 또는 공동체를 형성하는데 있어 중요한 것이 여가경험 등이라고 말하기 위해, 이런 모든 것들은 사람이 "여유가 있을 때(at leisure)" 발생할 수 있는 것이 무엇인지 설명할 수 있게 해주는 이론일 수 있다. 이 장에서 제시된 이론들을 검토한다면, 이것이 여가행동에 대한 이론인지 아니면 여가에 내포된 어떤 것이 발생하는 단순한 인간행동인지를 판단해야 한다.

7.1.3 여가는 여가로서 행해지는 어떤 것이다 (Leisure is as Leisure Does)

기능적인 정의에 의하면, 여가는 성격(personality)과 사람을 인간답게 만드는 어떤 형태이다. 어떤 특정 행위를 여가 또는 여가가 아니라고 평가하거나 설명할 방법은 없다. 인간이 지닌 성격은 부분적인 책임(obligation), 부분적인 의무(duty), 그리고 부분적인 자발성과 여유로운 행위에 의해 형성되어졌다. 노동자가 일할 동안, 여가는 전체적인 성격을 형성하기 위해 더 많이 행해진다. 이것은 여가를 정의하기에는 매우 어려운 시도이다. Lous Amsrtong이 재즈(jazz)에 대한 정의를 질문받았을 때, 그는 그렇게 할 수 없지만, 그것을 들을 때 알게 되는 어떤 것이라고 하였다. 여가에 대한 정확한 정의를 내리기는 매우 어려울 수 있지만, 여가를 경험했을 때, 그리고 일을 하는 동안 그것을 알게 될 것이다.

여가에 대한 이러한 다양한 정의는 여가가 무엇이고 어떻게 중요한지 대해

04) B. L. Driver, P. Brown, and G. Peterson, *Benefits of Leisure*(State College Pa.: Venture Publishing, 1991).

연속체상에서의 견해를 제시해준다. 많은 사람들에서, 여가는 그들의 삶에서 핵심적이 중요성을 지닌다. 즉 그것은 생활에서 오는 어려움을 덜어줄 뿐만 아니라, 일을 하기 위한 목적을 제공해준다. 다른 사람에게서, 여가는 노동의 세계에서 생산성을 얻기 위한 기회들 사이에서 시간을 보낼 수 있는 어떤 것이다. 여가를 더 확실하게 이해하기 위해서 그리고 여가 연구가 제공하는 것이 무엇인지를 이해하기 위해, 여가행동의 몇 가지 이론들은 제안되어졌고, 지금은 그것에 주의를 기울어야 한다.

7.2 여가행동의 이론들
(Theories of Leisure Behavior)

하나의 개념은 그것에 대해 어떻게 생각하는지를 나타내는 하나의 방법이다. 개념은 사고의 기본적인 도구이고 개념정의(definition)로서 표현되어질 수 있다. 하지만 이론들은 개념들간의 관련성이다. 이론들은 한 개의 어떤 것이 어떤 방식으로 다른 것과 관련되어지는지 설명하려고 노력한다. 예를 들어, 대중(mass), 에너지, 그리고 운동(motion) 등에 대한 개념을 가질 수 있지만, 이론들은 상대적으로 그것들간의 연관성을 설명한다. 여가 행동의 이론들은 어떻게 여가가 인간경험의 다른 측면과 연결되는지 설명한다.

고독이나 반성(reflection) 등을 하기 위한 기회로서 여가는 이것을 이해하는데 있어 중요한 측면이고 간과되어질 수 없는 것이다. 미국인들은 개인주의자거나 사교적인 사람(gregarious)일 수 있는데, 그들은 이것을 차별적으로 표현하였지만, 사람들 사이에서는 여전히 부족한 채로 남아 있다. 그 과정에서 상실되는 것은 아이디어의 촉진, 반성, 어떤 것을 분류하는 것임을 수 있다. 시간이 지닌 어떤 결과는 "타인으로부터의 자유, 책임, 의무, 공포, 그리고 기대 등으로부터의 자유"를 위해 소비되었다.[5] 만약 여가가 하나의 태도, 어떤 상태라면, 어떤 시간은 여가가 지닌 의미를 개발하기 위한 기본적 꼭 필요한 것을 하는데 소비되었다.

05) A. Storr, *Solitude : A Return to the Self*(New York : Ballantine, 1989).

7.2.1 모든 인간활동 목표로서의 여가
(Leisure as the Goal of All Human Activity)

여가 행동에서 가장 잘 알려진 이론은 기원전 4세기경 Aristotle의 Nichoachean Ethics[6]에 의해 대략 설명되어졌다. Aristotle는, 삶에서의 모든 것이 여가와 관련되었다고 했다. 여가는 모든 인간행동의 목표이고, 모든 방향이 정해진 행위들은 끝이 있다고 하였다. "우리가 평화를 유지하기 위해 전쟁을 하는 것처럼, 일을 하는 이유는 여가를 가지기 위허서이다."[7] 여가는 음악을 하면서 시간을 보내는 것이다. —즉 예술적 활동 또는 이해—그리고 묵상(contemplation)이나 사고(thinking)에서. Aristotle는 여가를 하는 사람들은 대개 신(god)을 좋아하고, 그의 관념적 요소에서, '신은 가장 고상하고 가장 고귀한 실체이다'라고 하였다. 여가는 아름답고 즐거운 영원불변의 진리를 반영하고 사고를 생성한다. 여가를 하는 사람은 상인도 아니고 장인(tradesman)도 아닌데, 그 이유는 그런 활동을 하는 사람들은 항상 어떻게 하면 이윤을 낼 수 있을지에 대해서 생각하기 때문이다. Aristotle는 여가에 대한 가장 귀족주의적 개념을 가졌는데 그것은 그것을 할 수 있는 소수의 사람들이 적절하게 운동할 여유가 있어야 하기 때문이다. 대부분의 사람들은 힘든 일을 쉽게 잊어버리는 경향이 있다. 단지 사고를 하는 사람(thinker), 명상을 하는 사람(contemplator)들만이 여가를 쉽게 이해할 수 있는 능력을 가진다. 하지만 Aristotle는 명상이라는 개인적 세계로 후퇴하라고는 하지 않았다. 여가는 가치 있는 사고를 하기 위한 기회이고, 가치 있는 계획을 실행할 수 있는 기회를 제공한다. 어떤 것을 잘한다는 것은 지적인 장점을 가지고 있어야 할 뿐만 아니라 도덕적 계발도 요구하고, 이런 요구는 다른 사람과의 상호작용을 필요로 한다.

현대 미국인들은 여가에 대해 Aristotle가 지닌 이런 생각을 수용하는데 있어 어려움을 느낄 수 있다. 미국인들은 민주주의를 채택하고 있고, 그들은 선천적으로 populist(일반 국민 전체의 이익을 목적으르 하는 주의)이고, 그것은 소수의 사람들이 잘못된 방식으로 영향을 미칠 수 있는 한 개인이 지닌 삶이 지닌 가치로서 묘사되어졌다. 하지만 Aristotle가 제안한 여가 개념이 부를 추구하는 것이 아니라는 점이 중요하다. 여가는 그것을 열정적으로 추구하는 사

06) Aristotle, *Nichomachean Ethics.*

07) *Ibid.,* 1177b5, pp. 1104~1105.

람들에게서만 나타난다. Aristotle의 이론에 의하면 미국에서 여가를 즐길 수 있는 여유가 있는 사람은 부자 가운데서 발견되는 것이 아니라 핵심적인 삶의 흥미를 둔 가치있는 여가를 추구하는 사람들 가운데서 발견될 수 있다.

여가를 즐기는 사람들은 부와 지위를 추구하는 것을 포기한 사람들인, 다양한 대항(對抗) 문화(기성 가치관·관습 등에 반항하는, 특히 젊은이의 문화)를 가진 사람들 사이에서 발견되어졌음에 틀림없다.[8] 또한 의식적인 활동에 참여한 사람들에서도 발견되어졌다－시민 권리, 개인적 자유, 또는 환경 또는 정치적 관심. 그것은 냉정하게 진리를 추구하는 과학자들 사이에서, 지적인 경험을 즐기는 즐거움으로 아는 가르치는 교육자들 사이에서, 예술로 둘러싸여 사는 예술가들, 또는 훌륭한 성취를 한 세계 정상급의 운동선수들 사이에서 발견되어질 수 있다.

Aristotle에 의해 고안된 여가행동 이론은 중세시대, 특히 성자 토마스 아퀴나스(St. Thomas Aquinas)에 의해 열렬히 지지되어졌다. St. Thomas Aquinas는 그의 「Summa Theologia」[9]라는 저서에서 특히 명상을 중시여겼다. 여가의 가장 이상적인 사용중 하나인 경배(worship)를 통해 신과 같은 삶을 공유할 수 있다고 하였다. 1950년대 출간된 영향력 있는 책 중 하나인 『*Of Time, Work, and Leisure*』라는 저서에서는 Aristotle가 주장한 견해가 뚜렷이 제시되어 있다.[10] Josef Piper[11] 와 Harvey Cox[12]는 모두 Aristotle에서 유래된 여가에 대한 종교적, 경배적, 또는 축제적 개념을 현대적인 입장에서 제시해주었다.

여가행동에 대한 대부분의 이론들은 삶에서 여가보다 더 중요한 어떤 다른 것을 가정하였다. 하지만 Aristotle의 주장에서 고려되어진 것처럼, 한 개인은 여가가 있을때 진정한 삶을 영위하는 것이다. 삶에서의 다른 것들은 고귀한 사고(noble thought)나 고결한 행동 등에 의해 자아성장을 위한 기회가 발생하도록 지향되어졌다. Aristotle의 이론을 명심하면서 이것은 다른 복합적인 여가행동을 검토할 때도 사용할 수 있다.

---

08) T. Kando, *Leisure and the Popular Culture in Transition*(St. Louis : C. V. Mosby, 1980).

9) St. Thomas Aquinas, *Summa Theologiae, II-IIae* Q. 180, "De Vita Contemplativa"(Ottawa : Harpell's Publishing, 1953).

10) de Grazia, *Of Time, Work, and Leisure.*

11) J. Pieper, *Leisure, the Basic of Culture*(New York : Pantheon, 1952).

12) H. Cox, *The Feast of Fools*(Cambridge : Harvard University Press, 1969) ; see also Huizinga, *Homo Ludens*(see chap. 1, n. 7).

7.2.2 보상이론
(The Compensatory Theory)

보상이론은 아마도 여가행동을 설명하는 가장 대중적이고 가장 많이 주장되어온 이론일 것이다.[13] 여가에 대한 기본적 생각은 일과 분리할 수 없다는 것이다. 일은 생활하는데 있어 우월한 힘을 지닌 것으로, 그리고 여가는 직업에서 얻는 권태나 자극들에 대한 보상으로서 이해되어졌다. 공산주의 창시자인 Marx와 유사한 신념을 가진 Friedrich Engels는 여가행동의 보상이론이 지닌 핵심을 가장 먼저 제안하였다.

> 토요일 저녁, 특히 봉급이 지급되고 일이 다른 때보다 일찍 마쳤고, 전체 노동자 계급의 15% 정도는 무절제한 폭음으로 나머지 시간을 보냈다.
>
> 무절제한 폭음으로 보내고 난 다음, 영국 노동자들이 저지르는 실수 중 주요한 하나는 매춘이다. 하지만 이러한 지나친 잔인한 논리는 그들의 자유를 위해 더 나은 적절한 수단을 사용할 방법이 없는 노동자들이 이 계층을 벗어날 수 없게 한다.
>
> 더 나은 삶을 얻기 위해 노동자들은 그들의 전체 에너지를 두 가지에 집중하고 그것을 실행하려고 한다.
>
> 노동자들이 일반적으로 저지르기 쉬운 잘못은 절제되지 않은 즐거움에 대한 갈망으로 인한 준비성의 결여, 그리고 이익과는 멀리 떨어진 순간적인 즐거움을 위해 희생된 일반적인 무능력이 사회적 요구에 적절한지를 추적하는 것일 수 있다.[14]

Engels의 교재를 분석한 Harold Wilensky는 보다 현대적이고 보다 적절하게 다시 진술하였다.

---

13) See B. Hunnicutt, *Work Without End*(Philadelphia : Temple University Press, 1989) ; N. Anderson, *Work and Leisure*(New York : Free Press, 1961) ; C. Mills, *White Collar*(Oxford : Oxford University Press, 1951). See also K. Roberts, *Leisure*(London : Longman, 1970), especially chap. 3, "Work and Leisure." R. Mannell, 'Treating The Work-Leisure Relationship as a Personality Variable," *Abstracts from the 1992 Symposium on Leisure Research*(Arlington Va. : NRPA, 1992)

14) F. Engels, *The Condition of the Working Class in England in 1844*(London : Allen and Unwin, 1892), 118~119.

> 가장 현대적인 보상 여가 가설에서는 디트로이트의 자동차 노동자들이 하루 8시간 생산라인에서 보내고, 반복적이고 낮은 기술수준을 필요로 하는 일에 종사하는데, 전체적으로 만족스럽지 못한 기계에 속도를 맞추어 일하는 노동은 공장문을 박차고 나가게 하였고, 시간당 80마일을 달릴 수 있는 Eldorado 캐딜락을 타고서 고속도로를 질주하고, 맥주를 마시기 위해 멈추고 그곳에서 말다툼을 하고, 집에 와서 그의 아내를 때린다. 그리고 나머지 시간을 이웃인 흑인의 집에 돌을 던진다. 요약하면, 그의 일상적인 여가는 지루해 죽을 것 같은 공장 생활에 대한 폭발적인 보상이다.[15)]

William Burch는 다음과 같이 가장 간단한 진술을 하였다. "보상가설은 개인이 그의 일상적인 틀에서 벗어나 직접적으로 상반되는 활동을 추구할 기회를 제공해준다."[16)]

보상이론에 의하면, 자유시간은 우리가 생활을 영위하기 위해 또는 일상적인 단조로운 사소한 일 등을 할 동안 겪게 되는 고통을 균형 맞추어 준다. 이것은 어떤 여가행동을 설명해줄 수 있는 것처럼 보인다. Engels는 가장 좋은 예를 제시하였다. 노동자들은 술을 마시고, 약물을 복용하고, 또는 그들이 하루 동안 일하는 동안 발생한 어떤 것에 대해 심리학적인 보상의 한 가지 형태로서의 힘을 과시하기도 한다. 어떤 석탄광부는 다음과 같은 레크리에이션 활동을 한다. 즉 (a) 옥외에서 수행되어졌고, (b) 그 환경에 대해 힘을 과시하고, 그리고 (c) 일반 대중들에게 과장된 행동을 표출한다.[17)] 이런 모든 행동들은 극소수에 의해 지하에서 이루어지는, 통제된, 그리고 감독된 노동에 대한 보상일 수 있다.

William Burch의 견해를 지닌 어떤 사회학자는 숲에서 이루어지는 레크리에이션 행동에 관심을 가졌는데, 보상이론은 숲이라는 환경하에서 추구된 도시 거주민들의 여가활동이 지닌 어떤 욕구를 설명해줄 수 있다. 고용된 대부분의 사람들은 실내, 앉아서 일하고, 그리고 가공된 것에 둘러싸인 직업을 가진다. 하이킹, 사냥, 낚시, 또는 승마 등과 같은 신체적 활동을 옥외에서 할 수 있

---

15) H. Wilensky, "Work, Careers, and Social Integration," *International Social Science Journal* 12(1960) : 543~560.

16) W. Burch, Jr., "The Social Circles of Leisure," *Journal of Leisure Research* 1, no. 2(1969) : 143.

17) G. Bammel, "Leisure in Appalachia," *West Virginia Recreation and Parks Review*, May–June 1977, 5~7. West Virginia Recreation and Parks Association, Charleston, W. Va.

고, 인공적인 환경에서가 아닌 자연적인 환경하에서 자연에 둘러싸여 할 수 있다면 얼마나 괜찮을까?

이 이론이 어떤 시간에 어떤 사람이 하는 여가 행동을 설명하는데 도움이 되지만, 그것은 여전히 설명되지 않은 부분이 많다. 예를 들어, 어떤 사람이 그들의 여가 시간에 한 활동을 그들이 일할 때 무엇을 했는지와 대략적으로 비교할 수 있을까? 이런 질문에 답하기 위한 시도는 여가를 하는 동안 발생한 것이 무엇인지 결정하는 노동으로부터의 잉여(spillover)를 제안하는 여가 이론을 유도하였다.

7.2.3 여가의 잉여이론
(The Spillover Leisure Theory)

Engles와 Marx는 또한 여가의 잉여(spillover) 이론을 제일 먼저 제시하였지만 Wilensky가 그것을 다음과 같이 명확히 개념정의 하였다.

> 이것은 다음과 같은 가설을 가진다. 즉 다른 자동차 노동자는 집으로 조용히 돌아가서, 소파에 푹 쓰러지고, 혼자서 먹고 마시고, 아무 것에도 관계 없이, 아무것도 읽지 않고, 아무것도 모르고, 어느 누구에게도 투표하지 않고, 집과 길거리를 어슬렁거리고, 늦게까지 TV 쇼를 보고, TV 프로그램을 뒤적이고, 지나치게 피곤해서 소파에만 누워서 움직이고, 지나치게 이곳저곳으로 채널을 돌린다. 요약하면, 그는 일에서의 분리가 삶을 분리시킨다는 점에서 일상적인 잉여 여가를 개발하였다. 정신적인 무능력은 그의 노동을 그의 여가에 투과되도록 함으로서 생성되어졌다.[18]

이 이론이 지닌 가장 흥미로운 점은 심리학적인 시사점이다. 노동하는 사람의 성격에서 발생한 어떤 것은 그 사람이 여가를 위하여 무엇을 하는지를 결정해주고 강력한 영향을 미친다. 예를 들어 치과의사는 집에 공구상이나 시계수리점을 차릴 수 있는데, 그곳은 하루 동안의 노동을 정교하게 계속 할 수 있게 해주지만 지금은 덜 개인적인 방법이다. 또한 회계원은 계산을 계속할 수 있는 하나의 방식으로서, 밤에 카드게임을 하기를 바라지만, 지금은 보다 이완된 사회적 분위기에서 행해진다.

이 이론이 지닌 가장 기본적인 생각은 여가가 일의 활동에서 얻은 결과와

18) H. Wilensky, "Work, Careers, and Social Integration," 544.

다소 일치한다는 것이다. 만약 일이 많은 흥분과 자극을 준다면, 그 노동자는 흥분과 자극적인 여가형태를 선택함으로써 이런 좋은 느낌을 계속 유지하려고 할 수 있다. 연구자들은 일을 잘하고, 그리고 그들의 직업에 의해 즐거워한 노동자들이 여가를 잘하고 자극적인 여가를 추구하는 경향이 있다는 사실을 계속적으로 보고하였다. 따분한 직업에 대해 극단적으로 보상하거나, 아니면 지루한 일상적인 일을 하는 사람들은 지루한 재미 없는 여가 활동으로 시간을 낭비한다.[19]

바(bar)나 선술집(tavern)은 여가 연구가들에게 좋은 관찰대상을 제공해준다. 어떤 공공의 음주장소는 떠들썩하거나, 북적이는, 술 마시고 떠드는 소리내는 사람들이 있을 수 있다. 다른 곳은 외진 곳에 앉아서 담배를 피우거나 술을 마시면서, 음악을 듣거나, 다른 어느 누구와도 거의 이야기 하지 않는다. 그 시끄러운 사람들이 일을 보다 사회적으로 하고 결국 그런 사회적 풍요를 여가활동이 되게 할 수 있을까? 조용한 사람들이 작업환경에서 인간적 접촉을 격려할 수 있을까? 여가행동을 예언하는 다른 변인들이 있을까?

여가행동을 잘 설명하는 성공적인 이론은 왜 한명의 노동자가 한 가지 방법을 택하여 행동하고, 왜 다른 노동자는 유사한 일의 유형을 꽤 다르게 하는지를 설명할 수 있어야 한다. 보상이든 잉여이론이든 이 둘 다는 왜 노동자들이 기대된 목록에 적당한 것을 하지 않는지를 설명해 주지 못하고, 왜 다른 변인들이 발생하는지에 대해서도 이야기 해주지 못한다. 이런 변인들에 대한 추적은 다른 여가이론들을 유도하였다.

7.2.4 친숙성 이론
(The Familiarity Theory)

왜 공장 노동자들이 여가활동을 시끄럽고 떠들썩하게 하면서 다른 것에서는 조용하고 수동적인지를 잘 설명해 줄 수 있는 변인들 중 한 가지는 훈련, 전통 또는 습관화(habituation)일 수 있다. William Burch는 이것을 "친숙성 가설(Familiarity hypothesis)"라고 불렀고, 다음과 같이 설명하였다. 즉 "사회적인 생존을 위해 일상적인 것에 편안함을 느끼면서 일하는 사람과 안정에 대한 보상이 불확실성이 지닌 높은 비용에 의해 발생한 어떤 가능성을 능가한다고 가정해보라."[20]

---

19) S. Parker, *The Future of Work and Leisure*(New York : Praeger, 1971).
20) Burch, "The Social Circles of Leisure," 125~148.

여가 행동을 일의 활동 결과로서 보는 보상이론이나 잉여이론과는 다르게, 이 접근방법은 습관화되고 편안해진 여가를 수반한 일상적인 과정을 여가 행동과 연결시킨다. 마치 당신이 어떤 것을 즐겁게 잘 하듯이, 이전에 성취감이나 만족감을 잘 느끼게 해준 어떤 것을 함으로써 상쾌감이나 이완감을 느낄 수 있다. 이 행동의 가장 좋은 예는 이전에 정기 휴가기간 동안 이전에 갔던 것과 유사한 관광지로 돌아가는 사람들이다. 풍경이나 주위 환경이 유사하고, 의존적이고, 그리고 편안함을 준다. 유명한 소설가인 Thomas Wolfe는 "당신은 다시 집으로 돌아갈 수 없다(You can't go home again)"란 말을 하였는데, 이것은 당신은 어떤 경험을 결코 되풀이 할 수 없다는 것을 의미한다. 하지만 대다수의 사람들에게서, 여가는 보상이나 풍요로움을 주었던 어떤 경험을 가능한 한 유사하게 반복할 수 있는 기회이다.

친숙성 이론은 여가행동을 잘 설명해준다. 물고기를 잡는 어부나 사냥꾼은 아동기에 배웠던 어떤 관습적인 것을 규칙적으로 반복할 수 있다. 많은 휴가를 가는 사람들에게서, 해변, 호수, 또는 산은 계절마다 더 풍요로운 것처럼 보일 수 있다. 영국 시인인 Wordsworth는 1798년 Tintern 사원(Tintern Abbey) 근처로 여행하면서 다음과 같은 시를 지었다.

> 그러므로 나는 한결같이
> 사랑한다, 풀밭과 숲을,
> 그리고 산과 우리가 이 푸른 대지로부터
> 바라보는 모든 것을, 모든 거대한
> 눈과 귀의 세계를, 그리고 눈과 귀가 반쯤은 창조하고
> 지각하는 것을. 자연과 감각의 언어 속에서
> 가장 순수한 나의 사고의 닻을, 내 마음의 유모,
> 안내자, 보호자를, 그리고 모든 나의 정신적 존재의
> 순수한 나의 사고의 닻을, 내 마음의 유모,
> 안내자, 보호자를, 그리고 모든 나의 정신적 존재의[21]

단지 자연적 풍경에 대한 친숙성만이 이완이 지닌 힘을 방출시킨다는 것이 아니다. 많은 사람들은 친숙하고 편안한 이완형태로서 규칙적으로 카드놀이를 하고, TV를 보고, 또는 신문을 읽거나 한다.[22] B. F. Skinner는 "조작적 조건

---

21) W. Wordsworth, "Lines Composed a Few Miles above Tintern Abbey," in *Selected Works of Wordsworth*, ed. W. Meyer(New York : Appleton-Century-Crofts, 1950), 39.

형성(operant conditioning)"이란 용어를 사용하였다. 만약 여가가 하나의 시간이라면, 당신이 최고라고 느낄 때, 환경적 요인은 당신이 하는 반응이 조건화되도록 존재한다. 외상(trauma)이나 막대한 개인적 손실을 겪은 사람들에 대한 관찰은 과거에 마음을 진정시켜 주었던 장소로 가거나 이벤트에 의존한다는 것을 보여준다. 심리치료 상담가는 외상으로 인한 희생자는 과거 친밀했던 이웃이 사는 근처로 걷거나 운전을 해 가거나, 그들이 살았던 곳에서 일어났던 특별한 이벤트를 연 장소로 계속 찾아간다고 지적하였다.[23)] 결정적 시간 동안, 당신은 새롭거나 하지 않았던 것을 시도하기를 원하는 것뿐만 아니라 과거에 유발되었던 좋은 감정에서 어떤 편안함을 느끼게 되길 원한다.

친숙성은 확실하게 여가행동을 잘 설명해준다. 그것은 개인적 역사란 맥락을 투입한다면, 여가를 하는 사람이 지닌 개인적 욕구를 강조하는 것이 된다. 하지만 많은 사람들은 친숙한 것에 싫증을 내고, 항상 설명되지 않은 신기한 것을 추구하려고 한다. 아마도 정착자(Settler)와 이동자(Movers)의 두 가지 유형의 사람이 존재할 것이다. 즉 정착자는 높은 수준의 안정성을 추구하는 사람으로서 그들의 모든 삶에서 항상 동일한 지리학적 지역에 거주하고, 유사한 직업에 매달리고, 그리고 기쁨, 친숙한 여가 경험을 반복적으로 한다. 이동자는 항상 다른 어떤 것을 추구하고, 쉽게 싫증내고, 그리고 단지 신기하고 놀라운 것에 의해서만 자극되어졌다.[24)]

친숙성은 여가패턴을 설명하는데 도움이 되고, 어떤 여가행동을 설명해주는 훌륭한 예언도구이다. 하지만 그것이 쉽게 저지르기 쉬운 실수는 다른 상이한 변산을 가진 사람들의 집단과 여가 행동에 참여한 당신을 연관시키는 것이다.

7.2.5 개별 공동체 이론
(Personal Community Theory)

여가행동의 많은 부분은 동료집단에 의해 영향을 받는다 – 연령, 계층, 작업 환경, 또는 이웃. 당신이 생활 속에서 하는 대부분의 게임은 이미 그 게임에 친숙한 누군가에 의해 당신에게 소개되어졌다. 당신은 주어진 활동에 대한 지식과 열정

---

22) B. F. Skinner, *Beyond Freedom and Dignity*(New York : Knopf, 1971).

23) M. Hunt, *The Affair*(New York : Signet, 1969).

24) For development of this idea, see N. Cheek, Jr., and W. Burch, Jr., *The Social Organization of Leisure in Human Society*(New York : Harper & Row, 1976). Hereafter cited as *The Social Organization of Leisure.*

을 가진 누군가가 이용한 여가행동의 형태를 시작한다. 국상이나 명상, solitaire(혼자서 하는 카드놀이) 등은 대개 교사를 필요로 한다. 스키, 수상스키, 그리고 행글라이딩 등과 같은 보다 모험적인 스포츠는 수행시 동료를 필요로 하고, 기본적인 기술을 학습하는 어려운 과정 동안 동료집단에 의해 격려 받기도 한다.

인간은 사회적이면서도 사교적이다. 여가활동이 집단활동이고, 당신과 비슷한 배경을 가진 유사한 문제를 지닌 사람들과 공유하는 것 등은 유사한 종교적이거나 정치적 친화력를 가지고 생활주기(life cycle)에서 동일 단계이 있을 수 있다. William Burch는 개별 공동체이론에 대해 다음과 같이 말하였다. 즉 '많은 사회적 문제와 심리학적 추동(drive)은 직장동료, 가족, 그리고 친구 등과 같은 사회적 집단에 의해 유의미하게 걸러지고 방향이 다시 설정되어졌다."[25] 유사한 견해를 가진 보다 대중적인 이론은 "가족과 같이 놀고 같이 머물러라(the family that plays together, stays together)" 등으로서 표현되어질 수 있다. 여가가 주는 즐거움을 공유하는 사람을 친구로 사귀고, 그렇게 같이 함으로써 우정이 더 깊어지고, 그리고 여가 활동을 보다 즐겁게 만들 수 있는 친구를 가져라.

여가와 레크리에이션은 그것의 규모와 상관없이 공동체라는 느낌을 새롭게 해주는데 중요한 역할을 한다. 몇몇 저자들은 공동체라는 소속감이 없이, 가족, 도시, 국가도 없고 지구라는 별도 더 이상 생존할 수 없다고 언급하였다. 대통령의 의사결정에 영향을 준 책에서 Osborn과 Gaebler는 만약 그들이 공동체에 소속되었다는 확실한 느낌을 가지고 있다면, 그 시민만이 정부에 대해 책임을 질 수 있다고 주장하였다. Daniel Kemmis는 공동체라는 소속감이 결여된 것에서 유래된 미국 정치의 모든 것이 잘못된 것이라고 주장하였다. David Korten은 만약 새롭고 원기를 북돋울 수 있는 공동체라는 소속감이 개발되어지지 않는다면 21세기에서는 그것을 이룰 수 없다고 제시하였다.[26] 어떤 공동체는 정치적 목적만을 위해 협동하는 것이 아니다. 공동체는 반드시 그 시작때부터 레크리에이션과 여가 차원을 가지고 있어야 한다. 어떤 크기의 공동체 복지에서 핵심적인 것은 많은 구성원들이 즐겁게 공등체에 참여할 수 있는 일련의 이벤트이다. 가족들은 반드시 흥미로운 활동을 가져야만 그들을 하나로 결합되어질 수 있다. 도시들은 반드시 시민들의 정체성과 관련된 스포츠 팀을

25) Burch, "The Social Circles of Leisure," 125~148.

26) D. Osborne and T. Gaebler, *Reinventing Government*(Reading, Ma.: Addison-Wesley, 1992) ; D. Kemmis, *Community and the Politics of Place*(Norman and London : University of Oklahoma Press, 1990) ; D. Korten, *Getting to the 21st Century*(West Hartford, Conn., 1990).

가져야 한다. 문화적 수준에서 도시들은 시민들의 자긍심을 표출하고, 특정 공동체에 대한 어떤 차별적인 것을 표현할 수 있는 박물관, 오케스트라, 전시회, 그리고 축제 등을 가져야 한다. 여가행동에 대한 이론에서 중요하지 않은 것은 없고, 개별 공동체 이론보다도 더 중요한 잠재적인 응용을 할 수 있는 이론도 있어야 할 것이다.

7.2.6 이완, 위락, 그리고 자아-계발로서의 여가
(Leisure as Relaxation, Entertainment, and Self-Development)

여기서 논의될 마지막 여가행동이론은 매우 포괄적이고 가장 절충적이다. 이것은 다른 이론들이 지닌 가장 좋은 측면만을 합성하려고 시도하였다. 어떤 의미에서, 그것은 또한 미국보다는 유럽에서 더 많이 사용된다.

프랑스의 사회학자인 Joffre Dumazedier는 여가가 이완, 지식의 다양성, 그리고 광범위한 지식 등을 결합시키고자 하는 개인의 활동이라고 제안하였다. 그것은 사회적 활동이고, 때로는 개인의 창의성을 요구한다.[27] Dumazedier는 이것을 여가의 "3자(tripartite)"이론이라고 불렀는데, 여가가 이완, 위락, 그리고 개인적 계발 등의 서로 영향을 미치는 세 가지 기능을 가지고 있기 때문이다.

유럽에서의 삶에서 여가에 대한 이런 개념의 예를 많이 볼 수 있다. 파리의 길거리 카페는 여가를 즐기는 사람들에게 일종의 전경(panorama)을 제공해준다. 만약 당신이 오랫동안 기다렸다면, 당신은 십자말풀이를 하는 것부터 원고를 쓰거나, 활발하게 정치적 논쟁을 벌이는 것에서부터 영원한 사랑을 약속하는 것 등에 이르기까지 다양한 어떤 것을 볼 수 있다. 심지어 옥외에서 행해지는 유럽의 놀이 게임들은 북미지역에서는 거의 표출되지 않는 다양한 유형의 사회적이고 지적인 특성을 포함하고 있다.

유럽인들은 가끔씩 미국에서의 관습보다는 유럽에서 행해지는 여가가 지적인 활동을 더 많이 가지고 있음을 자랑한다. 물론 유럽인들도 TV 시청을 하는데 중독이 되기도 하고 의미 없는 대화를 하기도 하지만, 유럽인들은 꽤 실제적인 방법에서 지적이고 예술적인 관심을 강조하는 문화적 유산을 가진다. 북미지역에서, 최근 몇년 동안 유럽화되어진 측면을 볼 수 있는데, 예를 들어 발레, 오페라, 그리고 교향악단 등에 대한 관심이 새로워진 것이다. 하지만 이런 예술에 대한 폭 넓은 열정은 유럽국가들의 문화에서 더 지배적이고, 이런 열정

27) J. Dumazedier, *Sociology of Leisure*(New York : Elsevier, 1974).

은 미국의 관습에서보다 계발로서의 여가(leisure－as－development)에 대해 더 많은 지적인 강조를 한다.

하나의 의미 있는 여가이론은 중요한 관심사를 가진 인간행동의 다른 측면과 관련되어져야 하고, 미래의 여가 행동을 예언하는데 어떤 근거를 제공해줄 수 있어야 한다. 어떤 영역에서의 여가는 설명적이고 예언적인 힘을 가질 수 있다. 즉 현재 행동을 설명하기 위한 어떤 맥락을 가지거나 미래에 그것이 어떻게 될지 반영해줄 수 있는 하나의 근거를 제공해주기도 한다. 여가행동의 제3자이론을 개발한 Dumazedier는 여가의 실재적 시대가 이미 존재하지도 않았고, 그리고 21세기에서 여가를 위한 기회는 인간 역사에서 새로운 것일 거라고 주장하였다. 그리스의 전통적인 여가는 노예계층의 비자발적인 서비스에 근거를 하였고, 이런 귀족의 여가는 정치적이고 경제적 불안정에 대한 근심에서 안전하거나 자유롭지 못하였다. 영화 “바람과 함께 사라지다(*Gone With the Wind*)”는 백인 농장주의 여가를 묘사하였는데, 그것은 노예들의 노동력에 의한 것이다. Aristotle는 스파르타인들이 그들이 기본적 서비스가 노예들에 의해 제공되기 때문에 노예들이 반란을 일으킬까봐 항상 두려워하기 때문에 진정한 여가를 즐기기 못하였다고 언급하였다.

현대 여가는 안정성과 견고한 사회에 의존하지만, 현재 세상은 정치 또는 경제적 안정성이 그리 높지 않다. 그럼에도 불구하고, 우리는 그리스, 로마, 르네상스 시대의 사람들이 결코 꿈꾸지 않았던 여가를 위한 기회를 즐긴다. 그것은 단지 우리에게 자유시간이 많이 주어졌기 때문만은 아니다. 우리는 매일의 사소한 일들에 기계를 사용하고 있다. 우리는 베토벤과 미켈란젤로가 결코 꿈꾸지 못했던 음악과 예술을 추구할 수 있는 기회를 가지고 있다.

상대적인 풍요는 이전 시대와는 근본적으로 다르게 추구할 수 있는 이 시대에서의 여가를 가능하게 하였다. 가사일에 드는 노동력을 덜어주는 기계들은 미국의 가정에서는 당연한 것으로 여겨졌고 그것에는 오븐, 세탁기, 그리고 드라이어 등이 포함되고 있는데 그것은 대 저택에서 하인에 의해 제공되는 것과 비슷하다. 일상생활에서 노동에서 벗어난 우리의 자유는 확실히 사람들로 하여금 이전 시대에서는 결코 상상할 수 없었던 정도의 여가 기회를 가지게 해주는 것처럼 보인다. 이용가능한 시간을 여가로 전환하는 방법에 대해서는 여전히 더 많은 개발의 여지가 남아 있다.

여가선택에서의 자유는 또한 인류역사에서는 새로운 것이었다. 도시에 거주하는 많은 인구분포가 가진 이점 중 하나는 성향이 비슷한 사람과 우정을 쌓아갈 수 있는 기회이다. 사회화를 위한 기회는 더 크지는 않다. 대부분의 미국인들은 수많은 다양한 라이프스타일을 시도할 자유를 가지기에 충분한 부를 소유하고 있다. 어떤 사회가 보다 교육적이거나 보다 문화적 기회를 시민들에게 제공하기도 한다. 고등교육은 사실상 필수적인 것이고, 지역공동체에서의 대학과 공개 프로그램 등은 그 인구의 최소 80%내에서 더 높은 교육의 기회를 제공해준다.

인간은 인간의 역사와 결코 분리될 수 없기 때문에, 노동은 중요한 것이었다. 노동은 먼저 순수하게 생존을 위해 필요한 것이고, 둘째는 사회기준에 맞는 생존을 위해 필요한 것이다. 여가의 황금시대를 바라는 희망이 어떤 필요한 일에서 자유로워지기를 바라지는 않았지만, 이완과 개인적 성장을 위한 증가된 시간으로서의 여가는 많은 현대사회에서 당연한 것으로 여겨졌다. 많은 유의미한 연구들에서 노동은 개인적 성장보다는 덜 중요한 것으로 나타났다.[28] 여가는 삶에서의 일차적인 목표로서 이해되어졌다. 노동은 여가의 성장을 위해서는 필요한 것이 되었다. 더 나은 노동과 더 높은 생산성을 위한 휴식으로 여겨졌던 여가를 이해하였던 19세기의 이상은 개인이 부유해지고 삶에서 기쁨을 얻는 것이 가능하게 노동에 대한 새로운 견해가 제시되게 해주었다.

Dumazedier는 노동이 인간행동에서 부수적인 것이고, 모든 다른 것이 여가와 연결되어 있다는 이론을 제공하였다. 그것은 여가에 대한 Aristotle의 이론을 보다 현대적인 언어로 표현한 것이다. 그 이론은 단순하고도 복합적이지 않고, 이것은 그것이 지닌 최종적인 어떤 것을 설명해줄 수 있다. 노동과 여가를 연결시키려는 시도를 한 이론들은 상대적으로 성가시킨 것이고 복합적이고, 여가행동이 지닌 영역을 이해하는데 별 도움이 되지 못한다. 여가의 보상이론과 잉여이론이 지닌 실재적인 어려움은 그것이 여가보다는 노동에 더 초점을 둔 것이라는 점이다. Dumazedier의 이론은 여가를 가장 먼저 으뜸으로 여기고, 다른 관심사를 여가와 관련시켰다.

Dumazedier는 여가가 보다 서비스 지향적이 될수록 더 중요해진다고 가정한 것을 확신하였다. 그는 생존을 위한 노동이 아니라 개인적 성장을 할 때 나타나는 어떤 시간이 삶에서 일차적인 동기유발요인이 될 것이라고 예언하였다. 대조적으로 Aristotle의 전통을 따르는 다른 여가이론가들은 여가가 지닌 잠재력에 대해 비관적으로 생각하지 않았다. Sebastaian de Grazia는 "여가는 충분히 실현되어질 수 없고, 그리고 하나의 이상(ideal)은 단지 하나의 생각(idea)이 아니다. 여가는 소수의 욕망을 가진 사람이 소수의 것만 성취할 수 있는 인간 조건 또는 상태를 언급하는 것이다."[29]라고 인용하였다.

---

28) D. Yankelovich & Associates, as reported in *Psychology Today*, January 1978.

아마도 Dumazedier는 다소 이상적인 여가행동 이론을 제시한 것일 수 있다. 부가적인 자유시간을 가지고서, 많은 노동자들은 TV 시청시간과 도피의 파괴적인 형태를 추구하는 경향만이 단순히 증가하였다. 사람들이 지나치게 많은 여가를 할 수 있을까? 사람들이 그들의 생활을 이루기 위해 노동을 할 필요가 있을까 그리고 여가가 다양성을 제공해 줄 수 있을까? Dumazedier는 개인적 성장을 위한 고려가 일차적인 것이고, 노동은 그 성장에 공헌하는 것이라고 주장하였다. 이런 접근방법은 다음과 같은 장점을 가진다. 즉 우리의 개성은 출생하는 그 순간부터 우리를 둘러싸고, 그리고 아마도 우리가 죽을 때까지 따라갈 것이다. 하지만 노동은 일시적인 것이다. 그것은 사라지고, 우리의 성장을 위한 도구이다. 만약 오랫동안 살았다면 그것에 노동을 그만둘 것이고, 그것에서 벗어날 것이다. 하지만 우리는 개성에서 벗어나지고 그만두지도 못한다. 만약 개인적 성장이 여가의 노동으로서 여겨진다면, 여가를 하는 것은 일차적으로 인간존재를 성취하는 것이고, 그리고 다른 어떤 것은 그러한 관심에서 부수적인 것이다. Dumazedier의 이론은 그것을 생기있고 활기차게 유지해줄 수 있다.

7.3 새로운 방향
(New Directions)

심리학자나 심리학적 배경을 가진 연구자들은 Dumazedie의 통찰에 대해 범위를 확장시키고 심도 있게 만들고, 유사한 종류의 결과물을 만들었다. Mihaly Csikzentmihalyi는 그 중 가장 영향력이 있는데 그는 다음과 같은 수많은 종류의 책을 저술하였다. 즉 「*Optimal Experience, Psychological Studies of Flow in Consciousness*」, and 「*Flow, The Psychology of Optimal Experience*」[30] 등. 그의 모형에서 가장 기본적인 생각은 "흐름(flow)"인데 이것은 권태를 벗어나 어디서든 행복한 상태로서 불안과는 거리가 멀다. Csikzentmihalyi는 여가 연구에 대한 하나의 패러다임을 제시하였는데 그것은 선행에서 다룬 시사점들을 축약하면서도 새로운 어떤 방향을 제시하여 주었다. 이런 여가행동 이

29) de Grazia, *Of Time, Work, and Leisure*, 5.

30) M. Csikszentmihalyi and I. Csikszentimihalyi, *Optimal Experience : Psychological Studies of Flow in Consciousness*(Cambridge : Cambridge University Press, 1988) ; *Flow : The Psychology of Optimal Experience*(New York : Harper, 1990).

론의 "심리학적 고찰(psychologizing)"은 여가경험에 대한 근원적인 특성을 이해하도록 해주었고, 오래된 생각에 대해 하나의 새로운 언어로서 제공되었다. 여가의 편익에 대한 연구[31]는 심리학적 견해에서 여가를 이론화한, 이런 새로운 방향이 지닌 우월한 힘을 잘 보여준다.

7.4 실용적인 견해
(Practical Consideration)

최근 몇년 동안 여가행동에 대한 연구는 개별 영역이나 학파를 완성시킨 하나의 개별적인 학문 분야에서 출현하였다.[32] 이런 연구가 어떻게 실용적으로 응용되어질 수 있을까? 대다수의 연구는 얼마나 많은 레크리에이션을 하는 사람들이 그 지역이나 그곳을 방문해서 즐기려는 사람들의 경험을 파괴하지 않으면서 주어진 지역을 사용할 수 있을지 결정하는 등과 같이 실제적인 것을 지적하였다. 연구는 또한 레크리에이션 기대에 대한 사람들의 만족에 초점을 두거나 또는 다른 것보다도 레크리에이션이 주는 심리학적 편익에 주된 관심을 두었다.[33] 하지만 상대적으로 적은 시간은 여가행동의 이론에 소비하도록 하였고, 또는 왜 여가가 최초의 장소에서 중요한지 분석하려는 시도에 소비하게 만들었다. William Harper는 우리가 그 어느 때보다 열심히 일하고 자유시간이 문화적으로 촉진된 경험을 단축시켰기 때문에 진정한 여가가 상실되는 결과를 초래하였다고 주장한다.[34] 다수의 여가 이론가들은 이런 환경에 대해서만 설명하려고 하는 것이 아니라 여가가 지닌 타당성이나 그것의 중요성을 어

31) B. Driver, P. Brown, and G. Peterson, *Benefits of Leisure*(State College, Pa.: Venture Publishing, 1991).

32) See, for example, Cheek and Burch, *The Social Organization of Leisure*; J. Haworth and M. Smith, *Work and Leisure*(Princeton, N.J.: Princeton Book Publishers, 1976); N. Cheek, D. Field, and R. Burdge, *Leisure and Recreation Places*(Ann Arbor, Mich.: Ann Arbor Science Publishers, 1976); B. van der Smissen, comp., *Research Camping and Environmental Education*, Penn State HPER series no. 11.(State College, Pa.: Pennsylvania State University, 1976).

33) *Ibid.*

34) W. Harper, "Leisure, Culture and Progress," *Abstracts from the 1992 Symposium on Leisure Research*(Cincinnati: NRPA, 1992)

떤 유형의 도표나 구조로 제시하여야 한다고 주장하였다.

이런 이론적 연구는 게을리되어서는 안된다. 정책적 의사결정은 의문시되지 않았던 것에 대해 가정을 기본으로 하고, 또는 체계적이지 않은 일상의 관찰에 근거를 두어 형성되어졌다. 실행가나 레크리에이션 전문가는 공인되지 않은 가정을 비평할 능력을 가지고 있어야 할 뿐만 아니라 새로운 프로그램의 기획이나 기존의 실행을 유지하는데 있어 리더십을 발휘할 수 있어야 다양한 여가행동 이론에 대해 이해할 수 있다. 여가가 그 자체로 끝나는 것이 아니라 고된 노동에 대한 보상으로서, 그들에게 친숙한 무엇인가를 사람들에게 확신시켜줌으로써, 또는 성향이 유사한 사람들의 공동체에 필요한 것으로서 여가를 이해시켜주는 것이 더 중요하다. 확실히 여가가 주는 심리학적 편익은 기본적인 구매 시점을 제공해준다. 이 장에서 제시된 각각의 이론들은 여가와 레크리에이션 기획에서 어떤 하나의 접근방법을 제시해줄 수 있을 것이다. 레크리에이션 발전에 대한 각각의 제안들은 여가가 지향하고 있는 점이 무엇인지 그리고 그것이 어떻게 개인적 계발에 공헌을 할 수 있을지 등에 대한 견해에 기초를 두었다.

공공이나 상업적 레크리에이션에서 고용되어 일하는 사람들이나 여가가 실제로 어떤 의미를 지니는지에 대해 관심이 있는 사람들을 위해서는, 여가행동이 지닌 특성에 대해 점차적으로 더 심층적인 설명을 하는 것이 중요하다. 만약 기술공학이나 정치학이 모두 다음 몇년 내에 예외적인 결과를 생성할 수 있다면, 우리는 이전에 결코 존재하지 않았던 것의 탄생을 목격할 수 있을 것이다. 그 사회를 이해하기 위해, 여가행동이론은 계속 개선되어져야 할 것이다. 새로운 이론을 개발하거나 전체적으로 정교화시킬 필요가 있고, 그것을 아직까지 고려되어지지 않았던 인간행동의 측면과 연결시킬 필요가 있다. 어떤 노력은 이런 맥락에서 이루어져 왔다.[35] 여가를 이해하기 위한 시도는 여전히 환상을 내재하고 있다. 여가 행동의 과학은 매우 최신의 분야이다. 진보는 여가 이론이 더 대중적이 되게 할뿐만 아니라 그것에 대해 더 잘 이해하게 해줄 것이다. 여가 행동에서의 실용적인 연구는 이론적 지지와 하부 구조를 더 잘 이해할 것을 필요로 한다. 여가에서 사람들이 무엇을 하였는지어 대한 체계적인 관찰은 새로운 과학의 기초이지만, 여가행동에 대한 이해는 개별적인 예들이 더 광범위한 이론적 맥락에서 해석되어져야 할 것을 요구하였다. 기본적인 의문은 여전히 남아 있다. 즉 여가행동이 어떤 방법으로 다른 인간생존의 측면과 연결되어져 있을까?

35) M. Kaplan, Leisure : *Theory and Policy*(New York : Wiley. 1975).

개요 Summary

여가의 세 가지 기본적 개념은 잔여(어떤 다른 것을 하고 남은 것)로서, 상태로서(어떤 것을 하는 방법, 하나의 태도), 그리고 기능적인 것(성격을 형성하는 자유롭게 선택된 활동)으로서 보는 것이다. 이런 여가에 대한 세 가지 기본 개념은 필요나 의무로부터의 자유이다. 대부분의 여가전문가들은 여가에 대한 개념을 태도나 상태로서 이해하고 있다. 일반인들에서 여가에 대한 개념은 보다 표현적이지만 그것은 의무로부터의 자유를 강조한다. 즉 여가는 당신이 원하는 어떤 것을 하는 것이지 당신이 가지려고 하는 어떤 것을 하는 것이 아니다.

여가행동에 대한 다양한 이론들은 과거에서부터 정교화되어져 왔고, 미래에서도 새로운 이론들이 개발되어질 것이다. 오랫동안 지속되어온 여가 이론들 중 세 가지는 가장 설명적이고 예언적인 힘을 가졌다.

- Aristotle의 노력에 의해 형성된 이론은 여가가 모든 인간행동의 목표이고, 다른 모든 것은 여가를 위해 행해지고, 그리고 여가활동이 그것이 종결됨으로서 수행되어졌다고 제안하였다.
- Marx와 Engels에 의해 형성된 이론들은 여가가 작업장에서의 좌절이나 힘은 일상에 대한 보상인 점을 강조하였다.
- 잉여 이론은 당신이 무엇을 할 것인지 그리고 어떻게 그것을 할 것인지를 결정하는 일을 하는 동안 발생한 어떤 것이 자유시간에 넘쳐난다는 점을 제안하였다.

여가행동에 대한 가장 최근 이론들 가운데 Burch는 여가를 하는 동안 당신에게 가장 친숙한 무엇이, 과거에 선호했던 휴양지로 가게하거나 익숙했던 게임을 하도록 만든다고 주장하였다. 그는 또한 많은 여가행동이 가족 캠핑, 돔구장에서의 야구경기, 또는 바느질 모임이든 여가경험을 공유하는 공동체에 의해 설명되어질 수 있다고 제안하였다. 여가가 지닌 다양한 견해를 합성한 시도에서 Dumazedier는 여가가 이완, 위락, 그리고 개인적 성장을 하나로 결합되게 해주고, 이런 조합이 여가가 지닌 중요성이나 그것이 지닌 영속적인 소구력을 설명해 줄 수 있다고 하였다. Csikzentmihalyi는 여가가 경험의 흐름을 생성하는 인자로서 이해되어질 수 있다고 주장하였다.

여가경험의 이론들은 그것이 왜 사람들이 특정한 여가행동을 선택했는지 이해하는데 도움을 주기 때문에 중요하다고 말한다. 미래 지출에서 예산을 만들 필요가 있는 사람들을 위해서, 여가 행동 이론은 미래 수요를 예측하는데 사용되어질 수 있을 것이다. 여가는 하나의 진공상태에서 발생하는 것이 아니고, 그것은 계속적으로 검증되어지고 평가되어져야만 하는 인간행동의 다른 측면과 연관성을 가진다.

검토문제 examination

01. 여가의 세 가지 기본개념에는 어떤 것이 있는가?

02. 하나의 이론(theory)이란 어떤 것인가?

03. Aristotle 학파가 주장하는 여가행동은 어떤 것인가? Dumazaedier에 의해 제안된 이론들은 단지 아리스토텔레스 학파에 의해 주장되어진 이론의 현대적인 수정판에 불과한 것일까? 이것을 설명해보라.

04. 보상이론이 지닌 기본적인 측면은 어떤 것일까? 자신들의 경험을 토대로 예를 들어 설명해보라.

05. 다수의 사람들 또는 단지 소수의 사람들만을 위한 노동과 여가간의 관계에 대해 잉여이론이 설명할 수 있을까?

06. 사냥이나 낚시를 제외하고, 친숙성이나 개별 공동체이론으로 설명되어질 수 있는 여가행동의 예들에는 어떤 것이 있을까?

07. 당신이 지금으로부터 향후 5년 내에 참여하기를 바라는 노동이나 여가가 여가이론들로서 설명되어질 수 있을까?

08. 당신이 여가행동을 실지로 잘 설명해줄 수 있다고 느끼는 여가의 기본적 개념과 여가행동이론을 표현해보라.

현재의 여가가 지닌 실용성

PART 8.
Current Leisure Practices

제8장

- 옥외 레크리에이션은 실내 레크리에이션과 어떻게 다를까?
- 공원은 삼림(forest) 지대와 어떤 차이가 날까?
- 물에서 하는 수상 레크리에이션은 얼마나 중요할까?
- 취미, 예술, 그리고 공예품에는 무엇이 있을까?
- TV가 지닌 레크리에이션 역할은 무엇일까?
- 레크리에이션으로서 독서가 어떻게 중요할까?
- 종교가 레크리에이션으로 실행되어질까?
- 관광은 레크리에이션의 한 형태일까?
- 약물과 알코올은 레크리에이션에 어떤 영향을 미칠까?
- 성행위는 어떻게 레크리에이션이 될 수 있을까?

제8장

현재의 여가가 지닌 실용성

Current Leisure Practices

Outdoor Recreation Resources Review Committee(1962)는 공공 토지에서 발생하는 협소한 범위 내에서 이루어지는 옥외 레크리에이션 활동에 관심을 가져야 한다고 보고하였다. 항해, 자전거타기, 카누, 독서, 정원 가꾸기, TV시청, 그리고 사람들에 의해 행해지는 많은 다른 활동은 왜 고려되어지지 않을까? 단지 옥외 레크리에이션(공공기관)을 보는 것은 옥외활동에 실제로 참여한 사람의 아주 제한된 수만을 다룬 것이다.[1]

관습은 가끔씩 적절하지 않은 용어에 대한 사용과 정의를 사용하게 하여 원하는 정보를 얻게 해주지 못한다. 그러한 예외 중 하나는 옥외와 실내 레크리에이션 간의 차이에서 발생한다. 1950년대 후반과 1960년대 초반 경에, 『Outdoor Recreation Resources Review Committe』의 저자는 옥외 레크리에이션(Outdoor Recreation)을 삼림, 공원, 그리고 공공 사냥터나 낚시터 등과 같은 공공지역에서 발생하는 레크리에이션으로서 언급하였다. 공원서비스, 삼림서비스(Forest Service : FS), 공공토지에서 연방정부 기관에 의해 관리되는 서비스 그리고 육지나 수상을 관리하는 책임을 지는 다양한 주 정부(州 政府)기관 등에 의해 고려되어진다. 이런 접근방법을 유지하면서, Richard Kraus는 옥외 레크리에이션을 다음과 같이 정의하였다. 즉 “옥외에서 행해지는 자연과 직접적인 관련성을 가지고 그것에 의존하며, 그리고 그런 구성요소들과 직접적인 접촉을 통한 참여에서 발생하는 레크리에이션 경험과 활동 등을 말한다.”[2]

---

01) E. Carls and R. Ditton, “Changing Outdoor Recreation Perspectives in North America,” in *New Thoughts on Leisure*, ed. D. Brademas(Champaign, Ⅲ. : Recreation and Park Resources, 1978), 23.

02) R. Kraus, *Recreation Today : Program Planning and Leadership*(Santa Monica, Calif. : Goodyear, 1977), 490.

Alan Ewert와 Steve Hollenhorst는 옥외 레크리에이션이 지닌 "도전(challenge)"과 "모험(adventure)"에 대해 조사하였다. 이때 옥외 레크리에이션은 암벽 등반에서부터 누군가로부터 구조를 받을 수 없는 야생에 이르기까지 범위가 다양하고, 재미를 추구하기 위해, 그리고 가끔씩 공공장소에서 발생하는 위험한 레크리에이션이 인기를 얻어가고 있다고 보고하였다.[3)]

"실내 레크리에이션(indoor Recreation)과 비교할 만한 목록은 없다. 일차적으로 실내에서 발생하는 많은 레크리에이션 활동들은 자연에 직접적으로 의존하지 않고, 날씨 변화 등에 영향을 받지 않는다는 장점을 지니고 있다. 조깅, 테니스, 농구, 심지어 축구나 야구 등과 같은 많은 활동들은 옥외나 실내나 둘 중 하나에서 행해진다. 많은 기관들은 옥외 레크리에이션에 대해 책임을 지지만, 실내에서 레크리에이션을 할 때 수반되는 책임과 발전에 따른 책임을 질 수 있는 옥외 레크리에이션과 비교할 만한 연방 기관은 존재하지 않는다.

8.1 공원과 삼림
(Parks & Forests)

공원과 삼림지역의 차이점은 무엇일까? 주(州)정부나 연방정부 수준에서, 그 차이는 그 지역에서의 의도된 일차적인 사용에 달려 있다. 공원(Parks)은 레크리에이션 이용을 위해 일차적으로 보류된 "보존" 지역이다. 그것은 활동지역일 수 있고, 야구장이나 테니스 코트를 보유하기도 한다. 또는 풀이 우거지거나 나무로 뒤덮인 자연적인 지역일 수도 있다. 대부분의 공원은 수영, 하이킹, 그리고 피크닉을 할 수 있는 장소를 제공해 준다. 그리고 더 큰 공원들은 캠핑이나 민박기회를 제공하기도 한다. 삼림으로 지정된 지역들은 삼림 지대를 보호하는 것이 일차적인 목적으로 대개는 목재를 얻기 위해 선택적으로 채취될 수 있다. 나무가 상업적인 목재로 성장하는데는 많은 시간이 소요되기 때문에 대부분의 레크리에이션 활동들은 목재로서의 가치를 지니게 되는 것을 방해하지 않는 삼림지역에서 이루어질 수 있다. 삼림은 때때로 공원으로 지정된 지역에서 허용되지 않는 사냥이나 낚시를 할 수 있게 해준다. 공원은 주(州)정부와 국가에 의해 타당한 레크리에이션 이용, 삼림을 지닌 보존지역으로서 균형을

03) A. Ewert, *Outdoor Adventure Pursuits : Foundations, Models, Theories*(Columbus : Publishing Horizons, 1989).

추구하도록 하면서 레크리에이션에 대한 몰입수준을 증가시켜 왔다. 관목의 성장은 10년에서 100년 또는 그 이상의 세월이 걸리기 때문에, 많은 상이한 목적을 지닌 삼림지역의 이용은 훌륭한 레크리에이션적인 의미를 지닌다.

8.1.1 국립공원
(National Park)

1916년에 설립된, NPS(National Park Service · 국립공원서비스, 이하 NPS 라고 칭함)는 미국과 그 영토에 있는 대략 367개의 지역들을 아우르는 관할권을 가지고 있다. 자연적 아름다움이나 지리학적 중요성을 관망하거나 지역을 보호하기 위해 제정된, 공원서비스는 사람들이 쉽게 이용가능한 레크리에이션 지역과 그들이 즐기기 원하는 자연환경을 다 써버리는 사람들을 유지하는 것 간에 갈등이 발생할 수 있음을 재빨리 배워야 했다. 1926년 공원 서비스는 대부분 심각한 책임을 가진 것 중 하나로서 보호(conservation)와 보존(preservations)문제에 대해 일반적인 공공교육을 시행하였다. Yellowstone, Grand Canyon, Yosemite, 그리고 Great Smoky Mountains 등과 같은 공원서비스는 미국의 수많은 관광지뿐만 아니라 국제적 관광매력물로서 제공되었다. NPS는 또한 Yorktown과 Gettysburg 등과 같은 Washinghton D.C.와 역사적 전투지 등에서의 유적 등을 포함한 역사적이고 문화적 자원을 관리하는 책임을 지고 있다.

New York, L.A. San Francisco, 그리고 Cleveland에서 "gateway 공원"의 개발과 더불어, NPS는 다른 지역에서 리더십을 가지고 영향을 미쳤다. 이 기관은 혼잡한 도시지역에 있는 주민들을 위한 레크리에이션 기회 준비. 여행비용의 증가, 그리고 더 짧은 휴가기간 동안이라도 많은 사람들이 즐길 수 있게 도와주었다. NPS는 도시 거주자들에 의해 쉽게 접근할 수 있는 지역에 더 많은 투자를 하였다. 이들은 또한 자원의 관리나 보존을 위한 문제보다도 사람들을 즐겁게 하는 문제에 더 많은 주의를 기울이도록 배웠다. 이것은 공원관리자들과 서비스 전달에서 전방에 위치한 경비대원 양자가 변화에 대해 미묘한 균형을 맞추어야 하는 활동이다.

많은 방문객들을 위해, 공원경비대원은 중요한 역할모형으로서 서비스를 제공한다. 그 또는 그녀는 적극적으로 살아가고, 옥외생활을 하면서, 환경과 사회적 문제들에 대해 사람들과 이야기하고, 그리고 매우 흥미로운 직업으로 보이는 등의 하나의 예로서 제공된다. 레크리에이션과 공원 프로그램에 참여한 학생들은 공원서비스에 의해 고용된 경비대원이나 해설사 등과 만나는 것을 통해 그것을 직업으로 선택할 수 있다. 이것은 매력적이고 흥미로운 직업인 것처럼 보이고, 매년 많은 응시자들이 지원을 한다. NPS는 주와 도시공원 프로그램을 위한 하나의 모형으로서 기능을 한다. 미국인들은 이용가능하고 잘 관리되어진 그리고 매력적인 옥외 레크리에이션 기회 등에 대해 계속적인 욕구를 가지고 있음을 나타내준다. 대부분의 미국인들에서 국립공원에서 경험한 것이 보다 더 기억에 남게 되지만, 이곳보다는 도시나 주에 위치한 공원을 더 많이 이용하는 것으로 나타났다.

비록 Canadian Provincial Park System이 미국에 있는 대부분의 주(州)공원보다도 더 큰 영역을 관리하고 있지만, 캐나다 록키산맥에 있는 Banff나 Lake Louise는 세계적 수준의 공원지역이고 Yukon과 Northwest Territories는 특정한 지역으로 법적으로는 지정되지 않았지만, 천연의 야생성이 살아 있는 곳이다. 그리고 유사한 발전이 캐나다에서도 일어났다. British Columbia는 옥외 레크리에이션의 천국으로서 광고되었고, 캐나다 Province의 다른 광대한 track은 다양한 범위의 레크리에이션 기회를 제공해준다. 몬트리올, 토론토, 그리고 밴쿠버 등은 도시, 옥외 레크리에이션 등의 다양한 형태를 위한 큰 공원지역이 발달해 왔다,

8.1.2 국유림
(National Forests)

Forest Service(미국에서는 농무성 산하에 소속: 삼림서비스, 이하 FS라 부름)는 155개의 국립 삼림지역을 관리하는 책임을 맡고 있다. 삼림의 관리는 목재 생산량을 최대화하기 위한 의도에서 시자되었지만 화재방지, 수역 관리, 그리고 방목된 동물들의 적절한 사육 등과 같은 관심사가 점차 더 중요하게 되었다. FS는 많은 레크리에이션 전문가들이 하이킹이나 캠핑 등과 같은 활동들을 하기 위해 많이 발견하는 장소가 국유림이고 레크리에이션을 위해 일차적으로 조성된 지역의 대부분 트랙에 대한 관리 중요성이 증가하고 있다는 것을 받아들여야 한다. 사실 국유림은 레크리에이션을 위해 주로 사용되어진다. 황무지를 관리하는 것은 FS의 원래 목적－목재생산을 최대화하는 것－과는 상반되는 것처럼 보인다. "황무지(Wilderness)"는 관리되지 않은 것을 의미한다. 즉 가능한한 최초의 원시자연 상태로 버려두는 지역이다. 황무지로 지정된 지역은 어떠한 목재생산도 미리 금지되어진다. 비록 목재판매로 인한 직접적인

경제적 이익이 있지만, 레크리에이션을 위해 지정된 지역이 지니는 경제적 편익은 그렇게 쉽게 드러나지 않는다.

자원관리기관으로서 시작된 FS는 일반대중에게 활기를 불어넣어주기 위한 서비스를 준비하기 위해, 목재 관리와 그것의 벌목 등에서 요구되는 사람마다 다른 사고방식에 대처하기 위해서는 사람관리(people management)를 해야 한다는 사실을 발견하였다. 주어진 상이한 유산을 가지고, FS는 NPS의 관습과 실행방식과는 다른 대중과의 관계, 공공토지에 대한 관리방법 등을 개발해왔다.[4] 황무지에 대한 관리는 FS, 공원 서비스, Bureau of Land Management, 그리고 Fish & Wildlife Service 등이 책임을 지고 있다. 전국 토지의 1/4이상은 가능한 한 자연상태로서 원시적인 레크리에이션을 위해 그리고 어떤 토지를 보존하기 위한 특별한 기회를 창출하기 위해 황무지로 지정되어졌다. 이런 책임 등을 통해 기관들은 그들만의 철학이나 견해를 가지고 기관을 운영한다.

"생태계(ecosystem)관리"는 1990년대 많은 연방정부 정부소유 토지를 관리하는 기관들이 가지는 철학이 되었다. 생태계는 주어진 영역에서 생활을 유지하는데 필요한 모든 구성요소들과 상호작용을 한다. USDA－Forest Service는 삼림의 관리가 단지 목재, 수역 보호나 야생의 서식지 확보, 그리고 인간의 즐거움을 위해 삼림을 제공해주는 것뿐만이 아니라는 사실을 확인시켜준다. 훌륭한 삼림의 관리는 "생태계의 지속가능한 작용"이라는 기본적인 과정이 영속적으로 보장되어질 수 있음을 확보해 주는 것이다. 인간은 생태계의 일부분이고, 생태계는 인류를 위한 다양한 상품이나 서비스를 제공해주고, 심미적인 경험의 제공에서부터 건설을 하기 위해 필요한 목재나 장작 등을 제공해준다. 생태계 관리에서 끊임없이 제기되고 있는 주제는 삼림을 인간의 벌목을 위한 자원으로서 보는 것이 아니라 인간을 그 삼림과 통합시키려는 시도이다. 이것은 삼림에서 행해지는 레크리에이션이 단지 현대 사회가 주는 실존적인 압력에서 벗어나기 위한 것뿐만이 아니라 건강한 생태계를 유지하는 인간으로서의 역할과 자연이 지닌 탁월함을 의식수준으로 끌어올리는 것을 의미한다고 해석할 수 있다. 여전히 "놀이터"로서의 공원에 대해 생각하지만, 거대한 체제의 일부로서, 삶의 한 부분으로서의 공원과 삼림은 점차 그 중요성이 증가되어지고 있다.[5]

---

04) B. Driver, Conversations with the Authors ; 1978, 1981, 1987.

05) See for example, G. Williams, "Ecosystem Management : How Did We Get Here?", Monograph.(Portland, Ore. : USDA–FS, Pacific Northwest Region, 1994).

8.1.3 주립공원과 삼림지대
(State Parks & Forests)

대부분의 주는 주(州) 공원과 주(州) 삼림을 보유하고 있고 그것들은 기본적으로 국립공원 & 국유림(national parks & forests)의 형태를 따르고 있다. 공원은 매일, 주말 캠핑, 또는 연장된 휴가시 사용하는 일차적인 목적을 지닌 사람들의 공공놀이터이다. 삼림은 대개 계절에 따라 사냥이나 낚시를 하도록 허용되고 하이킹, 스키타기, 또는 도로가 아닌 곳을 달리기 위한 자동차(off-road vehicle)의 이용 등과 같은 다른 일상적인 레크리에이션활동을 위해 보존되어진다. 어떤 주에서는 몇 개의 공원은 있지만 삼림은 없다. 캘리포니아나 펜실베이니아 등은 2백개의 공원과 다수의 사냥터와 낚시터가 있다. 예를 들어 Blackater Falls, Cathedral, Canaan Valley, 그리고 Watoga 주 공원, 또는 Coopers Rock, Kumbrabow 주 삼림 등과 같은 공공소유의 토지란 보물을 가지지 못한 West Virginia를 상상해보라. 4개주에서 거주하는 거주자들은 이 지역을 매년마다 방문한다. 그리고 그것은 West Virginia 이외의 지역에 거주하는 사람들에게 이 지역에 대한 인식을 형성하게 해준다.[6)]

8.2 옥외 레크리에이션 지역
(Outdoor Recreation Areas)

옥외 레크리에이션지역에 대한 하나의 연속체는 자원지향적인(resource orient) 것에서부터 활동지향적인(activity orient) 것에 이르기까지 범위가 다양하다. 많은 옥외 레크리에이션 영역들은 어떤 영역 내에 다 포함되어진다(표 8.1을 보라). 공원 또는 삼림으로 분류되는 지역은 자연적 자원의 중요성이나 그것을 지지하기 위해 고안된 그 지역의 활동성 수준에서만 근거해서 분류되어진 것이 아니다.[7)] 도시들과 군(County) 들에서는 오랫동안 공원이나 놀이

06) S. Hollenhorst and P. Salstrom, "Keeping the 'Wild' in Wonderful West Virginia," *The West Virginia Public Affairs Reporter* 11, no. 3(Summer, 1994), Morgantown, West Virginia University.

07) M. Clawson and J. Knetsch, *Economics of Outdoor Recreation*(Baltimore, Md.:

터에서 사업을 해왔는데 이것은 18세기나 19세기에 조성된 보스턴이나 뉴욕에 있는 도시 공원들에서 유래되었다. Georgia 주(州)의 Savannah를 위한 18세기 도시계획은 모든 4블럭마다 "공원 또는 녹지영역(park & grassy area)"을 조성하도록 하였다.

도시와 군에 있는 공원은 수영, 테니스, 골프, 야구, 다른 스포츠를 위한 개방된 잔디, 그리고 피크닉 영역 등을 제공하고 활동성을 지향하는 경향을 가지고 있다. 어떤 주나 국영 옥외 레크리에이션은 만약 근처에 대도시 중심이 위치해 있거나 대중 교통수단이나 고속도로 등에 의해 쉽게 접근할 수 있다면 활동성이 증가된다. 특히 시 당국이 근처에 있다면 활동성을 지향하도록 사용되어진다. 역설적으로 국립공원은 4천만 에이커 이상인데 이것은 모든 미국인들에게 매년 하루 정도의 레크리에이션을 제공하는 것과 유사하다. 도시나 군에 있는 공원들은 대개 2백만 에이커 정도 되는 면적을 가지는데, 이것은 급속히 증가하는 도시나 시간에 대한 압박에서 벗어날 수 있도록 지역 주민들이 일상적으로 매일 사용할 수 있도록 제공되어진다. 소규모의 도시 공원에 걸맞지 않게 이곳을 이용하는 사람들의 비율은 높다.

<표 8.1> 옥외 레크리에이션 장소의 분류
(Classification of Outdoor Recreation Areas)

옥외 레크리에이션 장소	개발	입지	관리
자원에 근거한 (Resource based)	가능한한 자연상태로: 시설이 없거나 소수	농촌: 인구가 밀집된 중심지에서 멀리 떨어진	주로 연방정부
중간지역 (Intermediate)	다소 개발된 상태: 어떤 시설이 있음	인구 밀집된 중심지에서 자동차로 4시간 이내 거리	군, 주, 또는 연방정부
활동성에 근거한 (Activity based)	집중적, 규칙적 사용: 잘 개발된 시설	쉽게 도달 가능함: 도시 지향적	도시나 군: 상업적 기업주들

자원에 근거한 옥외 레크리에이션 시설물들은 인구가 밀집된 중심지에서 멀리 떨어져 있고 따라서 집중적으로 사용되지 않는 경향이 있다. 이러한 곳들은 지리학적, 과학적 또는 역사적 소구력을 지닌 장소일 수 있다. 자원에 근거한 옥외 레크리에이션 장소로 가장 잘 알려진 곳 중 하나는 Maine 주(州)에 있는 Acadia 국립공원, North Carolina와 Tennessee 주(州)에 위치한 Great Smoky

Mountains 국립공원, Wyoming의 Yellowstone 국립공원, California에 있는 Yosemite 국립공원, 그리고 Arizona에 있는 Grand Canyon 등이다. Montana에 있는 Glacier 국립공원 또는 Alaska의 Tongass 국립공원 등과 같은 조금더 멀리 떨어진 옥외 레크리에이션 장소들은 휴가시주의 깊게 계획을 세워야만 하는 목적지이다. 대조적으로 Southwestern 주(州)에서 여행자들은 한곳의 거대한 자연 자원 레크리에이션 영역에서 다른 곳으로 가는 것이 어려울 수도 있다. 자연자원에 근거한 옥외 레크리에이션 영역이 모두 공공적이지는 않지만, Appalachian Trail 그리고 Continental Divide Trail 등을 포함한 주요한 하이킹로(trail system)는 어떤 지역에서 자원봉사기관에 의해 지원되는지, 개인소유 토지를 가로질러 통과할 수 있는지 허가를 받는냐에 달라진다.

대부분의 주립공원들과 많은 개인소유의 옥외 레크리에이션 장소들은 "자원에 근거" 또는 "활동성 지향" 의 상반된 두 유목들 사이에서 위치한다. Northeast에 있는 많은 산림지대는 주요 대도시에서 2시간 이내 거리에 있고 캠핑이나 휴가를 즐기는데 필요한 시설물 등을 제공해준다. 이런 영역들은 거친 것을 경험한 적도 없고 꽉 짜여진 계획된 활동 등을 잊어버리고자 하는 도회지 사람에게 하나의 기회를 제공해 줄 수 있다. southern California에 소재한 Anza－Borrega Desert 주립공원은 San Diego에서 단지 2시간 거리에 있는 50만 에이커의 땅이다. 이곳은 겨울 여러 달 동안 사막을 관찰하고 보기를 원하는 사람들 뿐만 아니라 하이킹하는 사람이나, 황금을 찾는 사람들, 그리고 off－road vehicle users(도로를 벗어난 곳을 달리도록 만들어진 4륜구동 자동차) 등의 손님들을 위해 정기적으로 개방되어진다. 그 지역 주변은 무수한 옥외 레크리에이션 영역과 유사하다. 즉 그곳은 정기적으로 주요 도시 거주자들에게 도시가 주는 지나치게 많은 안락함을 포기하도록 요구하지 않으면서 옥외생활을 경험할 수 있게 해준다.

8.3 수상 레크리에이션

(Water Recreation)

여름휴가는 한때 해변(beach) 또는 바닷가(seashore)와 동의어로 사용되어졌는데 지금도 여전히 어떤 사람들은 그렇게 생각한다. 비록 잘 냉방된 집이 한 여름의 찌는 듯한 열기를 감소시켜 주지만, 새로운 형태의 물과 관련된 레크리에이션은 미국이 가진 풍부한 자원을 즐기려고 시간을 내는 이유 중 하나로 증가되어졌다.

현대 과학기술은 물에서 즐길 수 있는 방법을 증가시켰고 동시에 전통적인 물과 관련된 레크리에이션에 드는 비용을 감소시켜 줄 수 있었다. 보트타기(boating)는 주요한 산업중 하나가 되었다. 고무보트(rubber rafts) 에서 범선(sailboat), 플래스틱 보트에 이르기까지 레크리에이션을 즐기는 사람은 다양한 가능성을 검토하기 위해 일생을 보낼 수 있다. 수상스키의 형태는 알파인이나 노르딕 스키보다 더 다양하다. watershed, jetsled, 그리고 self-powered water ski는 혼자서 레크리에이션을 즐길 수 있게 하는 형태이다. 파도타기(surfing)는 자연으로 회귀하는 수상스키의 형태로서 이것은 오염되지 않은 다시 이용할 수 있는 자원의 힘만을 사용하는 것이다.

카누, 카약, 그리고 급류타기 등은 물에서 하는 레크리에이션의 중요한 방법이 되었다. 빠른 속도로 강을 가로질러 가는 것은 모험적인 레크리에이션으로 인기를 얻어가고 있다. Colorado, Idaho, 그리고 West Virginia는 이런 레프팅이 주요 관광산업으로 부각되어지고 있다.

The Army Corps of Engineers는 강과 댐에 대해 많은 책임을 지고 있다. 그 부대는 Lake Mead나 Mississippi 강을 따라 있는 수문과 댐들에 대한 프로젝트 뿐만 아니라 수천개의 소규모 댐, 수로, 그리고 호수 등에 대해서도 책임을 맡고 있다. New York에서 Texas에 걸쳐 뻗어 있는 Intercostal Waterway는 그 나라에서 단일 규모로 가장 큰 레크리에이션 개발일 것이다.

왜 미국인들은 물과 관련된 옥외 레크리에이션에 그렇게 많이 참여할까? 물은 다양한 사람들에게 다른 방식으로 매력을 발휘한다. 건강한 청소년들에게 있어 물은 신체적인 용맹성(prowess)을 개발하고 표현할 기회를 제공한다. 모든 연령대의 파티에 자주 가는 사람들(partygoer)에게 있어 물은 도시나 그 나라 거주지에서 벗어나 즐거움을 줄 수 있는 대상이다. 지치고 피로한 사람들에게 있어 물은 그늘진 곳에서 물고기를 잡거나, 일광욕을 하거나, 선선하고 미풍이 부는 환경에서 휴식을 취하는 등의 기회를 제공한다. 인간은 물에 그 기원을 둔 동물로서 물로 돌아가고자 하는 것은 어떠한 심층적인 생리학적 욕구를 충족시켜 줄 수 있다.

미국인들은 수천마일에 이르는 대양에 해안선을 가지고 있을 뿐만 아니라 많은 주(州)들은 또한 수천개의 호수들을 보유하고 있다. 예를 들어 Minnesota 주(州)는 스스로 "1만개의 호수를 가진 땅(the land of 10,000 lakes)"이라고 광고하고 있다. Maine에서 Minnesota에 걸쳐 있는 주(州)들은 세상에서 가장 아름다운 내륙 호수, 세상에서 가장 신선한 물을 가둔 "가장 큰 호수들"이 있다.

Mississippi 등과 같은 중요한 강들처럼, Ohio, 그리고 Tennessee는 산업과 상업적 교통수단으로 사용되어졌고, 소규모의 수로들은 카누와 요트를 타는 사람들을 위해 개발되어져 왔다. New York State Barge Canal 등과 같은 강의 교통로는 한때 교통과 상업의 중요한 수단이었다. 그리고 1920년대에는 부(富)의 상징이었던 뒤뜰의 수영장은 이제는 일반적인 진부한 것이 되었다.

수영은 국가적인 의식형태이다. 그것은 20세기 스포츠이다. 수 백년전 소수의 사람들은 즐거움을 위해 수영을 하였다. 물과 관련된 레크리에이션에 잘 어울리는 일광욕은 하나의 현대적인 현상이다.[8] 19세기에 태양에 의해 그슬린 피부는 낮은 계층이라는 소속을 나타내는 하나의 지표였다. 오늘날 사회적인 많은 집단들에서 일광욕은 비록 의학적으로 태양으로 인해 피부가 손상되고 피부암을 유발할 수 있지만, 건강이 좋다는 것을 나타낼 뿐만이 아니라 기본적인 지위에 대한 상징이다. 일광욕은 태양에 누워 있을 충분한 시간을 가졌다는 것을 나타내주는 여가계층에 속했다는 하나의 상징이다. 일광욕센터는 실제로 태양 아래서 여가를 즐길 수는 없지만 빠른 시간 내에 피부를 구릿빛으로 태울 수 있는 곳이다.

아주 젊은 사람을 제외하고, 물과 관련된 레크리에이션은 그렇게 활성화되지 않았다. 대부분의 사람들은 해변이든 뒤뜰에 있는 수영장이든 물이 있는 장소에서 간단하게 긴장을 풀고 휴식을 취한다. 이것은 물과 관련된 레크리에이션이 대중화되었다는 것을 설명해준다. 즉 수상 레크리에이션은 참여자가 추구하는 어떠한 활동도 가능하게 해주며, 휴식을 취할 수 있게, 그리고 최대한 레크리에이션을 즐길 수 있도록 틀에 박힌 일상적인 행동을 하지 않게 해준다.

8.4 공공야영지와 사설야영지

(Campgrounds, Public, and Private)

캠핑은 미국인들이 만든 것으로 여겨진다.[9] 영어에서는 잘 쓰여지지 않지만 미국에서는 "캠핑"이라는 단어가 많이 광고되어지는 것을 볼 수 있다. 만약 미국인들이 그것을 만들었다면, 그리고 그것을 세계의 다른 나라들에 수출하였

08) For a short history of swimming and sunbathing, see S. de Grazia, "A Short History of Outdoor Recreation," in *Elements of Outdoor Recreation Planning*, ed. B. Driver(Ann Arbor, Mich.: University of Michigan Press, 1967), 89~97.

09) R. Lanper, *The Joy of Camping*(Baltimore, Md.: Penguin, 1974).

다면, 그것은 아마도 이 신대륙에 정착하여 점차 서부로 나아간 개척정신을 가진 선조들과 관련 있을 것이다. 캠핑활동은 그들이 야생을 점차적으로 길들여 가는 것으로서 "야영(camp-out)"을 한 사람들의 일상적인 경험을 모방하거나 재현한 것이다.[10]

휴가를 즐기는 어떤 사람에게 있어 특정 지역에서 행해지는 캠핑은 그 자체가 목적일 수 있다. 하지만 대부분의 캠핑을 즐기는 사람들은 방랑하고 이리저리 돌아다니고, 그 과정에서 다양한 형태의 옥외 레크리에이션 활동에 참여하게 된다. 국립공원과 산림지대에 있는 많은 캠핑장소들은 이용객들의 동선에 맞게 설계되었다. 그릴과 피크닉 식탁이 제공되고, 여행용 차량이 주차하기 충분한 공간을 확보하기도 하는데, 캠핑을 즐기는 다른 사람을 위해 충분한 공간도 준비되어졌다. 캠핑장소는 기본적으로 잠자고 요리하기 위한 장소로서, 주변을 탐색하는 동안 텐트를 설치하거나 한다.

캠핑장은 대부분 공유보다는 개인적으로 운영되어지는 곳이 더 많다.[11] 대부분의 개인이 운영하는 사설 캠핑장은 가족이나 소규모 집단에 의해 운영되어진다. 비록 이런 캠핑장 중 다수가 고속도로 주변에 있고, 여행자를 위해 운영되어지지만, 개인이 설립한 캠핑장 소유주의 대부분은 그것이 휴가-공원(vacation-park) 특징을 지니기 때문에 사업적인 목적으로 그곳에 체류한다. 보트타기, 낚시, 하이킹, 그리고 사냥터 등은 대부분 캠핑장 내에 한 부분으로 들어가 있다. 성공한 캠핑장을 소유한 소유주들 대부분은 일반적인 가게를 운영하기도 하고, 비가 오는 날이나 저녁 이벤트를 위해 실내 레크리에이션 장소를 마련하여 이윤을 증가시켰다. "Thousand Trails" 등과 같은 Campsite membership 회사들은 개인에게 야영장을 구매할 권리를 제공하고, 그 회사가 소유한 개방된 공간에 대해 자유롭게 사용할 수 있는 권리를 보장해주었다.

또다른 형태의 캠핑 프랜차이즈가 있는데 그중 가장 큰 것이 KOA(Kampgrounds of America)이다. 대부분의 KOA는 고속도로 근처에 있고, 장기간 여행하는 사람들을 위해 음식을 제공해주기도 한다. 어떤 것은 외곽지역에 위치해 있고, 며칠 동안의 휴가를 위해 다양한 경험을 할 수 있도록

---

10) J. Hendee, R. Cole, and W. Catton, Jr., "A Typology of Outdoor Recreation Activity Preference," *Journal of Environmental Education* 3, no. 1(Fall 1971) : 28~34.

11) U.S. Department of the Interior, Bureau of Outdoor Recreation, *The 1965 Nationwide Survey of Publicly Owned Recreation Areas and Assessments of Private Enterprises*(Washington, D.C. : Government Printing Office, 1965), 211. See also annual updates published by the individual Forest Experiment Stations.

계획을 세우기도 한다. KOA는 캠핑을 하는 사람들을 위해 일반 가게, 샤워나 세탁을 위한 온수 제공, 그리고 식당 등 다양한 편의시설을 구비해 놓고 있다. KOA는 전기와 물을 끌어들여 사용할 수 있게 해줄 뿐만 아니라 주차를 위해 더 많은 공간을 필요로 하는 사람들인 레크리에이션 자동차를 사용하는 여행자들을 위해 음식을 제공하기도 한다.

배낭을 메고 하는 여행(backpacking)은 캠핑의 가장 원시적인 형태이다. 많은 배낭여행자들이 지닌 목표는 야생이나 고립된 지역으로 하이킹하는 것이나 고속도로에서 멀리 떨어진 곳이나 현대적인 편의시설에서 벗어난 곳에 캠핑을 하는 것이다. 캠핑은 자동차로 시작해서, 배낭을 지는 과정을 통해, 그리고 후반부에는 레크리에이션용 차량을 이용해 보다 편리하게 캠핑을 함으로써 이것이 반복되어진다.[12] 자연으로 돌아가는 것이 캠핑 경험의 목적인 순수주의자들은 배낭족을 지향하는 경향이 있고, 타인으로부터 점차 더 멀어지거나 더 먼 곳으로 떠나는 것을 추구한다.[13] 그 장소들이 점차 인기를 얻어감에 따라 순수주의자들은 야생의 상태에서 배낭여행을 이루는 핵심 요소인 점차 고립된 지역을 찾기 위해 더 멀리 나아간다.

캠핑은 많은 사람들에게 열정을 주는 것이 되어갔다. 겨울 캠핑을 포함해 사계절에 할 수 있는 활동과 특히 크로스컨트리 스키를 타는 사람들에게 캠핑은 인기를 얻어 가고 있다. 잠재적인 캠핑족들은 많은 시간목록을 보고, 옥외 가게를 방문하거나, 유사한 성향을 가진 캠핑족들과 새로운 주제를 선택하거나 대화한다. 그들은 또한 이전의 캠핑여행에 대한 슬라이드 쇼나 일기를 교환하기도 하고 캠핑 클럽에서 잘 알려지지 않은 미지의 장소 또는 잘 알려진 지역에서의 인기를 얻은 독특한 캠핑방법 등에 대해 이야기 하면서 즐길 수 있다. 여행경험을 설명하기 위해 개발된 다섯 단계의 모형은 캠핑경험을 다음과 같이 잘 제시하였다. 즉 (1) 기획과 예측, (2) 그 지역으로의 여행, (3) 실제의 캠핑 경험, (4) 집으로의 여행, 그리고 (5) 회상과 추억 등이다.

캠핑은 미국 레크리에이션 역사에서 특별한 부분을 차지하고 있다. 그것은 모텔이나 호텔 등과 같은 여행·숙박·편의시설로부터 멀리 떨어진 곳에 있는 많은 국립공원이나 유적지 등을 방문할 수 있는 가장 좋은 방법이다. 그것은 보다 더 야생성을 띄고 있는 지역을 방문할 수 있는 하나의 방법으로 멀리 떨

12) W. Burch, Jr., "Wilderness—The Life Cycle and Forest Recreational Choice," *Journal of Forestry* 64, no. 9(1966) : 606~610.

13) G. Wissinger, "Development of Back-Country Policies within the Shenandoah National Park," *West Virginia Forestry Notes* 3(June 1975) : 16~19.

어진 곳에서 원시적인 형태의 캠핑을 지향하고 있다. 또한 사냥이나 낚시 등과 같은 옥외 레크리에이션 활동에 참여할 수 있는 선호되어진 방법이다. 유사한 옥외활동을 추구하는 사람들은 실제로 운동경기에 참여하는 것보다도 야영지에서 더 많은 사회화 시간을 보낼 수 있다.

8.5 스포츠와 게임
(Sports and Games)

스포츠 칼럼니스트들은 계속적으로 돈을 벌기 위한 그런 활동들을 "스포츠"로서 분류하기 위해 노력하였다. 신문들은 "스포츠 페이지(sports page)를 제공하기도 하고 전국적인 신문은 "The Sporting News"라고 불리기도 한다. 하지만 스포츠와 게임간에는 많은 차이점이 존재한다. 항해, 스키 등과 같은 많은 옥외활동들은 게임은 아니지만 스포츠로서 잘 이해되어질 수 있다. －자신의 목적을 위해 참여한 활동으로 어떤 경쟁적인 측면을 강조하지 않음.

제3장에서 설명되어진 게임은 규칙을 가지고 주어진 시간과 장소에서 행해지고, 경쟁형태가 존재하고, 그리고 승패가 갈라지는 조직화된 게임의 형태이다. 반면에 스포츠는 예를 들어 오토바이 경주, 자전거 경주 등과 같은 것들은 그 활동에서 단지 즐거움만을 얻기 위해 참가한다. 그런 활동들이 경주가 될 때, 경쟁이 이루어지고, 저널리스트들은 축구, 야구, 그리고 하키 등의 게임을 한 후의 결과를 보고할 수 있다. 경쟁적 요인들은 이런 활동들을 스포츠에서 게임으로 변화시킨다.

스포츠와 게임간의 어휘적인 차이를 유지하는 것은 중요하지 않다. 다양한 옥외활동이 가지는 중요성이 무엇인지, 어떤 것이 경쟁적인 스포츠일지가 중요하다. 후속되는 목록들은 1년동안 최소 4번의 시간동안 이런 활동에 참가한 미국인들의 비율을 제시한 것이다.

1. 수영	30%
2. 걷기	25%
3. 자전거타기	23%
4. 볼링	21%
5. 달리기	11%
6. 에어로빅	10%

7. 골프	9%
8. 맨손체조	8%
9. 테니스	8%
10. 라켓볼	4%

※ Source : *National Sporting Goods Association, American Sports* Data, Inc., 1989.

비율과 순서는 매년 변화하지만 테니스, 골프, 그리고 맨손체조를 하는 사람보다는 걷기나 수영을 하는 사람이 3배 정도 더 많은 것으로 나타났다. 다른 두 가지 측면들이 중요하다. 첫째, 사람들의 적은 비율(10% 정도)은 이런 활동에 참여하고, 그리고 미국인들 중 소수(대략 10%)는 이런 활동에 참여하지 않는다. 둘째 조깅이나 에어로빅 등과 같은 활동들은 더개 매일 행해지지만, 골프, 테니스, 또는 라켓볼 등은 휴가기간 동안 맹렬히 이루어진다. 사냥, 낚시, 스키 타기 등과 같은 다른 중요한 옥외 스포츠는 일년에 한 두번정도 이루어질 수 있다. 비록 1억의 미국인들이 매년 스키를 탄다고 할 수 있지만, 1/4 정도는 단지 1번 정도 경험하였을 뿐이다.

최소한 미국인들의 2/3는 매년 옥외 레크리에이션 형태의 활동에 참여한다. 전국적인 레크리에이션 장소를 방문하는 사람의 수는 1950년이래 계속 증가하고 있다고 보고되었다. 어떤 연구자는 게임과 도시에서 행해지는 옥외 레크리에이션 형태가 캠핑, 하이킹, 또는 탐조(새관찰) 등과 같은 자연지향적인 레크리에이션 보다 더 급속히 증가한다는 사실을 발견하였다. 항해 등과 같은 활동은 점차 그 수요가 증가되어지고 있지만, 캠핑에 대한 수요는 점차 줄어들 것이라는 보고도 있다.[14] 미국인들은 도시에서 이루어지는 활동을 더 많이 이용하고 더 원하게 되었다. Marion Clawson은 더 멀리 떨어진 곳에서 이루어지는 옥외 레크리에이션 활동을 선호하게 되는 것은 아마도 도시생활에서 오는 압력이 여행이나, 더 큰 개방된 공간으로의 이동을 통해 보상되어질 수 있다는 사실을 제시하였다.[15] 도시나 근교 지역 거주자들은 어떤 레크리에이션 경험을 제공해줄 수 있는 멀리 떨어진 시골지역을 찾을 수 없을 지도 모른다.[16] 도시가 주는 쾌적함에 익숙해진(온수, 수세식 화장실 등을 의미) 사람들

14) "National Decision System," *U.S. News & World Report*, July 1989, 62.

15) M. Clawson, "The Crisis in Outdoor Recreation," *American Forests*(March–April 1959), 55~81.

16) G. Bammel, "Urbanism and Forest Recreation," *West Virginia Agriculture and Forestry*

에게서 TV와 멀리 떨어져, 스낵도 없이, 삼림에서 주말을 보내야 하는 등의 경험이 매력적이지 못하다는 사실을 나타낸다. 사람들은 삶의 한 단계에서 절정감을 추구하고 다른 단계에서는 편안함을 얻고자 노력한다. 어떤 사람들은 열광적으로 옥외 레크리에이션을 하려고 할 것이고, 다른 사람은 조용한 도시생활에서 얻을 수 있는 경험을 더 선호할 것이다.

8.6 건강 : 조깅과 유산소 운동

(Fitness : Jogging & Aerobic Exercise)

의학박사였던 세계 정상급의 달리기 선수인 Roger Bannister는 신체적 건강을 다음과 같이 정의하였다. 즉 "누군가가 자신의 능력을 최대한 발휘하고 행복감을 가지면서 자신의 일을 할 수 있도록 하는 정신과 육체가 조화를 이룬 상태(a state of mental and physical harmony which enables someone to carry on his occupation to the best of his ability and with great happiness)."라고 하였다.[17] 이런 정의는 레저활동으로서 건강이 지닌 경계선적 특징을 잘 설명한 것이다. 맹렬하게 운동하는 선수는 그들의 활동을 "결과의 산출(working out)"이라고 말한다. 어떤 역도선수는 전통적인 물리학의 개념을 사용하여 자신들의 일을 정의하였다. 예를 들어 에너지는 대량 이동을 위해 팽창되어진다. 그럼에도 불구하고 육체적 건강은 다소 레크리에이션적인 특성을·지니고 있다. 즉 그것은 대부분의 사람들에게서 발생하는 일반적인 사건의 과정과는 조금 다르다.

조깅과 달리기는 육체적 건강을 유지하기 위한 좋은 방법으로서 언급되어지는 두 가지 활동이다. 그것들은 미리 준비되어질 수 있는 이용가능한 운동의 형태 중 하나이고, 널리 분포되어져 있기 때문에 특별한 주의를 받을 만한 가치가 있다. 비록 조깅(편의상 경쟁성이 없는 달리기로서 정의됨)과 달리기(8분 이내에 1마일을 달려야 하는 것을 의미)가 레크리에이션의 중요한 형태가 되었지만, 대부분의 참여자들은 육체적으로 건강해질 것을 미리 가정하기 때문에 이런 활동들에 관여하게 된다. 대부분의 미국인들은 움직이지 않고 건강이

Journal 7, no. 3(June 1978), 3~8.

17) Roger Bannister, as quoted in G. Sheehan, *Dr. Sheehan on Running*(New York : Bantam Books, 1978), 86~87.

좋지 않기 때문에 많은 사람들은 육체적 건강에 대해 경각심을 가지게 되고, 유산소 운동 프로그램이 널리 광고되어지고, 집 근처에서 달리기를 하거나 트랙에서 조깅을 하는 것 등은 건강을 찾기 위한 과정을 시작할 기회를 제공해준다. 이런 활동이 지닌 장기간의 목표에 대해 James Fixx는 다음과 같이 하면 더 나아질 것이라고 하였다.

> 달리기를 하는 대부분의 사람들은 달리기를 하지 않는 사람들보다 더 힘이 넘치고, 이것은 그들의 삶을 더 잘 통제할 수 있다는 느낌을 준다는 사실을 발견한다. 모든 사람들에게 운동프로그램을 실행하도록 한뒤 6개월후 일에 대해 자신감을 가지게 되고, 그리고 일을 마칠 저녁 무렵 덜 지쳤다는 느낌을 가지게 되었다는 비율이 유의미하게 높았다는 사실을 보고하였다. 달리기를 한 대부분의 사람들은 자신들의 사기와 일반적인 견해가 향상되어졌다는 사실을 발견하게 된다.[18]

유산소 운동 프로그램과 유사하게 달리기는 그것을 함으로써 흥분되어지지 않는다. 많은 사람들은 흥미를 잃어버리게 됨으로 인해 유산소 운동 프로그램에서 탈락하게 된다. 테니스나 라켓볼 등과 같은 게임은 그 게임 참여자들을 열중하게 만들고, 집중적인 연습은 어떤 결과를 유발할 수 있다. 어떤 사람은 달리기를 함으로써 다음과 같은 종류의 경험을 할 수 있다고 주장한다.

> 달리기가 주는 깊은 즐거움은 결코 한번에 이루어지지 않고, 그것은 달리는 사람이 한번씩만 경험할 수 있는 것이다. 달리기를 통해 많은 변화가 일어났다고 느끼기 위해서는 매주 최소 4일 동안 1시간씩 또는 45분정도를 달려야 한다.[19]

비록 달리기를 하는 어떤 사람이 하룻 동안, 매년 5마일에서 10마일로 점차 달리는 거리를 늘릴 수 있지만, 대다수의 달리는 사람들은 결국 수영이나 걷기 등과 같은 유산소운동으로 바꾸게 된다.[20] 단단한 지표면은 특히 나이든 사람

18) J. Fixx, *The Complete Book of Running*(New York : Random House, 1977), 28. Athletic conditioning, however, will not overcome genetic makeup. Jim Fixx died in his early fifties, after completing a daily workout. Several books by Kenneth Cooper are combinations of scientific data about conditioning with exhortations to keep fit. The most synthetic is *The Aerobic Program for Total Well-Being*(New York : Bantam, 1982).

19) J. Fixx, *The Complete Book of Running*, 33~34.

20) H. Higdon, *Fitness After Forty*(Mountain View, Ca. : World Publications, 1977). Several

에게는 무릎과 발목에 심한 충격을 주고, 근골격(musculoskeletal) 체제에 미치는 스트레스는 달리기가 심장혈관계에 미치는 좋은 영향보다 더 심하다.

비록 심하게 달리는 사람이 그런 활동을 통해 육체적으로 좋은 조건을 갖추게 되는 이점도 있지만, 불리한 날씨 조건뿐만 아니라 시간적인 몰입도 달리는 사람을 낙오시키게 할 수 있다. 장거리를 달리는 사람은 뇌에서 유발된 중독성을 가지는 화학물질의 양이 높아짐을 경험하게 되지만, 육체의 건강을 추구하는 사람들은 이런 방법으로 유사한 혜택을 얻는 것을 별로 바라지 않는다. 육체적으로 건강한 사람은 심장혈관계나 폐 건강이 더 좋아졌고 치명적인 질병에 걸릴 확률이 낮아지고 심한 감기에 덜 걸리게 된다는 증거가 제시되었다. 격렬한 육체적 운동을 해야 한다고 주장하는 사람들은 단지 생활주기의 각 단계에서 건장한 사람이 건강상태가 더 좋을 것이고, 또한 수명이 2~10년 정도 더 연장될 것이 라고 주장하였다.[21)]

불행히도 성인의 대다수는 일년 동안 거의 운동을 하지 않는다. 캐나다인을 대상으로 한 연구에서는 다음과 같은 사실이 발견되었다. 즉 사람들은 몸무게 줄거나, 건강이 개선되었다는 느낌, 새로운 기술의 학습, 또는 즐거움을 가질 수 있는 등의 즉시적인 보상이 주어진다면 단지 하나만이라도 제공되어진다면 운동을 규칙적으로 하였다는 사실을 보고하였다. 어떠한 강화물(reinforcement)이 주어지지 않는다면 사람들은 터벅터벅 걷지 않는다.[22)] "즐거움을 주는 것(Having fun)"은 어떤 사람이 특별한 형태의 운동을 하든 그렇지 않든 중요한 요소이다. 규칙적인 운동을 하는 사람들에게서 좋아진 건강은 실제로 즐거운 어떤 것을 함으로써 얻을 수 있는 사소한 편익이다.

육체운동을 함으로써 얻을 수 있는 건강상 이점이 무엇이든, 미국 인구의 최소 10% 정도는 더 나아졌다는 느낌, 몸무게를 줄일 수 있고, 또는 근육이 생겼다든지 하는 환상적인 즉시적 편익이 돌아올 것이라는 근본적인 이유로 인해 어떤 육체적 활동에 참가한다. 10명의 미국인 중 6명은 운동을 하지 않는 비활동적인 삶을 살아가고 있다. 일주일에 5일 정도 30분 정도 걷는 것이나, 일주일에 3일 정도 격렬한 유산소 활동에 10~20분을 투자하는 것은 동등한 효과를 가지는데 10명중 단지 2명만이 이런 활동을 한다고 한다.[23)] 대통령 자문

---

popular magazines strive to keep these ideas available to the general public. Among them *are Modern Maturity, Choices, In Health, and Longevity.*

21) *University of California Health Letter,* 5, no. 5(February 1989).

22) D. Sharp, "The Quitter's Exercise Plan," *Health,* May-June, 1994, 68~76.

23) *New Choices,* March, 1994.

위원회나 국가 건강 조직위원회가 펼치고 있는 캠페인은 가만히 앉아 있으려고만 하는 미국인들에게 별 영향을 미치지 못하고 있다. 레크리에이션 기관이 만든 혁신적 프로그램은 문제를 해결하기 위해 한 부서를 구성하였다.

레크리에이션이나 공원기획에 따른 하나의 결과는 골프코스나 산림 지역 주변이 달리는 사람을 위해 보장되어질 수 있다는 것이다. 자전거 통행로나 피트니스레일(fitness rail)은 육체적 건강을 선호하는 사람이 더 많아질수록 수요가 늘어날 것이다. 유쾌한 옥외환경의 이용가능성은 참여자를 자극할 수 있다. 공원기획자는 유산소운동을 하는 사람을 고려해야 한다. 육체적 건강은 삶이 지닌 자연성을 최상으로 높여주고 향상 시킬 수 있다. 우리 사회가 이 자연스런 것에 더 많은 관심을 가질수록, 보다 파괴적인 방법으로 의식의 변화를 추구하는 사람들이 가져다 주는 손실에 대한 보상이 점차 줄어들 것이다.

규칙적인 운동은 네가지의 기본적인 구성요소를 가지고서 육체적 건강에 영향을 미친다. 즉 심장혈관계의 내구성(최소한 20분 동안의 격렬한 활동을 수행할 수 있는 능력), 근육 강도, 근육 내구성 그리고 유연성 등. 연구자들은 규칙적으로 유산소 운동을 하는 사람은 자신감이 증가되었고, 불안의 감소 그리고 어떤 경우에는 우울증이 감소되었다고 주장하였다.

8.7 취미, 예술, 그리고 수공예
(Hobbies, Arts, & Crafts)

1994년 National Endowment를 위한 Arts Survey에서는 미국인들의 25%가 바느질이나 레이스 뜨기를, 11%는 사진이나 비디오를, 9%는 그림을 그리고, 8%는 도자기를 만들거나 보석제조 등의 취미를 가진다는 사실을 발견하였다. 대량생산이 가능한 물품들이 어디서나 존재할 때, 손으로 직접 만든 물건들은 예외적인 것으로서 두드러져 보였다. 수공예는 즉시적인 만족감을 줄 수 있는 어떤 것을 만들기 위한 기회를 수천명의 미국인들에게 제공해준다. 취미는 한 개인이 그것에서 즐거움과 보상을 발견할 수 있는 기회를 준다.

취미, 또는 예술, 그리고 수공예에 대한 정의는 다르다. 그것은 유용한 취미들을 하나의 목록으로 범주화 시켜줄 수는 있지만, 모든 것을 다 포함할 수는 없다. "취미" 중 가장 오래된 것 중 하나는 악기를 만들거나 연주하는 것이다. 많은 수공예는 필수품의 생산(예 : 퀼트, 가구제작, 바느질, 조개질)에서 유래되었고, 실용적인 목적을 지니고 있는 것으로 생각되었다. 반면에 "예술"은 단순히 즐기기 위한 것이다. 한 가지나 그 이상의 물건을 수집하는 것은 어떤 사람에게는 정말 좋아하는 열렬히 하는 취미가 되었다. 그들은 우표, 모형 자동차, 맥주 캔, 야구 카드, 조가비, 핀, 헝겊 조각 등을 끝없이 수집한다. 이런 취미, 예술, 그리고 수공예가 지닌 본질은 어떤 것을 만들고, 생산하고, 또는 수집하는 것 그 자체만으로도 즐거움을 얻을 수 있다는 점이다.

예술, 수공예, 그리고 취미들은 매우 중요한 레저 활동이다. 게임과 달리, 그것은 다재다능성과 지속성을 가지고 있고, 확실한 치료적 작용도 한다. 수공예를 하거나 취미를 가진 사람들은 내적인 심리학적인 힘이라는 언제 어디서나 사용할 수 있는 자원을 가진다. 어떤 사람이 불행할 때 그가 만약 수공예나 취미를 가지고 있다면 어느 정도 스트레스에서 벗어날 수 있다.

수공예작업은 혼자서 또는 친구와 같이, 개인적으로 아니면 여럿이서 같이 행해질 수 있다. 많은 수공예는 기다리거나 불확실한 순간에도 계속 손가락을 놀려야 한다. 어떤 수공예는 몇 분만에 하나의 상품을 완성할 수 있고, 다른 것은 완성하는데 수년의 시간이 걸리기도 한다. 미국에서 계속적으로 인기를 얻고 있는 취미 중 하나는 야채나 꽃을 재배하는 것이다. 자기 집을 가진 사람들 중 대략 50%는 야채를 재배하고, 더 많은 비율이 꽃을 기르고 있다. 정원일은 다른 취미들처럼 영속적인 상품을 생산하는 것이 아니고 그것은 어떤 것을 먹고 즐기기 위해 생산할 뿐만 아니라 참여자에게 더 높은 수준의 만족감을 유발할 수 있다.

다른 일반적으로 널리 퍼져 있는 취미들 중, 사진은 아마도 가장 대중적인 것이다. 값싼 카메라는 대부분 소유하고 있고, 더 좋은 사진을 찍고 촬영기술을 개발하기를 원하는 사람에게는 그것이 일차적인 레크리에이션 활동이 된다. 사진찍기는 가족이나 개인적 사건을 기억 속에 저장할 수 있게 하고, 디즈니월드나 Washington Monument 등과 같은 중요한 장소에 대한 자신만의 문서이다. 사진사는 다양한 기술수준을 지니고 있고, 그 활동의 핵심 구성요소가 될 특별한 렌즈나 필림을 사용하여 앞으로 나아갈 수 있다.

취미와 예술, 그리고 수공예는 모든 연령대의 사람들이 참여하는 세대를 통해 공유되어지는 것이다. 은퇴한 사람들은 오랜 세월 동안 그들이 전혀 기대하지 않았던 뜻밖의 재능을 발견할 수도 있다. 옥외활동이 1950~1960년대 사이에 매년 10% 비율로 증가됨에 따라 예술이나 수공예를 하는 사람의 수도 옥외활동 참가 증가율 만큼 늘어날 수 있다.

8.8 TV
(Television)

여행이 비용이 들고 위협이 따름으로 인해, 많은 작가들은 TV 시청이 급속히 증가할 것이라고 주장하였다. 심리치료가인 William Glasser는 다음과 같이 말하였다. 즉 "레크리에이션 시설이 집 근처에 거의 없고, 그 지역으로 가기 위한 대중적인 훌륭한 교통수단이 없기 때문에 좌절한 사람들은 TV 앞으로 몰려들거나 내적인 화학적 즐거움을 얻기 위해 약물이나 술을 먹는 비율이 증가될 것이다."[24] 반면에 다른 저자들은 TV가 지닌 힘과 약물이 지닌 중독성에 대해 신중하게 비교하였다. Marie Wynn은 다음과 같이 기술하였다. 즉 "한번 TV 매체에 습관화되어지면, 아동들은 무의식적으로 밖으로 나가거나, 게임을 만들거나, 심지어는 단짝 친구와 같이 있는 것보다도 그것을 더 좋아하게 된다. 그들은 미끼에 걸려든 것이다."[25] 신문, 잡지, 그리고 학술적인 책들에서 많은 비평가들은 TV 프로그램이 지닌 낮은 질뿐만 아니라 TV 시청의 양을 한탄하고 있다. 일반적으로 널리 사용되어지는 통계에서 나타난 보수적인 수치들은 미국인의 평균 TV 시청시간이 주당 최소 17시간이라고 주장한다. A.C. Nielsen 등과 같은 TV 시청률 조사회사는 그들이 시청률을 조사한 결과, 그것이 주당 평균 54시간이었고, 다시 인터뷰한 결과 성인은 주당 30시간, 아이들은 주당 25시간, 그리고 십대들은 주당 시청시간이 22시간으로 나타났다고 한다. 하지만 이 통계치는 얼마나 많은 다른 활동이 TV를 시청하는 동안 이루어졌는지는 말해주지 못한다. 많은 사람들은 TV를 보면서 즐거워하는 상태에서 식사를 하거나 가끔씩 무엇이 진행되고 있는지 흘낏 훑어보면서 다른 활동을 할 수도 있다. 등받이 의자에 앉아서 TV를 시청한다.

TV와 여가를 구분하는 것이 중요한 문젯거리가 되었다. 먼저 TV는 믿을 수 없을 만큼 습관화되어지는 경향이 있다. 드라마의 줄거리는 정형화되고, 예측가능한 결과를 만든다. 코미디는 과장되고 도전적인 줄거리를 반복하는 경향이 있고, 사소하고 정서적인 문제에 초점을 덜 기울인다. 두번째로 TV는 심각하게 상업성을 지향하고 있다. 시청시간의 1/5은 광고로 채워져 있을 뿐만 아

---

24) W. Galsser, as quoted in *U.S. News & World Report,* 23 May 1977, 76.

25) M. Wynn, *The Plug-In Drug*(New York : Viking Press, 1977), 68.

니라 많은 TV의 중요 방송 시간대에서 제공하는 메세지는 소비를 더 많이 하도록 자극한다. 만약 TV를 시청하는 것으로 10년이라는 시간을 보냈다면, TV 상업광고를 보는 것으로 2년이라는 삶의 시간을 낭비할 것이다. 셋째, TV는 예방성이 매우 강할 수 있다. 즉 그것은 다른 수많은 것을 돌아보는 것을 방해하는데, 집 주변을 돌아보는 것에서, 독서 등과 같이 깊이 몰입하는 것을 막고, 심지어 다른 가족구성원과 대화하는 것을 못하게 한다.

TV는 정적인 산업이 아니다. 비디오테이프, 비디오게임, 케이블이나 위성방송 등에서 의해 이용가능한 수많은 채널들, 그리고 프로그램 녹화나 개인적인 테이프를 만들기 위한 VCR의 사용 등은 TV산업을 변화시킬 수 있는 자원들이다. 특히 프로그램 유형이 지닌 대중성은 주기성을 가지는 것 같다. 시청률이 가장 높은 시간대의 멜로드라마는 몇 년 동안 수많은 시청자들을 유인하였고, 이것은 특별히 제작한 상황설정(situation) 코메디에 의해 또는 새로운 연속물 등으로 주기적으로 대치되어질 수 있다.

많은 사람들은 그들이 응한 설문지에서 보다 더 많은 시간을 TV 시청하는데 보낸다. 학생들과 대학교수들의 TV 시청습관을 비교 조사한 연구에서는 그 전주에 TV를 3시간 이내 시청했다고 한 응답자들이 6시간 보았다고 응답한 사람들보다도 사건을 더 잘 구분할 수 있었다고 보고하였다. 인터뷰한 사람들은 그들 자신을 TV 프로그램의 수동적인 시청자라기보다는 적극적인 사람이라고 여기기 때문에 TV 시청시간을 줄여서 보고하였을 수 있다. 사람들이 보아야만 하는 프로그램을 실제로 잊어버릴 만큼 TV 프로그램의 내용이 다소 재미없게 제작되었을 수 있다.[26)]

소수만이 TV 시청시간을 심하게 제한하기 위해 집에 TV를 가지고 있을지 그렇지 않을지를 선택한다. 한 교수는 그의 십대 아이들이 매년 TV를 새로 사려고 하는 시도를 계속 거절하였다고 말했다. 그러한 TV에 반대하거나(anti TV) TV가 없는(non TV) 가족들은 예외적인 경우이다. 다양한 여가 분석가들뿐만 아니라 수학능력 적성검사(SAT : Scholastic Aptitude Test)의 자문단은 미국인들이 레저시간의 40%이상을 TV 시청 하는데 보낸다는 사실에 동의하였다. 많은 교육학자들은 경각심을 불러일으키는 이러한 통계수치에 대해 주목하면서 표준화된 검사의 수행을 저하시키는 주요 원인으로서 과도한 TV 시

26) For detailed analysis of TV watching patterns, see J. Robinson, *How Americans Use Time*(New York, Praeger, 1977). For a discussion of why TV M. Csikszentmihalyi, *Television and the Quality of Life: How Viewing Shapes Everyday Experience*(Chicago : University of Chicago Press, 1990).

청을 꼽았다.

여가시간의 40% 이상을 보내는데 사용된 TV 시청에 대해 여가연구자들 뿐만 아니라 심리학자나 사회학자들에 의해 심각하게 연구 되어졌다. 연구자들은 그러한 활동을 유발시킨 요인과 결과를 결정하는 것이 어렵기 때문에 그러한 연구들을 잘 발표하려 하지 않는다. 모험적인 레크리에이션에서 게임을 하거나 참여하는 사람들은 그런 연구주제에 대해 더 관심을 가지고 있고 그리고 동기부여나 만족에 대해 보다 명확하게 기술하였다.

어떤 TV 시청자는 주당 TV 시청시간에 대해 계획을 세우기도 하고, 가족 전체가 함께 즐길 수 있는 것을 선택하기도 한다. 또 다른 사람은 아침에 TV를 켜서 화면을 통해 오늘 어떤 일이 발생했는지 보기도 한다. 여전히 어떤 사람은 TV 리모콘을 가지고서 동시에 여러 가지 프로그램을 시청하는 버릇을 가지고 있기도 하다. 평균적인 TV 시청자도 없고 사례연구도 부족하기 때문에 TV 사용이 동시대 미국인들의 생활을 주, 개월 그리고 연 단위로 어떻게 변화시키는지 추적하기는 어렵다. 어떤 사람들은 한달마다, 매년마다 TV 시청량이 동일한 것으로 나타났다. 대부분의 시청자들은 여름보다는 겨울에 더 많이 보는데 그것은 여름에는 다른 것을 하는데 시간을 보내고, 네트워크 등이 여름 몇 개월 동안 동일 프로그램을 계속 재방송하기 때문일 것이다. 어떤 사람은 매일 뉴스 프로그램을 보지만, 다른 사람은 매주 며칠 밤에 영화를 시청하기도 한다.

대부분의 사람들의 TV 시청시간 습관에는 어떤 리듬이 존재한다. 전형적인 시청자들은 한 주당 20 시간 이상을 보고 다음 주는 거의 보지 않을 수 있다. 특별 제작 프로그램, 미니시리즈, 스포츠경기, 뉴스에서의 혼란스런 사건 등은 사람들이 보통 때보다 TV를 더 많이 보게 만든다. TV 시청시간의 양은 한달, 1개월 그리고 몇 년 주기동안 성인들마다 일정하지 않다. 아이들도 유사하지만 TV 시청시간의 양은 더 많을 수 있다. 어떤 연구에서, 취학전 아동들은 매주 많게는 55시간, 적게는 20 시간 정도로 TV를 시청하는 것으로 나타났다. 주당 20시간의 시청은 시청자들에게는 표준적인 주당노동시간으로서 TV를 보는 것에 거의 절반정도의 시간을 소비하고 있는 것이다. 16세 경에 이르면 아이들 대부분은 10만 시간에서 15만 시간 정도로 TV를 보는데 소비하고, 이것은 대략 매일 24시간씩 2년 동안 보는 것과 동일하다. 이런 TV 시청시간의 양 때문에 TV는 부모의 관여나 학급에서의 교육보다 더 영향을 미치는 것처럼 보인다.

이러한 다양한 통계치와 보고를 읽고 난 후 TV가 과연 좋은지 나쁜지에 대해 대답할 수 있을까? 대부분의 사람들은 그것을 잘 사용하거나 아니면 중독되어질 수 있다. TV가 중독성을 가진 약물이 지닌 불행한 특징을 가지고 있을 때, 그것이 시청자들에 다른 더 가치가 있는 것을 하도록 하는 것을 방해할 때, 그리고 공백이나 이해하지 못하면서 맹목적으로 시청할 때, 그것은 좋기보다는 나쁜 것이다. 하지만 TV가 지닌 이점은 다소 경이적일 수 있다. 그것은 전 세계에서 어떤 일이 일어나고 있는지 보여줄 수 있다. 그것은 전 세계의 정치, 학문, 건강, 그리고 스포츠 등의 사건에 대해 알려준다. 그것은 사람이 다른 것으로 인해 지칠 때 오락을 제공하여 즐겁게 해줄 수 있다. 공영 TV에 관한 Carnegie Commission에서는, TV를 마법의 집(magic tabernacle)이라고 불렀는데, 이것은 사람이 가진 시야를 지리학적으로 멀리 그리고 역사적으로 먼 곳으로까지 확장시켜 줄 수 있기 때문이라고 하였다[27].

문화비평가나 심리치료사들은 TV 편성표의 낮은 질에 대해 그리고 TV 시청이 지닌 많은 도피적 특성에 대해 개탄하였다. TV는 볼모지나 마음을 혼란시키는(mind－numbing) 약물로 묘사되었다. TV 프로그램은 가치가 있어야 하고 그 가치는 훌륭한 삶이 무엇인지에 대해 일차적으로 소비자의 시각에서 전달되어야 한다.[28] 하지만 여가를 즐기는 사람들처럼 TV는 멀리 떨어진 곳에서 여가가 주는 즐거움을 대신 느끼게 해주는 마법의 융탄자를 제공해줄 수도 있고, 여가를 추구하는 사람들에게 자극이나 최소한 어떤 전체적인 새로운 시각을 제공해줄 수도 있어야 한다.

교육이 지닌 사명 중 하나는 여가시간을 유용하게 사용할 수 있도록 준비하는 것이다. TV의 적절한 이용을 통해 교육은 여가를 준비하는데 있어 필수적인 부분일 수 있다. 15세기에 발명된 인쇄술은 사회나 사람들이 여가를 즐기는 방식에 극적인 영향을 주었다.[29] TV는 인쇄술 이후 가장 큰 교육적/위락적 발명품이다. 15세기에 존재한 보수세력이 인쇄술에 대해 알거나 그것을 사용한 사람에게 대해서는 유죄를 선고한 것처럼, 오늘날 사회의 지나치게 많은 부분들이 TV가 지닌 교육적, 이완적 그리고 위락적 공헌을 간과하고 그 과정에서 단지 TV가 지닌 편향성에 대해서만 탄식하였다. TV는 세상을 보는 창을 제공해 준다. 그것은 지구촌(global village)을 가능하게 하였고, 대량의 청중들에게 고품질의 위락적 경험을 제시해줄 수 있었다. TV가 가진 힘은 어떤 다른 레저 매체보다 우수하다.

---

27) *Carnegie Commission on the Future of Public Television,* Monograph, Carnegie Foundation, New York, 1979.

28) T. Gitlin, *Inside Prime Time*(New York : Panther, 1983).

29) M. McLuhan, *The Gutenberg Galaxy*(New York : Signet, 1969).

8.9 독서
(Reading)

독서는 대부분 혼자서 하는 활동이다. 그것은 집단적 성향을 가진 여가에 대한 연구에서 간과되어져 왔다. 비록 도서 출판자가 미국은 독서하는 나라가 아니라고 탄식하였지만, 미국에서 출판된 과학적 연구물들의 양은 놀랄 정도로 많다. 신문지나 잡지에서는 응답자의 50% 이상이 가벼운 독서 등을 하는데 매일 어느 정도의 시간을 보낸다고 보고하였다는 기사를 자주 다루고 있다. 도서산업에 종사하는 집단에 의해 유도된 조사에서는, 성인들은 주당 12시간 정도 책, 신문, 또는 잡지를 읽는 것으로 나타났다. Gallup과 Yankelovich에 의해 실시된 조사에 따르면, 성인인구의 거의 1/3 이상이 1개월당 최소 1권 정도의 책을 읽는다고 한다. 미국 시민들의 39%는 전혀 책을 읽지 않고 성인인구의 30% 정도가 매년 최소한 1권 정도로 보는 것으로 나타났다.[30] Ontario 주민들이 추구하는 대부분의 대중적인 레저 활동들은 즐거움을 위한 독서, 사회화, 라디오나 기록된 매체의 청취, 그리고 TV 시청이었다.[31] 어떤 표본과 소규모 집단에서는 독서가 여가활동으로 선호되었다.

액션이나 모험을 다룬 줄거리를 지닌 소설들은 다수의 독자층에서 가장 많이 읽혀지고 있다. 역사소설이나 로망스는 서부극이나 드라마보다 다소 더 잘 팔린다. 독서는 독자들로 하여금 현실 세상에서 벗어나게 해주고, 어떻게 삶을 살아야 할지 그리고 다른 장소와 시간에서 무엇이 일어날지에 대해 알려준다. 독서를 하는 가장 큰 단일 세분화 집단은 백인, 여성, 잘 교육받은, 그리고 상대적으로 부유한 사람들이다. 하지만 소설독자들은 청소년에서 노년층에 이르기까지, 학교수업을 받지 못한 사람들부터 대학교육을 받았거나 전문적인 프로그램을 이수한 사람들에 이르기까지 넓게 분포되어 있다. 심각한 주제를 다룬 책을 읽는 트럭 운전사나 추리 소설이나 미스터리 소설을 읽는 대학교수를 발견할 수 있다. 과학잡지를 읽는 웨이터나 웨이츄레스가 있을 수 있고 선호된 여가활동으로서 "객담(trash)"을 읽는 의사나 변호사를 볼 수도 있다.

---

30) *Books and the Reading Public*(New York : Skelley, Yankelovich & Associates, 1979).

31) *The ORCOL Newsletter*, a publication of the Ontario Research Council on Leisure, vol. 2, no. 1, 1991, 1.

자서전이나 전기는 심리학, 사회학, 그리고 경제학 등과 같이 대중적인 책처럼 많은 일반 독자를 확보한 큰 세분화집단을 유혹한다. 베스트셀러 목록은 요리책, 자아발견에 대해 다룬 책(운동, 종교, 또는 권력을 통해), 그리고 돈을 모으거나 관리하는 것과 관련된 책 등이 주로 차지하고 있다. 다른 목록들은 대통령의 정치학, 환경문제, 다른 흥미로운 문화 등에 대해 다룬 책 등이 주기적으로 인기있다.

어떤 사람들에게 독서는 최고의 우선권을 부여한 여가활동이다. 대학교수는 가장 헌신적인 독자로서 신문, 잡지, 그리고 책을 일반인들보다 2배 정도 더 많이 읽는다. 어떤 교수는 그들의 전공분야의 어떤 서적이든 다 읽으려고 노력하고 반면에 다른 사람은 특정한 주제만 골라서 독서한다. 인본주의자와 사회과학자들은 책이 인간경험의 전체를 보여준다고 믿기 때문에 가장 폭넓게 독서하는 경향이 있다.

신중한 독자들은 가끔씩 관습적인 사회형태에서 자신을 잊어버리고 고독을 느끼려고 한다. "그는 인간은 위험하다-라는 것을 더 많이 읽는다"라는 것은 혼자서 독서를 많이 하는 사람들을 이해할 수 없는 사교적인 사람들이 취하는 태도이다. 놀라운 독서량은 대중적으로 행해질 수 있다. 지하철 탑승자와 대중교통 수단을 이용해 통근하는 사람들은 신문에서부터 교제에 이르기까지 모든 것을 읽는다. 사람들은 종종 비록 오래 하지는 못하지만 운전 중에 책을 읽으려고도 한다.

독서는 안전하고 상대적으로 에너지를 덜 소모하는 여가활동으로 밝혀졌다. 의자나 밝은 전등은 독서행동을 하기에는 충분하지만 필수적인 것을 지원하지는 않는다. 잡지는 stereo nut이나 car nut에 이르기까지 호기심을 충족시키기 위해 존재하고 신문은 모든 사람들에게 흥미로운 어떤 것을 가지고 있기 때문에, 소수의 사람만이 독서를 일상적인 여가활동으로 하지 않게 된다. 책은 공공도서관에서 무료로 이용가능하고, 서점에서 할인할 때 싸게 살 수 있기 때문에 가격이 책을 읽는 행동을 방해하지 못한다. 여가시간 사용에 대해 많은 다른 요인들이 훼방을 하지만, 독서는 가장 문명화된 사회에서 선호되는 유희여야 할 것이다. 사람들은 명석한 정보처리자이고 독서는 새로운 그리고 자극적인 정보를 처리하는 매우 효율적인 방법이다.[32)]

---

32) Reading is a distinct leisure activity engaged in by almost everyone. Visiting museums, attending concerts of the performing arts or participating in rock concerts, or attending sports events are other major leisure activities engaged in by a large percentage of the population. An interesting study for college students is an analysis of time and activities

8.10 종교
(Religion)

과거 3세기 동안, 무신론자나 불가지론자(不可知論者, agnostic : 눈에 보이지 않는 것은 믿지 않는 사람들)들은 신이나 종교 둘 다를 진부적인 것으로 주장하였다.[33] 그럼에도 불구하고 종교는 신이나 자신에 근접하기 위한 시도를 하는 것으로 정의되어지고, 문화의 다른 부분에 생기를 불어 넣어 주었다.

종교가 현재 여가를 조금이라도 실행할 수 있을까? 종교서비스에 강제적으로 출석하는 것은 여가활동이 아니고 또한 누군가를 돌보아야 하는 책임이나 의무이다. 어떤 사람들에게 있어서, 종교는 삶의 전체일 수 있고, 그리고 종교라는 명목하에 부여된 모든 활동은 의무감을 가지지 않고 자유롭게 선택되어졌다. 종교적 단합은 다양한 여가의 부분들이 조화를 이룰 수 있도록 도움을 주기도 한다. 미국인의 생활에서 여가와 종교간의 연결을 설명하는 것은 이런 주제를 철학적으로 다룬 책에 의해서만 증거를 제시하기는 쉽지 않다.[34]

비록 많은 현대의 미국인들은 자신들이 세속적이고 교회 구성원이 아니라고 생각하지만, 그들은 유대교-크리스찬이란 종교적 유산에 의해 강력한 영향을 받는다. 교회 참석자를 대상으로 한 여론조사에서는 그들에게 "Under God"라는 국가에서 살고 있고, 종교적인 분위기가 강하게 풍기는 국가를 부르는 사람이 사는 미국인의 삶 속에서 이런 유산이 얼마나 널리 퍼져 있고 영향을 미치는지를 물었다. 대부분은 기술공학이 발달한 문화에서는 "신"이라는 낡은 개념이 필요 없다고 대답하였지만, 최소한 현대 생활에서 종교적 몰입이 지닌 중요성에 대해 주장하는 사람도 비슷하게 나타났다. 미국인들의 40%는 최소한 매주마다 1번씩 종교적 서비스에 참석하고 60%는 종교적 구성원이었다.[35]

종교는 중요한 여가 활동일 수 있다. 아리스토텔레스(Aristotle)가 여가의 기본으로서 가장 고귀하고 최상의 것이 무엇인지를 물었을 때 그는 신과 일치된

---

during a college football weekend or similar campus event.

33) G. Vahanian, *The Death of God*(New York : Braziller, 1957).

34) See current works by Martin Marty, a sociologist of religion, Andrew Greeley, a sociologist turned novelist, and Rober Bellah, in note 35.

35) Cited in R. Bellah, *Habits of the Heart*(Berkeley : University of California Press, 1985).

종교가 여가의 핵심이라고 대답하였다. 동시대 미국에서는 선(禪, Zen), 요가, 또는 동양의 다른 명상형태 등을 통해 묵상(contemplation)을 시도 해 보려는 사람들이 증가되었다. 명상(meditation)에 대한 서양적 접근방법은 또한 한때 인기가 있었다.

미국에서 종교는 묵상 또는 명상을 한 가지 이상하는 사회적 기업이 되었고 그것이 지닌 여가적인 측면은 근본적으로 사회적이 되었다. 어떤 종교 조직은 특정 장소에서 매일밤 사회적 활동을 하고 이것은 편리하고 적절한 만남의 장소로서의 역할을 한다. 대화나 타인과 어떤 것을 하기 위한 것으로서의 여가는 종교 조직이 지닌 가장 보편적인 특징이 되었다.

Josef Pieper는 여가는 숭배로서 시작된다고 말하였다.[36] 모든 종교적 활동과 같이 숭배(Worship)는 생존을 위한 필수품을 얻기 위해 긴밀한 관계를 가지지 않을 때 즉시 발생한다. Pieper는 공동체와 공동체에서 이루어지는 축제 개발개념에 대해 제시하였다. 음악, 춤, 그리고 드라마 등과 같은 물리적 힘에 의해 발생하는 숭배는 성찬(liturgy)의 한 부분으로서 또는 숭배를 위한 하나의 형태가 되었다. Pieper가 하는 주장의 장점이 무엇이든, 종교가 여가발전에 유의하게 영향을 미친다는 것은 확실하다. 종교는 동시대 미국인들의 여가활동에 있어 생기를 부여하는 구성요소이고, 그 공동체에서 숭배나 종교적으로 동기부여된 서비스를 받는 것 등을 포함해 일상적인 스케줄을 가진 사람들의 삶 속에서 중요하고 널리 퍼져 있다.

8.11 관광

(Tourism)

여행 작가들은 탐험(exploration), 여행(travel), 그리고 관광(tourism) 등을 구분한다.[37] 그들은 탐험이 르네상스 시대에 발생한 것으로, 인류가 결코 가보지 않았던 장소를 발견하는 것이라고 말하였다. 여행은 아테나, 파리, 카이로 등으로 상류층 자제들이나 학생들이 다른 문화에 대해 공부하고 다양한 삶의 방식을 경험하기 위해 여행하였던 19세기에 발생한 현상으로 구체화시켰다. 이 시대의 가난한 일반 시민들은 결코 잘 준비된 목적지로 편안하게 이동하거

36) J. Pieper, Leisure, *The Basis of Culture*(New York : Random House, 1963).

37) R. Mclntosh, *Tourism : Principles, Practices, Philosophies*(New York : Wiley, 1990).

나 모험적인 탐험이나 사고적인(thoughtful) 여행을 위한 지적 의도로 책임감을 가지지 않고 자유롭게 여행하는 "관광객(tourist)"일 수 없다. "우리는 모두 관광객이고 도피할 곳이 없다. 매년 우리 중 2백만명 이상이 제트기를 타고 가상의 장소에 숙박하고자 할 때, 우리는 프랑스 인구의 4배 정도가 되는 많은 수의 사람들로 이루어져 있다."38)

Paul Fussell과 유사한 성향을 가진 여행비평가들이 탄식하는 것은 여행하는 동안 발생할 수 있는 자연스러움, 모험, 그리고 위험 등이 없어진다는 점이다. 그것은 정형화된 획일성으로, 모든 위험, 모험, 자극, 그리고 신기성이 깨끗하게 제거된 미리 패키지화된 계획 등으로 대치되어졌다. 관광객은 다른 사람들이 해 놓은 것을 하고 다른 사람이 본 것을 이해하고자 한다. 여행사들은 관광객들이 기대하는 모든 장소를 포함시켰다. 관광은 디즈니랜드, Seaworld, 그리고 유명하거나 즐거움을 주는 다양한 위락 공원 등과 같이 인공적으로 매력을 유발하기 위해 그 자체에 어떤 것을 첨가한다. 그럼에도 불구하고, 여행하는 사람들의 마음속에는 탐험가, 모험가, 그리고 새로운 목적지의 발견자, 그리고 새로운 경험을 추구하고자 하는 성향이 내재해 있다.

대학생들은 낯선 도시에 도착해서, 일상적이지 않은, 비용이 싼, 그리고 그 지역의 생활방식이 어떤지 재빨리 배우기 때문에 관광객의 분류에 속하지 않는다. 자연이 지닌 경이로움에 무관심하게 살아온 나이든 사람들과 달리, 많은 학생들은 아직 때가 덜 묻어 순수성을 가지고 있다. 비록 나이든 성인이 정형화 된 패키지 상품을 택하지 않을 수 있지만, 관광 패키지상품은 낯선 곳이나 이국 언어를 사용하는 곳에서 곤란을 겪지 않기를 원하는 사람들에게 강제성을 띠고 있다. 학생이든, 나이든 성인이든, 하나의 선택은 다음과 같은 작용을 한다. 즉 그것은 대담해지는 것을 가능하게 하거나, 아니면 관광객을 단순히 모든 사람들이 보고 행했던 것만을 하게 만든다.

관광을 휴가와 분리하는 것은 어렵다. 비록 관광객이 없는 곳에서 휴가를 즐기지만, 대부분의 휴가지역은 여행자들이 그 지역에 도착하기 전에 돈을 쓰도록 하게 만드는 관광객에게 매력적으로 보이게 만든 곳이다. 휴가는 단순히 일에서, 가정에서, 그리고 한 개인이 가진 모든 것에서부터 며칠동안 자유로워질 수 있는 스스로를 비워버리는 것을 의미한다. 하지만 관광객이라는 것은 일상적이지 않은 곳을 보게 되고, 낯선 음식을 먹게 되고, 물건을 사기 위해 돌아다니고, 또는 다른 사람들이 어떻게 사는지 알고자 하는 것 등 다양한 기대를 가

38) P. Fussell, "The Stationary Tourist," *Harper's*, April 1979, 38.

지고서 어딘가로 여행하는 사람을 의미한다. 비록 휴가가 여가경험이 되도록 계획되어질 수 있지만, 관광객은 새로운 자극적인 경험을 얻을려고 하기 때문에, 여가의 위계에서 특별한 위치를 차지하는 것처럼 보인다. 그 어떤 것으로도 대치되어질 수 없는 개인적 가치는 해변을 거닐거나, 아동기에 가진 신화를 대표해줄 수 있는 테마 파크에 가거나, 그리고 위대한 역사적이거나 지리학적 장소를 방문하는 것 등과 연관되어져 있다. 동시에 "단지 관광객이 되는 것"은 여가행동에서 가장 적절하게 수용되는 형태이다.

Travel Industry Association 발행인들은 매년 미국인들이 어디로 휴가를 가는지, 무엇을 하는지 등에 대한 보고서를 제출한다. 1994년, 휴가를 위한 가장 대중적인 장소는 Florida, California, Hawaii, Texas, Colorado, 그리고 Arizona 등이었고, Washington D.C. Las Vegas, Nevada, Orlando, Florida 등은 관광객들에게 야경으로 유명한 곳이었다. 사람들이 휴가기간 동안 무엇을 했는지는 매년 달라진다. 1994년 사람들이 무엇을 했는지에 대해 조사한 결과가 다음과 같이 빈도로 제시되었다. (1)해변이나 호수산책, (2) 친구나 친척방문, (3) 도시방문, (4) 역사적 장소견학, (5) 캠핑, 하이킹, 또는 등산, (6) 낚시, (7) 문화적 이벤트 참석, 그리고 (8) 테마 파크로 감. 미국인들은 휴가동안 많은 돈을 소비하는 경향이 있고, 비록 이것이 방문지역의 경제에 중요한 공헌을 하지만, 휴가시에 느낄 수 있는 심리학적 편익은 매력적인 한 장소에서 다른 곳으로의 이동이나 시간의 경과에 따라 점차 사라질 수 있다.

최고로 적절하게 표현된 관광은 경험의 재료를 수집하는 것이다. 생활주기(Life-cycle) 단계는 관광과 관련되어져 있다. 배낭여행이나 슬리핑 백은 한때는 관광객에게 적절한 방법일 수 있고, 레크리에이션용 차량은 다른 경우에 맞을 수 있다. 산업화가 진행됨에 따라 관광은 그 자체로서 사람들에게 높은 품질의 여가경험을 제공해주고, 그리고 사람들이 그것을 위락이나 휴식뿐만 아니라 성장이나 발전을 위한 기회로서 사람들이 생각하게 되었다.

최근에 어디서 어떤 방식으로 관광이 연구되어져야 하는지에 대한 격렬한 논쟁이 있어 왔고, Jeff Zeiger와 Lowell Caneday에 의해 편집된 Tourism and Leisure 보다 이것을 더 명확하게 제시한 곳은 없다[39]. 관광이 근본적으로 하나의 비즈니스 기업인지 그리고 경제학과 비즈니스 관리를 공부해야 할까? 관광에 대한 연구가 본질적으로 지속가능한 관광(sustainable tourism)에 대한 연구라면 레크리에이션이나 공원 부서 등과 같은 보수적인 성향을 가진 프로

39) J. Zeiger and L. Caneday, eds., *Tourism and Leisure: Dynamics and Diversity*(Alexandria, Va.: NRPA, 1991).

그램이 어떤 영역을 차지하는 것이 가능한 일일까? 관광은 다양한 접근방법이 필요한 광범위한 차원을 가진 것으로 보인다. 학술적 용어에서 환대와 리조트 관리(Hospitality and Resort Management) 프로그램은 차별적인 틈새시장을 개척한 것처럼 보이지만, 관광이 지닌 재정적 측면에 대한 연구는 확실히 비즈니스 스쿨이 지닌 전문성이고, 레크리에이션 부서에서 잠재적인 관광을 위해서 자원 개발에 대해 공부하고자 하는 많은 사람들은 떠나야 한다.

8.12 일시적인 여행 : 약물과 알코올
(Temporary Tours : Drugs and Alcohol)

알코올 섭취는 인류문화에서 오랫동안 레크리에이션의 한 형태로 여겨져 왔고 이와 유사하게 항정신성(psychotropic) 약물 또는 환각유발성(hallucinogenic) 목적을 지닌 약물의 사용은 오랫동안 용인되어져 왔다. 최근 연방정부는 약물사용이 유행처럼 번져가고 있다고 경고하였다. 알코올 남용은 오랫동안 정부기관뿐만 아니라 시민들에게도 관심의 대상이 되어 왔고, 이런 관심은 미국에서 "약물과의 전쟁(the war on drugs)"을 검토하기 위해 대통령 자문위원회에서 공식적으로 지정되어졌다.

약물과 알코올은 일상의 삶에서부터의 일시적인 도피를 가능하게 한다. 약물에 취해 있는 상태는 마치 어디론가 가는 "여행을 하는 것(taking a trip)"과 같다. 약물의 "레크리에이션적 사용(recreational use of drugs)"을 주장하는 뉴스 매체는 비록 어떤 약물이 상대적으로 덜 위험하게 도피 경험을 제공하는 것처럼 보이게 하지만, 약물의 강도가 더 세어질수록, 그 약물은 무해한 작용보다는 파괴적인 습관을 형성하게 하는 중독성을 지닌다.

만연되어져온 약물의 사용은 다른 레크리에이션 활동에 영향을 미친다. 뮤지컬 이벤트는 필요한 경우 약물을 적절하게 사용할 수 있는 것으로 간주되어져 왔다. 어떤 사용자는 비행경기, 사이클링, 또는 스키를 타기 전에, 도중에, 또는 이런 경험 후에 약물을 복용함으로서 자신이 가진 인식을 변화시키기도 한다. 다양한 약물은 파티 때 제공되는데 특히 칵테일을 마실 때 다른 경우보다 더 많이 복용하게 된다.

많은 전통적인 레크리에이션을 즐기는 사람들은 이러한 약물사용의 증가에 대해 탄식하고, 많은 레크리에이션 관리직원들은 사용자들이 다른 것을 떠맡거나 회피하기 때문에 공공장소에서 알코올이나 약물을 사용하는 것을 제한하는 절차를 만들었다. Parks Canada는 알코올을 사용할 수 없는 레크리에이션 장소인 가족공원으로서 개발되었다. 미국에서는 공원 직원들은 주말의 음주 후 병들이 이곳저곳에서 나뒹굴고 있는 현실을 한탄하였다. 그 지역 주변의 경찰들은 약물 교환시장으로서 공원이 자주 이용되어지고 있다는 것에 주목하였다.

알코올과 약물은 북미지역에서 공공 레크리에이션을 실행하는데 있어 심각한 문제를 유발하였다. 일부 종말론 예언자들에게 알코올과 약물은 문명의 멸망을 초래하는 하나의 상징처럼 여겨졌다. 그것은 어떤 사회가 보다 전통적이고 관습적인 형태의 레크리에이션에 싫증이 났다는 것을 뜻한다. 미국은 인구 대다수가 일에 파묻힐 필요가 없는 특권계층이고, 휴가 갈 기회가 풍부하고, 그리고 새로운 것을 경험할 수 있는 기회가 기본적 권리로 여겨지는 약속된 땅이다. 미국의 풍요에 관련 되었든 그렇지 않든, 약물의 사용은 빈곤과 일상생활에서의 공허함을 도피하기 위한 하나의 방법을 제시하였다. 아마도 알코올과 약물의 남용이 사회의 실패이든 레크리에이션 관리가 충분히 다양하게 제시되지 못하거나 레크리에이션 경험이 적절하게 변화되지 못했던 둘 중 하나를 보여준다.

레저에 관련된 개인의 반응이 어떤 것이고, 건강한 레크리에이션 기회를 제공해주는 계획을 세우려고 하는 레크리에이션 기관이 나타내는 반응은 어떤 것일까? 그러기 위해서는 레크리에이션과 여가가 지닌 가장 기본적인 정의를 상기해보라. 레크리에이션은 지나치게 많은 일을 하여 또는 지나치게 틀에 박힌 한 개인에게 원기를 회복시켜 주는(restorative), 활동을 다시 가능하게 해주는(rehabilitate) 것이다(고용되지 않거나 퇴직한 상태는 지나치게 많은 일상적인 일로부터 곤란을 겪고, 결국 레크리에이션을 필요로 하게 된다). 레저는 그 자체를 위한 활동이다. 약물과 알코올의 사용이 기분전환(recreative)이 될 수 있다고 주장하는 사람도 있다. 그것은 노동자가 화학약품이나 이스트를 사용해 긴장을 해소하는 것과 유사하다. 어떤 다른 사람은 약물의 사용이 절정감(ecstatic)이나 신비적인 경험 등과 같이 화학적으로 유도된 여가경험을 제공한다고 믿는다.[40] 하지만 실제의 여가경험은 여가를 풍요하게 하고 고귀하게 만든다. 미에 대한 추구, 실제에서 얻어지는 통찰, 타인과의 풍요로운 대화 등 이러한 경험은 참여자에게 어떤 긍정적인 편익을 제공해준다. 약물이나 알코올

40) A. Watts, *The Joyous Cosmology*(New York : Vintage Books, 1962).

의 사용은 이완감을 제공해줄 수 있고, 여가에서의 첫번째 단계이지만, 이런 물질에 대한 남용은 실제 생활에서 여가가 발생하는 것을 방해할 수 있다.

보다 더 약물에 의존하게 되면 그것에서 만족을 얻으려고 하고 더 파괴적인 효과가 나타난다. 최종 단계에서, 약물과 알코올은 허가된 어떤 목적지로의 여행보다는 "일시적인 우회(temporary detour)"를 더 많이 하게 만들 수 있다. 이것을 사용하는데는 특별한 기술이 필요 없고, 사회에서 제공되는 편익은 소수에게만 돌아간다. 모든 인간은 어려운 상황에서 벗어나 휴식을 취할 필요가 있지만, 약물이나 알코올이 일시적인 곤란에서 벗어날 수 있는 주요한 원천이 되었을 때, 레크리에이션이나 여가도 없고, 개인은 오랫동안 어떤 이익을 누릴 수 있을 것이라는 희망을 가질수 도 없다.

8.13 성관계
(Sex)

20세기에서 성관계(sex)는 종의 보존측면에서 덜 강조되었고(최소한 북미 지역에서), 레크리에이션에서 중요한 역할을 차지하게 되었다.[41] 20세기 이전에는 사후 피임이 거의 불가능하였다. 그것은 아이를 가지기 위해 성적 활동을 하는 것과 분리하기에는 매우 어려웠다. 피임의 형태는 결혼이란 관계내에서 성적인 역할에 영향을 미칠 뿐만 아니라, 혼전관계에서 낭만적인 조화를 변화시켰다. 생식기의 포진(Genital herpes, 성병으로 인해 나타나는 증상 중 하나)이나 AIDS(후천선 면역 결핍증, acquired immunodeficiency syndrome)는 성적 혁명을 저하시켰고, 일시적인 성관계에 대한 태도를 변화시켰고, 그리고 "안전한 성관계"에 대해 찬성하는 목소리들이 높아지게 하였다.

성적으로 적극적인 사람들에게서 가장 친밀한 형태의 성적 활동은 임신이란 결과가 나타나지 않을 것이란 확실성이 보장되어질 때 가능하다. 어떤 관찰자는 혼전 또는 결혼 후 성관계 빈도가 매우 높게 증가되지 않았다고 주장하였다. 가장 확실하게 변한 것은 혼전 성관계, 심지어 동거에 대한 사회의 용인이다. 한때 그런 행위들은 직업을 잃거나 학교를 그만 두게 할 만큼 치욕스런 일이었고 도덕적인 공동체의 외부에서 혼자 희망 없이 살아가야 하는 것을 의미했다.

41) A Comfort, *The Joy of Sex*(New York : Crown, 1972).

혼전 성관계에 대한 장벽이 부서졌을 뿐만 아니라 은폐되어 있던 동성애에 대한 벽도 무너져 버렸다. 비록 동일 성간에 나타나는 성적 관계 또는 친밀한 우정이 반대되는 성을 지닌 결혼하지 않은 사람들 간의 성적 관계만큼 널리 용인되지는 못하지만, 더 이상 수치나 불명예는 아니다. 대부분의 대도시들은 게이(gay) 공동체가 있지만, 동성애에 대한 혐오는 특히 대다수의 농촌지역에서는 여전히 강하게 남아 있다.

하나의 사회로서 북미 지역은 성적 실험을 시행하였고, 그리고 그것에서 명확한 결론을 유출해내었다. 첫번째 확신은 대부분의 사람들이 결국은 관습적인 성적 패턴에 조화되어질 것이라는 믿음이다. 즉 아이가 없든 있든 결혼은 대부분의 사람들이 선택하는 보편적인 성적 형태이다. 결혼, 이혼, 그리고 재혼형태는 오랜 결혼만큼 평범한 것이 되었다. 두번째는 사회의 어떤 세분 집단이 대안적인 성적 협의를 가지고서 현재 실험을 수행하고 있다는 점이다. 소설, TV 멜로 드라마 등에서 계속적으로 다루어진 주제는 혼외 성행위에 의해 발생하는 혼란이다. 실제 생활에서, 다양한 독신자 클럽은 충실성을 가지고 또는 애정관계에서 핵심적인 부분이 아닌 타인과의 성행위를 배제한 관계에 있는 사람들을 대상으로 현재 계속 실험을 실시하고 있다.

성적 관계는 어떤 부부가 열정을 가지고서, 새로운 인간적 계발을 하려고 노력하는 한 생산적일 수 있다. 성관계는 어떤 부부가 성감대를 자극함으로써 발생되는 쾌감을 즐기려고 할 때, 레크리에이션일 수 있다. 하지만 최고의 성관계는 서로 사랑하는 두 사람이 말로는 전달할 수 없는 어떤 것을 그들의 신체로 표현할 때 확실히 하나의 여가경험이 된다. 대부분의 여가경험처럼 그러한 성적 관계는 시간과 인내가 필요하다. 다른 사람에게 매력적으로 보이는 것은 육체적인 것뿐만 아니라 심리학적인 면을 포함하고, 타인에게 어떤 유의미한 것을 제시하는 것은 전체적인 여가경험의 영역을 풍부하게 해준다.

개요 Summary

이 장에서는 옥외에서 실내에 이르는, 비개인적인 것에서 아주 개인적인 것까지, 자원-집중적인 것에서 자원-보존적인 것까지 등에 이르는 다양한 여가 경험에 대해 조사하였다. 이것과 관련된 가장 최근의 통계치들은 다음과 같은 잡지들에서 다루어졌다. 즉 U.S. *News & World Report*, *Journal of Environmental* 등과 같은 환경관련 출판물들, *Education*, 또는 *Outside*, *Parks and Recreation* 또는 *Snow Country* 등과 같은 전문성을 가진 출판물 등이 있다. 현재는 여가가 다양하게 실행되어지고 있는 추세이다. 미국인들은 거의 그들의 여가에서 새로운 것을 계속 추구하고 있고 새로운 방법을 계속 이용하려고 한다.

이 장에 나타난 통계치들은 과거 행동에 대한 정확한 것을 얻기를 바라고, 여가의 현재와 미래에 대해 관심을 가지길 원하는 취지에서 제시되어졌다. 어떤 활동은 발생되어지고, 대중성을 얻어가고 그리고나서 재빨리 망각되어진다. 어떤 다른 것은 열정적으로 시작되었고, 곧 표준적인 여가 실행에서 하나의 목록이 되었다. 비록 구체적인 여가활동이 어떻게 변화되어질지에 대해 예측을 하는 것이 어려울 수 있지만, 안전한 세 가지의 일반화가 존재한다. 즉 (a) 미국인들은 옥외나 실내 활동이 결합된 어떤 것을 계속 추구하려고 할 것이다, (b) 게임의 다양한 종류는 대중적이 되어질 것이고, 그리고 (c) 전자매체는 여가시간 동안 더 많이 사용되어질 것이다.

소수의 사람들은 미국인의 여가에서 사회적 경험으로 여겨지는 단지 혼자서 여가시간을 보내는 것을 선택하기도 한다. 신속히 변화하는 가치를 수반한 어떤 사회에서, 훌륭한 여가경험에 대한 욕구는 계속 나타나지만, 이런 여가경험이 가지는 특성은 주관적으로 변화되어진다. 선택의 다양성, 소요되는 시간이 많은 상황에서 여가는 많은 장점을 지니고 있다. 여가를 실행하는데 있어 직면하는 다양한 제약은 여가로 정의되는 주당 시간의 양을 감소시킬 수 있고, 결국 시간적 이용가능성 하에서 가장 큰 가능한 보상을 얻기 위한 압력이 증가되어졌다. 여가기회는 전기나 다른 공학적 혁신 때문만이 아니라 다음 장에서 다루어질 생활주기의 발전 때문에도 변화되어진다.

검토문제 examination

01. 공원과 삼림지역은 어떻게 다른가?

02. 당신이 이용할 수 있는 옥외 레크리에이션 형태에는 어떤 것이 있는지 예를 들어 설명하시오. 당신이 거주하고 있는 지역에서 수상 레크리에이션은 어떤 역할을 하고 있습니까?

03. 당신은 캠핑이나 배낭여행을 할 기회가 있었습니까?

04. 당신이 현재 살고 있는 지역은 이용가능한 옥외 레크리에이션 경험 형태가 어느 정도 존재하는가?

05. 당신이 살고 있는 곳은 신체적 건강을 촉진하고 증가시켜 줄 수 있는 어떤 클럽이 있는가?

06. 취미, 예술, 그리고 수공예 등에 대한 적절한 개념을 정의해보라.

07. 당신 친구들 사이에서 가장 인기있는 TV 프로그램은 무엇인가? 당신은 얼마나 많이 TV를 시청하고, 당신 친구들이 TV를 보는 시간과 비교할 수 있는가?

08. 당신은 여가활동으로 독서를 하고 있는가? 당신과 가까운 사람들은 어느 정도 독서를 여가활동으로 하고 있는가?

09. 종교가 여가 활동인지, 아니면 그렇지 않다고 생각하는 이유를 설명해보라.

10. 어떤 사람들은 휴가를 즐겨야 하고 한명의 관광객으로서 그들은 최상의 여가경험을 한다고 주장한다. 관광이 여가경험일 수 있을까? 여가로서 관광이 지닌 결점은 무엇인가?

11. 약물과 알코올 섭취는 어떤 사람들에게 있어서 중요한 여가경험일 수 있다. 왜 사회는 그러한 여가경험을 지원하고 격려할까?

12. 성적인 활동이 여가로서, 레크리에이션으로서, 또는 다른 목록으로 분류되어질 수 있을까?

LEISURE & HUMAN BEHAVIOR

여가와 생활 주기: 아동기와 청소년기

PART 9.

Leisure & the Life Cycle : The Child & the AdolescentPractices

제9장

- 생활주기(life-cycle)에서 최대와 최소 영역은 어떤 것일까?
- 여가를 즐기려는 욕구는 상이한 생활주기 단계에 따라 변화될까?
- 어떤 특정한 활동이 개개의 주어진 단계에서 성공적으로 작용할까?
- 생활주기 내에서 개인차 때문에 여가활동에서도 차이가 날수 있을까?
- 어떤 학생은 생활주기에 대해 어떤 견해를 가질까? 그것이 여가 경험을 위해 잠재성을 많이 가진 긍정적인 성장조건이 될 수 있을까?

제9장

여가와 생활주기 : 아동기와 청소년기

Leisure & the Life Cycle : The Child & the Adolescent

선행 장에서 우리는 여가시간과 노동 등과 같은 일관성있는 요인들 간의 독특한 관계를 알아보기 위해 노력하여 왔다. 유사하게 인간의 삶은 여가가 지닌 역할에 영향을 미치는 변화적 요인으로서 고려되어져야 한다. 여가제공자는 인간의 성장과 발전이 삶의 다양한 단계들에서 적절한 여가경험을 계획하고 유도하도록 할 때 충분한 배경지식을 가지고 있어야 한다. 인간의 삶은 아동기, 청소년기, 성인기, 그리고 노년기 등의 네 가지 주요한 단계 또는 영역으로 세분화되어진다. 이런 각 범주에 속한 사람들은 아동, 청소년, 성인, 그리고 노인으로 불려진다. 이 장에서 우리는 아동기와 청소년기에 대해 강조한다. 10장에서는 계속해서 성인기와 노년기에 대해 다룰 것이다.

9.1 아동기

(The Child)

여러 가지 방법으로 아동은 현재 이전의 어느 시대보다 많은 관심과 보살핌을 받고 있다. 아동은 전에는 결코 그들이 보상받지 못했던 기회와 권리, 그리고 지위 등을 가진다. 원시사회에서 가장 큰 연령집단은 아이들이었다. 지금 아동의 비율은 감소하고 있고 노인의 비율은 증가하고 있는 추세이다. 1970년에 미국 인구분포 중 28.7%는 19세나 그 이하였다. 2000년에는 그 연령대가 25.7%로 추정되었다. 과거에 아동은 그들이 가족이나 공동체를 위한 유용한 생산자가 될 충분한 나이가 될 때까지는 어떤 실재적 중요성을 인정받지 못했다. 지나치게 많은 아이들을 체계적으로 제거하는 유아살해는 공공연하게 자행되었다. 특히 여자아이들은 노예로 팔려가기도 하였고, 19세기까지 이런 관행이 계속되어져 왔다.[1] 결국 이런 유아 살해행위에 대한 합리화가 나타났다. 유아 살해행위는 신을 달래는 수단으로 종교적 행사의 일부분으로 나타났다. 젊은 소녀들은 특히 인간 희생물로 여겨졌다. 경제적 이유 때문에 여자 유아 살해는 인도에서 오늘날까지 계속되고 있다.

중세 시대 동안 아동들은 가혹한 도제살이 체제에 노출되었다. 죽음에 이를 정도로 때리거나 굶기는 방법이 일반적이었다. 18세기에 이르러서야 상류층에서 이런 태도는 개선되었지만 하류계층 아이들은 여전히 의식주를 제공받는 대가로 장시간 노동에 시달렸다. 그 당시 자본주의는 노동에 허덕이는 아이들을 처벌하는 것을 묵인하였다.

기독교는 대다수 아이들 형편이 나아지도록 도와 주었다. 이런 종교적 형태에서 아이는 어떤 영혼을 소유한 존재로 여겨졌다. 따라서 유아 살해나 또다른 유기형태는 살인행위로 간주되었다.

신세계인, 식민지 미국은 유럽인들이 건너감으로써 변화가 나타났다. 새로운 나라에서 아동들은 미래의 희망이 되었다. 서부로의 확장은 젊은이들에게 더 많은 기회를 제공하였다. 서부 변경에서의 고립된 생활은 가족들을 서로 의존하게 하였다. 가족은 의미있는 사회적 기관으로 나타났다. 젊은이들은 이 나라에서 그들의 부모보다 더 많은 것을 성취할 수 있음을 깨달았다. 전에는 상상할 수 없었던 경제적 풍요 덕분에 젊은이들은 가족이라는 단위에서 벗어나 자신의 가정을 이룰 수 있었다. 이런 독립적인 초기 정착자들은 개인의 권리를 장려하고 지나치게 나이가 많거나 어려서 자기 스스로를 방어할 수 없는 구성원들을 보호하기 위한 정치적 구조를 개발하였다. 인간의 가치는 더 이상 한 개인의 힘에 의해서 이끌어지는 것이 아니다.[2]

왜 현재가 아동들에게 좋은 시간이라고 하는 이유를 충분히 설명하였지만, 정확한 통계적 측면에서의 지지 증거가 필요하다. 특히 보다 풍요로운 가운데 수많은 기회가 존재하지만 유아나 아동들에겐 그렇지 못한 것으로 나타났다. 한때 미국에서 유아 사망률은 6위였지만 1990년 통계에서는 13위로 보고되었다.[3] 미국 내에서 어떤 집단들은 다른 집단보다 더 위험에 처한 것으로 나타났다. 아프리카계 미국인(African American)에서 유아 사망률은 백인의 2배였고, 라틴 아메리카계(Hispanic) 미국인들에서는 백인보다 50% 높은 유아 사망

01) L. E. Robison, *Human Growth and Development*(Columbus, Oh. : Merrill, 1968), 8.

02) *Ibid.*

03) T.L. Goodale, "Intergenerational Inequities : The Abuse and Neglect of Those to Follow," *Journal of Physical Education, Recreation and Dance, Leisure Today*(October 1990) : 30.

률을 보였다. 미국 내에서 약물 남용, 질병(AIDS 포함), 저 체중, 또는 다른 위험요인들을 가지고 태어나는 신생아들이 증가하였다. 미국에서 최고로 빈곤한 집단은 아동들이다. 가난한 삶을 영위하는 아동이 1969년(13.8%)과 1987년(취학전 아동의 25%) 사이에 거의 2배로 증가하였다. 아동에 대한 태만과 학대는 1976년과 1987년 사이에 340% 증가하였다. 이것은 1~14세와 14~24세 사이의 아이들에 대한 살인이 네 번째 사망요인이기 때문이다. 약 22% 정도는 성적으로 학대받았다. 매년 15만명의 가출 청소년이 발생하는 것은 놀라운 일이 아니다.[4)]

백만명의 미국 아동들은 집이 없이 떠돌아다닌다. 90%는 신체적 또는 성적 학대를 경험하였다고 보고하였다. 5세 이상의 50에서 65% 정도는 정신 치료적 도움을 필요로 한다.[5)] 이런 모든 아동들에게 레크리에이션은 중요한 역할을 한다. 아동의 발전을 위한 레크리에이션과 여가의 기여는 Honduran 사례에서 잘 인식되었다. 이 사례는 학대받고 유기된 집 없는 아동들에 대해 보고한 것이다.[6)]

9.1.1 성장주기
(Growth Cycles)

신생아기 후에 따라지는 아동기는 두 개의 성장주기로 나누어진다. 대략 생후 1개월에서 2세까지를 유아기(Infancy)라고 하고 2세에서 성적 발전의 징후가 나타날 때까지(11세나 12세 정도)를 아동기(Childhood)라고 부른다. 아동기는 초기, 중기, 그리고 후기 단계로 나누어진다.

1) 유아기(Infancy)

이 시기 운동은 태아기 동안 출생 전에 실제로 시작된다. 출생을 위한 이런 태아기 동안의 준비는 발차기, 위치 변화, 그리고 손가락 빨기 등을 포함한다. 임신 5개월 정도 되면 발달중인 아기는 청각경험을 한다. 움직임과 청각적 경험은 아기에게 새로운 환경에 익숙해지도록 돕는다. 자궁 내에서의 아기의 움

---

04) *Ibid.*

05) R. Kunstler, "Serving the Homeless through Recreation Programs," *Parks & Recreation* (August 1993) : 20.

06) *Ibid.*

직임의 정도는 유아의 후기 운동기능 발달과 관련된 것 같다.[7] 아기들은 놀랄 만한 기술(skill)을 가지고 태어난다.

출생 후 최초 2~4주 동안의 별개의 적응기간은 신생아기(neonatal period)라고 명명되었다. 아기들은 자고, 먹고 이 시기 동안 부모의 수면 패턴을 혼란시킨다. 1개월이 되기 전에 유아는 낯선 다양한 소리의 원천들에서 엄마의 목소리를 구분할 수 있고, "그들은 다양한 활동을 좋아하는 것 같고 날이 갈수록 동일한 것을 제시하면 지겨워하는 것처럼 보인다."[8] 성인의 신체가 가지는 비율은 아직 정립되지 않았다. 즉 신생아의 머리는 어른 크기의 반 정도이고 다리는 그들이 성숙했을 때의 크기에서 1/5 정도 크기를 나타낸다. 출생시 성인이 가지는 신체 크기와 무게가 가장 가까운 것은 뇌이다. 출생시 뇌는 성인이 가지는 것의 25% 정도이고 학령전 시기가 되면 90% 정도에 도달한다.[9] 뇌의 중뇌부분은 빨기 등과 같은 유아의 반사활동을 통제하는데 출생시 완전하게 발달되어 있다. "척수 신경과 중뇌에 의해 통제된 선천적인 불수의적(involuntary) 행동"인 반사(reflex)는 신생아기때 행동의 기초로 작용한다(표 9.1을 보라).[10] 정상적인 신생아는 70개 이상의 반사행동을 보이는데 이것중 어떤 것은 진단적 유의성을 가지기도 하고, 생존가치를 보여주기도 하고, 다른 것은 잘 나타나지 않거나 명확한 기능이 없을 수도 있다. 반사 이외의 다른 기초적 행동은 수면, 졸음, 경계 그리고 울기 등이다.

유아기는 그 신생아가 자신의 신체를 숙달시키기 위해 노력을 하는 시간으로 특징지워질 수 있다. 신체적 특징에서 그런 노력은 "머리는 어울리지 않게 커지고, 몸통은 길어지고, 배가 나오고, 다리는 구부러지고, 상대적으로 머리보다 짧아진다."[11] 상대적으로 큰 간과 미성숙한 복부 근육 때문에 전체적인 용모는 올챙이 같아진다. 학습은 환경과 의사소통을 할 수 있는 일차적 수단인 접촉을 수반한 감각적 탐색의 결과이다. Piaget는 이것을 감각운동기(sensory motor period)라고 하였다. 선천적 반사를 제외한 신경계는 발달되지 않았고 분화되지 않았기 때문에 시행-착오(Trial-and-Error) 학습이 필요하다. 무

07) C. Nelson, "Infant Movement : Normal and Abnormal Development," *Journal of Physical Education, Recreation and Dance* 59, no. 7.

08) *Ibid.*

09) J. R. Thomas, A. M. Lee, and K. T. Thomas, *Physical Education for Children*(Champaign, Ill. : Human Kinetics Books, 1988), 21.

10) A. C. Harris, *Child Development*(New York : West Publishing Company, 1986) : 166.

11) Harris, *Child Development*, 188.

작위성은 아기의 움직임을 특징짓는다. 통제된 방법에서 신체의 한 분야를 격리시키거나 움직이는 능력인 분화(Differentiation)는 운동경험에서 나온다. 신체운동은 머리들기 등과 같은 단순한 '정향반응(righting reaction)'으로 시작되고, 시간이 경과할수록 신체의 더 많은 부분이 관여된다. 힘은 중력을 극복함으로써 발전되어졌다. 8개월경 된 아기는 친숙한 얼굴과 그렇지 못한 것을 구별할 수 있다.[12] 흥미로운 어떤 실험에서 8개월된 아기는 연속적으로 자세운동(postural movement)을 모방하려는 노력을 한다. 앉기, 기기, 오르기, 그리고 걷기 등과 같은 유아의 미발달된 기술이 학습되어졌다.

최초의 장에서 언급했던 것처럼 놀이는 학습의 중요한 수단이다. 초기 학습은 운동의 결과이다. "초기 운동경험은 모든 학습의 기초이고 그 아이의 최초의 언어를 구성한다."[13] 아동이 하는 이 단계의 놀이는 상당히 자기 중심적이고 개인적이다. 유아기 동안 집단놀이나 협동을 기대할 수 없다. 여러분은 만화 'Peanuts'에 나오는 주인공인 리누스가 그의 담요에 애착을 가지는 것을 보았을 것이다. 대개 아동들은 생의 최초 1년동안 우호적인 대상에 대해 애착을 형성한다. 위안을 주는 대상으로써 이러한 '이행적 대상(transitional objects)'은 불안을 방어해준다. 상징적으로 그 대상은 그 아동의 어머니를 대표하고 아동은 그녀가 부재중이거나 심한 긴장 상황에 처했을 때 더 애착을 보인다. 삶이 진행될수록 아이는 이런 이행적 대상에 더 애착하는 특징이 있다. 애착의 강도는 그 아동이 보다 안전하게 됨에 따라 그리고 상황과 관계의 다양성이 더 커질수록 감소되어진다.[14]

소수의 대중적 레크리에이션 프로그램은 제한된 장소(수영을 가르치는 등)이지만, 유아에게 활동을 제공하고 있다. 이것은 그 가족이 물에서 보내는 시간이 많다면 더 안전성을 보장해주는 것으로 간주되었다. 아이가 머리 들기를 할 수 있기 전에 최초의(신체가 미리 준비된 것으로 간주하기 전) 집중적 훈련이 시행되기도 한다. 다른 아이들은 나중 시기에 이런 기회가 주어지기도 한다.[15] 이렇듯 유아의 최초 운동 경험은 다양하다.

---

12) B. J. Logsdon et al., *Physical Education for Children: A Focus on the Teaching Process*(Philadelphia : Lee & Febiger, 1984), 29.

13) A. Boucher, "Good Beginnings," *Journal of Physical Education, Recreation and Dance* 59, no. 7(September 1988) : 42.

14) R. Read, P. Gardner, and B. C. Mahler, *Early Childhood Programs: Human Relationships and Learning*(New York : Holt, Rinehart and Winston, 1987) : 199~200.

15) J. B. Oxendine, *Psychology of Motor Learning*(New York : Appleton–Century–Crofts, 1968).

<표 9.1> 운동 발달단계

발달단계 (대략적인 연령범위)	단계	특징적인 심리운동 행동들
태아기~유아기 (임신 5개월~1세)	반사적	최초 반사와 확장, 자세적 적응
유아기 (출생~2세)	미분화	구부리기, 앉기, 기기, 오르기, 붙잡기, 걷기,
초기 아동기 (2~7세)	기초적 운동 (지각적 효율성)	운동 기술, 비운동적 기술, 조작적 기술, 운동 지각
중기~후기 아동기 (8~12세)	구체적	기초적 기술과 운동 자각의 정교화 : 춤, 게임(스포츠), 체육, 그리고 물놀이 활동 등의 기초적인 사용
청소년기~성인기 (12세~성인연령)	전문화된	레크리에이션 또는 경쟁적 수준의 활동

2) 아동기(The Childhood)

2세 경이 되면 그 아기는 누구의 도움이 없이도 직립자세를 유지하고, 더 많은 도움 없이도 먹을 수 있고, 그리고 더 많은 욕구를 전달하는 등 독립성이 증가한다. 초기 아동기는 대략 2세 경에 시작되어 6세 정도에 끝난다. 이 시기 동안 그 아동은 달리기, 도약, 그리고 뛰기 등과 같은 기초적인 운동기술을 계속 발전시키고 혼자서 노는 것(상호작용이나 협동이 필요 없는 게임을 즐기다가)에서 벗어나 협동성을 요구하는 또래들과 같이 노는 것으로 놀이 패턴이 변한다. 또한 非－운동기술(숨기, 뻗기/구부리기, 돌기/몸을 꼬기, 밀기/끌기, 헤엄치기/흔들기), 조작적 기술(던지기, 펄쩍 뛰기, 때리기, 차기, 붙잡기, 막기), 그리고 운동 지각성(공간적, 방향적, 촉각적) 등도 발전되었다. 놀이는 어머니에서 동료집단으로 의존성이 변화하도록 돕는 사회적 접촉을 촉진하도록 해준다. 하지만 기본적인 사회적 발달은 개인의 물리적 욕구를 만족시키는데 집중되어 있다. 이 시기는 빠른 발달이 필요한 때이다. 학습은 행위의 결과이고 "관련된 감각이 더 클수록 학습의 가능성도 증가한다."[16]

아동기는 가장 발달적인 시기라고 할 수 있다. 생애 가장 초기에 억제되었던 학습은 결코 형성되어질 수 없다. 18세 정도가 되면 그 아동은 4세 이전 학습의 50%, 8세 이전 30%, 그리고 "초등교육이나 2차 교육기간동안 단지 20% 만을 학습할 수 있었다. … 놀이와 학습은 연속적이고 통합된 과정이다."[17] 초기 아동기는 "놀이나 인지 발달에서 성공하기 위해 기본적인 운동기술을 획득"하는 결정적 시기이다.[18] 골격은 5세에서 11세 사이에 꾸준히 커지지만, 뼈의 구조가 상대적으로 약하고 유연하기 때문에 많은 주의가 요구된다.[19] 부드럽고 연약한 골격구조 때문에 아동들은 상처가 겉으로 드러나지 않고도 많은 구타를 그대로 다 흡수한다. 부가적인 유연성은 골절 주위의 유연한 결합조직 때문이다. 이런 구조적 특징은 아동들이 성인보다 더 잘 구부리고 스트레치하게 해주었다. 6세나 12세 사이에 평균적인 아동들은 근육조직이 2배 이상 발달하고 운동이 발달의 중요한 구성요소가 된다.

아동기 동안 성별에 따른 힘의 차이는 사회적, 문화적 훈련 때문이지 생리학적 조직 때문이 아니다. 이런 차이는 태도의 변화에 따라 감소되어질 수 있는 것으로 나타난다. 실제 신체적 차이는 그 아동이 사춘기가 될 때 발생한다. 즉 소년의 근육 밀도와 힘이 놀랄 정도로 증가한다. 운동은 특히 이런 형성적 시기 동안 정상적인 뼈의 성장을 촉진하는데 중요하다. 만약 장기간 활동하지 않았다면 뼈에서 칼슘 성분이 빠져나간다. 높은 심장 박동과 호흡 때문에 아동은 쉽게 지치지만 빨리 회복된다. 심장 박동 수와 호흡수는 저학년 시기 동안 차차 떨어진다.[20] 부모는 어떻게 그들의 아이가 정상적으로 발달하고 있는지 알 수 있을까? 그들은 두 가지 단순한 일반적 지표로 측정할 수 있다－키와 몸무게.[21] 정상적인 아동은 1년에 평균 2인치(5cm 정도) 키가 커진다. 아동 초기, 중기에서는 1년에 평균 4파운드(12kg 정도), 아동 후기에 가면 7파운드(21kg 정도)로 몸무게가 증가한다. 아동발달이 지연될 수도 있지만 발달의 폭발적 증가로 따라잡을 수 있다.

---

16) Robison, *Human Growth and Development,* 91.

17) P. Friedberg, *Play and Interplay: A Manifesto for New Design in Urban Recreational Environment*(New York: Macmillan, 1970), 35. Hereafter cited as Play and Interplay.

18) D. D. Arnheim and R. A. Pestolesi, *Developing Motor Behavior in Children*(St. Louis: C. V. Mosby, 1973), 25.

19) G. Kirchner, *Physical Education for Elementary School Children*(Dubuque, la.: Wm. C. Brown, 1985), 14.

20) *Ibid.,* 15.

21) Thomas, Lee, and Thomas, *Physical Education for Children,* 23.

이런 발달적 시기 동안 포함되는 운동경험으로는 훌라후프, 토프, 기구에 오르거나 기구 위에서 균형잡기, 반동장치의 사용, 공놀이, 그리고 풍기놀이 등이 있다. 아동들은 더 광범위한 대상이나 장치들 뿐만 아니라 공간을 탐색할 수도 있다. 이런 놀이의 특성은 신경근육의 협응과 강도를 촉진하고, 사회적으로 상호 작용할 기회를 제공해준다. 적당한 근육긴장은 성장을 촉진시킨다. 운동은 출생 후 새로운 근육조직이 첨가되지 않기 때문에 매우 중요하지만, 현재 있는 조직은 크기와 구성에서 변화되어질 수 있다. 운동통제는 성숙과 더불어 자동적으로 발생하는 것이 아니다. 신체는 그것을 만들 것을 필요로 하는 정도에서만 발달한다.

운동통제를 촉진하기 위해 경험은 반드시 정보의 위계가 존재하는 다른 학습 상황처럼 순차적으로 계획되어져야 한다. 운동발달은 두 가지 중요한 신체 축에 의해 수반된다. −두미(cephalocaudal, 頭尾 : 머리에서 꼬리로 향하는 신체 장축)와 후미(proximodistal 後尾 : 중심선에서 밖으로 향하는 장축). 이것은 "머리에서 아래쪽으로, 중심 라인에서 밖으로", 협응이 진행되는 것을 의미한다.[22] 따라서 레크리에이션 기술은 총체적인 근육운동에서 섬세한 근육운동으로 진행되어야 한다. 이러한 큰 것에서 작은 근육운동으로의 진행은 아동기 동안으로 제한된 신경 근육운동을 학습하기 위한 아동이 가지는 능력을 의미하는 것은 아니다. 이와는 반대로 어떤 연구자들은 다음과 같이 주장하였다. "10세 경의 아동은 대학수준에서 제공된 어떤 신체적 교육과정에서 요구된 기술을 습득할 수 있도록 신경 근육이 잠재성을 지닌다."[23]

국제대회와 올림픽에서 여성 체조 우승자는 전보다 더 어리다. 수영에서도 마찬가지이고 소수의 다른 분야에 있어서도 우승자의 나이는 14세에서 16세 사이였다. 1979년 미국에서 12세가 국제경쟁에 참가하는 것을 허용하는 청원을 하였다(지금까지 14세가 표준적인 최소 허용 연령이었다).

레크리에이션 지도자는 '장비의 크기와 공식 게임이 가진 구칙의 복잡성'이 아동에게 너무 어려울 때 사전 준비 게임(lead−up game)을 유도할 수 있다.[24] 이런 게임들은 그 아동이 신체적 사회적으로 공식활동을 할 수 있을 정

22) I. J. Gordon, *Human Development : From Birth through Adolescence*(New York : Harper & Row, 1962), 64. Hereafter cited as *Human Development.*

23) P. Hunsicker, *What Research Says to the Teacher.* department of Classroom Teachers, National Education Association(Washington, D.C.), no. 26(1963) : 25.

24) E. Schurr, *Movement Experiences for Children*(Englewood Cliffs, N.J. : Prentice-Hall, 1975), 21.

도로 성숙할 때까지 실행되어질 수 있다. 성인들은 아동이 주의 집중할 수 있는 기간이 짧다는 것을 기억해야 하고 따라서 지도와 규칙 실행의 양은 운동시간과 적절히 균형을 맞출 필요가 있다.

9.1.2 운동, 건강 그리고 아동기 (Fitness, Health & Childhood)

당신은 대부분의 아이들이 활동적으로 달리기를 하거나 놀이에 많은 시간을 보내기 때문에 그들이 꽤 건강할 것이라 생각하는가? 만약 그렇다면 1985년 NCYFS(National Children and Youth Fitness Study)의 보고에 놀랄 것이다. 아동과 청소년의 ⅓이 운동을 하고 있지 않는 것으로 나타났다. 또한 이와 관련된 연구에서는 아동의 몸무게가 20년 전이나 25년전에 비해 더 많이 나갔고 살이 쪘다고 보고되었다.[25] 북미에서는 청소년 10~25%는 비만인 것으로 추정되었다. 이런 조건은 그들의 신체용적뿐만 아니라 자아실현과 사회화 능력에 영향을 미친다.

아동의 비만은 낮은 운동량 때문이고 이것은 '일차적인 공공의 건강 문제'가 되었다.[26] 우호적인 생물학적 프로파일, 낮아진 트리글리세리드(triglyceride) 수준, 그리고 전체 콜레스테롤 비율에서 더 높아진 HDL(High Density Lipoprotein, 고밀도지단백질 : 高密度脂蛋白質)－LDL(Low－Density Lipoprotein, 저비중지단백질 底比重脂蛋白質)은 습관적인 활동 때문이라기 보다 유산소운동의 결과이다. 다른 연령집단에서보다 더 활동적인 아이들은 단순한 활동만으로는 건강을 촉진시킬 수 없었다. 아동이나 청소년에서 운동의 결핍은 심장질병을 일으키는 위험요인들과 연관되어져 있다. 중년에 시작되는 것으로 생각되었던 다수의 퇴행성 질병들은 "지금은 아동기에 그 근원을 두고 있는 것으로 잘 알려져" 있다.[27] 약 25년 전 지나치게 왕성한 심장혈관 활동이 젊은이의 심장에 좋지 않다는 "아동이 가진 심장에 대한 신화"[28]가 일반적으로 수용되어졌다. 부모들은 유산소

---

25) J. M. McGinnis, "The National Children and Youth Fitness Study Ⅱ: Introduction," *Journal of Physical Education, Recreation and Dance* 58, no. 9(1987): 50. Hereafter cited as "Children and Youth Fitness Study Ⅱ: Introduction."

26) O. Bar-Or, "A Commentary on Children and Fitness: A Public Health Perspective," *Research Quarterly for Exercise and Sport* 58, no. 4(1987): 304.

27) McGinnis, "Children and Youth Fitness Study Ⅱ: Introduction", 50.

28) C. B. Corbin, "Youth Fitness, Exercise and Health: There Is Much to Be Done,"

운동이 가지는 이점을 충분히 유발시킬 수 있는 왕성한 운동을 아이들이 하지 못하게 하였다.

성인의 건강에 대한 관심은 아동이 신체교육에 흥미를 더 가지지만 젊은이나 아동들에게로 옮겨질 수 없었다. 신체교육은 더 이상 아동들의 일상적인 교과과정이 아니었다. 심지어 신체 교육을 채택한 초등학생 중 대부분(97%) 중 단지 ⅓만이 일상생활에서 운동을 하였을 뿐이다.[29] 심지어 일주일에 다섯 번 이상의 신체적 교육을 받는 아이들조차도 당신이 기대하는 만큼 많은 이점을 제공받지 못한다. 어떤 연구결과에 의하면 아동은 "학교에서 왕성한 활동을 거의 하지 않는다"라고 한다.[30] 신체교육수업의 단지 6.1%만이 실제로 유산소 활동을 하는 것으로 나타났다.

만약 당신이 학교에서의 신체교육 수업만이 아동의 신체활동을 위한 잠재적 장소가 아니라고 생각한다면 당신이 옳은 것이다. 공동체가 지원하는 신체활동에서 매우 높은 참여율(84.3%)이 후속된 결과를 포함한 연구에서 제시되었다(아동이 한가지 이상의 활동 프로그램에 참여하고 있기 때문에 100%가 넘는다).[31]

일반 공원과 레크리에이션 부서들	65.3%
공동체에 근거한 스포츠 팀 또는 리그	31.9%
교회나 신앙을 위한 다른 장소들	24.2%
다양한 건강 클럽과 개인 온천	18.9%
스카우트 활동	14.6%
YMCA나 YWCA	13.9%
농장 클럽(4-H나 다른 것들)	2.1%

성별에서의 차이도 또한 보고 되었다. 즉 남자아이들이 소녀들보다 스포츠

Research Quarterly for Exercise and Sport 58, no. 4(1987) : 308. Hereafter cited as "Youth Fitness, Exercise and Health."

29) McGinnis, "Children and Youth Fitness Study Ⅱ : Introduction," 50.

30) J. F. Sallis, "A Commentary on Children and Fitness : A Public Health Perspective," *Research Quarterly for Exercise and Sport* 58, no. 4(1987) : 327.

31) J. G. Ross and R. R. Pate, "The National Children and Youth Fitness Study Ⅱ : A Summary of findings," *Journal of Physical Education, Recreation and Dance* 58, no. 9(November-December 1987) : 55. Hereafter cited as "Children and Youth Fitness Study Ⅱ : Summary."

팀이나 리그에 관심을 가질 확률이 두 배나 높았다. 그 프로그램의 대부분은 "덜 숙련된 배타성"을 운동을 통해 더 나은 방향으로 이끌기 위한 경쟁적 스포츠상황에 집중하였다.[32] 아동들이 성장함에 따라 탈락률은 증가하였다. 하지만 더 많은 기술을 필요로 하는 것은 계속되어지고 많이 행해졌다. 신체 활동에 대한 내적인 동기부여가 주입되어질 필요가 있다. 심지어 의학적 증거는 그 아동이 "앉아 있는 일에 더 많은 시간을 보낼 것이다"라는 예언을 극복하게 할 수 있는 신체 활동이나 더 높은 건강수준을 지지해준다.[33] 버지니아 주 알링턴에 있는 ERS(Education Research Service)에 의해 유도된 연구는 유치원에서 녹음기, 비디오, 작은 불럭, 그리고 컴퓨터 등을 가장 많이 사용하는 것으로 나타났다. 공이나 로프 같은 보다 활동적인 장비가 사용된다면 무슨 일이 일어날까?

아직 언급되지 않았지만 가족구성원도 매우 중요하다. 부모의 말이나 행동은 그들의 아이들에게 가치를 전달한다. 신체활동에서 최대한 건강상의 이점을 얻기 위해 한 개인은 한 주에 3번 정도 적당하게 왕성한 활동에 참여할 필요가 있다. 초등하교 4학년 정도에 다니는 아이가 있는 부모 중 30% 미만은 편익을 최대화하기 위해 운동을 하였다. 더 놀라운 것은 50% 이상의 사람들이 결코 활동적인 운동에 참여하지 않는다고 대답한 것이다. 성차는 부모들의 활동유형에서 나타났다. 어머니는 그들의 아들과 딸과 비슷한 정도로 운동하지만 아버지는 거의 아들과 더 많은 운동시간을 보낸다.[34] 다른 아이들보다 TV를 많이 보는 아이들은 공동체 활동에 덜 참여하고 그들의 부모들은 다른 부모들보다 운동하는데 시간을 더 적게 보내는 경향이 있다.[35] 다섯 명의 연구자들은 4학년의 32%가 매일 5기간이나 TV를 시청하고 38%는 3~5시간 정도 본다고 보고하였다.[36]

미국 원주민들은 특정한 건강상의 문제를 지니고 있다. 1주일에 걸친 체로키 Nation Youth Fitness Camp는 5~7학년 학생을 대상으로 건강관리(health and Wellness)에 대한 교육을 실시하였다. 오클라호마, Tahlequah에

32) Corbin, "Youth Fitness, Exercise and Health," 311.

33) B. Flinchum, "Early Cildhood Movement Programs : Preparing Teachers for Tomorrow," *Journal of Physical Education, Recreation and Dance* 59, no. 7(September 1988) : 64.

34) Ross and Pate, "Children and Youth Fitness Study Ⅱ : A Summary of Findings," 55~56.

35) McGinnis, "Children and Youth Fitness Study Ⅱ," 50.

36) J. G. Ross et al., "The National Children and Youth Fitness Study Ⅱ : Home and Community in Children's Exercise Habits," *Journal of Physical Education, Recreation and Dance* 58, no. 9(November–December 1987) : 87.

서 부족의 활동중심지에서 지도자들은 그 연령 대에서 알코올 중독이 평균보다 3배나 많았고, 그 아이들의 3/4가 과체중이었고, 70%가 담배를 피웠고, 당뇨병이 非-미국 원주민들보다 42% 많이 발생하였고, 삶에 대한 기대는 非-미국 원주민들보다 5년 정도 더 낮았고, 그리고 자기파괴적 생활주기는 한 세대에서 다음 세대로 전해졌다는 사실을 알게 되었다. 자기 태만적이고 학대적인 이런 주기를 깨뜨리기 위해 그 캠프에서는 전체론적인 접근방법을 사용하였다. 신체운동, 문화적 자각, 사회적 · 정신 건강, 환경에 대한 지식, 그리고 정신적 · 내적 힘에 대한 정보 등을 제공하였다. 이런 접근방법은 체로키 인디언들이 가지는 신념과 일치하는데 최고의 명예를 지닌 사람은 부족민을 위해 봉사하고, 최고가 되기 위해서는 정신적 · 신체적 건강을 필요로 한다. 부족의 리더는 아이들에게 자아존중감을 성공적으로 증진시켜 줄 수 있는 캠프임을 알게 되었다. 캠프 참여자는 부족의 경계를 나타내는 '씨족(clan)' 단위로 나뉘어지고 문화활동에 대해 이야기하기와 인디언 민속 등을 아는 것이 포함되었다.[37] 이것은 재미에 기초한 레크리에이션 프로그램이 특정의 목표를 달성하기 위한 중재자로 잘 사용되었는지 보여주는 훌륭한 예이다.

레크리에이션은 또한 HIV(인체 면역결핍 바이러스)나 AIDS를 가진 아이들에게서 중재자 역할을 하였다. AIDS는 미국에서 가장 중요한 건강 문제중 하나가 되었다. 공중위생국 장관인 Koop 박사는 HIV에 감염된 여성에서 태어난 아이들 중 거의 65%가 결국 AIDS에 걸린다고 보고하였다. The Assocation for the Care of Children's Health는 10명중 2명의 아이들이 HIV를 가진 것으로 보고하였다.[38] 이 바이러스를 가진 아이들이 비록 93%가 "어느 정도의 정신적/신체적 손상의 결과로 발달에 결함"을 보이지만, 모두가 다 AIDS로 발병하는 것은 아니다.[39] 레크리에이션과 운동은 아동 발달에서 아주 중요하다. HIV/AIDS를 가진 아이들에게서 그것은 그들의 특이한 심리 · 사회적, 신체적 욕구를 충족시켜 주도록 돕는다. 가족들은 기술, 태도, 그리고 지식에 초점을 둔 여가 교육을 제공받을 수 있다. 소아의 AIDS 발병률은 소수 민족 아동들에

37) L. K. Perkins and M. L. Giese, "Cherokee Nation Youth Fitness Camp : Health Promotion and Disease Prevention for Native American Youth," *Journal of Physical Education, Recreation and Dance*(February 1994) : 60~62.

38) M. J. Keller, "Children and HIV/AIDS : A Role for Physical Education and Recreation Professionals," *Journal of Physical Education, Recreation and Dance, Leisure Today*(April 1992) : 34.

39) *Ibid.*

게서 많이 나타난다. 아프리카계 미국인과 라틴계 아이들은 모든 미국 아이들 중 각각 15%와 10%를 차지하는데 이 두 개의 하위집단은 모든 아동의 AIDS 사례의 60%와 22%를 차지하는 것으로 나타났다. 레크리에이션 전문가들은 소아 AIDS 아동들이 가지는 언어, 선호, 다양한 민족집단/관습 등에 민감하게 대처해야 한다.[40]

9.1.3 아동의 놀이터
(Children's Palygrounds)

모든 부모들에게 영향을 미치는 가장 중요한 문제는 레크리에이션 에이전시가 적절한 놀이터를 보유하고 있는지의 여부이다. 부자든 가난하든 아동기 집단은 보다 의미있는 야외 환경이 필요하다.[41]

당신은 지역 놀이터를 얼마나 자주 가는가? 당신은 아이들이 어떤 구조물이 설치된 장소나 제한적인 다른 장소보다 거리에서 노는 것에 더 흥미를 가지는지 발견하는가? 철사로 파도 모양으로 엮어 울타리로 둘러싼 곳에서 전통적인 그네, 미끄럼틀, 시소 등이 아이들의 흥미를 사로잡을 만큼 충분히 자극적이고 도전적이지 못하기 때문은 아닐까?

최초의 놀이터는 1885년 보스턴 북쪽 지구에 Massachusetts Emergency & Hygiene Association에 의해 설립되었다. 이 단체는 상류 계층 여성으로 구성된 여성개혁 조직이었다. 모래 정원이라 불리는 모래가 가득 찬 이 최초의 놀이터는 아이들에게 가까운 곳에서 놀 수 있는 장소를 제공해 주었다. 경제적 안정뿐만 아니라 정치적 안전을 찾기 위해 산업혁명동안 도시에 정착한 이민자들의 아이들은 도시의 거리에서 놀 수 있는 장소를 기대할 수 없었다.[42] 1880년 전까지 대부분의 야외놀이는 무계획적으로 시골에서 주로 일어났다. 놀이터는 자연적 지역에 대한 대체물로 계획되어진 것이다. 놀이터에서 아이들이 경험하는 많은 활동적 경험은 그들이 자동적으로 자연적 환경을 발견하도록(나뭇가지에서 다른 나뭇가지로 기어오르는 것 등) 인공적인 일련의 장치를 제공하여 자극하였다.－이 예에서 평행봉이나 정글짐 등. 북미에서는 세가지 유형의 놀이터－전통적, 현대적 그리고 모험적 놀이터 등이 있다.

---

40) *Ibid.*, 36

41) Friedberg, *Play and Interplay*, 36.

42) J. Dickason, "The Origin of the Playground : The Role of the Women's Clubs, 1885-1890," *Leisure Sciences* 6, no. 1(1984) : 83.

1) 전통적 놀이터(Traditional Playground)

북미에서 가장 일반적인 최초의 놀이터 유형은 전통적 놀이터－아스팔트나 강철로 구성된－였다. 이것은 초등학교나 이웃의 공원 등에 많이 설치되어 있는 유형이다. 진흙, 잔디, 또는 아스팔트는 정글짐, 그네, 미끄럼틀, 시소, 그리고 회전목마 등과 같은 장비들과는 떨어져 있다. 철사를 파도 모양으로 엮은 울타리(Chain－link Fence)는 가끔 전통적 놀이터에 위치해 있다. 이런 강철과 아스팔트로 된 놀이터는 대중적이었는데, 그 이유는 유지비가 거의 덜지 않고, 대 근육운동(gross－motor exercise)을 할 공간과 장비를 제공해주기 때문이다. 이것의 가장 큰 단점은 아이들이 거의 이용하지 않는다는 것이다. 한번 그곳을 찾으면 20분 정도 놀다가 돌아가는 것으로 나타났다. 아이들은 그곳에서 싫증을 내었다. 뉴욕 시에서 전통적 놀이터는 놀이 시간동안 88%가 텅 빈 것으로 나타났다.[43] 선택을 할 수 있게 하였을 때 아이들은 길거리에서 노는 것을 더 좋아하였다.[44]

전통적인 놀이터에 있는 시설들은 단일 차원의 놀이경험을 제공하고 그런 차원을 가진 아이들로 만들었다. 놀이경험은 일련의 장비가 하나의 단일한 미리 결정된 운동반응을 자동적으로 지시한다는 점에서 일차원적이다. 하나의 제한된 반응범위는 창조성을 억누른다. 세 가지 중요한 단점이 있다. 즉 이 전통적인 놀이터는 적은 사용(low－usage), 낮은 수준의 사회적 놀이(low－level social play), 그리고 높은 상해율(high－injury rates) 등의 단점을 가지고 있다. 놀이터가 단지 대 근육운동 놀이만을 격려한다는 것이다. 사실 그 활동의 60%는 특성상 비사회적이다. 사회적 상호작용에서 혼자 또는 공동으로 하는 놀이들 중 하나는 그 활동을 성공적으로 완료시키는데 꼭 필요한 것이 아니다. 딱딱한 공간이나 금속시설물을 갖춘 놀이터에서 상해를 입을 확률은 증가하였다. 매년 15만명의 아이들이 놀이터에서 다친 상처 때문에 의사나 병원 신세를 진다.[45] 놀이시설에서 적절하게 충격을 흡수할 수 있는 공간의 부재는 심

---

43) G. Hayward, M. Rothenberg, and R. R. Beasley, "Children's Play and Urban Playground Environment," *Environment and Behavior* 6(1974) : 131~168.

44) H. Naylor, "Outdoor Play and Play Equipment," *Early Child Development and Care* 19(1985) : 109~130.

45) J. L. Frost and M. L. Henniger, "Making Playgrounds Safe for Children and Children safe for Playgrounds," in *Growing Through Play*, ed. R. D. Strom(Monterey, Calif. : Brooks/Cole, 1981).

각한 상해의 원인이다. 놀이터에서 상처를 입은 60~70%의 아이들은 어렸을 때 그 시설물에서 떨어졌거나 구조물 공간에 부딪친 적인 있다.[46] 한 가지 차원의 시설물은 충돌을 피하기 위해 구조물이 흩어져 있는 놀이터에서 상해의 주요 원인이다.

2) 현대적 놀이터(Contemporary Playground)

"놀이터는 여전히 공중화장실보다 덜 창조적으로 설계되었다. 많은 구조물, 그것들의 기초, 그리고 차지 면적 등 그것으로 끝이다."[47] 보다 현대적인 정밀한 거북이, 곰, 그리고 다른 동물들의 입상이 풍경에 첨가되었다. 하지만 그것만으로는 문제를 해결할 수 없다. 단지 제한된 가능성을 제공하는 조각상의 사용 대신 놀이터는 신체적, 사회적, 그리고 교육적 정신적 발달을 자극하는 다차원적 환경으로 설계되어져야 한다. 이런 생각은 개인차나 연령차에 따른 선택이 아니라 놀이를 자극할 수 있는 환경을 아이들에게 제공하자는 것이다.

결국 사람들은 전통적 놀이터가 기능적이지 못하는 것을 인식하기 시작하였다. 놀이터의 새로운 유형이 아이들에게 다양성과 자극을 줄 수 있도록 나타났고 개발되어졌다. 이것은 종종 창조적이거나 설계된 놀이터라고 불리기도 한다. 이런 시설들에는 나무로 된 평행봉, 사다리, 타이어로 만든 원, 그네, 회전목마, 평행봉, 터널, 그리고 미끄럼틀 등이 있다. 장치의 유형이나 나무나 고무로 만든 것 이외에 전통적 놀이터와 다른 큰 차이는 그 시설들이 분리되거나 떨어져 있는 것이 아니라 "연결(linked)"되어 있다는 것이다. "연결된 놀이(Linked play)"는 장치가 가지런히 정렬되어 있을 때 나타나고 그때서야 비로소 "한 가지 경험에서 다음 경험으로의 이동이 경험 그 자체"가 되도록 다양한 가능한 방법으로 연결되어졌다.[48] 이런 방법은 놀이활동을 최대화시키고 놀이가 다양한 장치들간에서 나타나도록 설계되어져 왔다. 연결은 판자, 케이블, 그리고 로플일 수 있다. 이런 설계 특징은 물리적 운동가능성 뿐만 아니라 사회적 접촉의 양도 증가시킨다. 충격을 흡수할 수 있는 공간의 유형은 안정성을 높이기 위해 그 장비 밑에 설치되었다. 다양한 공간에 대한 추천과 검사결과는 『*A Handbook for Public Playground Safety*(대중 놀이터의 안정성에 대한 지침

---

46) F. Wallach and R. Health, "Answers to Your Playground Surface Questions," *Parks & Recreation* 24, no. 3(1989) : 35.

47) Friedberg, *Play and Interplay,* 38.

48) *Ibid.,* 44.

서)』에서 보고되었다. 이 책은 미국 Consumer Product Safety Commission에서 출간되었다.

다른 가능한 구조물은 목재와 변형 가능한 콘크리트 조각 등이다. 이런 재료들은 이동이 용이하고 하룻밤만에 변화시킬 수 있다는 이점이 있다. 주기적으로 텅 빈 부지는 쉽게 활용될 수 있고 영구적인 놀이터는 일시적으로 변경시켜 고객이 다시 찾아오도록 소구할 수 있다. 미래의 놀이터에서는 "거울, 확대경, 색이나 재질의 혼합, 수압 또는 기계적 실험을 위한 설비, 도르래 장치, 기타 등"이 있을 것이라고 예언되어졌다.[49)]

현대적 놀이터에서 장치는 상업적 기업에서 쉽게 구매할 수 있고 또한 폐품이나 타이어, 케이블의 질, 파이프 등등의 폐품재료를 사용하여 공동체 프로젝트에 의해 설계되고 만들어질 수 있다. 공동체가 세운 놀이터의 이점은 낮은 비용, 공동체에 대한 자신감, 문화파괴의 감소 등이다. 보험에 들기 어려운 것은 단점이 될 수 있다. 어떤 운반자는 공동체가 만든 놀이터를 커버할 수 없다. 현대적 놀이터가 구매되거나 공동체에 의해 만들었음에도 불구하고 핵심은 아이들이 이런 유형의 놀이터에서 더 많은 시간을 보낸다는 것이다. 또한 그것은 보다 높은 수준의 다양한 활동을 가능하게 해주었다.[50)] 다양한 연령과 기술수준에 맞는 조화되는 다양한 색, 재질로 된 공간, 형태, 지형학적 변화, 그리고 경험과 나무나 열대식물의 사용은 다양성과 자극을 증가시킬 수 있다. "열대식물은 탐색적 활동, 환상, 상상 등을 자극한다. 그것은 놀이의 주요한 버팀목 중 하나이다. 그것은 아이들에게 직접적 경험을 통해 환경에 대해 알려 줄 수 있다."[51)] 상이한 지역에 대해 묘사한 놀이터나 형태는 환상적 놀이, 지향 기술(orientation skills), 숨바꼭질 놀이, 조망, 구르기, 오르기, 미끄러지기, 그리고 점토 등 다양한 활동을 하도록 자극한다. 효율적인 놀이터는 또한 성인이나 청소년들이 앉거나, 보거나, 쉬거나, 점심을 먹거나, 사회화할 수 있는 장소를 제공하기도 한다. 그것은 화장실, 식수대, 그리고 야간 조명등을 증가시켜 얻을 수 있다. 다른 설비들은 날씨에 따른 피신처(뜨겁고 작렬하는 여름 태양이나 예상하지 못한 소나기 등을 피할 수 있는 곳)나 물리적으로 변화된 것을 위한 접근가능성 등을 포함한다. 손잡이나 발걸이 수의 증가는 아이들의 시각손상

49) *Ibid.*, 47.

50) J. E. Johnson, J. F. Christie, and T. D. Yawkey, *Play and Early Childhood Development*(Glenview, Ⅲ. : Scott, Foresman, 1987), 201.

51) S. McIntyre, "How Many Parts Make a Playground?" *Parks & Recreation* 24, no. 3(1989) : 28.

을 줄일 수 있는 장치이다. 놀이터에서의 경험은 "아이들을 움직이도록 하는 수단이고 그들의 신체를 더 잘 이해할 수 있게 하고 맹인 아이들을 위한 지각 수단을 제공해 주는 공간"이다.[52] 어떤 프로젝트에 대한 공동체의 연방기금은 장애를 가진 아이들이 이용 가능하도록 많이 모금되어져야 한다. 놀이터 공간은 휠체어나 도보자들이 이용할 수 있도록 해야 한다. 놀이터는 모두에게 유용한 모임장소이다. 관목 형태의 열대식물은 금속 담장보다 예술적으로 즐거움을 주는 격리 장벽이다.

3) 모험놀이터(Adventure Playground)

호수공원은 아이들로 가득 차 있다. "곡예사로 아이들은 바위에서 4피트 두께로 깔린 모래에 자신을 내동댕이친다. 기술자로서 아이들은 자갈이나 막대, 소용돌이 형태로 만든 캔 등으로 댐을 쌓아 하상(河床)에 물을 채운다. 디자이너로서 아이들은 서로 엉퀴어진 호주산 차 나무로 우주선을 제작하고 해적선을 만들고, 장난감 집을 짓기도 한다.[53] 호수공원은 전형적인 것이 아니라 진보된 형태의 공원이다. 그것은 설비들이 고정되어 있지 않아 모든 것을 만질 수 있고, 변화시킬 수 있고, 방문객에 의해 통제되어질 수도 있다. 놀이터는 결코 없어지지 않을 것이라는 이상을 구현하기 위해 그 풍경은 놀이의 구성요소로 사용되었을 수 있다.

제2차 세계대전 후 급속히 발달한 모험놀이터는 고정된 철기 시대적인 놀이영역을 변화시켰다. 공원 설계자는 아이들이 건물 밖 외부 공간에서 창조적인 흥미로운 환상적 놀이를 한다는 알아차렸다. 모험 놀이터는 1943년 덴마크에서 유래되었다. 아이들 자신이 놀이터를 세우도록 놓아두자는 생각이 스칸디나비아에서 영국, 그리고 미국으로 전파되었고, 미국 Adventure Playground Association은 텍사스 휴스턴에서 1974년 세워졌고, 3개 지부는 캘리포니아에 있다. 창조적인 놀이에서의 전제 조건은 아동의 발달과 성장이 중요하다는 것이다. 놀이는 자유재량이 아닌, 필수적인 것으로 생명욕구를 충족시킨다. 아이들은 의사소통과 상호작용의 수단으로써 물, 모래, 그리고 다른 대상을 사용한다. 아이들은 장치가 아닌 기회를 필요로 한다.[54]

---

52) A. Etkes, "Designing a Playground that Fits," *Parks & Recreation* 24, no. 3(1989) : 31.

53) E. R. Shell, "Kids Don't Need Equipment, They Need Opportunity," *Smithsonian*(July 1994) : 79.

54) *Ibid.*, 81.

모험놀이터를 만들기 위해 개인 또는 집단은 다양한 자재를 공급해주고 아이들이 즉석에서 만들 수 있도록 놔둬버린다. 아이들은 목재, 나무상자, 로프, 망치, 줄, 톱, 그리고 낡은 도구 등과 같은 버려지거나 기부받은 재료 등을 사용하여 자신들의 구조물을 만들거나 부수거나 새로 만들기도 한다. 건물을 만드는 것 이외의 활동은 요리, 땅파기, 불피우기, 물놀이 등 다양하다 캘리포니아에 있는 모험놀이 지역은 얕은 호수를 뗏목으로 건너거나 나무로 만들어진 골드-러시 시대의 마을들, 그리고 진흙 미끄럼틀 등을 보유하고 있다.[55] 성공적인 프로그램이 되기 위해서 중요한 핵심 요소는 대량의 이동이 가능해야 한다는 것이다. 내가 새로운 한 무더기의 짐으로 가득 찬 내 트럭을 멈추게 하였을 때 아이들은 즉시 트럭 주위로 몰려들었다. 짐 속에서 호두가 들어 있는 아이들은 집에서 그들이 가지기 원하는 것을 가질 수 있는 부유한 아이들이었다."[56] 현대적 놀이터와 비교시 이 모험놀이터는 아이들이 자연환경과 보다 상호작용할 수 있게 하였다.

이런 지역들은 감독은 되었지만 성인들에 의해 지시되거나 지배를 받지 않는다. 놀이 리더는 몇 년 동안 유럽에서 공통적으로 존재하였다. 뉴욕 퀸즈에 있는 Flushing Meadows-Corona Park에서 모든 아이들을 위한 PAC 3.5 에이커의 놀이터는 미국에서 최초로 만들어진 것으로 특정 욕구가 없는 소수의 훈련된 놀이 리더에 의해 아이들을 통합하기 위해 설계되었다. PAC가 가진 특이한 측면은 리더 중 한 명이 애완동물 치료 프로그램을 활용하고 그녀의 개들을 놀이터의 한 지역에서 다른 지역으로 휠체어를 탄 아이들에게 보여준다. 투자가 장비보다 사람들에 대해 이루어진다면 이런 시설들이 더 개선되어질 것이다.[57]

모험놀이터가 가진 가장 큰 이점은 이용 가능한 부분에서의 엄청난 다양성, 모든 자유로운 부분에 의해 생긴 유연성, 참여자들의 능력을 알 수 있는 기회, 그리고 참여자들이 만들 수 있는 환경에 대한 책임, 그리고 형성이나 조작과정을 통한 참가자들의 기술습득 기회 등이 있다.[58] 가장 중요한 것은 모험 놀이터가 앞에서 언급된 두 가지 유형의 놀이터보다 더 인기가 있다는 것이다. 모험놀이터가 가진 가장 큰 단점과 미래에 닥칠 수 있는 위험은 이곳이 매우 위

55) California Parks and Recreation Association, "Adventure Playground Proves Great Success," *Sunset,* June 1975, 21.

56) R. Louv, "Loose on the Playground," *Human Behavior,* May 1978, 23.

57) Shell, "Kids Don't Need Equipment, They Need Opportunity," 79.

58) Johnson, Christie, and Yawkey, *Play and Early Childhood Development,* 202.

험한 것처럼 여겨지기 것이다. Adventure Playground Association에 의한 통계비교는 이 놀이터에서의 사고율과 유형이 전통적 놀이터에서 나타난 것과 별차이가 없다는 것을 보여주었다.[59] 두 가지 다른 문제는 시각적 특징과 모험놀이터 운영에 드는 비용과 연관된다. 어떤 사람들에게 이 놀이터는 눈에 거슬리는 지역으로 높은 담장이 이 문제를 해결하기 위해 사용되었다. 초기비용은 많이 들지 않지만 놀이 리더에 대한 봉급은 계속적 비용이다.

여러 측면에서 놀이터의 역사는 옳지 못한 생각에서 비롯된 것이다.[60] 전통적인 장비는 대 근육운동만을 하게 만들었고 1950년과 1960년대의 현대적 조각물 장비들은 상상력을 불러일으키지 못하였다. 1970년대의 맹목적 경향은 미국 Consumer Product Safety Commission의 지침에 의해 제한되었고 1980년대와 1990년대는 Junk 또는 모험놀이터에서 지나치게 지쳤다. 성인들은 결국 아이들이 개활된 공간에서 그들 자신이 가진 생각대로 도구를 사용하고 변화시켜 그들이 가진 욕구를 이해하는데 성공하지 못했다.[61]

9.1.4 TV와 비디오게임
(TV & Video Games)

학령전 아이들의 주당 TV시청시간은 54시간 정도로 다양하였는데,[62] 하루 평균 6시간 18분 정도를[63], 그리고 TV 앞에서 16세까지 10,000시간에서 15,000시간을 보내는 아동[64]에 이르기까지 다양하였다. 아이들은 그들의 부모가 하는 것처럼 하기를 원한다. 미국인은 여가시간 중 40%정도를 TV시청으로 보내는 것으로 나타났다.[65] 대부분의 미국인들은 옥내 배관 시설보다 TV를 더 많이 가지고 TV시청 이상의 단 한가지 활동－잠자기－에 참여할 뿐이

59) Louv, "Loose on the Playground," 21.

60) Shell, "Kids Don't Need Equipment, They Need Opportunity," 82.

61) *Ibid.,* 84, 86~87.

62) J. Gaylin, "Newsline : TV Aggression Teachers Apathy," *Psychology Today,* November 1976, 36.

63) B. Miles, *Channeling Children : Sex Stereotyping in Prime-Time TV*(Princeton, N. J. : Women on Words and Images, 1975), 3. Hereafter cited as *Channeling Children.*

64) F. M. Hechinger, "Education Now," *Saturday Review,* 15 October 1977, 50.

65) *Ibid.* See also J. P. Robinson, "Time Use and Outdoor Recreation," in *A Literature Review : The President's Commission on Americans Outdoors.*(Washington, D.C. : Government Printing Office, 1986), p. Demand-19.

다.[66] 통계는 아이들이 발달시기 동안 그렇게 많은 시간을 TV 시청과 같은 수동적인 일에 소비한다는 것에 관심을 가졌다. 대부분의 증거는 TV시청이 부정적 영향을 미친다고 제안한다. 미국 아이들의 50%는 앉는 좌식 생활과 형편없는 음식 때문에 심장병 발생이 높은 위험집단으로 나타났다. 아이들과 성인들은 "TV(boob tube)"를 시청하는 동안 정크푸드를 먹는다. "아이들은 높은 콜레스테롤, 고혈압, 비만, 그리고 성인 심장질환과 연관된 다른 조건들이 증가되었다고 제시되었다."[67]

TV가 성인들 뿐만 아니라 아이들에게서 주말 야구경기나 농구를 대치하였다고 나타났다. 레크리에이션 놀이 기회는 재정적 제한 때문에 과외활동이 제한된 공립학교에서 그 중요성이 증가되었다.

과도한 TV시청은 신체적 차원뿐만 아니라 다른 발달적 측면도 제한한다. 학령 전-연령 아이들은 TV를 덜 보는 아이들보다 놀이를 덜한다.[68] 환상은 아이들이 성인세계를 모방하고 접근하는데 사용하는 하나의 방법이다. 아이들이 가지는 정신적·창조적 발달은 미리 만들어진 TV 환상에 의해 부정적 영향을 받는다. 즉 TV는 일방적인 의사수용 매체로 시청자와 상호작용하지 않는다. TV를 지나치게 보는 시청자들은 이완되지 못한 창조적 에너지 때문에 보다 폭력적이 될 것이고 실제의 세상에 대한 부적절한 이미지를 형성할 것이다. TV는 아동의 사회화와 교육에서 중요한 요소이다. 만화를 많이 보는 학령 전 아이들은 보다 공격적으로 행동하는 경향이 있다.[69] 또한 TV시청과 범죄 발생률 간에는 높은 상관관계가 나타났다.

TV와 컴퓨터의 결합은 비디오게임을 가능하게 하였다. 수동적인 TV시청과 달리 비디오게임은 상호적이다. 하지만 그것이 눈-손의 협응과 부분적 기술을 촉진시킨다는 주장을 지원해 줄 만한 경험적 증거가 없다. TV 시청처럼, 폭력적인 비디오게임은 어린 아이들을 공격행동에 대해 둔감화 시키고 그들이 폭력적일 때 더 편안함을 느끼도록 하였다.[70]

---

66) Miles, *Channeling Children.*

67) S. Dunleavy, "We're Raising a Nation of Sickly Sissies by Codding Our Kids," *The Star,* 19 June 1979, 30.

68) Johnson, Christie, and Yawkey, *Play and Early Childhood Development,* 212.

69) J. L. Singer and D. G. Singer, "Can TV Stimulate Imaginative Play?" *Journal of Communication* 26(1976) : 74~80.

70) Johnson, Christie, and Yawkey, *Play and Early Childhood Development,* 215.

9.1.5 아동 스포츠에서 리틀리그와 집중적인 참여
(Little League and Intensive Participation in Children's Sports)

어떤 주어진 활동에 대한 신중한 고찰이 다음과 같은 단체 등에 의해 제기되었다. 즉 미국의학협회(American Medical Association), 전국교육연합회(National Education Association), 초·중학생 운동경쟁공동위원회(Joint Committee Athletic Competition for Children of Elementary and Junior High School Age), 초등교육에서 주 고문단 전국위원회(The National Council of State Consultants in Elementary Education), 그리고 미국 학교행정가협회(The Americans Association of School Administrations) 등으로 이들 단체는 상반된 견해를 가지고 있다. 그것은 16세 이하 특히 13세 이하 아이들에서도 꽤 조직적인 팀플레이가 가능하다는 것이다. 상기에 언급된 조직들에서는 다음과 같은 사항을 염두에 두고 있다. 즉

> 이 연령집단의 아이들을 위한 공식적으로 조직화되고 경쟁이 치열한 팀 게임은 신체적, 정서적, 심리학적, 사회적, 그리고 교육적으로 위험한 것 일 수 있다.[71]

리틀리그(Little League : 12세 이하 소년야구 리그)나 다른 형태의 높은 조직화된 팀 플레이에 대해 반대되는 견해를 가진 사람들은 12세 미만 아이들이 사회적으로 다음과 같다고 느낀다. 즉 그들은 팀을 위해 협동할 준비가 아직 되지 않았고, 여전히 "나" 또는 자아중심적인 발달단계에 있다는 것이다. 다른 사람들은 부분적으로 고정된 뼈를 가진 급격히 발달하고 있는 어린 신체는 신체적으로 과격한 활동특성을 감당할 수 없고, 결국 그 선수들은 사고나 부상에 취약하게 된다는 점에 집중하였다. 『*The Little League Game*』의 저자들은 그런 활동이 매년 리틀리그에서 활동하는 수천 명의 아이들에게는 아무 소득 없는 것이라고 비평하였다.[72]

한 검사에서는 그 게임이 가지는 정서적 측면이 최소한 단기간에 결과를 보이는 것으로 나타났다. 선수의 1/3은 수면이나 식욕을 방해받았다고 보고 되었다. 그 경쟁은 지나치게 스트레스를 주고, 선수들은 충분히 좌절을 경험하고

---

71) B. Solomon, "Little League—Menace or Blessing?" *Youth Leader's Digest* 15, no. 5(1953) : 166.

72) *Saturday Review*, "Winner Take Nothing," 17 March 1979, 52.

적대감이나 공격성을 촉진시키는 불안을 느낀다. 연구자들은 그런 경쟁적 게임은 또래에 대한 비우호적인 행동을 증가시키게 한다고 관찰하였다.73) 실제적이지 못한 열망은 다른 경우이다. 즉 97명의 선수 중 92명은 그들이 메이저리그에서 활동하기를 바란다고 반응하였다.74) 이 논쟁의 다른 측면에서, 어떤 사람들은 경쟁적 활동이 아동을 위한 발달적 가치를 가진 것으로 믿는다. 경쟁적 활동에 대한 지지자들은 그런 경험들이 성격발달, 훈육, 용기, 충성심, 사회적 적응성, 그리고 자아-신뢰감(self-cinfidence) 등에 스며들 것이라고 믿는다.

레크리에이션 전문가들은 발달 시기동안 보다 일반화된 동작운동을 형성하기 위해 필수적으로 고려되는, 리틀리그에서의 사용된 것 등과 같은 그런 특별화된 기술에 많은 시간과 노력을 투자하는 것에 대해 의문을 가져야 한다. 어떤 사람들은 성인이 지원하여 조직화된 스포츠 프로그램이 어린아이들의 자발적이고 비공식적으로 조직화된 자유 놀이(free-play) 활동을 제지하거나 감소시킨다고 주장한다.75) 이 논쟁은 어떻게 경쟁과 협동이 요구된 발달적 측면을 균형 맞출 수 있을지 해결하지 못했다.

다른 문제는 경제적 측면이다. 리틀리그의 재무적 요구가 더 많은 수의 레크리에이션 참여자들에게 이익을 줄 수 있는 기금을 감소시키지 할까? 부모들은 야간게임, 지나치게 많은 게임이 있는 시즌, 매니저로 활동하는 훈련되지 않은 자원자, 선수선발과정, 승리에 대한 강조, 그리고 통제되지 않은 관중 등에 대해 불평하였다. 리틀리그는 여전히 논쟁의 여지가 있다. 후원자들은 전국적 조직이 높은 표준을 가지고 있고, 리틀리그가 지역공동체에 자부심을 부여해 준다고 믿는다. 그것은 젊은이들이 규칙을 수용하도록 자극하고, 기술과 정정당당한 행동이 생성되도록 돕고, 가족과 공동체 정신을 창출할 수 있도록 자극하는 수단이다. 많은 도시들에서는 수많은 아이들에게 소구하기 위한 활동을 계속하는 동안, 부정적으로 지각된 어떤 측면을 제거하는 수단으로써 전국적 리그에서 경쟁하지 않는 등과 같은 그들 자신만의 규칙을 고수한다. 리틀리그 후원자인 각 레크리에이션 부서는 개방된 만남을 할 수 있는 어떤 체제를 만들어

73) L. A. Barnett and M. J. Kane, "Environmental Constraints on Children's Play," in *Constraints on Leisure,* ed. M. G. Wade(Springfield, Ⅲ.: Charles C Thomas, 1985), 207.

74) E. Skubic, "Studies of Little League and Middle League Baseball," *Research Quarterly* 27(March 1956) : 97~110.

75) Barnett and Kane, "Environmental Constraints on Children's Play," 206.

관련된 각 개인의 태도에 대해 논의할 수 있다. 토론집단은 계속적인 프로그램 평가수단으로 제공된 공개적 모임에서 생겨났다. 모든 레크리에이션 프로그램은 체제평가에서 객관적이어야 한다.

경쟁적으로 조직화된 스포츠에 대한 대안으로써 어떤 협동적 게임 프로그램이 제안되어져왔다. 이 프로그램에서는 패자가 없고, 모든 사람들은 협동하고, 보다 인간적인 게임과 덜 고생스런 삶이 있다.[76] 조직화된 놀이가 놀이를 통해 배우는, 발달과정에 있는 아이들에게는 부정적 영향을 미칠 것이고, 놀이는 사회적이고 인지적인 발달 모두와 밀접하게 관련되어졌다는데 주의를 기울어야 한다.

1) 아동 스포츠에서의 집중적 참여 (Intensive Participation in Children's Sports)

세상을 통해 아이들은 더 어린 나이에 성인 참가자와 유사한 행동패턴으로 운영되는 다양한 스포츠에 접하게 된다. 즉 연중 계속되는 훈련, 단일 스포츠에 대한 전문화, 증가된 집중적 훈련, 그리고 강제적인 강도 훈련 등. 북미에서는 2억 5천명의 아이들이 경쟁적인 스포츠에 참여한다고 추정되었다. 여러 원천들에서의 연구는 높은 스트레스로 인해 불면증과 식욕저하에 시달리는 등과 같은 아이들이 겪는 증후의 비율이 소규모이지만 유의하다는 것을 지시해 준다. 만약 그것이 참여자의 5~10%에서 나타났다면, 그것은 사춘기 이전의 1억 2천 5백만명에서 2억 5천만명에 이르는 청소년이 그런 증후를 나타낸 것으로 볼 수 있다.[77] 아동 스포츠에서 집중적 참여가 주는 잠재적 위협과 편익에 대해 American Orthopedic Society for Sports Medicine(스포츠 의학을 위한 미국 정형외과의사회 등과 같은 집단에서 많은 의문점을 제시하였다. 사춘기 이전의 운동에 대한 관심은 1990년 일리노이의 Peoria에서 열린 회의에서 충분히 입증되었다. 즉 이 회의에서는 미국 가정의협회(American Academy of Family Physicians) 미국 소아과의사협회(American Academy of Pediatrics), 미국 스포츠의학대학(American College of Sports Medicine), 스포츠와 신체교육을 위한 전국협회(National Association for Sports and Physical Education), 전국건강협회(National Institutes of Health), 북미지역 소아운동

76) *Ibid.,* 209.

77) D. Gould, "Intensive Sport Participation and the Prepubescent Athlete : Competitive Stress and Burnout," in *Intensive Participation in Children's Sports,* ed. B. R. Cahill and A. J. Pearl(Champaign, Ⅲ. : Human Kinetics, 1993), 25.

의학회(North American Society of Pediatric Exercise Medicine), 북미지역 소아정형외과의사회(Pediatric Orthopedic Society of North America), 그리고 미국 올림픽 조직 위원회(United States Olympic Committee 등이 참여하였다.

경쟁적인 청소년 스포츠의 결과인 스트레스와 건강에 미치는 영향(수면과 식욕의 상실), 활동에서 감소된 흥미와 만족, 스포츠를 그만 두거나, 신체적 상해, 그리고 뒤쳐진 수행 등은 서로 관련성이 있다. 또한 참여자가 동등하게 스포츠 등에 참여할 수 있었다면 신체적, 사회적, 그리고 심리학적 발달 측면에서 긍정적인 결과를 가져왔다. 소수의 긍정적인 심리학적 결과는 자아–존중감(self–esteem, 자신감)을 증가시키고, 또래 집단이나 성인에 대한 대인관계 기술을 개선시키고, 신체적 활동과 '성격' 또는 스포츠 정신에 대한 긍정적 태도 형성 등이다.[78] 얼마나 어린 나이에 스포츠를 시작하는 것이 옳은지 묻는 것은 참 어려운 질문이다. 즉 '유의미한 성 차이가 적절한 스포츠 시작 연령을 결정할 수 있을까? 아이들을 위한 적절한 효율적 운동은 무엇일까? 그리고 어떤 스포츠가 아이들이 하기에 더 안전하고 편익을 줄까? 등이다.'[79]

부가적인 운동 빈도와 치열한 시즌이 계속되는 것은 심각한 문제이다. 전국대회를 준비하는 어린 피겨스케이팅 선수는 1주일에 60시간 이상의 훈련을 받는다. 어떤 10살된 하키선수는 한 시즌에 90게임 이상을 뛰었다.[80] 어린 선수들에게서 지나친 훈련의 결과로 나타나는 공통점은 부상이다. 13세의 킥복싱 선수는 다음과 같이 진술하였다. "나는 내 다리와 손목을 다쳤고 광대뼈는 찰과상을 입었고, 안면신경이 손상되었고, 얼마나 많은 늑골이 부러졌는지 모른다."[81] 어떤 스포츠에 대해 위원회가 규정한 시간과 부정적인 경험의 횟수간에는 어떤 관련성이 존재하고, 특히 여성 선수들에서 나타나는 문제는 남성 선수들에서 보다 더 심각하다. 그 심각성에 대한 하나의 지표는 은퇴한 성공적인 선수들의 70%가 다시는 그런 경험을 하기를 원하지 않는 것에서 알 수 있

78) M. R. Weiss, "Psychological Effects of Intensive Sport Participation on Children and Youth : Self-Esteem and Motivation," in *Intensive Participation in Children's Sports,* ed. B. R. Cahill and A. J. Pearl(Champaign, Ⅲ. : Human Kinetics, 1993), 39.

79) B. Cahill, "Introduction," in *Intensive Participation in Children's Sports,* ed. B. R. Cahill and A. J. Pearl(Champaign, Ⅲ. : Human Kinetics, 1993), 7.

80) P. Donnelly, "Problems Associated with Youth Involvement in High-Performance Sport," in *Intensive Participation in Children's Sports,* ed. B. R. Cahill and A. J. Pearl(Champaign, Ⅲ. : Human Kinetics, 1993), 97.

81) *Ibid.,* 107.

다.[82] 이런 은퇴선수들 중 다수는 그들이 아동기를 가지지 못했다고 언급하였다. 비록 잠재적 위험이 덜 극적인 사춘기 이전의 높은 기술수준 발달과 연관되어 있지만, "발달 중인 신체체제가 초기의 집중적 훈련으로 인해 장기간 해로운 영향으로 고생한다는 증거는 별로 없다."[83]

집중적인 사춘기 이전의 참여와 관련된 문제 중 일부는 사춘기와 관련된 육체적 변화가 사춘기 이전에 사라질 수 있는 운동수행 수준을 예측할 수 없다는 것이다. 사춘기 이전의 스포츠에 대한 성인의 리더십은 어린 선수들에게 지나치게 운동을 강조하여 위험한 상태로 몰아가는 것을 확인할 수 있는 능력이 필요하다. 또한 성인 지도자들은 특정교육이나 준비를 하는 잘 의도된 자원자보다 더 조직적일 필요가 있다.

아동 스포츠에서 집중적 참여와 관련된 언급된 논의들에서의 결론은 대부분의 참여자들이 과도한 불안수준을 경험하지 않고, 어린이(youth) 스포츠가 위험보다는 편익이 더 많다는 것이다.

9.1.6 성 역할
(Sex Role)

작은 소녀들은 오랏말놀이(hopscotch)를 하고 소년들은 카우보이나 인디언놀이를 한다. 왜 그럴까? 소년과 소녀들이 하는 게임 선호도 간의 차이는 과거 40년 동안 점차 사라졌다. 즉 현대의 14, 15 그리고 16살의 소녀들은 1921년도보다 게임선택에서 소년들과 유사하다.[84] 어떤 소녀들은 남성다운 선호를 나타내기도 한다. 소년들은 여성에 의해 채택된 그런 게임 등에 대해 낮은 선호를 보여주었다. 그리고 결국 소년들은 세월을 통해 놀이역할을 감소시켜 왔다. 여전히 어떤 차이가 있지만 그것보다 그들이 하는 놀이가 차별적이라는 증거가 있다. 소년들이 하는 게임은 다음과 같이 나타났다.

---

82) *Ibid.,* 111, 112, 114 & 115.

83) T. W. Rowland, "The Physiological Impact of Intensive Training on the Prepubertal Athlete," in *Intensive Participation in Children's Sports,* ed. B. R. Cahill and A. J. Pearl(Champaign, Ⅲ.: Human Kinetics, 1993), 186.

84) B. Sutton-Smith and B. G. Rosenberg, "Sixty Years of Historical Change in the Game Preferences of American Children," in *Child's Play,* ed. R. E. Herron and B. Sutton-Smith(New York: Wiley, 1971), 33.

독립적인 훈련, 활동의 조화 그리고 규칙에 얽매인 사건에서의 논쟁결과 등을 통해 경제적 측면에서 성공적 수행을 위한 더 나은 준비·통제된 경쟁적 게임에서의 경험은 대인간 경쟁을 다루는 능력을 증가시킬 수 있다.[85]

대조적으로 소녀들에게서 놀이는 소년들보다 소집단으로, 사적인 공간에서 나타나고 성인들의 주요한 관계를 모방하는 것으로 나타났다. 그것은 또한 보다 자율적이고 규칙에서 자유롭고, 그리고 보다 협동적인 특징을 보여준다. 이것은 소녀들이 하는 놀이가 가족 상호 작용과 협동을 위한 준비이고, 반면에 소년들의 놀이는 경쟁과 의사결정의 세계인 비즈니스와 일반 사회에 대해 준비를 하는 발전적 기술임을 나타낸다고 해석할 수 있다.

성 역할 정체성(Sex Role Identity)은 그 또는 그녀의 "생물학적이거나 심리학적 특징이 그 또는 그녀의 남성 또는 여성에 대한 생각과 어느 정도 일치하는지"에 대한 한 개인이 가지는 신념이다.[86] 성적 정체성(Gender Identity)은 남성과 여성을 분별할 수 있는 능력에 달려 있다. 이것은 2세 이전 대부분 유아들에게 발달되는 기술이지만, 그들이 정확하게 자신의 성을 확인할 수 있는 것은 30개월이 되어야만 가능하다. 초등학교 초기 몇 년이 될 때까지, 아이들은 그들의 성이 유사한 생활을 통해 유지된다는 것을 깨닫지 못한다. 이상적인 성역할 표준은 문화적 가치에 영향을 받는다. 심지어 신체의 다각화(mutilation)와 변화하는데 드는 많은 노력은 이상적인 완벽점에 도달할 때까지 계속되어졌다. 작은 발은 어떤 동양문화권 여성들에게는 가치가 있었는데 그들은 어릴 때 걸을 수 없을 정도로 발을 묶여졌다. 생물학적, 환경적, 그리고 인지적 요인들은 모두 성-역할 행동의 발달에 영향을 미친다. 연구자들은 한때 아이들이 나이가 들면 그들이 성에 대해 충분히 알고, "그들의 성에 맞는 외현적으로 적절한 것으로 분류된" 대상을 선호한다는 사실을 발견하였다.[87] 그 단계활동을 피하는 아이들은 성(sex)이 부적절하게 되고, 성인에 의해 자신들의 성에 맞는 적절한 과제를 더 많이 해야 한다. 교사들, 부모들, 다른 성인들, 그리고 또래 집단(peer group)은 '적절한' 행동인 것처럼 보이는 것에 대해

85) J. R. kelly, *Leisure*(Englewood Cliffts, N. J. Prentice-Hall, 1982), 227.

86) J. Kagan, "Check One : Male, Female," *Psychology Today,* July 1969, 38. Hereafter cited as "Check One."

87) C. B. Kopp and J. B. Krakow, *The Child : Development in a Social Context*(Reading, Mass. : Addison-Wesley, 1982), 241.

강화하고 성적으로 부적절한 행동을 처벌함으로써 아이들에게 영향을 미친다.

그들이 다녔던 1960년대 보다 성차별이 덜 하지만 학교는 여전히 개별적으로는 무의미한 것처럼 보이지만 강력한 축척된 효과를 가지는 "미묘하고 암묵적인 성별교훈"을 제공하고 있다.[88] 1994년 출간된 『*Failing at Fairness: How America's School Cheat Girls*』 라는 저서의 저자들은 교사들이 "무의식적으로 소녀들보다 소년들에게 더 많은 주의, 칭찬, 그리고 특정한 지도를 주는지"에 대한 실제의 많은 교실 사례를 들고 있다. 교사들은 (TV, 비디오게임, 영화, 그리고 책이나 이야기 등에 나타난 첨가된 특징들) 성으로 고정된 행동모형을 제공하였다. 모두 소녀로 구성된 학교는 유행되고 있고, 이것은 부분적으로 공립학교에서의 성차별적 환경 때문이다. 모두 소녀로 구성된 학교에 다니는 여성은 주장 훈련에 대한 관심과 격려를 많이 받고, 자신감을 발전시킬 수 있는 보다 많은 기회를 제공받는다.[89]

어떤 아이가 부모가 가진 성별과 접촉할 기회가 적었다면 성역할 정체성에서 문제가 발생할 수 있다. 동일시(Identification)는 성역할에 대한 정보를 주는 중요한 방법이다. 소년들은 남성 역할 모델이나 아버지 상(像)과 거의 접촉하지 않았다. 이 경우, 소년은 기대되는 남성 역할을 어머니에게서 배우고 실제적인 것 대신에 남성성이 결여된 여성성 지각을 수용하게 된다.[90] 소녀들이 소년보다 더 많이 책을 읽는 이유는 (독서에서 비율 1 : 6) 소년들이 학교를 여성적인 장소[91]로 여기고 그것을 하기를 원하지 않기 때문이다.

아이가 가진 성뿐만 아니라 부모의 성(sex)은 부모-아동 놀이행동에 영향을 미친다. 어머니와 아버지는 그들의 자녀들을 매우 어린 시절부터 꽤 차별적으로 다룬다. "유아에 대한 '아버지'의 놀이는 지적이거나 교훈적이거나, 어떤 대상에 의해 매개되어지는 어머니의 놀이보다 신체적이고 각성적이다.-부모들은 소년이 공격적 행동을 더 많이 표출하도록 허용하고, 장난감을 가지고 더 활기차게 활동하는 것을 묵인해 주었다."[92] 아들들은 부모로부터 보다 대 근육활동(gross-motor activity) 자극을 하도록 수용되었고, 딸들은 어휘적 자극을 제공받았다. 어떤 어머니는 딸에게 제한적 영역이나 탐색가능한 행동을 아

88) M. Sadker and D. Sadker, *Failing at Fairness: How America's Schools Cheat Girls*(New York: Scribners, 1994).

89) D. J. Yang, "See Jane Get Ignored," *Business Week*, 28 March 1994, 17, 19.

90) Gordon, *Human Development*, 59.

91) Kagan, "Check One," 39~41.

92) Barnett and Kane, "Environmental Constraints on Children's Play," 195.

들보다 더 많이 하도록 자극하기도 한다. 대조적으로 부모들은 아들에게 더 많은 자유를 주고 보다 그들이 보다 공격적이고 활기찬 놀이를 하도록 허용하였다. 소년들은 또래 집단과 상호 작용할 때 가장 창조적이었고, 어머니가 있는 장소에서 놀 때에는 최소의 창의성을 보인 것으로 나타났다.93)

아이가 가지는 성(gender)은 또한 부모의 기대에 의해 영향받는다. 부모들은 아들이 인형을 가지고 노는 것을 승인하지 못하는 경향이 있다. 이런 기대는 장난감 광고에서 잘 설명되어졌다. 몇년전 크리스마스 시즌에, 우리는 70개의 장난감 광고를 녹화하였다. 폭력성을 담은 24개의 광고에서 그 주인공의 90%가 남성이었다. 24개의 광고 중 11개는 "action figures(실재 인간이 아닌 가공의 만화화된 주인공)"를 담은 것이었고, 이런 모든 것들은 남성을 대표하였다. 70개 장난감 중 11개는 정서적(신체적인 것과 반대되는 또는 정신적) 공감을 지닌 것이었다. 이런 상품들은 대개가 수동적(활동적이 아닌)－참여시 낮은 기술이 필요하거나 그리고 작은 소녀들과 연관되어져 있었다. 결국, 장난감 광고들은 남성과 여성에 대한 고정관념화된 역할(stereotyped roles)을 나타내었다. 남성은 폭력, 신체적 활동, 컴퓨터, 소유(장난감을 가지거나 조작하는 것을 여성보다 더 좋아함), 영웅상, 그리고 권위와 연관되어졌다. 대조적으로 여성은 인형을 더 잘 가지고 놀고, 동물을 더 좋아하고, 수동적이고, 그리고 정서적인 것과 관련되었다. 신체적 도전을 받는 것과 같은 특정 표본은 극적으로 나타나지 않았다.

문화적 고정관념(cultural stereotype)에 순응하면서 성장한 아이들은 심리학적 문제를 일으킬 수 있다. 여성에서 높은 여성성(feminity)은 높은 불안, 낮은 자신감, 그리고 낮은 자기－수용(self－acceptance) 등과 일관된 관련성을 보여주었다.94) 유사한 발견이 남성에서 높은 남성성 점수를 보인 집단에서도 존재하였다.95)

레크리에이션 직원은 양성(androgynous)으로써 개인을 다루어 성적 정체성과 성역할 고정관념 문제에 도움을 줄 수 있다. 양성(androgynous)은 고대 그리스의 두 단어인 andro(남성)와 gyny(여성)에서 유래하였다. 양성은 각 개인

93) N. L. Cohen and C. Tomlinson-Keasey, "The Effect of Peeras and Mothers on Toddlers' Play," *Child Development* 49(1980) : 466~478.

94) S. Bem, "Sex Role Adaptability : One Consequence of Psychological Androgyny," *Journal of Personality and Social Psychology* 31, no. 4(1975) : 634.

95) T. C. Hartford, C. H. Wills, and H. L. Deabler, "Personality Correlates of Masculinity-Feminity," *Psychological Report* 21(1967) : 881~884.

이 한 가지나 다른 성에 할당되어져 왔던 최고의 특성을 소유하고 나타낼 수 있는 적응가능성을 의미한다. 양성적인 사람들은 미리 예언된 성적 지침에 따라 제한된 반응을 하는 것이 아니라 각각 주어진 상황에 적절하게 반응할 수 있다. 어떤 여성은 사업이나 스포츠 등에서 공격적이고 경쟁적일 수 있고, 어떤 남성은 가정에서 부정적인 언급 없이 부드러움이나 상냥함을 표시할 수 있다. 소수의 학령전과 homestart 프로그램은 이것을 기초로 교과목을 구성하였다. 모든 아이들은 산업예술(가게) 뿐만 아니라 가정학도 배웠다. 학교와 레크리에이션 프로그램은 춤, 예술, 그리고 가정학이 여성에 의해 가르쳐진다는 성역할의 고정관념을 최소화하도록 도왔다. 산업적 예술처럼 활기찬 스포츠 또는 웨이트트레이닝이 남성에 의해 가르쳐져야 한다는 것도 마찬가지이다. 조직의 모든 수준에서 보다 평등한 성별의 분포는 강력한 증거일 수 있다. 위계조직의 상층부에 남성이 하층부에는 여성이 너무 많다. 초등학교는 이것의 가장 훌륭한 예로, 대부분의 교사는 여자이고 대부분의 교장은 남자이다. 이런 상황은 세상에 대해 그리고 삶에서 기대되는 것이 무엇인지 아이들에게 알려준다.

레크리에이션 조직은 성차별로 고소될 수도 있는 명확한 증거를 보유하고 있다.[96] 공공의, 개인적, 그리고 상업적 레크리에이션 조직들은 남성에게 보다 주의를 기울였다.[97] 레크리에이션 장면은 정부와 학교에서처럼, 평등한 기회를 제공할 책임이 있다. 이런 문제를 창의적으로 다룰 수 있는 방법은 너무 많다.

9.2 청소년기
(The Adolescent)

12세의 1년이나 2년 내에 사춘기(puberty)가 시작되고, 이것은 결국 아동에서 청소년기로 통행을 지시한다. 청소년기(Adolescence)는 라틴어의 "성장하려는(to grow up)"을 의미하는 단어에서 유래되었다. 이런 성장과 발달의 시기는 매우 미숙하고(awkward) 외상(traumatic)적이다. 신체는 급속한 비율로 변

96) L. L. Burrus-Bammel, "Sexism in Recreation," *Physical Educator* 35, no. 2(1978) : 71.

97) G. Godbey and S. Parker, *Leisure Studies and Services : An Overview*(Philadelphia : Saunders, 1976).

화되고 2차 성징이 외현적으로 나타나기 시작한다. 사춘기의 신체적 증거는 소녀에게서는 음모의 발달, 가슴의 발달과 소년에게서는 페니스와 고환의 발달 등이다. 또한 키, 힘, 몸무게, 그리고 격렬한 과제 등을 수행하기 위한 능력이 증가하였다.

정확한 사춘기의 시작과 끝을 구분하는 것은 매우 어렵다. 왜냐하면 그것은 하나의 단일한 사건이 아니라 하나의 과정(a process)이기 때문이다. 신체적 변화는 시작을 알려주는 경향이 있지만, 사회적으로 제한된 규준은 종결을 표시한다(심리적인 것이 표현되지 않거나 생물학적 표시가 대표적이기 때문에). 어떤 사람들은 청소년기가 소녀에게서는 최초의 월경 시작시기 또는 초경 때, 소년은 최초의 사정 경험 또는 '몽정(사정이 잠자는 동안 나타났을 때)'을 경험하였을 때 시작된다고 믿는다. 하지만 초경은 사춘기 중 상대적으로 늦게 나타나기도 한다. 사춘기때 겪는 세 가지 다른 사건들은 키의 폭발적 성장, 가슴발달, 그리고 음모 발달 등이다. 소년에서 고환의 성장은 음모의 발달을 수반하고, 그 때 페니스의 발달과 폭발적인 키의 성장을 보여준다. 폭발적인 성장시기는 소녀에게는 일찍, 소년은 조금 늦게 나타나는데, 그것은 여성의 성적 성숙이 남성보다 2년 정도 먼저 발생한다는 사실을 보여주고, 반대되는 성이 중요해지는 시간 동안 그들의 신체를 다루는데 어려움을 겪는 그들을 도울 수 있다는 것이다.

언제 신체적이고, 사회적이고, 그리고 성적인 사춘기 과정이 완성되어질까? 사회적 연령은 사춘기의 종결을 나타내는 경향이 있고, 그것은 어떤 결정적 사건이 선택되었는지에 따라 달라질 수 있다. 청소년기의 종결과 성인기의 시작을 나타내는 대중적인 사회적 사건들은 운전면허 획득, 알코올성 음료를 먹을 수 있는 충분한 나이가 되고, 부모의 동의 없이도 충분히 결혼할 수 있고, 투표할 수 있고, 그리고 범죄시 성인과 똑같이 처리되어지는 등이다. 청소년기의 종결은 또한 이런 사회적 사건들에서 알 수 있는 것처럼 다소 애매모호하다. 왜냐하면, 미국에서는 주마다 상이한 연대기적 연령(chronical age)을 결정하기 때문이다. 그것은 또한 세상의 다양한 문화차에 따라 극적으로 달라진다. 일반적으로 청소년은 10대나 고등학교의 3학년이나 최고학년 정도를 말한다.

인생에서 두 가지 상대적으로 안정된 시점(아동기와 성인기)들에서 교체(transition)의 시기로써 청소년기에 대한 개념은 19세기 후반 미국에서 출현하였다. 인간발달 단계로써 청소년기는 꽤 최근의 발견이다 생활-주기 단계들 간의 교체는 상이한 변화유형에 의해 나타났다. 아동기와 청소년기간의 변화(교체)의 중요한 원인이나 시작자(initiator)는 내적인 생물학적 변화들이다.

하지만 성인기에 나이가 들어가거나 은퇴하는 것은 외적인 사회적 기대나 규제에 기인한다. 삶에서의 변화는 또한 규범적이거나 특질적이다. 다른 말로 하면, 교체는 모든 사람들에게서 나타나고 그것은 단지 소수에서만 발생한다. 생활—주기의 단계로써 청소년기는 모든 사람이 어떤 시간에서든 겪는 일이기 때문에 명확하게 규범적 변화의 예이다. 보다 큰 문제는 교체의 다음 유형이다.—"on time(제시간내) 또는 off time(시간을 벗어나)" 개인에 따라 발달이 초기에 또는 후기에, 제 시간 내에 또는 시간을 벗어나서 등 달라질 수 있다.[98]

어떤 지식, 기술, 태도, 그리고 기능은 생활—주기의 다양한 지점을 확인해줄 수 있다. 후속 되는 8가지 과제는 개인적 노력, 신체적 성숙, 그리고 사회적 압력이 청소년기와 연관되어져 생긴 결과이다.

1. 두 가지 성의 같은 연령층의 사람(age-mute)과의 새로운 보다 성숙한 관계 형성
2. 남성 또는 여성의 사회적 역할의 습득
3. 한 개인의 체격과 효율적인 신체활용의 수용
4. 부모와 다른 성인들 간의 정서적 독립성 획득
5. 결혼이나 가족 삶에 대한 준비
6. 경제적 직업을 얻기 위한 채비
7. 행동의 안내자로써 가치체계와 윤리적 체제의 습득
8. 사회적으로 책임 있는 행동의 요구나 성취[99]

현대의 미국 청소년들은 사춘기를 더 어린 나이에 경험한다. "평균적인 초경 나이가 1900년대는 14.2세에서 지금은 12.45세로 줄어들었다."[100] 미국 청소년들은 유럽 청소년들보다 더 빨리 성숙해진다. 과학자들은 높아진 영양섭취와 건강수준이 초기 성숙과 관련되어졌다고 추측하였다. 다른 관련된 요인들은 더 높은 사회계층, 가정 내에 더 적은 아이 수, 그리고 도시지역 등이다. 동시대의 미국인들은 더 빠른 사춘기를 경험하고, 그들의 신체는 세대 통해 계속 더 커지고 무거워졌다. 이런 증가된 신체적 경향은 조작할 수 없는 것이지만,

98) D. C. Kimmel and I. B. Weiner, *Adolescence: A Developmental Transition*(London: Lawerence Erlbaum Associates, 1985), 13~14.

99) R. Havighurst, *Development Tasks and Education*(New York: McKay, 1972), 45~75.

100) A. C. Petersen, "Can Puberty Come Any Earlier?" *Psychology Today,* February 1979, 43.

사회적이고 심리학적인 초기 진보는 여전히 조정되어질 수 있는 것으로 언급되었다. 우리 사회의 어떤 압력과 경험은 아이들이 더 빨리 성장하도록 자극한다. 성장패턴에 수반된 것은 증가된 임신율과 약물남용이다. "12살에서 17살 사이의 수백만명의 아이들이 매년 임신하고, 다섯 명중 한 명 꼴로 일주일 이상 약물을 복용한다"[101]

모든 사람들은 세 가지의 청소년기 발달단계(초기, 중기, 그리고 후기)를 겪는다. 고등학교 3학년은 고등학교에 다니는 연령으로 대표되어진 중기 단계를 수반한 초기 청소년기로 간주되어졌다. 후기 청소년기는 대개 최고학년에서 시작되는데 이것은 개인적 정체성이 명확하게, 일관되게 형성되고 관여가 사회적 역할, 가치체제, 그리고 삶의 목표를 공정하게 정의할 수 있을 때까지 계속된다.[102] 이런 학년은 자아－개념(self－definition)과 발달의 문제들로 구분되었다. 신체, 부모－자식 관계, 그리고 가치 등은 청소년들의 "잘 알려진 아이의 위치에서 불확실한 성인의 지위"로의 변화하기 위한 노력의 일환으로써 아직 불안정한 상태에 있다.[103] 아이에서 성인으로 교체되고 있는 위치는 그 개인을 더 이상 아이가 아닌 그렇다고 성인의 세계에 진입하도록 아직 허용되지 않은 경계선적 인간(marginal person)으로 만든다. '자기'라는 느낌의 형성, 즉 정체성－청소년기에서 주요한 도전－은 한 개인을 살아가는 평생동안 계속 알아가야 가야 하는 과정일 수 있다.[104]

9.2.1 통과의례
(Rites of Passage)

원시사회에서는 통과의례(Rites of Passage)를 시행하였다. 이것은 소년이 남자가 되는 것 같이 삶의 변화를 나타내는 의식이다. 이런 사건들은 발달 단계에서 무엇이 필요한지 참여자와 전체 공동체에 명확하게 해 주었다. 통과의례는 전체 공동체가 승인과 축제에 빠지도록 해 주었다. 나이든 구성원들은 표

101) D. Elkind, "Growing Up Faster," *Psychology Today,* February 1979, 38.

102) Kimmel and Weiner, Adolescence : *A Developmental Transition,* 19.

103) I. J. Gordon, Human Development : *From Birth through Adolescence*(New York : Harper & Row, 1962), 274. Hereafter cited as *Human Development*

104) D. A. Kleiber and W. H. Richards, "Leisure and Recreation in adolescence : Limitations and Potential," in *Constraints on Leisure,* ed. M. G. Wade(Springfield, Ⅱ. : Charles C Thomas, 1985), 292.

준화된 절차를 겪어야 할 젊은이들을 구분하고 보조해 줄 수 있다. 공동체에서 성인과의 관계가 형성되고 강화되어졌다.

청소년기는 어려운 단계로, 또래 집단으로부터 가외의 지원이 필요하다. "지나친 동일시(Over identification)" 또는 한 가지 방식의 사고나 한 집단에 배타적으로 관여되어지는 것은 정체성 혼란이나 자아－의식(self－consciousness)에 대한 일종의 방어이다.[105] 한 집단, 한 가지 방식의 사고, 행동, 옷 입기 등의 총체적인 관여는 이상적으로는 견딜 수 없는 원천일 수 있다. 이런 참을성 없는 것(intolerance) 때문에, "in group(내－집단)"은 청소년의 삶에 매우 강력한 영향력을 미치고 타인에 대해 관심을 가지게 되는 이유가 된다. 지나치게 동일시하지 않고서, "준거 지점에서 또래에 대해 집중적인 흥미를 가지거나 관련을 맺는 것은 광범위한 관여를 표현하지만 그들 관계는 일반적으로 피상적이다."[106] 어떤 부모들은 소중히 여겨져온 부모－자녀란 연결고리보다 더 의미있는 것으로 나타난 다른 관계들을 부러워하기도 한다. 부모들은 아이들이 하는 이중적 노력의 의미를 깨닫지 못한다. 즉 가정에서부터의 해방을 추구하는 반면 동일성을 가진 부모와의 더 강력한 동일시를 형성하려는 이중적 시도.

해방에 대한 동일시는 부족의 남자로 조직화되기 위한 원시사회의 의례에서 이루어졌고, 집단의 소년들을 위한 남성다운 의례를 유도하였다. 결국 또래들과의 공동으로 느낀 경험은 유대과정 때문에 결코 잊지 못할 것이다. 의례는 또한 소녀의 통과 또는 여성다움의 시작을 나타낼 수 있도록 조직화되기도 하였다. 하지만 음핵절제술(Clitoridectomy)은 예외적인 것으로 고통스럽고, 신체적 손상을 입히기 때문에 또래 집단을 결합시키지는 못한다. 유대문화를 제외하고 현대사회에서는 그들이 다른 연령집단과의 관계에서 어디에 위치해 있는지 알기 위한 이런 유의한 의식을 더 이상하지 않는다. 그것은 모든 측면에서 불확실성의 원인이다. 언제 소년이 남자가 될까? 소녀가 언제 여자가 될까? 그녀는 초경의 시작시, 고등학교 졸업 후, 부모의 허가 없이도 군대에 지원할 때, 그녀가 법적으로 특정 시기에 결혼할 수 있을 만큼 충분한 나이가 언제일까?

---

105) E. Erikson, *Childhood and Society*(New York : Norton, 1963), 262.

106) Kleiber and Richards, "Leisure and Recreation in adolescence : Limitations and Potential," 294.

9.2.2 신체 변화들
(Body Changes)

십대는 그들의 신체 변화에 매우 민감하다. California Growth Investigation에서 실시된 연구에 의하면 천명의 청소년 가운데 1/3이 그들의 신체적 특징으로 인해 혼란스러워 의사에게 물어본다고 하였다.[107] 그것은 동시적인 성장의 결과 때문에 생기는 문제이다(신체부분은 동일한 비율로 발달하지 않는다). Purdue Opinion Poll의 조사결과 9학년의 50% 이상의 학생들이 "자신의 신체와 관련된 문제"가 있다고 보고되었다.[108] 신체에 대한 문제는 소년들의 성숙이 소년보다 빠르다는데 집중되어졌다. 신체적, 사회적, 그리고 심리학적으로 인식할 수 있는 어떤 개인은 불규칙적인 신체 성장비율로 인한 희생양이 될 수도 있다. 2명의 13세 남자아이는 발달비율에서의 개인차 때문에 성숙에서 5년 이상 차이가 나타났다.

다르다는 것은 청소년기에는 받아들이기 어렵고, 여드름은 재앙이 될 수 있다. 섬모 소낭과 피부선에 생긴 염증인 여드름은 뾰루지를 생기게 한다. 이런 뾰루지는 얼굴, 등 위쪽, 가슴에 발생하기도 한다. 여드름은 청소년기 남자에게는 공통적으로 일어나는 현상이다. 즉 안드로겐(androgen－남성호로몬)이 피지선의 발달과 분비를 자극하지만, 에스트로겐(estrogen－여성호로몬)이 피지선의 활동을 억제한다.

소년은 고정관념적인 남성－모든 미국인이 가지는 이미지를 수용하려는 경향이 있다. 키, 몸무게, 그리고 힘이 모든 관심사이다. 발달이 늦은 소년들은 또래로부터 배척받는다. 어떤 한 소년은 다음과 같이 진술하였다.

> 크기는 9학년에서 매우 중요한 의미를 지녀요. 특히 당신이 작거나 모든 더 큰 소년들에 휩싸여 있을 때 스포츠에 참가한다면 당신은 크고 튼튼해져야만 해요. 야구경기장에서 우리는 항상 나쁜 포지션만 받아요. 당신이 농구를 할 때 그들은 당신을 무시하지 못해요. 만약 당신이 공을 갖고 있다면, 그들은 당신이 즉시 그것을 그들에게 패스해주길 바라고, 만약 그렇지 않았다면 당신은 어리석은 얼간이가 됩니다. 당신은 당신이 얼마나 좋은 녀석인지 보여줄 기회를 결코 얻지 못하게 되죠.[109]

107) Gordon, *Human Development*, 293.
108) *Ibid.*, 330.

신체적 능력－스포츠를 통한 용맹(무훈)－은 또래 집단에서의 수용과 지위에 높은 관련성을 보이고, 결국 자아－개념(self－concept)에 영향을 미친다. 적절한 레크리에이션 시설은 학교에서 리더로 인식된 아이들이 처한 가정환경이 비 리더로 인식된 아이들이 가진 것과 어떻게 차이 나는지 구분해 주는 요인 중 하나로 확인되어졌다.[110] 레크리에이션 집단활동은 사회화, 기술의 표현, 그리고 기술습득을 위한 기회를 제공하고 나아가 자아와 타아를 평가하도록 해 준다.

9.2.3 정체성 위기
(Identity Crisis)

청소년기는 대량의 모순이 존재하는 것으로 보일 수 있다. 하지만 그들은 이상주의적이고 자기중심적이다. 그것이 정체성 위기이다. 중요한 문제는 '나는 누구인가?(Who am I?)'이다.[111] 만약 이런 정체성 위기가 청소년기 동안 해결되지 않으면 정체성이 산만해지기 된다. 정체성은 다양한 역할과 관계를 실험함으로써 탐색되어졌다. 정체성이 표면화되지 못했을 때 그 개인은 좌절감을 느끼고, 절망감과 무의미하다는 느낌에 빠지게 된다. 청소년기는 힘들고 유쾌하지 않은 시기이다. 전국적인 조사에서 사람들은 "당신의 삶에서 가장 불행했던 시간으로 생각하는 것이 무엇입니까?" 라는 질문을 하였다. 응답자들은 삶에서 성인기와 반대된 아동기, 청소년기, 또는 청소년 등과 관련된 것을 대답하였다.[112] 하지만 중요한 것은 모든 십대들이 똑같이 느끼고 유사한 방식으로 반응한다는 것이 아니다. 개인차에 따라 그 범위가 다양하다. 조사에 응한 성인의 23%가 사춘기, 어린 청소년기, 또는 청소년기가 그들의 삶에서 가장 행복했던 시기라고 응답하였다. 비슷한 정도로 그 시기가 삶에서 가장 불행했던 때라고 반응하였다. 청소년기의 적응과정은 모두에게서 유사하지 않다.[113]

---

109) R. Strang, *The Adolescent Views Himself*(New York : McGraw-Hill, 1957), 237.

110) Gordon, *Human Development,* 348.

111) R. Rapoport and R. N. Rapoport, *Leisure and the Family Life Cycle*(London : Routledge & Kegan Paul, 1975), 33~34.

112) J. Veroff, E. Douvan, and R. A. Kukla, *The Inner American : A Self-Portrait from 1957~1976*(New York : Basic, 1981), 40.

113) *Ibid.,* 60.

네 가지 유형이 자아발달과 불안, 또는 혼란과 관련되어 나타난다. 즉 유실(foreclosure), 확산(diffusion), 유예(moratorium), 그리고 정체성 성취(Identity achievement) 등이다. 갈등이나 내적 경쟁인 '유실(foreclose)'을 줄이기 위해 어떤 사람은 단지 부모나 또래집단의 표준, 규준, 그리고 가치를 수용한다. 이런 적절한 수용은 그 문제를 주기적으로 해결할 수 있었지만, 심리학적인 측면을 발달할 수 없다. 확산(diffuse)은 방향이 없다. '그 문제나 대안 때문에 갈등하는 동안 어떤 자율성이나 도덕적 성숙"을 보이는 사람은 '유예(moratorium)'에 있는 것이다.[114] 또한 어느 정도 정체성을 획득했거나 그 문제에 직면해 해결할 수 있는 능력을 형성하였다.

부모-청소년기 갈등은 미국에 제한되어 있지 않다. 유사한 상황이 일본, 서유럽 여러 나라들, 그리고 공산주의 국가에서도 보고되었다. 남성은 전형적으로 더 큰 자유가 주어졌다. "소년이여 소년다워져라!" 하지만 소녀들은 "임신 가능성(get into trouble)" 때문에 부모로부터 더 많은 통제와 제약을 받는다. 여성 후손에 대한 부모의 관심은 신뢰가 결핍된 상태로, 소녀를 아이로만 여기는 것으로 해석할 수 있다. 부모들은 결혼하지 않은 엄마의 평균연령이 감소하는 반면, 수많은 합법적이지 않은 출생이 증가한다는 사실을 지적하였다. 어떤 젊은 노동자는 젊은 여성중 일부가 반발의 한 형태로 이 통계의 일부가 된다고 믿는다. 청소년기가 자유로울수록 그들은 여전히 삶에서 실제적 정보(중성적 파티에서), 성병, AIDS, 피임, 그리고 약물 등을 받을 수 있을 것이다. 이런 주제에 대한 정보는 데이트하는데 많은 도움을 줄 것이다.

9.2.4 레크리에이션 활동의 추구 (Recreational pursuits)

청소년기 동안의 레크리에이션과 여가가 하는 주요 역할은 사회적 접촉, 발달, 그리고 성취를 위한 기회들을 촉진시키는 사회적 도구이다. 이런 보다 이완된 환경은 다양한 역할과 행동을 실험하는 청소년들에서 "피신처"[115] 또는 안전한 곳으로 여겨질 수 있다. 여가는 지나친 동일시 경향을 최소화시켜 균형을 유지하도록 돕는다.

레크리에이션 제공자는 청소년을 가장 활동적인 하위집단으로 인식할 필요

114) Kleiber and Richards, "Leisure and Recreation in Adolescence : Limitations and Potential," 292.

115) *Ibid.*, 294.

가 있다. 비록 TV 시청시간이 "매일 자유시간 중 4~5시간 정도 몰두하는 활동"을 하는 아동기보다 더 많지만 아이들에게 있어서 과도한 TV시청시간과 관련된 문제들은 또한 청소년들에게 있어서도 문제가 된다."[116] TV시청은 인지적 과정이 거의 요구되지 않는 신체적인 수동적 추구행동이다. 한 연구자는 TV시청을 "망각(mindless)"이라는 용어를 사용하여 언급하였다. TV를 시청하면서 보내는 아이들과 십대들이 지닌 가장 큰 문제는 보다 건설적인 것으로 여겨지는 어떤 것을 할 수 없다는 것이다. TV시청은 신체를 움직이지 않게 만든다. TV 시청은 상호작용적이지 않고 시청자는 단순히 고정된 한 개 채널을 받아들인다. TV 시청이 일탈이나 반사회적 행동들 뿐만 아니라 저-관여와 만족과도 관련되어 있다는 연구결과가 있다.

청소년은 전 영역에서 광범위한 활동을 즐긴다. 여가준비는 다양하고 대비적이어야 하는데 "특정 장소, 사람, 활동으로 구속되지 않는" 다양성도 지녀야 한다.[117] 센터에서 행하는 대중적인 team sports 프로그램은 범위가 지나치게 좁다. 스포츠는 확실히 중요하고 불이익을 받는 아이들에게는 주류문화로 진입하는 잠재수단으로 여겨졌다. 성인은 사회적 유동성을 획득하기 위한 수단으로, 의무 불이행을 막기 위한 방법으로 오랫동안 스포츠에 참여해 왔다. 사회적 지위로써 스포츠가 관심을 받는 만큼 체육과 학생들은 학문적인 성공을 하는 그들의 또래보다 더 매력적으로 보인다. 전통적으로 여성은 운동참여나 성취에 대한 긍정적 피드백을 거의 받지 못했다. 운동수용과 인식에서의 성차가 Title IX(스포츠에서의 동등한 기회 제공)에 의해 그리고 여성의 권리찾기 운동에서 의식적-자각 노력에 의해 조절되어졌다. 하지만 스포츠는 단지 균형적 프로그램의 한가지 측면만으로 구성되었다. 활동과 기회는 충분히 존재하기 때문에 모든 사람들은 홍미와 경험에 따라 맞는 영역을 찾을 수 있다.

음악과 춤은 이 연령집단에서 중요한 활동들이다. 수동적이고, 신체적 요구가 덜한 활동들에는 특히 sports-minded 또는 신체적 기술이 필요하지 않는 것 등이 포함되었다. 청소년기는 드라마, 예술, 공예, 시, 창조적 쓰기, 그리고 기타 등등에 초기에 노출되거나 계속적인 기회를 가짐으로써 편익을 얻을 수 있다. 취미 등에 대한 증가된 유연성이나 민감성은 또한 이런 사용자를 끌어들이는데 도움이 된다. 다양성과 신기성은 홍미를 유지시키도록 한다. 동양 종교, 요가, 명상, 그리고 동양무술 등에 대한 새로운 관심은 이런 필요에 대한 반응

116) *Ibid.*, 305.

117) Rapoport and Rapoport, *Leisure and the Family Life Cycle*, 111.

이다. 일반적으로 종교는 개인이 청소년기에 경험하는 어려움을 호소할 수 있는 조건이 즉각적으로 수용된다는 영역으로 간주되어졌다.

여가에 대한 사용규정은 사용자와 제공자간의 의사소통과 빈번한 접촉이 이루어질 때 구체적 욕구를 최대한 충족시킬 수 있었다. 성장과 발달에서 훈련은 최고의 일관성 없는 사용자집단인 청소년에 대한 이해와 지식을 증가시킬 수 있다. "공원관리인, 풀장관리인, 가옥관리인이나 혹은 순수하게 기술적 용어로 무엇이든간에 그러한 사람이 되는 것만으로는 충분하지 않다." 그 역할은 흥미를 촉진시키는데 적절해야 한다."[118] 상업적인 여가 제공자는 즉시적인 재정적 부담보다 더 많은 돈을 가진 어떤 활동적 집단이 가지는 요구에 부합하였다. 그런 상업적 여가제공자는 많은 돈을 벌지만 가정이나 가족에 대해 후원을 거의 하지 않는다.

초기 청소년기의 신체의 '놀라운 성장'에 대한 어색함은 15~20세인 후기단계에 이르러서는 안정상태에 도달할 수 있다. 고등학생들은 의존적이고 일관적이었던 그들의 신체가 가지는 한계를 기꺼이 시험한다. 그들은 또한 약물, 알코올, 섹스, 그리고 담배 등에 대해 시험해보기도 한다. 십대들은 이런 성인들이 누리는 즐거움을 실험하는 동시에 사회적 기준을 형성하기 위해 모험을 하기도 한다.

역사적으로 미국인들은 농촌지역에서 도시 중심부로 이주해 왔다. 현재 수많은 도시들에서 지나치게 잘 발달된 도시지역 때문에 많은 십대들은 환경적으로 시간이 많이 걸려 형성될 수 있는 어떤 것을 박탈당하였다. 어떤 레크리에이션 기획자에 의하면 십대는 "소속되고, 변화되고, 그리고 남을 도울 수 있는 활동에 참여하기를 원한다."[119]고 한다. 그는 야외와 서비스 활동을 조화시킬 것을 결정하였다. 즉 이러한 활동은 십대들의 욕구와 사계절 내내 레크리에이션 공동체로 충족되지 않은 욕구를 조화시키는 가장 적절한 방식이다. 야외에서 자원봉사자에 기초를 둔 유용한 집단활동을 제시한 Barn Owls는 새 구성원이 등록하였고 매년 그 수가 증가하였다. Barn owl T셔츠, 그리고 스웨터 White Maintain Appalachian Mountain Club 오두막에서 특별한 집단 숙박, 집단 카약 레슨과 장비 제공, 아침 일과 후 점심제공, 그리고 3분기나 4분기에 보낸 시간에 대해 약간의 보수를 지급하는 등의 인센티브(유인가)가 있다. 비록 Barn Owl 프로그램이 자원봉사자 참여자에게 소속감, 흥미, 그리고 변화에

118) *Ibid.,* 113.

119) J. Markowitz, "Matching Teens, Outdoors & Service," *Parks & Recreation*(August 1993) : 30~34.

대한 기회를 제공하였지만, 그것은 또한 그들의 삶에서 많은 어려움을 겪을 동안 개인적 성장을 위한 수단을 제공한다.

몇몇 전문가집단은 "이 나라에서 젊은이의 상태에 대한 어떤 것을" 할 필요를 인식하였다.[120] 전국 레크리에이션과 공원협회(FP National Recreation and Parks Association)에서는 "성공하는 레크리에이션 대안 프로그램(Winning Recreation Alternative Program)"과 "올바른 선택을 위한 운동(Exercise the Right Choice)" 프로그램을 시작하였다. "Healthier Youth by the Year 2000"은 AMA(American Medical Association－미국 의학연합회)가 신체활동과 운동시설의 이용가능성과 접근성을 증가시키기 위해 채택한 것이다. 이런 집단이 왜 그런 것에 관심을 가질까? 연구결과는 다음과 같이 혼란스런 결과를 낳았다. 먼저, 음주에서는 고등학생의 30% 정도가 지난달에 한꺼번에 여섯 번 내지 그 이상 술을 마셨고, 지난 2주동안 1주이상 혼란스런 음주를 1번 이상 하였다. 우울증은 그들 중 25%가 자주 우울해지거나 자살을 시도하였고, 12학년의 60%가 예기치 못한 성행위를 하였고, 이들 중 절반 이상은 피임을 하지 않았다. 그리고 이것들은 청소년의 삶에 많은 영향을 미쳤다. 6~12학년 사이의 학생들이 만약 그들이 경험했던 역효과로 10개정도 꼽아보라고 지시하였을 때, 각 학년의 대다수 학생들은 최소 2가지 정도에 노출되고 경험하였다고 보고하였다. 이런 역효과 중 어떤 것은 신체적 성적 남용, 음주파티, 사회적 격리, TV 과잉 노출, 그리고 집에 혼자 있는 것 등이었다. 그들이 하는 대중적인 여가활동이 무엇이냐 하는 질문에는 신체적 또는 정신적 변화가 전혀 없는 활동뿐이었다.[121]

우리는 여가가 청소년의 발달에 많은 기여를 하고, 청소년 삶의 40~50% 정도가 자유－시간 활동 등으로 구성되어져 있음을 안다.[122] 따라서 중요한 발달적 단계 동안 이것을 하는데 얼마나 많은 시간을 소모했느냐가 성인기를 의미있게 만든다. 여가는 청소년의 변화와 자극욕구를 충족시킬 필요가 있다. 만약 그렇지 못하다면 활동들은 지루해지고－음주, 흡연, 그리고 과식 등이 발생할 수 있다. 무엇이 청소년들로 하여금 언급된 활동에의 참여를 막을까? 반응자 중 10~15세 사이의 연령은 교통, 경제, 활동에 제공된 시간, 또래 집단의 압력, 그리고 기술 부족이라고 답하였다.[123]

120) L. L. Caldwell, "Research on Adolescents and Leisure Activities," *Parks & Recreation*(March 1993) : 19.

121) *Ibid.,* 19~21.

122) *Ibid.,* 21.

레크리에이션 프로그램과 활동 등은 십대가 적당함(adequacy), 자아-존중(self-respect), 그리고 자신감 등의 개념을 발달시키도록 돕는다. 적절한 성 역할 모형은 편부모 슬하에서 또는 기관 또는 이런 역할을 부모들이 거부했을 경우를 대비해 제공되어질 수 있다. 그들이 가진 신체적, 정신적, 그리고 사회적 기술을 발달시키고 재능을 사용하고 탐색하기 위한 기회 등이 제공되어질 수 있다. Enjoyment Cycle의 4단계-참여, 탐색, 경험, 회상-는 요구된 목표를 이루기 위해 사용되어졌다.[124] 때때로 대화를 통한 경험의 재생은 청소년이 또래 집단에서 지위를 얻게 해 주고, 결국 그들의 자존심을 증가시킨다.[125]

레크리에이션 프로그램은 미성년자 범죄에 대한 방지책으로 많은 도시들에서 지원되어지고 있다. 피닉스에서 Darks & Recreation Department는 도서관 부서, 경찰, 그리고 법원 등과 연계하여 노력한다. Grant는 애리조나 최고법원에 의해 아침, 주말, 그리고 여름 레크리에이션 프로그램을 확장하도록 명령받았다. 자유롭게 수영할 수 있고, 자동차 수리 등의 갱생프로그램도 제공되고, 두 개의 지역학교는 범죄발생 지역에서 레크리에이션 프로그램을 개방하고, 청소년 상담이 제공되어졌다. 경범죄 위반자에게도 제공되어졌다. 피닉스에서는 청소년범죄가 52% 줄었고, 도시 재정이 절약되었다. 청소년 범죄자를 구속하는데 드는 비용은 3천8백 달러이지만, 레크리에이션 프로그램에 드는 비용은 각 참가자마다 74 센트가 소모된다.[126]

캘리포니아 롱비치는 위험한 청소년에 대한 레크리에이션 프로그램으로 경제적이고 예방적 이익을 얻을 수 있다는 것을 인식한 또다른 도시이다.[127] 그 프로그램의 목표는 그들이 지닌 에너지를 그 도시에 있는 많은 인종의 갱들과 접촉하거나 합류하거나, 응하기 전에 긍정적 활동의 통로를 제공해 주는 것이다. 수십년 전 롱비취는 미국의 많은 다른 도시들처럼 대부분이 백인이었다. 1992년, 인구들 중 절반은 소수집단으로 구성되었다. 라틴계(Hispanic)는 거

123) *Ibid.*, 20~21.

124) M. Clawson and J. Knetsch, *Economics of Outdoor Recreation*(Baltimore, Md.: Johns Hopkins University Press, 1966).

125) Rapoport and Rapoport, *Leisure and the Family Life Cycle*, 114.

126) Phoenix Parks, Recreation and Library Staff, "Recreation Fights Crime," *Parks & Recreation*(March 1994) : 45~46.

127) S. Blancarte and B. J. Azeka, "A Pluralistic Approach to Gang Prevention : The Long Beach Model," *Journal of Physical Education, Recreation and Dance, Leisure Today*(April 1992) : 31.

주자의 24%로 가장 많고, 13%는 아프리카계 미국인(African American)이고, 나머지는 아시아태평양 이주자들이다. 인종 충돌의 한 가지 결과는 갱의 형성이다. 롱비치의 갱들은 백인, 라틴계, 흑인, 캄보디아, 라오스 사람, 사모아인, 그리고 베트남인 등이다. 그 도시의 Park's & Recreator Department는 참여자들의 흥미를 충족시키고 개발적 프로그램을 만들 책임이 있다. 이것은 계획과정에 참여자를 관련시킨 훌륭한 예이다. 그래서 그 프로그램의 결과는 보다 성공적이고, 참여자들은 더 많이 접촉했음을 느끼고, 그리고 권위부여(통제) 느낌이 발생하였다. 이 경우 청소년들이 한 가장 많은 선택은 숙박 캠핑이었다. 선호된 활동/이벤트의 참여에서 경제적 장벽이 지닌 효과를 감소시키기 위한 목적으로 그 프로그램은 권리포기(waivers)에 대한 수업료를 지불하고 버스 교통비는 무료였다.[128)]

갱에 가입하는 청소년에게 레크리에이션이 중요하고 레크리에이션 참여가 부정적 행동을 감소시킬 수 있을까? LA postriot에서 검사와 분석은 LA 남쪽 지역의 활기를 되찾기 위해 갱들로부터 일련의 제안을 받아 내었다.[129)] 공동체와 위엄은 레크리에이션으로 연결되었다. 젊은 갱 구성원들은 타고 버려진 공터에 레크리에이션 센터를 짓거나, 나무를 심거나 도시공원을 재건하거나 골목을 청소하거나, 교실을 새로 칠하거나, 학교운동장을 만들어 줄 것을 요구하였다. 이런 요구가 중요할까? Pony League(13~14세 소년야구리그), Little League(12세 미만 소녀야구), AAU(Amateur Athletic Union) 수영, 체육 그리고 육상운동 클럽 등과 같은 프로그램과 활동 등은 미국에서 대부분 도시 교외지역에서는 존재하지만, LA 남부지역에서 발견되어질 수 없었던 '출생의례'로써 역할을 하였다. 게다가 미국 남부 LA 남부지역에서는 낮은 수준의 공공 레크리에이션 기회를 제공해주던 상업적 레크리에이션도 없었다.[130)]

128) *Ibid.*, 31~32.
129) J. Foley and V. Ward, "Recreation, the Riots and a Healthy LA." *Parks & Recreation* (March 1993) : 66~67.
130) *Ibid.*, 66~68.

개요 Summary

여가 프로그램은 잠재적 참여자를 만족시키기 위해 다양한 경험을 제공할 필요가 있다. 단지 기회를 제공하는 것만으로는 충분하지 않고, 기술이나 지식이 필요한 개인을 안내할 교육적 대상이 있어야 한다. 프로그럼의 제공은 또한 발달과 성장단계에 관련되어져 부분적으로 고안되어졌다.

아동은 정교한－운동활동(fine－motor activity) 더신 대－근육활동(large－muscle activity)과 기초적인 운동을 해야 한다. 13세 이전의 아동에게서 꽤 조직인 팀플레이는 심각하게 고려되어야 하는 문제이다. 놀이터는 아동을 자극하고 동기화 시킬 수 있을 만큼 충분히 잘 설계되지 않았다. 아동은 TV를 지나치게 많이 보고, 그들의 신체는 그들의 삶이 지나치게 정적이고 음식이 형편없다는 초기 경고신호를 보낸다. 아동과 청소년들은 적절하게 활기찬 활동에 거의 참가하지 않고 신체적 운동을 하지 않아 몸에 지방만 쌓이게 되었다. TV와 다른 형태의 매체는 남성 또는 여성에 대한 제한적인 고정관념만 제시하고 있다. 레크리에이션 프로그램은 운동활동, 식사정보, 그리고 양성적인 역할모형을 자극하도록 도입된 방법이다.

청소년은 이해하기 어렵고 그들은 자신의 정서를 이해하는데 많은 어려움을 겪고 있다. 청소년기는 급격한 해부학적, 생리학적 변화 시기로 대개 소녀가 소년보다 1년 내지 2년 먼저 이 과정을 시작한다. 어떤 사람은 초기에 이 과정을 시작해서 남들이 시작되기 전에 마치는 경우도 있다. 또래 집단은 가장 영향력 있는 집단이다. 아동기에서 성인기로의 교체기간은 매우 불안정하고 보호받는다는 느낌이 들지 못할 수 있다. 또래 집단은 많은 지원과 이해를 제공하는데 지나친 동일시도 발생할 수 있다. 즉 가치, 도덕, 적절한 옷, 그리고 행동 등은 복잡한 문제를 개인적으로 해결하지 못하고 동일시의 형태로 쉽게 해결하려고 할 때 나타난다. 레크리에이션은 참여자들이 그들의 신체를 더 잘 이해할 수 있도록 하는 사회화 매개체로써 이해되어질 수 있다. 대부분의 남성은 모든 유형의 신체적 도전을 즐기지만 여성은 보다 격려되어질 필요가 있다. 12학년 여성을 대상으로 한 캐나다 연구에서는 유의하게 낮아진 자아－존중감과 여가활동에서의 많이 구속을 많이 받는 것으로 나타났다.

십대는 가장 활동적인 하위표본으로 다른 집단처럼 다양한 경험과 기회에 노출되어질 필요가 있다. 레크리에이션 입안자는 계획 과정에 청소년을 참가시킬 수 있고 그 결과 십대들은 그 프로그램이 그들이 지닌 현재 욕구와 필요를 잘 수용한다고 느낀다.

검토문제 examination

01. 아동기는 대개 매우 희망적인 발달단계였을까? 설명하라.

02. 아동기 성장주기에 대해 기술할 수 있을까? 각 단계에서 놀이의 유형과 목적은 어떤 것일까?

03. 어느 정도 운동발달이 진행될까? 이런 지식이 발달의 기술형성에 영향을 미칠까? 왜?

04. 게임에서는 왜 사전－준비(lead-up)가 되어져야 할까? 그 목적을 설명하라.

05. 아동은 기본적으로 신체적으로 건강할까? 설명하라.

06. 놀이터의 유형이 어떤 것이 있을까? 가장 필요한 유형은 무엇이고 왜 그럴까? 당신의 이웃 또는 도시에서 가장 많이 발견되는 유형은 무엇인가?

07. 당신은 TV 시청이 아동에게 위험하다고 믿는가? 왜 그런가 아니면 왜 그렇지 않을까?

08. 리틀리그는 위협 또는 축복일까? 이유를 설명하라. 만약 당신이 맡고 있다면 리틀 리그에서 어떤 변화를 시도할 것인가? 그것을 기술하시오

09. 부모, 교사, 다른 성인들은 양성적 행동 또는 성 역할이 고정관념화된 것에 대항할 행동을 하도록 격려할까?

10. 아동은 언제 청소년이 되고 어떤 통과의례가 있을까?

11. 왜 청소년은 경계선적 인간일까?

12. 청소년기에 직면하는 신체적, 사회적, 그리고 정신적 문제는 어떤 유형일까?

13. 모든 십대들이 하나의 동질적인 집단의 일원으로 여겨질까? 왜 그럴까? 또는 그렇지 않을까?

14. 왜 과도한 TV시청을 피해야 하는가?

15. 당신은 청소년을 위한 레크리에이션 프로그램을 어떻게 설계할 수 있을까?

여가와 생활 주기: 성인과 노년기

PART 10.
Leisure and the Life-cycle : The Adult & the Elderly

제10장

- 생활주기가 지닌 가장 중요하거나 그렇지 않은 구분은 무엇일까?
- 여가에 대한 욕구는 상이한 생활주기 단계 동안 변화되어질까?
- 어떤 특정한 활동이 주어진 단계가 제 기능을 발휘할 수 있게 해 줄까?
- 여가 경험이 어떻게 한 단계에서 다른 단계로의 이동을 촉진할 수 있을까?
- 광범위한 여가에서의 변산은 생활주기 단계 내에서 개인차로 인해 나타날까?
- 어떤 방법으로 한 학생이 전체 생활 주기를 이해할 수 있을까? 그것이 여가 경험을 위한 많은 잠재력을 가진 하나의 긍정적인 성장 조건이 될 수 있을까?

제10장

여가와 생활 주기 : 성인과 노년기

Leisure and the Life-cycle : The Adult & the Elderly

10.1 성인기
(The Adult)

성인이 전통적으로 21세에 도달한 사람이라고 믿는 사람들은 프로그램 계획이나 촉진을 위한 인구분포를 가장 쉽게 세분화시킬 수 있다.[1)] 성인은 다른 연령 집단보다도 자아-충족(self-sufficient)적이고, 이동성이 강하고, 그리고 보다 정치적 힘을 가진다. 가정, 놀이터, 또는 학교로만 제한된 아이들은 도시나 그 외의 장소에서 거주하는 성인들과 실제적으로 대조되어질 수 있다. 하지만 공공 레크리에이션 부서는 다른 집단에 제공되는 것보다 상대적으로 적은 서비스를 받는 소집단인 성인에게 세금을 부과하고 있다.[2)] 이것은 성인이 다른 연령집단이 가지는 생활주기와 비교시, 공동체 프로그램에 덜 의존적인 존재로서 인식되어졌고, 친구나 활동을 스스로 계발하려고 하고, 그리고 자유재량시간을 레크리에이션이나 여가를 하는데 덜 사용하기 때문에 중요하다. 다른 문제는 "그들이 지닌 특별한 욕구나 흥미가 인식되어지지 않고, 상상할 수 있는 방법으로 충족되어지지 않는다"는 것이다.[3)] 성인이 지닌 독립성이 여가나 레크리에이션 활동을 적절하게 선택하거나 계획할 수 있다는 견해는 근거

---

01) P. Friedberg, *Play and Interplay : A Manifesto for New Design in Urban Recreational Environment*(New York : Macmillan, 1970).

02) R. Kraus, *Recreation Today : Program, Planning and Leadership*(Santa Monica, Calif. : Goodyear, 1977), 114.

03) *Ibid.*

가 빈약한 것이다. L.A에 있는 직업상담센터에서 "건설적인 여가(Construct Leisure)"를 주장하는 사람들은 "인구의 절반 정도는 여가시간에 무엇을 해야 할지 결정하는데 있어 도움을 필요로 한다."고 주장한다.[4] 경험과 활동의 확인이 자아계발(self-development)과 개인적 만족을 촉진시켜줄 것이라고 주장하는 여가 상담은 수많은 대도시들에서 표면적으로 시작되고 있다.

미래에서 인구의 65.1%를 설명해 주는 21세의 미국인과 더 나이가 든 사람들은 점차 더 많은 비율로 나타날 것이다. 출생률의 저하, 의학의 발전, 그리고 평균수명의 연장은 기존의 아동기 발달 단계에만 초점을 둔 연구들에서 이전에는 별로 연구되지 않았던 성인에 대해 많은 연구를 하도록 자극시켜 주었다. 캘리포니아에서 심리분석가로 일하는 Robert Gould는 그 국가가 "성인의 세기(the century of the adult)"로 진입하고 있다고 논평했다.[5] 이러한 새로운 관심사가 가진 중요성은 성인 발달의 특성, 여가 행동(그림 10.1을 브라), 그리고 여가가 주는 편익 등에 대한 연구를 하도록 자극하였다.

<그림 10.1> 활동에서 연령과 참여빈도 간의 관계
(Relationships Between Age and Participation in Activities)

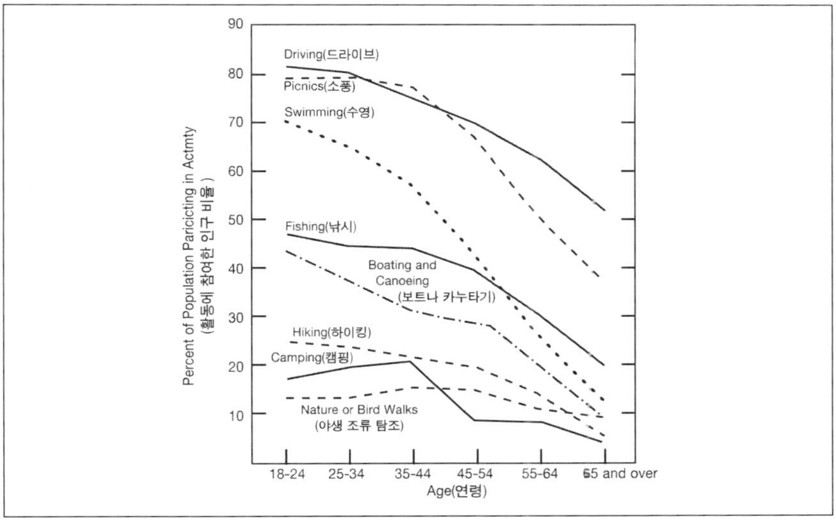

04) P. Edwards, "Finding the Rights Leisure for Every Lifestyle," *Leisure Today, Journal of Health, Physical Education, Recreation and Dance,* November-December 1974, 29.

05) G. E. Jones, ed., "America's Adults in Search of What?" U. S. *News & World Report,* 21 August 1978, 56.

10.1.1 여가가 주는 편익들
(Leisure Benefits)

아동이나 청소년들처럼 성인은 여가경험에 참여함으로써 많은 중요한 편익을 얻을 수 있다. 심리학적 편익 등과 같은 것은 심미적 편익의 요인보다 더 확실하게 기대되어졌다. 성인이 여가로부터 얻을 수 있는 6가지 편익이 다음과 같이 확인되어졌다.6)

- 생리학적 편익들
- 사회적 편익들
- 이완적 편익들
- 교육적 편익들
- 심리학적 편익들
- 심미적 편익들

1) 생리학적 편익들(Physiological Benefits)

기술공학적 진보로 인해, 많은 수의 미국 성인들은 일상의 일이나 꽉 짜여진 집안일에서 벗어날 수 있었다. 동력화된 운송 수단은 사람들을 앉아서 일하는 직업으로 변화시켜 주었다. 칫솔이나 연필깎이 기구에 이르기까지 모든 유형의 전자제품들은 인간이 힘을 덜 쓰게 만들어 주었다. 이러한 변화는 어떤 결과를 초래하였을까? 생활양식의 변화 결과는 무엇일까? 심장혈관계 질환의 증가와 과체중을 보이는 다수의 성인들은 운동 부족과 연관되어 있다. 미국에서 모든 사망원인의 50% 이상은 심장과 관련된 질병이다.7) 규칙적으로 운동활동에 참가하는 것은 신체적인 건강을 유지하게 도와준다. 비록 많은 성인들이 어떤 시설물을 필요로 하거나 복잡한 스케줄로 인해 팀 스포츠 등과 같은 것을 계속적으로 하기 어렵지만, 그들은 개인적이거나 두 사람이 하는 활동 등에 참가하여야 한다.

---

06) J. R. Verduin and D. N. McEwen, *Adults and Their Leisure*(Springfield, Ⅲ.: Charles C Thomas, 1984), 23.

07) R. Kraus, *Therapeutic Recreation Service: Principles and Practices*(New York: Saunders College Publishing, 1983), 274.

달리기, 조깅, 테니스, 라켓볼[8], 자전거 타기 등과 같은 신체적 활동이나 미국에서 1970년대와 1980년대 사이에 개발되어진 Nautilus나 유산소 운동 등과 같은 운동프로그램에 대한 대단한 관심은 건강에 대해 더 많은 의식을 가지게 하였다. 이런 관심에도 불구하고, 대학교의 운동 건강 연구소에서 근무하는 한 지도자는 "미국 인구의 20%만이 규칙적으로 운동하고, 40%는 규칙적으로 하려고 노력하지만 실패하였다."라고 진술하였다.[9] 그 40%는 만약 장기간의 편익 대신 즉시적인 편익을 더 강조하였다면 더 성공했음에 틀림없다. 즉 사무실, 자동차, 그리고 집에 운동장비를 비치해두거나, 냉장고 위에 그들이 해야 할 것과 하지 말아야 할 것 등을 상기시켜 주는 것을 그려놓거나, 가능한 한 편리하게 운동할 수 있거나, 그리고 다른 우선순위와 충돌하지 않기 함으로써 그날 일찍 운동을 할 수 있는 것 등이다. 일하기 전에 운동을 하는 성인들은 단지 그것이 다른 것과 충돌하지 않기 때문이 아니라 신체적으로 정신적으로 아직 지치지 않았기 때문에 보다 지속적으로 운동을 할 수 있을 것이다. 이것은 타고난 것처럼 보이지만, 한 연구에서는 성인의 거의 70% 정도가 일을 하고난 후 즉각적으로(24.5%) 또는 저녁을 먹은 후에 가끔씩(44.9%) 등의 이 둘 중 한 시기에 운동을 하는 것으로 밝혀졌다. 남성이 저녁식사 후에 운동하는 것(62.4%)을 선호하는 반면에 여성은 점심시간(46%) 중 운동하는 것을 더 선호하는 경향이 있다.[10]

적정한 건강을 유지하기 위해, 참여자는 주당 3시간 정도 운동할 필요가 있고, 그것은 건강수준을 증진시켜줄 것이다. 주당 운동시간은 격렬한 운동이 20분에서 30분으로 증가된 4~5시간 정도로 할 필요가 있다. 격렬한 운동수준은 최대 심장박동수의 85%가 작용하도록 건강을 개선시키는데 충분하다. 이런 수준을 계산하기 위해서, 한 개인의 연령은 220으로부터 감해지고, 그 차이는 0.85를 곱함으로써 얻어졌다. 산발적으로 신체적 활동에 참여하는 성인은 비록 다른 유형의 편익이 제공되어질 수 있지만, 다소의 건강상 편익을 제공받을 수 있다. 국립 질병통제센터(The National Center for Disease Control)는 미국인의 55%가 건강상 편익을 충분히 받을 만큼 신체적 활동을 하지 않는다는 것을 나타내는 자료를 가지고 있다.[11]

---

08) U. S. *News & World Report*, "Recreation : A 244 Billion Market," 10 August 1981, 62.
09) C. Hahn, "Exercise Rx : Stick with It," *Tennis*, June 1989, 53.
10) M. Zroback, "Planning a Recreational/Excercise Program for Your Employees," *Recreation Research Review* 12, no. 3(1986) : 23.
11) P. S. Rea, "Using Recreation to Promote Fitness," *Parks & Recreation* 22, no. 7(1987)

미국 성인의 10% 미만 정도만이 심장 혈관계 건강을 증진시키기 위해 매일 충분한 운동을 하고 거의 25%는 어떤 유형의 여가활동에도 참여하지 않는다. 사람들이 나이가 들어감에 인해 더 그러하다는 사실을 발견하였고, 그들 중 소수만이 그들의 건강을 개선시키는 수단으로서 운동을 한다.[12]

육체적으로 건강한 성인은 종종 일을 덜 하기도 하고, 신체적 건강수준이 낮은 동료 노동자들보다 더 생산적이다. 신체적으로 건강한 성인은 일을 덜 놓치게 되고, 그들보다 낮은 수준의 신체적 건강을 보유한 동료보다 일을 하는 동안 더 높은 생산성을 보여준다. 건강은 참여자와 조사자 훈련 프로그램을 지원하는 사람의 사업에도 도움이 된다. 어떤 기업이 매년 건강과 관련된 프로그램에 사용하는 1달러의 돈이 2달러로 그 기업에 편익을 준다는 한 연구가 있다.[13]

건강을 위해 달리고, 걷고, 그리고 수영하는 사람들은 성인기 동안 판에 박힌 것을 계속하려고 하지 않는 경향이 있다. 그것은 반복적인 특성이 사람을 지루하게 하고, 그것을 유지하고 개선하기 위한 노력이 과거처럼 많이 이루어지지 않기 때문이다. 레크리에이션에 참가하지 않거나 운동을 하지 않는 성인들이 대는 여러 가지 이유는 이용가능한 기회에 지식의 부족, 집이나 직장에서 가까운 시설물이 부족하거나, 다른 것에 몰입해서, 그리고 작업스케줄 등이 포함되어 있다. 잘 계획된 운동프로그램은 단지 강도(어떤 저항에 대해 근육을 확대시키는 능력, 병에 대한 저항능력을 형성하기 위한 근육강화능력)에 대해서만 초점을 두는 것이 아니라, 근육의 지구력(시간이 경과해도 확대된 근육강도를 유지할 수 있는 능력, 심폐기능의 지구력, 그리고 탄력성(근육의 사용과 운동을 통한 결합능력) 등의 구성요소도 고려해야 한다. 유의한 건강상 편익을 가진 신체활동에 참여하는 성인들은 종종 더 높은 수준의 사회, 경제적인 이득을 얻을 수 있다.

캐나다 정부는 Active Living이라 불리는 공공 교육프로그램을 창안하였는데 그것은 한 개인이 완전해지는 것을 강조함으로써 하나의 총체적(holistic) 견해와 일치된다.[14] 정부연구에서 정의된 것처럼 Active Living은 "신체 활동에 가치가 부여되어졌고, 그것이 일상생활에서 통합되어졌다는 점에서 하나의

: 32.

12) J. L. Kelly, "Aging : It Is Our Business!" *Parks & Recreation*(March 1993) : 42.

13) Zroback, "Planning a Recreational/Exercise Program for Your Employees," 25.

14) L. M. Wankel, "Health and Leisure : Inextricably Linked," *Journal of Physical Education, Recreation and Dance, Leisure Today*(April 1994) : 30.

삶의 방식"이다.[15] Active Living 운동의 일부는 건강을 지향하고 있는데, 이것은 의료적 도움을 덜 요구할 것 같은 적극적인 생활주기를 가진 성인에 대한 국가적 보험정책을 실시하고 있는 캐나다 등과 같은 국가에서는 중요하다. 만약 캐나다 사람들이 충분히 적극적이라면, 매년 30억에서 40억 달러 정도의 의료비용을 절약할 수 있을 것이다.[16] 미국인들을 위해서는 "규칙적인 활동을 하라는 캠페인은 미국에서 많은 영향력을 발휘할 수 있게 되었다.[17]

2) 사회적 편익들(Social Benefits)

보상적인 관계는 여가를 하는 동안 형성되어질 수 있다. 공통의 여가에 대한 관심을 공유하는 사람은 친밀감과 단결심(esprit de corps)이 형성되어진다. 전통적인 많은 사회적 장벽은 레크리에이션이나 여가활동을 하는 동안 무너지고, 여가를 하지 않는 장면에서보다도 우정이 더 빨리 형성되고 더 많이 친해지게 된다. 레크리에이션을 추구하는 것은 "사회적 윤활제(social grease)"로서 언급되어지는데 이것은 계층간 장벽과 형식을 극복할 수 있게 하는 것처럼 보인다. 이러한 사회적 편익들은 또한 이완된 상태에서, 위협이 없는 환경하에서 가족들 간의 단합을 위한 기회를 증가시킬 수 있다.

3) 이완적 편익들(Relaxation Benefits)

스트레스와 관련된 원인들은 모든 질병의 50~80%를 설명해주고, 2억~2억 5천만명의 사람들이 고혈압으로 고생하는 것을 설명해줄 수 있다. 비록 약물이나 알코올을 통해 일시적인 안정을 얻으려고 하지만, 레크리에이션/여가가 스트레스 감소에서 하나의 성공적인 방법이라고 밝혀진 연구도 제시되어 있다. 여가를 통해 얻을 수 있는 이완 편익들은 도피, 휴식, 원기회복, 신기성, 대조, 그리고 신체적 에너지의 팽창 등과 같은 구성요소로부터 파생되었다. 한 개인의 생활과 관련된 모든 측면－마음, 신체, 그리고 정신－들을 고려한 총체적 견해에서 그들에 대해 그리고 그들의 복지를 이해하려는 더 많은 노력이 이루어지고 있다.

---

15) R. B. Swedburg and B. Izso, "Active Living: Promoting Healthy Lifestyles," *Journal of Physical Education, Recreation and Dance, Leisure Today*(April 1994): 33.

16) M. A. Kanters and W. J. Montelpare, "Enabling Healthy Lives through Leisure," *Journal of Physical Education, Recreation and Dance, Leisure Today*(April 1994): 27.

17) Wankel, "Health and Leisure: Inextricably Linked," 29.

4) 교육적 편익들(Educational Benefits)

새로운 지식을 획득하는 것은 본능적인 보상이고 즐거운 과정이다. 직업과 관련 없이 계속적인 교육을 받는 계층은 사람들의 배우려는, 창조하기 위해, 그들의 시야를 넓히기 위한 욕구를 충족시킬 수 있도록 존재한다. 여가로부터 얻을 수 있는 교육적 편익들은 관심을 둔 영역－예술, 인본주의, 사회과학, 그리고 레크리에이션 기술－의 다양한 분류에서 얻어지는 결과일 수 있다. 학습과정은 공식적, 집단경험, 또는 스스로에 의한 것 등에서 발생하였다. 레크리에이션을 하려고 하는 것은 어떤 기술을 획득하려고 하거나 또는 어떤 활동에 참여하려고 하는 욕구에서 시작되지만, 시간이 지날수록 관심영역이 더 넓어지게 된다. 예를 들어 미국인들은 수집을 취미로 즐기는 것 같다. 많은 레크리에이션 활동은 단지 수집에서부터 어떻게 그 물건이 만들어졌는지, 그것을 만든 사람이 누구인지, 어떤 나라에서 어느 시대에서 만들어졌는지, 기타 등등에 대한 것을 책을 읽거나 배움으로서 확장되어진다. 스포츠를 즐기거나 단지 관중으로서 그것을 즐기는 개인은 선수들과 그들의 활동이력에 대해 더 많은 것을 알고 싶은 호기심을 가진다. 명성을 가진 다양한 스포츠와 이에 관련된 대중성이 이것을 잘 설명해준다.

5) 심리학적 편익들(Psychological Benefits)

다양한 심리학적 편익들은 또한 여가로부터 파생되어졌다. "모든 개인은 어떤 형태의 상태나 인식(recognition)을 위한 욕구를 가진다."[18] 여가 활동의 범위는 그렇게 다양하고, 모든 사람은 인식을 유발시킬 수 있는 참여를 통해 어떤 것을 발견한다. 이런 인식은 상(賞), 트로피, 장식패, 리본, 증명서, 상금 등의 형태에서 얻어졌다. 인식의 또 다른 형태는 덜 공식적이지만 중요하다. 다른 잠재적인 심리학적 편익은 우월감이다. 여가는 일을 하거나 가정에서 있는 동안 다른 사람의 명령을 받는 한 사람을 만들고, 그런 기회는 차례대로 다른 사람에게 영향을 미치고, 누군가의 환경에 영향을 주기도 한다. 한 개인은 어떤 클럽의 사무원에 의해, 레크리에이션이라는 위험적인 일에 참여함으로써 다른 사람의 지배를 받기도 한다. 한 개인에서 기술과 능력을 강조하는 것은 여가로부터 얻을 수 있는 심리학적 편익인 즐거움과 성취감을 생성할 수 있기 때문이다. 비록 심리학적 편익이 종종 간과되어져 왔지만, 레크리에이션과 여

18) Verduin and McEwen, *Adults and Their Leisure,* 29.

가는 개인적 위기나 또는 이사후 변화시기, 이혼, 오랜 투병생활, 사랑하는 누군가의 상실 등을 겪는 동안 정서적 균형을 회복해 시켜 줄 수 있는 매개체일 것이다.

6) 심미적 편익들(Aesthetic Benefits)

여가로부터 얻을 수 있는 편익 중 간과되어왔거나 이해를 얻지 못한 측면은 자연적이거나 인간에 의해 만들어졌던 아름다움에 대한 이해로부터 생겨나는 심미적 편익이다. 대부분의 사람들은 예술, 음악, 춤, 그리고 자연 등으로부터 더 큰 만족, 깊은 정서적 느낌, 그리고 정신이 고양되어지는(uplifted spirit) 것을 알 수 있다. 어떤 사람은 종교나 더 깊은 대인적 가치에 대해 확인함으로써 중요한 심미적 경험을 제공받는다.

비록 어떤 사람에 의해 심각하게 다루어지지 않았지만, 여가는 "우리의 현대적인 삶에서 가장 중요한 부분 중 하나이다."[19] 그것은 스트레스를 주는 일이나, 긴장으로 가득 찬 가정, 따분한 직업, 수동적인 사무실 업무, 또는 다른 것에 대한 무관심 또는 고독감 등을 상쇄시켜 줄 수 있다.

10.1.2 성인의 생활주기 (Adult Life Cycles)

한때 성인기는 다양한 발달적 단계에 도달한 후 은퇴라는 인생의 황혼기가 올 때까지 지속되어지는 끝없는 안정기로 간주되어졌다. 하지만 성인은 아동이나 청소년들처럼, 여가욕구나 형태에 극적인 영향을 미치는 수많은 발달적인, 생활주기 단계를 가지고 있다. 성인 단계들은 위기나 분열의 시간일 수 있지만, 그들은 또한 잠재적인 성장에 대한 욕구를 가지는 것으로 나타났다. 변화 정도와 비율 또는 성장에 따른 고통의 양은 개인이 얼마나 관여되었는지 그리고 그 사람에게 주어진 환경에 달려 있다. 소수의 성인들은 이런 삶의 이벤트가 순차적이고 예언가능하다는 것을 알고 있다. 한 개인은 결국 어느 정도 모든 사람에게 영향을 미치는 일반적인 생활형태를 인식하기보다는 염려하고, 느끼고, 그리고 생각하기만 한다.

여성에서, 특히 어머니에서, 하나의 "전체 생애주기(full circle)"는 면담을 통해 발견되어졌다. 어버이로서의 신분은 많은 여성들이 그들이 돌보는 사람이

19) *Ibid.*, 34.

있는 한 여가를 하는 것을 방해하기도 한다. 아동이 성장하고 집을 떠남에 따라, 여성은 가족의 역할에서 분리되기 시작하고 가족에 대한 관심을 덜 가지고 자신에게 집중할 수 있는 여가활동을 다시 시작할 것이다.[20]

이런 예언 가능한 이벤트에 대한 이해나 수용은 그 개인을 도와줄 수 있고, 여가 제공자가 적절한 경험이나 활동을 기획하는데 있어 더 많은 성공을 할 수 있게 해줄 수 있다. "그것이 지닌 시사점은 괜찮은 삶을 구성하는 어떤 것이 생활주기를 통해 많이 변화되는 것이 목표이고 요구조건."이라는 것이다.[21] 성인의 나이는 생의 중반부에 있고, 그 시기에 사람들은 최적의 기회와 능력을 경험한다.[22] 여가와 레크리에이션은 이런 절정시기가 보다 더 의미있게 되도록 해준다.

1) 20대 : 젊은 성인기(The Twenties : Young Adulthood)

사춘기 후반부와 20대 초는 가족을 떠나고 동료들에서 유용한 동맹관계를 발견하는 시기이다. 20대의 중요한 목적은 개인의 정체성을 탐색하고 더 많은 지식을 얻기 위한 능력의 계발 등에 있다고 믿어졌다.[23] 성인 삶에서의 예언 가능한 위기에 대해 다룬 『*Passages*』의 저자인 Gail Sheehy는 이런 연령대를 "실험적인 20대(the Trying Twenties)"로 언급하였다.[24] 이 시기에 한 결정이 돌이킬 수 없다는 것을 확신하고, 그것이 삶의 과정에서 영원히 지속된다는 것을 안다. 과거 세대에서, 교육 받은 젊은이들은 "더 의미 있는 일을 하고, 사회를 변화시킬 것이고, 모든 것을 성취할 수 있는 자유를 가지고, 그리고 최고의 경험을 할 수 있는 삶을 살게 될 것이라고 기대되었다."[25]

레크리에이션 기획자는 욕구와 생활양식의 다양성이 젊은 성인 연령집단에서는 최소한의 것만 있으면 될 것이라는 잘못을 범하기도 하였다. 다양성은 학생으로서 교육을 계속 받거나, 노동인구에서 진입할 확률이나 가능성, 새로운 가족을 만들기 시작하고, 제한된 수의 비자발적인 불완전 고용에 직면하고, 그

20) M. D. Bialeschki and S. Michener, "Re-entering Leisure : Transition Within the Role of Motherhood," *Journal of Leisure Research* 26, no. 1(1994) : 64.

21) J. Neulinger, *To Leisure : An Introduction*(Boston : Allyn and Bacon, 1981), 104.

22) G. Sheehy, *Passage : Predictable Crises of Adult Life*(New York : E. P. Dutton, 1974), 11. Hereafter cited as *Passages.*

23) *Time,* "New Light on Adult Life Cycle," 28 April 1975, 69.

24) Sheehy, *Passages,* 27.

25) *Ibid.,* 59.

리고 낙오되거나 또는 전통적이지 않은, 대안적인 생활 경향을 선택하는 등에서 나타난다.[26]

일반적으로, 젊은 성인은 직업, 친밀한 이성에 대한 관심, 가족, 그리고 친구 등에 대해 고려하고 있다. 이런 4가지 관심사는 다른 3개에 의해 영향을 받는다. 미국에서 조사된 통계치는 다음과 같은 진부한 표현을 지지해준다. 즉 "결혼하기를 좋아하는 경향(like tends to marry like)." 두 명의 영국 연구자들은 이런 결혼형태가 다음과 같은 이유로 인해 어떤 결과를 초래할 수 있다고 지적하였다.

> 학교는 실용적인 선택을 할 수 있는 하나의 통로이고, 직장 장면에서는 유사한 배경지식을 가진 사람들과 맺어주고, 그리고 거주하는 곳에서는 같은 부류의 이웃과 연을 맺고 그 뿐만 아니라 여가상황에서도 좋아하는 사람을 만나기를 원하는 경향이 있다.[27]

아직 성인이(antiadult) 아닌 청소년들은 집을 벗어나고 직업을 선택 하는 동안 보다 순종적인 사람으로 성숙해갔다. 개인은 새로운 관심사와 새로운 교제관계를 경험하게 되고 새로운 활동, 조직, 그리고 사람들에게 소개되어졌다. 상업적이거나 개인적인 영역은 현재 젊은 성인을 위한 레크리에이션 욕구를 거의 대부분 제공해주고 있다. 이런 영역들은 이성간 접촉과 활동을 촉진시켜줄 기회를 제공하기도 한다. 공공영역은 젊은이들이 자신이 속한 사회에 관심을 가질 수 있도록 하는 볼거리나 여러 가지 이벤트를 제공한다. 이 단계 동안, 대부분의 젊은 성인들은 신체적 능력을 충분히 발휘하고, 강한 신체를 만드는 활동이 특히 결혼하지 않은 사람들 사이에서 매우 인기 있는 구성요소이다.

결혼의 초기 단계 동안 여성들은 지나치게 다른 활동을 배제하고 다른 것에 대한 흥미를 줄인다. 결혼직후 여성들은 새로운 상황에 적응하고 새로운 관심사가 나타남에 따라 결혼생활에만 집중하게 되는 경향이 있다. 활동은 가정의 계획에 맞추어지는 경향이 있다. 결혼을 하고, 집을 사고, 그리고 한 가족으로 출발하는 것은 여유자금이나 여가나 레크리에이션 활동을 위한 시간을 제한할 것이다. 많은 부부들은 가족중심적인(home-centered) 단계에 들어서고,

---

26) R. Rapoport and R. N. Rapoport, *Leisure and the Family Life Cycle*(London : Routledge & Kegan Paul, 1975), 145.

27) *Ibid.*, 176.

이전에 행했던 여가형태를 둘이서 공유할 수 있는 활동으로 변화시킨다. 이런 개인들이 과연 둥지를 형성하거나 다소 개인적인 활동을 좋아할지, 상업적 활동이 그것을 그들에게 제공할 수 있을지 등에 대해서는 의문이 생긴다. 공공레크리에이션은 확실히 만약 후자가 사실이라면 여가 영역에서 하나의 의무를 지고 있다.

2) 30대(Thirties)

20대에 한 돌이킬 수 없는 결정은 회의적이고 자신에 대한 의문으로 가득찬 30대의 위기동안 의문시되어졌다. "확신이 흔들리고, 살아가는 것이 어렵고 고통스러울 것 같고, 자신에 대한 성찰은 새로운 의문을 유발한다."[28] 대개 이 시기 동안, 사회적인 삶과 결혼에 대한 만족감의 양이 저하되어진다. 목표를 제시하는 수단으로서 또는 가족과 집에서 여러 가지 기반을 쌓은 20대에서 30대는 만족감을 충족시키는 수단으로서 물질주의에 관심을 가지게 된다. 이동(여행이나 소풍)은 하나의 감각적 욕구인 것처럼 보인다. 어떤 사람은 신체적 경쟁에 새로운 관심을 가질 수 있다. National Institute of Health의 National Institute on Aging의 책임자인 Franklin Williams 박사에 의하면 뼈의 밀도가 가장 높고, 신체적 기술이 가장 절정기인 30대에서 생물학적 성숙에 도달한다고 하였다.[29] 이 시기가 삶의 두 번째 반을 차지한다는 것을 알고서 그것을 전체적인 것으로 인식하게 된다.

30대의 어떤 사람에게는 과거 10년 동안 행해왔던 결정에 대한 구속력에서 해방되어 생기를 찾을 수 있는 새로운 시대이기도 하다. 근본 자체가 흔들릴 수 있고, 경력 발전이 가장 큰 관심사가 되고, 그리고 원하는 것을 구매할 수 있는 경제적 잠재력과 신체를 개선시켜 줄 수는 있지만, 근육, 골격의 크기, 그리고 강도에서 자연적으로 저하되기 때문에 과거 몇십년 동안보다 점차 느려지게 된다. 건강한 생활양식을 유지함으로써, 질병으로 인한 손해를 입지 않을 행운을 가질 수 있고, 이것은 유기체를 가장 기능적으로 만들 수 있다.[30]

---

28) *Time,* "New Light on Adult Life Cycle," 69.

29) Bristol-Myers, *Special Report : America Comes of Age,* Company Annual Report, 1988, 7.

30) *Ibid.*

3) 30대 중반에서 40대 중반(Midthirties to Micforties)

35~45세 사이의 나이는 Gail Sheey에 의해 "한계선의 시대(deadline decade)"이라고 불려졌는데, 다른 사람들은 그것을 "중년의 위기(midlife crisis)" 또는 단지 중년이라고 하였다. 이런 교차로 또는 중간적인 표식은 하나의 의미 있는 존재인지를 발견하는데 남은 시간의 양이 제한된 것에서 자신이 지닌 소멸성을 인식하게 되는 것에서 비롯되어진다. 삶에서 이 시점은 절망, 정체, 그리고 불안정 등의 느낌을 통해 예언되어진다. "오래된 자아는 소멸되기 때문에 슬픔만이 존재한다."[31] 불안정한 중년의 위기 시기는 제 2의 사춘기와 연관되어져 왔다.[32] 이 단계는 남성의 폐경기에 대해 수많은 농담을 만들어냈다. 한 연구자는 남성의 80%가 40~65세 사이에 "그들 자신과 외부 세상 사이에서 거친 갈등을 겪는 것."[33]으로 보고하였다. 이혼과 직업의 변화는 기대치 않은 빈도로 나타난다. "어떠한 성취 단계에 도달했든, 40대 남자는 대개 생기가 없고(stale), 들떠 있고, 무거운 짐을 지고 있고, 그리고 이해되어지지 않는다고 느낀다."[34]

여성의 평등과 다른 자기 표현적인 운동은 여성으로 하여금 위기시기에 대한 반응을 표현하는 것을 가능하게 하였다. 이전의 성장적인 측면은 여성에게서는 무시되어졌다. 그들은 이런 시기 동안 겪는 다른 위기를 표현하는 것이 허용되지 않았고 생물학적이거나 이해할 수 있는 폐경기에 대해서만 다른 사람들에 의해 인정되었다. 1970년대 여성들은 가족을 떠나고 보다 적극적이고 공격적이 되었다. 치료집단, 사회훈련시설(halfway house), 그리고 다른 은신처나 센터는 충족되지 않은 여성의 성장욕구를 충족시키기 위해 설립되어졌다.

여성은 남성보다 중년에 도달했다는 사실을 더 빨리 인식한다. 여성은 남녀평등이 더 증가됨에 따라 이 시기가 미래를 대비할 수 있는 의미있는 방법을 찾고 탐색할 수 있는 마지막 기회인 것을 깨닫고 더 적극적이 된다. 남성은 더 나은 경력을 쌓는 것에 온 정신을 집중하였기 때문에 시간 압박에 대해 더 늦게 반응한다. 양성 간의 차이는 중년위기 동안 적절하게 적응하는 것을 어렵게

31) Sheehy, *Passages,* 30.

32) *Time,* "New Light on Adult Life Cycle," 69.

33) J. M. Bennett, "Constraints on Leisure in Middle Age," In *Constraints on Leisure,* ed. M. G. Wade, (Springfield, Ill. : Charles C Thomas, 1985), 330.

34) Sheehy, *Passages,* 31.

만든다. 사람들은 어떻게 인간관계를 조정할 수 있을지에 대한 훈련을 거의 받지 못한다. 성인훈련에서 대부분의 근거는 어떤 위기에 대해 반응하는 것을 보여주지만, 그 행동에 대해 추후 조사가 거의 이루어지지 않는 TV에서 유래되어진다.

중년의 위기의 일부분으로서 또는 40대의 폭발은 한 사람이 상상하지 못했던 실재를 발견하거나 탐색함으로써 나타난다. 제 2차 세계대전 후 미국인들은 매년 최상의 경험(peak experience)을 할 것이라고 기대하였다(예 : 봉급의 증가, 구매력의 증가, 그리고 표준생활의 개선). 미래는 밝았다. 지금 어떤 사람들은 미래가 그들의 아이들에서도 존재할지 의문을 가진다. 정부, 기술공학, 그리고 미국인이 가지는 무제한적인 가능성 등에 대한 신뢰는 핵폭발, 정치적 추문, 다양한 에너지 위기, 지구환경의 변화, 그리고 국가간 분쟁 등에 대한 고려 등으로 인해 훼손되어져 왔다. 대학교육은 더 이상 바라는 직업이나 미래에 대한 보증이 되지 못한다. 증가되는 관료주의는 익명성과 통제부재 등을 느끼게 해주었다. 외로움과 "일과 성인의 삶이 지닌 실재가 어떻게 그들의 기대 수준에 못 미치는지를 인식하는 것"[35]은 사람들이 불만족하게 하는 원인이 되었다. 삶은 보다 힘들어지고, 보다 고통스럽고, 보다 많은 것을 요구하고, 그리고 기대한 것보다 보상이 적다. 절망은 만약 "어떤 것을 희생하거나 고통을 받음으로서 얻어지는 만족이나 즐거움을 충분히 가지지 못하였다고 전체적으로 느껴질 때" 발생할 수 있다.[36]

적절한 신체적 조건형성이 결여될 수 있고, 그것은 전체적으로 불만족을 증대시켰다. Harris 조사는 Pacific Mutual을 대상으로 유도되어졌는데, 연구결과는 "응답자의 2/3가 과체중이었고, 단지 375명만이 규칙적인 운동을 하고, 5명중 1명은 잠잘 시간도 충분하지 않고, 수백만명의 사람들은 지나치게 알코올을 섭취한다고 말했다."[37] 특히 신경안정제 등과 같은 약물은 신체의 정상적인 균형을 혼란시킨다. "각성제의 출현(Pill popping)은 하나의 유행이 되었고… 새로운 건강 위기를 초래하였다."[38]

40~65세 사이에 신체적 특징에서 극적인 변화가 나타난다. 체지방이 더 쌓

35) "Why 'the Good Life' Isn't Good Enough," *The Futurist* 12, no. 1(February 1978) : 64~65.

36) Rapoport and Rapoport, *Leisure and the Family Life Cycle,* 269.

37) "Lifestyles : Health," *Morgantown(W. Va.)* Dominion Post, 21 January 1979.

38) R. Hughes and R. Brewin, *The Tranquilizing of America*(New York : Warner Books, 1979), 1.

이고, 피하조직이 점차 변화되고, 얼굴은 주름이 생기고 얇아지고, 피부와 외부 기관들은 탄력성을 잃어간다.[39] 건강상의 문제와 낮은 수준의 신체적 건강은 사람들이 즐거움을 느낄 수 있는 건강상태에서 참여 가능한 활동 범위를 제한시킨다.

한 개인의 전반적인 건강은 강도, 빈도, 그리고 몰입의 기간 등을 결정할 뿐만 아니라 여가에 대한 태도에 영향을 미친다. 조깅에 관련된 책을 쓴 저자는 한 주당 최소 45분씩 몇 번을 달림으로써 충분한 편익과 의기양양함을 제공받았다고 보고하였다. 지방을 최대한 많이 없애기 위해, 유산소운동을 한 주당 최소 30분씩 2~3회 정도 연속적으로 해야 한다 이것은 단순한 사실이다. 즉 대부분 미국 성인들은 이것을 하지 않는다. 1977년 실시된 public survey는 대부분의 인기있는 야외활동이 격렬한 신체활동을 요구하지 않았고, 응답자의 9%는 다음 12개월 동안 어떠한 야외활동에 참여하기를 기대하지 않았다(표 10.1을 보라). 운동의 부족과 심장혈관계 질병 사이의 관련성을 보여주는 의료적 발견은 사람들이 규칙적인 신체운동을 하도록 동기부여 시키지 못하였다. 여성들에서 골 밀도의 손상(골다공증)은 30대 후반에서부터 서서히 진행되고 폐경기 이후 급속히 촉진되어진다. 운동은 골 밀도를 증가시켜 주고 신체는 "젊은 시기 동안 발전된 근육과 뼈의 상태를 극적으로 개선시키는데 가장 적절한 것이다."[40] 강하고, 잘 발달된 근육과 뼈는 성인기에서도 계속된다.

신체적 활동은 사람들의 일반적인 복지를 개선시켜 주고, 일의 수행을 증가시켜 주며, 계획적인 결근율을 감소시켜 주고, 사회적 상호작용에 기여하고, 그리고 의미있는 생활의 관심거리로 작용할 수 있다. 레크리에이션과 여가경험은 또한 권태를 이기고, 심리학적 무기력에서 벗어나게 하고, 또는 정신질환을 극복하게 해준다. 고대 이집트인들은 B.C. 2000년 전부터 레크리에이션을 치료의 한 형태로 사용하였다.[41] 그럼에도 불구하고 '그것은 레크리에이션 활동과 흥미가 책임감이 줄어듦에도 불구하고 나이로 인해 제한되어진다." 여가와 레크리에이션 서비스 제공자는 얼마나 많은 이런 제한이 신체적이고 정신적인 원기를 저하 시키는 원인인지, 그리고 얼마나 많은 프로그램이 일차적으로 젊은 성인과 청소년을 위해 운영되는지 등에 대해 의문을 가져야 한다.[42]

---

39) Bennett, "Constraints on Leisure in Middle Age," 321.

40) Rea, "Using Recreation to Promote Fitness," 33.

41) V. Frye and M. Peters, *Therapeutic Recreation: Its Theory, Philosophy and Practice*(Harrisburg, Pa.: Stackpole Books, 1972), 16~18.

중년의 그리고 더 나이든 성인은 만약 적절한 여가서비스를 이용할 수 있다면, 정신적이고 신체적인 활기를 더 많이 표현할 수 있을까?

<표10.1>야외활동에서 시민의 참여율
(Public Participation Rates in Outdoor Activities)

(A) 마지막 12개월 동안 당신이 참가한 활동이 있는가?
(B) 다음 12개월 동안 당신이 참가하기를 기대하는 활동이 있는가?

	Total Public			Total Public	
	질문 A의 비율	질문 B의 비율		질문 A의 비율	질문 B의 비율
즐거움을 위한 운전	58	55	사냥	13	14
즐거움을 위한 걷기	56	52	캠핑 : 외진 곳	11	14
관광	50	46	골프	11	12
수영	43	40	오토바이/도로가 있는 곳	11	10
소풍	42	39	하이킹 : 배낭여행, 외딴곳으로 길이 있음	10	11
실내 스포츠	42	42	아이스 스케이팅	9	12
야외 스포츠	41	38	설매	9	11
스포츠 참여	38	39	수상스키	8	9
낚시	32	32	승마 : 접근가능한 길 있음	6	7
산책	27	28	4륜 구동, OFF-ROAD	6	6
자전거타기	26	27	활강스키(downhill skiing)	5	8
야외 드라마, 콘서트	22	24	승마 : 외진곳, 길이 있음	5	6
캠핑, 개발된	20	21	산악 등반	5	6
하이킹 : 접근가능한 길	19	20	설상차 경주(snowmobile racing)	4	5
테니스	17	19	레프팅	3	4
조깅	17	17	공중에서 이루어지는 활동	3	4
카누/항해/조정	14	16	크로스 컨트리 스키	2	3
모터보트 타기	14	13	아무 것도 없음	8	9

※ *Participation Table By American Forest Institute. Copyright 1977 by American Forest Institute, Reprinted by permission of the publisher.*

42) Verduin and McEwen, *Adults and Their Leisure,* 40.

4) 레크리에이션과 종사자 레크리에이션 프로그램 (Recreation and Employee Recreation Program).

학령기 아동이 있는 잠재적인 비즈니스 관리자는 개인과 가족 여가가 그들이 가진 직업이 더 나아지기 위해 종종 희생된다는 사실을 발견하였다. 그들의 귀중한 자유재량 시간은 더 큰 만족이 돌아올 수 있도록 할당되어져야만 했다. 비즈니스나 다른 기관은 레크리에이션이 가지는 중요성과 종사자가 성인기의 기본적 위기를 다루는 것을 도우는 것에 대한 중요성을 인식하였다. 어떤 기업은 은퇴 후 새로운 경력을 쌓기 위해 다시 훈련 받는 개인에게 그들의 작업시간을 수업 스케줄에 맞게 조정할 수 있도록 해주었다. 다른 기업체는 교육 프로그램에 대해 돈을 지급하여 주거나, 레크리에이션 시설물을 제공하거나, 배우자 레크리에이션 팀을 만들거나, 이용가능한 전문적인 상담가를 두기도 하고, 인센티브(incentive : 유인 동기)를 주어 건강을 촉진하는 프로그램을 제공하기도 하고(예 : 금연 캠페인), 필요 노동시간이나 시간외 노동을 줄이고, 그리고 여가나 또는 은퇴전 기획기간(session)을 제공해주기도 한다. 관리자는 만약 매우 자질 있는 노동자나 전문가를 끌어들이거나 유지하기를 원한다면 단순히 봉급을 더 줌으로써 그것이 인센티브가 되는지 아니면 단순한 편익에 불과한지를 배워야 한다. 한 연구에서는 종사자가 사회적 즐거움, 육체적 건강, 성취, 그리고 재미를 주기 위한 기회를 기업 레크리에이션 프로그램이 제공한다는 사실을 인식하고 있는 것으로 나타났다.[43]

기업은 종사자를 위한 운동에 보다 많은 돈을 소비하고, 더 많은 주의를 기울이고 있다. "오늘날 사람들은 단지 고용되기만을 원하지 않고, 금연 구역, 영양이 풍부한 카페테리아 메뉴 그리고 운동을 할 시간과 장소 그리고 유해 물질을 정화하는 시설이 있는 곳에 고용되어지길 원한다."[44] 기업이 지원하는 건강 프로그램은 종사자의 입장에서는 사소한 편익이지만 기업에 의해 보다 생산적이고, 행복하고, 그리고 노동자들이 더 건강해지는 비용-효과적인 생산요소이다. 2개의 보험기업의 종사자들을 대상으로 한 집단에게는 건강과 관련된 활동에 참여시켰고, 다른 집단에게는 그것을 제시하지 않았다. 6주 후, 적극적인 건강집단에서는 의도적인 결근율이 22%로 저하되었고, 이직률은 15%에

43) R. J. Rossman, "Participant Satisfaction with Employee Recreation," *Leisure Today, Journal of Physical Education, Recreation and Dance,* October 1983, 61.

44) G. Fain, "Why Employee Recreation? An Introduction," *Leisure Today,* JOPERD, October 1983, 3.

서 1.5%로 줄어들었다.[45] 주요 건강 프로그램을 가진 한 기업의 대표는 다음과 같은 언급을 하였다. 즉 "종사자는 우리가 제공하는 다른 사소한 편익보다도 체육관, 테니스 코트, 또는 수영장 등에 의해 더 감명을 받았다."[46] 자체적으로 시설물을 제공할 수 없는 소규모 기업은 근처의 클럽과 계약을 맺거나 비용을 줄거나 전혀 들지 않게 프로그램을 이용할 수 있게 하였다.[47] 종사자 레크리에이션은 단지 운동 프로그램에 제한되지 않았다. WELL(Wesley Employee Long Life) 클럽 등과 같은 건강 프로그램은 몸무게를 조절하기 위한 특별한 운동 프로그램을 병행하여 영양과 스트레스 관리교실을 운영하고 있다.[48] 이것은 새로운 현상이 아니다. 즉 1879년은 종사자 레크리에이션 프로그램이 최초로 사용된 것으로 기록된 해이고, 1990년에는 모든 미국 기업의 25%가 종사자 레크리에이션/건강 프로그램을 제공했다고 추정되어졌다.[49] 최초의 종사자 레크리에이션 프로그램이 시행된 지 110년 후인 1989년 5월 19일은 NAGCPFS(the National Association of Governors' Councils of Physical Fitness and Sports)가 최초의 National Employee Health and Fitness Day를 통합시켰다. 프로그램 기획자는 최소한 3천만 명의 미국 노동자가 3천개의 미국협회와 기업이 참가하는 것 이상의 대표성을 가진다고 추정하였다. 이 날은 매월마다 National Fitness and Sports의 일부이고, 그 직업에 대한 건강과 운동을 촉진하도록 그리고 기업이 장기간의 건강과 레크리에이션 프로그램을 시작하도록 이벤트를 기획하였다.[50]

시설물, 건강책임자, 그리고 다양한 인센티브의 영역은 여전히 자격이 있는 종사자의 12%에서만 매력적이었다. 가외의 봉급, 건강보험 프리미엄을 위한 상환, 노동 중 휴식시간 허용, 건강 클럽에 돈을 지급해주고, 저렴한 가족건강센터 멤버십 비용, 개별 건강상담자, 그리고 포인트 시스템에 의한 상금의 수여 등에 참여하는 것이 인센티브이다. 한때 Nashville에 있는 Hospital

---

45) K. Villeneuve, D. Weeks, and M. Schwield, "Employee Fitness : A Bottom Line Payoff," *Leisure Today, JOPERD,* October 1983, 35.

46) "As Companies Jump on Fitness Bandwagon," *U. S. News & World Report,* 28 January 1980, 36.

47) Fain, "Why Employee Recreation? An Introduction," 2.

48) J. Howell, "Wellness for the Practitioners," *Leisure Today, JOPERD*, October 1983, 37.

49) C. Howe, "Establishing Employee Recreation Programs : A Human Rationale," *Leisure Today, JOPERD*, October 1983, 34.

50) *Dateline : NRPA*, "Fitness on the job," April 1989, 8.

Corporation of America에서는 달리기나 걷는 사람에게는 16센트, 자전거를 타는 사람에게는 4센트, 그리고 수영을 하는 사람에게는 64센트를 주는 것과 같이 사람들이 운동한 거리만큼 화폐적인 인센티브를 제공하였다.[51] 또다른 기업은 건강을 유지하는 종사자에게 일정량의 돈을 지급하거나 또는 건강하지 못하거나 건강이 다소 약한 종사자들에게 매년마다 무료로 신체검사를 받게 하거나 새로운 안경을 주는 등과 같은 부가적인 건강 편익을 제공하기도 한다.[52] 기업은 그 인센티브가 종사자들이 그것에 집착하도록 동기부여되어질 뿐만 아니라 건강 프로그램에 종사자들이 매력을 느끼도록 도와주기를 기대하고 있다. 그 프로그램의 참여자는 60에서 40%로 떨어졌다. 여러 가지 요인들이 이런 높은 탈락률을 설명해줄 수 있다. 조깅의 성공은 운동의 시간과 관련되어지는 것으로 나타났다. ―그날 더 일찍 시작하는 것이 더 좋았다. 일반적으로 자아―동기부여적인 측면에서 더 무거운 탈락된 집단은 몸무게가 거의 10파운드 정도 더 나갔다. 그리고 체지방이 5%이상인 사람은 운동프로그램을 계속 유지하는 사람보다도 더 무거운 몸무게를 지닌 것으로 나타났다. 선행에서 언급된 차이는 거의 80%의 정확성을 가진 것이다.[53]

전문적인 노동자들, 의사, 변호사, 그리고 교수 등은 비록 다양한 레크리에이션 활동을 보이지만 보다 많은 시간을 노동 계층 구성원보다 그들의 전문성과 관련된 것에 시간을 보낸다.[54] 개인적 활동에 참여한 사람들은 가족 중심적인 활동을 선호하는 비율이 떨어진다. 이것은 휴가를 가는 가정의 수로 설명되어질 수 있다. ―아이가 있는 가정에서는 하나의 투자로서 그리고 가족 레크리에이션의 핵심으로서 그것을 할 수 있을 것이다. 가족 휴가가 지닌 대중성은 그 아이가 사춘기 후기 단계에 진입하기 전에 최고에 달한다. 그 시기의 십대들은 동료집단을 더 선호한다.

공공 레크리에이션은 휴가를 풍요롭게 갈 여유가 없거나 세들어 살거나 거주하는 곳이 자기 집이 아니어서 휴가를 갈 여유가 없는 주요한 세납자를 위한 어떤 가족중심적인 활동을 제공해야만 한다. 겨울은 그 가족들이 휴가를 가는 것을 더 어렵게 만들고, 그리고 맞벌이 부부가 규칙적으로 신체 활동을 더 할

51) "As Companies Jump on Fitness Bandwagon," *U. S. News & World Report,* 36.

52) Villeneuve, Weeks, and Schwield, "Employee Fitness : A Bottom Line Payoff," 36, 49.

53) L. Asher, "Health : The Exercise Dropout Test," *Psychology Today,* August 1979, 25~26.

54) M. Young and P. Willmott, *The Symmetrical Family*(London : Routledge & kegan Paul, 1973), 12.

수 없게 만든다. 아침의 가벼운 운동, 수영, 그리고 요가 클래스는 단지 주부, 집에서만 일하는 여성, 그리고 그들의 작업 스케줄을 조정할 수 있는 능력을 가진 소수의 노동자만이 이런 서비스를 이용할 수 있다.

성인에게 단지 신체적 활동을 제공하는 것뿐만 아니라 더 큰 중요한 문제는 교육에 있다. 사람들은 취미, 육체적 운동, 그리고 모든 유형의 여가 경험이 지닌 이점을 인식할 필요가 있고 그렇게 함으로써 그들의 은퇴전이나 은퇴 후의 생애가 의미 있고 만족하게 될 것이다. 한 연구에서는 일 다음으로 TV를 보거나 라디오를 시청하는 것에 많은 시간을 소요하는 것으로 보고되었다. 유사한 연구에서는 또한 남성의 44%, 여성의 52%가 취미나 스포츠를 하는데 시간을 거의 보내지 않는 것으로 나타났다.[55)]

5) 베이비 붐 세대(Baby Boomers).

1946년과 1964년 사이에 7억 6천만명의 미국인이 태어났다. 이런 집단을 베이비 붐 세대(Baby Boomers)라고 분류하는데, 이들은 미국 인구에서 가장 큰 세분집단이고, 현재 중년층의 연령대가 이에 포함된다. 그들은 국가의 인구분포 중 거의 1/3을 차지하고, 국가수입 중 거의 절반을 통제하고 있다. 이런 많은 수와 수입 이외에도 몇 가지 요인들은 여가제공자들에게 특별한 표적집단이 되게 하였다. 이 세대는 중년에 도달할 때까지 최고의 교육을 받은 세대이고, 더 나이든 베이비 붐 세대는 "일 중독자를 벗어난(backing off workholism)" 그리고 의미있거나 만족할 수 있는 다른 방법을 추구하는 것으로 나타났다. 이런 거대한 집단이 한 가지 프로그램에 만족할 것이라는 생각을 버려라. 다른 연령 세분집단처럼, 이들은 욕구와 능력의 범위가 다양하다. 어떤 초기 베이비 붐 세대는 2번 결혼하거나 가족을 가지기도 하고, 어떤 사람들은 독신으로, 어떤 사람은 현재 "텅 빈 둥지(emptynester : 아이들이 집을 떠남)"시기에 있을 수 있다. 10~12%는 결코 결혼을 하지 않는 것으로 추정되었다.[56)] 다른 계층은 아이를 가지지 않거나 전통적인 시기보다 가족을 더 늦게 형성한다. 딩크(Dinks) 族은 맞벌이를 하면서 아이가 없는 부부를 나타내는 용어이다.

---

55) E. Pfeiffer and G. Davis, "The Use of Leisure Time in Middle Life," *The Gerontologist* 11, no. 3(1971) : 190.

56) E. O'sullivan, "The New Marketing Challenge : Baby Boomers," *Parks & Recreation* 23, no. 2(1988) : 38~42, 71.

6) 40대 중반에서 후반(Mid-to Late Forties)

하나의 새로운 안정성인 균형(equilibrium)은 40대 중반에서 나타난다. 만약 중년의 위기가 직면되었거나 다루어져야 할 문제라면, 목적이 수정되어질 것이고, 삶의 구성요소는 최고의 생애를 보낼 수 있도록 유도될 것이다. 하지만 우리 사회에서 대부분의 개인은 이 기간의 잠재적인 즐거움에 대해 준비하지 않았다. 아이들은 이 시기에 거의 대부분 집을 떠나고, 부부는 그들의 관계를 새롭게 정립할 필요가 있다. 여가는 "잠재적 스트레스나 관계 변화가 나타나는 이 시기 동안 의사소통을 촉진시키는 하나의 요인"으로 나타났다."[57] 부부는 나중의 생애에서 두 사람을 하나로 묶을 수 있는 공통적인 근거로 제공되어질 수 있는 새롭거나 오래된 활동을 통해 각자를 재발견하고, 문예부흥처럼 많은 변화를 경험할 수 있다.

결코 결혼하지 않았거나 그들의 짝을 잃어버린 사람들은 동료나 성별과 관계없이 가까운 친구를 사귀거나, 아니면 부부로서의 하나의 관계를 형성하기도 한다. 여가 기획자는 이런 연령집단에게 활동과 연계된 교육프로그램을 제안하거나 제공할 수 있다. 일과 후 두 사람이 함께 할 수 있는 특별한 운동을 수반한 건강 캠페인은 의사소통 촉진자로서 그리고 예방의학적 방법으로서 이중의 목적을 제공할 수 있다. 건강은 이 연령집단의 단지 소수만이라도 규칙적으로 활동할 수 있게 격려되어질 필요가 있다. 신체활동에서 이 단계에 들어선 많은 사람들은 이전에는 운동을 하지 않았다는 사실이다. 나이든 사람들, 특히 여성은 레크리에이션 시설물을 사용하는 것과 아주 거리가 멀다. 중요한 점은 수많은 편리한 센터를 만들거나 가족중심적 활동이 타당하다는 것으로 사람들을 교육시켜야 한다는 것이다. 하나의 주요 센터에서 소규모로 분산된 센터가 있는 위성체제나 출장소는 이런 문제를 해결해줄 수 있을 것이다.

활동이 삶의 만족에 기여하는지 검토를 한 연구자들은 여행과 문화적 활동이 40~54세 사이의 연령대인 개인들에게 가장 중요하다는 사실을 발견하였다. 사회와 운동/스포츠 활동이 연관되어져 있다는 것은 어느 정도 중요성을 가진다. 야외에서, 가족에 근거를 둔, 공동체 조직, 그리고 가족 활동은 상대적으로 덜 중요한 것으로 나타났다.[58] 종교적 친목은 일상적인 식단뿐만 아니라

57) D. Orthener, "Patterns of Leisure and Marital Interaction," *Journal of Leisure Research* 8, no. 2(1976) : 100.

58) J. Kelly, M. W. Steinkamp, and J. R. Kelly, "Later-Life Satisfaction : Doses Leisure

주말 건강 또는 운동 프로그램을 제공해야 할 필요성을 인식하였다. 레크리에이션 기획자는 미국인의 40~54세 연령층이 전체 인구의 성장률인 7.1%에 비교해서 1990년과 2000년 사이에 46% 증가된 이유를 설명해야 하고 알 필요가 있다. 미국 인구의 1/4은 2010년경 최소 55세일 것이다. 이런 연령집단을 위해서는 질적으로 증가된 뿐만 아니라 양적으로 증가된 서비스가 존재해야 한다.[59)]

7) 50대와 은퇴전 연령(The Fifties and Preretirement Years)

50세 경이 되면, 성인은 새로운 따뜻함과 원숙함을 지니게 된다. 이 단계에서 만약 이전에는 경험하지 못했다면, 사람들은 그들의 신체가 피로로부터 회복되는데 많은 시간이 걸리게 되는 것을 알게 되고, 신체의 지구력이 이전만큼 못하고, 그리고 탄력성이 감소되었다는 것을 깨닫게 된다. 결국 성인기는 "많은 영역에서 계속적으로 성숙해가고, 다른 것처럼 점차 쇠약해져 가는 시기이다."[60)] 거래적 기능은 많은 스포츠에서 나타나는데, 성숙과 경험을 얻음으로서 점차 신체가 노화되어가는 것에 대한 하나의 보상이 될 수 있다.

원숙함(mellowing)의 과정은 새로운 관심, 다른 것에 대한 새로운 지향, 그리고 자신에게 덜 몰두함으로써 형성된다. 공공 레크리에이션 프로그램은 그들을 자원봉사자의 일이나 상담에 투입함으로써 이 연령집단을 하나의 자본으로 만들 수 있다. 하지만 만족은 여가가 아닌 일에서 발생된다. 50대 남성의 8~10%, 그리고 여성의 10~12%가 일보다는 여가활동을 함으로써 더 큰 만족감을 얻을 수 있다고 반응하였다. 양성에서 87~97%는 만약 그들이 생존을 위해 일을 할 필요가 없더라도 여전히 일할 것이라고 응답하였다. 60대 후반 남성의 97%는 여전히 일하고 있다.[61)]

미래에 기획을 하는데 있어 이 시사점은 명확하다. 즉 과거 은퇴연령대의 사람들이 불만족한 상태가 되지 않기 위해서, 우리 사회는 중년층에 여가를 위한 보다 많은 훈련을 제공해야 하고, 더 많은 일자리를 창출해야 하고, 그리고 살아 있을 동안 평생여가를 제공해 주어야 할 필요가 있다. 은퇴전 기획 프로그램은 태도나 행동을 변경시킬 수 있어야 한다. 이런 프로그램에 참여한 사람들

Contribute?" *Leisure Sciences* 9, no. 3(1987) : 195.

59) R. Epstein, M. Cram, and J. Kelly, "How Much Do You Know about Recreation for Older Adults?" *Parks & Recreation*(March 1994) : 66.

60) L. E. Robison, *Human Growth and Development*(Columbus, Oh. : Merrill, 1968), 85.

61) Pfeiffer and Davis, "The Use of Leisure Time in Middle Life," 191.

은 여가 활동에 더 많은 관심을 가지도록 그리고 더 많은 다양한 조직에 관여되어지도록 동기 부여되어졌다. 관심과 몰입에서의 이런 특정한 변화들은 한 개인이 지닌 자아–이미지(self–image)를 개선시킬 수 있다(표10.2를 보라).

<표 10.2> 은퇴전 · 후 과정의 반응 빈도에서 가장 크게 나타난 항목들
(Items with Greatest Change in Response Frequency before and after a Preretirement Course)

증가된 관심사	감소된 관심사
사회보장제도(social security)	법적인 기획(legal planning)
의학적 도움	고용의 필요성
건강	
여가활동	
증가된 몰입	**감소된 몰입**
전문적 조직	법적인 기획
직업으로 인한 조직	사회 보장제도(social security)
서비스 클럽	
성인교육	
형제(fraternal) 같은 조직	
교회조직	
사회클럽	
시민조직	

※ Source : *Don C. Charles, "Effect of Participation in a Preretirement Program." The Gerontologist 11, no.1(1971) : 25. Copyright 1971 by the Gerontologist Society, Reprinted by permission of the publisher.*

다음에 제시된 질문들은 성공적인 은퇴를 위한 하나의 지침서로서 은퇴전 개인을 위해 개발되어졌다.

- 당신은 혼자서 즐기는 어떤 취미를 가지고 있습니까?
- 당신은 한 집단으로서 참여할 수 있는 취미를 가지고 있습니까?
- 당신은 실내(겨울)나 야외(여름) 동안 관심을 가지는 특별한 레크리에이션을 가지고 있습니까?
- 당신은 어떤 시민조직에 어떤 방식으로든 관여되어 있습니까?

- 당신은 교회내에서 어떤 조직에 가입했습니까?
- 당신은 오랜 세월 동안 지속할 수 있는 새로운 모험적인 일을 떠맡고 있습니까?
- 당신은 당신과 배우자가 같이 할 수 있는 어떤 관심거리를 가지고 있습니까?
- 당신은 당신 자신을 위해서보다 어떤 다른 이유에 더 많은 지원(시간, 돈, 또는 에너지)을 하고 있습니까?
- 당신은 당신의 자식이나 증손자들과의 활동이나 경험을 하는 것을 즐깁니까?
- 당신은 미래에 이용할 저축에 대해 구체적인 계획을 가지고 있습니까?
- 당신은 매년 의료진료를 받고 있습니까?[62)]

10.1.3 검토
(Review)

아동기처럼 성인기는 수많은 단계 또는 기간으로 이루어졌다. 각 기간은 특정한 과제를 포함하고 있다. 생활 구성요인은 한 가지 과제를 달성함으로서 다음 발달적 단계로 이동함으로써 얻어졌다. 다양한 연령범위는 이 단계에 접근하게 하였지만, 개인과 환경적 차이는 시기적절성과 방해의 정도에 의해 다양한 변화를 유발하였다. 어떤 개인은 모든 단계를 쉽게 통과하지만, 다른 어떤 사람은 각 단계마다 심한 변화를 겪는다. 하지만 20대에는 집을 벗어나 정체성을 찾으려고 하고, 자신에 대해 의문을 가지는 30대, 중년의 위기나 폭발을 경험하는 40대, 그리고 원숙해지는 50대에 이르기까지 일정한 순서대로 진행되어진다. 비록 여가활동 수준이 다양한 연령대와 상반되게 관련되어 있고 특정한 조건이 다양한 생애 단계나 발달적 시기와 연관성을 가질 수 있지만, 개인은 고정관념을 가질 수 없다. 어떤 개인에게 주어진 생물학적이고 사회화 과정으로 인해, 그들의 연령 집단(cohort)을 크게 벗어나지는 못한다. 한 가지 원천에 의하면, 남성 테니스 선수는 27세에, 남성 골퍼는 30세 경에 능력이 절정에 달한다고 한다. 하지만 Ken Rosewall은 40대에 세계 최정상의 테니스 선수로 성공하였고, 골퍼 Sam Snead는 60대에 세계 최정상급으로 등극하였다.[63)]

---

62) H. Edgren, "Effective Living in Middle Age," *American Recreation Journal,* January–February 1964, 16.

63) G. Godbey, *Leisure in Your Life*(State College, Pa.: Venture Publishing, 1985), 181.

능력 수준에도 불구하고, 여가 전문가들은 여가가 개인의 주관적 복지에 중요하게 기여할 것이라는 점을 명심해야 한다. 한 연구에서는 40대와 그 이상의 연령에서는 비경제적 요인이 가장 중요하다는 사실을 발견하였다.[64)]

이런 성인 단계들은 Shakespeare가 구분한 것처럼 크게 다섯가지 단계로 나뉘어진다. Shakespeare는 열렬한 연인(ardent lover), 용맹스런 군인(adventurous soldier), 권위 있는 재판관(dignified judge), 안경을 끼고 쪼그라든 노년(bespectacled and shrunken age), 그리고 제2의 유아와 망각의 시기(the second childness and oblivion) 등으로 말하였다.[65)] 성인기의 단계들은 단지 신체적 변화만이 아닌 성장과 발달의 모든 측면을 고려해야 한다.

각 단계에서 대다수 미국 성인들은 일 지향적이었다. 한때 예언되었던 여가 지향적인 문화는 발생하지 않았다. 현재 사람들은 만약 그들이 그것을 할 수 없을 때까지 일을 계속하기를 원한다. 그들은 일에서 가장 큰 만족을 얻었고, 대부분 사람들(56~83%)은 그들이 가진 자유시간의 양이 그리 많지 않았다고 느꼈다.[66)] 그러면 이러한 세대적인 차이가 우리 사회에서의 가치관이 변화되었다는 것을 반영해줄 수 있을 것인가 그리고 연령적 요인이 그런 불일치를 유발할 수 있을지가 의문으로 남아 있다. 정신건강, 신체적 건강, 그리고 삶에 대한 만족한 이유들로 인해, 성인은 어떻게 참여할 수 있을지 배우기 위해 그리고 왜 어떤 활동유형의 지속이 성공적으로 늙어가고 삶에 대한 즐거움을 얻기 위해 중요한지, 그리고 적절한 여가 활동에 참여하도록 동기 부여되어지는 것이 왜 중요한지 이해할 수 있는 여가/레크리에이션 기회에 대해 더 많은 정보를 얻을 필요가 있다.

10.2 노년기
(The Elderly)

나는 삶을 되돌아보았다. 몇년 전 나는 이미 죽을 준비를 하였다. 72년이라는 삶은 충분하다. 나의 일은 없어졌다. 나의 가족은 사라졌다. 나는 홀로 TV를 보면서 세월을 보내고 있고, 기억이나 자기-연민(self-pity)도 사라졌다. 그리고 나서 어떤 것이 발생하였다.

64) Kelly, Steinkamp, and Kelly, "Later-Life Satisfaction : Does Leisure Contribute?" 197.
65) Jones, "America's Adults in Search of What?" 56~59.
66) Pfeiffer and Davis, "The Use of Leisure Time in Middle Life," 191.

지나치게 많은 아이들을 가진 대가족은 다음 문으로 이동하였다. 나는 그 아이들이 다가와서 자신들을 소개할 때 정직했고 그들이 추억이 서린 집 주위를 돌아다니는 것을 참을성 있게 지켜보았다. 하지만 나는 그것을 좋아하지 않았다.

그 주가 지나간 후, 그런 괴물들은 인간적 특성이 부여되었다. 나는 그들의 이름을 알았다. 그들의 영웅이었고 그들의 은신처였고 그들이 좋아하는 디저트였다. 하루는 그들을 좋아하게 된 나 자신을 발견하였다. 그 다음에는 그들을 사랑하게 되었다. 나는 나를 상실한 그 사람이 되었다.

그 아이들의 학교에서 더운 점심을 요리하기 위해 캠프가 열렸을 때, 그 아이들은 나에게 그것을 해보라고 자극하였다. 그 학교 게시판에는 나의 연령대의 여성을 위한 지나치게 많은 직업이 공고되어 있었다. 하지만 나의 남편과 나는 26년간 경영한 레스토랑을 경영하였고 그들은 나에게 새로운 시도를 해보라고 하였다. 글쎄, 나는 단지 무엇인가를 하는 것이 좋을 따름이다. 나이든 사람은 만약 우리에게 어떤 기회가 주어진다면 그것을 기꺼이 선택할 것이다. 그런 기회가 없다면, 우리 삶은 쓸쓸할 것이다. 점차 어두워질 것이다. 그것이 있다면, 우리는 우리 자신을 잊어버린 그 사람이 될 것이다. 우리는 삶을 되돌아갈 수 있다.67)

10.2.1 미국에서의 노화
(Aging in America)

얼마나 많은 개인이 65세이거나 그 이상일까? 만약 당신이 조부모나, 종조부(granduncle), 종조모(grandaunt) 등과 같은 가족구성원을 제외하면, 당신은 누구와 친한가? 당신은 당신이 거주하는 아파트, 이웃, 공동체, 또는 교회 등에서 나이든 사람들 중 한명을 알려고 노력하거나 그들과 시간을 보낸 적이 있는가? 대부분의 사람들은 그러지 못하고 있다고 대답한다.

1) 고정관념과 오해(Stereotype and Misconceptions)

다른 소수 집단처럼 나이든 사람은 고정관념에 의한 이미지로 인해 희생되기도 하는데, 이것은 주로 오해에서 근거하고, 이런 고정관념화된 이미지는 고정관념화된 여가 서비스를 촉진한다. 일반적으로 노인과 노화과정에 대해 가지는 태도는 부정적이다. 메릴랜드 대학교의 Center on Aging에 의해 실시된

67) "I Came Back to Life," by Atlantic Richfield Co. Copyright by Atlantic Richfield Co. Reprinted by Permission of the Publisher.

연구결과에 의하면, 단지 아동의 11%만이, 나이가 들어가는 것에 대해 질문받았을 때 좋은 어떤 점이 있다고 대답하였다. 노인들은 아이들에 의해 주름살이 지고, 아프고, 추하고, 슬프고, 그리고 초라한 사람으로 묘사되어졌다.[68] 노인과 직접적으로 접촉하는 사람들이 수가 줄어감으로 인해 많은 사람들은 별 도움이 되지 못하는 고정관념화된 이미지를 개발하였고, 새로운 흥미를 개발할 능력이 없는 무능력한 개인으로 노인들에 대한 이미지를 가지고 있다.

심지어 심리학과를 졸업한 학생들조차도 나이든 사람들에 대한 오해와 고정관념화된 견해를 가지고 있는 것으로 나타났다. 한 개인이 노화가 됨으로서 일상의 공동체생활에서 발생하는 문제에 대응할 능력이 저하되고, 그 사회가 제공한 주어진 고정관념화된 역할에 따르거나 수용하기 시작하는 사실이 발견되었다.[69] 이런 사회적 기대는 그들 자신을 어떤 방시그로 간주하게 되는 하나의 자아－충족적(self－fulfilling) 예언이 되었다. 가장 광범위하게 퍼진 오해중 하나는 모든 나이든 사람들이 같을 것이라는 믿음이다.[70] 어떻게 이 하위집단에 있는 두 명이 유사한 사십대를 보냈고, 나머지 생의 부분이 유사할 수 있을까? 나이든 집단에 대한 또다른 고려는 인종, 경제, 성별, 교육, 신체적 활동, 그리고 다른 결정적인 변수들로 인해 매우 상이한 경험을 했을 것이라는 거다. 노화는 4개의 영역・사회적・심리학적・생물학적 그리고 연대기적(chronological)－에서 성장을 표현한다. 개인은 유전적 요인, 습관, 그리고 사회행위 등에 의해 영향을 받는다. 실재로, 다른 연령집단의 개인들간에서 많은 개인차가 존재하듯이 나이든 사람들간에서도 많은 개인차가 나타난다. 그리고 어떤 연구자는 사람들이 나이가 들수록 덜 유사해지고 더 이질적이 되어진다고 보고하였다[71]. 광범위한 개인차로 인해, 노인학(gerontology)의 분야에서의 연구들은 또한 65～74세 사이에 해당하는 "젊은 노인(young old)" 들과 75세 이상의 더 나이가든 사람들 간의 차이를 구별하였다. 미국은 "고령층 차별(ageism)"－나이든 사람들에 대한 편견－로 인해 많은 손해를 보고 있다. Why Survive의 저자는 다음과 같이 언급하였다.

---

68) J. Gaylin, "Newline : A Child's Eye View of the Elderly," *Psychology Today,* January 1977, 22.

69) J. Tuckman and I. Lorge, "The Effect of Institutionalization on Attitudes toward Old People," *Supplement to Journal of Abnormal and Social Psychology* 47, no. 2(1952) : 337.

70) E. B. Palmore, *Handbook on the Aged in the United States*(Westport, Conn. : Greenwood Press, 1984), xxv.

71) *Ibid.*

> 나이든 사람의 비극은 우리 모두가 나이가 들어가고 결국은 죽게 될 뿐만 아니라 그러한 과정은 필연적인 것이며 동시에 가난을 통해 대단히 고통스러워하고, 굴욕적이 되고, 쇠약해져가고, 그리고 격리되어진다는 것이다.[72]

많은 사람들이 나이가 들어감에 따라, 삶의 질보다 생존이 삶의 목적으로서 더 시급한 문제로 대두되었다. 그럼에도 불구하고 노인들의 대다수는 전국적인 규모의 조사에 의하면 "나는 젊었을 때만큼 행복하다"라고 하였고 반면에 1/4은 "지금은 나의 인생에서 가장 울적한 시기이다."라고 응답하였다.[73]

일과 관련된 개인의 능력과 만족이 은퇴라는 방법으로서 쇠퇴되어진다고 한다. 시카고에 소재한 4대 기업(제강소, 의류 공장, 라디오 공장, 그리고 TV 공장)의 노동자들을 대상으로 나이와 생산성에 대해 조사한 연구에서는 40~45세, 그리고 60~65세 사이의 남성들 간에는 그 직업에 대한 생산성 수준에서는 유의미한 차이가 나타나지 않았다.[74] 다른 연구자들은 또한 일에 대한 만족이 나이가 들수록 증가되었다고 보고하였는데,[75] 65세 이상의 노동자들이 비록 젊은이들의 평균보다는 못하지만 일반적으로 수행을 잘하였고,[76] 그리고 65세의 절반 정도가 그날 하루의 노동을 할 신체적 능력을 가지고 있는 것으로 나타났다.[77] 나이든 노동자들은 젊은 사람들 만큼 효율적으로 일할 수 없었지만, 그들은 직업에 대한 이직률이 낮았고, 사고도 거의 없었고, 그리고 고의적인 결근율도 적은 것으로 나타났다.[78]

하지만 당신은 나이든 사람들이 젊은 개인만큼 빨리 반응을 하지 못하고, 보고 듣는 것에 어려움을 겪고 있는 것에서 반대되는 주장을 할 수 있다. 하지만

---

72) *Time,* "Lucking Out on Later Retirement," 15 January 1979, 62.

73) L. Harris, *The Myth and Reality of Aging in America*(Washington, D.C.: National Council on the Aging, 1975).

74) L. Breen and J. Spaeth, "Age and Productivity among Workers in Four Chicago Companies," *Journal of Gerontology* 15, no. 1(1960): 68~70.

75) H. Meltzer, "Age Differences in Happiness and Life Adjustments of Workers," *Journal of Gerontology* 18, no. 1(1963): 66~70; H. Meltzer, "Mental Health Implications of Aging in Industry," *Journal of Genetic Psychology* 107(1965): 193~203.

76) Palmore, *Handbook on the Aged in the United States,* xxi.

77) "New Outlook for the Aged," *Time,* 2 June 1975, 48.

78) M. Riley and A. Foner, *Aging and Society. Volume I: An Inventory of Research Findings*(New York: Russell Sage Foundation, 1968).

한 개인이 지닌 절대적인 감수성은 초기의 성숙에서부터 50 또는 60세가 되면서 점차 저하되고, 나이가 더 덜수록 보다 광범위하게 저하되는 것이 일반적인 사실이다.[79] 노인들은 그들이 한때 자동적으로 수행하였던 것만큼 이제는 듣고, 보고, 느끼고, 가능한 한 재빨리 정확한 반응을 할 수 없고 또한 그것은 그들에게 주어진 과제를 연속적으로 수행할 수 없다는 사실을 나타내준다. 사실, the National Center for Health Statistics and the National Safety Council은 나이든 사람들 중 소수가 치명적인 질병을 앓고 있고, 더 적은 수가 가정에서 사고를 당하고, 그리고 소수만이 교통사고를 당한다는 사실을 보고하였다.[80] 한 개인의 인생에서 최상을 조건을 항상 유지할 수는 없지만, 얼마나 많은 직업이 그런 수행의 유형에 요구되어질까? 공장 조립라인은 가장 빠른 노동자의 비율 정도로 이동하지는 않는다. 또한 철학이나 종교 등과 어떤 연구분야에서는 연령이라는 요인이 하나의 이점으로 작용하기도 한다. 정치적 영역은 전체 인구분포에서 더 나이든 사람이 차지하고 있다. 미국 대통령의 40% 이상이 60세 경에 당선되었다.

어떠한 레크리에이션과 여가 프로그램이 65세나 그 이상의 연령집단을 위해 고안되어질 수 있을까? 현재 프로그램이 충분한지, 아니면 성공적인지 어떻게 결정할 수 있을까? 당신의 캠퍼스 근처에서 가장 가까운 나이든 시민들을 위한 센터가 어디에 있는가? 레크리에이션 클럽 또는 다른 캠퍼스 조직이 그 센터의 레크리에이션적인 측면을 개선시키기 위한 직접적인 프로그램을 가지고 있는가? 그 지역의 인구분포중 65세나 그 이상의 비율은 어느 정도인가? 그들이 지닌 특별한 욕구는 무엇일까? 은퇴에 대한 그들은 어떤 태도를 지니고 있을까?

2) 일반적인 통계적 정보(General Statistical Information)

시민과 잠재적인 레크리에이션 리더는 미국에서 가장 빨리 성장하고 있는 소수 집단인 노인에 대해 인식할 필요가 있다. 1950년경에는 단지 전체 인구중 2.5%만이 65세나 그 이상이었다. 1987년경, 이 수치는 11% 증가되었고, 2030년 경에는 대략 20% 높아질 것으로 예측되었다.[81] 2020년경에 7천만명

---

79) R. A. McFarland, "The Sensory and Perceptual Process in Aging," in *Theory and Methods of Research on Aging, ed.* K. W. Schaie, (Morgantown, W. Va.: West Virginia University Press, 1968), 9~52.

80) Palmore, *Handbook on the Aged in the United States,* xx.

81) R. D. MacNeil and M. L. Teague, *Aging and Leisure: Vitality in Later Life*(Englewood

의 사람들이 85세 이상이 될 것이다. 1989년에 언급된 것처럼 65세 이상 미국인의 수는 캐나다 전체 인구를 초과하는 것이다.[82] 2000년경에는 대략 3억 5천만명의, 인구의 13%가 65세 이상이 될 것이고, 2050년경에는 미국 전체 인구 중 6억 7천만명인 22%를 차지할 것이다. 65세 이상 인구의 급격한 증가는 단지 미국에서만 제한된 현상이 아니다. 전 세계 인구 중 노년 인구는 1993년에는 29억 명이던 것이 2000년경에는 41억 명으로 그 수가 증가하였다.[83] 전체 인구비율 중 노년인구의 증가를 설명해줄 수 있는 다양한 요인들이 있다. 의학발달은 치명적인 질병을 예방하거나 치료해줄 수 있었고 개선된 음식물에 대한 정보를 제공해주었다. 개선된 주택과 더 안전해진 작업조건과 더불어 이런 발달은 삶에 대한 기대를 증가시켜주도록 하였다. 청동기시대와 초기 철기시대 동안 평균수명은 18세였다. 그 시대이후 평균수명은 계속 연장되어져 왔다. 1980년에 태어난 평균적인 미국인은 74세까지 살 것으로 기대되었는데, 이것은 1900년에 태어난 사람보다 26세가 증가된 것이다.[84] 평균수명은 1960년대 이후에는 2살에서 1살 반 정도로 그리고 1970년 이후에는 5개월씩 꾸준히 증가하고 있다. 연구자들은 인간이 얼마나 더 오래 살 수 있을지 예측하는데 동의하지 않지만, 어떤 노인학자는 실제적 표적으로서 85세를 정하였다. 한 개인에게 주어진 수명은 유전적, 환경적, 생활양식, 그리고 태도적 요인들 간의 상호작용에 근거하였다.[85]

수명이 증가된 중요한 이유 중 하나는 유아와 아동에서의 사망률이 저하되어졌기 때문이다. 100세나 그 이상 살아온 사람인 "100세 이상의 사람(centenarian)"을 연구한 조사자들은 그들의 예외적인 장수 비결이 음식, 운동, 유전적, 그리고 그들 공동체에서 존경받고 있고 그들 자신이 필요하다는 느낌 등과 같은 심리학적 요인들에 기인한다는 사실을 밝혔다.[86] 2000년경, 미국에는 백만명 정도의 사람들이 100세 이상을 살 것이라고 예측되어졌다.[87] 세포

Cliffts, N.J. : Prentice-Hall, 1987), 55.

82) Epstein, Cram, and Kelly, "How Much Do You Know about Recreation for Older Adults?", 67.

83) M. T. Allison and C. W. Geiger, "Nature of Leisure Activities among the Chinese-American Elderly," *Leisure Sciences* 15, no. 4(1993) : 310.

84) R. D. MacNeil and M. L. Teague, *Aging and Leisure : Vitality in Later Life*(Englewood Cliffts, N.J. : Prentice-Hall, 1987), 55.

85) Kelly, "Aging : It Is Our Business!" *Parks & Recreation*(March 1993) : 41.

86) R. E. Pieroni, "Centenarians," in *Handbook on the Aged in the United States,* ed. E. B. Palmore(Westport, Conn. : Greenwood Press, 1984), 1~16.

가 분화되어지는 능력에 근거한 수명은 110~120세의 범위에 있을 것으로 추정되었다.[88] 비록 수명이 증가되어왔지만, 출생률은 저하되고 있고, 결국 이것은 전체 인구 중 노년층이 증가되게 하는 원인이 되었다.

과거 설비와 계획은 현재 은퇴한 개인의 수와 맞지 않다. 지나치게 많은 공동체, 기관, 그리고 직원은 "오래된 사람을 그들의 중요 부서의 최상층에서 추출하였고, 그들의 욕구를 무시하고 그들을 '다른(different)' 사람으로서 분리시켜 버렸다."[89] 소수의 조직화된 고령자 시민센터로는 충분하지 않다. 미래의 은퇴자들이 더 건강하고, 더 높은 수준의 교육을 받고, 그리고 경제적으로 여유로울 수 있게 가능한 한 재빨리 이런 수요에 대한 준비를 하여야 한다. 이러한 미래집단은 비록 미래에 대한 가장 큰 도전이 "덜 자극적이고, 자원을 덜 필요로 하고, 비용이 더 적게 들수 있게 한 개인이 추구하는 방법에 의해 결정되어질 것이지만," 몇 가지 종류의 서비스를 더 많이 필요로 할 것이다.[90]

공공부문은 순행적(proactive)이라기보다는 역행적(reactive)인 경향이 있고 결국 노인인구에 대해 지나치게 늦게 반응한다. 공공 여가서비스는 스포츠나 대중적인 야외 활동에 의해 움직여졌다. 이것과 공공 여가서비스의 참여자는 지금은 쇠퇴되어지는 경향이 있고, 공동체가 새로운 서비스나 시설물을 계속적으로 만들지만, 그것은 젊은이들을 표적으로 한 것이다. 노인인구의 적응을 돕기 위한 몇 가지 전략이 존재하는데, 그것은 전통적인 고령자센터(senior center), 원조모형(outreach model), 세대간 전략(intergenerational strategy), 그리고 하나의 인본주의적 서비스(humanistic service)/상호의존적인(synergistic) 전략 등이다.[91] 고령자센터가 미래에 제 기능을 발휘하기 위해서는, 그것은 가벼운 활동에서부터 건강 유지나 식단 등과 같은 특징을 포함해 사회기관에 의해 충분한 서비스를 받는 등과 같은 다양한 것을 필요로 한다. 여가서비스는 고객에게 음식을 먹여주기도 하고 휠체어를 밀어주기도 하는 등 많은 서비스를 직접 제공해 줄 수 있는 자원봉사자를 이용한 원조모형

---

87) Kelly, "Aging : It Is Our Business!" *Parks & Recreation*(March 1993) : 41.

88) R. E. Pieroni, "Centenarians," in *Handbook on the Aged in the United States,* ed. E. B. Palmore(Westport, Conn. : Greenwood Press, 1984), 1~16.

89) Kelly, "Aging : It Is Our Business!", 40.

90) Rapoport and Rapoport, *Leisure and the Family Life Cycle,* 283.

91) B. A. Hawkins and D. McLean, "Delivering Services to a Diverse Aging Population : Challenges for the future," *Journal of Physical Education, Recreation and Dance, Leisure Today*(April 1993) : 31.

(outreach model)을 채택할 수도 있다. 몸져누운 병자(shut-ins)나, 집 없이 떠돌아 사는 사람들(homeless), 그리고 노약자들은 어떤 방법으로 여가서비스를 제공받을 수 있을까? WVU(West Virginia University)에서는 기금을 장비를 구매하는데 할당하여 자원봉사자들이 그 곳을 방문하는 노인이나 다른 환자 집단이 사용할 수 있는 적절한 여가 장비/공급품을 resource center에서 제공받아 그것이 잘 사용되는지 검토하게 하였다. WVU의 레크리에이션과 공원관리 프로그램에 재학중인 학생들은 집이 없는 사람을 위한 그 지역의 보호소 등에 현장 배치되어졌는데 거주자 중 가장 나이 많은 사람은 92세였다.

세대간 전략(intergenerational strategy)은 일반적인 여가 프로그램이 모든 세대에서 통하고, 나이든 참가자들이 주류사회에서 이탈되지 않는다는 것을 가정한다. 어떤 쇼핑센터의 접근방법은 수많은 기관들의 노력이 개별 틈새시장이 인식한 것과 결합되어졌다는 점에서 인본주의적 서비스(humanistic service)/상호의존적인(synergistic) 전략에 의해 제공되어졌다. 이런 네가지 전략 중 어떤 것은 노년인구를 위해 서비스를 개선시키는데 사용되어질 수 있다.[92)]

이것은 모든 노력이 잘못된 방향으로 가는 것이 아니라고 말해주지만, 하나의 집단으로서 노인은 간과되어지거나 잘못 다루어져 왔다. 역사적으로 미국은 다른 원시 문화들과 다르게, 노인에 대해 부정적인 견해를 보유하고 있었다. 이민자들이 세운 나라는 젊은이들에게 가장 높은 가치를 둔다. 미국에서 최초로 태어난 세대는 재빨리 새로운 생활방식에 적응하였고, 영어 사용을 거부하는 조부모들에는 경외의 대상이었고, 다른 문화를 대표하는 것처럼 보였다. 하지만 노인은 여전히 한 지붕 아래 살고 있는 전체 가족에서 하나의 단위로서, 또는 최소한 동일 공동체에서 한 부분으로서 유용한 역할을 유지하였다. 하지만 무수한 젊은이들이 산업화라는 혁명 동안 도시에서 일을 할 기회를 얻기 위해 농촌 집을 떠남으로써 이런 생활방식을 변화되기 시작하였다. 나중에 그 젊은이들은 후기산업화 시대 미국에서 도시 근로자로서 다시 한번 도시 근교의 변두리 지역으로 이동하였다. 나이든 사람은 젊은이가 떠남으로 인해 여전히 격리되어졌다.

노인들 내에서 나이든 과부나 상대적으로 격리되어 살았던 독신이라는 특별한 하위집단(subgroup)이 존재한다. 65세나 그 이상의 연령대에서 여성과 남성의 비율은 145에서 100이었고, 75세나 그 이상에서는 166에서 100으로 나

92) *Ibid.*, 33~34.

타났다. 나이든 여성은 두 개의 성이 동시에 고려되었을 때 남성보다 더 빨리 노화되었고, 일반적인 인구분포 중 가장 빠른 노화를 보이는 세분집단이었다. 나이든 여성은 남성들보다 혼자 사는 것을 더 좋아하였고, 더 가난하였고, 그리고 개인연금이나 사회보장 프로그램의 혜택을 덜 제공받았다.[93] 과부의 수는 홀아비(widower)의 수보다 4배 정도 더 많은 것으로 나타났다. 노년 남성의 75%는 결혼하였거나 그들의 배우자와 함께 살고 있지만, 노년 여성의 경우는 40%만이 배우자와 함께 살고 있었다. 노년 남성의 거의 15%는 혼자 살고 있는데 이는 여성의 40%와 비교된다.[94] 이런 통계치들은 먼저 여성들이 남성들보다 오래 사는 경향에서(약 6.7세) 설명되어질 수 있고, 100세 이상 산 사람을 대상으로 한 거의 모든 연구에서 이런 경향이 나타났다. 여성의 상대적으로 낮은 사망률은 여성이라는 남성과는 다른 종(species)이 지닌 특징에 기인한다. 65세 이상 산 여성은 80세까지 살 수 있을 것으로 기대되고, 이것은 65세 이상 남성보다 5년 이상 더 오래 사는 것이다. 둘째, 우리 사회에서 여성은 일반적으로 자신들보다 연상의 남자와 결혼한다. 이런 이유로 인해 여성이 그들의 배우자보다 10년 이상 더 살 수 있다는 것은 놀라운 일이 아니다. 이것은 왜 여성의 71%가 아동을 양육하는지 부분적으로 설명해줄 수 있다.[95] 여성은 배우자나 다른 돌봐주는 사람도 없이 여러 가지 만성적인 조건에 노출되어 있고, 여성이 공공기관으로부터의 혜택을 덜 받게 되는 것도 그들을 의험에 처하게 하는 가장 큰 요소이다.[96]

나이 들어서 혼자 산다는 것에 의해 파생된 문제들은 흑인 특히 여성에게 집중되었는데 것은 그들이 배우자 없이 사는 백인 여성들보다 더 많기 때문이다. 이혼하거나, 별거, 또는 한쪽 배우자의 생존은 비율은 나이든 흑인 집단에서 2배로 더 많이 나타났다.[97] 그것은 배우자 두 명이 85세까지 같이 생존하기는 어렵기 때문이다. 1980년에, 100명당 7명의 백인 부부들이 그러했는데,

93) Palmore, *Handbook on the Aged in the United States,* 125.

94) B. Wattenberg, *The U.S. Factbook*(New York : Grosset and Dunlap, 1978), 29.

95) D. Portwood, "A Right to Suicide?" *Psychology Today,* January 1978, 68 ; L. K. George, "The Institutionalized," in *Handbook on the Aged in the United States,* ed. E. B. Palmore(Westport, Conn. : Greenwood Press, 1984), 339.

96) George, "The Institutionalized," 344.

97) E. Engram and S. Lockery, "Intimate Partnerships," in *Aging in Black America,* ed. J. S. Jackson, L. M. Chatters, and R. B. Taylor(Newbury Park, Calif. : SAGE Publications, 1993), 84~97.

흑인 부부의 경우는 100명중 4명만이 그런 것으로 나타났다. 이것은 백인 부부가 1,000명당 단지 6명만이, 흑인 부부의 1,000명당 2명이 그러했던 1900년대 이후에 10배로 증가된 것이다.[98] 유색 인종 중 65세 이상의 인구의 2/3는 여성이었다. 흑인은 노년인구 중 가장 큰 소수이고, 그들은 그 인구의 11.1%를 차지하고 있다. 더 나이가 들수록, 흑인 여성은 2 : 1의 비율로 흑인 남성보다 오래 살았다. 현재 흑인 노인 여성들은 단지 고령자 차별(ageism)의 문제뿐만 아니라 인종차별(racism), 성차별(sexism)의 문제에 직면하고 있다.[99] "그들은 그들의 노년 삶에서 전반적으로 더 많은 고통을 겪고 있다. 사회적 냉대를 받은 삶, 이류 계층의 시민이라는 모욕, 역사적으로 불평등한 교육과 고용기회, 그리고 경제적 불균형 등에 직면해야 함으로써."[100]

흑인은 현재 미국 노년인구에서 가장 큰 소수집단을 대표하지만 히스패닉(Hispanic : 남미계열의 이주민들) 노년인구는 가장 빠르게 성장하고 있는 소수집단이다.[101] 히스패닉 노인인구는 1990년 미국에서 3.6%였는데 2010년경에는 두 배인 6.3%가 될 것으로 추정되어졌다. 이런 성장률은 추정된 미국 전체 노인인구의 4.5배에 달한다. 1990년과 2000년 사이의 10년간, 65~74세 사이의 히스패닉 비율은 47.2% 증가될 것이다. 75세 이상의 히스패닉계 노인들의 인구는 61%로 증가될 것이라고 기대되었다. 아프리카계 미국인(African American) 중 65~74세는 14.9%, 75세 이상은 27.7% 증가될 것이다. 대조적으로 백인의 65~75세 사이의 인구 비율은 3.5% 감소된 것으로, 그리고 75세 이상은 21.1% 증가될 것이다.[102] 이 자료가 지닌 유의성은 만약 현재의 준비가 노인들의 욕구를 충족시킬 만큼 충분하지 않다면, 그러면 그러한 노력이 극적으로 증가되어지지 않는다면 어떤 방법으로 이런 미래 수요를 해결할 수 있을 것인가?

---

98) E. Kain, "Race, Mortality, and Families," in *Family Ethnicity,* ed. H. P. Pipes McAdoo(Newbury park, Calif. : SAGE Publications, 1993), 60~78.

99) C. C. Riddick and D. G. Stewart, "An Examination of the Life Satisfaction and Importance of Leisure in the Lives of Older Female Retirees : A Comparison of Blacks to Whites," *Journal of Leisure Research* 26, no. 1(1994) : 75.

100) K. Allen and V. Chin-Sang, "A Lifetime of Work : The Context and Meaning of Leisure for Aging Black Women," *The Gerontologist* 30(1990) : 734~740.

101) P. S. Miko and M. A. Sanchez, "Hispanic Elderly, Orgullo Comunal, & Recreation," *Journal of Physical Education, Recreation and Dance, Leisure Today*(April 1993) : 45.

102) Allison and Geiger, "Nature of Leisure Activities among the Chinese-American Elderly," 310.

히스패닉계 노인인구의 증가비율은 또한 건강과 사회적 서비스가 증가될 필요가 있음을 반영해준다. 히스패닉계 노인들이 다른 미국인들과 비교했을 때, ADL(activities of daily living)에서 보다 제한적인 것으로 보고 되었고(53% 대 27%), 22% 이상(54% 대 32%)이 건강상태가 fair/poor로 나타났다. 나이든 히스패닉계 미국인들은 그들의 공동체가 노인들을 공경하기 때문에 백인이나 아프리카계 미국인들보다 제도에 의해 덜 보호받게 된다. 이런 존경은 노인을 매우 가치있게 대접하는 것이지만, 미국에서 25%의 히스패닉이 존재하고 그들의 생활수준이 빈곤을 면치 못하고 있다는 것이 문제가 된다. 뉴멕시코 중에서 히스패닉 노인들 중 다수는 농촌지역에 거주하고, 가난하고 사는 비율이 28% 정도로 높게 나타났다. 서부 쪽에 위치한 주들에서는 특히 New Mexico 주(州)에서는 여가 제공자는 히스패닉계에 특별한 관심을 기울이고 있다. 1990년에 히스패닉 노인들은 이 주의 노인인구 중 25.9%를 차지하고, 이것은 전국적인 조사에서 나타난 3.6%와 비교되어진다.[103] 농촌지역에 거주하는 이런 사람들은 가난이나 줄어든 사회서비스로 인해 더 많은 고통에 직면하고 있다. 소수의 연구에서는 아시아계 미국인(Asian American)들에 대한 여가 형태를 연구하였지만, 그것은 중국계 미국인(Chinese American)에게만 한정된 것이었다. 1993년에 실시된 연구에서는 태극권(tai chi)이나 마작(Mah-jongg)이 중국계 미국인 중 노인들이 주로 하는 여가활동 형태라는 사실이 밝혀졌는데, 이것은 일반적인 노년인구에서 가장 대중적인 것으로 보고된 것과 유사하다. 문화는 역동적이고 그리고 "민족집단은 주(主) 문화(Host Culture)에 적응할 뿐만 아니라 그들 자신의 문화적 역사에 근거한 행동과 가치를 유지할 것이다."[104]

민족적 소수집단이 지닌 견해에는 여러 가지의 위계적 계층이 존재하고, 나이든 사람, 가난한 여성, 그리고 소수집단을 최하층에, 그리고 백인 남성은 중류층에서 최상층에 배치시켰다. 이런 다중의 위계적 계층은 미국 사회에서의 수준을 나타내고, 그것은 4개의 변산에 근거하였다. 즉 민족적 소수 집단, 연령, 성별, 그리고 소득수준.[105] 비록 민족적 소수집단에서 노년 인구가 증가되었지만, 여전히 수많은 불균형 문제가 존재한다.[106] 민족적 집단에서 노년층

103) Miko and Sanchez, "Hispanic Elderly, Orgullo Comunal, & Recreation,". 45.

104) Allison and Geiger, "Nature of Leisure Activities among the Chinese-American Elderly," 314~317.

105) Riddick and Stewart, "An Examination of the Life Satisfaction and Importance of Leisure in the Lives of Older Female Retirees : A Comparison of Blacks to Whites," 76.

에게 효율적인 서비스를 제공하기 위해서는 민족적 소수 집단이 가지는 여가의 특성, 역할, 그리고 의미 등을 더 잘 이해하여야 한다. 다른 주제에 대한 교차-문화(cross-cultural) 연구는 중요한 차이점이 발견되었다.[107] 유사한 것이 여가에서는 사실이 아닌 것으로 믿게 되는 어떤 이유가 있을까?

3) 사회제도에 의해 보호 받는 노인(Institutionalized Elderly)

비록 노인의 5% 정도가 관련되어 있지만 요양소와 노인을 돌보는 다른 사회 기관에 대한 언급이 있어 왔다. 1974년, Senate Subcommittee on Aging은 기존의 요양소의 거의 절반 정도가 삶을 위협하는 수준으로 표준에도 못 미치고 있다고 결론 내렸다.[108] 시설이나 직원의 부적절성 등을 포함한 많은 위반 사항이 존재하고 있다. 심지어 더 나은 시설의 요양소도 환자들의 독립성을 다소 박탈하고 있다. 한때 연방정부의 표준이 최소기준만을 요구한 것에서 비롯된 중요한 문제 중 하나는 개인의 자율성-누군가의 환경과 생활을 통제하는 것-이다. 그 주거민들은 어떤 의사결정시 영향력을 행사하지 못하였다. 그들은 그들을 돌보는 사람들에 의해서만 도움을 받았다.[109] 한 개별적 환경에서의 변화는 신체 이미지(body image), 자아-개념(self-concept), 그리고 삶의 상태에 대한 인식(perception of life status) 등에 상당한 심리학적 영향력을 미친다.[110] 많은 거주자들은 누워만 있거나, 휠체어에만 갇혀 있거나, 또는 신체적 활동이 제한되기도 한다. 신체적 제약성은 정신과 정서적 제한과 병행되어져 더 어렵게 된다. 나이든 사람에서 발생하는 가장 큰 문제 중 하나는 정신적으로 건강하지 못하다는 것이다. 5~10%는 정신과적인 치료를 받고 있고, 부가적으로 10~40%는 적절한 정도의 정신치료를 받아야 한다. 하지만, 장기간 그 시설에서 거주하는 모든 사람들이 약하거나 무능력한 상태가 아니라는 사실을 기억하라. 어떤 노인들은 우정이 있는 곳, 사소한 가정일에서 벗어난

---

106) Hawkins and McLean, "Delivering Services to a Diverse Aging Population : Challenges for the Future," 31.

107) Allison and Geiger, "Nature of Leisure Activities among the Chinese-American Elderly," 310.

108) *Gray Panther Network,* "Dialogue : The Nursing Home Issue," March/April 1979.

109) J. Horn, Newsline : "Personal Control Is Important to the Elderly," *Psychology Today,* November 1976, 40.

110) M. Lakin, "Formal Characteristics of Human Figure Drawings by Institutionalized and Noninstitutionalized Aged," *Journal of Gerontology* 15, no. 1(1960) : 78.

곳, 그리고 다른 편리한 시설을 갖춘 곳에서 살기를 원한다. 또한 장기간의 요양시설 안에서 밖에서의 많은 활동을 하기를 원한다. 매년 백만명 이상이 죽음으로 인해 그곳을 벗어나게 되지만, 1/3은 공동체에 복귀하고, 1/3은 다른 의료시설로 들어가기도 한다.[111)]

많은 주(州)들은 요양소가 인증된 치료적 레크리에이션 프로그램을 반드시 가지고 있도록 표준을 설정하였다. 이러한 표준은 반드시 갖추어야 할 어떤 유형뿐만 아니라 수많은 침대시설, 여가활동에 필요한 시간배분, 활동의 유형, 몇 개월에 걸친 활동, 시설물과 장비 등에 근거한 개인적인 필요사항을 구체화시켰다.

10.2.2 여가행동에 영향을 미치는 변산들 (Variables Affecting Leisure Behavior)

이 섹션에서는 다음과 같은 변산들이 여가행동에 어떤 방식으로 영향을 미치는지 알아보고자 한다.

- 일 지향, 직업, 그리고 은퇴
- 재정
- 건강과 이동성
- 가족과 친구
- 시간
- 은퇴 공동체
- 현재 여가 형태
- 운동

1) 일지향, 직업, 그리고 은퇴 (Work Orientaion, Occupation, and Retirement)

현재 미국에서 평균적인 은퇴연령은 61.7세이다.[112)] 학교, 직장, 그리고 휴가 등을 위한 은퇴하는 것은 성인 생활주기의 한 부분으로 인식되었다. 그렇지만 그들이 그것에 대해 준비하지 않았다면 많은 부분생활에서의 위기를 표현

111) George, “The Institutionalized,” 349.

112) Kelly, “Aging : It Is Our Business!”, 38.

한다. 그것은 권위, 지위, 정체성의 상실과 생활양식에서의 많은 변화를 의미한다. 은퇴 후 공통적으로 나타나는 불만은 어떤 것을 하기 위해 절약해야 하고, 삶에 대해 덜 만족하게 되고, 그리고 우울감 등이다.113) 은퇴는 "어떤 다른 삶에서의 이벤트보다도 더 부정적인 변화를 수반"하는 것으로 나타났다.114) 현재 은퇴한 사람들은 그들의 황금시대를 즐기지 않았는데, 그것은 그들이 일에 대해 긍정적인 가치를 두지만, 놀이는 부정적인 것으로 함축된 청교도적인 일 윤리를 가진 환경하에서 성장하였기 때문이다. 그럼에도 불구하고, "대부분의 사람들은 은퇴하기를 바라고, 그들이 갈 곳이 있을 때 은퇴하기를 더 원한다."115) 은퇴에서 낮아진 사기와 어설픈 심리학적 적응은 더 가난하고, 더 나이가 들고, 그리고 다른 평균적인 사람들보다 더 무능력한 이들에서 더 많이 나타난다. 따라서 여가 제공자는 백인과 비교하여 소수 고객인 좋지 못한 건강상태로 인해 은퇴하기를 더 원하는 흑인들에 대해 관심을 기울어야 한다.116) 일이 은퇴자에게 중요한 것이기 때문에, 여가 교육자는 여가와 레크리에이션이 그들이 상실한 일에 대해 하나의 보상이 될 수 있고, 은퇴 후 삶이 전처럼 의미 있고 즐거울 수 있게 보상되어져야 한다고 믿는다.

미국인들은 일 지향적인 것으로 분류되어져왔다. 1975년 간행된 한 출판물117)에서는 65세 이상의 노인의 12%정도가 고용되었고, 19%는 고용되지는 않고 단지 자원봉사자의 일을 하였고, 그리고 21%가 은퇴는 했지만 다시 고용되어져 일하기를 바란다는 결과를 보고하였다. 47~71세 사이의 다양한 연령층의 502명의 성인들은 "당신의 일 또는 여가 활동 중 보다 만족스런 것은 무엇입니까?"라고 질문되어졌을 때 그들 중 남성의 13% 그리고 여성의 16%만이 여가활동으로 인해 더 많은 만족을 얻었다고 응답하였다. 66~71세 사이의 연령집단에서 97%는 실제로 돈이 필요하지 않더라도 여전히 생활을 유지하기 위해 일하였다고 나타났다.118) 다른 연구에서 나이든 응답자들은 여가보다는

113) W. E. Thompson, G. F. Streib, and J. Kosa, "The Effect of Retirement on Personal Adjustment, a Panel Analysis," *Journal of Gerontology* 15, no. 2(1960) : 165~169.

114) E. Palmore et al., "Stress and Adaption in Later Life," *Journal of Gerontology* 34(1979), 841~851.

115) R. D. MacNeil and N. L. Teague, "Adding Quality to Life, Not Quantity," *Therapeutic Recreation Journal,* Second Quarter(1980), 4.

116) R. C. Gibson, "The Black American Retirement Experience," in *Aging in Black America,* ed. J. S. Jackson, L. M. Chatters, and R. B. Taylor(Newbury Park, Calif. : SAGE Publications, 1993), 277~297.

117) Harris, *The Myth and Reality of Aging in America.*

일에서 더 많은 정체성을 유지하고, 여가를 하는 것보다 자신들이 더 가치 있다고 인식하고, 다른 젊은 동료보다 더 짧은 휴가를 원하였고, 그리고 여가를 하기 위해 필요한 친구들의 수가 더 적은 것 등으로 보고 되었다.[119] 수입과 학력이 높은 개인일수록 그들은 여가보다는 일에서 자신들의 정체성을 찾기를 원했다. 결혼한 개인은 독신자, 별거, 이혼한 사람보다도 많은 더 일을 하는 경향이 있다. 남성들은 그들의 개인적이고 사회적인 정체성을 형성하는 것이 중요한 일이라고 믿고 있다. 결국 그것은 생활의 다른 측면을 형성하는데 영향을 미친다.[120] 은퇴시, 일 지향적인 남성은 사기가 저하된 것으로 보고되었다.

노동활동은 은퇴에서도 계속되어지는 경향이 있다. 중류 계층에서 직업을 가진 사람들에서 그것은 사람을 사귀기 위한 하나의 방편이고, 상류 계층의 사무직 사람들에서는 하나의 상징으로, 그리고 반숙련된 직업을 가진 노동자들에서는 어떤 물건을 얻기 위한 것이다. 가장 많은 이유는 사람을 사귀기 위해 일을 지향하는 사람들에서 나타난다. 가장 높거나 전문적인 직업을 가진 개인들은 더 많은 다양한 활동을 하고, 특정 에너지를 소모해야 하는 활동에 더 많이 참여하였다.[121] 많은 노력을 필요로 하지 않는 일을 가진 노동자들은 "기획, 협동, 그리고 분명한 목적이 있는 행위" 등을 요구하는 여가활동에 참여하지 않는다.[122]

인종 차이는 은퇴과정이나 의사결정에 영향을 미치는 요인인 것으로 나타났다. 아프리카계 미국인들에 대해 개인적으로 또는 전문적으로 관심이 있는 독자는 1993년 출간된 『*Aging in Black America*』라는 책을 읽어보길 권한다. 이 책은 하나의 데이터베이스로서 몇 가지 전국적인 규모의 연구들을 사용하였다.[123] 이 책의 저자들은 흑인들이 백인들보다 좋지 못한 건강으로 인해 더 많

118) Pfeiffer and Davis, "The Use of Leisure Time in Middle Life," 187~195.

119) J. Neulinger and M. Breit, "Attitude Dimensions of Leisure : A Replication Study," *Journal of Leisure Research* 3(1971) : 108~115.

120) M. F. Lowenthal and B. Robinson, "Social Networks and Isolation," in *Handbook of Aging and the Social Sciences*, eds. R. H. Binstock and E. Shanas(New York : Van Nostrand, 1976).

121) T. H. White, "The Relative Importance of Education and Income as Predictors in Outdoor Recreation Participation," *Journal of Leisure Research* 7(1975) : 191~199.

122) G. Godbey and S. Parker, *Leisure Studies and Services : An Overview*(Philadelphia : Saunders, 1976).

123) J. S. Jackson, L. M. Chatters, and R. B. Taylor, ed., Aging in Black America(Newbury Park, Calif. : SAGE Publications, 1993).

은 영향을 받고 노동시장에서 불이익을 당하고, 그리고 백인들이 흑인들보다 재정적 준비를 더 잘 한다는 사실을 지적하였다. 흑인들은 또한 더 이른 연령대에 은퇴하기를 원하고, 은퇴하라는 압력을 받고, 은퇴전 12개월 동안 불완전 고용을 당하게 되고, 그리고 직업에 대한 불만족을 더 많이 가지고, 그리고 은퇴 이전에 직업을 탐색하는데서 용기를 잃게 된다.[124)]

인종과 민족적 소수 집단은 "미국의 고령화(graying)"에 기여하였지만, 많은 나이든 아프리카계 미국인들은 전통적인 은퇴경향에 맞지 않고, 그리고 간단한 기재사항을 적기를 거부한다고 보고되었다. 불완전 고용상태의 노동자, 무능력한 노동자, 그리고 "은퇴되지 않거나-은퇴된(unretired-retired)"것 등으로 제목이 붙여진 유목들은 나이든 흑인들을 기술하기 위해 사용되었다. 은퇴되지 않거나-은퇴한(unretired-retired) 개인은 55세나 그 이상에서 노동력에 포함되지는 않지만 그들 자신이 은퇴되기를 고려하지 않는다. 75세의 이후에 삶에 대한 어떤 기대가 교차되고,[125)] 흑인들이 백인들보다 더 오래 살기를 원하는 것을 제외하고, 나이든 흑인들이 더 무능력해지고 더 높은 사망률을 보이는 것을 설명하기 위해 "다중위험(multiple jeopardy)" 가설이 형성되어졌다. 이 가설에 의하면 부정적인 환경적, 사회적, 그리고 경제적 조건들은 일생을 통해 축적되어지고, 일상적인 부정적인 결과가 노인들과 결합되어 더 심한 결과를 유발하게 된다.[126)] 현재의 나이든 아프리카계 미국인 세대는 낮은 지위를 가지는 직업, 드문드문 일이 있거나, 그리고 적은 봉급 등과 같은 노동경험을 가지고 있다. 이런 요인들은 경제적 복지를 위협하고 그리고 무능력이나 사망률 자료를 설명하기 위한 위험가설과 일치된다.[127)] 히스패닉 계의 나이든 사람들은 또한 삼중의 위험에 노출되어 있다. 즉 그들은 나이가 들고, 가난하고 그리고 민족적 소수 집단에 속한다.[128)]

백인 미국인들은 나이가 든 흑인에 대해 간단하고 획일적인 방식으로 보는데, 그들의 가치, 동기, 그리고 행동이 다 동일할 것으로 추정하고 그들이 부를

---

124) Gibson, Aging in *Black America,* 282.

125) L. M. Chatters, "Health Disabilities and Its Consequences for Subjective Stress," in *Aging in Black America,* ed. J. S. Jackson, L. M. Chatters, and R. B. Taylor(Newbury Park, Calif. : SAGE Publications, 1993), 167~183.

126) *Ibid.*

127) Jackson, Chatters, and Taylor, *Aging in Black America,* 304.

128) J. J. Paz, "Support of Hispanic Elderly," in *Family Ethnicity,* ed. H. P. Pipes McAdoo(Newbury Park, Calif. : SAGE Publications, 1993), 177~183.

지닌 것을 이질적인 것으로 간주하는 경향이 있다. 적절한 여가와 레크리에이션 경험을 계획하고 선택하기 위해, 제공자는 가능한 한 개개 고객집단에 대한 더 많은 것을 알 필요가 있다.

2) 재정(Finances)

성인 인구에서 다른 연령집단과 비교해서, 나이든 미국인들의 수입은 계속적으로 저하되고, 여성의 수입은 남성보다 적고, 그리고 나이든 흑인은 대략 1/3정도가 백인보다 더 적게 받는 것으로 추정된다.129) 이런 발견은 레크리에이션이나 여가에서는 특별한 의미를 가지는데, 이것은 사회경제적 변산들과 여가활동을 결합시키게 하였다.

수입은 나이든 사람들의 여가활동에서 유의미한 긍정적 효과를 가진다. 더 많은 수입을 가진 사람들은 적당한 수준의 수입을 가진 나이든 사람들보다 여가를 더 적극적으로 추구한다.130) 2명의 연구자들은 "활동에 영향을 미치는 가장 강력한 간접적 효과는 수입이다."라고 보고하였다.131) 은퇴는 수입이 50%나 그 이상 줄어드는 것을 의미한다. 65세 이하의 사람이 가장인 한 가족을 위한 평균적인 수입은 1979년에는 $21,201이었고, 65세 이상에서는 필요한 평균수입이 $11,316인 것으로 나타났다.132) 이런 유사한 양상이 혼자 살거나 친척이 없이 사는 사람들에서도 나타났다. 1981년, 노인의 15%는 한 개인당 소득이 $4,359 였고 한 부부당 소득은 $5,948이었는데, 이것은 정부가 공식적으로 책정한 빈곤수준의 기준 이하의 소득이다. 게다가 10%는 "거의 빈곤(nearly poverty)" 수준으로 분류되었고 노인인구중 전체 25%는 이 수준에 있었다.

가난한 노인들의 서열은 특히 혼자 사는 나이든 여성에서 맞지 않았다. 1979년 흑인 노인 여성의 42%와 백인 노인 여성의 16%는 전문적인 언어로 "빈곤(poverty)" 상태에 있었다.133) 사회보장제도는 어떤 편익을 가지고 있을

129) H. Cox, *Later Life: The Realities of Aging*(Englewood Cliffs, N.J.: Prentice-Hall, 1984), 276.

130) Riddick and Stewart, "An Examination of the Life Satisfaction and Importance of Leisure in the Lives of Older Female Retirees," 78.

131) K. S. Markides and H. W. Martin, "A Casual Model of Life Satisfaction Among the Elderly," *Journal of Gerontology* 34(1979): 86~93.

132) C. Allan and Brotman(compilers), *Chartbook on Aging in America*. White House Conference on Aging. Government Document, 1981.

까? 사회보장제도가 지닌 편익은 인플레이션 과 더불어 자동적으로 증가되지만, 그것은 개인을 재정적으로 독립되게 하려는 의도는 결코 가지지 않고 있고 "단지 다량의 빈곤을 방지"하는 것이 목적이다.[134] 현재 62% 정도는 사회보장비용이 전체 수입 중 거의 반 정도를 차지하고 있고, 24%의 나이든 사람들은 거의 90% 이상을 이것에 의존하고 있고, 14%는 사회보장비용 자체가 그들의 수입원의 전부인 것으로 나타났다. 1990년 2월에 최적의 사회보장 편익은 $975/1개월 이었다. "어떤 노년의 미국인들은 이런 최소한의 부분마저도 수용할 수 없다.[135] 그들에게서 독립적인 것으로 간주되는 것은 습기 찬 세들어 사는 방이거나 하나의 전기히터이다."[136]

1979년 노동인구에서 거의 절반정도는 기업 또는 단체가 지원하는 연금 플랜에 의해 보호되었다. 생활비가 매년 7% 오른다는 가정하에 연금 $10,000가 지닌 구매력은 20년후에는 $2,584가 될 것이다. 즉 구매력의 3/4가 상실되는 것이다. 1979년 한해당 $25,000으로 생활하던 한 쌍의 부부는 2009년에는 $144,000가 필요할 것이다.[137] 1980년 한때 인플레이션은 19%를 넘어서기도 하였다. 1천 달러는 그 당시 인플레이션 비율에서 10년 동안 $191의 가치를 가질 것이다.

수입은 활동양식과 삶에 대한 만족 둘다와 관련되었다. 격리된 환경으로 들어서는 연령대인 나이든 성인의 수입과 제한된 여가활동 간에는 부정적인 관련성이 존재한다.[138] 수입이 증가할수록 활동의 수는 저하되었다. 수입과 경제적 여유는 노인이나 65세 이상의 사람들에서 삶에 대한 만족을 강력하게 예언해주는 요인들이다. 여가는 더 많은 수입을 가진 사람들에게 더 높은 소구력을 지닌다. 개인 주택에서 사는 사람은 아파트에서 생활하는 사람보다 더 빈번하게 취미활동에 참여하였다.[139]

---

133) *Ibid.*

134) "Will Inflation Tarnish Your Golden Years?" *U.S. News & World Report*, 26 February 1979, 57.

135) *Bottom Line Personal,* "Answers to the Most Frequently Asked Social Security Questions," 11, no. 3(1990) : 6.

136) "New Outlook for the Aged," *Time,* 46.

137) C. Tuhy, "A Tuner and a Tutor Look toward the Twenty-First Century," *Money,* July 1979, 46.

138) A. Morgan and G. Godbey, "The Effect of Entering an Age Segregated Environment Upon the Leisure Activity Patterns of Older Adults," *Journal of Leisure Research* 19(1978) : 177~190.

급격한 재정적 변화는 은퇴에 의해 유발되었는데 이것은 레크리에이션을 할 수 있는 비용을 줄이게 하였다. 적절한 날씨를 보이는 계절 동안 한달에 두 번 정도 골프를 하는 습관이 있는 사람은 돈을 지원받을 필요가 있으면 그것을 더 이상 하지 않는다. 프로골퍼의 천국인 뉴욕에 거주하는 사람들은 무수한 문화적인 그리고 레크리에이션 가능성에서 어떤 이익을 얻지 못할 수 있다. 대다수 노인들은 고정된 수입을 가지고서 증가된 집세나 의료비용을 어떻게 할지 등에 실제적인 관심을 갖는다. 레크리에이션은 이런 필수사항에서 고려되어지지 못한다.

3) 건강과 이동성(Health and Mobility)

노인들은 높은 이동성을 보이는 집단이 아니다. 평균적으로 그들은 "32년 이상 그 지역사회에서 그리고 16년을 그들의 집에서 살았다."[140] 노인들은 단지 덜 이동할 뿐만 아니라 또한 생활설비(living arrangement)에 덜 만족하였다. L.A.의 한 보고서에서는 "50세 이상의 90%는 그들의 생활설비에 불만족하였고," 하지만 "단지 13%만이 1년동안 실제로 이사하였다."라고 조사되었다.[141] 제한적이 재정 상태는 노인들에게 그들의 생활설비를 제한시키는 요인으로 작용한다. 1975년과 1979년 사이, 65세 이하 인구의 44.8%는 그들의 거주지를 바꾸었지만, 노인들의 단지 17%만이 이동하였고, 이들 중 단지 3.6%만이 그 주를 벗어났다. 건강에 관심이 있는 은퇴자들은 Arizona로 이주하였고, 보다 여가 지향적인 생활양식에 추구하는 사람들은 Florida를 선택하는 경향이 있다[142].

운송수단의 부족은 노인들이 그들이 선호하는 활동에 참여하고자 할 때 직면하는 네번째로 가장 큰 문제이다.[143] 68%는 이동시 다른 사람의 도움을 받아 움직인다고 하였다. 노인의 23%는 걷거나 계단을 오르는 것 등이 매우 힘들다고 보고하였고, 2.6%는 근처에 가는 것도 도움을 받아야 하고, 8.4%는 근처로 여행할 때 누군가의 도움을 받아야 했다. 일반적으로 교회를 제외하고, 쇼핑, 친구나 친척의 집을 방문하는 것을 제외하고 다른 장소를 방문하는 것은

---

139) Rapoport and Rapoport, *Leisure and the Family Life Cycle,* 254.

140) J. Birren, "The Abuse of the Urban Aged," *Psychology Today,* March 1970, 37.

141) *Ibid.*

142) G. Bultena and V. Wood, "Leisure Orientation and Recreational Activities of Retirement Community Residents," *Journal of Leisure Research* 2, no. 1(1970) : 3~15.

143) L. McAvoy, "The Leisure Preferences, Problems, and Needs of the Elderly," *Leisure Research* 11(1979) : 40~47.

노인들에게는 덜 편한 것으로 간주되었다. 이러한 불편성은 실체의 지리학적 위치보다는 경제적, 범죄에 대한 두려움, 교육, 그리고 신체적 이동 등이 작용한 것일 수 있다.

국립 보건통계센터(The National Center for Health Statistics)는 노인 인구의 80%가 최소한 1가지의 만성적인 조건에 처해 있고 여러 가지 조건들이 공통적으로 나타나는 것으로 보고되었다. 44%는 관절염을, 39%는 고협압을, 28%는 청각의 손상, 27%는 심장에 문제가, 12%는 시각의 손상, 그리고 12%는 당뇨병을 가지고 있었다. 1/5은 그들의 어떤 제한이 그들의 활동을 구속시킨다고 하였다. 한 저자는 노인들이 직면한 가장 심각한 문제로서 질병을 매겼다.[144] 심지어 80%는 정상적인 활동에 참여할 수 있을 만큼 충분히 건강했다. 하지만 신체적 강도의 저하는 15~46%로 다양하였다. 건강이 평균적이거나 더 나아진 것 같다고 느끼는 개인들은 보다 다양한 여가활동에 참여하였다.

능력의 결여는 노인들이 그들이 선호하는 활동에 참여하기를 시도할 때 가장 중요한 문제로 언급되었다. 그것은 어떤 다른 문제들보다 3배 정도 더 빈번하게 나타났다.[145]

대통령 산하의 Council on Physical Fitness and Sports에 의해 위임받은 연구들에서는 노인들의 능력이 기본적으로 부적당하였고, 그리고 신체적 활동프로그램을 통해 건강을 유지하거나 적절하게 하려는 시도하는 사람들이 소수라는 사실이 발견되었다. 응답자의 39%는 "선호하는 운동형태"로서 걷기를 하나의 체계적인 운동프로그램으로서 추구한다고 하였고, 그 다음은 미용체조(calisthenics), 수영, 사이클링, 조깅, 그리고 웨이트 트레이닝(남자에 한해서) 순이었다. 미국 노인들이 느끼는 주관적인 복지에 대한 30가지 연구에서는 건강이 그것에 가장 큰 영향력을 미친다고 밝혀졌다.[146]

4) 가족과 친구(Family and Friends)

사람들은 혼자 여행하려고 하지만, 다 같이 즐기려고 할 때는 가족이 가장 공통적인 레크리에이션 단위이다. 그리고 높은 사기는 "한명의 아주 친한 친구와 안정되고, 친밀한 관계가 유지되는 것"과 관련되어 있다.[147] 혼인상태는 사

144) J. E. Gibson, "Do You Single Out Your Friends When You're Lonely?" *Family Weekly,* 17 April 1983.

145) McAvoy, "The Leisure Preferences, Problems, and Needs of the Elderly," 40~47.

146) R. Larson, "Thirty Years of Research on the Subjective Well-being of Older Americans," *Journal of Gerontology* 33(1978) : 109~125.

기와 심리학적 복지 둘 다를 강력하게 예언해주는 요인이다. 성적인 관계에 대한 관심과 능력은 삶의 7번째 쇠퇴기인 대부분의 노인들에게까지 중요한 역할을 한다. Master와 Johnson은 만족할 만한 성적인 관계를 위한 능력은 건강한 부부에서는 80세까지 지속된다고 하였다. 이혼한 개인들은 과부이거나 결혼한 사람들보다 전체적인 생에 대한 만족도가 낮았다. 또한 사기와 삶에 대한 만족과의 관련성은 가족간의 상호작용 빈도와도 연관되어 있다. 비록 사회화나 가족 상호작용이 중요하지만, 실재로 많은 노인들 특히 여성들은 여가 활동을 할 때 반 이상을 혼자서 활동한다. 여가활동의 75%정도는 가정 내 환경에서 이루어지는 것으로 보고되었다.[148] 우정의 결여는 노인들이 그들이 선호하는 활동에 참여할 때 부딪치는 두번째 중요한 문제이다. "많은 나이든 사람들은 가족이나 몇몇의 친구도 없이 혼자 살아가는데서 문제에 직면하게 된다."[149] 외로움은 어떤 저자가 주장하였듯이 노인들이 직면하는 4번째로 중요한 문제이다.[150] 이런 유형의 정보를 제공받은, 사회화활동을 주로 강조한 레크리에이션 프로그램은 지나치게 제한적이고 실재적이지 않다. 사회활동은 매우 필요하지만, 특히 수동적인 구성요소보다는 적극적인 구성요소를 가질 필요가 있지만, 노인들은 또한 그들이 머무는 곳에서 도움을 받을 수 있는 혼자서 할 수 있는 개인적인 여가기술을 배울 필요가 있다.

외로움(Loneliness)과 가족에 의한 돌봄의 부족은 백인 또는 아프리카계 미국인들보다 히스패닉이나 아시아계 미국 노인들에서는 덜 중요한 것이다. 아시아 문화권에는 노인들이 대개는 젊은 친척 등에 의해 잘 봉양되어진다는 역할 기대가 널리 펴져 있다. 일본인, 중국인, 그리고 필리핀인 가족 등에 의해 축척된 것은 나이든 부모나 일가친척에 대한 책임을 지는 것이다. 이런 문화권의 가치로 인해, 나이든 부모들은 대개 그들의 성인 아동과 같은 집에 거주한다.[151] 유사하게 히스패닉계의 노인들은 몇 세대를 이어주는 상호의존적이고

147) M. F. Lowenthal and C. Haven, "Interaction and Adaptation : Intimacy as a Critical Variable," *American Sociological Review* 33(1968) : 20~30.

148) M. Moss and M. P. Lawton, "Time Budgets of Older People : A Window on Four Lifestyles," *Journal of Gerontology* 37(1982) : 115~123.

149) R. Kraus, *Therapeutic Recreation Service : Principles and Practices*(Philadelphia : Saunders, 1983).

150) Gibson, "Do You Single Out Your Friends When You're Lonely?"

151) D. Wilkinson, "Family Ethnicity in America," in *Family Ethnicity*, ed H. P. Pipes McAdoo(Newbury Park, Calif. : SAGE Publications, 1993) 15~59.

상호작용적인 혈연 네트워크인, 하나의 자연적인 조력체제(helping system)를 제공하는 사회적 네트워크의 중심에 자리 잡고 있다. 이러한 자연적인 조력체제는 즉시적인 가족구성원, 확대가족, 그리고 "compadrazo(교회지원자 또는 대부모((代父母, godparent)" "barrios" 또는 "colonias(친구나 이웃, 그리고 대도시)" 등의 구성원을 포함한다. 이 체제에서, 노인들은 존경받는(respecto), 지위(su lugar), 그리고 권위(su experiencia y sabiduria) 등으로서 묘사되었다.[152)]

5) 시간(Time)

전국적인 규모의 조사에서 사람들은 65세 이상에서 최고의 것이 "더 많은 여가를 가지는 것"이라고 응답하였는데, 노인들은 시간의 부족이 그들이 선호하는 활동에 참여하려고 할 때 세번째로 가장 큰 문제라고 언급하였다.[153)] 하지만 연구결과, 시간의 인식에 대한 혼합된 메세지가 제시되었다. 어떤 연구자는 노인들에게서 가장 큰 문제는 지나치게 많은 자유시간이고, 노인들의 대부분은 연령의 증가와 더불어 그들이 무엇을 해야 할지 모른다고 대답하였다는 사실을 발견하였다. 노인의 24%는 "지나치게 자유시간이 많지만, 반면에 32%는 지나치게 자유시간이 적다고 느꼈다."라고 불평하였다. 44%의 가장 큰 집단은 이 문제에 몰두하였다.[154)] 이것은 노인들에서 이질성이 존재한다는 증거이다. 모든 노인들은 그들이 지닌 많은 변산성으로 인해 동일하게 다루어질 수 없다. 또한 성차이도 존재하는데 남성은 두 배 정도 더 시간이 지나치게 많아서 곤란하다고 하였고 여성은 지나치게 시간이 없다고 언급하였다. 이것은 "전통적인" 여성들이 조리나 가사일을 평생 지속하고 은퇴 이후에도 계속되는 것에서 설명되어질 수 있다. 은퇴로 인한 변화는 여성에서보다 남성에서 보다 더 급격하게 나타났다.

노인의 레크리에이션 행동에 영향을 미치는 또다른 요인은 그들이 지닌 관심사를 정상적인 노동시간으로 조직화된 공동체에 적응시키거나 조화시키는 것이다. 대부분의 상업적이거나 공공 레크리에이션 프로그램 센터는 저녁, 주말, 휴가시기, 그리고 다른 일을 마친 후의 시간동안 열린다. 엄밀하게 말하면 노동시간은 대부분의 노인들에게는 없다. 소수의 영리한 비즈니스맨들은 이런 욕구를 파악하여 비수기의 사용이 줄어든 시설물을 이용할 수 있게 하였다. 이

---

152) Paz, "Support of Hispanic Elderly", 177.

153) McAvoy, "The Leisure Preferences, Problems, and Needs of the Elderly," 40~47.

154) Pfeiffer and Davis, "The Use of Leisure Time in Middle Life," 187~195.

런 생각은 볼링장의 레인, 영화관, 그리고 식료품점(화요일에는 스탬프를 2배로 높임) 등에서 활용되어져 왔다. 어떤 도시들은 공공 운송비용도 인하하여 노인들이 특별하게이점을 얻을 수 있게 하였다. 이런 특성을 지닌 시설물은 양자 모두에게 편익이 될 수 있다.

다른 삶의 주기처럼 은퇴는 그 자체의 주기 또는 잠재적인 행동양식을 가진다. 그것은 특정의 휴식이나 행복감(euphoria) 등으로 나타나는 휴가 분위기로서 시작될 수 있다. 이 신혼여행 단계는 우울증(depression), apathy(냉담) 그리고 철회(withdrawal) 등이 수반되어졌다. 은퇴가 성공적으로 관리되기 위해서는 개인적으로나 사회적으로 효율적인 재편성이 따라야 할 것이다.

6) 은퇴 사회공동체(Retirement Communities)

재정적으로 부유하거나, 이동성이 있거나, 그리고 목적이 있는 환경을 조성한 은퇴자들에게는 이용가능한 다수의 옵션이 존재하는데 그것은 흔히 "여가세상(leisure worlds)," "황금의 거주지(golden ghetto)," 또는 "은퇴마을(retirement village)" 등으로 언급되었다. 이런 연령으로 분리된 공동체(최소 50세로서 그들과 같이 사는 18세 미만의 아이가 없을 것 등을 단위 구매자들에게 요구하였다)는 상이한 행동형태, 역할모형, 그리고 상호적인 지원체제를 제공해준다. 사회학자들은 그러한 우정형태나 지원 체제가 만약 거주민의 50% 이상이 노인들로 구성되었다면 나타나지 않는다는 사실을 발견하였다. 실제로 스웨덴에 있는 노인들의 자치적 생활 집단(Elderly communal living groups)은 미국이나 캐나다 기획자들에 의해 고려되어지고 있다.

7) 현재의 여가형태(Current Leisure Patterns)

참여와 즐거움의 4가지 형태는 생애주기 동안 특정한 활동과 연관되어졌다. 즉 (a) 계속적으로 저하된 여가관여(continuously reduced leisure involvement),(b) 중년에서 최고인 즐거움과 참여(pleasure and participation peaking in middle age), (c) 일생을 통해 나타나는 사소한 차이(little difference over the life span), 그리고 (d) 연령과 더불어 증가된 만족(increasing satisfaction with age) 등이다. 일반적으로 "나이든 사람들은 특히 신체적 수고를 요하는 활동에서 많은 활동유형에 젊은이들보다 덜 참여한다.[155]" 한 개인에서 여가활동의 목록은 두 개의 폭

155) J. Kelly and J. Ross, "Later-Life Leisure : Beginning a New Agenda," *Leisure Sciences* 11, no. 1(1989) : 47~59.

이 좁은 끝에서 아동기와 노년기가 같이 제시된 elongated diamond로서 보여졌다. 많은 상이한 활동들은 활동 내에서(within) 형성되어질 수 있는 대체나 변화만큼 중요하지 않게 여겨졌기 때문에, 그 활동은 생활환경에서 계속적으로 변경되어질 수 있다. 필요로 하거나 요구되어질 때, 활동은 참여 강도, 환경/장소/입지, 공동참여자의 수와 유형, 참여이유, 그리고 참여시기 등을 변화시킴으로써 바뀔 수 있다.[156] 적절하게 변경함으로써, 즐거운 활동은 계속되어질 수 있고, 더 광범위한 여가 목록은 생의 더 넓은 부분을 통해 확장되어질 수 있었다. 활동 내에서 대체되거나 변경되어질 수 있다는 것은 소수의 나이든 사람들이 새로운 여가형태를 완전하게 채택하려는 경향을 보이기 때문에 중요하다.[157]

"확장자, 확장하는 사람(expanders) 또는 수축자, 수축되어지는 사람(contractor)"의 이 두 가지 노인의 유형은 삶에서 관여된 여가형태에 기초하여 구분되어졌다. 수축자(contractor)는 그들이 21세 이전에 학습한 모든 활동의 70%에만 참여했고, 이런 활동 중 단지 5%만이 56세 이후에 학습되어졌다는 사실이 밝혀졌다. 확장자(expanders)는 그들의 일생 동안 새로운 활동을 계속적으로 학습하고, 50세 이후에 시작된 것은 단지 30%에 불과하였다. 한 연구에서. 수축자는 확장자보다 1~2명 정도 더 많은 것으로 나타났다.[158] 이런 두 집단은 노인들을 동질적인 존재로 다루지 않을 수 있다는 부가적인 이 점이 있다. 새로운 활동을 첨가시키는 것뿐만이 아니라 노인들이 지닌 여가 욕구를 만족시키기 위해 그리고 한 가지 활동 내에서 대체를 가능하게 하기 위해서, 제공자는 그 집단에게 이용가능한 다양한 경험을 제공해 줄 수 있어야 한다.

노인들은 여가형태를 줄이는 수축자일 뿐만 아니라, 그들은 또한 그들이 하기를 좋아하는 것과 실제로 하는 것 간에는 불일치를 나타낸다. 이런 불일치는 만약 그들이 좋아하거나 선호하는 여가를 추구하는 것을 철회하는 사람이 그렇지 않은 사람과 비교했을 때, 건강이 더 나빠졌고, 그리고 삶에 대해 덜 만족하다는 결과가 제시된 연구가 없다면 근본적으로 약화되어지지 않을 것이다. 좋은 소식은 여가에 대한 교육이 잠재적인 여가 활동에 대한 참여를 증가시켰다는 것이다. 여가 교육은 나이든 성인들이 지닌 여가능력에 대한 인식을 개선

156) S. E. Iso Ahola, *The Social Psychology of Leisure and Recreation*(Dubuque, la.: Wm. C. Brown, 1980).

157) R. Schmitz-Scherzer, "Longitudinal Change in Leisure Behavior of the Elderly," *Contributions to Human Development* 3(1976): 127~136.

158) F. A. McGuire, D. F. Dottavio, and J. T. O'Leary, "The Relationship of Early Experiences to Life Leisure Involvement," *Leisure Sciences* 9, no. 4(1987): 251~257.

시켜주고 그리고 여가참여와 삶에 대한 만족 둘다를 증가시킬 수 있다.[159)]

특히 은퇴하라는 압력을 경험한 노인들은 그들의 일상생활에서 발생하는 이벤트에 대해 통제를 잘할 수 없다고 느끼고, 그 결과 무기력해진다. 이런 무기력감을 극복시켜 주기 위해, 여가 교육지도자는 나이든 성인들을 능력, 성취, 그리고 인식 등을 촉진시킬 수 있는 활동으로 유도할 수 있다. 한 가지 권한이 부여된 여가교육 접근방법은 다음과 같은 세 가지 단계를 포함한다. 즉 (1) 관심사의 확인과 목적의 설정(identifying interest & setting goals), (2) 이용가능한 기회의 탐색(researching available opportunities), 그리고 (3) 보상의 수용(reaping the reward) 등이다. 여가교육과 은퇴전 프로그램은 "재교육(re-engagement)"의 개념을 추구한다. 성공적으로 여가참여를 증가시킬 수 있는 한 가지의 교육적 방법은 사람들로 하여금 여가를 제한하는 요인들에 대해 이해시키고 그것을 제거시킬 수 있도록 돕는 것이다.[160)]

신체활동과 사회화 이 두 가지는 나이든 사람들을 위해 여가와 레크리에이션 경험을 고려할 때 중요한 변수들이다. 신체활동과 사회화가 결합되어졌을 때, 다음과 같은 4가지 유목이 나타날 수 있다.[161)]

- **적극적-사회화(Active-social)** 한 집단 내에서 신체적인 노력이 고려되어지고 정상적으로 발생되어야 하는 필요성을 지닌 활동들(예, 팀 스포츠)
- **적극적-격리(Active-isolate)** 한 개인에 의해 신체적 노력이 고려되어지고 정상적으로 수행되어져야 하는 필요성을 지닌 활동들(예, 조깅)
- **고정적-사회화(sedentary-social)** 집단들에서 별로 요구되지 않는 신체적 노력과 정상적으로 수행되어질 필요가 있는 활동들(예, 빙고)
- **고정적-격리(sedentary-isolate)** 한 개인에 의해 별로 요구되지 않는 신체적 노력과 정상적으로 수행되어질 필요가 있는 활동들(예, 독서)

---

159) M. J. Mahon and M. S. Searle, "Leisure Education : Its Effect on Older Adults," *Journal of Physical Education, Recreation and Dance, Leisure Today*(April 1994) : 36~41.

160) R. Thompson and D. Cruse, "Leisure Awareness and Education : Preparing for Retirement," *Journal of Physical Education, Recreation and Dance, Leisure Today*(April 1993) : 35~37.

161) L. G. Peppers, "Patterns of Leisure and Adjustment to Retirement," *Gerontologist* 16(1976) : 441~446.

활동의 다양성과 유형은 삶에 대한 만족과 관련된 것으로 밝혀져 왔다. 더 높은 삶에 대한 만족 점수는 더 많은 활동에 관여하거나 적극적 사회화 유목에 참여한 개인들에서 기록되어졌다. 두 개의 적극적인 유목들에 참여한 개인은 두 개의 고정적인 유목의 활동들에 참여한 사람들보다 더 높게 점수가 나타났다. 사회적인 사람들은 전반적인 삶에 대한 만족 점수에서 격리된 사람들보다 높았다. 세 가지 유의미한 심리학적 편익들은 여가/레크리에이션 참여, 우정, 인식(자신에 대한 것만이 아니라 타인에 대한), 그리고 자율성, 사회적 서비스, 그리고 사회적 지위 등으로부터 나타났다.[162)]

전 생애를 통한 여가연구에서, 이완(relaxation)은 남,녀 두 성 모두에서 살아가는 과정에서 증가된 유일한 항목이다. TV 시청, 토론, 스포츠 관전, 문화적 소비, 오락, 클럽과 조직적 참여, 그리고 집에서 머무는 것 등은 유사하게 나타났다. 댄스, 음주, 영화, 스포츠 그리고 운동, 사격, 야외활동, 여행, 독서— 그리고 문화적 생산 등에서는 감소를 보였다.[163)] 기본적으로, 가정활동과 사회적 일에의 참여는 65~74세 또는 75세 이상의 연령에서 유의미하게 더 저하되지 않았다.[164)] 친구방문, TV 시청, 집에서의 가외의 일, 여행, 독서, 명상, 낚시, 걷기, 정원손질, 취미, 즐거움을 위한 드라이브, 음악 듣기, 조직이나 클럽 미팅에 참석, 외식, 그리고 동물돌보기 등과 같은 활동에 참여하는 빈도가 가장 높게 나타났다. 동물을 돌보는데 소요된 시간은 많은 이점을 준다. 애완동물이나 마스코트 등은 반응성을 높여주고, 즐거움을 주며, 치료환경을 조성하며, 실지로 치료의 형태로 이용되기도 한다.[165)] 하지만 일반적으로 취미나 또는 스포츠에서 적극적으로 참여하는데 드는 시간의 양은 지나치게 적다. 노인을 위한 중요한 여가 필요성은 사회화, 자아-성취감(self-fulfillment), 자연에 대한 친밀감, 신체 운동, 그리고 학습 등이다. 이런 기회들을 충족하기 위해 고안된 프로그램들은 창조성을 필요로 한다. "노인을 위한 프로그램들은 종종 지나치게 참여자를 수용하기 위해 객관적인 시각에서 고안되어졌고, 이것

---

162) H. A. Tinsely et al., "The Relationship of Age, Gender, Health and Economic Status to the Psychological Benefits Older Persons Report from Participation in Leisure Activities," *Leisure Sciences* 9(1987) : 53~65.

163) C. Gordon, C. M. Gaitz, and J. Scott, "Leisure and Lives," in *Handbook of Aging and the Social Sciences,* ed. R. H. Binstock and E. Shanas(New York : Van Nostrand, 1976).

164) Kelly and Ross, "Later-Life Leisure : Beginning a New Agenda," 48.

165) C. Brickel, "The Therapeutic Roles of Cat Mascots with a Hospital-based Geriatric Population : A Staff Survey," *Gerontologist* 19(1979) : 368~372.

은 여가 경험을 제공해주기 위해 정신적으로, 정서적으로 수용(receptive)적이고 성장을 추구하는 사람들이 하기에는."[166]

노인인구의 참여비율에 의해, 일반적으로 TV 시청은 공통적으로 가장 많이 하는 것이었다. 실제 TV 시청시간은 높게는 주당 48시간에서 낮게는 주당 5시간이나 그 미만인 것으로 보고 되었다. TV를 시청하는 노인들의 60%이상은 TV가 지닌 "동료서비스(companionship service)"를 인식하였다. TV 시청은 또한 동시에 두 가지 이상의 활동을 할 수 있는 "동시적인 소비(simultaneous consumption)"를 가능하게 하였다. 최소한의 부정적인 두 가지 측면은 과도한 TV 시청과 연관되어질 수 있다. 첫째, 시간은 보다 적극적이거나 사회적인 것을 추구하기보다는 수동적인 격리된 활동을 하는데 소비되었다. 둘째, 역할 정체성이 지닌 문제로서 대부분의 TV 프로그램에서는 노인을 부정적으로 묘사하였다.

7) 운동(Exercise)

활발하게 신체활동에 참여하는 개인의 비율은 비록 노인들이 여가참여에서 만족을 주는 다섯가지 욕구 중 하나로서 신체적 운동을 확인하였지만 나이가 들어감으로써 저하되는 것으로 나타났다. 참여에서의 저하는 초기에 그리고 여성들에서 더 빈번하게 발생한다.[167] 대도시의 병원들에서, 노인은 농촌지역의 병원에서 보고된 것보다 4배나 많은 병상을 차지하고 있다. 사망률과 신체활동에서의 참여비율 간에는 상반된 관계가 존재한다. 어떤 연구자들은 나이든 시민들이 신체활동에 대한 욕구가 낮았으며, 그것에 대해 가지는 태도는 다른 연령집단보다도 더 부정적으로 표현하였다는 사실을 보고하였다.

퇴화(degeneration)나 근육과 뼈 조직의 기능적 상실 등과 같은 노화의 한 부분으로 수용되어져 왔던 것 중 절반 정도가 실지로는 폐지(disuse) 또는 운동감퇴(hypokinesis) 등을 초래하였다고 제시한 보고서가 있다. 고정적 생활양식은 하루에 거의 7시간을 TV시청을 하면서 실내에서 시간의 90%를 보내는 미국 성인들의 60%정도에서 나타났다.[168] 헬스 케어(Health care) 비용이 많이 증가하고 있고, 질병을 예방하기 위한 하나의 수단으로서 레크리에이션은 비용 측면에서 효과적이다. 공공의 보건적 측면에서 보면, "규칙적인 활동의

---

166) MacNeil and Teague, *Aging and Leisure: Vitality in Later Life,* xvi.

167) A. Ostrow, "Physical Activity As It Relates to the Health of the Aged," in *Transitions of Aging,* eds. N. Datan and N. Lohmann(New York : Academic Press, 1980).

168) Epstein, Cram, and kelley, "How Much Do You Know about Recreation for Older Adults?", 66.

촉진은 미국의 건강상태에서 가장 큰 단일 영향력을 가질 수 있다."[169] 65세 이상의 부부들은 매년 평균적으로 $16,000의 수입을 벌어들인다. 만약 예방적인 생활양식이 생활에서 빨리 선택되어졌다면 매년 헬스 케어에 드는 $4,500이 절약될 수 있을 것이다.[170] 여가와 레크리에이션은 회복하는데 도움이 되고, 마아도 예방차원에서 더 중요할 것이다.

고정적인 생활양식은 그것이 탄력성, 근육강도, 지구력, 신경근육의 협응(neuromuscular coordination), Cardiac output, 그리고 호흡계의 능률 등과 관련되어 있기 때문에 노화과정을 촉진한다. 이전의 활발하지 않았던 생활양식이 지닌 효과는 운동훈련 프로그램에 의해 개선되어질 수 있기 때문에 노인이 되어 운동을 시작하는 것은 결코 지나치게 늦은 것이 아니다. 개선 또는 상대적인 획득비율은 대략 젊은이들에서 나타나는 것과 유사하다. 노인의 활기를 결정짓는 가장 중요한 결정요인인 산소 보유능력(aerobic capacity)은 10에서 30%로 증가되어질 수 있다. 보행능력을 유지하는데 확실히 중요한 다리의 힘은 6주의 등척(等尺, isometric－특별한 근육을 강화) 운동과 등장(等張, isotonic－근육 확장) 운동 프로그램에 참가한 노인 피험자들에서 50% 증가되었다. 운동은 활발하지 않았던 70대 노인의 삶을 15세나 그 이상 늘려주었다.[171] 만약 좋은 영양이나 운동 상태, 그리고 좋은 건강 습관 등이 따라진다면 사람들은 7년 이상을 더 살 수 있을 것이라는 또다른 추정도 제시되었다. 결국 생활양식은 만약 모든 형태의 암이 치료되어질 수 있다면, 평균수명이 7년 정도 증가될 수 있을 것이다.[172]

운동과 평생의 스포츠에 참여함으로써 얻을 수 있는 본질적인 가치는 잘 문서화되어졌다. 이런 지식과 운동을 함으로써 생기게 되는 건강상의 위험을 과장하거나 그것을 통해 얻을 수 있는 편익들을 이해하지 못하는 경향이 있는 현재의 노인들이 소유한 것 간에는 교육으로 인해 격차가 나타난다. 그들이 성장할 당시는 운동이나 영향에 대한 지식이 거의 없었다. 어떠한 인지적이고 생리학적 기능에서의 노화 비율을 최소화하거나 늦추는 것뿐만 아니라 반응 시간(RT : Reaction Time), 그리고 운동 시간(MT : Movement Time)을 개선시키는 것 등

169) Wankel, "Health and Leisure : Inextricably Linked," 29.

170) Kelly, "Aging : It Is Our Business!", 39.

171) W. M. Bortz, "Effects of Exercise on Aging—Effect of Aging on Exercise," *Journal of American Geriatric Society* 28, no. 2(1980) : 149~151.

172) M. A. Kanters and W. J. Montelpare, "Enabling Healthy Lives through Leisure," *Journal of Physical Education, Recreation and Dance, Leisure Today*(April 1994) : 27.

을 포함해 미래에서도 계속적인 활동을 통해 편익을 얻을 수 있다.[173] 운동을 하는 것은 나이든 성인들에게 더 많은 편익을 제공해주고, 활동적인 나이든 성인들은 그렇지 못한 더 젊은 사람들보다 반응시간(RT)과 운동시간(MT)이 더 빨랐다. 이런 발견들은 성인들이 연령 대신 발달적 수준에 의해 레크리에이션과 여가를 추구하는 집단일 수 있다는 개념을 지지해준다.[174] the National Recreation and Park Association에 의해 4사분기마다 발행되는 Leisure and Aging Newsletter라는 간행물은 레크리에이션과 여가경험과 연관된 가치와 편익이 무엇인지 노인센터 직원과 참여자들에게 알려준다.[175] 여가 전문가를 지원하기 위해 1991년 the National Recreation and Park Association's Board of Trustees가 여가와 노화에 대해 특별한 영역에 있는 전문가들에게 인식시키기 위해 그리고 프로그램 작성과 서비스 지원에서 보조적인 도움을 주기 위해 그 협회의 새로운 섹션으로 형성되어졌다. 대부분의 개인들은 은퇴 후의 참여에서 빠르게 적응하지 못한다. 높은 신체적 활동을 하려는 노인들은 활기찬 스포츠에서 적극적으로 참여를 해야 하고, 가끔씩 운동하는 사람들은 그들이 나이가 들어감에 따라 활동성을 줄여나가는 것을 더 좋아할 것이다.

10.2.3 관여와 비(非)관여 : 노화이론들
(Engagement or Disengagement : Theories of Aging)

놀이나 여가의 일반적인 영역들처럼, 노화되어 가고 있는 개인의 행동을 설명하기 위해 그리고 성공적이지 못한 노화형태로부터 성공적인 것을 차별화시키기 위해 다수의 이론들이 제안되었다. 주요한 5개의 이론은 비(非)관여(disengagement), 활동성(activity), 정체성 위기(Identity crisis), 그리고 하위문화로서의 노인들(the aged as a subculture) 등이다. 뒤의 세 가지는 간단하게 설명되어졌고, 그리고 여기서는 전자의 두 가지 노화이론들인 비(非)관여와 활동성(activity)에 초점을 둘 것이다.

173) N. L. Goggin and M. J. Keller, "Movement Is Ageless : Enhancing Leisure Participation," *Journal of Physical Education, Recreation and Dance, Leisure Today*(April 1993) : 56.

174) *Ibid.*

175) Epstoin, Cram, and Kelley, "How Much Do You Know about Recreation for Older Adults?", 67.

1) 정체성 위기((Identity Crisis)

어떤 사람들은 노화를 직업에서의 정체성 상실과 사회에서의 기능적 역할의 상실 등에 의해 은퇴 후에 유발된 하나의 사회적인 딜레마(social dilemma) 시간으로서 파악하였다. 이 이론이 지닌 본질적 가정은 사람들이 직업에 대해 가지는 정체성과 은퇴와 연관된 재정적 문제로 인해 계속 일을 유지하기를 원한다는 것이다. 이 이론에 대해 연구자들마다 상반된 증거를 제시하였다. 은퇴 후의 심리학적 반응은 낮아진 수입에 대한 하나의 반응으로서 "노동자－생산자 역할(worker－producer role)"을 상실하는 것이 아니고, 남성에서 삶에 대한 만족은 증가되어지는 경향이 있고 65세 이후에는 감소되지 않았다.[176)]

2) 연속성(Continuity)

일의 관여에서 역할 상실은 노화행동을 설명하지 못하는 것으로 나타났다. 더 많은 연구들에서는 활동성, 성격, 그리고 행동적 형태가 시간이 경과해도 연속성의 개념을 지닌 것으로 밝혀졌다. 예를 들어, 모든 집단은 결혼, 가족, 그리고 친구 등에서 높은 만족수준을 보였다.[177)] "성공적인 노화는 시간이 경과해도 자율성과 안정성에 의해 분명해졌으며, 성공적이지 못한 노화는 반대의 경우에서 사실로 드러났다."[178)]

3) 하위문화로서의 노인(The aged as a Subculture)

노화에 관련된 또다른 이론은 노인의 사회적 정체성과 자아개념이 중년의 표준에서는 유지되어지지도 않고, 중년의 연령대 사람들에 의해서 제재되었고 대체물의 생성도 이루어지지 않았을 뿐만 아니라 오히려 하나의 하위문화로서

---

176) W. F. Chatfield, "Economic and Sociological Factors Influencing Life Satisfaction of the Aged," *Journal of Gerontology* 32(1977) : 593 ; E. Spreitzer and E. E. Snyder, "correlates of Life Satisfaction among the Aged," *Journal of Gerontology* 29(1974) : 454~458.

177) N. E. Cutler, "Age Variations in the Dimensionality of Life Satisfaction," *Journal of Gerontology* 34(1979) : 573~578.

178) J. A. Kuypers, "Changeability of Life-Style and Personality in Old Age," *The Gerontologist* 12(1972) : 339.

형성되어졌다는 것이다. 이 하위문화의 구성원들은 역사나 관심사의 공유에 의해 또는 세대간 갈등과 부조화에 대항한 방어로서 결속하는 것으로서 설명되어져 왔다.

4) 비(非)관여 이론(Disengagement Theory)

이 이론에서 노화는 늙어가고 있는 개인과 거대한 사회－둘 중 한부분이 촉발자(initiator)로서－이 양자에 의한 상호적인 철회(mutual withdrwal)로서 이해되어졌다. 개인에 의한 몰입(Involvement)은 변화된 우선순위로 인해 감소되어졌고, 그리고 그것은 더 이상 만족을 주지 못하는 것으로 인식되어졌다. 철회의 과정은 더 커진 차이로서 특정화되어진 어떤 새로운 균형을 수반한 중년의 삶에서 개인과 사회간에 존재하는 평형상태(equilibrium)를 대신한다. 어떤 사람은 죽음이 지닌 심리학적 효과를 감소시켜줄 수 있는 노화되고 있는 개인과 사회 양자들에서 제공되는 하나의 발달적 과정으로서 비관여 절차를 파악한다.

비관여 이론은 다음과 같이 사람들이 나이가 들어감에 의해 발생하는 것에 대한 관찰과 연구결과에 의해 이루어진 것이다. 즉 (a) 적극적인 것에서부터 수동적인 경향으로 변하는 지배력(mastery), (b) 증가된 내향성(introversion), (c) 지적 효율성에서의 쇠퇴, 게다가 (d) 활동성과 흥미의 감소 등이다.[179] 이런 비관여 이론에 대한 증거는 혼합되어졌다. 시간이 지남에 따라 비관여 이론은 타당성이 줄어들고 그것의 실제적 근거에 대한 비판은 증가되었다. 가장 최근에, 그것은 좋지 못한 건강, 수입의 저하, 그리고 부적절한 교통수단 등과 같은 제한적 요인이 노화과정 자체보다는 비관여에 더 책임이 있다고 믿어진다. 어떤 개인은 또한 노화과정 전에 비 관여된 생활양식을 형성하여 왔다. 사실, 비관여 이론에 근거해 사회 정책을 형성하는 것은 잠재적으로 위험할 것이라고 믿어지기도 한다.[180]

5) 활동성 이론(Activity Theory)

노화에 대한 비관여 이론과 상반되는 것은 활동성 이론(Activity Theory)이다. 이 활동성 이론이 지닌 장점은 "활동과 삶에 대한 만족간에는 어떤 긍정적인 관련성－더 커진 역할 상실, 더 적어진 삶에 대한 만족－이 존재한다."라는

---

179) J. Birren, *Relations of Development and Aging*(Springfield, Ⅲ. : Charles C Thomas, 1964).

180) Z. S. Blau, *Old Age in a Changing Society*(New York : New Viewpoints, 1973).

것이다.[181] 결국, 성공적이거나 최적(optimal)의 노화는 활동과 사회라는 세계에 대한 감소된 저항으로서 특징지울 수 있을 것이다.

이차 집단(가족 외부의)과 신체적 활동은 성공적인 노화에 가장 강력한 영향을 미치는 두 번째 요인이다. 일반적으로 활동성 수준은 성공적인 노화와 삶에 대한 만족에 관련되어 있다. 연구자들이 조사한 한 집단은 상대적으로 접근 가능한 하나의 "핵심(core)"을 가지고 있고, 비공식적인 활동이 대부분 성인들의 삶의 과정 동안 전반적인 여가양상에서 여전히 중요하다는 사실을 확인하였다. 이런 활동들은 가사일에 대한 대화, 독서, TV 시청, 걷기, 쇼핑, 그리고 가족이나 친구들과의 다른 비공식적인 상호작용 등을 포함하고 있다.[182]

성공적인 노화에 대한 준거는 신체적 건강, 정신 건강, 그리고 지적 수행 등을 포함한다. 인지에 근거한 활동에 참여하는 것은 정신건강과 지적 수행과 유의미하게 상관되어 있다. 일반적인 논쟁과 반대되게, 운동이 아닌 인지(cognitive) 활동은 일반적인 건강과 장수와 가장 높은 관련성을 보여준다. 연령과는 상관 없는 여가 프로그램에 규칙적으로 참여하는 사람은 간헐적인 참가자보다 사기와 삶에 대한 만족에서 더 높은 수준을 나타내었다.[183] 사회적 참여는 노인 개개인의 행복, 사기, 복지, 그리고 삶에 대한 만족을 결정짓는 중요한 요인으로 오랫동안 고려되어져 왔다. "공식적인 사회적 여가가 포함되었을 때, 활동성 수준은 높은 수준의 삶에 대한 만족을 가진 사람들을 구별하는 가장 중요한 요인일 수 있다."[184] 결국, 규칙적으로 활동을 하는 개인은 어쩌다 한번 활동에 참여하는 사람들보다 노화에서 더 성공적일 수 있다.

대다수의 연구자들은 나이든 여성들에서 여가활동의 참여가 삶에 대한 만족에 가장 강력한 영향을 미친다는 사실을 밝혀냈다. 최근 발견들은 나이든 흑인 여성들이 지닌 삶에 대한 만족점수가 나이든 백인 여성들보다 유의미하게 더 낮은 것으로 나타났고, 그리고 백인 여성의 점수는 다른 높은 점수들을 받은 항목과 비교시 낮았다. 나이든 여성들의 삶을 개선시키기 위한 방법이 탐색되어

181) W. B. Lemon, V. L. Bengtson, and J. A. Peterson, "An Exploration of the Activity Theory of Aging: Activity Types and Life Satisfaction Among In-movers to a Retirement Community," *Journal of Gerontology* 27(1972): 511.

182) J. Kelly, M. W. Steinkamp, and J. R. Kelly, "Later-Life Satisfaction: Does Leisure Contribute?" *Leisure Sciences* 9, no. 3(1987): 191.

183) N. Bley et al., "Characteristics of Aged Participants in an Age-Segregated Leisure Program," *The Gerontologist* 12(1972): 368~370.

184) Kelly and Ross, "Later-Life Leisure," 49.

질 필요가 있다. 나이든 백인 여성들에서, 건강, 여가활동에 참여, 그리고 여가 목록 기획 등은 삶에 대한 인식이 삶에 대한 만족에 가장 큰 영향력을 미치는 요인으로 보고되었다. 나이든 흑인 여성들에서 여가활동 참여는 삶의 만족점수에 유의미한 영향을 가지지 못하였다. 이 연구에서, 흑인이든 백인 여성이든 그들의 삶에 대한 만족 점수는 수입에 의해 직접적으로 영향을 받지 않았다.[185]

한 인간으로서 성인은 삶에 대해 만족하고 즐거워하는데 다음과 같은 욕구들이 표현되었다. 즉 (a) 현재 상황에서 채택된(adapted to the present situation),(b)생산성(productive), 그리고 (c) 자아－일관성(self－consistent) 등이다. 이러한 욕구(needs)들은 현재 활동성에 의해 또는 과거 행위에 대한 기억에 의해서 만족되어질 수 있다. 한 개인이 지닌 태도는 과거와 현재 행위로부터의 결과인 만족의 정도를 결정하는 경향이 있다.

10.2.4 노동경험
(Work Experience)

1975년 Social and Congress에서는 결국 노인 인구에서 축적되어온 시간, 에너지, 그리고 재능 등이 지식의 보고라는 사실을 인식하였다. 45억 달러의 돈은 노인들이 다른 사람에게 도움을 주는 것을 보조하기 위해 제공되었다. ACTION이라고 불리는 프로그램은 운송수단, 훈련, 유니폼, 의료적 검토, 그리고 그런 일을 하는 사람에게 식사 제공 등을 해준다. 그것의 질을 높이기 위해, 개인은 반드시 60세 이상이고, 건강상 아무런 문제가 없어야 하고, 빈곤수준(poverty level)이 반드시 하위에 있어야 한다. the Foster Grandparent Organization에 의해 실시되는 한 가지의 ACTION 프로그램은 나이든 사람들이 특별한 보호를 필요로 하는 아동들에게 조부모로서 돌봐주는 것이다. Retired Senior Voulnteers and Senior Corps of Retired Executive 등과 같은 다른 프로그램들은 그들이 속한 공동체 거주민들에게 필요한 도움을 주는 것이다. 이런 ACTION 프로그램들은 지역 사회 공동체를 보조해주고, 동시에 노인들에게 의미 있는 일과 다소의 재정적 보조도 제공해줄 수 있다.

Margaret Mead는 한때 학교는 조부모와 교사의 연합 또는 조부모와 학교 연합을 조직화시킬 수 있다고 제안하였다. 왜 납세자들은 그들의 마지막 아이

185) Riddick and Stewart, “An Examination of the Life Satisfaction and Importance of Leisure in the Lives of Older Female Retirees : A Comparison of Blacks to Whites,” 77, 82, 83.

가 대학을 졸업할 때까지 공공 서비스로부터 제외되어질까? 그 증거가, "유아 같은 할아버지(den grandfathers?)"일 수 있다. 그 노인들은 하나의 책임 있는 존재로서 보여질 수 없다. 사회는 변화의 살아 있는 가장 좋은 본보기인 이들을 잘 활용할 수 있어야 할 것이다.[186]

어떤 노인들은 WISE Volunteers with Minneapolis Public Schools라고 불리는 집단을 통해, 제3의 교실을 통해, 유치원을 매주 방문한다. 이런 노인 자원봉사자들은 교실에서 조부모 역할을 하는 것을 좋아하였다. 노인과 아동들 모두에게 이런 유형의 프로그램은 도움이 될 것이다.

10.2.5 미래와 평균 수명 (The Future and Life Expectancy)

일반적인 인간수명은 100세 정도인데 급격하게 변하지는 않지만, 점차 증가하고 있는 추세이다. 이미 미국에서 노인과 젊은이의 비율은 젊은 아이들이 전체 인구비율에서 가장 큰 집단이었던 과거 사회와는 많이 다르다. 현재 경제, 의료, 그리고 복지기관 등에서 미묘한 차이가 존재한다. 향후 평균 수명이 5년 증가할 것이라는 예측은 이러한 경제기관들마다 다를 수 있다. 1989년, 봉급생활자들은 평균 $1,541을 사회보장 세금에 지불하였다.[187] 어떤 한 사회가 미래에 65세 미만의 많은 사람들은 65세 이상의 노인들을 돌보는데 직접적인 많은 수고를 하여야 하다는 각본이 가능하다. 점차 많은 사람들이 사회보장제도의 편익을 주장함에 따라, 노동자들에 지급되던 그런 비용은 계속적으로 줄어들었다. 결국 어떤 적응이 필요할 것이다.

다른 연구에서는 만약 심장혈관계 질병과 암이 제거되어질 수 있다면 평균수명이 20년 정도 더 늘어날 수 있을 것이라고 하였다. 그러한 부가적인 수명은 삶의 과정을 변화시키는 것에 의해서만 획득되어질 수 있다. 수가 점차 증가되고 있는 나이든 미국인들을 위한 기획은 더 많은 은퇴전 프로그램을 포함시켜야 한다. 즉 주택문제, 헬스케어, 그리고 여가부문, 그리고 노화에 대한 공공 교육 프로그램 등.

---

186) M. Mead, "Aging Dirrerently in the Space Age," in *Reflections on the Recreation and Park Movement,* eds. D. Gray and D. Pelegrino(Dubuque, la.: Wm. C. Brown, 1973), 157-59.

187) L. Shearer, "From the Social Security Fact File," *Parade Magazine, Morgantown*(W. Va.) Dominion Post, 18 March 1990, 12.

개요 Summary

미국인들은 높은 생활표준을 가진다－좋은 집, 공공 교육, 그리고 상대적인 부유함－하지만 일반적인 불평, 권태, 그리고 의미 있는 공간의 상실 등이 더 많이 보고 되고 있다. 여가는 다양한 편익과 만족을 제공해 줄 수 있다. 확실히 그것은 우리 사회에서 발생하는 고통을 치유할 뿐만 아니라, 한 개인이 더 건강하고 더 행복할 수 있도록 도와줄 수 있다.

성인은 그런 계획을 세우기에 가장 용이한 집단이지만, 실제로 그들은 소수의 서비스만 제공받는다. 여가상담은 성인들이 자유재량시간을 기획하는데 보조해주도록 발전되어 왔다. 한때 다른 집단이 지닌 교육적 욕구가 이해되어져 왔다. 한 개인은 테니스를 하기 위해서는 시간과 할려고 하는 의도를 가지고 있지만, 그들은 어떻게 할 수 있을지 그리고 개별 레슨을 받거나 또는 사설 클럽의 구성원이 될 여유를 가지지 못할 수 있다. 대개 개인적, 상업적 영역들은 성인들을 위한 주요한 제공자였다. 의미있는 여가는 그들이 위기를 겪는 동안 성인을 도와줄 수 있고, 은퇴 준비를 하는데 있어 보조적인 역할을 하기도 한다.

수명은 증가되고 있지만, 아직까지 많은 사람들에서 그들이 가진 노년 생활의 질은 저하되어지고 있다. 미국 인구의 11%이상은 65세나 그 이상이고, 그 연령대의 사람들은 모든 다른 소수 집단 중에서 가장 빠른 속도로 성장하고 있다. 미국인들이 노인에 대해 가지는 고정관념화된 이미지는 노인의 활동과 수용에서 많은 영역을 제한시켰다. 노인의 단지 5%만이 기관에서 거주하고 있었다. 현재 여가와 레크리에이션 계획은 양적이거나 질적인 측면 둘 다 충분하지 않다. 그리고 미래의 고등교육을 더 받고, 더 건강하고, 그리고 정치적으로 적극적인 노인들은 더 나은 서비스를 제공해줄 것을 요구할 것이다. 보다 의미있는 경험은 인지와 신체적 활동이 두 측면 모두에 초점을 두어 증가되어질 필요가 있다.

특히 75세나 그 이상의 노인 여성은 더 많은 경제적, 의료적 도움을 필요로 하는 특별한 하나의 하위집단이다. 여가와 레크리에이션 제공자는 또한 특별한 욕구를 지니거나 소수 집단의 욕구에 관심을 기울어야만 한다. 특히 미국 전체 인구 중 차지하는 25%의 소수집단으로 인해 하나의 포괄적인 프로그램만으로는 충분하지 않다.

현재 여가형태는 일의 지향, 직업, 재정, 건강, 이동성, 가족, 친구, 그리고 시간 등과 같은 변수들에 의해 영향을 받았다. 통계적으로, 많은 활동은 일차적으로 더 많은 신체적 수고를 요구하기 때문에 노인의 참여비율은 낮다. 하지만 운동은 고정적이 생활양식이 노화과정을 촉진하기 때문에 노인들에게 더 중요하다. 70세 이후에 어떤 활동에 참여하는 것은 지나치게 늦은 것이 아니고, 심지어 극적인 변화가 발생할 수 있다. 개인마다 극단적인 차이가 존재하고, 프로그램은 다양한 기술과 선호를 충족시키기 위한 광범위한 영역의 기회를 제공해줄 필요가 있다. 신체적 활동과 하나의 사회적 차원이 결합된 경험은 가장 많이 요구되는 것이지만, 그것은 여가의 75%정도가 실내와 집안에서 발생한다는 것을 기억하라. 결국 어떤 개별적이거나 혼자서 하는 활동들은 중요하다. 현재 TV 시청은 가장 대중적인 활동이다.

일반적으로, 활동수준은 성공적인 노화와 삶에 대한 만족과 연관되어 있다. 성공적인 노화를 위한 준거는 신체적 건강, 정신적 건강, 그리고 지적 수행 등을 포함한다. 인지적 활동은 신체적 활동보다도 더 높게 일반적인 건강과 장수에 가장 높은 관련성을 지닌 것으로 밝혀졌다. 성공적인 노화는 비(非) 관여보다는 활동성, 관여 등과 연합되어졌다.

<표 10.3>은 어떤 생애 주기에서 스포츠, 사회화, 그리고 문화 등과 관련하여 발생하는 변화들을 제시한 것이다. 그 표는 어떤 추세를 보여주는 것이지 전체적인 하나의 경향을 제시하는 것은 아니다. 인간활동은 복합적인 현상으로서-개인차와 주어진 환경이 중요한 기여요인이다.

은퇴기획은 재정적으로나 정신적으로 안정된 은퇴전 몇 년 동안 발생될 필요가 있다. 선천적인 자원의 부유함 정도와 기술은 사용되지 않았다. 사회는 노년층 시민을 활용하거나 그들의 욕구에 대해 보다 적절한 것을 제공해줌으로써 더 많은 편익을 얻을 수 있다.

어떤 의미에서, 여가 연구의 분야는 삶에 대한 만족과 일반적인 복지에 대해 인식함으로써 이제 시작되었다고 할 수 있다. 사회화, 자아-성취감, 자연에 대한 친밀성, 신체적 활동, 학습, 그리고 창조성 등을 위해 욕구가 표현되어질 수 있고, 다양한 여가경험을 통해 충족되어져 왔다. 여가는 여러 가지 차원에서 효과를 지닌다.

모든 여가서비스 제공자는 이런 질문들에 대해 심사숙고하여야만 한다. 즉 당신은 그들이 원한다고 말한 것을 사람들에게 단지 제공만 해주었는가 또는 당신은 그들이 가져야하는 것에 대해 제공해줄 의무가 있는가? 등이다. 레크리에이션 기획은 그 같은 질문에 어떻게 답하느냐에 따라 결과가 달라진다.

<표 10.3> 스포츠, 사회화, 그리고 문화에 관련된 생어주기 변화
(Life-Cycle Changes in Relation to Sports, Socializing, and Culture)

연령	스포츠	사회화	문화
10대	실내에서 그리고 야외에서, 활기찬 형태의 다양한 레크리에이션 활동에 적극적 참여	댄싱, 그리고 십대들의 만남장소 ; 사회화는 삶의 중요한 관심사일 수 있고, 높은 몰입을 보임	영화 : 록 뮤직 ; 문화적 영웅들
20대	야외활동에의 적극적 참여, 황무지 배낭여행, 카누, 등등	외식, 바, 나이트클럽 ; 동료집단과의 사회화가 가장 중요	대중적인 오락에 빠짐 : 결혼 후에는 TV가 주요한 오락도구
30대	야외활동에 덜 적극적이고 덜 빈번한 참여. 캠핑장소에서 야영	집에서의 식사, 가족파티, 친척, 친구를 만나기 위해 다른 도시로 여행	극장, 예술, 박물관, 책. 만약 좋은 예술이 계발 가능, 지금이 최상의 시기
40대	덜 적극적 참여 ; 더 많이 관중으로 참여 ; 자동차 또는 밴 캠핑은 텐트나 슬리핑백으로 대치	가족지향 (Family-Oriented)	여행 : 아이가 집을 떠남, 유럽, 뉴욕, 그리고 다른 문화적 중심지와 활동이 매력적일수 있음
50대	단지 보는 것에 더 많은 비중을 둠 ; 소수는 신체적 상황을 이용한 새로운 활동 시도 : 볼링	가족 : 손자, 오랜 친구 방문	만약 여행이 축소되면, TV는 중요한 문화적 원천이 될 수 있음
60대	관객으로서 신체적 활동 특성에서의 저하 : 정원 가꾸기	가족중심(Family-Centered) 아이들과 증손자, 그리고 오랜 친구들	TV : 시민일상사에 더 많은 관여 ; 하지만 반복적 특성 더 많음
70대	어떤 새로운 스포츠활동은 은퇴와 동시에 시작 가능 ; 골프, 수영, 원반 밀어치기 등	새로운 은퇴한 친구들, 특히 어떤 이동이 새로운 환경 조성가능, 카드놀이나 사회적 활동	독서 ; 어떤 대중적인 문화이벤트 ; 책과 잡지는 새롭게 중요해짐, 교회활동

검토문제 examination

01. 왜 성인들은 레크리에이션 경험을 계획하는데 있어 가장 쉬운 집단이 될 수밖에 없는가?

02. 여가경험으로부터 한 개인이 얻을 수 있는 편익에는 어떤 것이 있는가?

03. "여가 카운슬링"이란 무엇인가? 당신은 그런 서비스가 필요하다고 믿는가?

04. 주요한 성인의 생활주기는 어떻게 묘사되어질 수 있을까?

05. 모든 성인들은 유사한 레크리에이션 욕구와 욕망을 가지는가? 그것을 설명해보라.

06. 왜 대다수 성인들은 현실에 실망하는가? 그것은 왜 그들이 상상한 것 이하가 될까?

07. 신체적 건강은 어떻게 성인의 삶에 영향을 미치는가 그리고 그것은 레크리에이션에 특히 어떠한 영향을 미치는가? 비즈니스 관리자는 종사자를 훈련시키기 위해 어떤 인센티브를 사용하는가?

08. 은퇴전 상담을 통해 한 개인은 어떠한 혜택을 얻을 수 있는가?

09. 왜 노인들에 대해 부적인 고정관념이 형성되어 있는가? 그리고 노인들은 그러한 부적인 고정관념에 의해 어떠한 영향을 받는가?

10. 미국 인구분포에서 65세 이상이 차지하는 비율은 어느 정도인가? 그리고 사회기관에 의해 보호받는 노인의 비율은 어느 정도인가?

11. 인구 분포에서 노인층의 비율이 증가하는 이유는 무엇인가?

12. 나이가 들어감에 따라 사람들이 경험하는 신체적이고 사회적 변화에 대해 기술하라.

13. 왜 사람들은 은퇴 동안 레크리에이션 욕구가 변화되는지 그 이유를 설명하라.

14. 노인들은 여가욕구를 어떻게 표현할 수 있을까?

15. 노년층의 여가활동에 대해 서술하고 그들의 삶의 질에 대해 당신의 의견을 말해보시오.

16. 왜 노년층에서 신체적 활동과 운동이 중요한가?

17. 노인 남성과 여성간의 어떤 차이가 그들의 생활방식과 특히 여가에 어떤 영향을 미치는가?

18. 노인들은 특별한 기술이나 지식을 어떤 방식으로 활용할 수 있을까?

19. 노화이론에 대해 당신은 지지하는가? 왜 그런지 설명해보라.

20. 당신 부모님들이 은퇴와 그 후 삶을 더 잘 준비할 수 있도록 당신은 어떠한 도움을 줄 수 있을까?

여가 행동에 영향을 미치는 다른 요인들

PART 11.
Other Factors That Affect Leisure Behavior

제11장

- 사회경제적-인구통계학적 변수들에는 어떤 것이 있을까?
- 다른 변수들은 어떻게 여가 행동에 영향을 미칠까?
- 그 중 가장 큰 영향을 미치는 변수들은 무엇일까?
- 농촌 거주자들은 도시 거주자들과 여가형태가 다를까?
- 사회집단에서 가장 일반적으로 행해지는 레크리에이션은 무엇일까?
- 왜 여성들은 여가를 계획시 특별한 문제를 가지게 되는가?
- "특별한 인구집단"을 위한 레크리에이션은 무엇일까?
- 레크리에이션 기획자는 주어진 대중적인 활동에 얼마나 많은 사람이 자주 참여할 것인지를 어떻게 예언할 수 있을까?

제11장

여가행동에 영향을 미치는 다른 요인들

Other Factors That Affect Leisure Behavior

이 장에서 제시된 목적은 연령 이외의 어떤 요인들이 여가행동 형태에 영향을 미치는지 논의하는데 있다. 수많은 우연적인 요인들은 어떤 집단, 공동체, 또는 인구분포 등에 레크리에이션 경험을 제공하기 위한 기획을 할 때 고려되어질 수 있어야만 한다. 하나의 공동체는 그 곳의 지형학적 입지 등에 의해 많은 영향을 받고, 반면에 다른 곳은 경제적인 제한성을 가지기도 한다. 한 집단을 위해 계획된 레크리에이션 프로그램은 각 집단이 지닌 고유한 측면을 고려하지 않으면 다른 참여집단을 위한 것과 중복되어질 수도 있다.

선행의 두 개의 장은 연령요인들(아동과 청소년, 성인과 노년기)에 의해 구성되었다. 확실히 다른 사회경제적-인구통계학적 변수들은 한 개인의 여가행동 형태에 영향을 미칠 수 있다. 하지만, 이런 변수들이 실제로 주어진 활동의 참여에 대한 예언을 하기 위해 또는 어떤 진술을 하기 위해 사용되어질 정도에 대해서는 상반되는 많은 견해들이 존재한다. 연령, 교육, 수입, 성, 직업, 사회계층, 인종, 종교, 그리고 거주지역 등과 같은 집합적인 변수들은 "참여자들의 특성을 평가하기 위한 시도를 할 때 도움을 줄 수 있지만, 그것은 개인의 행동을 평가하지는 못한다."[1] 사냥꾼들은 대부분이 교육을 덜 받고 일반인들보다 수입이 적고[2], 아동기의 대부분을 농촌 지역에서[3] 여러 가지 게임을 접할 수

---

01) N. H. Cheek, D. A. Field, and R. J. Burdge, *Leisure and Recreation Places*(Ann Arbor, Mich.: Ann Arbor Science Publishers, 1976), 4.

02) R. G. Walsh et al., "Long-Run forecasts of Participation in Fishing, Hunting, and Nonconsumptive Wildlife Recreation," *Outdoor Recreation Benchmark 1988: Proceedings of the National Outdoor Recreation Forum, Tampa,* Florida(13~14 January 1988): 187~202; USDA Forest Service, Southeastern Forest Experiment Station, 1989, General Technical Report, SE-52.

03) E. Langenau, "Hunting Trends and Issues in the United States," *A Literature Review: The President's Commission on Americans Outdoors*(Washington, D.C.: Government

있는 환경에서[4] 보냈던 백인 중년층(26~45세) 남성(92%)인 것으로 나타났다. 기술적인 연구들을 통해, 레크리에이션 관리자는 사냥꾼, 황무지를 도보로 여행하는 사람(wilderness hiker) 등에 대한 일반적인 특성을 안다. 하지만 사냥꾼이나 도보여행을 하는 소수의 사람들의 비율은 결합된 특성이 유사한 더 큰 집단과 구분되어질 수 없다.

1962년 ORRRC(Outdoor Recreation Resources Reveiw Commission)에서는 성, 연령, 직업, 교육, 결혼상태, 그리고 거주지 등과 같인 전통적으로 사용된 변수들이 옥외 레크리에이션 행동을 단지 30%정도만 설명해줄 수 있다는 사실을 발견하였다.[5] 최근 연구들은 ORRRC의 이런 발견들을 지지하지 않는다. 변량값은 이용하지 않는 사람이 표본전집에서 제거되어졌을 때 2%로 낮았다.[6] 사회적인 통합변수들은 참여하지 않는 사람과 참여자를 구분하여 주었지만, 여가 참여에서의 차이를 설명하지는 못하였다. 현재와 미래의 여가행동을 예언하기 위해, 연령, 성, 교육 등의 전통적인 변수들은 그것을 설명하기에는 약한 것으로 증명되어졌다.[7] 결국 다른 변수들이 활동선택을 결정해야 한다.

Printing Office, 1986), p. Special-39.

04) J. R. Kelly, *Recreation Trends: Toward the Year 2000*(Champaign, Ill.: Management Learning Laboratories, Ltd., 1987), 65.

05) Outdoor Recreation Resources Review Commission Report 20, *Outdoor Recreation for America*(Washington, D.C.: Government Printing Office, 1962), 69.

06) J. O'Leary and D. Van Voren, "Outdoor Recreation Impact Analysis: An Examination of Recreation Consumers and Their Frequency of Involvement." Paper presented at the First Symposium on Outdoor Recreation Research and Planning, Ohio State University, Columbus, 15~16 November 1977; D. Field and J. O'Leary "Social Groups as a Basis for Assessing Participation in Selected Water Activities," *Journal of Leisure Research* 5(Spring 1973): 16~25.

07) L. R. Allen and M. A. Donnelly, "An Analysis of the Social Unit of Participation and the Perceived Psychological Outcomes Associated with Most Enjoyable Recreation Activities," *Leisure Sciences* 7, no. 4(1985): 422.

11.1 사회경제적-인구통계학적 변수들
(Socioeconomic-Demographic Variables)

후속되는 섹션에서는 활동선호와 참여에 영향을 미치는 다른 요인들 뿐만 아니라 보다 표준적인 사회경제적-인구통계학적 변수들간의 관련성을 검토할 것이다.

11.1.1 직업
(Occupation)

일과 여가간의 관계는 7장에서 논의된 몇 가지 여가이론들에서 가장 중요한 것으로 제시되었다. 수용하거나 고려되고 있는 이론들에 의존한 여가 활동들은 넘쳐나거나 또는 일의 경험에 대한 보상으로서 파악되어졌다. 1956년 이래 연구자들은 레크리에이션 활동의 참여는 일을 준비하는 과정이나 실제로 어떤 일에 고용되어졌을 동안 형성되어진 경험이나 연합 모두와 관련되어졌다고 제시하였다. 하지만 현대의 레크리에이션 연구자들은 레크리에이션 행동을 예언하기 위한 것으로서 직업을 이용하는 것이 적절한지에 대해서는 확실하게 동의하지 않는다.[8] 하지만 관련된 문헌을 검토하고 난 후 Zuzanek은 여가 행동이 한 개인의 직업이 지닌 사회적 지위와 위신 등과 분명하게 관련되어졌다고 결론 내렸다.[9]

다른 연구자들은 가장 높거나 전문적인 직업을 가진 개인들은 더 많은 다양한 활동을 하고, 특정한 수준의 더 많은 에너지를 필요로 하는 활동에 더 빈번하게 참여한다.[10] 많은 전문직 노동자들은 숙련되지 않은 노동자들보다 격렬

08) L. Hartman and K. H. Cordell, "An Overview of the Relationship between Social and Demographic Factors and Outdoor Recreation Participation," Outdoor Recreation Benchmark 1988 : *Proceedings of the National Outdoor Recreation Forum,* (13~14 January 1988) : 255~274 ; USDA Forest Service, Southeastern Forest Experiment Station, 1989, General Technical Report SE-52.

09) J. Zuzanek, "Social Differences in Leisure Behavior : Measurement and Interpretation," *Leisure Sciences* 1, no. 3(1978) : 271~293.

10) R. J. Burdge, "Levels of Occupational Prestige and Leisure Activity," *Journal of Leisure*

한 운동에 2배 정도 더 많이 참여하고[11], 낮은 위신을 지닌 직업이 종사하는 사람들은 바(bar)나 TV를 보는데 더 많은 시간을 투여하였고(표 4.3을 보라)[12], 그리고 정원가꾸기, 라디오 청취, 피크닉 등과 같은 활동들은 대부분의 직업에 골고루 분포되는 경향이 있었다.[13]

한 개인의 직업에 요구되는 창조성의 양과 정도는 또한 여가 형태와 연관되어졌다. 한 개인의 능력을 요구하는 직업에 종사하는 노동자들은 또한 지적인 활동이 포함된 여가에 참여하였다. 보다 창조적인 직업을 가진 사람들은 야생에서의 캠핑을 더 선호하는 것으로 나타났고, 틀에 박힌 직업을 가진 개인들은 공공 캠핑장에서 머물렀다.[14] 4일이나 5일을 일하는 직업을 가진 사람들은 자율성이 금지되거나 휴식시간을 바꾸려는 개인적인 의사결정도 할 수 없었다. 기업에서 꼭 필요로 하는 것을 갖지 못했지만, 고용된 노동자는 "기획,협동, 그리고 목적을 가진 행동"을 필요로하는 여가 활동에 거의 참여하지 않을 것이다.[15]

한 개인이 지닌 능력은 레크리에이션 프로그램에 참여하려는 기회에 부분적으로 영향을 미친다. 따라서 불완전하게 고용된 상태는 여가행동에 영향을 미치는 또다른 요인이다. 전국적인 규모로 행해진 연구는 불완전하게 고용된 사람들에게 제공된 레크리에이션 조력 유형과 정도를 결정하기 위해 유도되어졌다.[16] 노년의 시민들, 아이들, 낮은 수입을 버는 개인들, 학생, 그리고 다른 총

Research 1, no. 3(1969) : 262~274 ; T. H. White, "The Relative Importance of Education and Income as Predictors in Outdoor Recreation Participation," *Journal of Leisure Research* 7, no. 3(1975) : 191~195. Hereafter cited as "The Relative Importance of Education and Income."

11) S. Graham, "Social Correlates of Adult Leisure-Time Behavior," in *Community Structure and Analysis,* ed. M. B. Sussman(New York : Crowell, 1959), 347.

12) A. C. Clarke, "The Use of Leisure and Its Relation to Levels of Occupational Prestige," *American Sociological Review* 21(1956) : 304.

13) G. Godbey and S. Parker, *Leisure Studies and Services : An Overview*(Philadelphia : Saunders, 1976), 33. Hereafter cited as *Leisure Studies and Services.*

14) K. P. Etzhorn, "Leisure and Camping : The Social Meaning of a Form of Public Recreation," *Sociology and Social Research* 49, no. 1(1964) : 76~90.

15) Godbey and Parker, *Leisure Studies and Services,* 33.

16) M. E. Havitz, "Access to Public Leisure Services : A Comparison of the Unemployed with Traditional Target Groups," *Journal of Physical Education, Recreation and Dance, Leisure Today*(April 1992) : 41~44.

체적인 집단들(장애인들, 비영리 조직, 소수집단, 학교 집단 등)을 비교했을 때, 불완전하게 고용된 사람들은 어떤 유형의 입장료를 할인받지도 못하였다. 사실, 높은 불완전 고용를 수반한 영역들은 낮은 불완전 고용 영역보다 가격할인을 덜 해준다. 불완전하게 고용되었고 낮은 수입을 가진 거주자들에게 개방된 특정한 프로그램은 조사 당시 도시들 중 13.1%만이 시행하고 있었고 이것은 성인들보다도 청소년에게 영향을 미치도록 의도되어졌다. 이러한 레크리에이션 프로그램은 청소년 스포츠 리그, 여름 캠프, 스포츠 캠프, 갱 방지 프로그램, 십대를 위한 고용프로그램, 그리고 저소득층 어머니들을 위한 아동－양육교실 등으로 구성되었다. 미국과 달리 영국은 공동체에서 불완전하게 고용된 사람들을 위한 촉진적인 레크리에이션 프로그램을 많이 실시하고 있다. 예를 들어, 풋볼리그는 불완전하게 고용된 공장노동자들을 위한 것이다. 세납자와 공공레크리에이션 제공자는 불완전하게 고용된 사람들이 특별한 고려의 대상이 될 수 있는지를 논의할 필요가 있다. 다른 고려는 특별한 불완전하게 고용된 사람들을 위한 프로그램과 소수에 대해 가지는 고려 등의 결여로 인해 영향을 받았다. 왜냐하면 일반적으로 민족적 소수는 구조화된 레크리에이션 프로그램 참여에서 불충분하게 표시되었고, 불완전하게 고용된 사람들에서는 지나치게 대표된 경향이 있기 때문이다.[17]

11.1.2 수입, 교육, 그리고 사회계층 (Income, Education, and Socail Class)

교육처럼 수입(Income)은 여가형태의 연관성에서 개별적인 상이한 요인이다. 하지만 수입의 증가와 레크리에이션활동 간의 긍정적인 연계는 Third Nationwide Outdoor Recreation Plan에서 보고되어졌다.[18] 돈은 참여가 제한적인 상태로서 1988년에 시행된 최소한 3개의 프로젝트에서 확인되어진 10개 요인들중 하나이다.[19] 레크리에이션 시설물의 사용비율은 수입과 관련되어졌다고 보고되었다. 최소한의 빈도로 사용한 사람은 가장 낮은 목록에서 나타났고, 수입이 증가될수록 사용빈도도 증가되었다.[20]

---

17) *Ibid.*, 43~44.

18) Department of the Interior, *The Third Nationwide Outdoor Recreation Plan*(Washington, D.C. : Government Printing Office, 1979).

19) E. L. Jackson, "Leisure Constraints : A Survey of Past Research," *Leisure Sciences* 10, no. 3(1988) : 209.

사회경제적 평가척도는 직업, 교육, 그리고 사회계층의 지표에서의 수입 등과 결합되었다. 여가에 투여된 수입의 정확한 비율의 확인은 사람들이 그들의 수입수준을 정확하게 보고하는 것을 꺼려하기 때문에 상대적으로 어렵다. 수입상태에 대한 질문을 받았을 때 그들이 원하는 것이 순수입인지, 아니면 총수입인지 어느 것인지 알지 못한다. 단지 개인적인 수입만 보고해야 할까 아니면 가족의 전체 수입이 설명되어져야 하는가? 여가에 할당된 수입비율에 영향을 주는 또다른 변수들은 가족 크기, 생활주기 단계, 꼭 들어가는 비용, 그리고 여가 몰입에 대한 주관적인 견해 또는 태도 등이다. 그럼에도 불구하고, 미국인들은 여가활동을 하기 위해 한 사람당 8달러 이상을 쓰지 않는다.[21] 여가를 위한 비용지출은 매년 대략 8% 정도 증가하고 있는데, 이것은 1인당 국민소득의 증가보다 더 높은 것이다.[22] 수입이 증가할수록, 사람들은 레크리에이션에 더 많은 돈을 투자한다. 여행과 관광영역에서의 연구자들은 낮은 수입을 가진 사람들보다도 더 높은 수입을 가진 사람들이 더 오래 체재하고 하루에 쓰는 돈이 더 많다는 사실을 보고하였다.[23]

수입은 다양한 선택들에 영향을 준다. 그것은 사람들이 살 곳을 선택하는데 영향을 주고 차례대로 여가형태에 영향을 미친다. 일반주택에서 사는 사람들은 아파트에 거주하는 사람들보다도 취미 활동에 더 많이 참여한다.[24] 집 밖이나 주거지를 벗어난 활동은 비용이 들기 때문에 수입이 낮은 사람들은 혼잡한 집에서 더 많은 시간을 보낼 것이고, "여가 시간을 물리적으로 유사한 장소에서는 덜 소비할 것이다.[25]" 중산층과 상류층 소득 가족은 전체 가족과 더불

20) L. A. Raymond, G. C. Godbey, and D. W. Crawford, "Self-Esteem, Gender, and Socioeconomic Status : Their Relationship to Perceptions of Constraint on Leisure among Adolescents," Journal of Leisure Research 26, no. 2(1994) : 100.

21) K. H. Cordell and J. C. Hendee, Renewable Resources Recreation in the United States : Supply, Demand, and Critical Policy Issues(Washington, D.C. : American Forestry Association, 1982), 48.

22) J. R. Maclean, J. A. Petterson, and D. W. Martin, Recreation and Leisure : The Changing Scene(New York : Wiley, 1985), 57.

23) R. C. Mill, "Tourist Characteristics and Trends," in A Literature Review : The President's Commission on Americans Outdoors(Washington, D.C. : Government Printing Office, 1986), p. Tourism-20.

24) R. Rapoport and R. N. Rapoport, Leisure and the Family Life Cycle(London : Routledge & Kegan Paul, 1975).

25) Godbey and Parker, Leisure Studies and Services, 83.

어 친구들과 편안하게 오락을 즐길 수 있는 충분한 영역을 가지고 있을 뿐만 아니라 또한 가족구성원과 개인적으로 보낼 수 있는 공간을 제공받기를 더 좋아할 것이다.

적은-수입을 가진 부부는 아마도 아이를 돌보는 사람을 둘만큼 여유롭지 못하고 결국 다양한 형태의 여가를 누릴 수 있는 능력도 제한된다. 수입이 적은 개인은 공공과 준-공공기관에서 제공하는 레크리에이션 기회들에 더 높이 의존하려고 하지만, 아직 "도시들은 빈민가(tenement district)에 거주하는 사람들이 지닌 레크리에이션 욕구에 대해 여전히 신경쓰지 않고 있다. 도시 빈민층을 위한 레크리에이션 시설물과 서비스는 부적절하다."[26] 『*Recreation Trends : Towrad the Year 2000*』의 저자는 가난한 사람들에게 많은 레크리에이션 프로그램 또는 영역이 실행가능한 시장이 아니다라고 논평하였다.[27] 풍요로운 노동자는 집 밖에서 이루어지는 활동에 거의 제약받지 않지만, 그들은 또한 더 개별화된 삶과 여가형태가 개발되어져야 한다고 말했다. 이들은 그들의 뒷뜰에 수영장을 갖추고, 사우나 시설을 구비하고, 선탠 기구, 대형 TV 스크린, 운동시설, 그리고 개인용 컴퓨터를 소유하고 있다.

개별화된 독립적인 캠프는 "단지 고소득층이나 상류-계층의 미국인들만이 이용가능하고," 그리고 "도시 빈민들에게는 그 국가가 지닌 우수한 레크리에이션 자원들-국립공원, 해변, 경치 좋은 강가, 그리고 야생의 지역-을 이용하지도 못하는 그림일 뿐이다."[28] 일반적으로, 옥외 레크리에이션의 참여는 중산층이나 상류층의 수입을 가진 백인들이 주 이용고객이다.[29] 카누타기, 관광, 즐거움을 위한 걷기, 사진, 자연공부, 그리고 다양한 형태의 스키(수상, 활강경기, 그리고 크로스 컨트리 등) 등과 같은 활동에서의 참여비율은 소득이 높을수록 증가되었다.[30]

---

26) W. Z. Hultsman, J. E. Kaufman, and J. T. Kaufman, "Special Populations: The Economically Disadvantaged" in A Literature Review: The President's Commission on Americans Outdoors, 1986, pp. Special-76-7.

27) Kelly, Recreation Trends: Toward the Year 2000, 152.

28) Hultsman, Kaufman, and Kaufman, "Special Populations: The Economically Disadvantaged," pp. Special-74-5.

29) Cordell and Hendee, Renewable Resources Recreation in the United States: Supply, Demand, and Critical Policy Issues, 70.

30) B. M. Barnett, K. H. Cordell, and G. Cowie, "Social Economic and Environmental Implications: Demand-Supply Comparisons," in (Draft) An Analysis of the Outdoor Recreation and Wilderness Situation in the United States 1989~2040, comp. K.

옥외 레크리에이션의 예언요인으로서 교육과 수입이 지닌 상대적인 중요성은 White에 의해 조사되었다. 그는 3가지 변수들을 구분하였고(교육, 직업, 그리고 수입) 그중 교육이 가장 중요한 예언자라고 요약하였다.[31] 잘 교육받은 사람은 여가에 대한 소망이나 욕망을 가지고 그에 따라 더 나은 설비를 갖추었다. 교육받은 개인은 여가에 대해 더 많은 친밀함을, 문화적 활동에 대한 더 많은 흥미를, 그리고 여가보다 일을 더 중요하게 여기는 경우에도 더 많은 휴가에 대한 욕구를 표현하였다.[32] 한 조사에서는 "많은 활동에 대한 관심과 참여 특히 예술과 다른 문화적 활동을 추구하는 것은 그 사람이 얼마나 충분한 시간 교육을 받았는지와 밀접하게 관련되어 있다."라고 지시하였다.[33]

옥외 레크리에이션 참여에서의 차이는 개인의 교육수준에 의해 달라졌다. 더 높은 교육적 수준과 관련된 활동은 배낭여행, 자연에 대한 공부, 그리고 사진, 원시적인 캠핑장에서의 캠핑, 카누, 카약, 그리고 즐거움을 위한 걷기 등이었다.[34] 결국 "덜 교육을 받은 참여자는 많은 옥외 레크리에이션 활동에 유의미하게 덜 참여하였다."[35] 잘 교육받은 개인은 참여와 즐거운 경험을 얻기 위해 더 나은 준비를 하면 여가기회를 더 많이 가질 수 있다는 것을 인식하고 있다. 한 연구에서는 낮은 수입을 가진 성인들이 저조한 참여율을 보이는 이유가 그런 이용가능한 서비스에 대한 인식의 결여 때문이라고 주장하였다.[36]

자원봉사자들에 의한 보존(conservation)과 옥외에서 행해지는 레크리에이션 관련 조직들은 도구적(instrumental)이거나 표현적(expressive) 집단이다. 도구적 조직은 자연적 자원에 대한 보존 등과 같은 일치된 목적을 달성하기 위한 활동을 구성한다. Friends of the Earth, the Audubon Society, 그리고 the

Cordell, pp. V-1-V-56. USDA Forest Service. Washington, D.C. : Government Printing Office, 1988.

31) White, "The Relative Importance of Education and Income," 196.

32) J. Kelly, M. W. Steinkamp, and J. R. Kelly, "Later-Life Satisfaction : Does Leisure Contribute?" Leisure Sciences 9, no. 3(1987) : 195.

33) Godbey and Parker, Leisure Studies and Services, 43.

34) Barnett, Cordell, and Cowie, "Social Economic and Environmental Implications : Demand-Supply Comparisons," p. V~14.

35) K. H. Cordell, An Analysis of the Outdoor Recreation and Wilderness Situation in the United States 1989~2040, comp. K. Cordell, USDA Forest Service, 1988, p. II~5.

36) D. R. Howard and J. L. Crompton, "Who Are the Consumers of Public Park and Recreation Services? An Analysis of the Users and Nonusers of Three Municipal Leisure Service Organizations," Journal of Park and Recreation Administration 2(1984) : 40.

Nature Conservancy 등이 좋은 예이다. 그 자신의 목적을 위해 특정한 활동을 추구하는 집단은 표현적이다. 조깅, 사냥, 소풍(outing), 그리고 보트 타기 클럽 등은 표현적일 수 있다. 개별적인 협력적인 보존과 옥외 조직들은 다음과 같다.

> 도시 지역에 살거나 교육, 수입, 그리고 직업적 분류 등에서 평균 이상이다. 일반적으로, 교육은 구성원을 가장 차별화시키는 것처럼 보인다. 도구적인 보존 집단에 속하는 사람들은 표현적인 옥외 클럽의 구성원들보다 미묘하게 더 높은 교육적 수준을 보이는 경향이 있다. Northwest 에서 행해진 우리의 두 가지 연구들에서, 보존집단과 옥외 클럽 구성원들의 60%는 학사학위를 가지고 있고 40%정도는 최소한 대학원 과정에 다니고 있었다.[37]

여가행동을 결정하는 사회계층의 정도는 제한적인 것처럼 보인다(제4장에서 사회계층에 대한 더 많은 정보를 얻어라). 지금은 그것이 다음과 같은 이유들로 인해 여가에 대한 관심을 예언하는데 있어 덜 효율적인 도구로 믿어지고 있다. 즉,

- 문화의 전파
- 증가된 이동성
- 대중 매체
- 보다 즉시적으로 이용가능한 더 많은 다양한 레크리에이션 활동을 가능하게 한 풍요수준의 증가[38]

11.1.3 거주지와 무주택자 (Residence and Homelessness)

명백히, Southern California에 살고 있거나 Florida 해안가를 따라 거주하는 사람들은 Missouri 주(州)의 St. Louis에서 사는 사람들보다 바다에서 수영할 기회를 더 많이 가지고, 또는 바다로 낚시를 하러 갈 기회가 더 많다. 하지만 St. Louis에서 사는 사람들은 California나 Florida에 살고 있는 사람들보다 선

37) J. Hendee, "Membership in Conservation Groups and Outdoor Club," Recreation Symposium Proceedings, State University of New York College of Forestry, Syracuse, New York(12~14 October 1971): 125.

38) M. Kaplan, Leisure in America: A Social Inquiry(New York: Wiley, 1960).

행의 활동에 개인적으로 더 많이 참여한다. 한 기획가는 해변을 이용하는 사람의 95%가 도시내의 거주자들이라는 사실을 밝혔다. 하지만 그 기획가는 전체 주(州) 인구에서 해변 이용자가 얼마인지를 예언할 수 없다. 단순한 놀이터 사용도 입지에 의해 영향을 받는다. 놀이터는 아이들이 사는 집에서 떨어진 거리에 의해, 그리고 경쟁놀이터의 거리에 의해 사용되어진다.[39)]

1971년 사냥에는 눈에서 이루어지는 스키의 두배정도의 많은 사람이 참여하였다. 1974년에 시행된 사냥에는 12세 이상의 참가자들이 전국적으로 1억6천4백만 명으로 이것은 미국 인구의 거의 8%에 해당되고 그 중 10% 이상이 다양한 지리적 영역들에서 참여하였다(그림 11.1을 보라).[40)]

캠핑활동을 고려하였을 때 분포에서 더 많은 차이가 나타난다. 산악과 태평양 연안지역에 거주하는 사람들이 캠핑에서 차지한 3위는 Middle Atlantic 그리고 South Atlantic 거주자들의 7위보다 못하다. 캠핑 등과 같은 땅에 근거한 레크리에이션 기회들은 동부보다 서부에서 5~15배 정도로 더 높다.[41)] 그 크기에서의 변산은 기획이나 제공된 서비스를 실행할때 고려되어져야 하는 부분이다. 공급과 수요간의 균형은 레크리에이션 경험의 질을 반영한다.

거주지가 지닌 다른 측면은 도시와 시골 주거민들간의 차이에 대해 논의하였다. 1962년, ORRRC에서는 도시지역에 사는 주민들이 사이클링, 수영, 그리고 수상스키 등과 같은 옥외 레크리에이션활동을 하는 수에서 시골 지역 참여자들을 지나치게 대표하였다고 보고하였다. 시골과 도시의 차이는 여전히 많은 문헌들에서 다루어지고 있다. 시골/도시에서 극적으로 차이가 나는 활동 중 한 가지는 사냥이다. 사냥꾼의 69%는 시골지역 출신들이다.[42)] 미래의 옥외 레크리에이션 경험의 기획은 다양한 이용자 집단에 의해 표현되어진 다양한 경험에 근거한다.

현재 미국인들의 약 80%는 도시에서 살고 있고, 계속적으로 도시로 이동하고 있다. 다음과 같은 두 가지 질문들이 설명되어질 필요가 있다. 즉 (a) 옥외,

39) N. Dee and J. C. Liebman, "A Statistical Study of Attendance at Urban Playgrounds," Journal of Leisure Research 2, no. 3(1970) : 145~159.

40) J. Hendee and D. R. Potter, "Hunters and Hunting : Management Implications of Research," Recreation Research Application Workshop, Asheville, North Carolina(15~18 September 1975) : 140.

41) Barnett, Cordell, and Cowie, "Social Economic and Environmental Implications : Demand-Supply Comparisons," p. V~3.

42) USDI and USDC, 1980 National Survey of Fishing, Hunting and Wildlife-Associated Recreation(Washington, D.C. : U.S. Government Printing Office, 1982).

자연과 관련된 경험들에 대한 욕구가 도시 인구의 발전과 더불어 증가되어질 수 있을까? 그리고 (b) 도시화된 생활방식이 더 널리 퍼짐으로서 옥외 레크리에이션에 대한 수요는 감소되어질 것인가? 캠핑, 크로스컨트리 스키, 그리고 다른 형태의 야외 활동에서 증가된 관심은 보상가설을 지원하는 것에 의해서라고 믿어졌고, 그리고 첫번째 질문에 대한 긍정적인 반응을 생성한 것이다. 다른 것은 친숙성 또는 잉여가설을 지원하고 그 내용은 "도시화는 하나의 문화에 대한 가치를 가진 사람들에게서 나타날 것이고 그렇게 됨으로 인해 자연적 환경과 갈등하게 될 것이고 결국 옥외 레크리에이션을 할 기회는 점차 덜 필요해질 것이다."[43]

세번째 집단은 두 가지 가설이 상이한 시간에서 개인들에게 주어지는 것이 적절할 수 있다고 믿는다. 어떤 사람이 지닌 하나의 경향은 친숙한 것에 매달리기보다는 새로운 경험을 추구하도록 하였다. 새로운 짝을 찾아야 하기 때문에 낡고, 오래된 편안한 신발을 벗어 던지는 것과 마찬가지이다. Knopp은 운동과 고독 차원에서 도시/시골이 유의미하게 차이가 난다는 사실을 발견하였다. 도시 남성 레크리에이션 참여자는 시골 남성보다도 즐거움을 주는 운동영역이나 군중이나 혼잡에서 벗어나려는 것에 더 많은 관심을 가졌다.

도시에 거주하는 West Virginia인들은 그 주에 사는 시골 사람들보다 TV를 많이 보고, 가끔씩 수영도 하고, 영화관에 자주 가는 것으로 나타났다. 반면에 시골에 사는 West Virginia인들은 도시사람들보다 사냥을 더 많이 하고 자연에서 산책하는 것을 더 즐겼다.[44] West Virginia는 75%가 숲으로 이루어져 있다. 시골 거주자들은 숲에 대해 더 우호적인 태도를 가지지만, 도시 거주자들은 시골 사람들보다도 도시생활에 더 많은 매력을 느꼈다. 이런 West Virginia를 대상으로 한 연구는 도시/시골의 차이는 어떤 활동에서의 참여와 그 지역유형에 대한 태도 등에서 비롯 되었다는 사실을 잘 보여준다.

또· 다른 관심사는 활동지역으로 이동한 거리이다. 영국에서 실시된 조사[45] 결과에서, 70% 로 나타난 여가 경험이 지닌 우월성은 전통적으로 가정내에서

43) T. B. Knopp, "Environmental Determinants of Recreation Behavior," Journal of Leisure Research 4(Spring 1972) : 130.

44) G. Bammel, "Myths and Mystiques," Paper presented at the Wilderness Psychology Conference, University of New Hampshire, Durham, New Hampshire(14~15 August 1980).

45) A. J. Patmore, Recreation and Resources : Leisure Patterns and Leisure Places(Oxford, England : Basil Blackwell, 1983), 65.

발생되었고, 특히 토요일과 일요일에 나타났다. 시간, 수입, 그리고 집에서의 더 많은 기회 등에 대한 수요 등을 고려해서 미래에 대한 계획을 세워야 한다.[46] 미국인들은 소수만이 휴가를 연장하였고 여행기간이 더 단축되어졌다. 즉 "지금은 더 많은 레크리에이션이 집에서 발생된다."[47] 심지어 외딴 곳이나 황무지에서 이루어지는 활동이 더 많이 이루어지고 있지만, 그 환경은 단지 옥외 레크리에이션에서 7%만을 제공하고 있다. 모든 휴식시설은 개발된 지역에서 나타났다. [48] 자전거타기가 그 좋은 예이다. 그것은 미국에서 두번째로 인기있는 옥외 스포츠로서(수영이 1위), 대도시나 변두리 거주민들이 대부분(78%) 참여하는 활동이다.[49] 많은 도시들은 자전거 전용통로를 설계하였고, 심지어 자전거 통행지도도 만들어졌다.

1) 무주택자(homelessness)

레크리에이션 프로그램이 박탈된 한 집단은 무주택자이다 Toronto의 Park and Recreation Department는 "모든 사람은 레크리에이션 활동에 참여할 권리를 가지고, 그 사람들의 삶의 방식은 그들의 가장 기본적인 권리인 고용에 의해 방해되어서는 안될 것이다."라고 주장하였다.[50] 1991년, 한명의 코디네이터는 무주택자나 고립된 개인에게 제공되는 레크리에이션 서비스를 개선하기 위해 고용되었다. 소프트볼 등과 같은 전통적인 리그는 특별한 신발이나 유니폼을 살 여유가 없는 사람들에게 옷이 하나의 장벽일 수 있다. Toronto는 그 참여자가 어떤 옷을 입어도 상관 없는 독특한 리그를 개발하였다 무주택자나 고립된 개인을 위한 프로그램은 매우 성공적이었지만, 이런 상황에 있는 여성들은 남성보다 그 프로그램에서 더 멀어지고 더 참여하기 어렵게 되었다.

미국에서 무주택자의 정확한 수는 알지 못한다. 비록 1990년에 실시된 인구

---

46) J. O'Leary, "Literature Review Papers on Recreation Activities," in A Literature Review: The President's Commission on Americans Outdoors(Washington, D.C.: Government Printing Office, 1986), p. Activities~1.

47) Cordell, An Analysis of the Outdoor Recreation and Wilderness Situation in the United States 1989~2040, p.Ⅱ~3.

48) *Ibid.*

49) C. G. Moran, W. C. Wilkinson Ⅲ, and J. Fremont, "Review of Bicycling Issues," in A Literature Review: The President's Commission on Americans Outdoors, 1986, pp. Activities~9–Activities~18.

50) P. Needham, "Taking Recreation to the Streets," Parks & Recreation(March 1994): 73.

통계조사에서는 계산되었지만, 그 결과는 사용된 방법으로 인해 변화되었다. 1992년, 50만명에서 60만명의 사람들이 매일밤 집 없이 떠돌아 다니는 것으로 추정되었다.[51] 이 집단은 개개가 특별한 욕구와 흥미를 지닌 하위집단으로 다루어지는 대신, 하나의 동일한 집단으로 간주되었다. 어떤 일반적인 정보가 존재한다. 그것은 무주택자의 35~50%가 정신적인 질병이나 약물을 남용하고 있었고, 5세이상 무주택자의 아이들은 심리치료를 받을 필요가 있었고, 두명의 부모가 존재하는 가족은 거의 없었고, 청소년기의 여성들은 남성보다 거리 생활에서 더 취약하고, 그리고 도망자로/아무렇게나 살고(runaway/throwaway) 있는 젊은이들에 대한 소수의 자료가 수집된 것으로 추정되었다.[52] 20개의 도시들을 포함해 실시된 한 연구에서는 무주택자의 73%가 남성이었고, 12%는 여성, 9%는 독신 여성, 그리고 6%는 아이가 없는 두명 또는 그 이상의 전혀 관계 없는 개인들이 같이 살아가고 있는 것으로 나타났다. 다른 연구들에서는 무주택자 중 40%의 여성이 남편으로부터 학대받은 아내들이었고, 무주택자중 1/3이 가족과 전혀 어떤 연락도 하지 않고, 그리고 세번째는 친구도 없는 것으로 보고되었다. 미국에서의 무주택자들이 처한 이런 상황은 1990년 유럽에서 실시된 Conference for Security and Cooperation에서 Helsinki Accord 하에 인간의 권리를 위반하는 행위로서 인용되어졌다.[53]

다양한 접근방법들은 무주택자를 위한 레크리에이션 프로그램을 개발할 때 고려되어질 수 있고, 선택된 접근방법은 프로그램이 재활(rehabilitate) 또는 환대(hospitable) 인지에 철학적인 근거를 두어 형성되어졌다. 환대적 접근방법은 어떤 중재나 변화를 돕기 위해 레크리에이션 프로그램을 사용하는 것이 아니라 한 개인을 있는 그대로 수용하는 것이다. 결국 포괄적인 모형은 무주택자를 위해 사용되어졌고, 그것은 특별한 프로그램에 표적을 두는 대신 현존 프로그램의 일부를 다시 만든 것이다. 그것은 무주택자를 위해 사회화나 노출에서부터 좋은 역할모형에 이르기까지 편익을 준다는 것이다. 레크리에이션과 여가는 그런 의미에서 자유시간(free time)으로서가 아니라 사회화, 학습, 변화, 긍정적인 특성을 형성하기 위한 하나의 기회라고 할 수 있다.[54]

51) R. Kunstler, "Serving the Homeless through Recreation Programs," Parks & Recreation(August 1993) : 19.

52) P. W. Dail, "Recreation as Socialization for the Homeless : An Argument for Inclusion," Journal of Physical Education, Recreation and Dance, Leisure Today(April 1992) : 37~38.

53) Kunstler, "Serving the Homeless through Recreation Programs," 16, 19~20.

11.1.4 인종과 민족성 (Race and Ethnicity)

민족성(Ethnicity)은 "우리 선조와 문화적 차원의 합(合)"이다. 이런 이유로 인해, 민족성은 한 개인의 정체성의 근원이고 그것은 '우리 존재의 가장 기본적인 구성요소 중 하나이다.[55]" 민족성은 가족/집단을 차별화시킬 수 있고, 그리고 유사한 정체성을 가진 타인을 묶어주는 한 가지 형태이다. 그것은 하나의 준거(reference)의 기준을 제공해준다. 민족성은 단지 국가적 특성뿐만 아니라 관습, 의식, 가치, 태도, 세대를 통해 구전된 이야기들, 축제, 음식 유형, 그리고 종교적 의식 등의 다양한 차별적 측면을 포함하고 있다. 하나의 민족적 집단은 "유사한 국민, 또는 조상을 지닌 그리고 하나의 공유된 문화가 발생"하고 생활양식을 가진 사람들의 집단이다.[56] 모든 개인들이 민족성을 동일하게 가질 수는 없다. 어떤 사람은 민족성을 가장 중요하게 여기고 있고, 다른 사람들이 가끔씩 또는 거의 관여하지 않지만, 그들은 계속적으로 그리고 열렬하게 몰입한다. 미국 원주민들을 조상으로 둔 2명중 1명은 그들 자신을 미국 원주민(Natvie American)으로 간주하고, 그리고 다른 사람들이 애착이나 몰입을 거의 하지 못하는데 반해 그들은 다양하게 연관된 조직들에서 적극적으로 활동한다. 이 둘은 유사한 가족에서 비롯된 경우도 있다. 민족성은 자아-이미지(self-image)와 관여되기 때문에 많은 변산이 존재하고, 자신의 정체성에 대한 주관적 평가는 가족의 가계(ancestry)에 대한 객관적 지식과는 꽤 상이하다.[57] 반면에 인종(race)은 유전(heredity), 가계 등에 대한 것만이 아니라 외적인 특성 또는 특징 등으로 인해 인식되거나 반응되어진 한 집단으로서 언급되어졌다. 유사한 인종적 범주에 속하는 개인들은 민족집단에서 상이할 수 있다. 히스패닉계는 Latinos인데 이들은 Mexican American(또는 Chicanos), 푸

54) *Ibid.*, 39.

55) H. P. McAdoo, ed., Family Ethnicity: Strength in Diversity(Newbury Park, Calif.: SAGE Publications, 1993), ix.

56) D. Wilkinson, "Family Ethnicity in America," in Family Ethnicity: Strength in Diversity, ed. H. P. McAdoo(Newbury Park, Calif.: SAGE Publications, 1993: 19.)

57) R. Pfister, "Ethnic Identity: A New Leisure Avenue for Understanding," in Culture, Conflict, and Communication in the Wildland-Urban Interface, ed. A. W. Ewert, D. J. Chavez and A. W. Magill(Boulder: Westview Press, 1993), 61.

에토리코인(Puerto Ricans), 도미니카인(Dominicans), 그리고 쿠바인(Cubana) 등의 민족집단으로 세분된다. 이런 민족적 소수가 예외적으로 닮지 않을 때 생기는 문제는 언어, 믿음, 관습, 그리고 가족구성 체제의 차이가 불분명하지 않을 수 있기 때문에 그 집단이 다시 세분화되어졌다. 하나의 민족집단 내에서의 차이는 민족집단들 간의 차이를 크게 할 수 있다는 점을 기억하라.58) 아시아계 미국인들의 범주내에는 버마인(Burmese), 캄보디아인(Cambodians), 말레시아인(Malaysian), 파키스탄인(Parkistanis), 인도네시아인(Idndonesians), 베트남인(Vietnamese) Somoans 그리고 다른 민족들이 있다. 미국에서, 4개의 가장 큰 아시아계 미국인들은 일본인(Japanese), 중국인(Chinese), 필리핀인(Filipino), 그리고 한국인(Koreans) 등이 있다. 전문어로 소수 상태(minority status)는 머리수로 결정되어지지만, 사회학적인 용어로는 그것은 "사회적, 정치적, 그리고 경제적으로 하위에 속하는 집단"으로 표현된다.59) 미국에서 가장 큰 소수 집단인 아프리카계 미국인들과 히스패닉계는 2020년경 가장 큰 집단으로 예상되었지만 두번째로 큰 집단이다. 미국에서, 멕시코계 미국인들(62%)은 스페인에 기원을 둔 집단 중 가장 크다.60)

왜 미국인들은 인종이나 민족성의 문제에 대해 관심을 가지고 있을까? 1990년경, 미국 거주자의 25%이상은 히스패닉계 조상을 둔 백인이 아닌 사람들이었고, 만약 현재의 이민과 출생률이 이 세기 말까지 지속된다면, 아시아계 미국인들이 현재보다 22%, 히스패닉계는 221%, 아프리카계 미국인들은 12%, 그리고 유럽인을 조상으로 둔 미국인들은 2% 정도 증가될 것이다. 2025년이 되면, 미국 인구분포의 1/3은 45년내에 13% 이상이 증가된 소수 민족에 의해 설명될 것이다. 1980년과 1990년 사이에 히스패닉계의 수는 전체 인구가 9.8% 성장할 동안 무려 53.1% 증가되었다. 아시아인들은 동일한 10년의 기간 동안 무려 108% 증가하였다.61) 인구의 변화와 어떤 주에서의 변화들은 어떤

58) M. T. Allison, "Access and Boundary Maintenance: Serving Culturally Diverse Populations," in Culture, Conflict, and Communication in the Wildland-Urban Interface, ed. A., W. Magill(Boulder: Westview Press, 1993), 147.

59) Wilkinson, "Family Ethnicity in America," 19.

60) J. H. Gramann, M. F. Floyd, and R. Saenz, "Outdoor Recreation and Mexican American Ethnicity: A Benefits Perspective," in Family Ethnicity: Strength in Diversity, ed. H. P. McAdoo(Newbury Park, Calif.: SAGE Publications, 1993), 69.

61) R. F. Dahl, "Principles for Effective Cross-Cultural Communication," in Culture, Conflict, and Communication in the Wildland-Urban Interface, ed. A. W. Ewert, D. J. Chavez, and A. W. Magill(Boulder: Westview Press, 1993), 147.

단일 집단보다도 이런 주류상태(majority status)에 의해 설명되어질 수 있을 것이다.[62] Florida의 Dade County에서 히스패닉계 집단의 계속적인 이민은 중남미나 카리브해 등의 국가에서 정치적, 경제적 압박에서 도피하기 위한 것으로서 라틴문화가 풍성하게 이식되어졌고, 2000년경 그 County의 70%는 히스패닉계일 것이다.[63]

이런한 다문화주의(multiculturalism)는 21세기에서 가장 중요한 도전으로 인식되어졌다. 미국인들은 서로에 대해 더 많이 알아야 하고, 서로에 대한 이해를 더 많이 해야 하고, 그리고 예언된 인구통계학적 변화에 대해 준비를 할 필요가 있다. 국제적 또는 문화들간 교류전시회 또는 활동을 프로그램 하는 것만으로는 현재의 민족집단에 대해 인식을 확산시키기에는 충분하지 않다. 여가서비스 전문가들은 미국인들의 과거가 차별에서 자유롭지 않았고, 흑인과 다른 소수집단이 많은 레크리에이션 프로그램과 시설물 등에서 습관적으로 제외되어져 왔다는 사실을 수용할 필요가 있다.[64]

1) 도가니탕(Melting Pot) 또는 볶음요리(Stir Fry)

문화변용(文化變容, acculturation)과 문화동화(文化同化, assimilation)는 상이한 배경과 문화를 가진 집단이 다른 집단들과 접촉했을 때 생기는 과정이다. 문화변용은 문화들 간에 조화가 이루어질 때 발생하고 문화동화는 한 가지의 문화적 특성이 수축되거나 새로운 일련의 구조가 주류사회에 참여함으로써 획득되어졌을 때 일어난다. 백인 미국인들은 비록 그들 자신을 위해 그럴 필요를 못느끼지만, 민족집단이 두 문화로 병존(bicultural)되거나, 주류사회에 동화되기를 원하다고 비난하였다. 미국인들이 가지는 이런 낡은 생각은 주류사회(mainstream scociety)라는 집합적인 그릇에 모든 것이 동화되어질 수 있는 "인종의 도가니탕(Melting Pot)"일 수 있다. 하지만 이것은 나타나지 않았다. 백인민족 집단에게는 다행한 일이지만, 소수의 집단에는 그렇지 않다. 이런 소수민족 집단들은 캐나다에서 개발된 은유인 "용해되지 않는 민족(unmeltable ethnics)" 그리고 "샐러드 그릇(salad bowl)" 등으로 언급되어져 왔다. 다른 최

62) *Ibid.*

63) M. F. Floyd and F. P. Noe, "The New Environmental Paradigm and Hispanic Cultural Influence," in Culture, Conflict, and Communication in the Wildland-Urban Interface, ed. A. W. Ewert, D. J. Chavez, and A. W. Magill(Boulder : Westview Press, 1993), 85.

64) R. Kraus, "Tomorrow's Leisure : Meeting the Challenges," JOHPER, Leisure Today(April 1994) : 43.

근의 비유는 "스튜(stew)"나 "프라이 팬을 흔들면서 센 불로 재빨리 볶은 요리(stir fry)" 등이 있다. 뒤의 두 가지 은유는 상이한 집단이 화해를 하는 것을 뜻하며 그들이 혼합되고 섞여서 그 결과 개별적 혼합물로만 이루어졌을때보다 더 나은 결과를 유발할 수 있다는 것을 의미한다. 이 용어들은 개선되어졌고, 복잡화되어졌고, 더 많은 자원을 이용할 수 있게 되었지만, 아직까지 각각은 또한 고유한 특성을 유지하고 있기도 하다. 변용수준은 "일차적 관계(primary relationship)"라는 용어로서 여가행동에 주요한 영향을 미치는 변수로 연구되어져 왔다.65)

3개의 이민집단(그리스, 슬로바키아, 그리고 독일)을 대상으로 한 캐나다의 연구에서는 3개중 2개의 이민집단이 유사한 관습이나 전통을 공유하는 사람들에서 더 편안함을 느끼기 때문에 같은 국적을 지닌 사람들의 집단에서 여가를 하는데 더 많은 시간을 보낸다고 사실을 발견하였다. 어떤 변수들은 문화지리학자, 문화인류학자, 그리고 교차−문화(cross−cultural) 심리학자 등에 의해 변용의 정도와 특성에 영향을 미치는 것으로서 확인되어졌다. 즉 세대 특성(generational status), 교육과 수입, 연령, 새로운 나라에서의 거주 횟수, 이웃의 민족적 밀집도, 출생국가, 그리고 직업 기술, 종교, 혈연구조, 그리고 이민목적 등이 있다. 문화적 변용이 여가 선호, 행동, 그리고 환경적 지향 등과 관련되었는지 알아보기 위한 여가 연구는 이제 시작되었을 뿐이다. 레크리에이션은 그것은 한 개인이 새로운 언어를 학습하기를 좋아하는 것 등과 같은 전략적 특성을 결정하고자 할 때, 그들의 전통적인 문화적 가치를 보유하기를 원하면서도 새로운 것을 얻고자 하는 것인 "선택적(selective)"인 변용에서 중요한 역할을 할 수 있다. 사회적 제약에서 상대적으로 자유로운 상태로 인식된 레크리에이션이 지닌 역할은 개인이나 문화적 표현을 위해 중요한 하나의 수단일 수 있다. 레크리에이션은 "멕시코계 미국인들에게서 하위문화적 정체성을 유지하는 주요한 수단"으로서 고려되어졌다.66) 사회적 집단 정체성이 강화된 상태에서 민족정체성과 관여된 수행에서 레크리에이션이 지닌 역할을 이해하는 것은 인간경험을 이해하는데 있어 제약을 주던 장벽을 극복할 수 있는 한가지의 중요한 발견일 수 있다.67)

---

65) Pfister, "Ethnic Identity : A New Leisure Avenue for Understanding," 62.

66) Gramann, Floyd, and R. Saenz, "Outdoor Recreation and Mexican American Ethnicity : A Benefits Perspective," 71~72.

67) Pfister, "Ethnic Identity : A New Leisure Avenue for Understanding," 63~64.

주류사회에서의 변용에 대한 최초의 강조는 문화적 차이가 가치있다는 인식을 더 기꺼이 수용함으로써 대치되어질 수 있었다. 하지만 어떤 저자들은 현재의 다양성과 민족성에 대한 강조가 차별에 대항한 하나의 방어로서 다원론(多元論, pluralism)이란 용어를 사용할 수 없게 하였다고 주의시켰다. 비록 집단이 그들이 지닌 특이성(unique)을 이해받았지만, 그런 특이성은 행위를 유발하지 못하였고, 격리를 촉진하고, 차례대로 내부에서 다른 것과 분리되어졌다. 민족과 인종적 차이에 대해 더 많은 수용과 이해를 받은 집단에서 정체성이 변화되었다는 보고가 제시되었다. 1970년, 스페인계의 유산을 가진 미국인들의 93%는 그들 자신을 "백인(white)'으로서 구분하였고, 10년후 단지 56%만이 그들의 인종을 "백인(white)"이라고 하였다 사람 수가 증가함으로써 정체성이 변화된 이런 현상은, Native American, 또는 American Indians의 수가 국가 평균의 4배 이상 증가했을 대도 유사하게 나타났다. 다른 기여요인들은 출생률의 증가와 유아 사망률의 감소 등이다. 그 결과로서 인디언과 알래스카계 조상을 두었다고 주장하는 미국에서 살고 있는 전체 사람 수는 약 1500개의 지역에서 대략 84만명 정도로 나타났다.[68] 대학생들을 대상으로 그들을 상이한 문화적 형태로부터 그리고 외적 이벤트의 중요성으로부터 다른 사람과 격리시킨 "가상의 은신처(false havens)"를 만들어서 문화적 다양성을 제거한 실험을 한 결과 참가 대학생들이 그런 공포를 표현하였다.[69] 그 경우, 모든 집단은 상호작용과 학습에서 손실이 나타났다.

민족적 다양성은 미국을 변화시켰다. 흑인은 계속 그 나라의 남쪽 지역에서 거주하고 있다. Atlanta, Birmingham, Detroit, New Orelans, Richmond, 그리고 Washington D.C. 등과 같은 소수의 도시들은 흑인들이 주로 살고 있다. 흑인들처럼 미국인디언－또는 미국 원주민－들은 그 나라의 모든 지역에서 발견될 수 있지만, 대부분은 서부에 집중적으로 모여 있다. 아시아계 미국인들의 주거형태는 도시 중심지역에 거주하는 아프리카계 미국인과 푸에토리코인들과는 다르다. 아시아계 미국인들은 캘리포니아에 집중되어 있다. 일반적으로 푸에토리코인들이 선호하는 지역은 New York New Jersey, 그리고 Pennsylvania 등이다.[70]

---

68) Wilkinson, "Family Ethnicity in America," 18, 22.

69) McAdoo, ed., Family Ethnicity : Strength in Diversity, ix.

70) Wilkinson, "Family Ethnicity in America," 23~28.

2) 여가 선호를 위한 문화적 기초 (Cultural Foundations for Leisure Preferences)

당신은 왜 이런 주제가 논의되어지고 있는지에 대해 놀랄 것 이다. 여가와 관련된 연구들은 여가 선호, 행동, 그리고 환경적 지향 등과 같은 문화적 기초들이 존재한다는 사실을 지적하고 있다. 연구자들은 "공공 레크리에이션 자원을 이용하는 민족적 문화집단들 간의 중요한 차이"를 발견하였고. 그런 차이는 또한 "일차적인 민족 문화내에 있는 하위 문화집단들 사이에서도 나타났다." 여가와 환경적 지향간에서 문화적 차이를 설명하는 네 가지 핵심 요인들은 다음과 같다.[71] 즉 (1) 세계관(worldview), (2) 시간지향(time orientation), (3) 활동지향(activity orientation), 그리고 (4) 개인(자아)과 다른것 간의 관련성(the relationship of the indvidual (self) to others) 등이다.

문화나 사람집단은 인간과 자연 세상 간의 관련성에 대해 세 가지 중 한가지의 견해를 표출할 수 있다. 문화는 자연보다 우월하거나, 자연에 복종하거나, 또는 자연과 조화된 상태로서 여겨졌다. 실용주의자들이 지닌 문화는 자연을 지배하는 것으로 과학기술의 발전과 그리고 서구문명(예수－기독교 그리고 유럽－미국 사회들)과 연결시켜 이해하였다. 과학과 기술공학이 덜 발달된 문화는 그들 자신을 자연에 복종하는, 원시적인 하위문화와 환경적 위험(지진, 홍수, 허리케인)에 취약한 문화로서 간주되었다. 히스패닉/라틴계 미국인들의 문화, 태평양 섬 지역의 문화, 그리고 원시 알래스카 문화권내에서는 사람과 자연세계간의 관련성에 대한 이런 관점을 공유하고 있다. 세번째의 관점은 조화적인 것 중 하나이다. 과학이나 기술공학과 관련시킨 다른 두 개의 관점과는 달리, 이것은 문화가 지닌 철학과 전통에 의해 더 많이 형성되어졌다. 동양의 철학은 "자연과의 조화(harmony with nature)"라는 구성요소를 가진다. 이런 "조화적" 관점을 가진 문화집단은 중국, 일본, 동인도, 이슬람 문화권, 미국 원주민들, 그리고 많은 아프리카 문화 등에서 나타난다.[72]

사람과 자연이 조화된 관점 이외에도 동양문화는 과거에 대한 강한 향수를 지니고 있다. 대조적인 시간적인 견해를 지닌 히스패닉, 라틴 아메리카, 그리

71) D. Simcox, "Cultural Foundations for Leisure Preferences, Behavior, and Environmental Orientation," in Culture, Conflict, and Communication in the Wildland-Urban Interface, ed. A. W. Ewert, D. J. Chavez, and A. W. Magill(Boulder : Westview Press, 1993), 267~280.

72) *Ibid.*, 269~271.

고 미국 원주민문화는 현재에 더 충실하게 지향하고 있다. "시간(Time)"이란 장에서 이미 보았듯이 서양문화는 보다 미래지향적이고, 시간을 선(lineal)으로서 파악하고 있다.[73)]

인간과 자연의 관련성에 대한 3가지 관점과 시간에 대한 3가지 관점이 존재하듯이, 또한 활동성에 대해서도 3가지의 견해가 존재한다. 즉 실행(doing), 존재(being), 그리고 존재의 성장(being－in－becoming) 등이다. 목적이 있는 행동을 강조하는 서구문화는 "실행(doing)"적인 활동의 지향성의 완벽한 예이다. 동양문화와 히스패닉 문화권은 비－서구적인 문화의 좋은 예로서 이들은 실행을 덜 강조하고 그것의 과정인 "존재(being)"를 더 강조한다. 인도의 요가와 이슬람의 수피즘(Sufism) 등과 같은 소수의 문화는 개인의 전체성(individual wholeness)과 정신적 성장인 "존재의 성장(being－in－becoming)" 활동을 지향하고 있다. [74)]

여가와 환경적 지향에서 문화적 차이를 기술한 4번째이자 마지막은 개인과 다른 문화집단 간의 관련성이다. 선행에서 언급된 3가지와 달리, "타인에 대한 자신(self to others)"에 대한 시각은 단지 두개가 존재한다. 개인주의적(individualistic) 문화는 구성원들이 제각각 독립적으로, 개인적 성취, 그리고 자아－신뢰(self－reliance) 등을 유지하기 위해 격려되어지고 그것을 추구하였다. 반면에 총체적(collective) 문화에서는 개인을 덜 강조하고, 사회적 규범을 더 강조하고 집단의 고결함과 가치를 보존하는데 더 깊은 관심을 기울인다. 개인주의적인 것에 초점을 둔 문화는 핵심적으로 서구에서의 현상이고, 동양과 히스패닉/라틴 아메리카인들은 총체적인 지향성을 가진다.[75)]

세계(인간－자연 관련성), 시간, 활동, 그리고 개인과 문화집단내에서의 다른 것과의 관련성 등과 같은 문화적 관점에서의 극적인 차이는 여가 선호, 행동, 그리고 환경적 지향 등에 영향을 받았다. 선행의 정보에 근거해서, 서구문화가 동양문화와 얼마나 다른지 기대할 수 있을까? 서구문화를 표방하는 사람들은 다음과 같이 반응하였다. 즉 "여가활동에서 높은 개인적 추구, 광범위한 활동영역의 필요성, 개인적 관심과 자연에 대한 우월감의 강조를 하거나, 그리고 미래활동에 대해 초점을 두거나, 그리고 발생할 어떤 것을 시작하거나 만들려고 하는 경향…. 동양문화는 인내, 평온함(tranquility), 그리고 본능적인 가치 등에 더 초점을 두었다. 집단과 사회체제를 지원하는 행동은 개인적인 욕구

73) *Ibid.,* 271.

74) *Ibid.,* 272.

75) *Ibid.,* 274.

를 충족시키는 것보다 더 중요하였다. 과거와 전통에 대한 숭배가 명예롭게 존재하는 곳이다. 자연과 심미적 이해의 조화는 일상생활에서 하나의 통합적 부분이다[76].

"중앙 아메리카에서의 차이는, 2개의 국립 삼림지역이 있는 Southern California에 거주하는 히스패닉계의 이용자들 중에서 상대적으로 적은 비율로 나타났다.[77] 이러한 국립 삼림지역 이용자들은 El Salvador, Nicaragua, 그리고 Guatemala 등으로부터 이민하여온 사람들이다. 다른 부분과 달리 이 집단의 크기는 평균 7~8명의 아이들을 가진 대가족이었다. 매우 전통적인 성 역할이 관찰되었다. 여성이 식사준비, 조리준비 등으로 많은 시간을 보내고 있을때 남성은 쉬거나 보드게임을 하였다. 낮잠(Napping)은 사회화의 일반적인 활동으로서 관찰되어졌다. 일광욕이나 수영복을 입고 수영하는 것 등과 같은 앵글로(Anglo : 영국계 미국인) 계의 레크리에이션 활동은 발생되지 않았다. 중앙 아메리카의 히스패닉 계통은 그늘에 앉아 있거나 평상복을 입고서 그대로 "강에서 수영"을 하였다. 앵글로들은 교회에 다녀온 후 숲을 찾는 것을 더 좋아하고, 반면에 많은 히스패닉들에 있어서 교회활동은 그곳을 방문하기 위한 것이 일차적인 목적이다. 히스패닉 집단은 모든 설비가 갖추어진 교회서비스를 이용한다. 이런 유형에서는 활동성에서 차이가 나타나지 않았다. 앵글로와 중앙 아메리카의 히스패닉 들은 모두 소풍을 가는 것을 좋아하였지만, 그들의 행동 형태에서는 유의미한 차이가 나타났다. 민족 레크리에이션 경험이 연구되어졌을 때, 이용의 유형, 양식, 그리고 집단의 크기와 구성 등의 세 가지 영역이 고려되었다.[78]

60대의 불안한 시민들은 가난한 사람들에 대한 여가가 얼마나 결여되어 있는지에 대해 관심을 집중시켰다. 특히 백인이 아닌 도시에 거주하는 소수민족들. 몇몇 연구들은 공공 레크리에이션 서비스에서 이런 집단의 의존성을 기록하였다.[79] "옥외에서 이루어지는 활동에서의 참여는 인종과 민족 집단간에 중

---

76) *Ibid.,* 276~277.

77) D. S. Carr and D. J. Chavez, "A Qualitative Approach to Understanding Recreation Experiences : Central American Recreation on the National Forests of Southern California," in Culture, Conflict, and Communication in the Wildland-Urban Interface, ed. A. W. Ewert, D. J. Chavez, and A. W. Magill(Boulder : Westview Press, 1993), 181~194.

78) *Ibid.,* 182~190.

79) S. Jenkins, Comparative Recreation Needs and Services in New York City Neighborhoods(New York : Community Council of Greater New York, 1963) ; E. J.

요한 차이가" 존재한다.[80] 공공 레크리에이션에서 흑인의 여가 참여형태를 조사한 한 연구에서는 다음과 같이 요약되어졌다.

> 육상경기, 수영시설, 농구, 그리고 권투와 같이 특히 경쟁적인 형태의 활동에서 흑인이 우월하였다. 중산층의 오락인 테니스, 골프, 그리고 궁술(archery) 등과 같은 활동에 참여하는 흑인은 거의 없다. 흑인 아이들과 청소년은 음악, 드라마, 그리고 댄스 등과 같은 영역에 광범위하게 참여하고 있다. 또한 흑인 가족은 상대적으로 비용일 덜 드는 피크닉, 낚시, 자건거 시설물등을 널리 사용하고 있었다. 이에 반해, 그들은 항해, 스키, 그리고 라이플 사격 등과 같은 비용이 많이 드는 활동을 거의 이용하지 않았다. 백인은 "상류층" 문화를 나타내는 이런 활동들에 우세하게 많이 참여하였다.[81]

백인과 비교했을 때 흑인의 여가형태는 보다 밀접하게 연결된 집단을 보여준다. 유사한 사람들이 다같이 소수의 활동유형에 반복적으르 참여한다. 유대(cohesion)의 수준, 제한된 삶의 공간, 그리고 활동에서의 변수들은 인종차별로 인해 발생했을 수 있다.[82] 인종차별은 다음과 같은 결과들에 의해 잘 설명되어질 수 있다.

- 많은 흑인들은 낮은 소득을 가지고 결국 제일 낮은 사회겨층척도에 속하게 된다.
- 낮은 교육수준은 최하층의 구성원이 되게 한다.
- 낮은 교육수준은 낮은 지위의 직업을 가지게 유도한다
- 낮은 교육수준, 낮은 소득, 그리고 숙련되지 않은 기술을 가진 직업은 흑인을 구속시키고, 어떤 특정 거주 영역의 소수집단으로 몰아간다.
- 흑인과 백인은 차별 역사를 가지고 있다. 문화적 유산에서의 차별은 상이한 여가활동을 하게 만들었다.[83]

Stanley, An Instrument for Determining Comparative Priority of Need for Neighborhood Recreation Services in the City of Los Angeles(Los Angeles: Recreation and Youth Services Planning Council, 1968).

80) Barnett, Cordell, and Cowie, "Social Economic and Environmental Implications: Demand-Supply Comparisons," p. V~16.

81) J. Murphy, Concepts of Leisure(Englewood Cliffs, N.J.: Prentice-Hall, 1974), 97.

82) Cheek, Field, and Burdge, Leisure and Recreation Places, 105.

전통적으로, 흑인, 푸에토리코인, 멕시코계 미국인(Chicano), 인디언, 그리고 아시아계 미국인들은 고립되고, 제한적, 그리고 배척되어진 환경적 특성에서 성장하였다.[84] 이런 환경적 특성들은 레크리에이션 참여에 영향을 주었다.

소수의 과학적 자료들은 특히 차별을 받고 있는 인종집단들에 대한 옥외 활동의 형태에 대해 수집되고 분석하였다.[85] 그 결과는 활동에서 유의한 차이가 존재하는 것으로 보고되었다. 백인들은 독서, 문화적 활동, 옥외 레크리에이션, 겨울 스포츠, 캠핑, 수상스키, 활강 스키, 슬라이딩, 골프, 여행, 취미, 뒤뜰/정원 가꾸기, 영화감상, 그리고 외식 등과 같은 활동에 더 빈번하게 참여한다.[86] 흑인들은 사회화/파티, 쇼핑, 그리고 휴식/이완 등을 더 많이 한다. 어떤 연구자들은 흑인들이 백인들보다 야생지역과 관련된 옥외 레크리에이션에는 아니지만 팀 스포츠나 스포츠 이벤트를 보는 것에 더 적극적으로 참여한다는 사실을 발견하였다. 흑인들이 하는 것으로 확인된 대중적인 옥외활동은 낚시, 사냥, 그리고 게잡이(crabbing) 등이었다. 게다가 활동 몰입에서도 차이 이외에도, 인종차이는 참여지역에서도 발견되었다. "흑인은 지역공원에서 가족과 더 많은 시간을 보내지만, 주립이나 국립공원을 덜 이용한다."[87] 어떤 연구자들은 또한 도시화의 정도, 백인과 백인이 아닌 사람들 간의 유사성이 더 클수록 레크레에서의 참여비율이 높았다고 보고하였다.

네 가지 이론들은 과거 인종 차이를 설명하기에 제안되어졌다.[88] 민족성 이론(ethnicity theory)에 의하면, 하나의 하위문화인 흑인은 민족의 정체성을 유지하기 위해 우월한 문화에 동화되는 것을 거절하였다. 기회이론(opportunity theory)은 이용가능성, 접근가능성, 돈, 그리고 시간 등으로 인해 차이가 생긴다고 하였다. 어떤 연구자들은 사회계층과 상관 없이, 흑인의 작업스케줄은 여

83) J. Neulinger, The Psychology of Leisure(Springfield, Ⅲ. : Charles C Thomas, 1974), 104.

84) Murphy, Concepts of Leisure, 98.

85) R. Wendling, "Black/White Differences in Outdoor Recreation Behavior," The Conference on Social Research in National Parks and Wildland Areas, Gatlinburg, Tennessee(21~22 March 1980).

86) S. M. Stamps and M. B. Stamps, "Race, Class and Leisure Activities of Urban Residents," Journal of Leisure Research 17, no. 1(1985) : 40~45 ; J. R. Kelly, "Outdoor Recreation Participation : A Comparative Analysis," Leisure Sciences 3(1980) : 129~154.

87) J. M. McDonald and I. Hutchison, "Minority and Ethnic Variations in Outdoor Recreation Participation," in A Literature Review : The President's Commission on Americans Outdoors, 1986, pp. Special~46.

88) *Ibid.*, pp. Special~41-Special~51.

가를 하기 위해 이용가능한 시간이 적다는 사실을 언급하였다. 사회경제적 차이와 빈곤은 경계선이론(marginality theory)에 포함된 요인들로서 이것은 경제적 제약과 인종차별이 레크리에이션 자원들에 접근하는데 있어 하나의 장벽으로 이해되었다.[89] 사회계층 차이는 사회경제적-인구통계학적 이론(socioeconomic-demographic theory)에서 비롯되어진다. 이 책의 두번째 판(1992)이 출간됨으로 인해, 다섯번째 해석은 왜 소수 집단이 야생지대에서의 레크리에이션에 참여하지 않는지를 설명해주었다. 서구인들은 다른 인종들 간의 관계가 참여를 제한하는 유의한 요인이라고 믿는다.[90] 1972년 초반의 레크리에이션 관련 문헌들에서는 이런 예들이 잘 설명되었다. 즉 아시아인들은 어떤 특정 공원을 방문하지 않는데 그 이유는 그곳이 백인의 공원이기 때문이라고 진술하였다. 야생 지역은 대중교통수단으로는 접근이 가능하지 않다. 이것은 한 개인이 자신이 소유한 차가 없다면 가지 못한다는 메세지를 나타내준다. 다른 인종들간의 장벽은 레크리에이션 목적지인 "미국 남부의 가난한 백인 노동자(redneck)" 또는 적대적 지역으로 인식된 곳으로의 도착하기 위한 여행일 수 있다. 서구인들은 이 다른 인종간 관계이론(interracial realtions theory)이 단지 이제까지 기술되지 못했던 것을 표현해 줄 수 있을 뿐만 아니라 또한 흑인에 대한 관찰한 것을 설명하기 위해 사용되어질 수 있을 것이라고 생각했다. 플로리다의 여행산업은 최근 외국 관광객의 사망으로 인해 영향을 받았다. 일본 젊은이가 할로윈 파티에서 죽은 채로 발견되었고, 일본인들은 미국을 방문했을 때 어떻게 행동해야 하는지와 관련된 과정을 들어야 했다. 어떤 일본인들은 미국이 방문하기에 지나치게 적대적인 곳이라고 결정하였다.

인종은 "여가행동, 태도, 그리고 정치 등의 형성에 중요한 요인일 수 있고 그것은 가까운 미래에서도 마찬가지이다."[91] 인종은 최소한의 한 연구에서 여가참여를 결정하는데 있어 사회계층보다 더 중요할 수 있다는 사실이 발견되어져 왔다.[92] 이것은 미국 주요 도시들에서 2000년경 흑인이 최소한 인구의 50%를 차지할 것이라고 예상되기 때문에 레크리에이션/여가 기획자에는 중요

89) Stamps and Stamps, "Race, Class and Leisure Activities of Urban Residents," 40~56.

90) P. C. West, "The Tyranny of Metaphor: Interracial Relations, Minority Recreation, and the Wildland-Urban Interface," in Culture, Conflict, and Communication in the Wildland-Urban Interface, ed. A. W. Ewert, D. J. Chavez, and A. W. Magill(Boulder: Westview Press, 1993), 109~115.

91) Neulinger, The Psychology of Leisure, 103.

92) Stamps and Stamps, "Race, Class and Leisure Activities of Urban Residents," 40/

한 문제일 수 있다.93) 미국인의 거의 60%는 2억 6천 5백만 흑인이고 53%인 1억 4천 6백만명은 히스패닉계 미국인으로서 중심 도시들에 거주하고 있다.94) 멕시코계 미국인들은 앵글로(영국에서 이주한 미국인들)계들과 다른 행동과 사회적 특성을 가진 집단이다.95) 기억해야 할 중요한 것은 이민이다. 미국인의 순수 인구성장의 25~40%는 합법적이나 불법적 루트를 통해 이민한 사람들에 의한 것으로 추정된다. 이런 새로운 이민자들은 과거에는 주로 유럽으로부터 왔었지만, 이제는 라틴 아메리카, 아프리카, 그리고 남 아시아 등이 주로 차지하고 있다. 캘리포이나와 텍사스는 지금 1/5이 히스패닉계의 사람들이다.96)

Department of Interior로부터의 재정적 보조를 응용하는데 관심이 있는 어떤 레크리에이션 조직들은 1964년에 제정된 Civil Right Act의 법령 6(Ttitle VI)을 따라야만 한다. 법령 6(Ttitle VI)은 차별적인 실행을 금지한다. 개인은 어떤 서비스, 재정적 보조, 또는 인종, 색상, 성별, 또는 국적 등에 의해 특별한 프로그램상의 편익(예, 고용) 등에서 제한되어질 수 없다. 법률에 위배되는 다른 사항들은 차별대우(segregating), 인권의 제한(restricting privilege), 차별절인 준거의 유지, 그리고 다양한 집단에 다르게 제공하는 품질 등이다.

여가 제공가가 기회나 프로그램을 제공하는 것만으로는 충분하지 않다. 그것이 지닌 특성이 무엇이든 여가서비스는 관련성과 이용가능할 필요가 있다. 민족집단이 이용할 수 있는 서비스 프로그램이 충분히 제공되지 않았다는 사실이 인식되어지고 있는데, 여가기회들에서 참여를 어떻게 하면 증가시킬 수 있을까? 프로그램 평가는 다음과 같은 5가지 차원을 포함한다. 즉 이용가능성

---

93) H. Kahn and A. J. Wiener, "Black Population in Major Cities," in Recreation and Leisure Service for the Disadvantaged, ed. J. A. Nesbitt, P. D. Brown, and J. Murphy(Philadelphia : Lea & Febiger, 1970) : 593, Appendix G.

94) R. Kraus and C. Lewis, "Ethnic and Racial Minorities in Urban Recreation," in A Literature Review : The President's Commission on Americans Outdoors, 1986, p. Urban -19.

95) R. Hutchison and K. Fidel, "Mexican-American Recreation Activities : A Reply to McMillen," Journal of Leisure Research 16, no. 4(1984) : 344~349.

96) J. T. O'Leary, D. F. Dottavio, and F. McGuire, "Social Factors in Recreation Participation and Demand : Implications from National Surveys," Outdoor Recreation Benchmark 1988 : Proceedings of National Outdoor Recreation Forum, Tampa, Florida(13~14 January 1988) : 275~289. USDA Forest Service, Southeastern Forest Experiment Station, 1989, General Technical Report SE~52.

(availability), 접근가능성(accessibility), 편의성(accommodation), 적정성(affordabililty), 그리고 수용가능성(acceptability) 등이다.[97] 이용가능성(availability)은 이용자의 욕구와 관련되어 제공된 프로그램의 특성과 분량 등을 말한다. 어떤 주어진 음악 프로그램은 적절하였지만, 그것은 표현된 흥미를 충족시킬 만큼 1년동안 충분한 시간이 제공되지 않았을 수 있다. 고객이 있는 장소와 프로그램이 실시되는 위치 등 이 두 가지는 이용자에 의해 접근가능한지를 고려해야 할 필요가 있다. 거리보다는 대중교통수단의 이용가능성이 더 중요하다. 지역 주민을 위한 프로그램은 만들어져야 하지만, 모든 잠재적인 이용자의 제한된 공급과 자원으로 인해 편리하지 않을 수 있다 어떤 프로그램에서 가장 많은 편익을 얻을 수 있는 개인들은 할당된 장소에 때때로 높은 숙련된 기술을 가진 사람들이 그곳을 차지하고 있기 때문에 참여할 수 없다. 적정성(affordabililty)은 고객에게 실재적으로나 인식된 비용과 가치 측면에서 중요한 문제이다.

5번째의 차별적 특성은 수용가능성(acceptability)으로 이것은 특히 소수 문제에 관련되어 있다. 이용자와 잠재적인 이용자가 어떤 방식으로 레크리에이션 프로그램과 여가 제공자를 인식하는냐 하는 것은 참여의 정도와 빈도에 영향을 미친다. 과거 연구들은 관리자가 소속된 기관 또는 그 부서나 그 집단의 리더가 가진 의견이 이용자집단이 적절하게 제시되지 못했다는 사실을 지적하였다. "단지 '그들(them)'과 '우리들(us)'에게 초점을 두던 것에서 '우리(we)'라는 가치"로 변화되어질 필요가 있다.[98] 어떤 나라, 시민, 그리고 여가서비스 제공자가 이런 변화를 생성하는 것을 돕기 위해서는 민족적 능력(ethnic competence)이라고 불리는 것이 개발되어질 필요가 있다.[99] 첫번째 단계는 자신의 문화적 한계에 대해 인식하고, 어떤 방법으로 편견과 선입견이 인식과 행동에 영향을 미치는지 알아야만 한다. 이것은 문화적 차이에 대해 개방하도록 유도하고 결국 수용과 이해를 생성할 수 있게 한다. 교차-문화적(cross-cultural) 경험은 잠재적 학습기회로서 이해되어져 왔고, 여가전문가와 다른 사람들은 민족적 참여자들로부터 배울 수 있다. 여가제공자는 또한 사람들이 그

97) Allison, "Access and Boundary Maintenance: Serving Culturally Diverse Populations," 104.

98) *Ibid.*, 106.

99) R. F Dahl, "Principles for Effective Cross-Cultural Communication," in Culture, Conflict, and Communication in the Wildland-Urban Interface, ed. A. W. Ewert, D. J. Chavez, and A. W. Magill(Boulder: Westview Press, 1993), 150~156.

들 자신의 문화적 자원을 인식하고, 이해하고, 그리고 활용할 수 있도록 도와주어야 하고, 따라서 개인들에게 권한이 부여되고, 그것은 여가 제공자와 다른 것에 대한 의존을 줄여줄 수 있다. 결국, 그 자체로 완전무결－즉 "모든 문화는 풍요롭고, 다양하고, 그리고 그 자체 내에서 의미가 있다."－한 개개 문화집단에 대한 인식을 하는 것이 가장 좋을 것이다.[100)]

11.1.5 사회집단
(Social Groups)

레크리에이션 행동에 영향을 미치는 다른 변인들은 사회집단이다. 인간은 사회적 동물이고, 그들은 같이 어울려 집단을 이루어 다 같이 행동한다. 사람답다는 것은 네번째로 가장 중요한 이유를 지니고 있는데, 성인이 언제, 왜 그들이 가장 즐거워하는 활동에 참여하는지 질문되어지고, 세번째 원인은 두번째로 즐거웠던 활동에 왜 참여하는지 대답할 때이다.[101)] 예를들어, 대부분 사람들(에너지가 고갈되지 않았을 때)은 혼자 여행한다. 하지만 대개 여행은 타인과의 레크리에이션 활동이다. 사람들은 영화를 보러가거나, 공원, 스포츠 이벤트, 교회, 그리고 나이트클럽 등에 가는 것으로 대부분의 시간 중 70%이상을 타인과 같이 움직인다. 이런 통계치들은 "어떤 만족은 집단 상호작용을 통해 유발된 활동으로부터 제공되어질 수 있다."라는 예언자로서 해석되어질 수 있을 것이다.[102)] 사회집단의 유형과 그것은 구성요소는 여가참여에 영향을 미친다. 이런 영향의 정도는 심지어 레크리에이션이 시행되는 장소가 지닌 중요성을 능가하기도 한다. 즉 "소수의 레크리에이션 장소는 레크리에이션 활동이 일어나는 곳에 의해 차별화되어질 수 있다. 그 차이는 현재의 사회집단의 유형이란 측면에서 언급되어졌다."[103)]

사회집단－가족 구성원, 동료집단, 친구들, 이웃들, 클럽들, 직장동료, 그리고 등등－은 레크리에이션 선택을할때 결정에 최우선으로 영향을 미칠 수 있다. 우리는 다양한 집단으로 이루어지 사회에 속한다. 모든 사람은 한 집단 이상에 속한다는 것이다. 사회집단은 특정한 레크리에이션 활동에 의미 있게 할

100) *Ibid.*, 156.

101) Allen and Donnelly, "An Analysis of the Social Unit of Participation and the Perceived psychological Outcomes Associated with Most Enjoyable Recreation Activities," 434.

102) Cheek, Field, and Burdge, Leisure and Recreation Places, 11～13.

103) *Ibid.*

당되어지는 자원일 수 있다.[104] 유사한 활동은 만약 다양한 유형의 사회집단에 의해 지원되고 관심을 받았다면, 다방면에 걸쳐 변화되어질 수 있다. 한 교회집단이 피크닉을 갈 계획을 가지고 있다면, 그것은 그리스식 조직, 스카우트, 가든 클럽, 도시의 젊은이 갱집단, 또는 4-H 클럽과는 다른 피크닉 계획을 채택할 것이다. 사회집단이라는 변수는 "개별적 공동체(Peersonal community)"라는 이론이 출현되는데 있어 중요하다.[105] 이 이론은 "한 개인의 여가양식은 직장 동료, 친구, 부모, 그리고 배우자 등에 의한 사회화 관계를 통해 광범위하게 개발되어질 수 있을 것이다."라는 가설에 근거하였다.[106] 연구자료는 여가, 레크리에이션, 또는 사회에서 발생하는 "일이 아닌(not-wokr)" 활동에의 참여에 대한 생각을 지지해주었다. 대부분의 야생지대 레크리에이션 행동은 집단에서 발생한다.[107] 여가참여가 발생되는 가장 공통적인 사회단위는 가족이다. 어떤 변산이 존재하기도 하는데, 예를 들어 사냥은 동력보트 타기[108] 만큼이나 백인 남성의 동료 집단활동이다. 배낭여행자(backpackers)는 젊고 고등교육을 받은 남성에 의한 소규모 집단으로 구성되어지고, 반면에 개발된 장소에서 캠핑을 즐기는 사람들은 가족집단에서 더 많이 하였다.[109]

한때, 가족은 "경쟁이 심한 외부생활로부터 벗어난 하나의 안식처로서… 사랑, 애착, 그리고 지지 등에 의해 지배되어지고, 그의 세계에 대해 간섭하지 않는 그녀의 남편을 돕는 아내가 있는." 것으로 여겨져 왔다.[110] 아이로부터 해방된 수 만큼 일이나 가사일 둘다를 가진 여성의 수는 증가하고 있다. 6세 미만의 아이를 가진 일하는 엄마의 비율은 1948년에는 12%였고 1987년에는 54%였다. Bureau of Labor Statistics에 의하면, 미국 가족의 단지 6%는 집에 아내와 2명 내지 그 이상의 아이가 있고 일하는 남편이 혼자 가족을 부양하는 오래된 고정관념적인 가족에 대한 생각을 가지고 있었다.[111] 만약 가정에서

---

104) Allen and Donnelly, "An Analysis of the Social Unit of Participation and the Perceived psychological Outcomes Associated with Most Enjoyable Recreation Activities," 425.

105) W. R. Burch, Jr., "The Social Circles of Leisure," Journal of Leisure Research 1, no. 2(1969) : 125~147.

106) Field and O'Leary, "Social Groups as a Basis for Assessing Participation," 16~25.

107) Hartman and Cordell, "An Overview of the Relationship between Social and Demographic Factors and Outdoor Recreation Participation," 269.

108) Field and O'Leary, "Social Groups as a Basis for Assessing Participation," 19.

109) Cordell, An Analysis of the Outdoor Recreation and Wilderness Situation in the United States 1989~2040, p.Ⅱ~25.

110) Rapoport and Rapoport, Leisure and the Family Life Cycle, 189.

아이의 수가 정확하게 계산되어졌더라도 그 비율은 여전히 10%이하일 것이다.[112] 사람들은 결혼하기 전에 오랫동안 나중에 몇명의 아이들을 가질 것인지 기대한다. 그것은 여가 장면에서 중요성이 증가되어지고 있는 가족보다는 생활양식, 사회집단 등의 변화 때문일 것이다.

2억 7천만명의 맞벌이 부부의 2/3는 집에 25세 미만의 아이들을 데리고 있었다.[113] 가족발달은 3가지 단계로 나뉘어질 수 있는데 그것은 초기 형성기(early establishment), 중간형성기(midestablishment), 그리고 후기 형성기(late establishment) 등이다. 아이들의 연령이 이 단계들을 결정한다. 학령전 아이들은 초기 단계를 나타내고 중간단계는 아이들이 학교에 다니고, 그리고 말기 단계는 그 아이들이 공식적인 학교체제를 떠났을 때 발생한다. 부모들은 초기단계 동안, 그들의 시간과 에너지를 할당하는 과정에서 많은 갈등이 발생한다는 사실을 발견한다. 1979년과 1989년 사이에, 학령전 아이들을 가진 부모들은 그들의 자유시간(free time)을 상실하였다. 아버지는 10시간을 어머니는 4시간을 잃어버렸다.[114] 이것은 왜 남자들이 일을 하는 주간(週間)에 가족들의 여가에 참여하려고 하지 않는지를 설명해준다. 남성에게서 가족역할과 여가역할이 중첩되는 경향이 있지만, 여성들에게서는 그렇지 않다. 예를 들어 아이를 양육하는 남성은 뒤뜰에서 게임을 즐김으로서 동시적으로 여가를 할 수 있다.[115]

충성도와 의무간의 충돌은 가족 발달단계에서 중간형성기 동안 나타난다. 우울감, 권태, 그리고 함정에 걸려 있다는 느낌 등은 후기단계 동안 보고되었다. 부부는 중간단계에서 가정에 기초한 활동을 즐겼다. 어떤 사람들에서 후기단계는 용두사미(anticlimax : 큰 기대 뒤의 실망)처럼 보였다. 결혼에 대한 만족은 시간이 지날수록 U자 곡선으로 저하되었고, 특히 30대 후반에서 급격히 감소되었다. 가사일에 대한 책임은 후기 단계로 진입할수록 줄어들었다.[116]

---

111) "Did You Know That . . . the Typical Family," Bottom Line Personal 11, no. 8(1990) : 9.

112) D. L. Gross, Work and Family in a Changing America(Washington, D.C. : The Roosevelt Center for American Policy Studies, 1987), 2.

113) "Working Women," Wall Street Journal, 5 May 1987, p. 3.

114) "Americans Have More Free Time," in July Bargain & Coupon Days, Morgantown, (W. Va.) Dominion Post, 1989, p. 6.

115) P. A. Witt and T. L. Goodale, "Barriers to Leisure Across Family Stages," in Constraints to Leisure, ed. M. Wade(Springfield, Ⅲ. : Charles C Thomas, 1985), 227~242.

여가활동은 변화의 시기 동안 발생하는 충격을 흡수하는 중요한 역할을 하기도 하고, 전체 결혼생활에 안정적으로 영향을 미치기도 한다.[117] 결혼에 대한 만족과 여가참여 간에는 긍정적인 관계가 나타나지만, 여가는 또한 배우자간의 충돌이나 부조화 등의 발생원인이기도 하다.[118] 어떤 연구자는 성별과 가족생활 주기가 삼림에 근거하거나 물에 근거한 레크리에이션에서 나타나는 변산을 설명해줄 수 있는 중요한 요인이라고 주장하였다.[119]

가족은 전통적이거나 민주적일 수 있다. 전통적인 가족내에서 개개 구성원들은 서로에 대한 제한된 상호작용을 요청하거나 또는 요구된 행동에 대한 명확하고 분리된 역할형태를 가지고 있다. 민주적 또는 동료지향적인 가족은 더 많은 상호작용을 요구하고, 전통에 근거한 가족들보다 더 많은 여가시간을 필요로 한다. 의사소통과 대인간 상호작용은 민주적 가정내에서 안정성과 만족에 영향을 미치는 중요한 요인이다. 여가의 결합은 민주적 가정에서 보다 더 중요하고, 만족은 전통에 근거한 단위에서 개인적 활동 또는 가족이 아닌 사람들과의 활동을 통해 이루어질 수 있다. "여가가 결합되지 않은 전통적인 가족에서부터 삶의 모든 측면에 실제적으로 여가를 공유하는 동료적인 가족"에 이르기까지 이들은 하나의 연속체상에 존재한다.[120] 가족에 근거한 레크리에이션이 지닌 이점은 가족구성원들 간의 의사소통의 증가, 타인에 대한 더 많은 배려, 그리고 책임감에서의 경감 등을 들 수 있다. 공동체 레크리에이션 프로그램은 가족 레크리에이션 활동이 지닌 효율성과 다양성을 증가시킬 수 있도록 기획되어져야 한다. 상업적 레크리에이션 업체들은 가족 전체를 위한 활동이 지닌 다양성과 복합성을 충분히 충족시킬 수 있도록 다양한 차원을 고려해야 한다.

모든 성인여가는 가족과 관련해서 고려되어질 수가 없다. 부모들은 같이 또는 개인적 관심사에 의해 따로 개인적 시간을 가질 필요가 있다. 성인 레크리에이션 경험은 또한 아이를 가지지 않은 부부를 위해, 아이를 가질 수 없거나,

---

116) S. Parker, "Leisure in the Life Cycle," in Land and Leisure, ed. C. S. Van Doren, G. B. Priddle, and J. E. Lewis(Chicago : Maaroufa Press, 1979), 31.

117) Witt and Goodale, "Barriers to Leisure Across Family Stages," 229.

118) D. W. Crawford and G. Godbey, "Reconceptualizing Barriers to Family Leisure," Leisure Sciences 9, no. 2(1987) : 120.

119) Hartman and Cordell, "An Overview of the Relationship between Social and Demographic Factors and Outdoor Recreation Participation," 260.

120) D. K. Orthner, "Leisure Styles and Family Styles : The Need for Intergration," Leisure Today, November-December 1974, 11.

그리고 혼자서 사는 사람들을 위해 계획되어질 필요가 있다. 5쌍중 1쌍은 아이를 가질 수 없고 그리고 4쌍중 1쌍의 부부가 가까운 미래에 아이를 가질 것이라고 추정되었다. 1978년, 현대의 사회에서 가장 기초 단위는 개인이 될 것이라고 보고되었다. 1976년, 미국에서 새로운 가정의 42%는 독신이었고 단지 13.5만이 부부였다.

인종과 민족의 차이는 가족 유형, 구조, 그리고 기능적 형태에 영향을 미친다. 아프리카계 미국인들과 히스패닉계 가족들은 더 커지는 경향이 있다. 일반적인 미국인 가족과는 달리, 아시아계 미국인 가족들은 이혼율이 낮았고, 여성이 가장인 경우가 드물었다.[121] 아프리카계 미국인이나 푸에토리코 가족들은 전체로서 미국 가족과 비교했을 때, 현재 남편이 없는 여성의 수가 더 많은 것으로 나타났다. 인종과 소수 민족 가족은 아시아계나 태평양 섬 주민들을 제외하고는 경제적 지위가 일반적으로 낮았다. 예를 들어 푸에토리코인들의 1/3은 빈곤수준이거나 그 미만이었다. 미국 원주민들은 어떤 영역에서 가장 낮은 평균수입을 가지는 것으로 나타났다.

다른 인종간 결혼비율, 시각, 그리고 수용은 인종집단에 따라 달랐다. 아시아계 미국인들은 지위와 외모를 유지하기를 원하는데, 가끔씩 다른 인종간 결혼이 나타나기도 한다. 다른 인종간 결혼은 미국 원주민들에서 증가되고 있다. 모든 인디언들의 1/3은 다른 민족집단과 결혼한 것으로 추정되어졌다. 족외혼(族外婚, exogamy) 또는 다른 민족간 결혼은 푸에토리코인에서 상대적으로 낮았다. 일반적으로 다른 민족간 결혼하려는 경향은 신랑의 사회경제적 지위의 증가와 연관된다. 아시아계나 히스패닉계에서, 이런 경향은 이주민의 지위로부터 멀어질수록 증가되었다. 가족이 사는 곳을 결정하는 것도 또한 인종과 민족성에 의해 영향을 받는다. 히스패닉계들은 강한 혈연관계를 가지고 있고, 아이들은 그들이 살기 위한 장소를 선택할때 부모와 매우 가까운 곳에서 살려고 한다. 아시아계 미국인들은 또한 동일한 가족이나 이웃이 있는 곳에 살려고 한다.[122] 인종간 사망률이 다르기 때문에, 결혼의 잠재적 길이는 심각하게 영향받을 수 있다. 1980년경 백인 부부들은 3쌍중 2쌍이 그들의 결혼 40주년을 기념할 기회를 갖는다. 흑인 부부들은 2쌍중 1쌍이 그러하다.[123]

역사적으로 더 많은 흑인 가족들은 다른 인종집단보다 여성이 가장인 경우

121) Wilkinson, "Family Ethnicity in America," 28, 40.

122) *Ibid.*, 28~46.

123) E. Kain, "Race, Mortality, and Families," in Family Ethnicity : Strength in Diversity, ed. H. P. McAdoo(Newbury Park, Calif. : SAGE Publications, 1993), 85.

가 많았다. 흑인 가족의 거의 50%는 지금도 여성이 가장이다. 이런 수치들은 다소 경각심을 불러일으킬 수 있지만, Niara Sudarksa는 흑인 공동체 내에서 여성이 가장인 현상에 대해 보다 상황이 좋아진 경우에도 여전히 "정당화(legitimate)"고 되어졌다고 지적하였다.[124] 아프리카계에서, 그런 가족조직 형태는 여아 높은 출생률, 수명이 더 짧은 남성, 일을 얻기 위해 이주하는 남성들, 그리고 감옥에 갇히거나 사형된 남성의 수가 많은 것에서 비롯된 결과이다. 이런 요인들로 인해, "역사적으로 흑인들은 만약 그들이 아이가 있다면 여성이 남편 없이도 아이들을 양육하고 돌보는 것을 이해하고 수용하여 왔다."[125] 아동에 더 높은 가치를 두는 것은 아프리카계 흑인 여성들이 유사한 상황을 가진 백인 여성들보다 치욕스런 결혼생활을 벗어나고자 아이들을 가지려고 하는 것에서 이해되어질 수 있다. 아프리카계 미국인들은 가족조직과 아동양육과 관련된 다음과 같은 말들을 한다. 즉 "전체 마을이 한 아이를 양육한다." 하지만 경제적 실제 상황은 남성이 가장인 경우보다 여성을 가장으로 둔 가족에서 빈곤 수준 미만으로 떨어지는 비율이 확실히 더 높았다. 1985년, 여성이 가장인 경우는 53%이고 남성이 가장인 경우는 단지 15%에 불과하였다. 여성이 가장인 경우는 또한 아이들이 포함될 경우가 더 많았다. 백인과 비교했을 때 흑인 아이들은 빈곤수준에서 생활할 확률이 3배 이상 더 높았다.[126]

"확대(extendedeness)"라는 특별한 특징은 어떤 핵가족이 많은 전통적 기능을 성취함으로써 확인되어졌다. "확대가족(extended family)"인 흑인은 서(西)아프리카의 문화적 흔적과 미국에서의 상황과 그들을 둘러싼 제약들에 대한 수용적인 반응 모두를 가진다. 확대가족은 다음과 같은 상태로 묘사되어져 왔다. 즉 "어떤 우세한 특징 주위에서 여러 세대간(multigenerational), 상호의존적(interdependent)으로 조직화되어졌고, 그리고 하위가족(sub-family)으로서 제공된 개별가족이 기본적인 가족이나 원래의 가족들과 연결되어졌다."[127] 그것에서 말하듯, 흑인 가족들은 확대 가족을 검토하지 않고서는 실제로 이해되

124) N. Sudarkasa, "Female-Headed African American Households," in Family Ethnicity: Strength in Diversity, ed. H. P. McAdoo(Newbury Park, Calif.: SAGE Publications, 1993), 85.

125) *Ibid.*

126) S. J. Hatchett, "Women and Men," in Life in Black America, ed. J. S. Jackson(Newbury Park, Calif.: SAGE Publications, 1991), 85.

127) N. Milburn and P. J. Bowman, "Neighborhood Life," in Life in Black America, ed. J. S. Jackson(Newbury Park, Calif.: SAGE Publications, 1991), 48.

어질 수 없다. 하지만 아프리카계 미국인들에서 결혼상태는 삶의 만족과 연관되어져 왔다. 결혼한 아프리카계 미국인들은 그렇지 않은 사람들보다 그들의 삶에 더 만족하였고, 기혼 여성들은 결혼한 남성들보다 더 높은 수준의 만족을 나타내었다.[128] 아프리카계 미국인들은 거의 250년동안 노예로 살아왔다. 흑인 가족이 지닌 안정성은 그의 가족을 보호하고 지지해주기 위해 남성이 무기력함을 느낀 노예 상태일때 영향을 미쳐왔다.[129] 하지만 다른 저자들은 노예상태가 가족의 안정성을 구속하였지만, 노예상태는 흑인가족 조직을 영속적으로 변화시키지 않았다는 점을 지적하였다. 노예상태에서 풀려난 이후에도, 남편과 아내의 중심적인 가족은 제2차세계대전 동안 우세한 형태가 되어갔다는 증거가 제시되었다. 이런 여성가장의 증가 추세는 1960년과 1970년대 동안 힘을 잃어갔다. 1940년에는, 단지 흑인가족의 17%만이 여성이 가장이었고, 1960년에는 22%였는데 1985년 경에는 오히려 여성의 가장 비율이 44%로 추정되었다. 이혼율의 증가는 미국내 어떤 다른 집단에서보다 흑인들의 사회경제적 수준에 가장 많은 영향을 미치는 요소이다.[130]

민족에 따른 가족 차이는 멕시코계 조상을 둔 가족에서는 보고되지 않았지만, 앵글로계 미국인 중산층 구성에서는 유사성이 증가되었다. 근본적인 민족적 특성은 이민, 불완전 고용, 불법적인 체류 상태, 차별, 그리고 다른 극적인 사회적 이벤트와 조건 등에 의해 변경되어졌다.[131]

11.1.6 성 차이와 성적인 지향 (Gender Difference and Sexual Orientation)

역사적으로 여성은 남성 파트너보다 어떤 것을 덜 하는 것으로 여겨져 왔다. 세계의 모든 사회에서, 여성은 억압되어져 왔고, 그들은 남성의 통제나 지배하에 살고 있다.[132] 구약 중 레위 기(記)(Leviticus) 27장 3~4절에 보면 다음과

128) J. Lewis, "Decision Making and Marital Satisfaction in African American Families," in Family Ethnicity : Strength in Diversity, ed. H. P. McAdoo(Newbury Park, Calif. : SAGE Publications, 1993), 115.

129) Wilkinson, "Family Ethnicity in America," 32.

130) S. J. Hatchett, "Women and Men," 85, 100.

131) Wilkinson, "Family Ethnicity in America," 35.

132) K. A. Henderson et al., A Leisure of One's Own : A Feminist perspective on Women's Leisure(State College, Penn. : Venture Publishing, 1989), 3.

같은 구절이 있다. 즉 "너의 정한 값은 이십세로 육십세까지는 남자이면 성소의 세겔대로 은 오십 세겔로 하고… 여자이면 그 값을 삼십 세겔로 하며" 아리스토텔레스는 노예와 같이 여성이 이성적으로 들을 수 있지만, 그들 자신은 이성적인 능력을 가지지 않았다고 언급하였다. 이전에 Billy Jean King과 "성 대결"을 벌였던 유명한 테니스 선수였던 Bobby Riggs는 여성이 침대나 부엌이 두 장소에서만 속해야 했다고 말했다.

최근까지 미국 사회는 여성에 대해 신데렐라 이미지를 촉진시켰다. 즉 모든 여성들은 차밍 왕자를 발견하고, 영원히 행복하게 살기 위해서는 매력적일 필요가 있다는 것이다. 신데렐라는 지금은 엔지니어나 건축가가 되었다. 그것은 다음과 같은 사실들에 의한다.

- 인구분포중 52%는 여성이다.[133]
- 백인 성인 여성의 58%와 흑인 성인 여성의 60%는 고용되어졌다.[134]
- 미국 노동력의 47%[135]는 여성이다. 노동력을 가진 여성은 25년동안 일하기를 기대할 수 있다.
- 어떤 점에서 대부분의 여성들은 가정 밖에서 하나의 직업을 가지고 있다[136]
- 부업을 하는 사람 중 25%는 여성이다.
- 7 가족 중 1가족은 여성이 가장이다.[137]
- 성인 여성의 60%는 결혼하였고, 18%는 독신이고, 13%는 과부이고, 그리고 8%는 이혼하였다.[138]

---

133) "People Patterns : The Income Gap between the Sexes," Wall Street Journal, 27 March 1989, B~1.

134) Henderson et al., A Leisure of One's Own : A Feminist Perspective on Women's Leisure, 5.

135) R. Naylor, "Survey Launched to Study Women in the Workforce," Morgantown(W. Va.) Dominion Post, Friday, 6 May 1994, 5~C.

136) *Ibid.*

137) M. Verheyden-Heilliard, "Cinderella Doesn't Live Here Anymore," Womanpower, November 1975, 34 ; "Working Women : Joys and Sorrows," U.S. News & World Report, 15 January 1979, 64~68.

138) Henderson et al., A Leisure of One's Own : A Feminist Perspective on Women's Leisure, 5.

- 1979년 여성들은 대학교의 절반 이상을 차지하였다. 여성들은 1982년 이래 절반 정도가 학사학위를 수여받았고, 1986년 이후에는 석사학위 받은 사람 중 대다수를 차지하고 있었다. 1988년경, 46%가 박사학위를 받을 것으로 기대되었다.[139]
- 1989년과 그 세기 말 사이에서, 여성은 절반 정도가 노동인구에 새롭게 진입할 것이고, 여성보다 남성의 퇴출이 많은 이유가 노동력 성장의 거의 2/3를 설명해줄 수 있을 것이다.[140]

성 차이(Gender difference)는 좋거나 나쁜 가치가 주어지는 것이 아니라 단순한 차이이다. 사람들은 단지 남성과 비교해서 여성을 이해하기보다는 개인에 대한 이해를 더 강조해야 할 것이다. "개인간의 차이가 성 또는 성별 차이를 능가한다."[141]라는 개념이 수용되어졌고, 그리고 "여가는 다양한 삶의 조건에서 사람들에 의해 다르게 경험되어졌다.[142]" 모든 남성, 모든 여성, 모든 아이들, 또는 어떤 모든 집단은 여가를 하는데 있어서 고정관념화 되어져서는 안된다. 여가 참여는 인종, 계층, 종교, 교육, 결혼상태, 성적 지향, 능력/무능력, 그리고 배경 경험 등과 같은 특정한 삶의 조건과 상황에 달려 있다. 하지만 레크리에이션 전문가, 조직, 그리고 인식은 여성이 지닌 여가능력에 대해 권한을 부여하여야 한다.[143] 여성은 그들의 신체나 경험을 통제할 수 있는 여가경험을 통해, 그들의 삶의 다른 부분을 표현할 수 있다.[144] 소수의 사람들은 여가가 지닌 잠재적 효과에 대해 알고 있고, 왜 제한된 여가기회가 여성이 집 밖을 벗어나는데 제공되어지는지 부분적으로 설명해 줄 수 있다. 만약 적은 기회가 존재한다면 여가는 계속 발생되어질 수 있을까? 만약 여성들이 적절한 기술을 계발할 기회를 결코 가지지 못했다면, 그들은 어떤 방식으로 참여할 수 있을

---

139) "People Patterns : The Income Gap between the Sexes," Wall Street Journal B-1.

140) A. L. Otten, "Women's Growing Role in the Work Force," Wall Street Journal, 7 March 1989, B-1.

141) Henderson et al., A Leisure of One's Own : A Feminist Perspective on Women's Leisure, 96.

142) K. A. Henderson, "Broadening an Understanding of Women, Gender, and Leisure," Journal of Leisure Research 26(1994) : 6.

143) K. A. Henderson, "Anatomy Is Not Destiny : A Feminist Analysis of the Scholarship on Women's Leisure," Leisure Sciences 12(1990) : 229~239.

144) Henderson, "Broadening an Understanding of Women, Gender, and Leisure," 4.

까? 만약 충분한 시간이 없다면 여성들은 어떻게 여가를 준비하거나 경험할 수 있을까? 그리고 결국 여성이 지닌 타인을 "돌보는 것에 대한 민족성(ethic of care)"과 여가라고 칭해진 것들 간에서 충돌이 일어난 것이다.[145)]

1) 여성의 여가(Women's Leisure)

양립될수는 없지만, 여성의 여가에 대한 이해를 하기 위해 세 가지의 차별적인 접근방법이 채택되어져 왔다. 즉 여성의 여가를 제약하는 요인(constraints on women's leisure), 제약요인으로서의 여가(leisure as constraning), 그리고 저항력을 지닌 여가(leisure as resistance) 등이다.[146)] 이론적이고 경험적인 연구들 중 가장 큰 부분은 제약되어져 온 여성의 여가에 대한 방법을 유도하여 왔다. 많은 시간 경제학, 안정성, 그리고 안전에 대한 연구들이 이런 접근방법을 따르고 있다. 이런 제한적 접근방법의 예는 연구자가 불평등한 기금과 공평하지 않은 프로그램이 여성의 여가를 위해 계속적으로 제공되었다고 보고되었을 때, 그리고 여성이 하나의 공통적인 장벽으로서 교통수단의 부족 등을 보고했을 때 등이다. 제약 요인에 대한 연구는 남에게 먼저 도움을 주는 여성의 돌보는 것에 대한 민족성(ethic of care)의 개념이 여성에게 여가라고 명칭이 붙은 것이 결여되었다는 느낌을 가진다고 보고하였다. 남성과 아이들은 여가를 하나의 권리로 보고 있지만 여성들은 유사한 믿음을 표현하지 않는 것으로 보고되었다.[147)] 여가라고 명칭이 붙은 것이 부족하다는 느낌은 심각하게 여가를 제한하는 것이다. 만약 여성들이 이것에 대해 잘 느끼지 못한다면, 그들은 아마도 충분히 즐거워할 수도 없고 그리고 경험으로부터 어떤 편익을 느끼지 못할 것이다. 여성들이 다른 많은 의무들을 가진 것처럼 느낄때, 여가에 참여하였다는 죄의식은 실제로 자신에게 부과된 여가가 결핍되게 할 수 있다.[148)] 여가라고 명칭이 붙은 것은 자아-존중감(self-esteem)과 관련되어져 있다. 일반적으로 여성들은 남성보다 낮은 자아-존중감을 가지고, 그것은 여가를 제약하는 요인들과 낮아진 자아-존중감 간에 유의미한 상관이 있다는 점을 제시해준다.[149)] 어떤 여성은 또한

145) Henderson et al., "A Leisure of One's Own: A Feminist Perspective on Women's Leisure," 122~125.

146) S. Shaw, "Gender, Leisure, and Constraint: Towards a Framework for the Analysis of Women's Leisure," Journal of Leisure Research 26, no. 1(1994): 8~19.

147) K. A. Henderson and M. D. Bialeschki, "A Sense of Entitlement to Leisure as Constraint and Empowerment for Women," Leisure Sciences 13, no. 1(1991): 51~54.

148) *Ibid.*, 51~55.

"아름다움에 대한 신화가 가진 힘(myth of the 'beauty myth')"에 의해 영향을 받는데, 이것은 신체적 용모에 불안감과 관심이 연결되어져 있는 것이다. 중요한 점은 그런 제약요인들이 양성을 위해, 확인되어지고 제거되어질 필요가 있고, 그리고 특히 여성들을 위해 그런 기회에 대한 참여가 증가되어질 필요가 있다.

여가 그 자체는 또한 제약요인으로서 간주되어져 왔다. 이런 견해는 처음에는 다소 이상한 것처럼 보이지만, 이것은 어떤 특정 측면이 검토되어질때 새롭게 된다. TV 시청은 북미지역과 다른 지역에서도 매우 대중적인 활동이다. 남성과 여성은 고정관념화된 이미지에 의해 표현되고, 여성은 많은 부분 신체적 용모에 더 관심을 가지는 것으로 잘못 표현되어져 왔고, 그리고 여성은 힘이나 권위를 거의 지니지 못한 것으로 묘사되어 왔다. 여가가 제약요인으로 여겨지는 또다른 이유는 사회가 여성에게 제공하는 활동 영역이 매우 좁고 그리고 고정관념적인 특성을 가진다는 사실이다. 개별 그리고 공공 레크리에이션 프로그램 둘다는 일차적으로 전통적인 관념에 맞는 적절한 성역할을 표현하도록 제공되어졌다. 결국 전통적 역할에 의해 강화된 여가를 가짐으로서 그것은 여성의 삶이 지닌 다른 측면을 제한한다. 이런 접근방법에서 여가는 문제가 된다.[150)]

가장 최근의 긍정적인 접근방법은 억압과 "가부장적인 사회구조 내에서 여성들이 가진 종속적인 지위"간의 연결에 초점을 두지 않고, 여가를 전통적인 고정관념화에 대항할 수 있게 잠재성을 제공해주는 것으로 보는 것이다.[151)] 이런 접근방법에서 여가는 개인적 선택, 통제, 그리고 자아－결단력(self－determination) 등을 제시하는 것으로서 이해되어졌다. 좋은 예는 여성들이 전통적으로 남성다운 활동으로 여겨진 것에 참여하는 비율이 증가되었다는 것이다. 제약요인 대신에 여가는 자아－표현적(self－expression) 수단이고 그리고 협소하게 정의되었던 성 역할에서 벗어날 하나의 기회이다.[152)]

옥외 레크리에이션은 지나치게 남성다운 영역을 탐색(quest)하기 위한 남성을 위한 것으로서 고정관념화 되어져 왔다. 하지만 1991년 미국에서 시행된 전국적인 규모의 인구통계조사에서는 신체적 활동에 참여하는 여성의 수가 남

149) J. Dattilo, A. M. Dattilo, D. M. Samdahl, and D. A. Kleiber, "Leisure Orientations and Self-Esteem in Women with Low Incomes Who Are Overweight," Journal of Leisure Research 26, no. 1(1994) : 26, 33.

150) Shaw, "Gender, Leisure, and Constraint : Towards a Framework for the Analysis of Women's Leisure," 8~19.

151) *Ibid.*

152) *Ibid.*

성과 유사하거나 오히려 능가하기도 하였다고 보고되었다. 여성의 참여율은 1990년 이래 모든 옥외 레크리에이션 측면에서 남성보다 더 빨리 성장되고 있다.153) 또한 2000년경, 남성보다 더 많은 여성들이 배낭여행이나 하이킹을 할 것이라고 추측되었다. 옥외 레크리에이션은 능력을 덜 가진 것으로, 신체적으로 기술이 더 형편 없고, 그리고 남성보다 의사결정에서 더 형편 없고, 강도, 기술, 그리고 자아-존중감을 형성할 기회가 남성보다 적은 것으로 묘사된 사회에 사는 여성들에게 제공되어질 수 있다. 자신감(self-respect)이나 자신의 완전무결(self-integrity) 등의 느낌은 권한이 부여되어졌다. 여성에 대해 가지는 기대에 따르는 것은 레크리에이션과 여가에서 제약요인일 수 있다. 여성만이 단지 옥외-레크리에이션 집단이 될 수 있었던 한 가지 이유는 성에 의해 부과된 역할에서 자유로울 수 있기 때문이다.154) 어떤 여성은 비즈니스 접촉이나 비즈니스 유도수단으로서 골프 등과 같은 옥외 레크리에이션 활동을 하기도 한다. 여성은 "남성의 게임"으로 인식된 골프를 직장에서의 성차별(glass ceiling)을 완화시킬 수 있는, "나이든 소년 체제"를 파괴하는 하나의 도구로서 기대되어진다.155) 골프를 즐기는 전문적 비즈니스 여성의 수가 증가되고 있는 것에 대한 반응으로서, Executive Women's Golf League 등이 형성되었다. 프로 골퍼들은 이런 새로운 참여를 양성할 필요성을 인식하고, 적절한 시기에 그룹 레슨이나 활동을 제공해 주었다. 레크리에이션 전문가들은 일을 하는 시간 동안 "여성들만이" 배제된 프로그램을 더 이상 제공할 수 없다.

2) 성적 지향성, 동성애, 그리고 양성애 (Sexual Orientation, Homosexuality and Bisexuality)

1973년 American Psychiatric Association은 장애(disorder)의 항목에서 동성애를 제거하기 위한 투표를 하였다.156) 그럼에도 불구하고, 미국은 "동성애에 대한 공포(homophobic)"를 가진 사회로서 레즈비언, 게이, 그리고 양성애

153) M. D. Bialeschki and K. A. Henderson, "Expanding Outdoor Opportunities for Women," Parks & Recreation(August 1993) : 36.

154) *Ibid.,* 38.

155) "A Special News Report on People and Their Jobs in Offices, Fields, and Factories : In the Swing," Wall Street Journal, 26 April 1994.

156) A. H. Grossman, "Inclusion, Not Exclusion : Recreation Service Delivery to Lesbian, Gay, and Bisexual Youth," Journal of Physical Education, Recreation and Dance, Leisure Today(April 1992) : 45.

자들에 대해 비난하고 편견을 가지고 있다. 인지, 사회, 그리고 정서적 격리 등에 의해 부정적으로 영향을 받은 다른 소수 집단처럼, 동성애(Homosexuality)는 사회에 의해 수용이 될 수 있는 하나의 기회로서 레크리에이션과 여가 프로그램으로부터 많은 편익을 얻을 수 있다. 이렇게 하기 위해서는, 여가전문가들은 위협이 없는, 지원적인, 포괄적인 환경을 개발할 필요가 있다. 이런 작업을 위해서, 다음과 같은 기본 가정들은 수용되어질 수 있을 것이다. 즉 동성애와 양성애(Bisexuality)는 성적 지향과 성 행동에서 정상적인 변산이다. 청소년의 동성애와 양성애는 성인이 되어서 이성애자(heterosexuality)가 되게 유도하는 단계가 아니고, 성적 지향성을 변화시키려는 시도는 비과학적, 비합리적, 비윤리적, 그리고 심리학적 손상을 입힐 수 있다.[157)]

미국 인구조사에 의해 평가되어진 여성과 인종적 소수들과 달리, 게이 남성, 레즈비안 여성, 그리고 양성애 경향을 보이는 개인의 정확한 수를 밝혀내기는 어렵다. 이 영역에서, 이에 대한 모든 인용과 특정한 자료는 그들이 지닌 지적인 장점에도 불구하고 상업적인 시각을 가지지 않는 비영리 미국 인쇄 출판업자들에 의해 발간되는 『*Gay and Lesbian Stats*』라는 잡지에서 나온다.[158)]

하나의 공동체에서 어떻게 그런 문제를 가시화할 수 있을까? 이 과제는 몇 가지 이유로 인해 수행하기 어렵다. 첫번째 문제는 "동성애(Homosexual)"를 어떻게 정의하느냐 하는 것이다. 이것은 어떤 개인이 그들 자신을 어떻게 생각하고 있는지 언급하는 것으로서 자아-정체성에 대한 문제일까? 동성애자라고 불리는 사람들은 그들의 성 행동때문인지 아니면 단지 그들의 태도나 선호 등으로만 그렇게 분류되는 것일까? 두번째 문제는 그 주제에 대해 응용되어질 절차에 대한 연구이다. 만약 게이 분포에 대해 잘 알지 못하다면 어떤 방법으로 적절한 표본을 선정할 수 있을까? 예를 들어, 게이 개인들에 대한 분포가 그 나라에서 우선적으로 추출되어진다고 가정할 수 있을까 그리고 일반적인 전집에서 양성애를 정확하게 유도할 수 있을까? 세번째 문제는 차별이 광범위하게 존재하는 곳에서 양성애자들이 그들의 정체성을 드러내는데 두려움을 느끼는 것과 관련되어 있다. 성 행동에 대해 조사한 연구에서 응답률은 60~70% 정도였다. 그 다음 질문은 다음과 같다. 즉 그런 응답자가 대표성을 가지는지 또는 어떤 유형의 개인이 참여하지 않기로 결정하거나 아니면 그런 설문지를 작성하지 않았다고 믿어야 하는 이유가 있을까?

---

157) *Ibid.*, 46.

158) B. L. Singer and D. Deschamps, Gay and Lesbian Stats(New York : New York Press, 1994).

하지만 어떤 자료는 존재하고, 그것은 양성애자들의 수가 "드러내어지고 (coming out)" 또는 확인되어져 가고 있고 조직과 그것의 참여 정도도 증가되고 있고, 양성애는 정치적이고 판단적인 문제로서, 대중이 지닌 견해도 변화해 가고 있고, HIV(인간면역결핍바이러스, human immunodeficiency virus)/AIDS(후천성면역결핍증, acquired immunodeficiency syndrome)는 심각한 건강문제이고, 양성애적인 젊은이들은 심리학적인 고민을 경험하고 있고, 그리고 여가 장면과 레크리에이션 기회 등에서 그것이 표현되어질 필요가 있다.

게이나 레즈비언의 분포율은 어떤 질문을 하는지, 그 개인이 그 연구에 포함되었는지 그리고 그 연구의 목적을 이해하였는지 등에 의해 연구마다 상이하였다. 잘 훈련받은 현장 면접관에 의해 남성 5,700명을 조사한 연구에서는 미국 남성의 11.6%, 영국 남성의 7.8%, 그리고 프랑스 남성의 11.6%가 15세 이후에 동일 성에 대해 성행동을 한다고 보고하였다. 반면 1990년 미국에서 전국적인 규모로 전화 면접이 실시된 조사에서는 663명의 남성 중 단지 3.7%만이 그들 자신을 게이나 양성애 경향을 가진 것으로 자기 보고를 하였다고 밝혔다. 유명한 킨제이(Kinsey) 자료는 10% 정도가 "실재를 나쁘게 추정하지 않았다(not a bad estimate of reality)"에 의해 고려하였다. 그것이 단지 왼손, 오른 손 중 어느 것을 드느냐 하는 문제가 아니기 때문에, 정확한 수치를 얻기가 어렵다.[159] 정확한 비율이 무엇이든 간에(가장 최근의 조사에서는 미국 대 도시들에서 게이 남성의 비율이 약 9%였지만, 그 나라의 다른 곳에서는 전반적으로 3%정도로 나타났다), 레즈비언과 게이 조직의 수−사회적, 정치적, 종교적, 학생, 또는 문화에 근거−는 급속히 증가되어지고 있다. 1969년에는 그런 조직이 50개로 추정되었고, 1973년에는 8백개로, 그리고 1994년경에는 2천500개로 보고되었다. 가장 오래된 전국적인 레즈비언과 게이 시민 권리 옹호집단인 the National Gay and Lesbian Task Force는 1973년에 설립되었고, 1993년경에는 3천 2백만명의 구성원과 23명의 정규직 직원과 3억 3천만 달러의 예산을 가지고 있다.

다른 소수 집단과 마찬가지로, 이들에 대한 고정관념화된 이미지가 존재하고, 1~5백만명의 레즈비언과 1~3백만명의 게이 아버지들은 6백만명에서 1천4백만명의 자식들을 양육하고 있다는 것이다. 이런 아이들은 정상적인 부모에 의해 양육되어지는 아이들보다 동성애나 부적응문제를 더 많이는 가지지 않는다. 1965년, 남성의 85%, 여성의 58%는 동성애가 미국인의 생활 방식에

159) *Ibid.*, 8~12.

서 “확실한 위협(clear threat)”을 대표하는 것에 동의하였다. 비록 일반인들이 가진 견해가 다소 개선되어지긴 하였지만, 24년후(1993년), 연구결과에서는 남성과 여성의 46%는 여전히 동성애가 선천적인 것이 아닌 선택된 하나의 생활양식이라고 믿는다는 것을 보여준다. 직접적인 지식이 증가되어지는 것처럼 보인다. *U.S. News &World Report*에 의해 실시된 투표 결과 73%의 사람들은 평등한 동성애 권리를 지원받고 있는 게이 중 누군가를 안다고 응답하였지만 단지 56%만이 그들에게 일반인들과 똑같은 권리를 주어야 한다고 대답하였다. 시카고 대학교에 설립된 National Opinion Research Center에 의해 실시된 연구결과 66.3%의 사람들은 동일한 두 성을 지닌 성인들 간의 성적 관계는 여전히 잘못된 것이고 이런 소수 집단은 차별대상이 된다고 하였다.

“커밍아웃(coming out)”은 게이 남성의 64%, 레즈비언 여성의 50%가 자신들의 자아-존중 수준을 증가시키는 수단으로 보고하였다. 하지만 동성애 젊은이의 25%는 가족과의 갈등으로 인해 집을 떠나라는 압력을 받는다고 하였다. 이런 젊은이들 중 절반 정도는 매춘으로서 생계를 유지한다. 거리를 떠돌아다니며 살고 있는 젊은이들 중 절반 정도는 게이로 추정된다. 1987년 동성애 젊은이의 80%는 심각한 고립을 겪고 있다고 보고 되었다. 자살률은 가족갈등의 증거이고, 격리되었다고 느끼고, 그리고 차별에 대해 반응이라고 할 수 있다. 1989년 자살은 평범한 젊은이들보다 자살을 시도하는 확률이 2~3배정도 더 높은 레즈비언이나 게이 젊은이들의 근본적인 사망원인이다. 1981년 연구에서 성전환(transsexual)한 젊은이의 53%는 자살을 시도하였다. 만약 킨제이보고서가 정확하다면, 남성의 28%, 여성의 17%는 최소한 20세 이전에 동일성에 대한 성적 경험을 하였다. 첫번째 동성 성교 파트너의 평균연령은 여성은 15.2세였고 남성은 13.1세였다.

HIV/AIDS는 국제적 추세와 미국에서의 추세는 다르게 나타났다. 2000년경, 10억 이상의 사람들이 HIV에 감염될 것이라고 추정되어진다. 이 세계의 15~22%의 사람들은 HIV에 감염되었다. 세계보건기구(World Health Organization)는 감염된 사람들 중 75%가 이성간(heterosexual)의 섹스에 의해 감염된 것으로 보고하였다. 1993년 미국에서는 1억 5천만명의 사람들은 HIV에 감염되어졌다. 100명의 남성 중 1명이 그리고 600명의 여성중 1명이 감염되었다. 이들 중 거의 50%는 유색인종이었다. 미국 청소년들 중의 감염률은 매년 2배로 증가되고 있다. 게이의 질병이 아닌 AIDS는 미국 동성애 공동체에서 많은 영향을 미쳤다. 1993년 새로운 AIDS 환자의 48%는 다른 남성과 성교한 남성이었다. 미국에서는 매 20분마다 AIDS와 관련된 질병으로 사망하는 사람이 발생하고 있다. 25개 주에서는 현재 HIV 전염을 법적으로 금하는 법률을 제정하고 있다. 25~44세 사이의 미국 남성들에서 ADIS는 가장 우세한 사망원인이고, 그리고 동일 연령대의 여성집단에서는 네번째 사망원인이었다.

초기에 설명한 것처럼, 소수 집단에 대한 제한적인 연구들에 의한 결과가 제시되었고, 그것중 극소수는 여가 서비스나 참여에 영향을 미치는 것으로 보고되었다. 레즈비언의 65%는 캠핑에 주로 참가하였다. 레즈비언의 15%는 4마리 이상의 개나 고양이를 기르고 있다고 보고하였다. 조사에 참가한 3천 5백만명의 게이 남성 중 82%는 독서를 가장 선호하는 취미라고 하였다. Washington D.C.와 뉴욕에 있는 게이와 레즈비언을 위한 서점은 전국 평균의 거의 4배 이상 될 정도로 크다. 게이들의 게임 참여율은 극적으로 증가되었다. 1982년 1,300명의 게이와 레즈비언들은 운동에 참여하였고, 1986년에는 3,482명이, 1990년에는 7,016명이, 그리고 1994년에는 15,000명이 게임에 참여할 것이라고 기대되었다.

다른 소수 집단처럼 게이는 차별과 골칫거리 대상이었다. 심지어 "gay bashing"이란 용어도 생겨났다. 1961년 Illinois에서는 동성애를 범죄에서 최초로 제외시켰지만 1993년 20개 주에서는 여전히 동일 성과 관계를 맺은 것을 범죄로 금하고 있다.

동성애에 대한 수용, 지지, 그리고 사회화를 허용한 곳은 게이바인데, 이것들 중 다수는 요구적인 환경이 아니다. 여가 전문가들은 안전하고 지원적인 환경에서 게이들이 가진 욕구를 충족시킬 기회를 제공해주어야 할 것이다. 여가 프로그램은 상이한 차이가 나는 소수 집단에 적정한 장소를 제공해주어야 하고 그들에 대한 이해를 가능하게 해야 하고, 그리고 양자의 입장에서 경험에서 어떤 편익을 얻을 수 있어야 한다.

3) 자유재량 시간(Discretionary Time)

여성은 여가시간에서 문제를 지니고 있다. 비록 대다수의 남성과 여성이 아내가 일할 때, 두 배우자가 가사일을 분담해야 한다고 믿음을 가진다고 나타났지만, 이런 태도는 실제 행동과는 차이가 난다. 남편은 그들의 아내가 하는 노동에 대해 상대적으로 비반응적이기 때문에, 여성들은 결국 그것을 "이중으로 힘든 하루(double day)" 또는 "2교대(second shift)"로 이해한다.[160] 이것이

160) A. Hochschild, The Second Shift(New York : Avon Books, 1989).

레크리에이션과 여가에 주는 시사점은 그것이 2중의 노동일이 되고 결국 다른 활동을 희생하게 된다는 것이다.161) 여성의 여가에서 이러한 제한 요인과 여가에서 적절해야 하는 개념으로 인해, 몇몇 페미니스트 연구자들은 그것을 "용기(container)"라는 개념을 사용하여 여성의 여가를 위한 활동의 유형, 사회적 장면, 그리고 물리적 입지 등을 기술하였다.162)

연구자들은 고용되어 일하는 여성의 남편들이 고용되어 일하지 않는 여성들의 남편들보다 가사일에서 덜 협조적이라는 사실을 지적하였다.163) 기혼 여성은 그들이 집 밖에서 일을 하든 그렇지 않든, 여전히 대다수의 가사일을 책임지고 있다. 1990년경조차도, 여성의 의무는 80%가 쇼핑, 세탁, 그리고 요리 등이었다. 게다가 2/3는 집안 청소, 설겆이, 아이 양육, 그리고 문서정리 등이었다.164) 여성은 평균적으로 "가사 활동에서 남성의 2배 정도 되는 시간을"보내고 있다.165) 아이가 없는 정규직 여성 노동자는 평균 3시간 30분을 가사일에 투자하였다.166) 노동력에 포함되지 않는 여성들은 시간에서 문제가 없었다. 하지만 고용되지 않은 여성들은 주당 52시간을 가사일에 투여한 1920년대 여성들보다도 약간 더 많은 시간을 보내고 있다. 이것은 전업 주부가 일하는 남성의 평균 노동시간보다도 더 오랜 주당 시간을 가진다는 것을 의미한다.167) 고용은 비고용된 남성과 고용되지 않은 여성이 비교되어졌기 때문에 성 차이를 설명하는데 사용되어질 수 없고, 남성은 독서, 이완, 그리고 TV 시청 등 다양한 여가 활동을 추구하는데 더 많은 시간을 보내는 것으로 나타났다. 고용되지 않은 남성의 TV 시청은 주당 8시간 정도로 TV를 보는 여성을 능가하였다.168)

---

161) J. Firestone and B. A. Shelton, "A Comparison of Women's and Men's Leisure Time : Subtle Effects of the Double Day," Leisure Sciences 16(1994) : 45.

162) Henderson, "Broadening an Understanding of Women, Gender, and Leisure," 4~5.

163) J. Vanek, "Time Spent in Housework," Scientific American 231, no. 5(1974) : 116~20.

164) "Did You Know That . . . Husbands Who Do Housework," Bottom Line Personal 11, no. 3(1990) : 9.

165) M. S. Hill, "Patterns of Time Use," in Time, Goods, and Well-Being, ed. T. F. Juster and F. Stafford(The University of Michigan : Survey Research Center, Institute for Social Research, 1985), 147.

166) K. Walker, "Homemaking Still Takes Time," Journal of Home Economics 61, no. 8(1969) : 621~624.

167) Vanek, "Time Spent in Housework," 116~120.

168) Firestone and Shelton, "A Comparison of Women's and Men's Leisure Time : Subtle

선행에서 연구된 2개의 시간은 여성이 남성보다 자유시간이 적고, 그 남성은 여성보다 2배정도로 레크리에이션에 시간을 소비하는 것으로 제시되었다.[169) 『*The Second Shift*』의 저자는 최근에 전국적 규모의 연구를 검토한 후, 여성이 여가에 그들의 남편보다 15시간을 덜 소모한다는 결론을 내렸다.[170) 1994년 연구에서는 여전히 여성이 남성보다 여가에 소요하는 시간이 적은 것으로 나타났다. 결혼을 했을 때, 두 성 모두는 그들의 독신 파트너보다 주당 여가시간이 8시간 적은 것으로 나타났다. 성 차이는 단지 시간의 양에서만이 아니라 여가 형태에서도 차이가 났다. 남성은 스포츠 활동에 참석하거나, 외식, 영화 보러 가기, 그리고 TV시청 등과 같은 활동에 더 많은 시간을 보냈다. 여성들은 반면에 대화나 조직에 참여하는 것에 더 많은 시간을 소모하였다.[171)]

남성은 집에서 시간을 덜 보낼 뿐만 아니라 그들은 직업과 관련된 일을 하기를 더 좋아한다. Coleman[172)]에 의하면 그 직업 남성은 다음과 같은 일들을 수행해야 될 것이다. 즉 처음부터 끝까지 잔디를 깨끗하게 깎는 등과 같은, 많은 짜여진 직업보다는 더 많은 탄력성이 부여된 집안 수리 등과 같은 과제, 그리고 여가의 구성요소로 포함된 아이들과의 놀이 등과 같은 과제들을 성취해야 할 것이다. 이것은 여성들이 요리, 세탁, 그리고 청소 등을 여전히 해야 한다는 것을 의미하고, 이것은 남성들이 하는 것보다 더 지겹고 소구력을 덜 가지는 경향이 있다.

아프리카계 미국인들의 가정에서, 부양자와 주부의 제공자와 전통적인 성 역할은 흑인 여성들이 백인 여성들보다 집 이외의 일에서 노동을 하여 경제적 책임을 공유하고 있기 때문에 덜 엄격하다. 흑인 남성들은 가사일에 대한 책임을 더 공유하지만, 그 여성들은 여전히 전통적인 자질구레한 일에 더 많은 책임을 지고 있고, 남편보다도 더 많은 짐을 지고 있다고 느꼈다. 비록 여성 노동

Effects of the Double Day," 50.

169) J. P. Robinson, "Time Use and Outdoor Recreation," in A Literature Review: The President's Commission on Americans Outdoors, 1986, p. Demand-19.

170) J. Skow, "The Myth of Male Housework," Time, 7 August 1989, 62.

171) Firestone and Shelton, "A Comparison of Women's and Men's Leisure Time: Subtle Effects of the Double Day," 46, 50.

172) R. J. Taylor, Y. M. Keith, and M. B. Tucker, "Gender, Marital, Familial, and Friendship Roles," in Aging in Black America, ed. J. S. Jackson, L. M. Chatters, and R. B. Taylor(Newbury Park, Calif.: SAGE Publications, 1993), 49~68.

자의 50% 이상이 경제적 책임을 공유하고 있지만, 가사일에 대한 책임은 여전히 평등하지 않다. 수입이 높을 뿐만 아니라 잘 교육 받은 흑인과 백인들이 지닌 성 역할에 태도는 그렇지 못한 개인들보다 더 인류에 대한 평등주의자들이고 더 자유로운 경향을 가지고 있었다. [173]

옥외 레크리에이션과 야생에서의 레크리에이션을 분석한 연구자들은 성별 차이가 기회나 참여 모두에서 나타났고 여성은 기회를 거의 가지지 못하였다고 언급하였다.[174] 일반적으로 여성은 남성보다 참여에서 더 많은 장벽을 경험한다. 수백명의 레크리에이션 참여자들을 대상으로 참여에서 가장 중요한 예언자인 변수가 무엇인지 결정하기 위해 검토된 연구에서는, 연령과 성별(gender)이 참여와 관련된 가장 높게 나타난 두가지라고 하였다. 남성과 비교될 때 여성은 옥외레크리에이션에 덜 참여하고 여가에 대한 태도가 상이하였고, 그리고 초기 삶에서 참여가 저하되었다는 사실이 밝혀졌다. [175] 하지만 가장 최근의 연구들에서, 어떤 연구자는 미국에서 남성과 여성 간에서 대부분의 여가활동이 무시해도 되거나 존재하지 않는 차이라고 보고하였다.[176] 여성들이 술을 덜 마시고, 책을 더 많이 읽고, 쇼핑을 더 많이 하고, 그리고 남성보다 사냥, 낚시, 골프, 그리고 팀 스포츠 활동에 덜 참여하는 등과 같이 활동성에서 차이가 존재한다.[177] 미국에서 사냥꾼의 단지 8%만이 여성이었다.[178] 스포츠에서 여성의 참여 비율이 가장 높은 것은 자전거타기 였다. 여성 성인의 52%가 그리고 새로운 자전거 선수 10명중 7명은 여성이었다.[179] 문제는 연구자들이 성차를 보고는 하지만 그들은 왜 성차가 양 성에서 중요한지 설명하지는 않았다. 이런 통찰의 유형은 보다 기술적인 연구가 결여된 것이다.

---

173) Hatchett, "Women and Men," 89.

174) Barnett, Cordell, and Cowie, "Social Economic and Environmental Implications: Demand-Supply Comparisons," p. V~14.

175) Hartman and Cordell, "An Overview of the Relationship between Social and Demographic Factors and Outdoor Recreation Participation," 260.

176) J. R. Kelly, Leisure Identities and Interactions(London : Allen and Unwin, 1983).

177) Henderson et al., "A Leisure of One's Own : A Feminist Perspective on Women's Leisure," 98~99.

178) USDI and USDC, 1980 National Survey of Fishing, Hunting and Wildlife-Associated Recreation.

179) C. G. Moran, W. C. Wilkinson Ⅲ, and J. Fremont, "Review of Bicycling Issues," Activities-12.

4) 고용과 자유재량 소득(Employment and Discretionary Income)

여성은 낮은 봉급, 낮은 지위, 등을 가진 상태로－조한 자유가 적은－하나의 체제에서 가장 낮은 부분에서 주로 발견된다. 모든 여성 노동자의 35%는 서기직에, 21%는 서비스 노동자로, 15%는 육체노동자로, 7%는 판매원으로, 6%는 학교 선생님으로서, 6%는 관리자나 경영자로서, 1%는 농장 노동자로서, 그리고 19%는 다른 전문직에 종사하고 있다.[180] 비록 적은 수의 여성들이 비전통적인 여성 고용부분에 진입하고 있지만, 성차에 근거한 봉급 차이는 여전히 존재한다. 직무가 지닌 유의성을 나타내는 지표인 봉급은 전문직 여성에서조차도 그들의 남성 동료들보다 적은 것으로 나타났다. 전문직 여성을 대상으로 한 연구에서는 그들의 봉급 범위가 동일한 과제를 수행하는 남성보다 11~50% 적은 것으로 나타났다.[181] 1973년, 남성은 레크리에이션 노동력에서 2명당 1명꼴로 우세하였고, 일반적으로 평균 $1,171을 여성들보다 더 벌었다. 미국의 한 주에서는, 매년 봉급에서 $4,000 정도가 차이가 났다. 2명당 1명꼴로 관리직에 있는 남성의 85%가 여성보다 더 많은 봉급을 받았다.[182]

봉급 차이는 부분적으로 남성이 가족을 부양한다는 의무를 전적으로 지고 있다는 오해에서 비롯되었고 반면 여성들은 "미친 돈(mad money)"라고 언급되어진 다소의 가외의 돈을 벌기 위해 또는 권태를 벗어나기 위해 고용되길 원한다고 오해 되어져 왔다. 흥미로운 가설은 Microcosm이란 책의 저자에 의해 제기되었다. Gilder에 의하면 모든 인간 삶에 의미를 부여하는 힘을 가지고 있기 때문에 여성은 동등할 뿐만 아니라 우월하다고 한다. 그들이 그 옵션을 가질 때, 여성은 그들의 에너지를 문명화라는 작업에 투여한다. －다음 세대를 생산하고,－ 봉급을 벌지는 않지만. 반면에 현대의 남성들은 더 이상 먹을 것을 집으로 가져다주는 위험을 부담하지 않는 대신 봉급을 집으로 가져가 가족을 부양한다.

선행의 가설을 유도하기 위한 증거는 기혼 여성이 가족수입의 20%를 덜 제공하고, 남성에 의해 경영되는 개인기업은 여성에 의한 것보다도 6배나 더 많은 수입을 벌고, 결혼한 남성은 독신 남성(75%) 또는 독신 여성(66%) 보다 더

---

180) "Portrait of Women's New Role in Employment," U.S. News & World Report, 15 January 1979, 66. Hereafter cited as "Portrait of Women's New Role."

181) *Ibid.*, p. 67.

182) D. Kerr, "The Status of Women in Parks and Recreation," Parks and Recreation, April 1975, 38~39.

많은 수입 능력(94%)을 사지고, 기혼 여성은 그들의 능력을 가장 낮은 비율(24%)로 이용한다는 사실 등에서 나타났다.[183] 전통적인 여성의 직업은 낮은 봉급을 지급했을 뿐만 아니라(간호사는 버스 운전사의 봉급의 절반정도이고, 여성 사무직 노동자는 남성 문지기보다 봉급이 적었다), "봉급은 남성이 가진 직업이 여성에 의해 점거되었을 때조차도 적었다."[184] 평균적으로 정규직으로 고용되어 일하는 아내들은 남편보다 57% 더 많이 벌었다. [185] 감당할 수 있는 아이들의 양육은 또 다른 문제이다. 임시직으로 일하는 또는 임시직을 희망하는 여성의 1/3 이상은 만약 그들이 아이들의 양육을 감당할 수 있다면 가외의 시간을 더 일할 것이라고 보고하였다.[186]

봉급 차이는 여성이 높은 수준의 직업에서 자질을 충분히 가지고 있다면 사라질 것이라고 어떤 인구 통계조사관들은 믿고 있다. 노동부에 의해 실시된 연구에서는 45세나 그 이상의 여성들은 남성이 번 수입중 61%를 집으로 가져오겠고, 반면 20세 이하의 여성들은 92%가 그럴 것이라는 사실을 발견하였다.[187] 정규직으로 일하는 여성이 매일 벌어들이는 수입비율이 63센트인 반면 남성은 69센트일 때인. 1979년과 1986년 사이에는 6센트 정도로 그 차이가 적었다. 이것은 봉급비율이 저하되었다는 유의미한 신호이다. Rand Corporation에서 실시한 Labor and Population Program에서 think tank에 참여한 사람들은 2000년경에 여성이 남성 봉급의 74~80% 사이 정도에서 벌 것이라고 추정하였다.[188] 여성의 55%가 사무직이고 서비스 직업일–수행에 의해 더 많은 봉급이 지급되지 않는–것이기 때문에 봉급 차이에 대한 덜 낙관적인 주장을 하는 사람도 있다. 봉급 차이의 60%가 노동경험, 직업의 재직기간, 교육 등등에 의해 차이가 나기 때문이라고 추정되는 덜 낙관적인 또다른 견해도 제시되었다. 40%만이 근무지에서의 성 차별로 인해 설명되어질 수 있다.[189] 고등학교 교육을 받은 남성의 평균적인 수입은 대학교육을 받은 여성

183) G. Gilder, "High-Wire Acts : Men Take Risks Because Women Are Superior," Success, 30 May 1988, 80.

184) "Portrait of Women's New Role," U.S. News & World Report, 66~67.

185) A. L. Otten, "Wives' Pay Is Rising About Twice as Fast as Their Husbands's," Wall Street Journal, 26 July 1989, A16.

186) Gross, Work and Family in a Changing America, 2.

187) "Battle of the Sexes," Forbes, 6 April 1987, 13.

188) "Women Closing Wage Gap, Study Finds," Investors Daily, 8 February 1989, 31.

189) B. Brophy and M. Walsh, "Women's Pay : The Catch-Up Game Quickens," U.S. News

의 것과 유사하였다.[190)]

결국 여성들은 특히 혼자서 부모 역할을 해야 하는 경우, 여가를 위한 자유 재량 소득이 적었다. 게다가 수입에서 여성들은 남성들이 그들의 직업에서 얻는 심리하적 보상을 덜 제공받는 것으로 보였다. 1899년에 Veblen은 어떤 공동체에 의해 유지되어진 문화적 수준의 지표는 그 공동체에서 여성이 지닌 지위에 의해서라고 주장하였다.[191)] 여성이 지위와 더 많은 경제적 이득을 얻음에 따라, 그것은 단지 여성에게만 아니라 전체 사회에서 편익을 얻을 것이다.

5) 고정관념화(Stereotyping)

양 성(gender)은 성차별(sexism)의 희생양이었고, 성적 고정관념화로 인해 심리학적 손상이 유발되었다는 사실을 주장할 만한 증거가 제시되었다. 여성에서 높은 여자다움은 계속적으로 높은 불안, 낮은 자존감, 그리고 낮은 자아－수용(self－acceptance) 등과 연관되어졌다.[192)] 남성들보다 2배나 많은 여성들은 우울감으로 고생한다고 진단이 내려졌고, 20~30세 사이 젊은 여성들 사이에서 자살 시도자가 높았다.[193)] 비록 남성에서 높은 남성다움이 사춘기동안 더 나은 심리학적 적응과 관련되었지만, 연구자들은 성인기의 높은 남성다움(masculinity)이 높은 불안, 높은 신경쇠약, 그리고 낮은 자아－수용 등과 연관되었다는 사실을 발견하였다.[194)] 그 후의 연구에서는 전통적인 성 고정화에 집착된 소년과 소녀들이 전반적으로 낮은 지능, 저하된 부분적 능력, 그리고 낮은 창의성 등을 표출하였다고 보고하였다.[195)]

& World Report, 14 September 1987, 10.

190) "People Patterns : The Income Gap between the Sexes," Wall Street Journal, p. B~1.

191) Henderson et al., A Leisure of One's Own : A Feminist Perspective on Women's Leisure, 6.

192) S. Berm, "Sex Role Adaptability : One Consequence of Psychological Androgyny," Journal of Personality and Social Psychology 31, no. 4(1975) : 634

193) "Sex Stereotypes Linked to Depression," Lubbock(Tex.) Avalanche-Journal, 18 October 1975, 6B.

194) P. H. Mussen, "Some Antecedents and Consequents of Masculine Sex-Typing in Adolescent Boys," Psychological Monographs 75(1961) : 506 ; T. C. Hartford, C. H. Willis, and H. L. Deabler, "Personality Correlates of Masculinity-Femininity," Psychological Reports 21(1967) : 881~884.

195) E. E. Maccoby, "Sex Differences in Intellectual Functioning," in The Development of Sex Differences, ed. E. E. Maccoby(Stanford, Calif. : Stanford University Press, 1966),

고정관념화와 여성의 이미지와 관련된 한계점은 여가행동을 심하게 제한하던 것과 유사하다. 옥외에서의 모험적인 활동에 참여하거나 그러길 원하는 여성들은 그 사회가 이전에 적절한 여성 특징이라고 보유한 것－수동적, 의존적, 연약하고, 부서지기 쉽고, 약하고, 어머니 등등－과 일치되는 활동을 해야 한다고 생각하는 사람들과 부딪치게 된다. WVU 대학의 동료였던 Steve Hollenhorst는 암벽 등반에 참여하는 여성에게서 주요한 장벽은 기술 또는 능력이 아니라, 오히려 문화에 의해 고정관념화된 사고이다라고 결론내렸다.[196] 최근의 문헌검토는 여성들이 고정관념화하다 역할에서 잘못 이해되어졌고, 묘사된 것으로 나타났다. 등반에서 여성에 대한 묘사가 20년을 걸쳐 분석되어졌을 때, 여성들이 단순한 관객 또는 동료 남성 산악가들을 대신하는 산악가로서 나타났고, 여성의 수는 독립적이고 능력을 보유한 것으로 제시되었지만, 연구자들은 또한 언어적인 성차별이 20년 동안 우세하였다는 사실을 인식하였다.[197]

6) 성 이미지와 자원봉사자 서비스의 변화 (Changing Gender Image and Volunteer Services)

전통적으로 자원봉사활동(volunteerism)은 여성들의 활동이었다. 남성 자원봉사자의 수는 증가되고 있지만, 여성은 주요한 자원－직접적인 공동체 서비스의 중추－으로서 계속 유지되어졌다. [198] 여성의 자원봉사자 활동은 미국에서 많은 사회개혁을 가능하게 하였다. 자원봉사자 활동은 여성에는 그들이 남을 돌보는 것이 표현되어질 뿐만 아니라 그들의 기술로서 그것이 사용될 기회를 제공하였다. 남성은 여성보다 그들이 제공받은 인식에 의해 동기부여되어졌고, 반면에 여성들은 남성보다 아이들의 양육이나 남을 돌보는 것으로서 더 동기 부여되어졌다. 자원봉사단체는 어떤 여성에게 그들의 집에서 자원봉사

25~35.

196) S. Hollenhorst, "RockClimbers," Women in Natural Resources 10, no. 2(1988): 15~17, 36.

197) N. S. Roberts and E. B. Drogin, "Portrayal of Women in Climbing Magazine, 1970~1990: A Content Analysis," Proceedings of the 1993 Northeastern Recreation Research Symposium, USDA, Northeastern Forest Experiment Station, General Technical Report NE-185(1993): 221.

198) Henderson et al., A Leisure of One's Own: A Feminist Perspective on Women's Leisure, 106.

장소로 이동할 탈 것을 제공하기도 한다.[199]

자원봉사자 공동체활동은 특히 고용되지 않은 주부들에서 어떤 개인을 위한 여가활동으로 간주되었다. 하지만 지금 그들의 공공서비스의 일부를 자원봉사자에 의존한 기관들과 조직들은 이용 가능한 서비스를 줄이거나 봉투를 붙이는 따분한 수행을 하도록 봉급을 주는 것 등을 발견할 필요가 있다. 가정주부를 자원봉사자로 공급한 경우 일어날 수 있는 것은 그들이 규칙적인 노동력에 포함되기를 원하거나, 학교로 돌아가거나, 더 오랫동안 고등교육을 받기를 원하거나, 또는 공공기관과 직접적으로 접촉할 수 있는 지위를 원하는 등이다. 여성들은 또한 자원봉사자라는 위치를 학습을 촉진시키거나 정규직을 얻는데 필요한 경험을 획득하기 위해 사용한다는 사실이 밝혀졌다. 그 결과 그만두거나 봉사하는 기간이 더 짧아졌다.

자원봉사자들은 더 이상 간접적인, 의미 없는 과제에 만족하지 않는다. 그 조직은 퇴직한 사람들, 다양한 경력을 쌓기를 원하는 학생들, 그리고 그 공동체에 자신들의 시간을 기부하길 원하는 기업 등에 의해 격려되어진 노동자등 뿐만 아니라 고용되지 않은 여성들도 고객에게 직접 다가갈 수 있는 보다 의미 있는 일을 제공해 주어야 한다. 3백 개 이상의 기업들은 그런 프로그램을 만들도록, 그리고 종사자들의 자원봉사활동을 하도록 격려하였다. 어떤 기업은 노동시간에서 그런 서비스를 위해 시간을 뺄 수 있게 해주었다. 주기적으로 TV 광고는 기업의 자원봉사 노력을 보여주기도 하고, 남녀 자원봉사자들이 열심히 일하는 모습을 제시하기도 한다. 자원봉사에 대한 이미지도 많이 변화되고 있다.

1984년 1월에 Lend a Hand－Volunteer라는 주제를 지닌 새로운 캠페인이 시작되었다. 이 해에 National Volunteer Week가 5월 6일~12일에 걸쳐 개최되었다. 이런 노력의 초점은 어떤 특별한 조직, 기관, 또는 문제 등에서 직접적으로 다루는 사람이 없다는 것에 경각심을 불러일으키고 관심을 형성하기 위해서였다. 사람들은 3가지 이유로 인해 자원봉사를 한다. 즉 성취감, 유사한 관심사를 지니 다른 타인과의 친화 욕구, 그리고 그들의 시간과 노력을 의미 있는 어떤 것을 하기 위해 등이다. 프로그램 기획자는 "자원봉사자는 정규직 직원보다도 대중에게 더 많은 프로그램과 더 많은 사람을 지원할 수 있도록 해준다."라고 보고하였다.[200]

---

199) *Ibid.*

200) A. Harrison and N. Furman, "Lend a Hand Volunteers in DEC," The Conservationist 38, no. 6(1984) : 41.

Central Park LIVE(Learning and Involvement for Volunteers in the Environment)는 일의 측면과 관련된 학습을 많은 자원봉사자를 위한 프로그램에 결합된다. LIVE는 매주 5시간의 세션을 8주에 걸쳐 몰입시키도록 구성된다. 각 세션은 강연, 점심, 그리고 주당 3~4시간 등을 포함한다. 그것은 시작 초부터 많은 인기를 얻었다. 그 프로그램의 성공은 자원봉사자의 재등록률이 60%이상인 것에서 알 수 있다. LIVE의 계속적인 성공은 연속적인 모집, 현장훈련과 감독, 좋은 조직과 기획, 그리고 가시적이든 비가시적이든 보상의 공급.[201)]

그것만으로는 자원봉사가 지닌 대중성을 설명하기에는 어렵다. 자원봉사자의 연령층은 18~55%가 18세 이상의 성인이었고, 11~52%가 60세 이상 노인들이었다.[202)] 이런 광범위한 연령층은 자원봉사에 대한 명확한 표준이 존재하지 않기 때문에 생긴다. 미국 Bureau of Labor Statistic은 한명의 자원봉사자는 조직으로부터 무보수로 일하는 사람으로서 정의하되 이웃이나 친척 등을 돕는 것 등과 같은 그들 자신과 관련된 사람을 돕는 개인을 제외시켰다. 돈을 지급받지 않고 어떤 방식으로든 남을 돕는 개인은 Washington D.C.의 Independent Sector에 의해 분류되어졌다. 하지만 세 가지 변수들이 높은 자원봉사참여율과 상관 되어 있는 것처럼 보인다. 즉 높은 교육수준, 수입과 직업적 지위, 그리고 좋은 건강 등이다.

네 가지 주요한 원인들은 왜 사람들이 자원봉사를 하는지 설명해준다. 그들은 (1) 타인을 돕기 위해, (2)차이를 만들기 위해, (3) 어떤 것을 되돌려주기 위해, 그리고 (4) 어떤 사명을 생성하려는 욕구를 지닌다. 그들은 또한 그들이 한 노력으로부터 편익을 얻을 수 있다. 규칙적으로 남에게 어떤 것을 주는 것을 경험한 사람의 95%는 즉시적으로 신체적인 "황홀감(feel-good)"을 느낄 수 있었다. 다른 것은 자신이 지닌 가치의 증가, 개선된 자아-존중감, 일반적인 건강이 더 나아짐, 소속감, 리더십 기술의 발전, 실제 세계에 대한 더 나은 이해, 그리고 의미 있는 활동에서의 참여 등이다. 한 자원봉사자는 자원봉사 활동은 일이 아니라 그것에서 가장 큰 즐거움을 얻는다고 말하였다.[203)]

---

201) J. Hart, "Learning and Involvement for Volunteers in the Environment," Parks & Recreation 21, no. 2(1986) : 35~39.

202) L. R. Fisher and K. Banister Schaffer, "Seeking Answer about Volunteers," Modern Maturity 36, no. 4(1993) : 6.

203) F. Ferrell, J. Ferrell, and E. Wakin, Trevor's Place. The Story of the Boy Who Brings Hope to the Homeless(San Francisco : harper & Row, 1985).

자원봉사와 공동체 서비스는 오랜 시간 동안 존재해왔지만, 과거 30년 동안 참여자의 수와, 참여정도, 협동적인 프로그램의 시작수, 정부기관으로부터의 지원량, 그리고 모든 교육체제 수준에서 자원봉사에 주어진 역할 등에서는 급격한 변화가 있어 왔다. 하지만 여가로 정의한다면, 자원봉사/공동체 서비스는 여가 활동으로 고려되어질 수 있다. 그것은 수많은 편익을 제공해주는 하나의 경험이고 그리고 사람들이 지닌 사고나 행동적 형태가 현재 나타나고 있는 여가생활방식 중 한 부분이 되어 가고 있다.

11.1.7 장애인들
(Disabilities)

일시적이거나 영속적이거나, 신체적, 인지적, 그리고 정서적 장애는 한 개인의 여가행동에 영향을 미칠 수 있다. "장애를 가진 사람들은 다른 개인들이 많이 가지는 여가 활동에 대부분의 레크리에이션에 참여하지 못한다."[204] Bureau of the Cense에 의하면 현재 인구분포 중 25% 정도는 신체적 무능력을 가진 것으로 분류되어질 수 있고, 3%는 인지적으로, 그리고 1%미만은 정신건강을 촉진하는 곳에 거주해야만 하는 정서적 무능력을 지녔다. 미국인들 중 6만명 정도는 정상적인 일상적 기능을 수행하는데 있어 신체적 도전에 직면하고 있다.

레크리에이션과 여가 프로그램 관리자는 이런 "특별한 전집"이라 불리는 사람들에 대한 인식을 해야 하고 서비스를 제공할 필요가 있다. 이런 집단이 처한 어려움 중 하나는 각 개인마다 다른 일련의 변화가 필요하고, 그 장애의 범위가 다양하다는 것이다. 이들은 신체적 장애 외에도, 정신지체, 정신병, 담낭섬유증(cystic fibrosis), 천식(asthma), 당뇨병(diabetes), 폐결핵(tuberculosis), 시각손상, 학습장애, 청각손상, 물질남용(약물, 알코올),머리 손상 등 다양한 정신적 상황에 처해 있다. 일반적으로 어떤 집단의 레크리에이션 전달체제는 특별한 집단을 위해 고려된 것이 아니다. 노인, 범법자, 시설 수용, 그리고 AIDS, 환자 등과 같은 이들도 있다. 특별한 집단은 여가 경험을할 기회를 거의 가지지 못하고, 다른 무능력한 집단보다도 거의 이런 것에 접근할 수도 없다.

이런 사람들이 여가활동에 참여하고자 할 때 생길 수 있는 문제들을 다음과 같은 세 가지 범주로 확인되어질 수 있다. 즉 환경적, 본능적, 그리고 의사소통

204) Cordell, An Analysis of the Outdoor Recreation and Wilderness Situation in the United States 1989~2040, p.Ⅱ~7.

등이다.[205)206)] 환경적 장벽(Environmental barrier)은 가장 확실한 것으로 사회학적, 생태학적 조건이라는 외부적 압력이 개인에게 부과되는 것이다. 이런 장벽은 타인에 대한 태도, 건축, 운송수단, 경제학, 규칙과 법규, 그리고 태만이라는 장벽(barrier of omission) 등을 포함한다. 생태학적 장벽(Ecological barrier)은 언덕이나 둔덕 등과 같은 자연적 환경으로 인한 물리적 장애물이고, 건축학적 장벽(Architectural barrier)은 사람에 의해 구성된 것으로서 자연적으로 발생한 것이 아니다. 이런 장벽에서 자유롭게 설계된 곳은 거의 없다.

모든 장애물이 외적으로 부과되어지는 것이 아니다. 본능적 장벽(Intrinsic barrier)은 장애를 가진 개인 내부에서 존재하는 것이다. 그들은 현재의 프로그램, 시설물, 또는 서비스 등에 대한 지식이 결여되어 있다. 이런 장애를 지닌 사람들은 타인에게 심리학적, 신체적으로 의존하게 되고, 과거의 고립으로 인해 사회적 기술이 비효율적일 수도 있다. 사회적 기술의 부족은 정신적 지체의 특징을 정의하는 것이 되었고, 특히 여가참여와 게임상황에서 주의력이 떨어진다.[207)] 이런 본능적 장벽은 태도적인 것으로서 분류되었다. 의사소통 장벽은 그들이 가진 욕구를 표현할 때 어려움(표현적 장애, a expressive block)을 가지고, 그리고 그 청중이 명확하게 그 메세지를 전달받지 못했을 때(수용적 장애, a receptive block) 등의 경우에 발생한다.

모든 유형의 장벽이 여가 참여를 제한하고, 그들은 개인적 성장이 방해받을 수 있다. 이들에게 여가행동을 구속시키는 장벽을 인식하는지 물어보았을 때 그들은 대부분 두렵다고 대답하였다. 타인의 도움을 필요로 하는 다른 반응은 대중 교통수단이 지닌 불편성, 접촉 불가능성, 공공시설이나 목욕탕 등을 사용하지 못함, 그리고 듣기, 말하기, 보는 것 등의 어려움 등이 포함된다.[208)]

기회들은 신체적, 인지적, 또는 정서적 장애뿐만 아니라 개인의 재무상태를 줄인다. 1985년, 모든 장애를 가진 미국인들 중 4명중 1명만이 정규직으로 고

---

205) L. Hartman and P. J. Walker, "Outdoor Recreation Participation by Disabled People," Outdoor Recreation Benchmark 1988 : Proceedings of the National Outdoor Recreation Forum, Tampa, Florida, (13~14 January 1988) : 105~127. USDA Forest Service, Southeastern Forest Experiment Station, 1989, General Technical Report SE-52, p. 106.

206) D. W. Kennedy, D. R. Austin, and R. W. Smith, Special Recreation : Opportunities for Persons with Disabilities(New York : Saunders College Publishers, 1987), 68~81.

207) J. Dattilo, "Recreation and Leisure for Individuals with Mental Retardation," A Literature Review : The President's Commission on Americans Outdoors, 1986, p. Special-18.

208) Hartman and Waller, "Outdoor Recreation Participation by Disabled People," 120.

용되었고, 16세와 64세 사이의 2/3의 사람들은 전혀 일하지 않는다고 보고 되었다. 낮은 수입은 사회생활과 이동성 모두에 부정적인 영향을 미친다.[209)]

이런 요인들의 결합으로 인해, 장애를 가지 사람들(특히 심각한 장애)은 모든 유형의 여가활동에 거의 참여하지 못한다. 한 연구에서, 장애를 가진 개인들은 그들의 장애가 "문화적 또는 스포츠 이벤트에 참석하거나, 집밖에서 친구들과의 사회화 등을 방해한다."라고 응답하였다.[210)] 영화를 보는 것은 일반적인 활동이지만 이들 중에는 단지 22%만이 이런 활동을 할 수 있었다. 이런 장애를 가진 사람들(백인이거나 백인이 아니거나)은 자원에 근거한 레크리에이션 사용자로서 이해되어지지 않았다. 전반적으로 레크리에이션 참여와 정신과적 치료를 받고 있는 환자들의 우울증 점수 간에는 유의미한 부정적인 상관성이 나타났다.[211)] 장애를 가진 개인들은 취미, 사회적 레크리에이션, 그리고 스포츠 등에 거의 참여하지 않지만, 장애를 가지지 않은 개인들보다 그들의 고립으로 인해 더욱더 격리되어지고 건강이 더 나빠지게 된다. 정신지체를 가진 소년들의 건강 점수는 한 연구에서 4,235명의 소년들이 정상보다 더 낮은 것으로 나타났다.[212)]

비록 많은 시설들에서 더 높은 수준의 교육에 치료적 레크리에이션 프로그램을 첨가하여 제공하고 있지만, 1984년 한 연구에서는 장애를 가진 사람들을 위한 프로그램을 제공하는 기관들의 수는 감소되었다고 결론내렸다. 그런 프로그램을 실시하는 기관들은 40%로 감소되었다.

선행에서 언급된 장벽과 문제를 지닌 개인들을 돕기 위해, Public Law 101–336에서는, ADA(Americans with Disabilities Act)를 1990년 7월 26일에 제정하였다. 이 법은 신체적 또는 정신적 손상으로 인해 사실상 제약을 가진 개인을 고용, 공공서비스, 그리고 공공편의시설물 등에서의 차별을 방지하기 위해 고안되어졌다. 공공 레크리에이션 지역과 시설물은 적당한 편의시설을 갖추어야 한다. ADA 법은 다음과 같다.

- 장애를 가진 개인이 받는 차별을 제거하기 위해 명확하고 이해 가능한 국가의 명령을 제공해준다.

---

209) *Ibid.,* 107~108.

210) *Ibid.,* 108.

211) D. W. Kennedy, "Leisure and Mental Illness," A Literature Review : The President's Commission on Americans Outdoors, 1986, p. Special~56.

212) Dattilo, "Recreation and Leisure for Individuals with Mental Retardation," p. Special~17.

- 장애를 가진 개인이 받는 차별을 설명해주는 명확하고, 일관적이고, 강제력이 부여된 표준을 제공해준다.
- 장애를 가진 개인의 입장에서 이런 법을 형성하기 위해 연방정부에 중추적 역할을 부여한다.
- 14번째 수정조항에 권한을 부여하는 것 등을 포함해 입법부의 권한을 강화하고, 일상생활에 장애를 가진 사람들이 받는 주요한 차별 영역을 설명하기 위해 법적 교섭을 자극하였다.

권한의 변화로 인해, ADA는 Civil Right Act와 Emancipation Proclamation for Persons with Disabilities로서 언급되어졌다.

옥외레크리에이션 참여는 장애를 가진 사람들에게는 수많은 환경적 장벽을 가진 것으로 여겨졌다. ADA에 의해, West Virginia 주립공원은 만약 그것이 제공된 서비스의 특성을 변경시키지 않는다면, 캠핑장 주변에 맹도견을 데리고 다닐 수 있도록 허용해 주었다. 아니면 다양한 시설물(레크리에이션 건물들, 풀장, 화장실, 골프 클럽 하우스 등)이나 다양한 영역(소풍, 해변, 게임, 캠프 지역 등)에 접근할 수 있도록 해주어야 한다. 아니면 시각과 청각이 손상된 사람들을 위해 의사소통을 할 수 있는 도구를 제공해주어야 한다. 그것은 장애를 가진 사람들이 더 이상 제외되는 대신에 주류 사회로 포함될 수 있게 해주었다. 그 법은 레크리에이션 참여만을 포함하는 것이 아니라, 직업과 공공교통수단 체제를 이용할 수 있게 하였다. 고용주들은 이런 사람들을 위한 타당한 편의시서를 갖추어야 할 필요가 있다.

개요 Summary

사회경제학적-인구통계학적 변수들은 연령, 성(sex), 교육, 직업, 수입, 인종, 종교, 가족상태, 사회적 계층, 그리고 거주지역(과거, 현재) 등을 포함한다. 이것 중 어떤 것은 여가 행동을 예언하는데 다른 것보다도 나은 예언 변수이다. 많은 레크리에이션 원천들과 기회들은 가난한 사람들은 사용할 수 없었다. 중산층-상류층 소득을 지닌 백인들은 옥외레크리에이션의 주요한 참여자였다. 교육은 소득이나 직업보다도 참여를 결정하는데 더 영향력을 미치는 것으로 보인다. 일반적으로 교육을 덜 받은 사람은, 고등 교육을 받은 사람과 비교시, 많은 옥외 레크리에이션에서 유의미하게 덜 참여하였다. 높은 지위에 있는 직업을 가진 개인들은 그렇지 않은 사람들보다 더 빈번하게, 더 광범위한 활동에 참여한다. 지식활동에 참여하는 성인들은 위신과 사회경제적 계층과 상관성을 가진다. 높은 사회경제적 지위는 또한 활동의 다양성과도 관련되어져 있다. 낮은 지위에 있는 개인들은 격렬한 활동을 덜하고 전문적 노동자들보다도 TV를 더 많이 시청한다. 사회계층이 지닌 효과는 이동성, 문화전파, 대중매체, 그리고 풍요의 수준이 증가할수록 감소되어졌다.

거주지는 미리 이용가능하다 기회의 유형에 많은 영향을 미친다. 대다수의 여가 경험은 전통적으로 집에서 이루어졌다. 땅에 근거한 레크리에이션 기회들은 동양이 15배 정도나 서양에서보다 더 다양하였다. 어떤 시골/도시 차이는 운동과 고독의 차원에서 언급되었다. West Virginia의 연구에서는 실제적 선호나 이용가능성 등으로 인해 그런 차이가 나타난 것으로 밝혀졌다.

미국 거주자들의 25% 이상은 흑인이 아니거나 또는 히스퍼닉계를 조상으로 둔 사람들로서 2050년경에는 미국 전체 인구의 30% 이상을 차지할 것이다. 인종집단은 조상이나 외형적 특성 또는 특징 등에 의해 결정되어지는 반면, 민족성은 민족적 유산뿐만이 아니라 공유하고 있는 문화나 생활양식 등이 주요한 결정 요인이다. 히스패닉계는 Latino, 멕시코계 미국인, 푸에트리코인, 그리고 다른 민족집단으로 이루어진 하나의 인종집단이다. 아프리카계 미국인들은 미국에서 가장 큰 소수민족이고, 히스패닉 계는 두 번째로 크다. 아시아계는 점차 그 수가 증가하고 있다. 민족집단은 레크리에이션이나 여가 선호나 행동 등에서 다르다. 여가와 환경적 지향성에서 문화적 차이에 영향을 미치는 4개의 핵심적 요인들은 세계관, 시간지향, 활동지향, 그리고 개인과 다른 사람과의 관계 등이다. 다중문화주의는 21세기의 중요한 화두이다. 인종차이 특히 옥외 레크리에이션에서의 참여 정도를 보여주는 자료는 거의 없다. 하지만 소수집단은 더 적은 기회와 더 낮은 참여율을 보였다. 백인과 비교했을 때 흑인은 집에서 휴식을 더 즐기고, 유사한 사람들과 더 많은 기회를 가지고, 그리고 소수의 활동에만 참여한다. 용모는 밀접한 혈연적인 사회집단에서 중요하였다. 인종차이는 민족성, 기회, 경계선, 사회경제학적－인구통계학적, 또는 인종간 관계 등의 다섯 가지 이론중 한 가지에 의해 설명되어졌다.

대부분의 사람들은 다른 사람과 같이 레크리에이션을 즐기는 것보다 혼자서 여행하기를 더 좋아한다. 사회집단은 방문하는 장소가 다를 때 유사한 활동의 유형을 하려는 경향이 있다. 가장 공통적인 레크리에이션 사회 집단은 가족이다. 하지만 가족은 남편은 일하러 가고 아내는 집에서 아이들을 돌보는 일 등과 같은 가족에 대해 고정관념화 된 이미지가 극적으로 변화되었다. 가족발달의 세 가지 단계－초기, 중기, 그리고 후기 형성기－들은 가족의 여가행동에 영향을 미칠 수 있다. 민주적 가족은 단결된 활동에 더 많이 참여하고, 반면에 전통적인 가족들은 더 개인적이고 개별화된 레크리에이션에 참여하는 경향이 있다.

여성은 그들의 배우자보다 밖에서 일하는 평균 시간이 더 길고 집에서 일하는 시간도 더 많기 때문에 여가생활에서 문제가 발생한다. 남편과 비교했을 때 아내들은 자유재량 시간이 더 적고, 주당 15시간미만 정도만 여가를 하는데 사용할 수 있었다. 공식적 교육을 덜 받은 여성들은 돈을 더 적게 벌고 낮은 지위에서 고용되어지고, 레크리에이션 기회도 더 적고, 그리고 여성에 대한 사회적 관점에 의해 제약을 더 많이 받는다. 교육과 경험의 증가에도 불구하고 여성/남성의 소득수준의 차이는 차별로 인해 여전히 존재할 것이다. 성차이는 존재하지만, 개인간의 차이는 그렇게 크지 않다. 사회적 제약에도 불구하고 1990년대 옥외레크리에이션의 모든 측면에서 여성의 참여비율은 남성보다 더 빨리 증가하고 있다. 여성의 여가를 이해하기 위한 세 가지 접근방법은 여성의 여가를 제약하는 것, 제약요인으로서의 여가, 그리고 저항물로서의 여가 중 하나를 선택할 수 있다. 부정적으로 고정관념화 된 이미지는 양성 모두에 영향을 미친다.

일시적 또는 영속적으로 신체적, 인지, 정서, 그리고 사회적 장애는 개인의 여가행동에 영향을 미칠 수 있다. 장애를 가진 사람들은 모든 유형의 여가활동에 특히 옥외 레크리에이션에는 덜 참여하게 된다. 특별한 집단을 위해 제공된 기회는 소수에 불과하다. 태도, 환경, 그리고 의사소통 장벽 등이 참여를 제한한다.

사회경제학적－인구통계학적 변수들은 레크리에이션 활동에서 발견되는 수많은 변산들을 다 설명할 수는 없다. 비탄력성, 엄격성 그리고 기술수준은 참여 빈도와 상관되어졌다. 엄격성 특히 시간변수들은 이 세 가지 중 가장 큰 영향을 미친다.

검토문제 examination

01. 직업, 지위, 인종, 사회 계층, 수입, 거주지, 교육수준, 성(gender)과 여가는 어떠한 관계가 존재하는가?

02. 전문직 노동자의 여가행동은 숙련되지 못한 노동자의 행동과 어떠한 차이가 날까?

03. 낮은 지위의 직업에 종사하는 한 개인은 높은 지위를 가져다 주는 직업에 종사하는 사람과 활력을 되찾는 방법이 다를까? 그렇다면 왜 그런지 이유를 설명해보라.

04. 다른 것보다 사회경제적-인구통계적 변수들이 중요한가? 왜 그러한가?

05. 가장 일반적인 레크리에이션 사회집단은 누구인가?

06. 가족구성원은 시간경과에 의해 어떻게 변화되어지는가?

07. 전통적인 가족의 레크리에이션은 민주적 가정과는 어떻게 차이가 나는가?

08. 여성은 왜 여가를 하는데 있어 문제를 지니는가?

09. 시간경과에 따라 자원봉사자가 가지는 이미지는 어떻게 변화되었는가 그리고 자원봉사활동은 여가활동으로 간주되어질 수 있을까?

10. "특정한 집단"은 어떠한 사람들이고, 그들이 레크리에이션 활동에 참여하는 것을 방해하는 장벽에는 어떠한 유형이 있는가?

신화와 여가의 미래

PART 12.

Mythos and Leisure's Future

제12장

- 왜 우리는 우리가 하는 것에 시간을 소비할까?
- 여가행동을 가능하게 하는 동기부여는 어떤 것일까?
- 여가는 어떤 방식으로 변화될까?
- 여가는 하나의 신화인가?
- 경제사회에서 여가가 지닌 미래는 어떤 것일까?

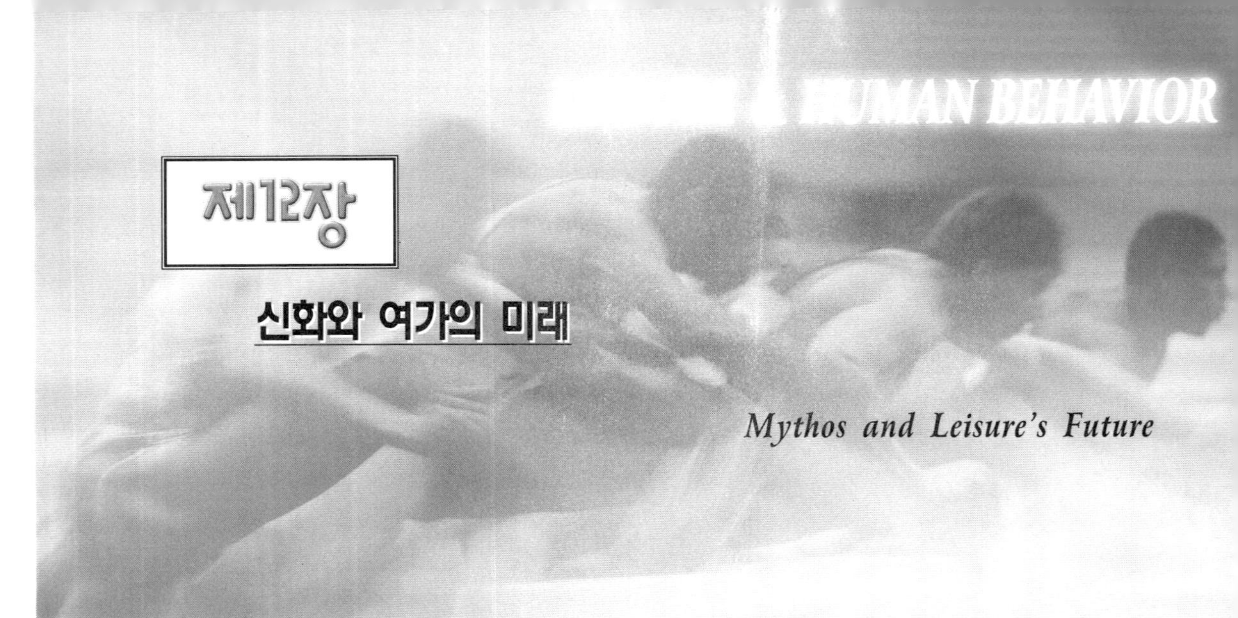

제12장

신화와 여가의 미래

Mythos and Leisure's Future

> 사람들은 우리가 추구하는 모든 것이 삶의 의미라고 말한다. 나는 우리가 찾고 있는 것이 삶을 영위하면서 얻는 경험이라고 생각하고, 순수하게 물리적인 수준에서의 우리 삶의 경험은 우리 내면 가장 깊은 곳에 있는 존재와 실체 내에서 공명되어질 것이고, 그렇게 함으로써 우리는 살아 있다는 것에서 큰 기쁨을 느낄 수 있다.
>
> – Joseph Campbell[1]

12.1 동기부여의 중요성
(The Importance of Motivation)

정신분석에서 가장 중요한 점은 환자들이 인식하지 못하는 행동에 대한 동기를 발견하는 것이다. 대부분의 인간행동 분석가들은 행동에는 우리가 충분히 인식하지 못하는 어떤 동기가 내재되어 있다는 Freud의 주장을 수용한다. 여가와 레크리에이션 행동은 우리가 충분히 의식하고 있지 못하는 많은 근원 또는 원천을 가진다. 예를 들어 숲과 관련된 여가연구자들은 야영을 통해 얻어진 만족감은 원시 조상들의 행동을 흉내내기 위한 무의식적 동기부여의 결과라고 주장한다.[2]

그리스어로 신화(Mythos)는 인간행동에서 무의식 또는 전의식(subconscious)

---

01) J. Campbell, *The Power of Myth*(New York : Doubleday, 1988).

02) W. Burch, Jr., *Daydreams and Nightmares*(New York : Harper & Row, 1971), 75~84.

원천을 표현하기 위해 사용되어졌다.[3] 신화는 왜 그들이 그렇게 했는지에 대해 설명해주는 이야기나 어떤 종류의 복합개념을 전달한다. 『*Zen and the Art of Motorcycle Maintenance*』[4]의 저자인 Robert Prisig는 신화라는 단어를 우리가 행하는 방식에 대한 실체를 해석하도록 작용하는 모든 무의식과 전의식을 표현하기 위해 사용하였다. 사람들이 상이한 레크리에이션 행동을 하는 이유 중 하나는 신화에서의 차이이다. 우리가 즐거워하고 레크리에이션에 발견하는 어떤 것은 부분적으로 우리의 주의를 분산시키는 활동을 유발하기 위한 심적 경향의 유형에 의해 결정되어졌다.

신화(Mythos)는 myth(신화) 라는 단어에서 유래되었다－이것은 사실이 아닌(unreal) 또는 거짓된(false) 어떤 것을 의미한다. 하지만 myth는 또한 긍정적인 내용을 포함한다. 어떤 신화는 우리 앞에 왔던 영웅이 어떻게 시작하였고, 어떻게 영광을 개척했는지 등에 대한 꾸며지고, 가공된 이야기 또는 우화(fable)이다. Homer의 이야기는 신화였고, 최근 철학자들은 이런 이야기들에 대한 근거가 된 사건들에 대해 더 많이 조망하기 시작하였다. 어떤 성서 철학자들은 myth라는 단어를 성서에서 나열된 사건을 기술하기 위해 사용하였다. 하지만 이런 사건들은 사실이 아니거나 역사가 아닐 뿐만 아니라 오히려 삶이나 인간행동의 모형, 또는 인간이 처한 조건을 설명하는 보다 더 큰 사건이 지닌 원형이라고 말한다.[5] "신화는 우리가 거대한 인류모험에서 영웅이라는 사실을 기억하도록 도와준다. 그것은 아침에 일어나, 커피를 마시거나, 그리고 사무실로 가는 것과 같은 등에서 삶의 의미를 생각할 때 우리가 잃어버린 것을 보여준다.[6] 신화에 몰입하는 것은 일상적인 틀에 박힌 활동과 우리가 자유로운 시간에 가지는 경험에 의미를 부여해준다.

여가를 잘하기 위해, 우리는 우리가 하는 활동이 이해되어지는 어떤 신화, 어떤 구조나 전통과 관련된 일부여야 한다. 숲을 걷는 것은 알려지지 않는 미지의 영역을 탐색할 때 한가한 산책 이상의 의미를 지니게 된다. 사냥은 만약 생존을 위한 투쟁신화가 없다면 그것은 단지 동물을 죽이는 것이다. 게임을 하는 것은 만약 그 경기가 실제로 중요하였고, 우리가 전문적으로 운동을 하거나

03) For the Greek background of the word, see B. Snell, *The Discovery of the Mind*(New York : Harper & Row, 1960).

04) R. Pirsig, *Zen and the Art of Motorcycle Maintenance*(New York : Anchor Books, 1975).

05) K. Jaspers and R. Bultmann, *Myth and Christianity*(New York : Farrar, Strauss & Giroux, 1958) ; G. Vahnaian, *The Death of God*(New York : Braziller, 1957).

06) M. Kingston, *Tribemaster Monkey*(New York : Knopf, 1989).

게임을 하는 것을 신화적인 측면내에서 이해하지 못하였다면, 그것은 단지 운동을 하는 것에 불과하다. 아이들은 축구나 농구를 한다. 그것은 단지 그들자신만이 아니다. 그 게임에서 위대한 스타가 되어짐으로써 신화에 참여한다. 레크리에이션 활동은 단지 소일거리가 아니고, 일상생활보다 더 큰 영웅이나 모험적인 것이 된다. 신화는 우리의 환상에 대한 하나의 구성물이다. 신화는 우리가 처한 실제 세상에 이상적인 세계를 일치시킬 수 있도록 해준다. 신화에 참여할 때, 일상의 평범한 사건은 다소 나아지고, 중요성이 부여되어진다.

여가행동에서, 우리는 사소한 방해물을 극복하는 기본적 드라마에 참여하거나, 영웅이 되어보거나, 이전의 사람들이 했던 영광스런 행위를 반복함으로서 삶의 범위가 더 넓어지게 되고, 일상생활이 주는 단조로움이란 정체성에서 우리 자신을 한 단계 더 외부로 나아갈 수 있게 한다. 그것이 실감나지 않을 수 있지만, 그런 행위를 통해서 권태에서 벗어날 수 있다는 점이 그리 유쾌하지는 않다. 원기를 회복할 동안 당신은 열망을 실재적인 수준에서 설정할 필요가 없다. 그저 즐거운 체만 하면 된다. 당신은 힘든 일을, 지루한 연습, 또는 단지 한 가지 활동에서의 제한된 탁월한 측면 등을 통하지 않고서 흥분을 할 수 있다. 미국에서, 가공문학의 네 가지 목록은 대리적인 참여를 촉진시킨다. 즉 (a) 야외소설(outdoor stories), (b) 서부(Westerns), (c) 운동영웅들(athletic heroes), 그리고 (d) 탐정소설(detective stories) 등이다. 이런 소설들은 신화를 효율적으로 전달하는 가장 좋은 방법이다. 광고와 상업성은 신화를 형성하는 방법이다. 유명한 운동선수나 옥외 장면은 음료나 가구를 파는데 사용되어지고, 상품이나 장소 또는 스타 간에 어떤 관련성을 만들어낸다. 아마도 특별한 신화에 참여한 사람이 당신의 친구일 수 있고, 당신이 가고자 원하는 장소나 하고자 원하는 것을 연관시킬 수 있다.

12.1.1 야외소설
(Outdoor Stories)

야외소설은 지속적인 소구력을 지닌다. 그것은 관습적으로 쓰여진 문학에서 —James Fenimore Cooper, Jack London, Sierra Club Books, 그리고 Field and Stream, Outdoor Life Outside 등과 같이 매월마다 발행되는 출판물 등에서부터 캠프장 주변이나 그 지역의 술집 주변 등에서 전해지는 영웅담 등에 이르기까지 범위가 다양하다. 각 세대는 그것을 야외에서 발견한다. 어떤 세대는 자연의 아름다움, 멀리 떨어져 있음, 또는 그것이 주는 위협적인 조건 등에 대해 강조할 수 있다. 다른 사람은 야외를 모험, 발견, 시작의 장소로서 또는 위협적이거나 도전적인 곳으로 역설할 수 있다. 신화를 믿는 사람들은 유지(sustenance), 확증, 자극, 그리고 새로운 아이디어를 얻기 위해 소설처럼 주기적으로 야외로 돌아간다. 현대 미국인들이 야생으로 이동하는 것은 야외에 대한 신화가 가져다주는 전형이고 결과이다. 그것은 미국인들이 신화에 대해 가지는 생각을 흥미를 돋우게 하고, 지속시켜주는 원인 중 하나이다. 야생에서 휴가를 보내는 많은 사람들은 캠프장 주변에서 야외소설을 읽기도 한다. 누군가의 이야기는 자신이 직접한 경험에 첨가되어진다.

12.1.2 서부
(Westerns)

서부는 미국인들이 야외라는 숭배의 대상에서 변화 된 것이다. 서부는 개척시대가 종결되고 그들이 더 이상 땅에서, 도시로의 이동이 중단된 20세기 초기에 인기가 있었다. 대부분의 서부는 큰 위험에 대항하는 개인적인 영웅의 이야기를 다루었다.[7] 그것은 자신들의 손으로 직접 악을 응징하는 영웅의 이야기를 다루었다. 이것은 정의와 미덕이 시련을 극복하고 정상에 서는 결국 승리한다는 점에서 일종의 도덕성 놀이다. 영웅의 강건함이, 황량한 사막이나 산등에서 생존하는 능력이, 결국 악당을 물리친다는 내용을 담고 있기도 하다(소수의 서부소설은 여성 영웅을 다루고 있다—미국 남성이 연약한 여성의 보호자로서 영광을 얻게 되는 것이 서부 소설이 지닌 마력의 일부이다). 서부소설은 미국인들의 신화에 일부로 통합되었고, 미국인들은 그 자신을 강하고, 야외생활에 적합한 그리고 온갖 난관을 극복하는 능력을 지닌 사람으로 여긴다. 유명한 월 스트리트의 증권거래인은 그 자신을 "권총을 가진 악한(gunslinger)"으로 표현하였는데, 이것은 서부 신화가 현재 비즈니스에서도 널리 퍼져있음을 의미한다.

이것은 단편소설, 책, 영화, 또는 TV 드라마로 제작되기도 하였다. 우주 소설(space story)은 단지 서부소설을 확대한 것이다. 즉 광활한 우주 공간은 산

07) Zane Grey and Owen Wister were important American originators of this literary genre. Louis L'Amour was among the most prolific western writers. Stories of the American west are popular in other countries too, as evident by the popularity of German "western" writers like Karl Mai. Larry McMurtry best exemplifies a more refined, literate approach to the western narrative.

들 사이에서 보다는 별들 사이를, 그리고 좋은 또는 악당보다는 과학기술을 다루는 것으로 분리되어졌다. 과학소설의 TV 개작(version)은 서부를 확대시킨 것이지만, 쓰여진 과학소설의 형태는 상이한 방법을 다루고 있다. 즉 완벽한 사회를 탐색하거나 미덕과 교활함이 순차적으로 유지되어진다. 서부소설과 과학소설은 미국이 가지고 있는 문제들을 은밀하게 토론하는 방법이다. 즉 자원 활용, 행동과 이동의 자유, 그리고 급속한 도시화로 인해 야기된 밀실공포증(claustrophobia), 그리고 개방 공간의 상실 등을 다루고 있다.8) 서부는 현대사회가 지닌 제약에서 자유롭게 해주고, 소설은 생활방식이 보다 기본적이고 보다 여유롭게 되도록 해주었다. 카우보이(cowboy)는 어떤 단일한 인물보다도 "강인한 개인주의(rugged individualism)"의 상징이고 미국인의 특성을 대표하게 되었다.

12.1.3 운동영웅들
(Athletic Heroes)

운동영웅은 미국에서 유명한 생생하게 살아 있는 하나의 신화이다. 종종 운동선수들은 자서전을 쓰기도 하고 이것은 미국 학교에서 널리 읽혀진다. 운동이 가져다주는 명성은 신문이나 잡지의 스포츠 면이나, TV나 라디오에서 방송되는 것에 달려 있다. 그것은 신화나 전설을 구성하는 개인적 영웅이 지닌 특성 이상의 것을 이용한다(더 광범위한 용어인 신화보다도 입을 통해 구전되는 이야기인 전설[legend]은 스포츠 영웅에게서 일어난 일들에 대해 보다 구체적으로 묘사한다.) 하지만 더 위대한 스포츠 영웅은 어떤 다른 사람들보다 그들이 살아온 삶에 대해 더 신화적인 요소가 첨부되어졌다.

길거리나 아스팔트 놀이터에서 아이들이 하는 놀이는 가장 대중적인 수행자인 스포츠 영웅들의 성취를 반복하고, 그들이 모방한 것을 상상하도록 해준다. 하지만 모든 스포츠 영웅들이 항상 영광스런 시기만 있는 것이 아니다. Babe Ruth, Ty Cobb, Jesse Owens, 그리고 Jackie Robinson 등은 그들의 사망 후에도 사람들에게 상상력을 부여해주었다. 유명한 스포츠 영웅은 아마추어적인 수행자들의 환상에 생기를 불어넣어 줄 수 있다. 사실과 환상은 구분하기 어렵게 되고, 그리고 위대한 인물이 이룬 성취는 그들이 가진 신비로운 신화를 보호해준다. 위대한 운동선수들의 10년간의 수행을 연대기적으로 다룬 비디오테

08) For development of this idea, see the writings of W. Burch, especially *Daydreams and Nightmares,* 84~108.

잎은 활동을 기록한 것이라기보다는 추종이나 칭찬만을 다루고 있다.

스포츠 영웅은 나타났다가 사라지지만, 스포츠 경기에서 위대한 수행을 이룬 이상적인 영웅은 강력한 지속적인 소구력을 지니고, 그것은 여성보다는 남성들에게 더 영향을 미친다. 은퇴한 전문적인 축구선수였던 사람이 스포츠 영웅이 지닌 신화나 전설적 특성을 다음과 같은 말로서 강조하였다. 즉 "밤중에 전문 축구선수인 자신에 대해 꿈을 꾸지 않는 미국 남성은 없다." 이것은 다소 과장되어졌지만, 세상의 사람들은 스포츠 영웅에 대해 더 많은 동일시를 한다. 영웅적인 지위로 올라가지 못한 스포츠 선수에 대해 이야기하고, 역할 모형으로서 운동선수에 대해 논쟁하곤 한다. 운동선수는 특별한 능력을 지닌 사람이지만, 인간존재에 대한 더 많은 것을 알려주는데 필요한 모형은 아니다. 운동선수의 우수성은 인간행동의 다른 차원과 많이 연관되어 있지 않다. 대학운동이 지향해야 할 방향에 대해 계속적인 비평이 이어지고, 그것은 대학스포츠가 지닌 아마추어적 또는 전문적 상태에 대해 다시 생각하게 하였고, 운동선수의 훌륭한 솜씨와 학문적 성취간의 연결에 대해서도 다시 고려하게 만들었다.9)

그러한 생각들은 운동이란 신화에 쉽게 몰두하게 하였다. 시즌 게임이 있지만 또한 4년마다 개최되는 올림픽 경기도 있다. 올림픽게임은 다양한 스포츠와 새로운 운동선수들에게 인기를 얻게 하였다. 만약 그 게임이 새로운 카리스마를 가진 우승자를 만들었다면, 다양한 스포츠가 지닌 대중성은 극적으로 증가되었다. 단지 운동하는 것만이 아닌 신화에 참여하여 그것을 더 고차원적인 수준으로 변형시킴으로써 운동선수가 가진 경험이 신화적인 정체성을 갖게 되고 그것은 한 개인에게 하나의 역할모형이 될 수 있다. 우리의 영웅들은 스포츠면에서 결코 사라지지 않고 소수의 새로운 방송인들만이 전문적 경기에서 점수를 예언하는데 실패할 것이다. 어느 누구도 인간이 지닌 조건에 대한 신화적 표현으로서 실제 스포츠에 참여하게 되는 것을 피할 수 없다. 선은 악을 이기고 승리하고, 재능은 결국 승리하고, 지속적인 인내는 성공적인 삶을 영위하기 위한 하나의 단서이다.

09) J. Andre and D. James, *Rethinking College Athletics*(Philadelphia : Temple University Press, 1990).

12.1.4 탐정소설
(Detective Stories)

미스터리소설과 모험소설은 다른 유형으로서 이것들은 현대 생활에서 중요한 요소가 되었다. 대부분의 사람들은 틀에 박힌 생활을 영위해 나가고 있고, TV의 탐정소설과 모험영화의 방영은 일상의 고된 일이 주는 지루함을 벗어나게 해주었다. 야외소설이나 서부소설이 지닌 어떤 신화적 힘은 도시를 배경으로 한 추리영역에서 사라졌다. New York, L.A. 또는 Miami 등이 지닌 특색을 그린 드라마는 탐정의 예민한 통찰력과 정교성을 강조하고, 대도시나 강을 통과하는 간선도로 주변의 협곡은 야생의 산이나 사막 풍경처럼 극적이지는 않다. 사람들은 도시가 지닌 자원에 관심이 있다.

우리는 오래된 서부나 우주 공간으로의 모험적인 탐험 등을 다룬 드라마를 부활시키기 위해 많은 노력을 하였다. 하지만 미국인의 대다수는 대도시나 그것이 지닌 문제에 대해 더 많은 관심을 가진다. 탐정소설이나 모험 이야기에서, 우리가 지닌 문제에 대한 해결책을 발견할 수 있고, 우리가 누구인지, 어디서 왔는지, 그리고 어떻게 매일 매일을 살아가는지 등에 대한 물음에 대한 해답을 얻을 수 있다. 그것은 도시와 사람이 포함되어 있기 때문에 추리소설은 자기-발견(self-discovery) 이야기이고, 또는 현대 생활에서 어떻게 대응해야 하는지를 알려준다. 도시 이름을 딴 TV 드라마-예를 들어, L.A.Law, N.Y.P.D, 또는 Chicago Hope-들은 어디서 행위가 이루어지고, 그리고 그 도시들에 대해 지나치게 신비로운 환상을 심어주고 흥미로운 사실을 알려준다. 시청자로서 당신은 이런 다양한 도시들에 대해 신화적 시민이 되고, 많은 이야기를 되풀이함으로써 세대간의 문제를 해결할 수 있게 된다. 신화에 참여함으로서 당신은 당신의 존재에 대해 더 많은 것을 알게 된다. 저녁에 당신은 로마시민, 베를린 시민, 또는 미국의 유명한 도시의 시민이 될 수 있다. 탐정소설은 당신을 세상에서 가장 흥미로운 장소에서 대리 시민이 되게 해준다. 이런 이야기는 끝없이 20세기에 이루어진 위대한 발견을 반복하고, 그 도시들에서 일어나는 모든 것에 대해 알려준다. 현대를 충분하게 생동감 있게 느끼기 위해서는 세계에 있는 거대한 도시들에서 일어나는 신화에 참여할 필요가 있다.

12.2 레크리에이션과 신화
(Recreation and Myth)

저널리스트와 철학자, 시인과 종교 저술가들은 우리는 지금 신화의 시대에 살고 있고, 문명을 구성했던 오래된 신화들이 더 이상 영향력을 발휘하지 못하고 있는 시대이고, 반면에 새로운 신화는 아직 정착되지 않았다고 단언하였다.[10] 어떤 사회는 만약 그것이 여전히 생존해 있다면 신화가 지닌 힘에 대한 확신을 필요로 하고 있고, 여가와 레크리에이션은 그 자체로 신화를 알리는 힘을 가지고 있다. 올림픽 게임에서, 이벤트가 개최되는 특정 국가가 지닌 우월성은 어떻게 그 사회가 운동능력에 대한 신화를 잘 형성했는지에 달려 있다. 정치적 영역에서, 도시, 주, 그리고 국가는 종종 반대되는 증거에도 불구하고 특정 신화를 유지하고 있다. 미국에서 New York 시, Atlantic 시, Orlando, Las Vegas, 그리고 San Francisco 등은 미국이 지닌 위락적 자본에 대한 신화적 지위를 얻기 위해 경쟁하고 있다. 캐나다에서는 Montreal, Toronto, 그리고 Vancouver 등이 모형 도시에 대한 신화적 권리를 얻기 위해 경쟁하고 있고 많은 소규모 도시들에서도 여전히 그런 경쟁이 치열하게 진행되고 있다. 신화는 우리에게 힘을 주고 바뀌게 한다. 그것은 우리의 정치와 여가 경험에 활기를 주고 권한을 부여해준다.

신화는 두 가지 다른 주제를 가지고 있다. 즉 (a) 자연과의 관계, 그리고 (b) 영웅적 이벤트의 서술 등. 여가에서 그것은 만약 영웅이 없다면 도전적이고 모험적인 이벤트에서 개인은 자연과 관련되어지거나 참여되어질 기회를 가지게 해준다. 레크리에이션 제공자가 직면한 도전은 여가와 레크리에이션 행동이 지닌 신화적 차원을 생기 있게 만드는 것이다. 문화, 자연, 또는 역사 등에 대해 알려주는 해설사 센터는 방문자의 경험을 자연이나 역사가 지닌 신화에 연결시켜줄 어떤 것을 해야 한다. 운동장은 어떤 종류이든 단지 기분전환을 위한 것이 아니라 많은 경쟁적 이벤트와 그것을 연결시킴으로써 게임을 하기 위한 어떤 것을 제공해 줄 수 있어야만 한다. 레크리에이션은 신화에 의존하지만 신화의 생존 여부는 레크리에이션에 달려 있다. 우리가 하는 게임은 그것이 선 대(對) 악, 밝음 대(對) 어두움, 심지어 영웅의 성취가 자랑스러운지 등의 신화

10) J. Campbell, *Myths to Live By*(New York : Bantam, 1972).

적 갈등 요소를 가지게 됨으로써 계속 되어진다. 레크리에이션은 문명이 지닌 주요한 신화를 검사하기 위한 근거가 된다. 레크리에이션 리더는 카리스마를 가지고 있어야 하고 메세지를 전달하기 위해, 그리고 어떤 접근방법을 일상생활에서 전할 수 있는 예언자가 될 수 있다. 레크리에이션은 단지 시간을 죽이기 위한 것이 아니다. 그것은 신화만이 전달할 수 있는 의미와 유의성을 더 의미 있게 하고 더 깊게 하는 충천시간이다.

12.3 미래에 대한 생각 (Thinking about the Future)

> 일은 한 인간을 어깨를 움츠리게 또는 부유하게 만들 수 있다. 그것은 심지어 그를 고귀하게도 할 수 있다. 여가는 그를 완벽하게 해준다. 이것이 여가가 지닌 미래이다.[11)]

여가시장은 계속적으로 거대 비즈니스로 성장할 것이다. 레크리에이션과 공원 프로그램과 시설물, 여가에서의 증가와 필요한 재화나 서비스를 구매하는 능력간의 균형 등에 대한 욕구와 요구는 더 많이 증가될 것이다.」[12)]

여가가 지닌 미래는 어떤 것일까? 그런 질문을 먼저 하는 것은 적절하다. 우리가 미래에 대해 기대하는 것은 무엇일까? 미래에 대해 연구하기 위한 비즈니스를 운영하는 몇몇 조직은 미래 이벤트가 가질 가능한 과정을 분석해서 출판하였다. 『*The World Future Society*』가 그 출판물이고, 『*The Futurist*』－는 다른 조직보다 사람들의 마음 속에 미래에 대해 더 많은 생각을 하게 한다.[13)] 『*The Futurist*』－에서 출판된 연구물들은 미래가 다음과 같은 방식으로 예언되어질 수 있다고 주장하였다. 즉 (a) 추정(extrapolation), (b) 예측(forecasting), 그리고 (c) 각본의 개발과 모델링(scenario development and modeling) 등이다.

추정(Extrapolation)은 현재 추세에 의존해서 미래에 그것을 투영하는 것이

11) S. de Grazia, *Of Time, Work and Leisure*(New York : Twentieth Century Fund, 1962).
12) S. Klausner, *On Man, in His Environment*(San Francisco : Jossey-Bass, 1971).
13) See, for example, K. Toth, "The Workless Society : How Machine Intelligence Will Bring Ease and Abundance," *The Futurist* May-June, 1990, 33~37.

다. 비록 어떤 현재의 추세가 어떤 시기 동안 지속되지만, 추정이 지닌 약점은 추세가 최고일 때, 또는 어떤 창안이 행동을 변화시킬 때, 또는 활동이 날씨, 재무, 또는 패션 등의 주기적 변화로 인해 어떤 방식으로 바뀔지 등을 예언하기에는 무능력하다는 것이다. 추정은 단기간 예언시 가장 알맞은 장치이다.

예측(Forecasting)은 미래에 대해 이해를 하려고 하는 사람들에게 두번째로 중요한 도구이다. 현재 자료는 "행위가 어디서 이루어지는지"를 알려주기 위한 정보를 제공한다. 하지만 예측하는 사람의 역할은 개인, 문화, 경제, 또는 정치적 요인 등이 현재 추세에 어떤 변화를 유발할지에 대한 통찰을 제공해 주는 것이다. 예를 들어 예측자는 현재 추세가 사람들이 보다 도시화가 됨으로써 증가된 황무지 활용을 그만 둘지 아니면 그 반대일지 등에 대해 알려줄 수 있다고 제안하였다. 만약 사람이 도시에 배경을 가지고 있거나 도시 지향적인 신화를 가졌다면, 숲에서의 밤은 문명이 주는 안락함과는 멀리 떨어진, 휴식을 주기보다는 공포를 가져다 줄 것이다. 예측을 하는데 있어 어려운 점은 미래행동에 영향을 미칠 요인들을 정확하게 고르는 것이다. 이 예에서 사람이 도시화되어짐으로써 그들은 야생에서의 경험을 더 필요로 할 것이고, 그리고 대도시의 공해나 혼잡에서 멀리 떨어진 장소를 찾아야 할 것이다.

예측은 문화적 변화가 나타날 때, 또는 문화에 영향을 미치는 기술공학의 혁신이 역사적으로 필요해지는 그 시점을 정확하게 결정하기 위한 시도이다. 여행과 의사소통 방법은 19세기와 20세기에 많이 혁신되어졌다. 빈틈 없는 예측자는 철도나 증기선, 전신이나 전화, 제트 여행과 원(遠) 거리통신(telecommunication : 라디오 · 텔레비전 · 전신 · 전화 따위에 의함) 등의 발생에 대해 미리 예언하고 준비해야 했다. 하지만 대다수의 사람들은 이런 기술공학에서 발생할 변화를 인식하지 못하였다. 가족생활은 TV로 인해 과감하게 변하였고, 패스트푸드 산업은 혁신되어졌다. 대륙과 대륙간 여행은 세계화 경쟁을 쓸모없게 만들었다. 예측은 단지 추정하는 것보다도 미래에 대해 더 나은 접근방법을 제공해주지만, 그것은 미래에 발생할 이벤트를 연결시키는 상호작용에 거의 초점을 두지 않았다.

각본작성(Scenario writing)은 미래에 대해 가장 상상력을 발휘할 접근방법일 수 있는데, 그 이유는 그것이 가장 조롱을 많이 받거나, 아니면 가장 성공적일 수 있기 때문이다. 각본작성에서의 도전은 다음과 같다. 즉 어떤 주어진 이벤트나 발견이 어떤 효과가 있을지, 가능한 결과는 무엇일지, 어떠한 종류의 연쇄적 반응이 일어날지, 또는 다른 사건이나 발견이 변화 과정을 어떤 방식으로 구성할지 등이다.

과학소설은 가장 인기 있는 각본작성의 형태이다. 핵전쟁, 우주인의 침공 등이 주로 다루어지고 있는데, 이것이 과연 가능한 결과일까? 과학소설과 상관없이 우리들 대부분은 각본에 대해 생각을 하고 있다. 만약 내가 이런 나의 행동유형을 변화시킨다면, 그 결과로서 다른 어떤 변화가 발생할 수 있을까? 등이다. 많은 게임들은 정신적인 각본을 필요로 하고, 체스는 이것의 가장 좋은 예이다. 체스를 두는 사람이 움직임을 시각화하는 과정에서, 그 사람은 다른 가능한 결과에 대해 재빨리 지적인 검토를 해야만 한다. 이런 활동을 처음 하는 사람이 각본을 구성할 때, 그들이 하는 최초의 노력은 다음과 같은 세 가지 대안에 근거하였다. 즉 (a) 제한된 변화(limited change), (b) 더 나빠질 수 있는 변화(change for the worse), 그리고 (c) 더 좋아질 수 있는 변화(change for the better) 등이다. 여가가 지닌 미래 변화에 대해 생각 할 동안 각본을 작성하기 위한 이런 구성요소적인 접근방법은 유용함이 증명되어질 수 있고, 어떤 방식으로 이런 기법을 사용할 수 있을지에 대한 생각을 제공해줄 수 있다.

12.4 여가의 미래
(Leisure's Future)

여가행동이 지닌 미래는 어떤 것일까? 많은 도표와 그래프는 여가행동에서의 추세를 요약할 수 있도록 해준다. 주당 노동시간의 증가와 감소, 자유재량소득의 변화, 도시와 지역 레크리에이션 시설물의 발전, 상업적 매력물의 정교화 등의 모든 요인들은 추측을 하기 위한 통계적 근거를 제시해준다. 하지만 여가의 미래에 대한 생각은 결코 한 추세만이 영원히 지속되지 않는다는 문제로 인해 예측 또는 각본작성에서 어떤 난관에 부딪치게 된다. 추세에 대한 심포지엄은 1980년 시작된 이래 매 5년마다 소집되었다. 이것은 5년 동안 추세가 변화되었는지 오랜 문제가 해결된 시점에서 새로운 흥밋거리가 출현했는지 등에 대한 호감에서 출발하였다.[14)]

경제학자들은 어떤 활동에 대한 편익 또는 보상이 최저일 때, 그 활동에 대한 참여는 저하되는 경향이 있다고 지적하였다.[15)] 예를 들어, 운동이 주는 편

14) For example, National Recreation and Park Association, *Leisure and Society: Future Trends*(Alexandria, Va.: NRPA, 1985).

15) S. Linder, *The Harried Leisure Class*(New York: Columbia University Press, 1970).

익을 얻기 위한 운동에서의 최적 시간은 매일 30분 미만이다. 생리학과 심장혈관계의 개선, 의기양양함, 스트레스의 감소 등은 일반적으로 최초 30분 동안에서 얻어졌다. 만약 당신이 마라톤을 할 의도가 있거나 최적의 조건이 아니라면, 부가적인 운동시간은 최소한만의 편익을 제공해 준다.[16] 편익의 최소 또는 감소에 대한 다른 예는 TV를 보는 것임에 틀림없다. 대부분 사람들에게서, 1시간 내지 2시간은 위락과 다양성의 목표를 추구하게 해준다. 부가적 시간은 이런 편익을 최소한의 정도로만 첨가시킬 것이다.

많은 레크리에이션 활동은 한계수익감소(decreasing marginal return)의 법칙을 따른다. 여가가 발생한 경우, 여가가 레크리에이션으로 받아들여졌을 때, 그 활동에 대한 욕구는 감소된다. 하지만 여가가 인간이나 우주의 한 시민으로서 한 개인이 가진 시야를 성장시키거나 확대시켜 줄 수 있는 기회로서 이해되어진다면, 그 한계는 주어진 시간에 얼마나 많은 성장과 확대를 가능하게 할 수 있을지의 여부에 달려있다. 만약 여가 활동이 학습이라면, 얼마나 많은 학습이 주어진 시간 동안 발생할 수 있을지 그리고 어떤 레크리에이션이 필요한지 등이 그 예이다.

퇴직이나 퇴직 모임 등에 대한 연구는 여가가 지닌 미래에 대한 연구에서 가장 좋은 초점으로 제시된다. 퇴직은 끝없는 게임과 여행, 파티나 위락이 아니다. 성공적인 퇴직이 되기 위해서는 즐거운 레크리에이션 활동과, 그리고 유용한 여가의 사용을 통해 개인의 성장과 개발을 위한 기회 간에 적절한 균형이 이루어져야 한다.[17] 상업적 레크리에이션 산업은 정확한 장소에서 그 게임을 하거나 또는 정확한 바로 그 관광목적지로 여행하게 함으로써 행복감이란 메세지를 전달하려고 노력하였다. 여가가 지닌 미래는 상업적 산업이 개인에게 어떤 지적인 선택을 제공하는지 그리고 그들이 얼마나 많은 돈과 여가를 소모하기를 원하는지 등을 조화롭게 균형 맞추는지에 달려 있다.

---

16) "Exercise Could be Hazardous to Your Health," *Changing Times*, April 1980, 26~29 ; Linda Moore, "Recent Study Finds Moderation Is Key to Physical Fitness," *Morgantown(W. Va.) Dominion Post,* 25 February 1990 ; P. Jaret, "The Great Fitness Debate," *Health September* 1994, 62~71.

17) R. MacNeil and M. Teague, *Aging and Leisure : Vitality in Later Life*(Englewood Cliffs, N.J. : Prentice-Hall, 1987) ; G. Bammel, R. Hancock, and L. Bammel, Qualitative Assessment of Work and Leisure in the Lives of Retired Male Faculty Returning to Work. 203~208 ; Leisure In Different Worlds Volume I Leisure : Modernity, Postmodernity and Lifestyles. Ian Henry(ed). Leisure Studies Association. Eastbourne, UK.

다음과 같은 세 가지 요인들이 여가의 미래를 결정할 것이다. 즉 경제, 정치, 그리고 개인적 가치. 여가 미래를 위한 예측과 각본은 이런 세가지 요인들 간의 상호작용을 신중하게 고려해야 한다.

12.4.1 경제
(Economics)

여가를 위한 기회는 얼마나 많은 돈을 사람이 소비하는지, 얼마나 많은 시간을 여가를 하는데 보내는지, 어떤 상품이 여가활동을 하는데 이용가능한지, 그리고 사람들이 여가에 대해 어떤 태도를 가지는지 등에 달려 있다. 이런 요인들은 예측되어질 수 없는 방법으로 영향을 준다. 어떤 문화에서, 어떤 문화권에서는 즉시적으로 이용 가능한 생활필수품이 있고, 불충분한 자원과 에너지로 인해 호화로운 상품을 생산할 수 없기 때문에 상대적으로 자유시간의 양은 증가되었다. Turk의 남태평양에 있는 섬이 명확한 예이다. 그곳은 태양이 넘쳐나고, 과일이나 야채, 생선이 지천으로 널려 있고, 일할 필요가 거의 없다. 높은 수준의 기술공학이 그곳에서는 개발되어지지 않았는데 그 이유는 광석과 에너지 자원이 거의 존재하지 않기 때문이다. 홍미롭게도, 원주민들은 지적인 여가를 가지지 않았지만 삶에 대한 태도가 매우 여유롭지 않았으며, 그리고 경제적으로 풍요하지 못한 많은 문화들에서처럼 "행복"한 것으로 보여지지 않았다.[18)]

태평양 섬 지역인 일본은 또한 좋은 대조를 이룬다. 역사는 일본이 한때 종교와 예술적 활동을 칭송하는 여가 지향적인 사회였다는 사실을 보여준다. 일본은 현재 세계에서 가장 산업화된 도시 중 하나이고, 비록 여가활동이 여전히 중요하지만, 소비자의 목적인 생산과 활용이 일본인 생활의 중심에 자리잡고 있다. 여가에 대한 전통적인 측면이 여전히 존재하지만, 경제적 효율성에 대한 열망으로 인해 사라지고 있다. 만약 불교적 명상과 origami(일본 전통 절지(折紙) 수공)가 전 세계적으로 실행되어지고 있다면, 세계의 나머지 부분에 팔기 위해, 누가 상품항목을 정하고 돈을 벌고, 투자하고, 저축할까?

일본은 단지 생산-지향적(production-oriented) 경제의 예가 아니다. 세계가 생산을 지향하게 됨에 따라 세 가지 문제가 제시되었고 이것은 경제학자뿐

18) Y. Tuan, "Environment and the Quality of Life," in *Sourcebook, on the Environment,* ed. K. Hammond, G. Macinko, and W. Fairchild(Chicago : University of Chicago Press, 1978), 21~40.

만 아니라 모두에게 논쟁거리가 되었다. 첫째, 그렇게 많은 자연 자원이 누군가에 팔기 위해 추출되었고, 처리되었는지 하는 것이다. 둘째는 많은 화석 연료 에너지가 소비 목적을 위해 이용되고 선적 되어졌다는 것이다. 그리고 셋째, 음식이나 다른 물질을 소비하기 위한 시간을 한 개인이 많이 가졌다는 점이다. 그 결과 경제학자들은 다음과 같은 제안을 하였다. 즉 인간은 그것이 개인적 선택이든, 정부의 명령이든, 또는 자연법에 의한 것이든 결국 "소비의 최대화(consumption maximum)"에 도달할 것이다.

Staffan Linder 등과 같은 경제학자에 의해 제시된 '소비의 최대화'라는 용어는 인간이 집, 자동차, 또는 옷 등과 같은 다양한 대상을 축적하는 것 이상의 더 높은 품질을 지닌 소수의 물건을 더 선호할 것이라는 점에서 다소 희망이 있다. 아마도 풍요로운 문화내의 많은 물질적 재화는 본능적으로 가치가 있는 것을 추구하는 인간 여가활동에 새로운 초점을 제시해 줄 것이다. 즉 지식 획득, 타인이나 자연에 대한 사랑, 그리고 모든 것이 지닌 아름다움에 대한 평가 등. 경제학자들은 우리가 이차적 문제에 대해 걱정하기 전에 전 세계가 최소한의 표준적인 생활수준에 도달할 수 있도록 해야만 한다고 역설한다. 하지만 서구적 가치기준에서 보면 상대적으로 낮은 표준적인 생활수준에 의해 삶을 영위해 가는 많은 사람들이 있지만, 그들은 삶에서 즐거움을 수용할 수 있는 능력을 존경할 정도로 가지고 있고, 다른 여가 가치를 세련화 시키는 뛰어난 능력을 가지고 있다.

여가가 지닌 미래는 현재 세계의 경제와는 분리될 수 없는 밀접한 관계를 갖고 있는데, 그것은 어느 정도의 부(Wealth)가 여가의 개발과 촉진에서 필수적인 조건이기 때문이다. 어떤 미래학자는 돈이 덜 들면서 더 많은 여가 수행을 할 수 있는 것을 강조한다.[19] 야생에서의 경험 등과 같은 여가 활동과 Elderhostel 등과 같은 성인교육 프로그램, 그리고 인간에 대한 자각을 할 수 있는 다양한 집단에 참여 등은 미래를 지배할 것인가 또는 사치스런 위락, 비용이 많이 드는 스포츠활동, 그리고 관광객 지향적인 여행이 우월적인 역할을 행사할 수 있을까? "Lifestyle of the Rich and Famous"라는 프로그램은 당신에게 더 많은 부를 소유하고 더 큰 재화를 가지는 것이 더 나은 여가를 즐기게 해 준다는 것을 보여준다. 비록 어떤 것을 소유하는 것이 여가를 촉진시킬 수 있지만, 그것은 또한 그것을 불가능하게 한다. 만약 당신이 어떤 것을 수집하고 수리하는데 시간을 끝없이 소모하게 되면, 당신을 여가를 위한 자유시간을

19) G. Gappert, *Post-Affluent America*(New York : New Viewpoints Press, 1979), 41~48.

가지지 못할 것이다.

"the diary of the American dream"으로서 그 자체를 광고한 Wall Street Journal은 "Leisure and the Arts"란 부제가 붙은 칼럼을 정기적으로 운영한다. 그 칼럼은 전체 신문 중에서 작은 면적만을 차지하고 있지만, 바로 그것의 제시는 부가 그 자체로 끝나는 것이 아니고 다른 어떤 것으로서 끝난다는 의미를 표현한다. 실제적인 경제적 문제는 사람들이 본능적으로 가치 있는 어떤 활동을 하는데 돈을 쓰기보다는 그들이 가진 자원을 현명하게 사용하기 위해 사람을 모으거나 시간을 할당한다는 것이다.

미국 전통의 일부는 여전히 "많을수록 더 좋다(More is better)"란 것을 주장하고 있다. Thoreauvian의 주장은 일과 돈이 결국 다른 더 나은 어떤 것을 얻기 위한 수단이라는 점을 계속 유지하고 있다. Joe Dominguezm와 Vicki Robin은 『*Your Money or Your Life*』란 저서[20]에서 다른 대안적 시각을 모색하였다. 즉 그 책은 "The Nature of Fulfillment" "The American Dream on a Shoestring"이란 부제가 붙은 장을 가지고 있다. 여가와 자원봉사는 재무적으로 유도된 노동이나 사회적 가치를 포함한 고용을 더 선호하도록 권유하였다.

12.4.2 정치
(Politics)

20세기 동안, 정치는 지역 또는 국가에만 그치는 것이 아니라 전 세계에서 가장 중요한 것이 되었다. 오늘날 세계에 있는 모든 정치자본은 세계에서 무엇이 일어났는지에 촉각을 곤두세우고 있다. 중요한 정치적 의사결정은 전 세계에 미칠 영향력을 고려하지 않고서는 형성되어질 수 없다. 정치와 경제는 밀접하게 상호작용 하는 것으로서, 정치적 행동의 기본 근거는 다른 국가와의 무역과 거래에 달려 있다. 다른 국가에 대한 왕성한 호기심은 여행하고자 하는 욕구를 유발하였고, 국제관광산업은 대부분 국가의 수입 중에서 중요한 원천이 되었다.

개별 국가의 정치는 관광목적지로서 그것이 지닌 매력성에 의해 결정된다. 정치적으로 억압적이거나 민주주의가 아닌 국가들은 미국 여행자들에게는 편안한 환경을 조성하지 못한다. 미국인들은 민주적 정치신념과 그것을 실행을 하고 있는 국가들에 가려고 하는 경향이 있다. 그리고 미국인들은 적대적이기

20) J. Dominguez and V. Robin, *Your Money or Your Life*(New York : Penguin Books, 1992).

보다는 우호적인 국가에서 여행하기를 원하고 여가 경험을 가지길 원한다.

Karl Marx가 노동자 계층에 더 많은 여가기회를 촉진하고자 하는 것에 근거를 둔 공산주의 이론을 형성한 것을 기억하라. 그는 탐욕을 인간이 가지는 가장 나쁜 결함이고, 사유재산을 폐지함으로써 탐욕에 대한 동기부여를 제거할 수 있다고 믿었다. 역사적으로 공산주의 정부들은 많은 계층에서 누릴 수 있는 적절한 여가형태를 주장하였고, 예술에 대해 적극적인 지원을 하였다. 공산체제의 실패는 여가나 예술에 대한 지원 부족에서 기인하는 것이 아니라 많은 기본적인 인간욕구를 억누른 것 때문이다. 미국에서, National Endowment for the Humanities 재단은 매우 관대하게 기금을 조성한 것이 아니고 각료 수준에서 여가에 대해 기금을 조성하지도 않았고, 이것은 노동부 또는 상무부, 또는 국방부 등의 내각 수준의 기금과 비교된다. 정치, 지역과 세계 등은 여가정책과 많은 관련이 있고, 여가와 레크리에이션 활동을 위한 기금조성과도 연관되어졌다.

12.4.3 가치
(Values)

철학자 Plato(플라톤)은 가치는 영속적이고 그것이 우리가 가진 인식을 변화시키는 유일한 것이라고 생각하였다.[21] 대조적으로 현대 철학자들은 가치가 지닌 영속성이 대개는 변화한다고 주장하였다. 여가행동은 근본적으로 가치에 대한 문제이다. 노동이나 생산성이 우월한 가치를 지닐 때, 여가와 레크리에이션에 대한 고려는 최소화되어졌다. 야생과 자연적 영역에 대한 보존이 가장 높은 가치를 지닐 때, 석탄 채굴과 동력생산은 덜 중요한 것으로 여겨졌다. 만약 집의 난방, 여행, 그리고 산업적 생산을 위한 동력이 우세한 가치가 된다면, 광물자원이 풍부한 지역에 대한 보존은 위기를 겪을 것이다. 예술적 표현 형태에 대한 기금조성은 운동 또는 여흥 산업을 운영하는 기업에 대한 기금조성과 경쟁이 될 것이다.[22]

개인적 가치는 현대 세계에서 유의미하게 변하였다. 이것에 대한 가장 확

21) Plato, *The Collected Dialogues*, ed. E. Hamilton and H. Cairns, (Princeton : Princeton University Press, 1961).

22) M. Kaplan, "Characteristics of the New Leisure," in *Leisure in Our Changing Society*, ed. C. Simmins and F. Pedersen(Peekskill, N.Y. : New York State Recreation and Park Society, 1974), 1~30.

실한 지표는 성별이 지닌 의미에서의 변화이다. 성(sex)이 지니는 위락적 가치는 생식적 측면보다도 더 많이 이목을 집중시켰다. 성관계에 의해 영향 받은 영속성에 대한 가치는 비난받던 이혼에서 대개가 너그럽게 봐주는 이혼 등과 같이 점차적으로 변화되었다. 가족가치는 머뭇거리면서 가족이 지니는 따뜻함에서 멀어지던 것에서 가능한 한 재빨리 진정으로 이탈하기를 원하는 것으로 변화되었다. 미국 신화의 기초적인 부분이었던 핵가족은 종종 전화를 하거나 정기적 모임을 갖는 등과 같이 멀리 떨어진 곳에서의 의사소통 방법에 가족들이 적응함으로써 분열가족(fissional family)이 되었다. 교류관계는 한 가족을 형성하기 위한 것이라기보다는 결혼에 일차적 목적을 두는 시각으로 변하였다.

가치에 대한 분석은 보다 많은 의문점을 남겼다. 가치에서의 변화가 과거에서도 분명하게 일어났을까? 가치에서 현재 변화가 여가 행동에 어떤 영향을 미칠까? 대학생 연령대의 사람들이 지니는 여가에 대한 가치는 그들의 부모나 조부모가 가지는 것과 어떤 차이가 날까? 어떤 가치가 대다수에 의해 공유되어지지 못할까? 문화적인 소수 집단이 가지는 가치는 어떻게 다를까? 그들 자신만의 가치를 추구하는 새로운 이민자들이 주류 사회가 지닌 가치에 적응할 수 있을까? 환경적인 가치에 대해 말만 하는 사람과 그것을 실행하는 사람들 간에는 어떤 차이가 존재할까? 현대사회에서 가장 높은 가치가 부여된 여가경험은 무엇일까?

12.5 여가의 황금시대인가?
(Leisure's Golden Age?)

> 하지만 나는 모든 연령대의 사람들이 자유롭게 가지는 수많은 꿈들이 성취되기 위해 아주 밀접히 근접한, 우리(ours)로서 동일한 위치에 있는 사회를 결코 보지 못했다. 그리고 수많은 미국인들의 대다수가 여전히 꿈을 추구하는데 있어 충분한 생기를 가지고 있음을 안다. 즉 소비자라는 무지개가 끝없이 추구하고자 하는 여행은 이전에 박탈된 것을 얻고자 마법을 지속시키는 것이다.[23]

23) D. Riesman, "Leisure and Work in Postindustrial Society," in *Mass Leisure*, ed. E. Larrabee and Park Society, 1974), 1~30.

미국에서 당연한 것처럼 아주 쉽게 여겨지는 것은 장기간의 경제적 성장이다. 불행히도, 이것은 허튼말(nonsense) 또는 환상(illusions)이다」[24)]

1950년대 학문적이고 대중적인 저자들은 사회불안에 대해 절박한 여가 시대가 올 것이라는 표현으로 경각심을 유발하였다. 미국인들은 그들의 여가 시간을 TV를 보거나 선술집을 배회하는 것에 낭비를 함으로써 그것을 충분히 활용하지 못하는 것처럼 보였다. 만약 우리가 주말을 3일 또는 4일 정도 가질 수 있다면 대체 어떤 일이 발생할까? 몇몇 저자들은 문화와 교육, 그리고 우정과 사회적 확충 등의 새로운 시대에 대한 희망에 비관적인 생각을 하였다.[25)]

여가의 황금시대는 파악하기 어려울 뿐만 아니라 여전히 혼동을 주는 것처럼 보인다. 그리고 일반 대중이 하는 행동은 갑자기 자유시간의 양이 확대되어졌다면 과연 무엇이 일어날지에 대해 유사한 불확실성을 나타낸다. 새로운 상황에서 여가를 할 수 있도록 하는 주당 노동시간과 노동생활 길이에서의 감소와는 별개로, 인간은 여가를 즐기는 사람이 아니고 노동자라는 견해가 계속 유지되어지고, 여가는 노동세계에서 어떤 결과를 성취하는데 있어서는 부차적인 것이라는 시각이 여전히 존재한다.[26)]

12.6 왜 여가의 황금시대가 아닐까?
(Why Not?)

여가를 하기 위해 필요한 시간, 돈 또는 자원 등의 급속한 발전에 영향을 미치는 요인들이 있다. 첫번째는 노동자 한 사람당 생산성에 있어서의 격심한 증가가 더 이상 빈번하게 나타나지 않고 있다는 사실이다. 매년 노동자의 높은 비율이 경제－교육, 정부, 재무, 건강 서비스, 소비자 서비스－의 "서비스 영역" 진입하고, 그것은 고용이라는 영역에서 생산성을 증가시키는 것을 어렵게 하였다. 기술공학은 제조업과 광업에서 노동자의 1인당 생산량을 증가시킬 수 있었지만, 그것은 의사나 변호사 또한 사람을 다루는 다른 서비스가 시간당 더

24) G. Burck, "There'll Be Less Leisure Than You Think," *Fortune*, March 1970, 87~89.
25) P. Ducker, *The Age of Discontinuity: Guidelines to Our Changing Society*(New York: Harper & Row, 1968).
26) M. MacCoby, *Why Work? Leading the New Generation*(New York: Simon & Schuster, 1988).

많은 사람을 “처리(process)”하는 것을 어렵게 하였다. 큰 1대의 트랙터는 수백명 농부의 손보다 하루당 더 많은 농사일을 가능하게 하였지만, 판매원은 그 시간에 단지 한 사람만을 기다린다.

사회가 지닌 문제의 증가는 풍부한 여가가 즉시 우리 것이 될 수 없다는 이차적 원인에 기인한다. 인구가 증가할수록, 혼잡과 공해는 더 중요한 문제가 된다. 지구 온난화나 온실효과는 우리의 에너지 사용이 집중된 제조업, 주택공급, 그리고 교통체제 등에서 대폭적인 개선이 이루어져야 할 필요성을 제기하였다. 우리 사회가 더 많은 서비스를 원함에 따라, 의학과 소비자 서비스에 대해 투여되는 시간과 에너지는 사실상 증가되어졌다. 진보된 기술공학이 노동자를 대치하는 대신에, 우리 사회는 놀랄만한 노동 집약적(labor－intensive)인 사회가 되었다.

돈에 대한 필요성은 사람들이 일을 계속하게 하는 요인일 수 있지만 여가를 추구하는 요인은 아닐 수 있다. 기본적으로 소비자들의 지속적 관심 대상(집이나 자동차)에 대한 비용, 아이 교육에 대한 비용, 건강치료에 드는 비용, 그리고 인플레이션 등과 같은 예기치 못했던 경로 등으로 인한 비용 증가는 사람들이 더 바쁘게 돈을 벌기 위해 일을 하게 만든다. 그리고 그들의 일에 대한 걱정은 비용 증가에 앞서 충분한 돈을 보유하게 만들지는 못한다. 원재료가 부족해짐에 따라 가격은 상승되었다. 재료가 부족하고 비싸짐으로 인해, 소수의 상품만이 제조되어졌다. 더 많은 돈이 이런 소수의 상품을 사기 위해 경쟁하고 결국 가격이 계속 상승하도록 만들었다. 결과적으로 우리는 재정적으로 불안정한 시대에서 살고 있다. 노동자들은 가격이 오르기 전에 그 상품을 구입하기 위해 더 많은 돈을 모으는데 관심 있다. 따라서 노동자들은 봉급을 주지 않거나, 보상을 주지 못하는 여가시간을 최소한으로 줄이는데 관심을 가지게 된다. Benjamin Franklin의 훈계－돈을 쓰기 위해 버는 것은 진정으로 돈을 버는 것이 아니다－는 일상에서 응용될 수 있고 중요하다.

여가의 황금시대에 대한 꿈에 영향을 미치는 네번째 요인은 봉급이 증가하는 만큼 휴식을 취할 수 있는 시간은 줄어든다는 것이다. 조립 라인에서 초과근무율은 가장 명확한 예가 된다. 즉 많은 노동자들은 초과근무 수당을 벌기 위해서는 토요일에도 휴식을 취할 수 없다고 언급한다. 전문가 공동체에서도 유사한 예가 발견된다. 은퇴할 수 있는 사람들은 그들의 전체 삶에서 일년 연봉을 포기하기보다는 계속 일한다. John Locke는 아리스토텔레스(Aristotle)를 이긴 것처럼 보인다. 즉 획득과 소유는 명상이나 시민정신보다 더 중요한 것으로 선정되었다.

12.7 여가 선택 : 질과 양
(Leisure Choices : Quality and Quantity)

어떤 사람들에서 자원의 부족은 여가선택 기회를 줄일 수 있는 인구 증가와 연관되어졌다. 그들이 가기를 원하는 장소는 사람들로 넘쳐나고 접근할 수 없게 만든다. 해변, 공원, 그리고 위락시설의 탈 것은 잠재적인 이용자로 인해 사람들이 넘쳐난다. 여가시설물을 이용할 것 같은 사람은 프로 스포츠나 문화적 이벤트와 관련된 교통, 주차문제들에 직면하기보다는 일하러 돌아갈 수 있다. 그런 에피소드는 여가경험의 "사영화(privatization)"라고 불리는 것을 촉진한다. 그것은 다른 사람들로 인해 괴롭거나 끔찍한 여행을 하는 것보다 집에서 TV나 비디오 테잎을 보는 것이 덜 지루하게 되는 것을 말한다.[27]

몇몇 인기 있는 저자들은 여가의 미래에 대해 다소 긍정적인 시각을 가졌다.[28] 그럼에도 불구하고 여가의 질과 양에서의 개선 가능성은 고려되어져야 하는 것처럼 보인다. 그것이 가진 질에도 불구하고, 계속적으로 여가를 위한 더 나은 재료와 도구를 찾아야 한다. 가능한 한 오래된 장치를 많이 수리할 때(예 : 테니스 라켓의 손잡이), 새로운 게임이나 새로운 기구를 만들 수도 있다. 플랫폼 테니스(platformtennis : 철망을 둘러 친 나무대(臺) 위에서 하는 paddle tennis)나 라켓볼 등과 같은 스포츠는 그것이 유래된 스포츠경기의 형태보다 더 적은 공간이 필요하고, 더 적은 시간에 많은 운동을 할 수 있다. 더 좋은 품질을 얻기 위한 노력은 경기를 할 때 사용된 장치에서 그치지 않는다. 더 나은 시설, 더 매력적인 환경, 더 많은 편안함, 그리고 향상된 서비스의 전달은 또한 더 나은 수행을 위한 중요한 부분이다.

여가가 지닌 질에 대해 고려하면서, 우리는 사람들이 3일의 주말을 이용하는 것에 대해 배우고, 근무한 시간동안 할당된 휴가에 대해 준비를 하는 것에서 어떤 적절한 이득을 얻게 되기를 기대하였다. 추운 기후조건에서 사는 사람

27) For a discussion of the privatization of human experience, see Bammel and Bammel, "Lifestyles, Behavior, and Future Environments," in *Current Issues V : The Yearbook of Environmental Education and Environmental Studies,* ed. A. Sacks and C. Davis(Columbus, Oh. : ERIC-SMEAC, 1979), 27~41.

28) Riesman, "Leisure and Work in Postindustrial Society"; G. Gappert, Post-Affluent America. See also J. O'Toole, *Work in America*(San Francisco : Jossey-Bass, 1977).

들에게서 따뜻하고 햇볕이 내리쬐는 지역으로 탈출할 수 있는 겨울은 실내 온도가 에어컨에 의해 조절되어질 수 있다면, 여름휴가에서처럼 기분을 느낄 수 있게 해준다. 대조적인 레크리에이션에 대한 필요성은 로키 산맥에 있는 슬로프를 정규적으로 사용하는 계약을 맺은 Miami, Houston, 그리고 L.A. 등지에 있는 큰 스키 클럽에 의해 이행되어졌다. 한 가지의 지속적인 추세는 가능한 한 장기간의 주말이나 한주의 여행을 패키지화하려는 시도이다. DINK(맞벌이, 아이가 없는 가정, dual income, no kids) 족의 연령, 그리고 휴가기간이 서로 다른 일하는 부모들은 그 수입으로 구매할 수 있는 경험에 대한 질만큼 시간의 양도 중요한 문제로 여긴다.

12.8 여가에 대한 태도 변화

(Changing Attitudes toward Leisure)

여가에서 유의한 차이는 어떻게 그것을 보내느냐 하는 것보다 여가를 위한 이용가능한 시간의 양과 관련되어지는 것일 수 있다. 삶을 가치 있게 만드는 것에 대한 인식의 변화로 인해, 여가의 역할에서 주요한 변화들은 몇 년 내에 일어날 수 있다. 결국 여가는 삶의 즐거움을 최대화시키고, 단순히 생존이나 번영을 위한 투쟁을 넘어선 한 개인이 지닌 삶에 의미를 부여하는 기회를 최대화 시킬 수 있게 하는 하나의 기회이다. 여가가 지닌 미래를 결정하는 중요한 하나의 요인은 여가에 대해 사람들이 지니는 태도에 달려 있다. 태도는 여가를 위한 기회의 변화, 성 역할의 변화, 직업 역할의 변화, 그리고 사회의 연령구성의 변화 등으로 인해 바뀌어질 것이다.

공장노동자의 고된 일 또는 틀에 박힌 사무직 노동의 단조로움 등을 보상하는 대신에, 교육받은 전문가 또는 기술직 노동자들의 여가는 자아실현(self-actualize)을 위해, 개인이 가진 식견을 넓혀주고 확충시켜주기 위해 한 개인에게 더 많은 기회를 주었다. 따라서 여가는 육체적이라기보다는 지적 활동일 수 있고, 단순한 물리적 경쟁보다는 사람들 간의 지적이고 사고적인(thoughtful) 상호작용을 하도록 자극하는 것일 수 있다. 새로운 게임의 방법은 우월해질 것이고, 사회화나 공손함에 대한 새로운 생각이 지배적일 수 있을 것이다.[29)]

여가는 더 많은 성인교육, 사회화, 그리고 환경적 경각심을 불러일으키는 집

29) A. Flugelman, *The New Games Book*(New York : Doubleday, 1976).

단 등을 더 많이 관련시켜야 하고, 알코올이나 약물 등을 통해 감수성(sensitivity)을 감소시키려는 소수의 시도도 있을 것이다. 여가는 그것을 피하기보다는 경험을 가지는(having) 것을 강조할 수도 있고, 다른 사람이 그것을 어떻게 하는지 지켜보기보다는 어떤 것을 해보는(doing) 것을 강조할 수도 있다. 이것은 여가의 진정한 황금시대에 대한 제안(agenda) 일 것이다. 만약 일이 모든 것을 포함하지 않고서도 대다수 사람들에게 많은 흥미를 주었다면, 그리고 만약 상품의 증가 비용만큼 봉급도 올라간다면, 만약 우리가 보다 많은 사람이 다른 사람에게 서비스를 제공하는 일에 관여되는 서비스경제를 지휘한다면, 그리고 많은 수의 사람이 자기-파괴(self-destruction)를 하기보다도 자기-성장(self-growth)에 기여할 여가 경험을 선택하기 시작하면, 그때 우리는 여가의 황금시대에 대한 어떤 것을 예언할 수 있다. 아마도 많은 고 출생률 세대(baby boomer) 세대와 저 출생률 세대(baby buster)들은 일과 여가, 재정적 안정과 문화적 성장 간의 어떤 조화로운 균형에 동의할 것이다.[30] 미국 교육은 최근 들어 많은 비평을 받고 있고, 그 비평중 다수는 여가를 교육하는데 실패한 점을 지적하였다.[31] 우리가 "어떻게 삶을 즐겁게 즐기는지(how to really enjoy life)"에 대한 것보다 생산기술을 강조하였기 때문에, 미국인들은 여가시간을 여가를 촉진하는데 성공적으로 사용하지 못하였다. 즉 그들은 세상, 자연이 주는 즐거움, 그리고 우리를 둘러싼 모든 아름다움에 대한 이해를 촉진시키는데 시간을 보내기보다는 현실도피(escapism)나 피상적인 참여를 하는데 그치고 있다.

미래에 대해 연구하는 사람들은 우호적인 변화가 발생할 것이라고 생각한다. 다른 사람들은 사회에서 문화로의 단계적 변형이 일이나 풍부한 여가를 즐기는 것을 더 어렵게 한다고 예언한다. 만약 요구되는 미래사회에 대한 명확한 이미지를 가지는 것이 그 미래를 형성하는데 있어 중요하다면 여가의 미래 황금시대에 대한 명확한 소구적인 이미지를 정교화시킬 시간은 없을까? 이상향 또는 실재적이지 않은 이미지가 아닌, 인간사회에서의 실질적인 이미지가 여가를 삶의 가장 큰 축복으로 즐기게 해준다. 즉 자연, 우정, 황홀함, 그리고 모험 등은 현재 순간의 삶에서 충만한 즐거움에 의해 고양되거나 이완(relaxation)에 의해 보충되어졌다. 일과 여가를 결합하여 가장 성공한 사람 중 한명인 Malcolm Forbes는 그의 비명에 다음과 같은 글을 새겨 넣게 했다. 즉

30) J. Gerber et al., *Lifetrends: The Future of Baby Boomers*(New York: Macmillan, 1990).

31) T. Scitovsky, *The Joyless Economy: The Psychology of Human Satisfaction*(New York: Oxford University Press, 1992).

"살아 있는 동안 그는 살았다(While lives, he lived)."

여가의 황금시대는 전통적인 그리스 철학자 또는 20세기 사회학자들에 의해 제시된 여가에 대한 견해와는 많이 다를 것이다. 하지만 주의 깊고 빈틈없는 기획을 가지고서, 미래의 여가는 오늘날 이용가능한 어떤 것보다 더 나아진 것을 얻을 수 있을 것이다. 이런 점에서 풍요로운 여가에 대한 전망은 결코 더 나아지지는 않을 것이다. 여가를 위한 풍요의 시기 대신에, 이용 가능한 여가가 열심히 예언되어지거나 충분히 즐거울 것이다. 여가는 삶이 지닌 가장 큰 축복 중 하나이다. 어떤 자유시간은 이완된 즐거운 상태에서 빈둥거리면서 시간을 보내는 것을 의미하였다. 하지만 삶에서 가장 자극적이고 가장 흥미로운 경험은 여가에서 발생하고, 이런 것들은 비축되어질 수 있는 즐거워진, 예언되거나 다시 수집되어질 수 있는 것이다. 일은 실지로 즐거움을 제공해주고, 우리를 부유하게 해준다. 하지만 여가는 그것만으로 우리를 완전하게 한다.

개요 Summary

사람들은 그들이 인식하지 못하는 동기부여로 인해 행동한다. 신화는 어떤 것을 상상하기 위한 방법을 기술하는데 사용된 단어이다. 어떤 레크리에이션 행동의 형태가 지닌 매력은 부분적으로 신화, 그 활동을 둘러싼 상상된 실재 등에 의해 설명되어질 수 있다.

신화나 소설의 여러 가지 목록들은 특정 레크리에이션 형태를 구체화시키거나 생기를 불어넣어 주었다. 야외소설, 서부소설, 스포츠 영웅, 그리고 탐정소설은 레크리에이션 활동을 신화 또는 역사적 인물의 영웅적 또는 서사적 활동을 관련시키도록 도와주고, 문화적 맥락 내에서 활동을 배치시킬 수 있게 해주었다.

여가의 미래는 여가행동의 기반을 형성하는 신화뿐만 아니라 다수의 문화, 정치, 그리고 경제적 변화 등과 연결되어 있다. 여가를 실행하는 방법, 여가를 하는데 소비되는 돈의 양 등은 한 개인이 지닌 가치에 달려 있다. 그리고 많은 영향은 가치를 변화시키도록 작용한다. 여가를 위한 기회를 가질 수 있게 만드는 가장 중요한 것은 태도이다.

어떤 저자는 2000년경에 여가의 황금시대를 상상하였는데, 그것은 현재와 미래의 여가가 한때 예측되어졌던 것보다 더 상이한 특성을 가지고 있기 때문이다. 여가의 양은 많이 증가하지 않았지만, 몇 가지 요인들－발전된 기술공학, 인구와 인구통계학적 변화 그리고 상이한 노동 형태－은 여가가 지닌 질을 향상시키는 결과를 초래할 수 있다. 미래에서 안정적으로 추정되어질 수 있는 한 가지 추세는 미국인들이 여가에 더 많은 가치를 둔다는 것이다. 하지만 여가를 소비하는 방식은 결정하기가 어려울 것이다.

검토문제 examination

01. 신화는 레크리에이션 행동을 이해하는데 있어 어떠한 역할을 하는가?

02. 당신이 하는 일반적인 이야기는 레크리에이션 신화와 어떤 관련성이 있는가? 당신은 특정 예를 인용할 수 있는가?

03. 추정, 예측, 그리고 시나리오 작성 등의 방법을 사용하여, 25년 후 여가는 어떻게 될 것인지 기술해보라.

04. 경제에서의 변화는 어떻게 여가행동을 변화시키는가? 월스트리트 저널이나 전국적 규모의 신문, 그리고 여가행동을 직접적으로 다룬 기사들에서 가장 최근의 화제거리를 찾아보라.

05. 가장 가까운 미래에 어떤 노동의 요인들이 여가의 황금시대를 방해할 수 있을까?

06. 어떠한 문화적 변화가 현재보다 여가를 하는데 영향을 미칠 것이라고 생각하는가?

07. 여가에 대해 한 개인이 지닌 태도변화를 예를 들어 설명해보라.

LEISURE & HUMAN BEHAVIOR

직업을 얻을 수 있는 기회

PART 13.
Career Opportunities

제13장

- 레크리에이션과 관련된 직업에 대해 어떤 의견들이 있을까?
- 공공부문에서는 어떠한 종류의 고용기회가 있을까?
- 상업적 레크리에이션에서 존재할 것 같은 기회는 어떤 것이 있을까?
- 고용을 위해서는 어떤 것이 준비되어져야 할까?
- 사람들은 여가와 레크리에이션에 관련된 직업에서 일하려고 할까?

제13장

직업을 얻을 수 있는 기회

Career Opportunities

13.1 여가와 관련된 상황에서 일하기 (Working at Leisure)

수많은 직업들은 여가와 레크리에이션과 관련되어져 있다. 많은 학생들은 어떤 교재가 예술, 가르치는 일, 또는 사회적 서비스에서 고용이 지닌 여가 측면을 알게 한다는 것을 인정하였다.

레크리에이션이나 공원의 중요한 부서에 근무하는 사람들은 여가나 레크리에이션이 "자유"를 추구하는 것이고, 어떤 의미에서는 교양 또는 자유롭게 예술을 추구한다는 점 때문에 교양예술 과정이 그들에게 매우 중요하다는 것을 인식할 수 있었다. 어떤 것을 추구하려는 인간이 지닌 노력에도 불구하고, 어떻게 인류가 자신들 각자가 역할을 다 하고, 행복이나 성공적으로 고용되어질 수 있는 더 많은 기회를 잡을 수 있을지 등에 대해 더 많은 이해가 필요하다.

대학생들은 그들이 미래에 고용되어질지에 대해 그리고 정당한 보수를 지급받을 수 있는 직업을 가지기 위해 현재 어떤 과정을 준비해야 하는지 등에 다소 불안해 하는 경향이 있다. 미래에 대해 불안해 하는 자연스런 경향은 꽉 짜여진 예산이나 경쟁이 심한 직업시장에서 집중되어져 왔다. 어떤 즉시적인 행동을 취함으로써 미래에 대한 문제를 해결하려고 하는 것은 자연스런 것이지만 그것만으로는 쉽게 이룰 수 없다.

어떤 격려(encouragement)는 이용 가능한 자료를 해석하는 것에서 유래된다. 직업의 세계에 발을 들여놓으려고 하는 사람들에 대한 정보를 지닌 Bureau of Labor Statistic은 대학 졸업생의 98%가 비록 1년 내에 고용되어지지만, 그중 절반 정도만이 가장 먼저 선택한 직업에 고용되어진다는 사실을 발견하였다. 이 장에서는 여가와 레크리에이션이 어떤 직접적인 관련성을 가지는지, 그리고 어떻게 하면 그런 고용에서 적당한 사람을 선발할 수 있을지 등과 같은 경력을 쌓기 위한 기회에 대해 알아보고자 한다.

다음과 같은 격려가 가능하다. 즉 오랫동안 직업을 얻지 않은 사람들은 최대한의 만족을 얻을 수 있는 대안적인 고용을 찾기를 바란다. 전문적인 레크리에이션 영역 내에서, 레크리에이션 프로그래머 또는 기획자로 일을 시작한 사람들은 더 높은 만족을 제공해줄 것 같은 관리, 비즈니스, 또는 정치적 위치 등으로 이동한다. 대조적으로 많은 성공적인 여가와 레크리에이션 전문가들은 새로운 직업에서 특별한 기술 또는 통찰을 얻을 수 있는 다른 영역에서 경험을 가지고 있다. Brain McGregor와 John Crompton 등에 의해 제시된 레크리에이션이라는 직업시장에 대해 더 많은 포괄적인 연구에서 얻을 결과를 통해 더 많은 격려가 가능하다. 그 연구는 레크리에이션에서 전반적인 (overall) 고용이 1976년 이래 20% 씩 증가되어졌고, 세금절감 운동과 공원과 레크리이션을 개발하기 위해 기탁된 기금이 지닌 장점에 대한 논쟁에도 불구하고 공원자원과 관련된 전체 경비는 최소한 인플레이션과 보조를 맞추었다.[1)]

13.2 레크리에이션이 지닌 미래에 대한 세 가지 각본
(Three Scenarios for Recreation's Future)

미래학자들은 시나리오를 작성하는 것이 사람들로 하여금 미래사건에 대한 가능한 상호관계를 이해할 수 있게 도와준다는 사실을 발견하였다. 예를 들어, 석유를 대신할 수 있는 태양열을 이용한 연료를 개발하는데 있어 적은 비용으로 개발되어져야 한다는 것이 전제되어진다. 그리고 만약 그런 발견이 노동자를 교체하는데, 새로운 경제구조를 발생시키는데, 그리고 개인의 일상생활에 영향을 어떤 영향을 미칠지에 대한 상이한 스토리를 만들고자 한다면 그것이 사회에 미치는 광범위한 영향력에 대해 먼저 이해하여만 한다. 미래학자들은

01) B. McGregor and J. Crompton, "National Trends in the Financing and Staffing of Local Government Park and Recreation Departments," *Abstracts from the 1992 Symposium on Leisure Research*(Arlington, Va. ; NRPA, 1992), 57.

이런 발견들이 모든 사람에게 이득을 주는 것이 아니라고 하였다. 다음과 같은 각본이 제시되어질 수 있다. 즉 (1) 현재 추세의 지속에 따른 결과들, (2) 현저한 개선, 그리고 (3) 유의미한 퇴보.

13.2.1 각본 1 : 현재 추세의 지속
(Scenario one : Present Trends Continue)

경제개발은 다소 어려울 것이라고 예언한 여가와 레크리에이션에서 직업 수의 증가와 경력을 쌓을 기회에 영향을 미친다. 연방정부의 레크리에이션에 대한 예산 할당에서의 변화는 지역경제와 일반적인 전문적인 레크리에이션에 놀라운 영향을 미쳤다. National Park Service, Forest Service, 그리고 Corps of Engineer 등과 같은 부분에서 레크리에이션에 대한 긴축 비용을 가지고서, 어떤 주(州)는 레크리에이션 예산을 증가시켰고, 공원과 관광개발을 하는 주에 더 많은 기금을 할당하기도 하였다. 상업적인 반응에 민감한 기업들은 연방기관의 기금에 의해 더 많은 레크리에이션 기회를 얻고자 하는 사람들에게 매력적인 서비스를 제공하기 위한 시도를 하였다.

경제가 특히 부강하지 않을 때, 세금이 레크리에이션에 거의 할당되어지지 않을 때, 그리고 소비자가 기본적인 생활필수품을 사는 것에 수입중 높은 비율을 소비하는 시대에서는, 한 가지 필연적인 사실은 레크리에이션 서비스를 제공하는데 고용된 사람의 수가 감소된다는 것이다. 레크리에이션에서 고용이 감소되는 또다른 원인은 특히 국내 레크리에이션 활동의 성장이다. "가족중심적인 위락(home entertainment center)"이 가족구성원 대다수에게 아주 매력적으로 보일 때, 외적인 활동을 할 필요는 줄어들게 되었다. 교통비가 증가하면, 레크리에이션을 하려고 하는 사람들은 만약 즐거운 레크리에이션 기회가 이용가능하다면 집이나 집 근처에서 머물려고 할 것이다. 시간의 가치가 증가함에 따라 레크리에이션을 하려고 하는 사람들은 그들이 지닌 시간투자를 최대화하기를 원하고 집 근처에서 시행되는 레크리에이션이 보다 더 매력적이기를 원한다.

현재의 추세는 도시 중심지에서 떨어진 곳에 있는 국립공원이나 레크리에이션 장소에서 근무하기를 원한 기회를 감소시키는 것처럼 보일 수 있다. 만약 이런 추세가 지속된다면, 도시나 지역적 레크리에이션 종사자가 증가될 필요가 있을 것이다. 대도시 주민들이나 부에 관심을 가진 사람들이 지닌 욕구를 충족시키는 것은 그들이 비싼 레크리에이션 경험을 하려는 것을 막지 못하기 때문에 고용에서의 어떤 증가는 상업적 레크리에이션 기업에서 발생할 것이다. 다양한 Y's 등과 같은 오랫동안 지속된 기관들은 도시민들에게 더 많은 부분을 제공해줄 것이다. 건강 클럽(Health Club)은 고등학교 운동선수에서부터 퇴직자 공동체의 구성원에 이르기까지 다양한 집단이 지닌 욕구를 제공해줄 것이다. 만약 이런 추세가 지속되어진다면, 레크리에이션의 상업적인 관광영역은 더 많은 고객들에게 제공되어질 것이라고 기대할 수 있다. 하지만 National Recreation and Park Association 등과 같은 조직들에서 발생한 강력한 움직임은 도시 재개발, 문화적 다양성, 그리고 자연자원의 보전 등의 문제에 더 많은 영향력을 미치기 위해 공공 레크리에이션의 모든 형태를 제시와 시각화를 증가시키려는 것이었다.2)

13.2.2 각본 2 : 현저한 개선
(Scenario Two : Marked Improvement)

어떤 것을 더 많이 얻기 위한 시나리오는 단지 소망에 그치지 않는다. 미국은 자원이 풍부한 땅이고 북미 지역에 사는 사람들은 세상에서 가장 창의력이 있는 사람들 중 하나이다. 대체 에너지 개발에서의 성공, 오래된 상품과 생산성을 증가시키는 방법으로서 신상품과 새로운 시장의 개발, 전 세계의 정치적 상황 개선 등 다른 우호적인 요인들과 이것의 결합은 경제를 부양시켰고, 결국 부가적인 많은 돈이 보다 전국적인 레크리에이션 장소를 개발하고 지속할 수 있도록 해줄 수 있을 것이다.

레크리에이션에 드는 총 경비는 사실상 증가되어졌다. 몇몇 권방기관들은 일반 시민들과 직접적으로 접촉하고 서비스를 제공해주는 종사자들의 수를 늘렸고, 미래 시설들에 대한 개발을 기획하는 부서에서도 종사자들의 수가 증가되었다. 개인 또는 상업적 기업들은 이득이 될 말한 다양한 레크리에이션이나 모험적인 일 등에 근무하는 직원의 수를 사실상 증가시켰다.

경제적 성장속도가 촉진되어진다면, 많은 정부기관에 의해 유지된 고용에서의 제한이 제거되어질 것이다. 또한 미국인들이 레크리에이션을 하는데 더 많은 돈을 소비한다면, 레크리에이션 서비스를 제공하는 종사자의 총 수는 유의미하게 증가되어질 것이다. 대다수의 경제학자들은 일본과 유럽이 21세기에 최강의 경제국가가 될 것이고 미국은 여전히 잘 유지되어질 것이다라고 하였

02) R. Russell, "Vision 2000 : Revitalizing the Spirit," *SPRE Newsletter,* 18, number 3, Fall, 1994, 9.

다. 순환하는 많은 돈은 공공이나 개별적인 레크리에이션 서비스가 증가될수록, 그렇게 됨으로써 고용가능성이 증가될수록 레크리에이션을 위해 사용될 가능성이 확대되어진다. 레크리에이션 공동체는 상급자와 관리자, 그리고 레크리에이션 지도자들에 대한 수요가 공급을 훨씬 초과할 것이라는 것에 대해 충분히 긍정적으로 생각하지 않는 것에 대해 심한 비난을 할 수 있다.

13.2.3 각본 3 : 유의미한 퇴보
(Scenario Three : Significant Deterioration)

미래에 대해 예언을 하려고 할 때에는 장밋빛 전망을 지닌 많은 것이 잘못되어질 수 있다는 것을 인식할 수 있는 각본에 따라야만 한다. 개인이 지닌 행운이 환경에 의해 역전되어질 수 있듯이 한 국가도 마찬가지이다. 만약 군비확충에 경비가 증가되어질 필요가 있거나 환경적 퇴화가 산업발전에 장애물이 된다면, 또는 만약 세계의 재무시장이 신임도에 대한 위기가 계속 확장되어진다면, 레크리에이션 서비스에서는 장기간 고용상태가 좋지 못하게 나타날 것이다. 아마도 많은 새로운 직업이 일을 그만둔 사람을 위해 대치되어질 수 있을 것이다. 하지만 이런 회색빛 어두운 각본에도 불구하고, 사람들은 괴로움에서 도피할 방법을 찾을 것이고, 그것은 레크리에이션을 함으로써 가능해질수 있다. 국가경제의 모든 영역이 위축되었다고 느낄 때, 사람들은 비록 개인이 어떤 주어진 활동을 하는데 많은 돈을 가지지 못하지만, 다양한 레크리에이션 경험을 통해 도피를 더 많이 하려고 할 것이다.

13.2.4 각본의 해석
(Interpreting the Scenarios)

그것이 편하든 그렇지 않든, 경제적 복지－개인, 지역, 국가, 또는 전 세계－는 어떤 주어진 시간범위 내에서 한 방향을 가지는 직선상에서만 이동하지 않는다. 대부분의 봉급생활자들에게는 벌어들이는 수입의 양이 달마다 다르지만, 거의 증가하지 않고, 때로는 심한 손실로 어려움을 겪기도 한다. 유사한 종류의 불일치나 불규칙성은 지역과 국가경제에 적용된다. 동시에 이런 세 가지 각본 중 하나만이 제시되었을 때는 지배적이 될 것이다. 한 가지 각본이 지닌 탁월성은 전체적으로 반대되는 각본들이 개발되어지게 할 수 있을 것이다. 북미지역에서는 장기간의 경제호황기 이후에 일시적인 경기후퇴나 불황이 수반되어졌다. 역으로 말하자면, 모든 경제적 호황기는 심한 경제적 혼란을 유발할 수 있는 과잉상태를 유도하였다.

좋은 시기든 나쁜 시기든, 더 많은 레크리에이션 경험을 추구하는 미국인들에게 레크리에이션 서비스를 제공하는데 있어 경력을 쌓을 수 있는 것을 찾는 것이 중요하다. 개인적 부가 증가되어질 때, 사람들은 레크리에이션 인형을 사거나 레크리에이션 경험을 구매하든지, 밖으로 나가고 신나게 논다. 힘든 시기가 되면, 사람들은 레크리에선 활동에 더 많이 관여함으로서 불행에서 벗어나려고 한다.

사람들이 필요로 하는 레크리에이션 시설과 기회 등을 제공해야 하는 것에 부담을 느끼는 주(州), 군(郡), 그리고 도시기관들은 시설과 레크리에이션 활동을 계획하고, 시설물을 관리하고, 그리고 감독할 수 있는 훈련된 직원 등에 대해 더 많은 돈을 소모해야 한다. 이런 모든 것이 제공된 도시 중 캐나다의 토론토는 고품질의, 적은 비용으로 레크리에이션 기회를 제공해준 성공적인 사례이다. Texas의 San Antonio는 유쾌한 개방적인 공간을 생성하기 위해 자연환경이 지닌 매력성을 이용하였다. 하지만 이 두개의 대도시 예들은 레크리에이션과 공원개발에 대한 성공적인 투자 사례이다.

고용에서의 잠재적 성장이 가장 크게 나타난 레크리에이션 영역은 상업적 분야이다. 고용되어질 기회는 휘트니스센터(fitness center), 헬스클럽(Health club), 그리고 리조트에 있는 많은 운동시설물들, 관광 목적지, 그리고 케이블 TV나 가족게임을 지도하는 프로그램이 있는 가족놀이터 등 그 범위가 다양하다. 레크리에이션과 공원에 관련된 전통적인 대학교 교과과정은 공공성을 지향하지만, 상업적 기회는 제공해주지 못한다. 그러한 상황은 다른 분에서 적절한 과정을 선택함으로써 교정되어질 수 있다. 비록 그것이 레크리에이션 활동에 대한 열정을 가지거나 그런 활동에 참여하여 사람들을 즐겁게 해주는 것을 좋아하는 학생들을 질리게 할 수 있지만, 레크리에이션은 하나의 비즈니스가 될 수도 있고, 레크리에이션이 가지는 비즈니스적 측면을 준비하는 것은 공공 대중에게 봉사하기를 원하거나 기술을 습득하는 것만큼 중요하게 되었다.

13.3 공공의 기회
(Public Opportunities)

일반적으로 공공 레크리에이션 기관의 구성원들은 독립-경영(self-supporting)체제를 가진다. 하지만 공공 공원이나 레크리에이션 프로그램이 그 자체를 지원하기 위한 충분한 재원을 가지는 것은 거의 드물다. 소규모 도시 공원이나 대규모 국립공원 또는 수로(waterway)에 위치한 레크리에이션 장소는 레크리에이션 시설에 대한 초기 취득이나 유지를 위해서 납세자의 돈에 의존한다.

두 가지 예들이 공원 기금범위에 대해 보여준다. Wheeling에 있는 Oglebay Park나 West Virginia는 작은 시립 공원으로 시 자체에서 독립적으로 경영되어진다. 그 공원의 각 부서는 숙박, 동물원 입장료, 골프 코스에 대한 그린피(green fee), 또는 음식서비스 등을 통해 재원을 마련하기 위해 노력한다. 대조적으로 New York 시에 건설된 Central Park의 실재 자산이 가지는 가치는 수조원에 달한다. New York 시는 아이스 링크, 테니스 코트, 동물원, 그리고 박물관 등과 같은 시설물을 운영하는데 드는 비용을 제외하고 매년 수많은 돈을 공원을 유지하는데 소모한다. 그 나라에 있는 다른 공공 공원들처럼, Central Park에서는 이용자 입장료는 그 시설을 운영하는데 있어 낮은 비율을 차지한다.

국립공원 서비스, 삼림 서비스, 기술단 부분은 레크리에이션과 관련된 직업에 20,000명 이상의 사람을 고용하였다. 국립 레크리에이션 및 공원 협회(National Recreation& Park Association)에 의해 실시된 연구에 따르면, 1978년에는 84,000명 이상의 정규직 직원이 공공 레크리에이션과 공원기관 등에서 고용되어졌다고 한다.[3] 공공기관 종사자들 중 시에서는 2,000명 이상

03) D. Henkel and G. Godbey, *Parks Recreation and Leisure Services: Employment in the Public Sector: Status and Trends*(Arlington, Va.; National Recreation and Park Association, 1977), 14. In 1991~92, the authors of this book edited *Employ*(Effective Measures: Prepare and Locate Opportunities for Yourself), a publication of the National Recreation and Park Association. Many professional organizations now offer regular counseling about the process of searching for a job and offer current summaries of the kinds of skills that potential employers seek. Department offices, career placement centers, and job information banks may be fruitful sources of current information.

이, 군(county)에서는 1,200명, 특별 지역에서는 345명, 그리고 주의 공원체제에서는 50명 이상이 일한다. 각 주(州)에서는 주(州) 공원을 감독하는 부서와 유사하든 그렇지 않든 레크리에이션에 대해 책임을 지는 하나의 부서가 있다. 캐나다에서는 연방, 지방(provincial), 그리고 시에서 운영하는 레크리에이션 프로그램이 잘 조성되어져 있고 상대적으로 기금이 풍부하다.

직업을 분류하는 6개의 유목은 공공 기관에서 지원하는 레크리에이션을 하는 사람들을 위해 존재한다. 이런 유목들은 중첩될 수도 있고, 어떤 한 사람은 한가지 목록 이상에서 부여하는 것보다 더 많은 책임을 질 수도 있다.

13.3.1 자원관리 (Resource Management)

자원관리 유목은 공원관리(groundskeeing)나 잔디관리를 하는 사람에서부터 자연보호구역을 보존하거나 활용하는 책임을 맡은 사람들에게 이르기까지 범위가 다양하다. 예를 들어 주립공원의 관리자는 시설물 관리뿐만 아니라 다양한 종류의 자원을 관리한다. 관리자는 골프코스, 둘(aquatic)에 대해, 그리고 숲 관리 등에 대해 충분한 지식을 가지고 있어야 한다.

자원관리자가 되기를 원하는 사람을 위한 대학교 프로그램은 기초 생태학, 생물학, 식물학, 토양, 해양, 그리고 원예학과 수목 재배학 등의 과정을 포함하고 있다. 주정부와 지역경제와 관련된 분야의 일에 대해 이해하기 위해서는 충분한 예비지식이 더 도움을 줄 것이다. 자원 관리자는 기초 생물학에 대한 배경 지식에다가 사람이 일으키는 문제와 사람이 사용하는 자원을 관리하는 것에서 발생하는 문제 등을 다루기 위해 정치학이나 사회적 지식을 충분히 갖추고 있어야 한다.

13.3.2 시설관리 (Facilities Management)

공공시설은 다양한 유형의 놀이터, 테니스 코트, 수영장, 그리고 골프 코스 등이 포함된 그리고 스키나 스케이팅 시설, 캠핑장, 그리고 심지어 레스토랑이나 민박시설 등을 포함해 일반적으로 레크리에이션 직원에 의해 관리되어졌다. 시설물 관리자로서의 경력을 쌓기를 원하는 사람은 공공시설을 이용하는 사람들이 원하는 욕구를 더 잘 이해할 수 있어야 하고, 시설물을 운영할 수 있는 비즈니스 코스에 대해서도 그리고 재정, 마케팅, 회계, 그리고 인사관리 등과 관련된 것에 대해서도 심층적으로 잘 이해하고 있어야 한다. 시설물의 설계와 개선 과정은 최고로 중요할 뿐만 아니라 조경학, 심리학, 그리고 사회학 등은 비슷한 코스를 만드는 데서 중요한 요인들이다.

13.3.3 옥외 레크리에이션
(Outdoor Recreation)

많은 공공 기관은 옥외 레크리에이션 시설물을 갖추고 있다. 이것은 시에서 운영하는 놀이터에 있는 리틀 리그 야구나 Pop Warner 축구장에서부터 배낭여행, 카누로 급류타기, 암벽 등반, 또는 공공 대지에서 행해지는 행글라이딩 등에 이르기까지 그 범위가 다양하다. 공공이 지원하는 옥외 레크리에이션에 대한 전망은 그 자체가 레크리에이션의 전개과정을 보여준다. 그것은 점차 많은 기금을 필요로 하는 확장된 기업처럼 보이기도 한다.

옥외 레크리에이션에서 경력을 쌓기를 원하는 사람들은 레크리에이션을 하기를 원하는 일반 시민들에게 동기를 부여시키는 방법에 대해 이해할 수 있는 심리학과 사회학 교과를 충분히 배워야 할 뿐만 아니라 가능한한 많은 기술 과목을 공부해야 한다. 불리한 문제를 다룰 수 있는 법과목뿐만 아니라 응급처치와 안전과정은 옥외 레크리에이션에서 고용되어진 사람들이 지녀야 할 기본적인 배경지식을 제공해준다. 지역사회의 학교 등을 포함한 대다수의 기관들은 캠핑, 배낭여행, 카약, 그리고 카누 등과 같은 활동을 위해 자질있고 경험있는 교사를 찾고 있다. 자연환경에 대한 지식이 옥외 레크리에이션에서 중요한 측면이기 때문에 옥외 레크리에이션 전문가가 되기를 원하는 사람은 가능한 한 많은 야생 생물학에 대한 지식을 갖추어야 한다. 스스로 더 많은 옥외에서 필요한 기술을 습득하는 것은 당사자뿐만 아니라 미래의 종사자들에게 매우 유용할 것이다.

13.3.4 해석
(Interpretation)

레크리에이션에서 특별화된 훈련을 필요로 하는 한 분야는 자연해설가이다. 이것은 생물과학에 대한 광범위한 지식이 필요할 뿐만 아니라, 사람들에게 위락을 주고 더 많은 정보를 제공해줄 수 있는 프로그램을 개발할 수 있도록 하는 의사소통 기술도 요구한다. 다양한 기관들은 역사나 문화를 해설하는 것에 대해 강조하기 시작하였고, 다수의 지역공원들은 어떤 지리학적 영역에 대한 유산을 설명하는 프로그램을 제공하기도 한다. 드라마와 연극뿐만 아니라 역사에 대한 수업과정은 어떤 형태의 해설을 직업으로 가지기를 원하는 사람들에게 도움을 줄 수 있다. 시청각공학은 급속히 변화되었고, 제어공학은 기계와 전기를 다루는 능력뿐만 아니라 특별한 훈련을 필요로 한다.

13.3.5 프로그램 기획
(Program Planning)

레크리에이션 시설물은 만약 누군가가 레크리에이션 활동을 계획하거나 유도하지 않으면 그냥 조성만 되어진다. 이것은 프로그램 기획자가 지닌 과제로서, 프로그램 기획자는 수공예와 예술에서부터 민속춤, 스케이팅, 수영, 그리고 무대 제시 등과 같은 모든 것에 대한 배경지식을 필요로 한다. 많은 레크리에이션 시설물은 모두 자체적으로 운영되어진다. 지역주민들이 여름 한때만 이용가능한 프로그램은 다음해에는 거의 동일한 재료들을 가지고서 반복되지 않는다. 계속적으로 신기성(novelty)이 요구되어진다. 기획자는 새롭고 다양한 활동에 사람들을 참가시킬 수 있는 충분한 리더십 능력을 지녀야 할 뿐만 아니라 많은 상상력을 지닌 사람이어야 한다.

레크리에이션 프로그래머를 위한 적절한 대학교의 과정은 신체교육, 드라마, 연극, 예술, 그리고 수공예, 음악과 무용 등을 포함한다. 특별한 집단을 위한 레크리에이션 프로그램을 채택하는 과정도 또한 필요하다.

13.3.6 치료적 레크리에이션
(Therapeutic Recreation)

연방정부와 주에서 실시하는 수많은 프로그램은 특별한 집단을 사회의 주류에 통합시키려는 시도를 하였다. 공공 레크리에이션 기관들은 이런 도전을 수용하였고, 치료적 레크리에이션(Therapeutic Recreation)에 전문가들을 고용하였다. 다양한 형태의 공공과 사설기관들은 치료적 레크리에이션 전문가들을 고용하였다. 투옥된 법률 위반자에서부터 심리치료를 필요로 하는 환자들, 재활센터에 있는 고객에서부터 나이든 시민들에 이르기까지 다양한 분야에서 직업을 얻을 기회가 있다. ADA(Americans with Disabilities Act : 미국 장애인을 위한 법)에서는 장애를 가진 사람들에게 "동등한 접근가능성, 동등한 기회"를 주어야 한다고 주장하였다. 레크리에이션 공동체는 가끔씩 이런 영역에서 리더십을 훈련시켜주기도 하였고, 장애를 가진 사람들이 직업을 얻을 기회를 창출하고, 그리고 레크리에이션 치료에서의 전문화를 위해 노력을 하였다.

많은 대학과 대학교에서는 한 가지나 다른 방식으로 재활하고자 하는 사람들을 돕고, 학생들을 준비시키기 위한 프로그램을 개발하였다. 이런 프로그램들은 종종 여러 분야가 관련되기도 하고, 물리치료, 재활, 또는 비슷한 건강 프로그램 등과 같은 다른 분야에서의 지식을 필요로 하기도 한다. National Therapeutic Recreation Association은 특별한 집단을 위해 시행되는 레크리에이션을 감독하는데 자질을 갖춘 사람들을 위한 지침서와 표준을 개발하였다. ATRA(American Therapeutic Recreation Association : 미국 치료 레크리에이션협회)이나 NCTRC(National Council for Therapeutic Recreation Certification)에서는 또한 치료적인 레크리에이션 서비스를 전달하는 사람의 자격을 보증하기 위한 전문가 사회이다. 이런 조직들은 계속적인 교육과 정보공유를 위한 네트워크를 제공하기도 한다.

13.4 상업적 기회

(Commercial Opportunities)

많은 저자들은 레크리에이션에서 가장 큰 고용기회를 가지는 것은 여러 가지 형태의 상업적 레크리에이션이라고 믿었다. 직업 중 가장 많은 수는 레크리에이션이나 공원이 아니고 관광이나 호텔관리 프로그램을 졸업한 학생이거나 비즈니스 부분에서 차지하고 있다. 많은 대학과 대학교의 교과과정은 전통적인 레크리에이션에 대한 관심과 현재의 상업적인 그리고 관광 분야에서의 기회들 간을 연결시키려고 노력하고 있다.

13.4.1 관광

(Tourism)

관광은 정부기관으로부터의 지원이 필요한데 그것은 항공, 도로, 기반 시설, 그리고 의료나 정치적 지원 서비스가 성공적인 관광개발을 위한 필수적인 기초이기 때문이다. 관광 그 자체는 하나의 비즈니스가 아닌 많은 다른 분야가

합쳐진 것으로서 다른 것과 어떤 연관성이 없이는 불가능하다. 50개 주 중에서 46개의 주(州)에서 관광은 3대 수입 원천 중 하나이다. Hawaii, California, 그리고 Florida 등에서, 관광재원은 매년 수조원에 이른다. 관광은 판에 박은 듯이 즐거움을 위한 여행(traveling for pleasure)으로 정의되고, 이런 목적을 가지고서 여행하는 사람들을 돕기 위해 관련된 직업기회는 네가지 상이한 유목으로 구성된다.4)

1) 광고와 마케팅(Advertising and Marketing)

방문하고자 하는 장소에 대해 더 많은 것을 알고자 하는 사람들을 위해 필요한 관광매력물은 새로운 방식으로 광고되어져야 하고, 시장 자체를 계속 알려야 한다. 이것은 광고나 여행사들이 주로 하는 일이다. 또한 그것은 방문자 사무소나 컨벤션센터 등에서의 고용을 의미한다. 저널리즘 과정도 이 과정에 많은 도움을 주는 것으로 판명되었다.

2) 교통(Transportation)

일단 관광매력물이 형성되었다면, 방문하고자 하는 지역 주변으로 갈 수 있는 새로운 길이나 교통수단이 필요하게 된다. 하지만 기업들은 관광을 위한 교통을 조정하기 위한 보조물을 만들기도 한다. 하지만 모험심이 강한 개인은 교통을 제공하기도 하고 역사적, 과학적 그리고 멀리 떨어진 장소로 방문객을 안내하기도 한다. 여행사는 종종 자신들만의 교통서비스를 개발하기도 하고 지역 제공자에게 교통편을 맡기기도 한다.5)

3) 관광매력물(Tourist Attractions)

상업적 관광매력물 자체는 직업을 가지길 원하는, 필요한 기술을 습득하기 원하는 사람들에게 다양한 종류의 직업을 제공한다. 디즈니랜드나 디즈니월드 등과 같은 거대한 매력물은 수천명의 사람을 고용한다. 지방 또는 지역의 관광매력물은 한명에서 많게는 수백명의 사람을 고용하고 계절적 수요에 맞춰 임시직으로 고용하기도 한다. 다양한 배경지식이 상업적 관광매력물에서 직업을

---

04) J. Zeiger and L. Caneday, eds., *Tourism and Leisure*(Alexandria Va. : NRPA, 1991).

05) Susan Young of "Young-At-Heart," a travel agency in Fort Wayne, Indiana, specializes in arranging bus tours for people of mature years. See 'It's Human Nature. . ." in *Profile, Indiana Park and Recreation Association,* Spring 1984.

얻기를 원하는 자질을 갖춘 사람에게 요구된다. 예를 들어 재무관리, 시설물 기획과 실행, 법률시행, 그리고 어릿광대나 마술에서부터 악기연주에 이르는 위락적 기술 등이 포함된다.

4) 숙소, 음식물, 그리고 오락제공(Housing, Feeding & Entertaining)

관광분야에서 직업을 얻기 위한 고용기회 중 네 번째 목록은 가장 많이 관광객의 돈—아마도 75% 정도—을 가장 많이 벌어들인다. 관광객은 어디서든 숙박하기를 원하고, 먹을 것과 볼거리를 필요로 한다. 레스토랑이나 호텔관리에 있는 프로그램은 이러한 관광객을 위해 서비스를 제공하기를 원하는 사람들에게 가장 직접적으로 기회를 제공해줄 수 있지만, 이력서에 그런 곳에 종사했었다는 경력이 기재되어 있으면 더 많은 도움을 얻을 수 있을 것이다. 종사자의 다재다능함에 의존하는 소규모 조직은 음식준비, 모텔관리, 수영장관리, 골프코스에 대해 잘 아는 사람 등과 같이 어떤 기술을 갖춘 잠재적인 레크리에이션 전문가를 선호한다. 대다수의 위락제공자(entertainer)는 웨이터나 야간 근무자로서 두배의 수입을 벌어들일 수도 있다. 모텔이나 레스토랑을 관리할 수 있는 테니스 강사는 하나의 기술만을 가지고서 일자리를 알아보는 사람들보다 1년 내에 고용될 가능성이 더 높다.

13.4.2 오락과 위락
(Entertainment & Amusement)

사람들은 오락거리를 찾는다. 관광객들은 집에서는 계획하거나 예산에 맞지 않는 생기가 넘치는 오락을 즐긴다. 음악, 노래, 코메디, 무용, 심지어 단막극이나 탤런트 쇼는 관광객에게 소구력을 지닌 확실한 오락거리이다. 레크리에이션 프로그램에 참여하는 어떤 학생은 다양한 오락적 재능을 가지고 있고, 이런 것은 장기간 고용을 보장하는 원천이거나 고용시장을 열게 할 수 있는 하나의 방법이다. 어떤 국가에 소속된 모텔 체인은 소규모 밴드나 가수 등을 구비하고 있고, 학생들은 여러 곳의 모텔을 돌아다니면서 관리하기도 한다. 이런 오락기술은 레크리에이션이나 공원의 모든 분야에서 사용되어질 수 있다. 6)

06) D. Vinton, "Preparing for Careers in the Leisure Industries: A Career Education Approach," *Leisure Today*, November-December 1975, 7~8.

13.5 학문적인 준비
(Academic Preparation)

여가 서비스의 전문성 또는 레크리에이션과 공원의 주요 분야는 가능한 한 보다 심층적이고 전문성을 가져야 할 뿐만 아니라 스케줄에 맞는 일을 할 수 있는 식견 또는 다재다능함을 지녀야 한다. 대학과정 동안 한 개인은 숙련되어져야 할 뿐만 아니라 세상-이 세계를 살고 있는 사람-등을 어떻게 다룰 수 있을지에 대한 더 깊은 이해를 할 수 있어야 한다. 고용주들은 전문적인 능력을 기대하고, 가능한한 그 직업에서 더 훈련을 받은 사람을 원한다. 상업적 레크리에이션 전문가들은 마케팅과 광고, 예산과 인사관리 등에 대한 많은 지식을 갖추어야 하고, 대학교 교과과정을 통해 이것을 완전히 가질 수 있어야 한다. 치료적 레크리에이션 전문가는 가능한한 특별한 집단의 재활을 가능하게 하고, 장애를 가진 사람들을 위한 제한된 안전성에 대해 알 수 있는 기술을 가지고 있어야 한다. 레크리에이션 기술이나 경험을 많이 가진 사람일수록, 고용주가 기대하는 것을 잘 달성할 수 있는 능력을 지닌 것 같고 고용될 기회가 더 많아질 것이다.

레크리에이션에서 어떤 직업을 경력으로 쌓기를 원하는 사람은 적절한 레크리에이션 과정을 이수해야 한다. 또한 레크리에이션에 대한 식견을 넓혀야 한다. 자동차 운전, 안정성에 대한 공부, 응급조치, 심폐 호흡법, 인명구조, 그리고 수상안전 감독, 인간 성장과 발달, 그리고 코치 등에 대한 것 이외에도 음악, 예술, 드라마, 그리고 춤 등을 포함한 과정은 더 많은 경력을 쌓을 수 있는 기회를 형성하게 해준다.

많은 학생들은 그들이 기분전환(recreate) 하기를 좋아하기 때문에 레크리에이션이라는 영역에 진입한다. 그들은 가끔씩 레크리에이션이 다른 비즈니스처럼 다루어지고, 효율적이고 경제적으로 운영된다는 점에 실망하기도 한다. 마케팅, 회계, 재무, 그리고 비즈니스 관련 법 그리고 관리 등과 같은 다양한 비즈니스 과정은 레크리에이션 전문가에게 더 많은 책임을 부여하고 그들이 더 많은 것을 다룰 수 있는 능력을 지니게 해준다. 어떤 비즈니스 관리과정은 직업을 얻기 위한 과정에서 핵심적인 것일 수 있다.

멀지 않은 과거에서, 레크리에이션과 관련된 직업은 능력과 어느 정도의 상식 수준에 기초를 두었다. 종사자들은 현장에서의 훈련에서 편익을 얻었고, 자신들이 가진 문제를 해결할 수 있게 해주었다. 사람들에게 기대된 능력은 오늘날 더 많아졌고, 가끔씩 진보된 형태의 학문적 준비가 요구되어졌다. 학문적 준비가 더 잘 되어졌고, 일이나 자원봉사자로의 경험이 더 많다면, 그 사람은 직업시장에서 더 경쟁력을 지닌다. 부수적인 기술의 폭이 더 넓으면 직업시장에 진입해서 더 상층의 직위로 이동할 가능성이 더 높아진다.

13.6 고용되기를 바람
(Pursuing Employment)

고용되기를 바랄 때는 다음과 같은 4가지 단계가 발생한다. 즉 (a) 사전 준비, (b) 직업 탐색, (c) 면담, 그리고 (d) 실제 고용.

13.6.1 사전준비
(Background Preparation)

학문적인 준비는 여가 서비스나 레크리에이션과 공원에서 어떤 직업을 얻기 위해 준비하는 한가지 측면이다. 이것은 일하고자 하는 어떤 영역이 확실하게 맞는지 한 개인에게 알려줄 수 있는 가장 중요한 것일 수 있다. 이것을 결정하는 가장 최상의 방법은 레크리에이션과 관련된 다양한 직업을 가져보는 것이고, 특히 레크리에이션 기관에서 인턴으로 일하거나 배치되는 것이 중요할 것이다. 연방정부뿐만 아니라 많은 주(州)들은 인턴십 프로그램을 실시하고 있고, 학생들이 그것을 통해 그들이 실제로 원하는 직업이 무엇인지, 관련된 기술이 어떤 것인지, 그리고 직업이 실제적으로 주는 보상과 스트레스가 무엇인지 등을 발견할 수 있다. 전문가와 여러 날 일하게 된 기회는 어떤 수업경험보다도 더 많은 정보를 제공해줄 수 있다.

고용이나 자원봉사 경험은 다양한 기술을 형성할 수 있도록 격려하고, 공공기관에서의 가지는 만남의 경험은 대인관계 능력을 향상시킬 수 있도록 도와줄 수 있다. 예를 들어 여름에 공원에서 얻은 직업은 한 개인을 방문객들의 다양한 질문에 응답할 수 있는 더 많은 지식을 가질 수 있게 하고, 문제를 해결하는데 필요한 능력, 그리고 개발되어질 필요가 있는 다양한 종류의 기술 등에 대해 더 많이 알게 해준다. 그것은 또한 레크리에이션 고용에 대해 사람들이 가지는 낭만적인 환상을 제거해준다. 어떤 순진한 사람들은 다음과 같이 생각한다. 즉 "공원경비원은 하루종일 앉아서 질문에 답을 해주면 되는 괜찮은 직업인 것 같다." 그런 질문은 반복되어질 수 있고, 그 직업이 가진 다른 측면은 사람을 질리게 하고 끔찍하게 여기게 할 수 있다. 직업을 얻고자 하는 한 개인은 그것이 사실 어떤 것인지 알려주는 유형의 활동에 참여해야 한다.[7]

13.6.2 직업 탐색
(Job Search)

많은 직업은 구전효과를 통해 얻어졌다. 많은 의미 있는 직업은 결코 광고되지 않는다. 직업소개서의 서비스나 신문은 레크리에이션과 관련된 전문적인 직업에 대해 가장 많은 목록을 유일하게 제시한 National Recreation& Park Association에 의해 격주로 발행되는 직업 bulletin을 가지고서 레크리에이션 고용을 위한 최상의 항목을 제시하였다. 네트워크의 개발은 대부분의 사람들에게서 최상의 고용전술일 것이다. 여름에 어떤 기관이나 전문분야에서 고용되기를 바란다면, 고용가능성에 대해 알려 줄 수 있는 아는 사람이나 연락을 할 수 있는 하나의 네트워크를 형성하는 것이 좋을 것이다.

기관 또는 기업의 항목을 등록하거나 우편으로 받음으로서 사람들은 현재 개방된 직업에 대해서만이 아니라 경력에 요구되는 새로운 방향에 대한 정보를 계속 알 수 있는 일을 하기를 원할 것이다. 대학 선생이나 다른 전문가들은 이런 광범위한 분야와 접촉을 할 수 있고, 이것은 직업을 탐색하는데 있어 좋은 출발점이 될 수 있음이 증명되어진다. 동창생 명브는 잠재적 고용주에게 영향을 미칠 수 있는 위치에 있을 수 있고, 그런 사람들과의 접촉을 계속 유지해야 한다.

교사는 그들의 학생이 "적절한 장소(place)"에 배치하기 위해 능력을 발휘할 수 있다. 하지만 연방법규는 비경쟁적인 다수의 직업을 줄여 왔다. 비록 레크리에이션 졸업생에 대한 공급이 대략 수요와 비슷하지만, 심한 경쟁은 더 많은 직업이 개발되도록 하였다. 괜찮은 직업을 얻는다는 것은 단지 우연히 이루어지지 않는다. 직업 탐색을 위한 준비를 어떻게 하는지 아는 사람과 많은 에너지를 최적의 이용가능한 고용기회를 얻기 위해 투입한 사람만이 최고의 직업

07) H. Sessoms, "Programs and Professional Preparation in the 1980s," reprinted in the April 1980 newsletter of the Society of Park and Recreation Educators(SPRE).

을 얻을 수 있다. FDA 규칙은 다음과 같이 응용된다. 즉 당신 자신을 친절하게, 민첩하게, 그리고 신뢰할 수 있게 제시하는 것은 직업탐색을 위한 기본적 배경지식이다.

이곳저곳에서 많은 정보를 얻으려고 하고 많은 사람과의 개별적 접촉을 할 수 있는 진취적인 사람은 단지 이력서만을 보내는 사람보다 직업을 얻을 확률이 더 높다. 하지만 이력서는 중요하다. 어떤 직업은 수백명의 응시자들이 지원한다. 만약 증명서가 그저 깨끗하게 타이핑되거나 사진복사되었다면, 면접관들은 그것을 나머지 것과 구별할 수 없다. 당신이 어떤 기술을 지녔는지 명확하게 차별적인 방법으로 진술한, 매력적인 방법으로 포장된 이력서는 애매모호한 재료만을 지닌 별특징이 없는 패키지보다도 최종적으로 걸러지는 과정에서 더 많은 이점을 지니고 있다. 이력서는 일종의 명함이다. 그것을 통해 당신은 직업이라는 관문에서 일을 얻을 수 있지만 그것은 팔리기 위한 것이 아니다. 직업을 성공적으로 얻고자 하는 경우, 전화 통화나 실제적인 신체적 표현이 수많은 특징이 없는 응시자들에서 자신을 두드러지게 보여줄 수 있는 방법일 것이다.

13.6.3 면접
(Interview)

만약 지금 면접을 하고 있는 상황이라고 가정해보라. 지금 어떻게 하고 있는가? 이것은 전체 응시자 중에서 자신을 다른 경쟁자보다 탁월하게 또는 뒤떨어지게 보이게 한다. 면접을 잘하는 것은 몇가지 구성요소를 가지고 있다. 첫째, 건강하게 보이고, 충분한 휴식을 취하고, 그리고 적절하게 옷을 차려 입는 것이다(만약 급류타기(white-water rafting) 회사에 면담을 한다면, 은행원의 복장은 적절하지 않을 것이다). 두번째는 가능한한 그 직업과 그 회사의 환경에 대해 더 많은 정보를 가지고 있어야 한다. 그 직업은 당신에게 많은 돈을 지급해줄 가치가 있을 수 있다. 사전에 미리, 면접장에 일찍 도착해서 특별한 상황에 대해 더 많은 것에 대해 얻을 수 있는 것이 결국 적은 비용으로 많은 것을 얻게 할 수 있을 것이다. 이 직업이 어떤 책임을 가지고 있을까? 어떤 도전이나 어려움이 있을까? 그것을 이전에 가진 사람은 누구이고, 왜 그들은 이곳을 떠났을까? 이러한 의문에 대한 대답을 발견할 수 있든 없든 이렇게 함으로써 면접상황이 스트레스를 더 적게 줄 것이고, 다른 사람이 당황해 하는 질문에 대해 당신은 명확하고 지적으로 대답할 수 있을 것이다.

면접을 시작할 때, 그 직업이 당신을 위해 무엇을 할 수 있을지가 아닌, 당신이 그 고용주를 위해 무엇을 할 수 있을지 설명하는 것이 중요하다. 결국 특정한 상황에서 문제를 해결하기 위해 고용되어질 수 있고, 새로운 가능성이 개방되어질 것이다. 수분 내에 당신이 다른 어떤 사람보다도 더 잘 할 수 있다는 것을 보여주어야만 한다. 당신의 고용주와 관계없는 것에 대해 말함으로서 시간을 낭비하지 마라.

마지막으로 면접이 다 끝나갈 무렵 당신을 면접한 사람들, 특히 당신을 고용하는데 실제적인 영향력을 가진 사람에게 재빨리 감사를 표하라. 그런 언급시, 당신이 지닌 장점을 요약하고, 왜 당신이 그 직업을 얻기를 갈망하는지를 지적하라. 그런 마지막 언급은 고용주가 당신이 기술과 품위 있는 자질을 갖춘 사람으로 상기시키는데 중요한 역할을 한다. 고용주가 원하는 것에 당신 자신을 투입하라. 차고 딱딱하고 멀리 떨어진 곳에 있는 것 같은 누군가보다 따뜻하고, 친절하고, 그리고 민첩한 당신을 고용하지 않을 사람은 없을 것이다.

13.6.4 고용
(Employment)

어떤 직업을 얻는데 성공했다면 만약 당신이 그것을 최상으로 만들고자 한다면 다음과 같은 세가지 것을 명심하라. 첫째, 민첩하고 상상을 할 수 있어야 한다. 어떤 직업은 정말 판에 박힌 것일 수 있다. 하지만 어떤 고용주는 종사자가 새롭고 더 나은 방법으로 어떤 것을 고안하고, 새롭고 더 나은 어떤 것을 하기 위해 고안을 하는 것을 더 좋아할 수 있다.

하지만 당신은 과격한 어떤 것을 상상하지마라. 다른 종사자와 협동하는 것에 더 주의를 기울어야만 한다. 새로운 사람은 어떤 경향을 만들 수 없고, 새로운 종사자는 혼자 있거나, 우울하고, 변덕스럽고, 적대적이고, 또는 공격적이어서는 안된다. 비록 어떤 사람은 일할 때 함께 일하는 것에 어려움을 느낄 수 있지만, 가능한 한 최선을 다하고 불평을 하지 말라. 모두와 같이 일한다는 것은 당신에게는 가장 큰 관심사일 수 있다. 그것이 비록 당신에게 강렬한 만족감을 주는 순간이라 할지라도 누군가와 소원하게 지내는 것은 결국 당신에게 도움이 되지 않는다.

마지막으로 지적하는 것이 가장 중요하다. 즉 문제를 해결하는 사람이 되지 그것을 만드는 사람이 되지는 말라. 가장 신참인 종사자가 문제를 일으키는 것을 좋아할 고용주는 없다. 만약 새로운 종사자가 오래된 문제를 해결하고 새로 일어나는 것을 막는다면, 그 직업이 상대적으로 안정적일 뿐만 아니라 더 높은 곳으로 이동할 기회를 주기도 하고 다른 문제나 더 큰 문제를 명확하게 해결할 수도 있다. "직업을 전전하기(Job－hopping : 눈앞의 이익을 찾아 이곳저곳 기웃거림)"는 꽤 즐거운 것처럼 보이지만, 그것은 성공적인 경력을 쌓기 위한 가장 좋은 접근방법이 아니다. 장기간 책임을 지는 고용을 고려하라. 보다 신중하게 직업을 선택하기 위해서는, 그것이 당신에게 보다 영속적인 것이 되어야 하고 더 많은 책임감에 대해 준비할 수 있어야 할 것이다.

13.7 레크리에이션에서 직업시장의 실상

(The Realities of the Job Market in Recreation)

> 우리는 그들이 원하는 직업 유형이 현재에는 없다는 사실을 심리학적으로 사람들에게 준비시켜야 한다.[8]

레크리에이션에서의 직업 시장에 대한 전망은 단지 종사자 뿐만 아니라 통계치를 수집하는 사람들에게서도 혼란스럽다. Bureau of Labor Statistics는 1980년과 1990년 사이에 매년 레크리에이션에서 5,500개의 직업이 개방되어졌다고 추정하였다. 하지만 National Recreation and Park Association은 1978년에 단지 1,255개의 새로운 직업을 찾았고, 이런 직업을 얻기 위해 매년 3,500명의 대학 졸업생들이 경쟁한다는 사실을 발견하였다.[9] 그 당시에는 수요와 공급이 거의 일치하였다. 1993년 Bureau of Labor Statistics는 entertainment에 4,482,000명의 종사자가 고용되었고, 1992년 내에 레크리에이션에서는 204,000명이 고용되었다고 추정하였다(그것은 카지노나 테마파크에서의 전직율이 높기 때문이다).

공원이나 레크리에이션 또는 여가와 관련된 연구 프로그램을 졸업한 많은 사람들은 바로 원하는 그 직업을 얻었지만, 상층으로의 이동은 매우 어렵다는 사실을 발견하였다. 더 많은 보수를 얻는 것에 수반된 증가된 책임감을 지닌 상층으로의 이동은 가족생활이 지닌 현실성이 심각하게 고려되었을 때 필수적이 된다. 문제는 레크리에이션 서비스 전달이 모든 감독자 또는 경영적 위치에

08) R. Forbes, quoted in N. von Hoffman, *The Daily Atheneum*, student newspaper of West Virginia University, 30 November 1976.

09) Henkel and Godbey, *Parks Recreation and Leisure Services.*

비해 초보적 위치가 있는 매우 넓게 분포된 피라미드 형태라는데 있다.

Henkel의 연구를 인용하면, 레크리에이션이나 공원기관들에 의해 고용되어진 사람들 중 대략 15% 정도가 레크리에이션에서 학사나 석사학위를 취득하였다고 한다. 레크리에이션에서 학위를 가진 사람은 (a) 구체적인 직업 경험 (b) 비즈니스, 신체교육, 생물학, 호텔과 조리관리, 또는 교양 예술 등과 같은 다른 분야에서 학위를 가지고 있고, 또는 (c) 임시직이나 최소한의 봉급을 받는 일을 하기 위한 능력을 가진 사람들과 경쟁할 수 있다. 증명서와 인증서는 보다 중요하게 되었고, 공공 레크리에이션 기관에 의해 고용된 대부분의 사람들은 보다 적절한 학문적 인증서를 가질 것이다.

보다 비용이 드는 경력 준비는 꼭 필요한 것이 아니지만, 전문적인 증명을 중요하게 강조하는 분야에서는 더 많이 시각화되어져야 하고, 레크리에이션과 공원 교과과정에서 훈련이 지닌 가치를 증명하는 것은 레크리에이션과 공원에서 중요한 위치에 고용되는데 필요하다. 비록 초보 수준의 직업이 그들이 무엇을 훈련받았는지 기대된 것이 무엇인지에 대해 알지 못하지만, 결국 그들이 바라는 직업을 얻기 위한 기회는 준비되어 있다는 점에서 사람들은 준비되어질 필요가 있다. 미국에서 레크리에이션에 대한 수요는 막대하고, 이런 필요에 대한 연방과 주 정부의 기금은 계속되어야만 한다. 모든 형태의 레크리에이션 시설물에서 바라는 유능한 전문가에 대한 수요는 충족되어질 것이다.

도시생활이 대부분의 사람들이 생활하는 방식이 되어감에 따라 거대한 옥외로 도피하려는 욕구는 더 커지게 될 것이고, 다른 도시환경이나 매력적인 목적지를 더 많이 방문하게 될 것이다. 그러한 때 레크리에이션을 위한 시장은 어려울 수 있지만, 시장현실은 장기간 전망이 매우 좋을 것이라고 나타났다. 레크리에이션에 대한 사람들의 기호가 변하기 때문에, 그리고 재정적인 현실이 레크리에이션에서의 우선권을 변화시키기 때문에, 고용이 지닌 핵심은 탄력성이다.

노동의 세계는 장기간 고용상황을 제공해주는 직업이 상대적으로 적기 때문에 최근에 보다 복잡해졌다. 이런 환경에 대한 적절한 반응은 다음과 같다. 즉 (1) 기술과 문제해결 능력을 계속적으로 향상시켜라, (2) "언제 어디서든 사용할 수 있는 기술이라는 자산(portfolio of portable skills)"을 창출하라. 이것은 많은 영역에서 숙련성이 증가됨을 의미한다. 직업 네트워크는 단지 당신과 접촉하는 전문가 뿐만 아니라 다녔던 대학교나 소속된 전문적인 조직 등을 포함해서 구성하라. 협력자는 새로운 방향을 제일 먼저 당신에게 알려준다. 많은 대학교는 그들이 도움을 필요로 하는 한 졸업생들을 지원하기 위하 "career counseling" 프로그램을 개발하였고, 사실상 모든 전문적인 레크리에이션 조직은 새로운 연결을 형성하는 사람을 돕기 위한 어떤 "직업 시장(job mart)"이다. 노동의 새롭고 위험한 세계는 유능한 사람만이 각기 다른 종사자나 그 국가의 모든 분야에서도 변화를 추구 할 수 있고, 직업에 대한 책임과 기술에서 변화를 유도할 수 있다는 사실을 보여준다.[10)]

13.8 최종 논평
(A Final Comment)

레크리에이션과 여가에서 경력을 쌓는 것은 여러 가지 이유로 인해 소구력을 지니고 있다. 그것 중 다음과 같은 네가지가 중요할 것이다. 즉 (a) 유쾌한 환경에서 살아가기 위한 기회, (b) 사람들이 이완되고 즐거워 한때 그들을 다룰 수 있는 기회, (c) 드물게 타인과 여가를 함께 할 수 있는 정규직으로 고용될 기회, 그리고 (d) 몇몇 특별한 집단을 위해 서비스를 제공하고 그들의 삶을 풍요롭게 해 줄 수 있는 기회.

그러한 소구는 사실과 잘 맞아야 한다. 가장 사랑스런 파노라마도 평범하고 지루할 수 있기 때문에, 사람들의 원기를 북돋아주는 일은 명분이 없거나, 속물의, 또는 확실한 적대감을 느끼게 할 수 있다. 심지어 정규직으로 근무하면서 얻을 수 있는 많은 즐거움을 지닌 활동은 지루할 수도 있다. 그리고 사회적 서비스를 제공하는 것은 정서적으로 고갈되어질 수 있다. 그럼에도 불구하고 여가서비스에 종사하는 것은 이 직업이 가져다 주는 잠재적 보상이 계속적이고 보통의 것보다 매력적이기 때문이다. 매년 성공한 Wall street의 중개인이나 필라델피아의 변호사가 Vermont의 스키 별장을 사거나 Wyoming에 있는 관광목장(dude ranch)을 구입한다는 소식을 듣게 된다. 대부분의 사람들은 다른 사람들처럼 휴가를 얻을 수 있는 정규직을 원하고 가끔씩 레크리에이션에 있는 직업이 이것을 가능하게 해준다. 어떤 사람들에게 이것은 장기간 만족감을 제공해준다. 하지만 사람들은 단지 일하는 과정에서 한 가지 꿈만을 성취하게 된다. 삶의 한 단계에서 필요로 하고 적절한 어떤 것은 다른 단계에서 또는 "통과(passage)"하는 과정에서는 다소 지루하고 중요하지 않을 수 있다.[11)]

---

10) *Employ,* 1991~1992, eds. G. Bammel and Lei Bammel. A number of national magazines update current employment concerns, e.g. "Job Help—for Alumni," *U.S. News & World Report,* 6 June 1994 ; "Jobless at 50?", *Business Week,* 20 December 1993.

어떤 리조트의 레크리에이션 감독자는 판매직원에 대한 실제적인 평가를 한다. 어떤 테니스 전문가는 큰 상업적 시설물을 관리하기도 한다. 어떤 해설가는 환경에 대한 보호와 인식을 가르치는 교사가 되기도 하고, 다른 직업으로 전환하기도 한다. 많은 레크리에이션 전문가들에서, 이 직업은 위로 상승할 수 있는 단계가 결여되어 있다. 어떤 직업에서는 더 높은 계층으로 올라가기 위한 기회들이 드물다. 이것은 대부분의 고용에서 나타나는 사실이다. 공장에서 일하고 있는 10명의 노동자들에게서, 1명은 현장 주임일 수 있고, 매년 5명이 현장 주임이고 그리고 1명은 감독자일 수 있다. 모든 조직에서는 상층에서보다 가장 하층에서 많은 기회가 존재한다. 사실상 일상생활은 많은 사람을 조직의 가장 낮은 계층으로 남게 한다. 많은 사람들은 불완전한 고용상태로 삶을 영위해 가고, 그렇다고 감독자나 관리 기술을 훈련할 기회도 결코 가지지 못한다.

많은 레크리에이션 전문가들은 오랫동안 한 직업에 머물러 있고, 더 높은 만족감을 표현하였다. 주립공원 관리자나 국립공원 경비원은 다른 어떤 곳에서 발견할 수 없는 직업에 대한 가장 높은 만족을 감상적으로 표출하였다.[12] 레크리에이션은 즐거움을 가지는 것을 의미한다. 어떤 다른 형태의 직업에서보다 레크리에이션에서의 경력 쌓기는 정당한 고용 이상의 의미를 가진다. 사람들이 한평생을 살아가면서 즐거움을 갖지 못하는 것은 끔찍한 실수임에 틀림없다. 레크리에이션과 공원에서는 방문객들을 대학을 갓 졸업한 학생들처럼 그들에게 친숙하게 대해주어야 하는데 그것은 그 사람들이 가진 직업은 이윤을 얻을 수 있게 해주지만 개인적인 성취감을 거의 느끼지 못하게 해 주기 때문이다. 우리의 희망은 현재 레크리에이션과 공원을 전공하는 학생들에게서 찾아 볼 수 있고, 다른 여가와 관련된 직업은 그들을 가능한 한 행복하고 성공할 수 있게 할 것이다. 이렇게 하기 위해서는 어떻게 여가가 잘 이용되어질 수 있을지 배워야 하고, 그렇게 함으로서 어떤 사람에게 서비스를 제공할 때 하나의 본보기가 될 수 있다.

---

11) D. Levinson, *The Seasons of a Man's Life*(New York : Ballantine Bocks, 1978). B. Friedan, *The Fountain of Age*(New York : Simon & Schuster, 1993). Friedan suggests a much more active lifestyle is more appropriate for older people.

12) R. Frankel, "The Call of the Parks," in *Wall Street Journal : Managing Your Career,* Winter-Spring 1990, 37~38. See also the annual revision of R. Bolles, *What Color Is Your Parachute?*, which is a classic text on job hunting, and D. Srebalus, R. Marinelli, and J. Messing, *Career Development : Concepts and Procedures*(Monterey, Calif. : Brooks/Cole Publishing, 1982).

개요 Summary

레크리에이션과 여가에서 이용가능한 직업의 수와 종류는 경제적 변화에 의존할 뿐만 아니라 정치적인 의사결정과 개인적 가치의 변화에도 달려 있다. 많은 공공기관들은 레크리에이션 전문가를 고용한다. 경력을 쌓을 수 있는 기회는 자원에 근거한 옥외 레크리에이션이나 사람들이 보다 더 많이 가기를 바라는 도시의 시설물 등에서 존재한다. 레크리에이션 전문가의 수는 이윤을 창출하기 위해 고용되어지고, 여행사, 소매업, 또는 레크리에이션 활동 등과 같은 여가 비즈니스를 창출할 수 있는 많은 사람들이 있는 상업적 기업은 매년 증가하고 있다.

레크리에이션에서 고용되기를 바라는 학생들은 단지 한 가지 특정한 기술이나 레크리에이션 정책에 대한 지식만을 가지는 것이 아니라 심리학 등과 같은 인간지향적인 교과에서 유사한 기술을 개발해야 한다. 오늘날 다재다능한 대학생들은 정보처리 기술, 비즈니스, 재무, 그리고 인사관리 등에 대해 어느 정도 알고 있다. 초기 직업이 안정적이고 다른 상층으로의 이동을 원한다면 그 지식은 깊이와 넓이를 동시에 가지고 있어야 한다.

원하는 정규직 직업을 가진 사람은 그 수가 적다. 당신은 그 직업에 대해 많은 생각을 하고 체계적으로 알고 있어야 한다. 가능한 직업이 무엇인지 어디서 있는지 연구를 통해 직업을 얻기 위해 드는 수고를 줄일 수 있고, 그렇지 않은 경우는 많은 노력이 들게 된다. 이력서는 가능한 한 많은 정보를 담고 있어야 하고 매력적이어야 한다. 면접은 잠재적인 직업에 대해 가능한 한 많은 것을 학습함으로서 준비가 가능하고, 또한 면접을 위해서는 충분한 휴식을 취하고, 건강하게 보이고, 그리고 적절하게 차려 입어야 한다. 레크리에이션은 많은 원하는 직업을 제공해준다. 고용기회는 계절마나 그리고 매년 달라진다. 비록 북미 지역이 세계에서 가장 부유한 지역이지만, 그곳은 저성장, 쇠퇴, 심지어는 재정적 위기를 겪기도 한다. 다른 나라에서 경력을 쌓을 수 있는 기회들은 하나의 경제주기에서 발생하고 몇년 후에는 존재하지 않을 수 있다. 경제가 호황이든 불황이든, 레크리에이션에 대한 욕구는 여전히 남아 있고, 따라서 레크리에이션에서의 고용기회는 계속적으로 풍부할 것이다.

레크리에이션이 지니는 형태는 대개 변화한다. 여가와 레크리에이션에서 어떤 경력의 개발하는 것은, 한 개인에게 탄력적이고, 적용 가능한, 그리고 대개 새로운 어떤 것을 준비하게 해 줄 수 있다. 남의 원기를 북돋아주기 위해서는 새로운 것을 만들어야 하고, 레크리에이션은 새로워져야 한다. 레크리에이션을 위한 새로운 게임, 새 고안물들, 일-여가의 관련성에 대한 새로운 인식 등은 새로운 유형의 레크리에이션 전문가를 필요로 하게 된다. 직업에서의 도전은 고려되어야 하고, 보상은 풍부해야 한다. 다른 사람을 즐겁게 하는 동안 그 자신이 즐거울 수 있는 더 나은 어떤 직업이 있을까?

검토문제 examination

01. 국가와 세계의 경제 발전은 레크리에이션과 관련된 직업에서의 고용에 어떠한 영향을 미치는가?

02. 공공 레크리에이션 기관들에서 고용되기를 바라는 사람들을 위해 어떠한 직업 안내지침서가 있는가?

03. 관광시장에서 고용되기를 바라는 사람들은 어떠한 경력기회를 가질 수 있는가?

04. 레크리에이션 과정과 별개로, 다양한 여가전문가를 희망하는 사람들을 돕기 위한 대학 프로그램에는 어떤 것이 있는가?

05. 고용되기 위해 해야 하는 네가지 단계에는 어떤 것이 있는가?

06. 어떤 직업이 당신에게 유용하거나 이용가능한지 어떻게 알아낼 수 있을까?

07. 면접시 가장 초점을 두어야 하는 사항은 무엇인가?

08. 특히 매력적인 레크리에이션 직업시장에 고용되어지기를 바라는 이유는 무엇인가?

09. 왜 당신은 레크리에이션에 종사하는 사람들이 자신들의 직업에 매우 만족할 것이라고 기대하는가?

10. 당신은 자신의 고용가능성을 높이기 위해 어떤 단계를 취할 수 있는가?

<역자소개>

■ **하 동 현**

미국 오하이오 대학교 MBA
세종대학교 대학원 경영학과(경영학박사)
동국대학교 관광대학 학장(역임)

■ **황 성 혜**

영남대학교 대학원 심리학과(문학석사)
계명대학교 경영대학원 관광경영학과(경영학석사)
동국대학교 대학원 관광호텔경영학과 박사과정 수료
현, 동국대학교 관광호텔경영학과 외래강사

LEISURE & HUMAN BEHAVIOR 3rd edition
by Gene Bammel & Lei Lane Burrus-Bammel

여가와 인간행동

2006년 1월 31일 초판발행
2009년 2월 18일 재판발행

譯 者 하 동 현
황 성 혜
發行人 (寅製) 秦 旭 相
發行處 白山出版社
서울시 성북구 정릉3동 653-40
등 록 : 1974. 1. 9. 제 1-72호
전 화 : 914-1621 917-6240
FAX : 912-4438
http://www.baek-san.com
edit@baek-san.com

값 20,000원
ISBN 89-7739-802-9